U0901038

税
GDLT
广东地税

2014

廣東地稅年鑑

广东省地方税务局　编

CTP 中国税务出版社

图书在版编目(CIP)数据

广东地税年鉴.2014/广东省地方税务局编.
--北京:中国税务出版社,2014.11
ISBN 978-7-5678-0153-0

Ⅰ.①广… Ⅱ.①广… Ⅲ.①地方税收-广东省-2014-年鉴
Ⅳ.①F812.765.042-54

中国版本图书馆 CIP 数据核字(2014)第 251509 号

书　　名: 广东地税年鉴(2014)
编　　者: 广东省地方税务局　编
责任编辑: 陈金艳
责任校对: 于　玲
技术设计: 刘冬珂
出版发行: 中国税务出版社
北京市西城区木樨地北里甲 11 号(国宏大厦 B 座)
邮编:100038
http://www.taxation.cn
E-mail:zgswnj@taxation.cn
发行中心电话:(010)63908889/90/91
邮购直销电话:(010)63908837　传真:(010)63908835
经　　销: 各地新华书店
印　　刷: 广州市快美印务有限公司
规　　格: 787×1092 毫米　1/16
印　　张: 59
字　　数: 1892000 字
版　　次: 2014 年 11 月第 1 版　2014 年 11 月第 1 次印刷
书　　号: ISBN 978-7-5678-0153-0
定　　价: 300.00 元

《广东地税年鉴(2014)》编辑委员会

《广东地税年鉴(2014)》编辑人员

《广东地税年鉴(2014)》编写负责人及特约撰稿人

(按姓氏笔画排序)

一、省局

王秀婷　王海钰　邓晓炜　叶友法　付海涛
冯振宇　甘荣伟　华　关　刘付金梅　苏动宇
李　峰　李　婷　李兴蕊　杨小刚　吴　澜
何佳磊　张　敏　张沛娟　陈少娜　林伟涛
罗奇星　罗维明　周　斌　周忠清　胡东胜
姚　波　茹岱芸　倪文俊　符建红　梁婷婷
覃干乐　詹锦松

二、各市局

王明耀　王雄武　田茂真　刘　阔　刘中虎
苏长华　李阳才　杨科辉　吴燕邦　邱身聪
何盛邦　何智锋　郑　翔　郑少奕　陈泽曼
陈美燕　罗金星　周勇杰　钟汝辉　姚志成
覃小明　谢少华　魏王斌

编 辑 说 明

《广东地税年鉴》是广东省地方税务局主办的地方税务综合性年鉴，2002 年创办。年鉴的编辑事务由广东地方税收科学研究所负责。

年鉴的编辑出版宗旨是：全面、系统、准确地记述上一年度广东省地方税收的基本情况和发生的大事、要事，为社会各界了解、研究广东地方税收提供参考资料，为广东省社会经济建设服务。

《广东地税年鉴（2014）》主要载录 2013 年度广东地税系统的基本资料，全书约 180 万字，设十个篇目：

第一篇　图说地税。用图片和图表反映 2013 年广东省地税系统主要工作、重要活动和税费收入概况。

第二篇　年度关注。以专题形式反映广东省地税系统 2013 年度重大、突出和具有影响力的若干事件。

第三篇　全省地方税收工作。主要综述广东省地税局各部门的工作情况，由广东省地税局各处（室）、直属单位供稿。

第四篇　各市地方税收工作。内容包括各市经济概况、税收概况、各项工作的开展情况，由广东省各市地税局供稿。

第五篇　大事记。主要收录广东省地税局大事要事，由广东省地税局办公室供稿。

第六篇　机构与人员。内容包括广东省地税局处级以上干部和各市地税局领导班子成员名单，全省地税系统机构设置及人员构成等情况，由广东省地税局人事处供稿。

第七篇　文件选目。选编 2013 年广东省地税局发布和转发的税收法规及规范性文件目录。

第八篇　税费统计。内容包括 2013 年广东省及各市地税部门税费收入、全省地税纳税登记户数等统计资料，由广东省地税局规划核算处供稿。

第九篇　税收文选。选编 2013 年广东省地税系统受省部级以上领导批示或在省级以上主流媒体发表的文章和调研报告。

第十篇　附录。收录广东省地税系统 2013 年受表彰的各类先进集体与个人名单及简要事迹等。

本年鉴提供的统计数字均经供稿单位确认，资料准确、可靠。年鉴的资料与数据起止时间：2013 年 1 月 1 日至 2013 年 12 月 31 日，个别有所追溯。

本年鉴的出版得到广东省地税系统各级领导及有关部门的鼎力支持，中国税务出版社在编辑出版过程中也给予了指导与协助，在此一并表示衷心感谢！

本书疏漏之处，敬请批评指正。

编　者

2014 年 10 月

目　　录

第一篇　图说地税

第二篇 年度关注

第三篇 全省地方税收工作

第四篇　各市地方税收工作

第五篇 大 事 记

第六篇 机构与人员

第七篇 文件选目

第八篇　税费统计

第九篇　税收文选

第十篇　附　　录

第一篇

图说地税

党的群众路线教育实践活动

2013年8月7日，广东省地税局党组书记、局长王南健（主席台上）在“三纪”教育培训班上讲话。

2013年10月15日，广东省地税局党组召开党的群众路线教育实践活动专题民主生活会。会议由广东省地税局党组书记、局长王南健（外排右五）主持，省地税局党组全体成员参加会议。广东省委督导组第十一组、国家税务总局督导组第八组、广东省委组织部干部四处等有关同志到会指导。

广东地税廉政文艺轻骑队自编自演《心灵的对话》，以身边事教育身边人，在全系统巡演32场，观众达2万多人。图为2013年8月7日，广东省地税局领导与《心灵的对话》情景剧表演者合影。

2013年8月7日，广东省地税局机关副处级以上干部和各市地税局主要负责人参观省纪委反腐倡廉教育基地。

2013年7月18日，广东省地税局党组书记、局长王南健（左排左四）带队到广州市地税局开展党的群众路线教育实践调研、体验活动。

2013年10月22日，广州市地税局党组召开党的群众路线教育实践活动专题民主生活会，广东省委督导组第十一组副组长陈平（正中右）和广东省地税局党组书记、局长王南健（正中）专门到会指导并全程参加会议。

2013 年 7 月 12 日，广州市地税局召开深入开展党的群众路线教育实践活动工作会议，广东省委督导组第十一组副组长陈平（正排左四）和广东省地税局党组副书记、巡视员杨楚潮（正排左五）到会指导。广东省地税局党组成员、副局长，广州市地税局党组书记、局长揭晔（正排左六）作动员讲话。

2013 年 11 月 1 日，深圳市地税局召开党的群众路线教育实践活动专题民主生活会情况通报会。

2013 年 7 月 17 日，深圳市委常委、副市长陈应春（右二）到深圳市宝安区地税局新安税务所参加“民生体验日”活动。

2013年7月16日，深圳市市委督导组到深圳市地税局检查指导党的群众路线教育实践活动开展情况。

2013年7月25日，广东省地税局党组成员、副局长宋爱勤（左一）带领省地税局第三调研组到珠海市地税局开展党的群众路线教育实践活动系列调研。

2013年8月27日，广东省汕头市地税局党组书记、局长林达生（右二）带队深入扶贫“双到”挂钩点——潮阳区金灶镇东仓村进行实地调研，现场察看村容村貌及交通出行、农耕水利、农户住房等方面的基础设施状况。

2013 年 2 月 6 日，广东省汕头市地税局党组书记、局长林达生（左三）带队上门关心看望离休老同志——汕头市税务局原副局长林浩强（左二），向老同志致以新春的问候。

2013 年 7 月 30 日，广东省地税局党组成员、副局长宋爱勤（正排中）率第三调研组到汕头市地税局开展党的群众路线教育实践调研活动。

2013 年 7 月 23 日，广东省地税局党组副书记、巡视员杨楚潮（左二）到佛山市高明明城地税分局调研党的群众路线教育实践活动。

2013年7月22日，广东省地税局“党的群众路线教育实践活动”第二调研组到佛山市调研。

2013年7月3日，广东省韶关市地税局到扶贫点翁源县官渡镇河边村开展党的群众路线教育实践活动，慰问困难党员干部群众。图为韶关市地税局党组书记、局长王中高（右一）与河边村干部群众交谈。

2013年7月23日，广东省地税局党组成员、总会计师苏振钿（左一）到河源市东源县地税局开展党的群众路线教育实践活动。

2013年7月23日，广东省地税局总审计师朱毅（前二）到河源市源城区地税局征收厅开展党的群众路线教育实践活动调研。

2013年6月14日，广东省河源市地税局党组书记、局长严贵杨（正排右三）在紫金出席扶贫“双到”新一轮启动仪式。

2013年10月16日，广东省梅州市市委书记朱泽君（中）与地税干部一起观看《心灵的对话》后接见编演人员并赞其“五个好”。

2013 年 8 月 28 日，“8·16”洪灾过后，广东省梅州市地税局党组书记、局长李万清（右一）现场了解五华横陂分局受灾情况。

2013 年 6 月 9 日，广东省地税局党组书记、局长王南健（正中）到惠州市地税局听取基层干部对省局机关和领导班子作风建设方面的意见建议。

2013 年 7 月 24 日，广东省地税局党组成员、副局长李华东（左一）到惠州市地税局开展党的群众路线教育实践活动专题调研。

2013 年 7 月 22 日，广东省地税局党组成员、副局长李华东（左三）率领省地税局第五调研组到汕尾市地税局开展党的群众路线教育实践活动调研。

2013 年 9 月 12 日，广东省东莞市地税系统组织干部职工观看“深入开展党的群众路线教育实践活动——清廉教育专题”演出。

2013 年 6 月 20 日，广东省东莞市地税局开展“双驻”活动，密切党群干群联系。

2013年7月22日，广东省地税局党组成员、副局长杨朝峰（右图左二）带队到阳江开展党的群众路线教育实践活动，在江城区地税局办税服务厅开展体验活动。

2013年10月5日，广东省阳江市市委常委、统战部部长岑国健（右五）率市地税局、市海洋与渔业局等扶贫单位主要领导及有关人员到阳东县新洲镇龙潭村开展以“坚持党的群众路线”为主题的“领导带学”活动。

2013年10月5日，广东省阳江市地税局党组书记蒋安平（左二）率市局挂点扶贫人员到阳东县新洲镇龙潭村贫困户黄国华家中慰问。

2013年11月5日，广东省地税局党组副书记、巡视员杨楚潮（左四）深入茂名市地税局开展党的群众路线教育实践体验活动，广泛征集基层意见建议。

2013年7月24日，广东省地税局党组成员、广东省纪委（省监察厅）派驻省地税局纪检组组长（监察专员）王中福（左二）深入茂名化州市地税局鉴江税务分局开展党的群众路线教育实践体验活动，并与基层干部职工、企业负责人代表进行座谈，认真听取意见建议。

2013年12月5日，广东省茂名市地税局党组书记、局长龚学泉（左三）深入高州市地税局开展党的群众路线教育实践活动调研。

2013年7月24日，广东省地税局党组成员、总经济师罗达佳（右二）带队赴肇庆开展党的群众路线教育实践活动。

2013年11月21日，广东省地税局党组成员、副局长杨荣华（右三）深入佛冈县地税局开展党的群众路线教育实践活动第三阶段专题调研。

2013年9月4日，广东省潮州市地税局召开抓“四风”促廉洁工作会议。潮州市地税局党组书记、局长张振宇（正排中）作讲话，部署后期纠正“四风”问题、促进廉洁工作。市局机关各科、室、中心主要负责人，两县地方税务局、市局各直属行政单位“一把手”参加了会议。

2013年9月26日，广东地税廉政文艺轻骑队到潮州市地税局作廉政文艺专场演出——《心灵的对话》。潮州市地税局特邀监察员，市局机关及直属行政单位全体干部职工，以及两县局班子成员、稽查局长、监察室主任、各基层分局局长共300多人观看了演出。

2013年7月30日至31日，广东省地税局党组成员、总会计师苏振钿（左三）率省地税局第九调研组到揭阳市地税局开展党的群众路线教育实践活动专题调研。

2013年11月20日，广东省揭阳市地税局领导带领青年干部深入对口联系的空港经济区登岗镇埔上村，和当地干部群众一起修填村道、清理小溪水浮莲。

2013年8月15日，广东省云浮市地税局举办兼职监察员会议，听取特邀监察员对该局的意见建议。

2013年5月8日，广东省云浮市地税局召开整治“庸懒散奢”工作会议，云浮市地税局党组书记、局长陈伟(中)在会上作部署动员讲话。

2013年7月25日，广东省地税局党组成员、副局长宋爱勤（右五）带队到珠海市地税局、横琴新区地税局开展党的群众路线教育实践活动。

2013年1月8日，广东省珠海市横琴新区地税局党组书记、局长罗增庆（左二）带领部分党员同志，到横琴新区三塘村党支部开展结对帮扶活动，走访慰问了4户困难党员、群众，送去了节日慰问。

2013年11月26日，广东省珠海市横琴新区地税局办税服务厅专门组织业务骨干到横琴长隆公司，上门为该企业70多名财务人员举办专题培训。

2013 年 7 月 25 日，广东省地税局党组副书记、巡视员杨楚潮（右二）深入佛山市顺德区地税局基层分局开展党的群众路线教育实践活动。

2013 年 11 月 20 日，广东省佛山市顺德区政务委员、财税局兼地税局局长关世良（右二）深入基层参加党代表接访活动。

领导调研

2013 年 4 月 18 日，国家税务总局党组成员、副局长丘小雄（右二）到深圳市地税局调研。

2013 年 1 月 9 日，国家税务总局党组成员、副局长宋兰（右二）到深圳市地税局调研。

2013 年 4 月 10 日，国家税务总局党组成员、总经济师张志勇（右）到珠海市调研，与珠海市地税局党组书记、局长赵平（左）合影。

2013 年 4 月 10 日，国家税务总局党组成员、总经济师张志勇（左二）在广东省国税局党组成员、总经济师梁世桃，广东省地税局党组成员、总会计师苏振钿（中）的陪同下到珠海市横琴新区地税局视察工作，对该局人才队伍建设给予了充分肯定，勉励继续加大高素质人才的培养，努力开创税收工作新局面。

2013 年 10 月 29 日，广东省地税局党组书记、局长王南健（右二），广东省地税局党组成员、副局长，广州市地税局党组书记、局长揭晔（左一）到广州市白云区地税局调研。

2013 年 10 月 30 日，广东省地税局党组书记、局长王南健（左三），广东省地税局党组成员、副局长，广州市地税局党组书记、局长揭晔（左四）到天河区地税局调研。

2013 年 2 月 20 日，广东省地税局党组成员、副局长潘享清（右三），广州市地税局党组成员、副局长谢红鹰（左四）到黄埔区地税局调研指导绩效管理工作。

2013 年 5 月 13 日，广州市地税局党组副书记、副局长林如山（前排右二）一行到黄埔区地税局指导工作。

2013 年 10 月 17 日，广州市天河区区长林道平（右二）到天河区地税局调研指导工作。

2013 年 1 月 22 日，广东省地税局党组书记、局长王南健（右一），深圳市地税局党组书记、局长钱勇（左二）到宝安区地税局税务所慰问，听取基层干部职工意见建议。

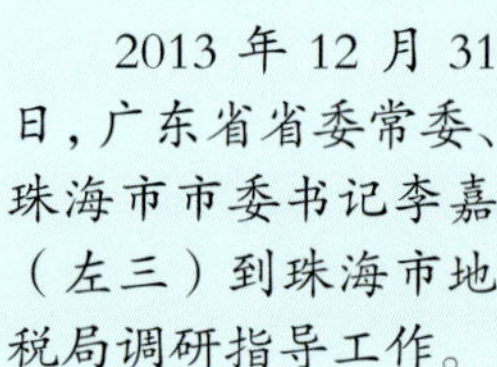

2013 年 12 月 31 日，广东省省委常委、珠海市市委书记李嘉（左三）到珠海市地税局调研指导工作。

2013 年 1 月 30 日，广东省汕头市市委常委、常务副市长郑通声（左三）和市政府副秘书长张胜光（左四）等领导参观了汕头市地税系统第四届廉政文化书画摄影展。

2013年1月25日，广东省地税局党组成员、副局长宋爱勤（左五）一行到珠海市地税局征收分局香洲办税厅和社保厅慰问征收一线税务干部。

2013年12月5日，广东省地税局党组成员、副局长李华东（左二）带队到珠海市地税局开展组织收入、土地增值税清算等工作调研。

2013年12月24日，广东省地税局党组成员、副局长杨朝峰（右二）带队到珠海市地税局调研“一厅一台”（电子办税服务厅和税源管理平台）推广及欠税清查等工作。

2013年8月5日，广东省地税局党组成员、总会计师苏振钿（左二）带队到珠海市地税局开展国际税收调研。

2013年11月22日，广东省地税局党组成员、总经济师罗达佳（右四）到珠海市高新区分局调研基层税费征管情况。

2013年3月8日，广东省珠海市地税局党组书记、局长赵平（左四）一行到珠海市斗门区地税局视察基建工作。

2013 年 2 月 17 日，广东省汕头市市委书记陈茂辉（右一）、市长郑人豪（右二）带队察看汕头市行政服务中心，与派驻中心地税窗口首席代表亲切交谈。

2013 年 12 月 5 日，广东省地税局党组书记、局长王南健（中），广东省地税局党组成员、副局长宋爱勤（右一）和广东省地税局党组成员、总会计师苏振钿（左一）到汕头市地税局调研指导工作。

2013 年 4 月 9 日，广东省汕头市市委常委、宣传部长、市创文工作领导小组副组长周镇松（左二）带领市文明办一行，到汕头市地税局就精神文明创建工作进行专题调研。

2013年1月17日，广东省地税局党组成员、副局长潘享清（右二）带领省地税局考核组成员一行到汕头市地税局开展处级干部年度考核工作，并深入基层看望慰问征收一线的干部职工。

2013年11月27日，广东省地税局党组成员、副局长杨朝峰（左三）带队到佛山市地税局调研“一厅一台”工作。

2013年2月28日，广东省地税局党组成员、副局长潘享清（右四）到佛山市地税局开展绩效调研。

2013 年 8 月 6 日，广东省地税局党组成员、总会计师苏振钿（左二）带队到佛山市地税局进行国际税收管理机构设置和人员配备专题调研。

2013 年 5 月 27 日，广东省韶关市地税局党组书记、局长王中高（右一）深入乐昌市地税局乐城分局调研指导工作。

2013 年 1 月 30 日，广东省地税局党组成员、总会计师苏振钿（右四）一行到河源市紫金地税局调研。

2013年6月19日，广东省梅州市市委常委、常务副市长丁文（右一）到梅州市地税局调研。

2013年6月26日，广东省地税局党组书记、局长王南健（右二）在梅州市平远县河头地税分局调研。

2013年11月12日，广东省地税局党组成员、总会计师苏振钿（右五）在梅江区地税局调研。

2013 年 7 月 30 日，广东省梅州市地税局党组书记、局长李万清（右一）在兴宁调研房地产行业税源。

2013 年 12 月 31 日，广东省惠州市市委副书记、市长麦教猛（右三）慰问惠州市地税局干部职工。

2013 年 7 月 3 日，广东省地税局党组成员、副局长李华东（中）到惠州市地税局调研税收工作。

2013年9月25日，广东省惠州市地税局党组书记、局长戎惠良（左三）带队到龙门六屯村慰问帮扶贫苦户。

2013年12月31日，广东省汕尾市市委常委、常务副市长魏友庄（右三）到汕尾城区地税局办税服务厅视察慰问。

2013年11月1日，广东省地税局党组成员、副局长宋爱勤（前排左一）到海丰县地税局鲘门税务分局调研指导工作。

2013年11月19日，广东省地税局党组成员、副局长李华东（前排右三）深入陆丰市地税局调研指导工作。

2013年7月4日，广东省地税局党组成员、广东省纪委（省监察厅）派驻省地税局纪检组组长（监察专员）王中福（左三）到海丰县地税局调研指导党风廉政建设工作。

2013年3月1日，广东省地税党组副书记、巡视员杨楚潮（右二）在东莞市地税局主持召开全省地税系统“一帮一”帮扶工作座谈会。

2013 年 11 月 6 日，广东省地税局党组成员、副局长杨朝峰（正排左三）带队到中山市地税局开展征管信息工作调研。

2013 年 7 月 19 日，广东省地税局党组成员、副局长李华东（正排中）率队深入中山市地税局开展党的群众路线教育实践活动专题调研。

2013 年 5 月 16 日，广东省地税局党组成员、总经济师罗达佳（右四）一行到中山市地税局调研指导社保费新系统上线准备工作。

2013 年 11 月 4 日，广东省地税局党组副书记、巡视员杨楚潮（右三）到江门市地税局调研。

2013 年 7 月 25 日，广东省地税局党组成员、副局长杨朝峰（前排右二）到江门市地税局调研。

2013 年 12 月 26 日，广东省江门市地税局党组书记、局长王毅（正排右二）带队参加江门市作风建设管理创新奖答辩。

2013年11月7日，广东省地税局党组副书记、巡视员杨楚潮（右二）到阳江市阳东县地税局东城税务分局征收大厅调研。

2013年6月6日，广东省地税局党组成员、总会计师苏振钿（前排左二）带队到阳江市地税局开展财务、基建及固定资产管理调研，并深入阳西县城区分局开展调研。

2013年11月6日，广东省地税局党组成员、总经济师罗达佳（右三）到阳江市开展规费工作调研，视察阳春市春城地税分局办税服务厅。

2013年11月28日，广东省阳江市政协副主席陈左（前排左二）率24名市政协委员组成的调研组到阳江市地税局开展房屋租赁税征管工作调研，到江城区地税局大厅视察，阳江市地税局党组书记蒋安平（左一）陪同视察。

2013年11月26日，广东省湛江市市委副书记、市长王中丙（右二）到湛江市地税局调研指导工作。

2013年11月6日，广东省地税局党组副书记、巡视员杨楚潮（前排左三）深入湛江市地税局基层一线调研。

2013年11月18日，广东省地税局党组成员、副局长杨朝峰（左四）率队到湛江市地税局调研。

2013年9月6日，广东省人大常委会副主任肖志恒（左三）深入茂名市茂港区地税局驻市行政服务中心窗口调研。

2013年9月18日，广东省茂名市市委副书记廖锋（左三），茂名市地税局党组书记、局长龚学泉（左二）深入茂名市地税局“双到”扶贫帮扶点化州市那务镇那冰村委会调研。

2013 年 11 月 19 日，广东省地税局党组成员、副局长杨朝峰（左三）深入茂名市地税局调研指导工作。

2013 年 1 月 10 日，广东省委第二巡视组组长许振嘉（左五）一行到德庆县地税局调研指导工作。

2013 年 4 月 15 日，广东省地税局党组副书记、巡视员杨楚潮（右）到全国税务系统“青年文明号”获奖单位清远市清新区地税局浸潭税务分局，向该局颁发了全国“青年文明号”牌匾。

2013年7月4日，广东省地税局党组成员、副局长，广州市地税局党组书记、局长揭晔（中），清远市地税局党组书记、局长罗镜文（右）深入清远市地税局各基层单位调研指导“一帮一”对口帮扶工作。

2013年2月27日，广东省地税局党组成员、副局长杨朝峰（右中）到清远市地税局调研税源管理平台的应用情况。

2013年3月13日，广东省地税局党组成员、副局长杨荣华（前排中）在清远市地税局党组书记、局长罗镜文（前排左）的陪同下到清远粤北“三连一阳”地区开展调研。

2013年1月17日，广东省地税局党组成员、副局长潘享清（右三）带领省地税局有关处室领导到潮州市地税局考核处级干部，并深入饶平县地税局慰问征收一线的干部职工，询问基层干部的工作、学习和生活情况，了解当地的税费收入状况、征纳关系和文化建设情况，并充分肯定了基层地税干部职工为完成各项税费收入任务所做的努力。

2014年12月31日，广东省揭阳市市委副书记、市长陈东（右三）到揭阳市地税局慰问，并对地税工作给予了充分肯定。

2013年12月3日，广东省地税局党组书记、局长王南健（正排左二），广东省地税局党组成员、副局长宋爱勤（正排左三），广东省地税局党组成员、总会计师苏振钿（正排左一）等到揭阳市地税局开展税收调研，认真倾听基层意见建议、切实解决基层实际问题。

2013年4月7日，广东省地税局党组成员、副局长宋爱勤（左三）和省地税局稽查局局长余振荣（左四）等到揭阳市地税局开展稽查工作调研。

2013年10月31日，国家税务总局征管和科技发展司副司长杨培峰（右）在广东省地税局党组成员、副局长杨朝峰（中）、云浮市地税局党组书记、局长陈伟（左）陪同下到云城区地税局办税服务厅调研指导工作。

2013年8月26日，广东省云浮市地税局党组书记、局长陈伟（左五）到新一轮扶贫开发挂钩点新兴县河头镇步朗村开展调研，深入基层，制定扶贫开发计划，提出了贯彻落实党的群众路线教育实践活动的具体要求。

2013 年 8 月 23 日，国家税务总局税收科学研究所副所长靳东升（右三）一行参观珠海市横琴新区规划展示厅。

2013 年 12 月 6 日，广东省地税局党组成员、副局长李华东（前排左二）带领相关处室到珠海市横琴新区地税局检查组织收入、土地增值税清算、税收优惠政策等工作的落实情况。

2013 年 12 月 25 日，广东省地税局党组成员、副局长杨朝峰（右三）一行到横琴新区地税局开展欠税清理、税源管理平台和电子办税厅推广等工作调研。

2013 年 1 月 16 日，广东省地税局党组副书记、巡视员杨楚潮（左三）到顺德区地税局开展年终调研慰问。

2013 年 8 月 19 日，广东省地税局党组成员、副局长杨朝峰（前排左二）带队到顺德区地税局调研金税三期工程上线工作。

2013 年 8 月 6 日，广东省地税局副巡视员林如山（右一）到顺德区地税局开展专题调研。

大事要闻

2013年2月28日，全省地税稽查工作会议在广东省佛山市南海区召开。图为2012年度广东地税稽查十大优秀案例入选单位上台领奖。

2013年3月6日，全省地税系统党风廉政建设工作会议在广东省地税局召开。

2013年3月12日，广东省地税局召开保密工作会议。

2013年3月20日，广东省地税局召开省局机关全面推行绩效管理工作动员大会。广东省地税局党组书记、局长王南健（正排左五）作动员讲话。

2013年4月1日，“税收服务转型升级”政策辅导会暨第22个全国税收宣传月启动仪式在广州召开。

2013年4月10日，广东省综治和平安创建工作第四考评小组到省地税局检查考核2012年综治和平安创建工作情况。

2013年4月12日，广东地税金税三期试点上线工作动员会在广东省地税局召开。广东省地税局党组书记、局长王南健（正排中）对广东地税金税三期工程试点上线工作作了动员讲话。

2013年4月17日，按照国家税务总局的统一部署，广东省国税局、地税局联合召开小微企业税费负担专题调查座谈会。

2013年6月7日，2013年全省地方税收科研工作会议在广东省佛山市南海区召开，部分市地税局局长或分管科研工作的局领导、各市（区）局负责科研工作的有关人员及省局各单位和各市（区）局《广东地方税务》杂志通讯员共80余人参加会议。广东省地税局党组副书记、巡视员杨楚潮（正排左二）出席会议并作讲话。

2013年6月14日，广东省地税局召开迎接省直行风评议工作动员大会。

2013年6月27日，全省大企业税收管理工作会议在广东省佛山市顺德区召开。广东省地税局党组成员、副局长杨荣华（正排中）出席会议并作讲话。

2013年7月2日，全省地税系统规费工作会议在广东省清远市召开。

2013年8月5日，广东省地税局党组书记、局长王南健（右排左四）主持召开小型微利企业税收优惠政策落实情况专题调研座谈会。

2013年8月8日，广东省国际税收研究会第四次会员代表大会在广东省地税局召开。中国国际税收研究会会长王力（左四），广东省人大常委会原副主任、省国际税收研究会名誉会长钟阳胜（左五）等应邀出席会议，会议选举吴昇文（右三）为会长，大会还敦请钟阳胜担任第四届研究会名誉会长。

2013年8月19日，广东金税三期工程（佛山）双轨试运行工作启动会在广东省南海市召开。

2013 年 9 月 5 日，广东省地税局召开全省地税纳税服务工作视频会议，传达全国纳税服务工作会议精神，总结交流近年来广东省地税纳服工作情况，同时部署后期主要任务。

2013 年 9 月 6 日，国家税务总局党的群众路线教育实践活动督导组第八组副组长李文学（右四）一行 5 人，到广东省地税局检查了解党的群众路线教育实践活动工作情况。广东省地税局党组副书记、巡视员杨楚潮（左三）汇报了党的群众路线教育实践活动情况。李文学对广东省地税局党的群众路线教育实践活动扎实有效开展给予充分肯定。

2013 年 9 月 12 日，广东省地税局电子办税服务厅、税源管理平台推广应用启动会成功召开。图为广东省地税局党组书记、局长王南健启动电子办税服务厅上线。

2013 年 9 月 16 日，全省地税系统信访维稳保密工作会议在广东省地税局召开。广东省地税局党组成员、副局长宋爱勤（正排左一）出席会议并作讲话，各市（区）局分管办公室工作局领导、办公室主任及业务骨干共计 150 多人参加会议。

2013年10月14日，广东省地税局干部职工观看学习习近平河北民主生活会讲话视频。

2013年11月28日，广东省地税局举行学习贯彻十八届三中全会精神专题辅导会，邀请中国社会科学院学部委员、中国社会科学院财经战略研究院院长、博士生导师高培勇教授（正排右），作《新一轮财税改革的基本方向》专题报告。

2013年12月12日，广东省地方税收研究会第五次会员代表大会在广东省地税局召开。广东省人大常委会原副主任钟阳胜（正排左四），广东省地税局党组书记、局长王南健（正排左五），广东省地税局党组副书记、巡视员杨楚潮（正排左三），广东省人大财经委主任委员陈家记，广东省政府发展研究中心主任汪一洋，广东省社会科学院副院长王珺等领导以及广东省地方税收研究会第五届顾问、理事候选人等110人参加会议。会议选举王南健为第五届广东省地方税收研究会会长，大会敦请钟阳胜为研究会名誉会长。

2013年4月1日，全国第22个税收宣传月广州"税融通"签约仪式在广州举行。

2013年6月20日，广东省地税局党组成员、副局长，广州市地税局党组书记、局长揭晔（左三）到广州市援建的新疆喀什地区疏附县"广州新城"实地调研。

2013年8月13日，广州市地税局组织全体干部职工参观广州市人民检察院新建成的预防职务犯罪警示教育基地。

2013年4月28日，深圳市地税局召开信息化建设二期总结和三期启动会议。

2013年6月8日，深圳市地税局召开优化征管职能动员会。

2013年11月18日，深圳市地税局党组书记、局长钱勇（右一）到科级干部选拔考试现场巡考。

2013年12月30日，深圳市地税局召开2014年全市地方税收工作会议。

2013年1月25日，广东省珠海市地税局召开2013年全市地方税务工作会议，广东省地税局党组成员、副局长宋爱勤和珠海市市委常委、常务副市长刘小龙出席会议并作讲话。

2013年3月12日，广东省珠海市地税局召开全市地方税务系统党风廉政建设工作会议。

2013年6月7日，广东省珠海市地税局召开“转作风提效能”活动服务对象座谈会。

2013年7月24日，广东省珠海市地税局召开金税三期工程上线动员会。

2013年1月30日，广东省汕头市地税局召开全市地方税务工作会议。汕头市市委常委、常务副市长郑通声（右二）出席会议并作讲话。

2013年3月15日，广东省汕头市地税局召开全市地税系统党风廉政建设工作会议。

2013年4月12日，广东省汕头市地税局组织召开税企共建税务风险防控体系试点现场会。

2013年5月21日，广东省汕头市地税局召开全市地税系统整治“庸懒散奢”动员大会。

2013年1月11日，广东省佛山市地税局党组书记、局长陆耀炳（左）带队深入佛山照明、海天味业两户龙头企业开展“暖企行动”。图为佛山市地税局与海天集团签署《税收遵从与服务协议》。

2013年1月28日，全省首套国税局、地税局联合核发税务登记证在广东省佛山市发出。

2013年5月20日，广东省佛山市国税局、佛山市地税局、顺德区地税局召开金税三期试点联席会议，正式拉开金税三期工程佛山试点工作序幕。

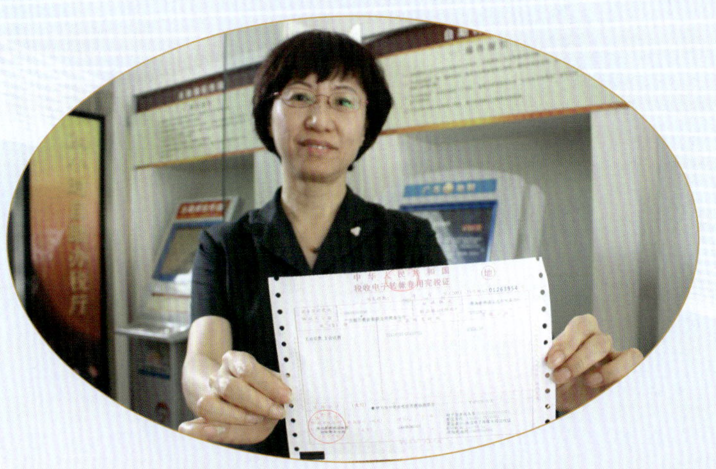

2013年8月1日，广东省佛山市首笔工会经费收入顺利由地税部门代征入库。

2013年8月19日，广东省国税局、地税局在佛山南海联合召开广东金税三期工程（佛山）双轨试运行工作启动会，标志着佛山小范围双轨试运行工作正式启动。

2013年11月13日，广东省地税局党组书记、局长王南健（左四）、广东省地税局党组成员、副局长宋爱勤（左三），佛山市政府常务副市长李子甫（左五）等领导出席佛山市地税局领导干部任免大会，任命朱毅（右一）为佛山市地税局党组书记、局长。

2013年8月9日，广东省韶关市地税局党组书记、局长王中高（右四）与韶关市工、农、中、建四大商业银行的行长签订协税护税合作协议，在全省开创了地税部门与银行协税护税合作的先河。

2013年8月27日，“8·16”洪灾过后，广东省韶关市市委副书记陈向新（右二）、韶关市地税局党组书记、局长王中高（右三）到韶关市地税局扶贫点官渡镇河边村调研受灾情况，并深入灾民家中慰问。

2013年11月26日，广东省韶关市地税局召开税收优惠政策落实专题税企座谈会。图为广东省地税局副巡视员黄和平（右二）在座谈会上。

2013 年 3 月 14 日，广东省粤东片区规费工作会议在河源市召开，广东省地税局党组成员、总经济师罗达佳（中）主持会议。

2013 年 4 月 1 日，广东省河源市国税局、地税局在河源市地税局举行税收宣传月启动仪式暨“税收服务转型升级”优惠政策宣讲会。

2013 年 12 月 2 日，广东省财政厅、省人社厅、省地税局领导观看河源市社保费“三方协同办公”系统演示。

2013 年 12 月 31 日，广东省河源市市委书记何忠友（左三）、市长彭建文（左四）在市地税局召开市财税部门财政收支预结算工作汇报会。

2013年8月20日，广东省梅州市首个预受理服务区在梅江区地税局设立。

2013年8月26日，广东省梅州市地税局举办子女教育讲坛。

2013年10月23日，广东省梅州市地税局与社保局在东升、畲江工业园区开展社保法宣传活动。

2013年12月10日，广东省梅州市地税局与社保局开展送戏下乡活动宣传社保法。

2013 年 1 月 31 日，广东省惠州市地税局召开全市地方税务工作会议，惠州市市委常委、常务副市长张瑛（正排中）出席会议并讲话。

2013 年 8 月 6 日，以广东省政协副主席陈蔚文（左四）为组长的省“六五”普法第九检查组到汕尾市地税局检查督导“六五”普法中期工作。

2013 年 12 月 3 日，广东省地税局社保费征管工作调研会在汕尾市地税局召开。

2013年4月26日，广东省东莞市地税局召开税源调查评估工作会议，认真开展2013年税源调查评估工作。

2013年5月，广东省东莞市地税系统开展内控机制建设全员培训。

2013年10月，广东省东莞地税24小时自助办税服务厅正式启用。

2013年7月5日，广东省地税局党组书记、局长王南健（正排中）、广东省地税局党组成员、副局长宋爱勤（正排左三）出席中山市地税局干部任免大会。

2013年8月8日，广东省中山市地税局首个24小时自助办税服务区在东区税务分局正式投入使用。

2013年8月13日，广东省中山市地税局举办“感动地税 感动你我”修身学堂主题活动。

2013年1月17日，广东省江门市地税局召开处级干部2012年度考核考评大会。

2013年3月20日，广东省江门市地税局召开全市地税系统党风廉政建设工作会议。

2013年3月14日，全省税政工作粤西片座谈会在广东省税务干部学院阳江分院召开。广东省地税局党组成员、副局长李华东（左七）及税政一处、二处领导，湛江、清远、云浮、茂名、韶关、肇庆、阳江7个市地税局分管领导、税政科长参加会议。

2013年8月20日，广东省阳江市国税局、地税局联合召开金税三期工程上线第一次联席会议。

2013年10月17日，广东省阳江市地税局举办“高举团旗跟党走 奋力实现中国梦”演讲比赛。

2013年1月17日，广东省湛江市地税局召开全市地方税务工作会议。

2013 年 12 月 28 日，广东省湛江市地税局党组书记、局长林兆华（正排左）登上湛江大讲坛为领导干部授课。

2013 年 1 月 16 日，广东省茂名市地税局召开全市地方税务工作会议。广东省地税局党组成员、广东省纪委（省监察厅）派驻省地税局纪检组组长（监察专员）王中福（后排左四）出席会议并为获奖单位和个人颁奖。

2013 年 2 月 25 日，广东省茂名市地税局对 2012 年度守法纳税大户进行表彰。

2013年9月30日，广东省茂名市地税局举办全市地税系统业务知识技能考试。茂名市地税局党组书记、局长龚学泉（后排右二）深入各考场巡考。

2013年11月7日，部分地区2014年全国税收宣传品座谈会在广东省肇庆市高要市举行。

2013年3月18日，广东省清远市地税局召开清远市地方税务系统开展创建“无职务犯罪先进单位”活动动员会，为期三年（2013—2015年）的创建活动拉开序幕。

2013年5月6日，广东省清远市地税局举行向四川雅安地震灾区捐款仪式，市局机关全体干部职工参加捐款。

2013年5月13日，广东省清远市地税局首次组织领导干部任前廉政考试，全市地税系统公开选拔的26名拟任副科级领导干部参加考试。

2013年5月16日，广东省清远市地税局举行"从事税收工作三十年"荣誉纪念章颁发仪式。

2013年3月29日，广东省潮州市地税局召开建安、房地产行业税收专项清理检查工作动员。

2013年12月12日，广东省潮州市委宣讲团党的十八届三中全会精神报告会在潮州市开发区地税局综合业务楼二楼会议厅举行。

2013年8月13日，广东省揭阳市地税局召开全市征管电子档案管理系统试点总结暨全面推广工作会议，全面推进税收征管档案电子化建设。

2013年10月19日，广东省揭阳市榕城区、揭东区、蓝城区、空港经济区地税局统一挂牌运作，全市地税系统部分税务机构调整工作顺利完成。

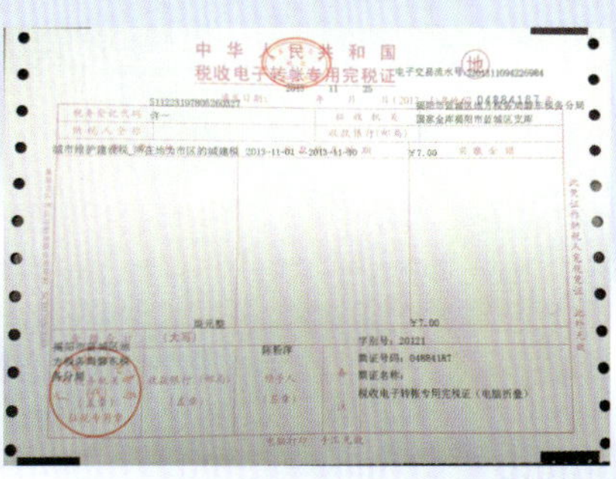

2013年11月25日，广东省揭阳市地税局率先在全省启用税费POS机直解入库新模式，开出全省第一份通过POS机直解入库方式缴款的完税证。

2013年4月26日，广东省云浮市地税局开展走访重点税源企业活动，加强政策宣传和税企交流。

2013年5月16日，广东省云浮市国税局、地税局联合举办“我与税收共成长”青少年书画展。

2013年8月26日，广东省云浮市地税局组织副科以上领导干部到高明警示教育基地参观。

2013年8月23日，广东省珠海市横琴新区个人所得税制度创新研讨会在横琴新区召开。国家税务总局科研所副所长靳东升（左四）、广东省地税局党组成员、总会计师苏振钿（左五）、横琴新区财金局局长阎武（右三）等领导出席会议并作讲话。

2013年12月9日，广东省珠海市横琴新区财税部门与香港特别行政区税务局在香港举行了港澳个人所得税补贴磋商会议。香港特别行政区税务局局长黄权辉（右二）、副局长赵国杰（右一）、横琴新区财金事务局局长阎武（左三）、横琴新区地税局党组书记、局长罗增庆（左四）及香港、横琴财税部门有关人员出席了会议。

2013年9月4日，广东省珠海市横琴新区财税部门赴澳门开展税务工作交流，澳门特别行政区财政局副局长容光亮（右）陪同广东省横琴新区地税局党组书记、局长罗增庆（中）、广东省横琴新区财金事务局局长阎武（左）等一行参观了澳门财政局。

2013年1月4日，广东省首个“全职能”大企业税收征管机构——顺德区地税局大企业征收管理税务分局正式对外运作。

2013年4月，广东省佛山市顺德区地税局深入“纳税大户”企业调研并颁发奖座。

2013年8月20日，广东省佛山市顺德区地税局召开金税三期工程双轨试运行工作启动会。

2013年9月25日，广东省佛山市顺德区地税局举办“地税与您面对面”办税员协会交流活动，邀请各镇（街）办税员代表到该局参观和座谈。

合作交流

2013年1月15日，广东省地税局与香港商报召开座谈会，共同商议进一步办好《港企税务直通车》专栏。

2013年2月19日，香港税务学会会长洪宏德（前排右五）一行到访广东省地税局进行新春团拜。广东省地税局党组书记、局长王南健（前排左五），广东省地税局党组副书记、巡视员杨楚潮（前排右四）等参与会见。

2013年4月11日，广东省国税局、地税局联合在广州举办“税收开放日”活动。广东省省委常委、常务副省长徐少华（前排中）到活动现场视察指导工作。图为徐少华观看广东省国税局、地税局自助办税终端、发票在线系统和网上办税系统演示。

2013 年 2 月 19 日，广东省地税局党组成员、副局长，广州市地税局党组书记、局长揭晔（左）赠送《广州地税年鉴》给香港税务学会会长洪宏德（右）。

2013 年 5 月 29 日，深圳市地税局联合深圳青少年报社举办深圳市中小学生税收知识竞赛。

2013 年 5 月 24 日，深圳市地税局党组成员、副局长杨龙（右）代表深圳市地税局与腾讯公司签订税收宣传战略合作框架协议。

2013 年 9 月 9 日，深圳市地税局党组成员、副局长徐金强（左三）带队赴香港税务局调研。

2013 年 9 月 27 日，深圳市地税局党组成员、副局长林伟明（右）代表深圳地税与深圳海关缉私局签署联合打击走私和违反地方税收管理行为合作备忘录。

2013 年 4 月 12 日，香港税务学会到广东省珠海市地税局座谈交流。

2013年6月8日，广东省珠海市地税局党组书记、局长赵平（右三）到茂名市、湛江市挂点扶贫单位开展扶贫调研。

2013年4月22日，广东省汕头市龙湖区地税局联合区国税局在丰泽庄卜蜂莲花购物广场门口举办税法咨询暨发票抽奖活动。

2013年4月24日，广东省汕头市澄海区国税局、地税局联合在澄海区税收宣传教育基地——澄海职业技术教育中心举办送税法进校园活动。

2013年12月25日，广东省汕头市地税局组织业务骨干到汕头市房地产行业协会举办房地产行业专题税法讲座。

2013年2月27日，广东省佛山市地税局与市检察院反贪局开展预防渎职交流。

2013年9月25日，广东省韶关市地税局与佛山市地税局进行"一帮一"帮扶工作交流。

2013年3月19日，广东省韶关市地税局到韶铸集团开展“连心桥”活动。图为韶关市地税局党组书记、局长王中高（中）在车间调研。

2013年4月11日，广东省河源市国税局、地税局联合举行“人大代表、政协委员走进税收”座谈会。

2013年4月1日，广东省梅州市地税局开展税法进校园税收宣传活动。

2013 年 4 月 9 日，广东省惠州市地税局联合惠州市国税局举办 2012 年度纳税百强授匾发布会。

2013 年 4 月 14 日，广东省惠州市地税局联合惠州学院举办“情系惠民 关注税法”——2013 年税收宣传基地系列活动启动仪式。

2013 年 6 月 18 日，广东省惠州市地税局联合惠州学院举办辩论赛。

2013年6月19日，广东省汕尾市地税局党组成员、副局长孙彦浩（后排右三）和汕尾市国税局相关同志带队联合走访了全市首家筹备上市的重点税源企业——信利有限公司，围绕转型升级和创新发展主题，主动上门服务开展税务辅导，从公司实际税务需求入手，帮助解答A股上市相关问题。

2013年12月9日，广东江门市地税局党组书记、局长王毅（左二）带队到“一帮一”对口帮扶单位——汕尾陆丰市地税局、陆河县地税局调研交流帮扶工作。王毅一行在汕尾市地税局、陆丰市地税局相关人员的陪同下，深入对口帮扶点陆丰地税大安分局了解情况，研讨相关帮扶措施。

2013年7月30日，广东省东莞市公安地税联合执法工作会议召开，进一步加强公安地税联合执法工作。

2013 年 8 月，广东省东莞市镇街一级警税联合执法办公室挂牌成立，进一步加大公安地税联合执法力度。

2013 年 6 月 14 日，广东省中山市地税局联合市国税局开展走访重点税源企业活动。

2013 年 5 月 17 日，广东省江门市地税局举办大学生税收辩论赛。

2013年9月13日，广东省江门市地税局党组书记、局长王毅（左二）上线江门人民广播电台“民声热线”直播节目。

2013年6月28日，广东省阳江市国税局、地税局联合组成调研小组到广东广青金属科技有限公司走访调研。

2013年4月1日，广东省湛江市地税局对企业开展税收优惠政策宣讲会。

2013年4月1日，广东省茂名市国税局、地税局联合召开中小微企业税企座谈会，拉开税收宣传月活动序幕。

2013年9月3日，广东省茂名市国税局、地税局召开联席会议，研究双方合作项目事宜。

2013年4月，广东省肇庆市国税局、地税局联合梧州市国税局、地税局开展肇梧合作税法宣传走进“粤桂合作特别试验区”活动。

2013年4月20日，广东省肇庆市国税局、地税局联合6所税收宣传基地学校举办"一战到底"税收知识擂台赛。

2013年4月1日，广东省清远市地税局联合清远市国税局在清远嘉福工业园区举办了全市2013年税收宣传月暨"走基层、讲政策、送优惠"活动启动仪式。

2013年7月3日，广东省作协地税分会第一届第一次理事会在清远市成功召开。广东省地税局党组成员、副局长，广州市地税局党组书记、局长，广东省作协地税分会主席揭晔（正排左）参加了会议。

2013年6月，广东省清远市地税局联合市检察院打造的“廉洁共建防风险　税检共建促和谐”为主题的《中华人民共和国刑法》专题展板，打造税检共建新平台。

2013年7月3日，由广东省作家协会地税分会主办、清远市地税局协办的韩愈诗词鉴赏会及诗朗诵会在清远市地税局举行。

2013年9月18日，广东省潮州市地税局与国税局首次联合参与由潮州市政府纠风办和潮州广播电台主办的“政风行风热线”节目直播活动，在线倾听群众呼声、答疑释惑，搭建税务部门与纳税人之间平等交流、公开对话的互动平台。

2013年4月，广东省揭阳市地税局在全市主要楼盘售楼部、房产中介营业点、中行、农行等银行的住房按揭中心及房管部门房产交易大厅设置税法宣传区，进一步普及房地产业税收知识，将税收宣传覆盖房地产交易全流程。

2013年11月28日，广东省梅州市、揭阳市地税局联合在揭阳市举行体育友谊系列比赛。

2013年4月1日，广东省云浮市国税局、地税局联合举办税收宣传月启动仪式和税收优惠政策宣讲会。

2013年5月16日，广东省云浮市地税局向云浮市公安局捐赠30套集群式对讲机，以便公安部门更好地开展工作。

2013年3月20日，广东省珠海市横琴新区地税局党组书记、局长罗增庆（左一）带队到安徽省芜湖市国税局、地税局、宣城市地税局和江苏省苏州工业园区、无锡市地税局开展税收征管改革学习调研。

2013年3月28日，广东省珠海市横琴新区国税局、地税局召开2013年第一次联席会议，就联合开展税收宣传、推进社会综合治税、推进新区信息共享平台建设等事项进行研究并达成共识。

2013年10月18日，广东省珠海市横琴新区地税局党组书记、局长罗增庆（左一）带队到苏州工业园区地税局、南通市地税局开展数据分析应用、控管税收风险和队伍建设等方面学习交流。

2013年8月28日，广东省佛山市顺德区地税局联合国税局推动已建总商会的所有镇街分别成立办税员协会，积极构建税务协同共治新格局。

2013年5月11日，广东省佛山市顺德区地税局联合区国税局、教育局举办校园税收宣传志愿者大型宣传活动。

基层风采

共青团中央命名276个青年集体为2011—2012年度全国青年文明号，全省国税、地税系统共有5家单位获此殊荣，其中3家单位为广东省地税系统。图为2013年3月25日，广东省地税局党组副书记、巡视员杨楚潮（左二）向广州开发区地税局获奖者授匾。

2013年1月30日，纳税人到广州市荔湾区地税局赠送牌匾，表扬廖艳娣（左）工作热情周到。

2013年4月12日，广州市第四稽查局协同白云区地税局等四个单位在林安物流园组织了主题为“营造和谐征纳关系、助推物流企业发展”的大型户外税收宣传活动。

2013年4月18日，广州市增城市地税局联合增城市政协、增城市国税局在市政协成功举办“政协委员税法大讲堂”税收宣传系列活动。

2013年5月21日，广州市地税局组织税企参观24小时服务厅。

2013年4月21日，广州市地税局志愿者为四川雅安地震灾区祈福。

2013年5月27日，广州市地税局在广州市西关外国语小学举办“税法进校园”活动。

2013年8月14日，“0606发票专项检查”行动现场，广州市地税局第三稽查局办案人员在企业开展检查。

2013年10月15日，广州市地税局第二稽查局举办“把事情做到最好”主题访谈活动。

2013年11月13日，人大代表参观广州市地税局规费服务中心。

2013年3月20日，深圳航空向深圳市宝安区地税局福永税务所赠送锦旗。

2013年4月28日，深圳市宝安区地税局工作人员到U站向市民提供地方税收法律法规咨询辅导。

2013年12月10日，深圳市地税局纳税服务局纳税服务志愿者到福田中心区宣传税收知识。

深圳市地税局驻市行政服务大厅地税窗口积极开展政风行风评议活动，为纳税人提供优质服务。

深圳市光明新区地税局推出领导值班制度，及时高效解决纳税人各类疑难问题。

2013年3月1日，广东省珠海市拱北地税局郑雯在“德行珠海”珠海市道德故事演讲大赛决赛中获得三等奖。

2013年3月7日，广东省珠海市香洲区地税局南湾分局管理二组荣获珠海市妇女联合会授予的珠海市“三八红旗集体”称号。

2013年5月22日，在广东省珠海市扶贫开发暨幸福村居建设及农业农村工作会议上，珠海市地税局党组书记、局长赵平（前排左三）代表该局上台领取珠海市扶贫开发“规划到户责任到人”工作先进单位奖项。

2013年10月28日，广东省珠海市地税局红山爱乐合唱团参加第五届珠海合唱节，获得机关组专场赛金奖（第二名）和总决赛银奖。

2013年11月28日，广东省珠海市地税局召开共青团珠海市地方税务局第五次代表大会，选举出新一届委员会委员。

2013年6月28日，广东省汕头市潮南区地税局举办“道德讲堂”宣讲活动。

2013年8月17日，受台风“尤特”环流影响，广东省汕头市潮南区普降大雨、暴雨，部分江河漫堤决堤，遭遇几十年一遇的严重洪涝灾害。潮南区地税局积极响应当地党委、政府关于抗洪救灾工作的部署，迅速成立青年抗灾突击小组，对受灾严重的陈店镇范溪村全力进行救助。

2013年8月31日至11月15日，广东省汕头市举行市直机关第一届运动会。汕头市地税局在游泳、乒乓球、羽毛球等项目12个奖项比赛过程中赛出了水平，赛出了形象。

2013年9月25日，广东省汕头市地税局举办“创建全国文明单位从我做起”主题演讲比赛，来自全市地税系统各基层单位共10名选手参加了比赛。

2013 年 3 月 28 日，广东省地税局党组副书记、巡视员杨楚潮（左）到佛山市为全国“青年文明号”单位禅城张槎分局授匾。

2013 年 4 月 24 日，广东省佛山市高明区地税局联合团区委、区沧江工业园科技企业创业中心等单位举办高明区首届青年创业大赛。

2013 年 5 月 29 日，广东省佛山市地税局南海西樵分局联合镇教育局开展中小学“至善小天使”夏令营活动。

2013 年 9 月，广东省佛山市地税局三水西南分局搭建“聚能营”探索学习新模式得到广东省地税局党组书记、局长王南健批示肯定。图为该局征收组利用班前、班后会开展业务学习。

2013年4月23日，广东省韶关市地税局12366管理中心被韶关市总工会评为“粤北女职工文明岗”，被韶关市妇联评为“市巾帼文明岗”。图为韶关市地税局党组成员、副局长陈红光（右一）、副局长苏韶娟（右三）在揭牌仪式上。

2013年11月29日，广东省韶关市地税局举办机关运动会，市区全体地税干部职工参加。图为运动会节目《扇子舞》。

2013年10月28日，广东省河源市地税局举行“道德讲堂”第二讲暨“地税情中国梦”演讲比赛。

2013 年 8 月 29 日，广东省梅州市地税局在平远县召开地税系统文化建设现场会。

2013 年 4 月 17 日，广东省汕尾市地税局在市武警支队训练基地召开“强素质 正作风 树形象”军训动员大会。

2013 年 5 月 8 日，广东省汕尾市海丰县地税局在海丰中学举行“大家手拉手　税法齐遵守”税法知识进校园活动，主要开展了共唱一台戏、许下一个承诺、传递一封信、读好一本书、讲活一堂课的“五个一”活动。图为地税干部为学生上税法知识课。

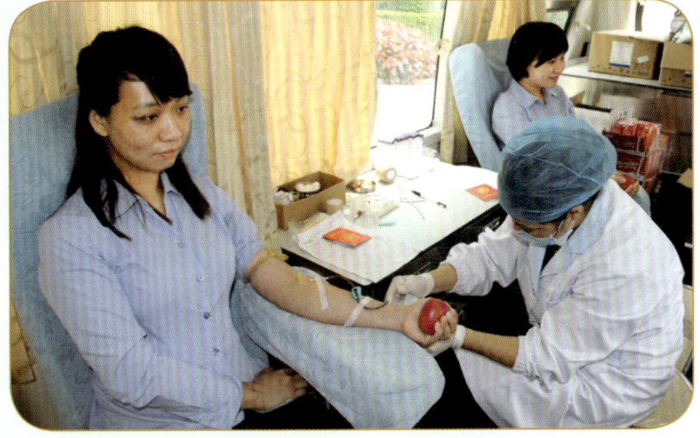

2013 年 5 月 13 日，广东省汕尾市地税局组织开展自愿无偿献血活动，市局机关 30 多名干部职工加入献血行列，共无偿献血超过 10000 毫升。

2013年9月22日，超强台风“天兔”正面袭击广东省汕尾市，给广大企业造成巨大损失。汕尾市城区地税局迅速行动，主动上门走访受灾企业，调研了解损失情况，开展灾后复产重建税收优惠政策的宣传辅导，搭建起一座税企“连心桥”。

广东省汕尾市陆丰市地税局稽查局积极组织学习电子查账软件的运用操作，并应用于实际稽查工作中，提高稽查办案工作效率。图为2013年9月，稽查人员学习研讨电子查账软件操作。

广东省汕尾市陆河县地税局办税服务厅工作人员更新纳税服务理念，简化办税流程，提高服务质量，得到社会各界和广大纳税人的好评，于2013年4月被广东省总工会授予“广东省工人先锋号“荣誉称号。图为该服务厅工作人员热忱为纳税人提供细致服务。

2013 年，广东省东莞市地税局全面推广自助办税服务终端，实现自助办税服务终端覆盖全市所有地税办税服务厅。图为税务人员向纳税人介绍如何使用自助办税服务终端。

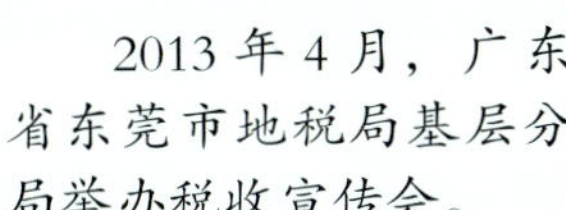

2013 年 4 月，广东省东莞市地税局基层分局举办税收宣传会。

2013 年 4 月 23 日，广东省东莞市地税局干部送税法到企业，让纳税人能及时了解相关法规政策。

2013 年 10 月 11 日，广东省东莞市地税局税务干部认真为纳税人办理纳税事项。

2013 年 4 月 27 日，广东省中山市地税局开发区税务分局在该区第三小学揭牌成立中山市首个税法宣传示范学校。

2013 年 1 月 28 日，广东省江门市地税局举行岗位业务能手标兵表彰大会。

2013 年 4 月 18 日，税法进校园暨“阳江高新区地税杯”青少年书画大赛现场。

2014 年 4 月 21 日，广东省阳江市阳春市春湾分局到春湾镇中心小学开展“送税法进校园”活动。

2014 年 5 月 4 日，广东省阳江市阳春市地税局团支部组织青年志愿者到潭水镇三塘小学开展“地税青年捐书助学，五四精神薪火相传”活动。

2013 年 8 月 22 日，广东省阳江市阳西县地税局举行廉政教育基地揭幕仪式。

2013 年 4 月 16 日，广东省湛江市地税局工作人员到企业为职工讲解社会保险知识。

2013 年 11 月 18 日，广东省湛江市地税局接受全国总工会“全国模范职工之家”职工书屋授匾。

2013 年 8 月 23 日，广东省湛江市地税局认真开展扶贫“双到”工作。

2013 年 3 月 5 日，广东省茂名市化州市地税局开展“学雷锋一条街”志愿服务暨税法宣传活动。

2013 年 4 月 1 日，广东省茂名市电白县地税局开展税法宣传进企业活动。

2013 年 5 月 9 日，广东省茂名市电白县地税局林头分局税管员深入厂区开展漏征漏管户清查工作。

2013 年 10 月 18 日，广东省茂名市高州市地税局党组书记、局长王育波（正排左二）在领导接访日接访基层干部。

2013年4月15日，广东省清远市清城区地税局凤城分局将税收宣传与纳税服务紧密结合，在该分局办税服务大厅举办“纳税服务体验日”活动。

2013年4月25日，广东省清远市连南县地税局瑶汉双语纳服志愿队到当地瑶族移民新村开展少数民族税收宣传活动。

2013年2月1日，广东省潮州市地税局书画社开展“迎新春，送春联”活动，共计送出春联100余副，既丰富了文化团队生活，又增添了欢乐祥和的节日气氛。

2013年6月24日，广东省潮州市地税局税费宣讲团深入饶平县金利佳机电有限公司召开税费政策宣讲座谈会，并现场解答税费热点问题，发放税费知识宣传资料及环保购物宣传袋。

2013年7月18日，广东省潮州市地税局党组书记、局长张振宇（左二）带领班子成员及机关党委各党（总）支部负责人等一行到扶贫工作挂钩村饶平县联饶镇胶墩村开展调研活动。

广东省揭阳市地税系统参加民主评议政风行风单位继2010年和2011年名列当地第一之后，2013年在民主评议政风行风活动中再度名列当地第一。

2013年3月27日，广东省云浮市地税局开展“税法进校园”暨助学捐赠活动。

2013年6月1日，广东省云浮市地税局为干部职工子女举办六一游园活动。

2013年8月8日，广东省云浮市地税局党组成员、副局长郭仲均（右二）到云安县六都镇兴乐村实地调研生态文明村建设情况。

2013年8月8日，广东省云浮市地税局组织干部职工参加市直机关“全民健身日”自行车骑行活动。

2013年4月1日，广东省珠海市横琴新区地税局党组书记、局长罗增庆（左一）、国税局局长卢日扬（左二）一同起率队走访横琴长隆等重点项目建设现场，开展现场办公，解决企业涉税问题。

2013年4月15日，广东省珠海市横琴新区国税局、地税局联合举办“税宣进校园”活动，在横琴中学为税收宣传基地揭牌，并为“和谐税收，腾飞横琴”书画征文比赛的获奖学生颁发奖状。

2013年4月28日，广东省珠海市市委、市政府召开“庆祝‘五一’国际劳动节暨劳动模范和先进集体表彰大会”，横琴新区局办税服务厅荣获“广东省工人先锋号”称号，蔡永清（左）荣获“珠海市先进工作者”称号。

2013年5月29日，广东省珠海市横琴新区地税局举行篮球主题文体活动。

2013 年 8 月 9 日，纳税人赠送“高效服务”锦旗，表扬横琴区国税局、地税局办税服务厅积极开展联合办证、联合咨询辅导、联合税收宣传等一系列创新举措。

2013 年 8 月 26 日，广东省珠海市琴新区办税厅迎来征管改革实施后的首个办税高峰期，办税厅前台人员耐心解释引导。

2013 年，广东省佛山市顺德区地税局大良分局积极开展公民道德修养课堂活动，全面提高员工思想道德素质和职业道德水平。

2013 年 3 月，广东省佛山市顺德区地税局均安分局成立巾帼义工服务队，积极开展社会公益服务。

2013 年 4 月 19 日，广东省佛山市顺德区地税局杏坛分局在税收宣传基地举办“唱响税收，给力青春”校园红歌拉歌大赛。

2013年4月26日，广东省佛山市顺德区地税局基层分局积极举办"税收开放日"活动。

2013年9月26日，广东省佛山市顺德区地税局参加了全区《反腐倡廉综艺五句半》创作表演大赛。

2013年4月27日，广东省佛山市顺德区地税局北滘分局开展青年企业走访活动。

数字地税

1994—2013年广东省地方税务局税收收入和增长情况

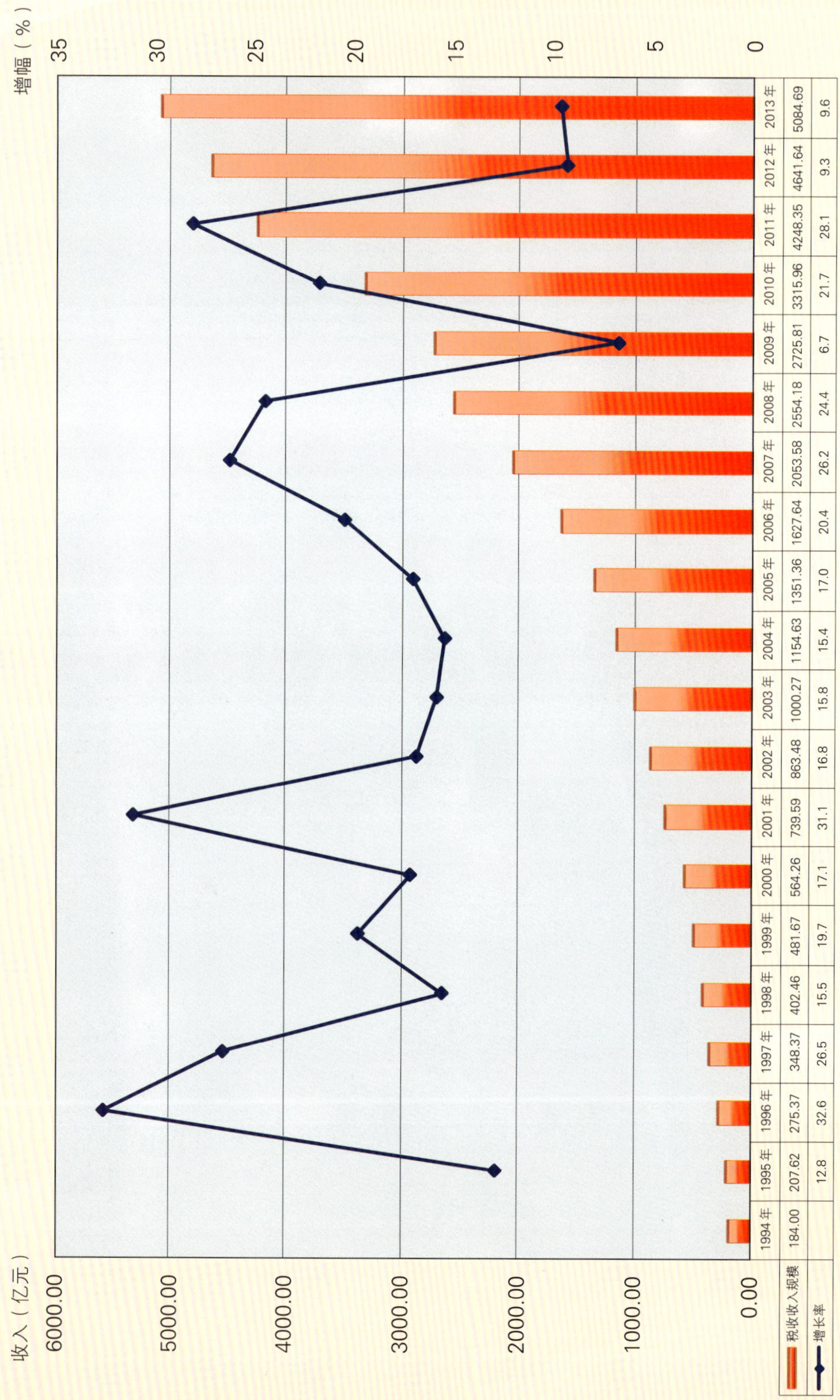

收入（亿元）：6000.00　5000.00　4000.00　3000.00　2000.00　1000.00　0.00

增幅（%）：35　30　25　20　15　10　5　0

	1994年	1995年	1996年	1997年	1998年	1999年	2000年	2001年	2002年	2003年
税收收入规模	184.00	207.62	275.37	348.37	402.46	481.67	564.26	739.59	863.48	1000.27
增长率		12.8	32.6	26.5	15.5	19.7	17.1	31.1	16.8	15.8

	2004年	2005年	2006年	2007年	2008年	2009年	2010年	2011年	2012年	2013年
税收收入规模	1154.63	1351.36	1627.64	2053.58	2554.18	2725.81	3315.96	4248.35	4641.64	5084.69
增长率	15.4	17.0	20.4	26.2	24.4	6.7	21.7	28.1	9.3	9.6

1994—2013年广东省地方税务局税收收入（不含契税、耕地占用税）和增长情况

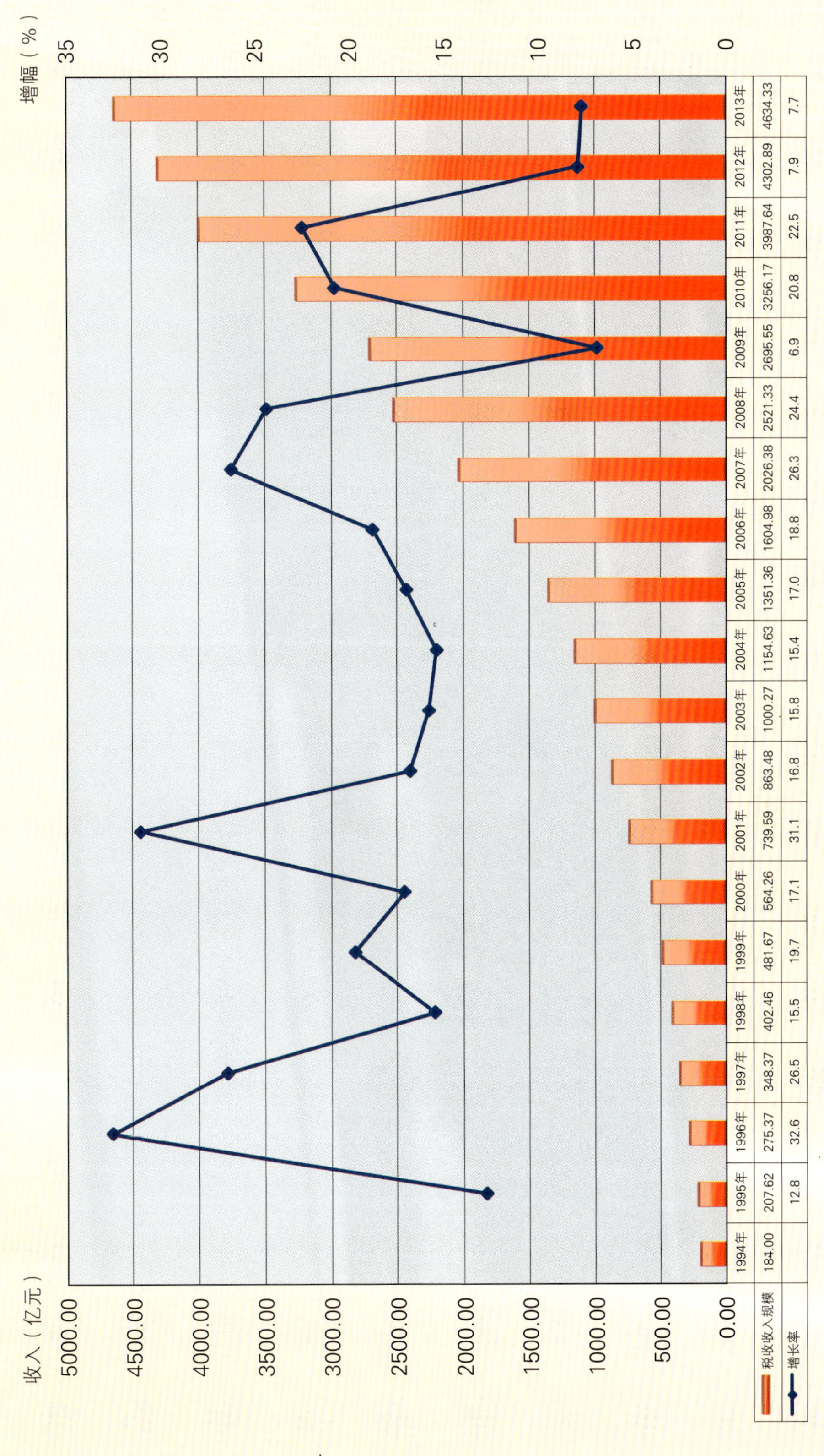

	1994年	1995年	1996年	1997年	1998年	1999年	2000年	2001年	2002年	2003年	2004年	2005年	2006年	2007年	2008年	2009年	2010年	2011年	2012年	2013年
税收收入规模	184.00	207.62	275.37	348.37	402.46	481.67	564.26	739.59	863.48	1000.27	1154.63	1351.36	1604.98	2026.38	2521.33	2695.55	3256.17	3987.64	4302.89	4634.33
增长率		12.8	32.6	26.5	15.5	19.7	17.1	31.1	16.8	15.8	15.4	17.0	18.8	26.3	24.4	6.9	20.8	22.5	7.9	7.7

2000—2013 年广东省地方税务局社会保险基金收入和增长情况

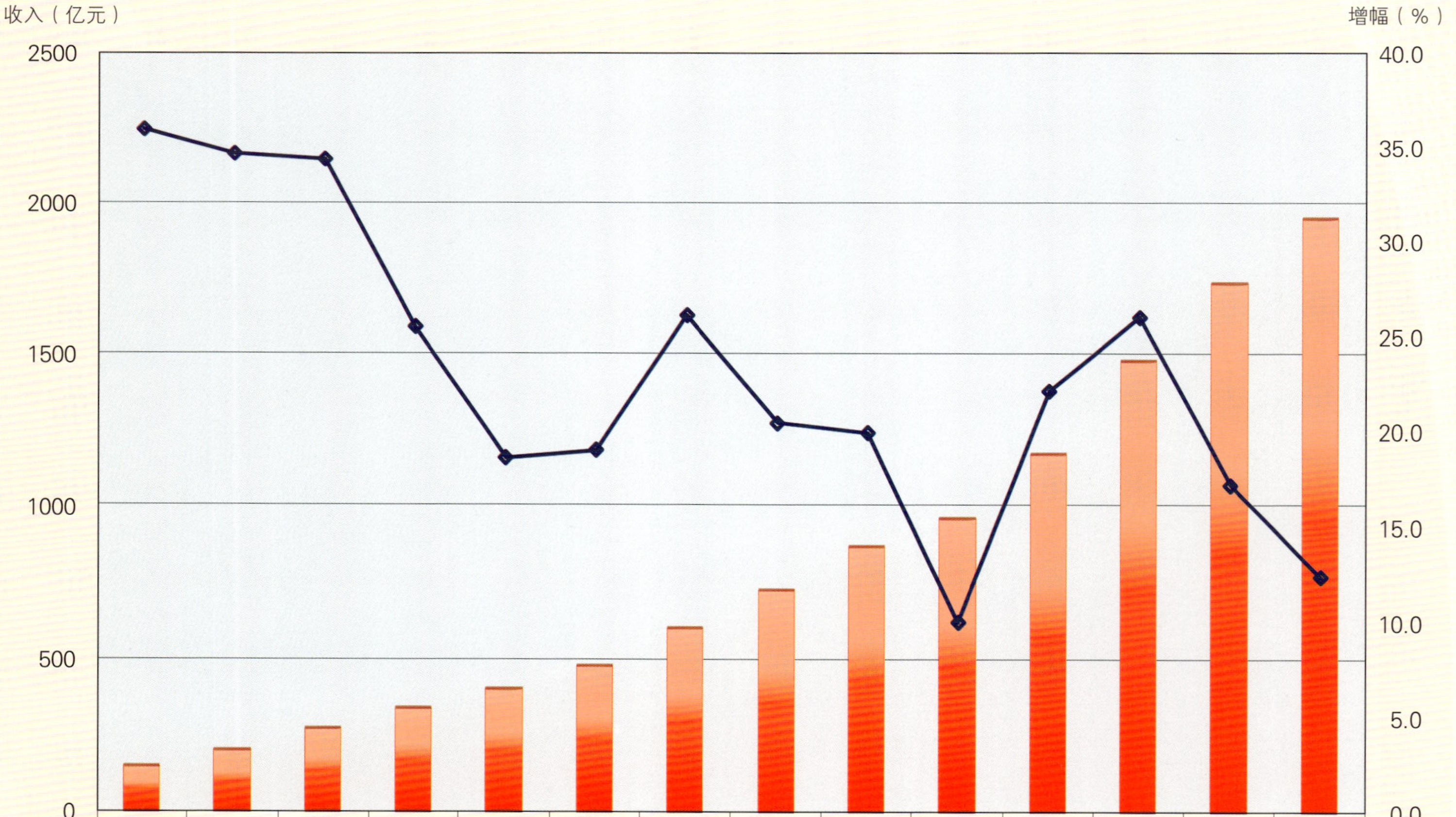

收入（亿元）

增幅（%）

	2000年	2001年	2002年	2003年	2004年	2005年	2006年	2007年	2008年	2009年	2010年	2011年	2012年	2013年
社会保险基金收入规模	149.63	201.5	270.9	339.86	403.21	479.91	605.07	728.25	873.06	960.46	1172.51	1477.58	1732.42	1947.61
增长率	36.0	34.7	34.4	25.5	18.6	19.0	26.1	20.4	19.9	10.0	22.1	26.0	17.2	12.4

2013年广东省各市地方税务局税收收入情况

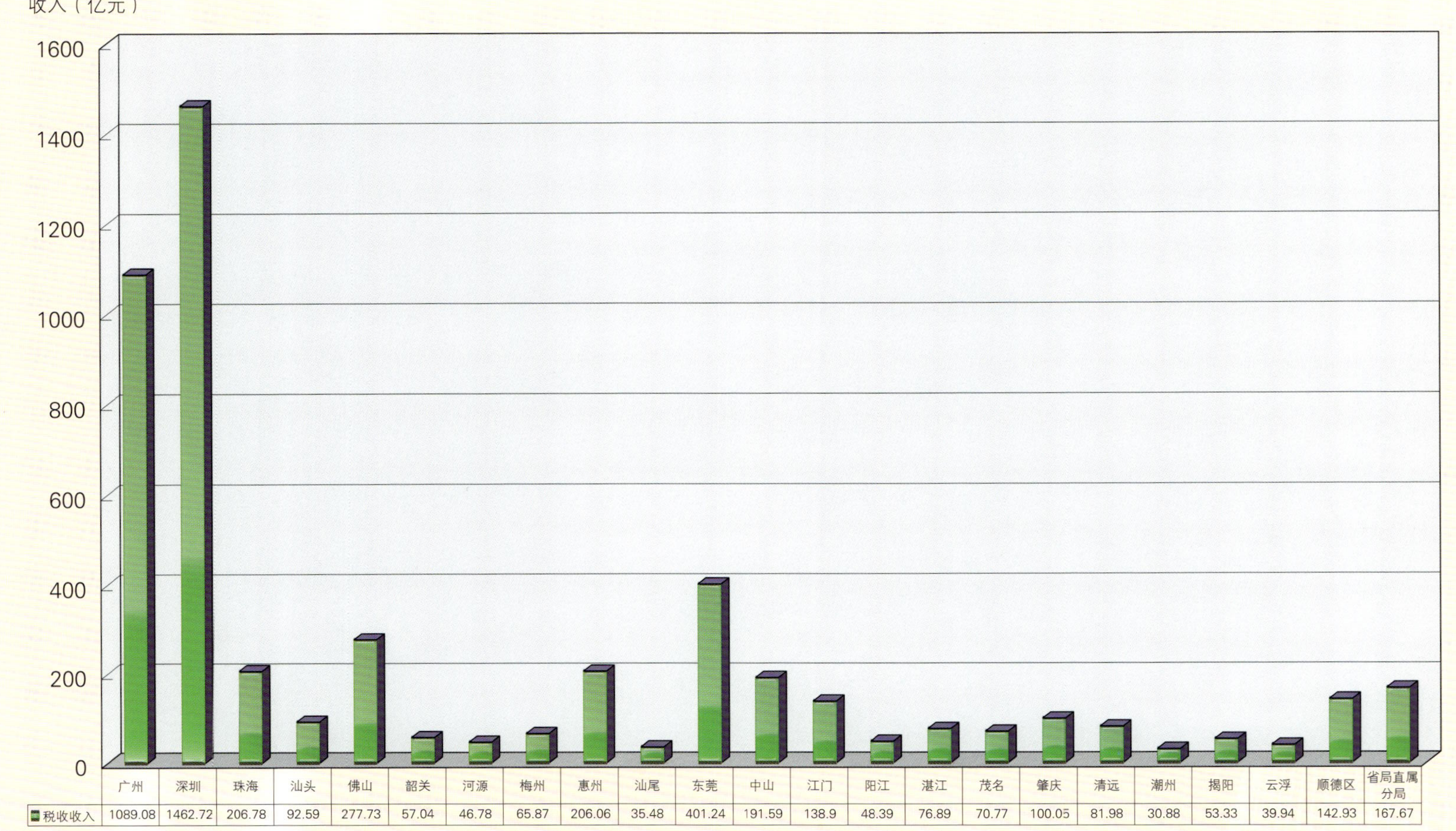

2013 年广东省地方税务局税收收入占全省 GDP 比重情况

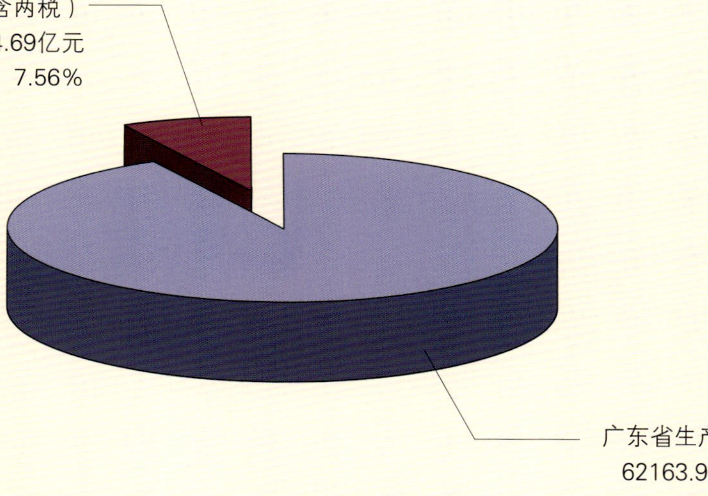

单位：亿元

广东省生产总值	62163.97
广东省地方局税收收入（含两税）	5084.69

2013 年广东省地方税务局税收收入分级次结构

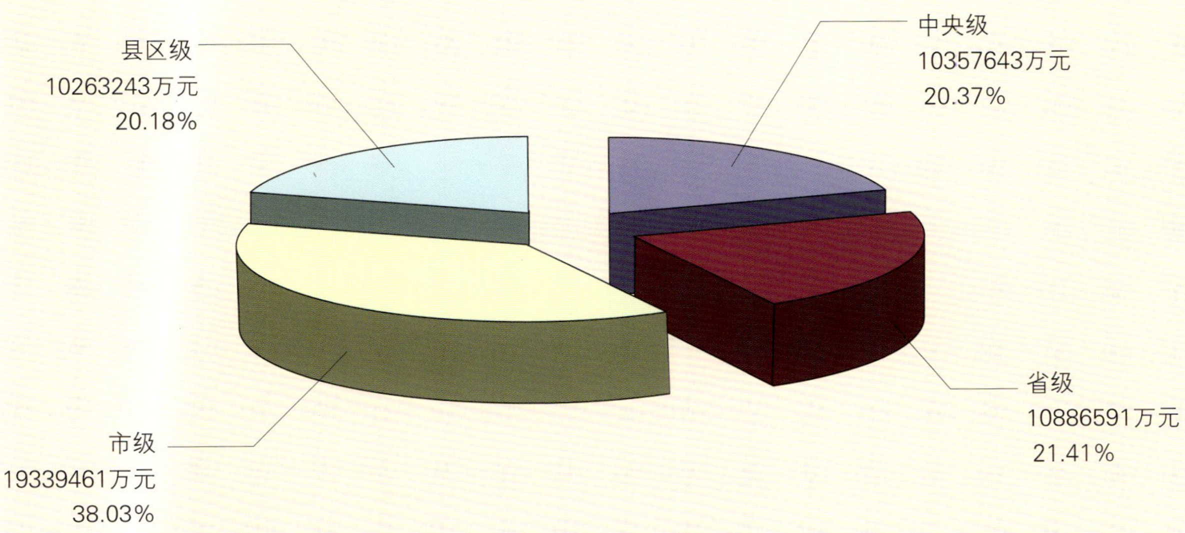

单位：万元

合计	中央级	省级	市级	县区级
50846938	10357643	10886591	19339461	10263243

2013 年广东省地方税务局税收收入分税种情况

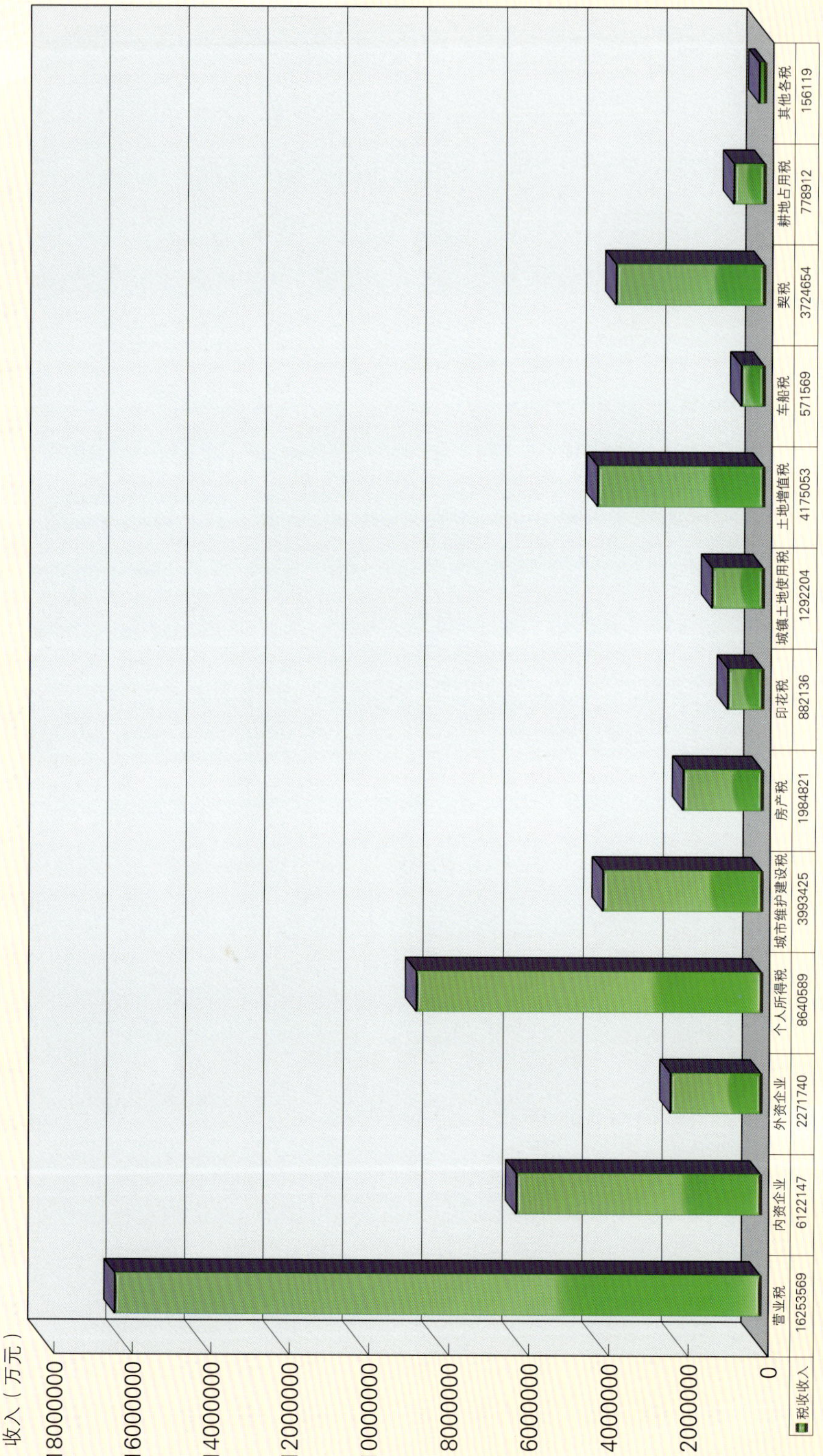

收入（万元）

	营业税	内资企业	外资企业	个人所得税	城市维护建设税	房产税	印花税	城镇土地使用税	土地增值税	车船税	契税	耕地占用税	其他各税
税收收入	16253569	6122147	2271740	8640589	3993425	1984821	882136	1292204	4175053	571569	3724654	778912	156119

2013年广东省地方税务局税收收入分税种结构

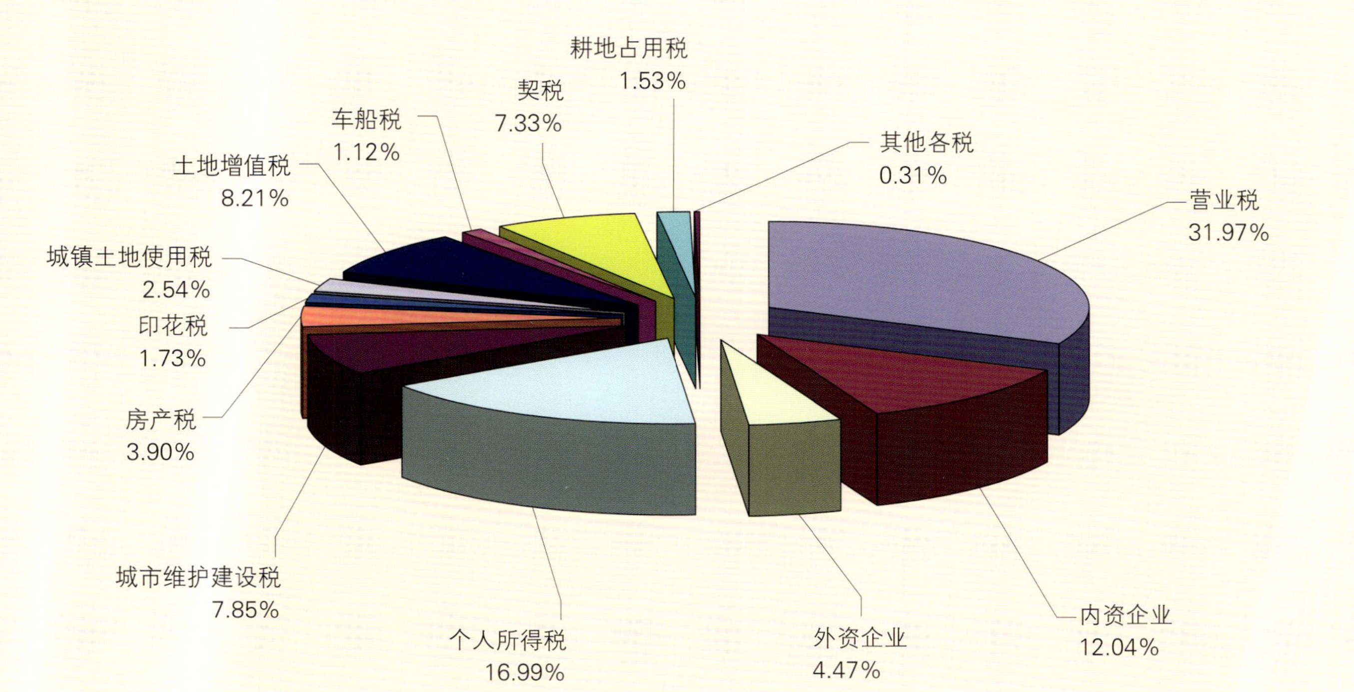

单位：万元

总计	营业税	内资企业	外资企业	个人所得税	城市维护建设税	房产税	印花税	城镇土地使用税	土地增值税	车船税	契税	耕地占用税	其他各税
50846938	16253569	6122147	2271740	8640589	3993425	1984821	882136	1292204	4175053	571569	3724654	778912	156119

2013年广东省地方税务局税收收入分区域结构

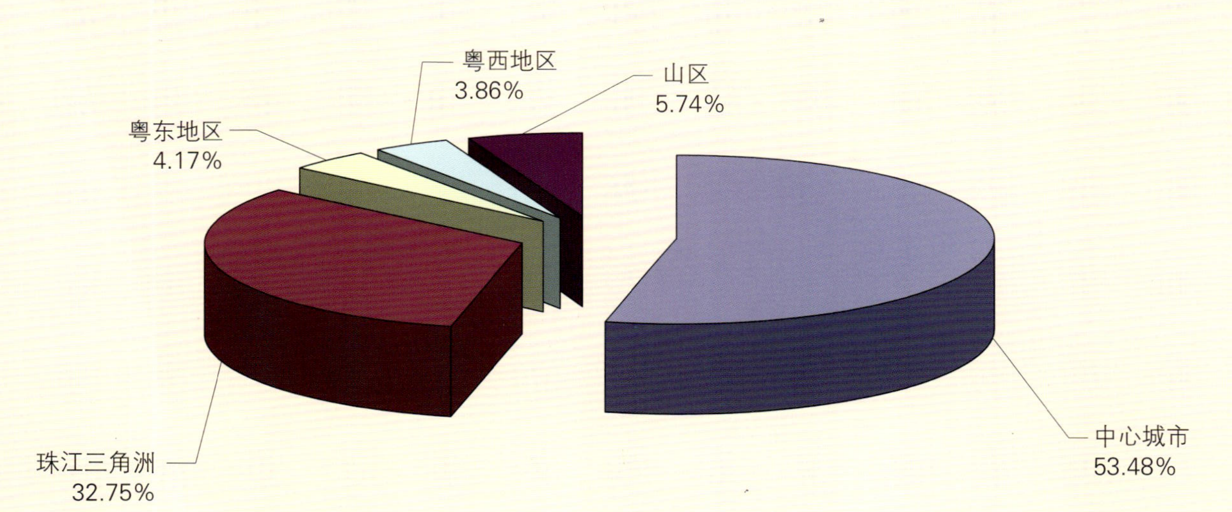

单位：万元

全省税收收入	中心城市	珠江三角洲	粤东地区	粤西地区	山区
50846938	27194712	16652845	2122734	1960460	2916187

备注：

分地区说明：中心城市为广州（含省局直属分局）、深圳；
珠江三角洲为珠海、中山、江门、佛山、东莞、惠州、肇庆、顺德；
粤东地区包括汕头、汕尾、潮州、揭阳；
粤西地区包括湛江、茂名、阳江；
山区包括韶关、河源、梅州、清远、云浮。

2013 年广东省地方税务局税收收入分产业结构

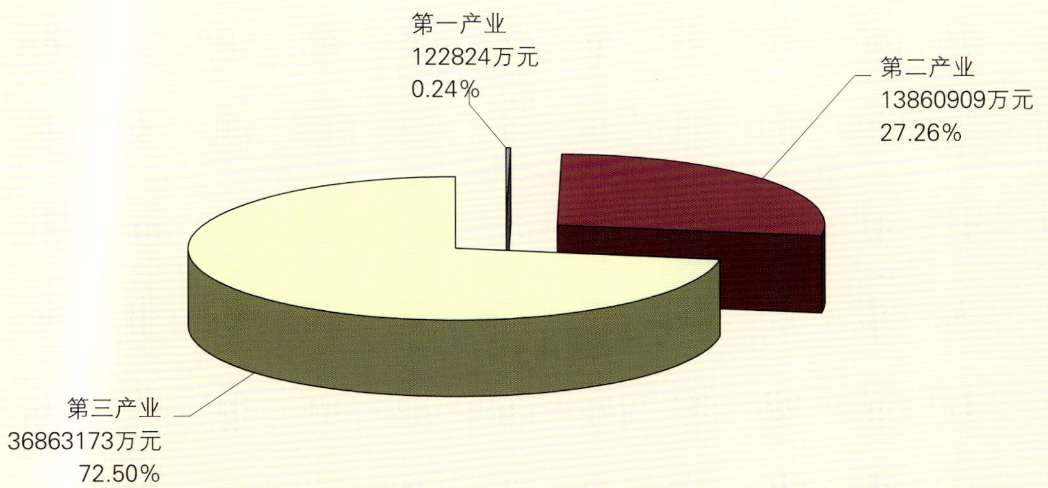

单位：万元

税收收入合计	第一产业	第二产业	第三产业
50846906	122824	13860909	36863173

2013年广东省地方税务局税收收入分企业类型结构

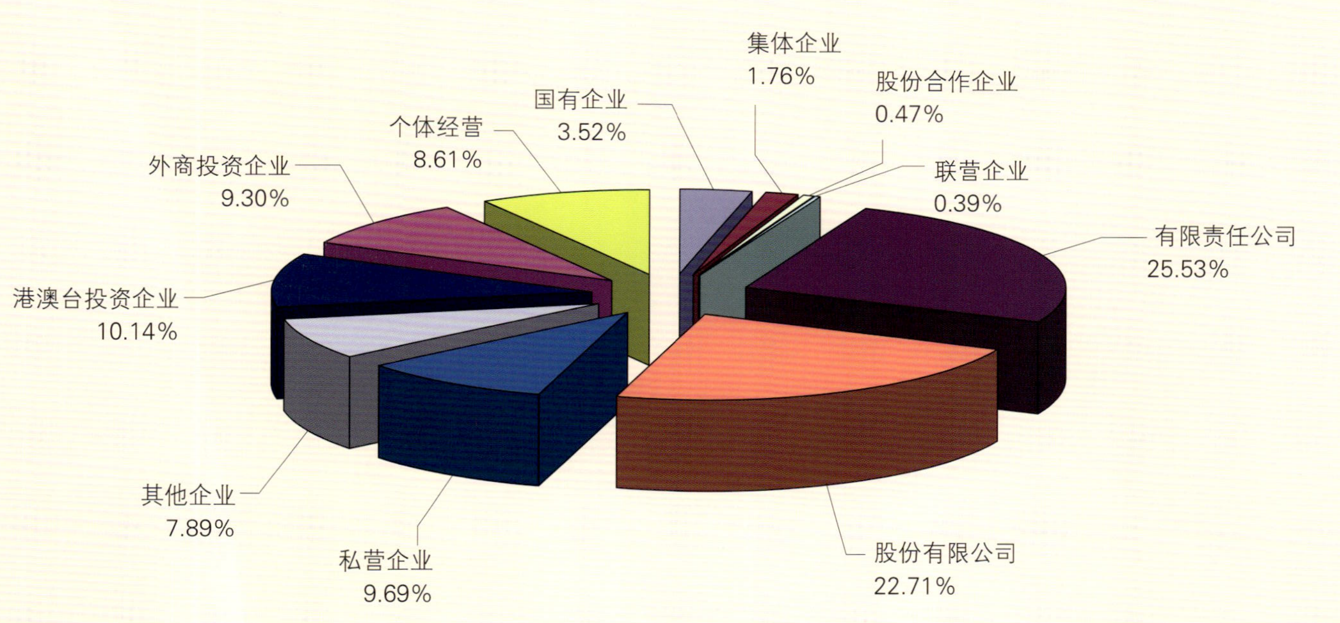

单位：万元

税收收入总计	国有企业	集体企业	股份合作企业	联营企业	有限责任公司	股份有限公司	私营企业	其他企业	港澳台投资企业	外商投资企业	个体经营
50846938	1789184	895511	240126	198550	12979333	11546453	4926366	4009466	5154586	4727820	4379543

2013年广东省各市地方税务局营业税收入情况

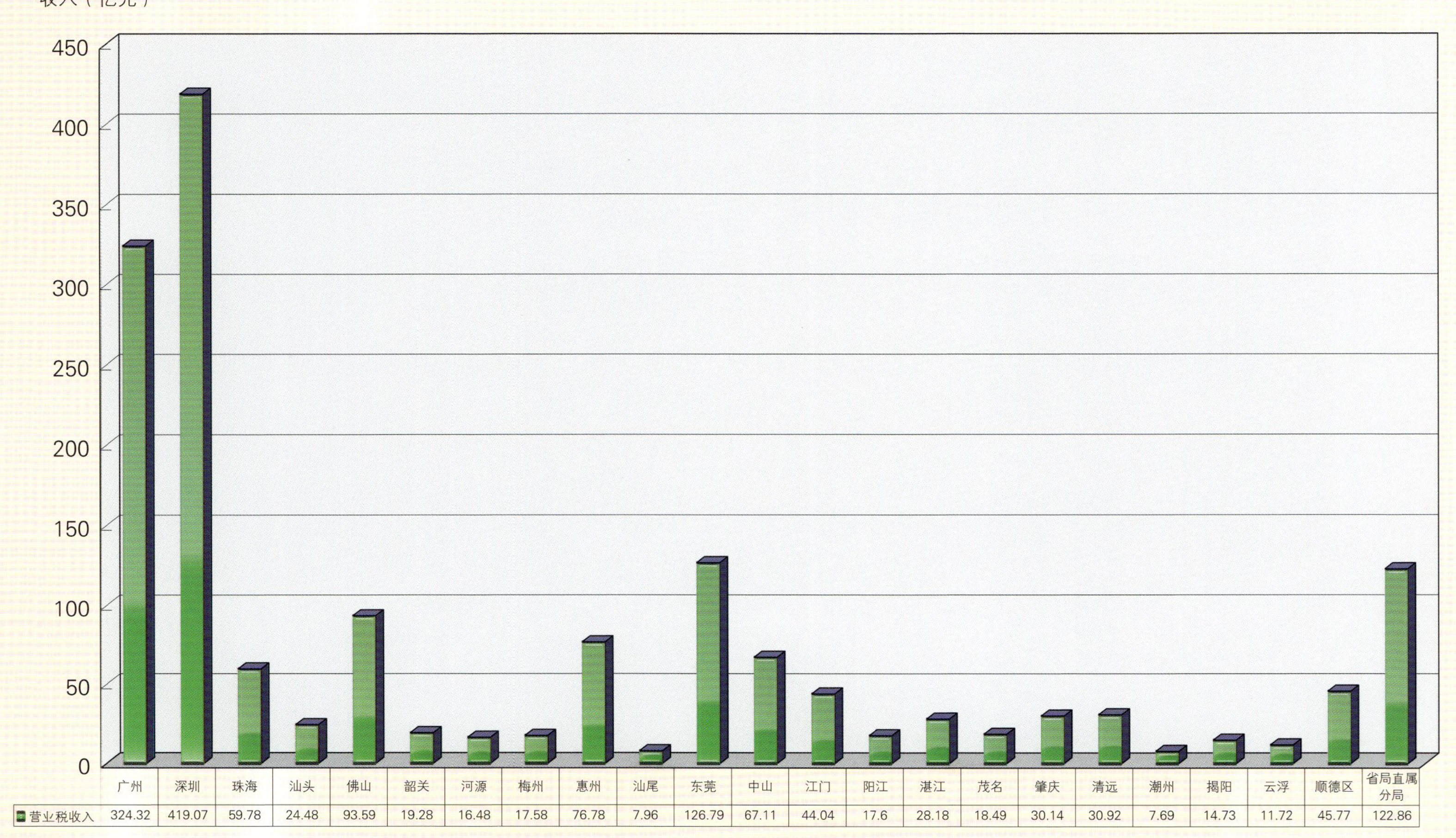

2013年广东省各市地方税务局企业所得税收入情况

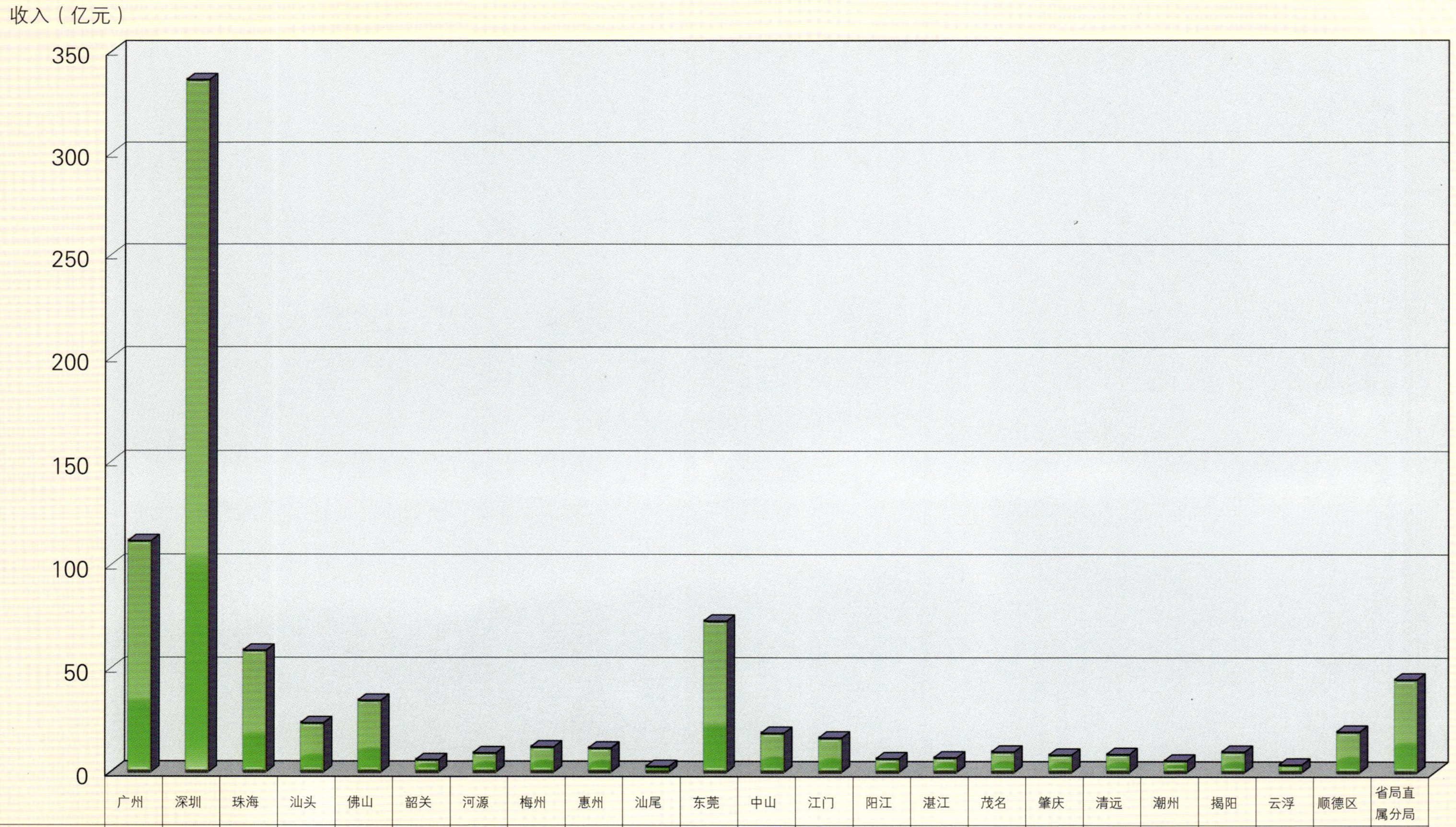

	广州	深圳	珠海	汕头	佛山	韶关	河源	梅州	惠州	汕尾	东莞	中山	江门	阳江	湛江	茂名	肇庆	清远	潮州	揭阳	云浮	顺德区	省局直属分局
企业所得税收入	111.81	335.97	58.72	23.64	34.55	5.94	9.24	12.15	11.59	2.76	73.06	18.85	16.62	6.61	7.08	9.92	8.38	8.74	5.62	9.97	3.74	19.61	44.8

2013年广东省各市地方税务局个人所得税收入情况

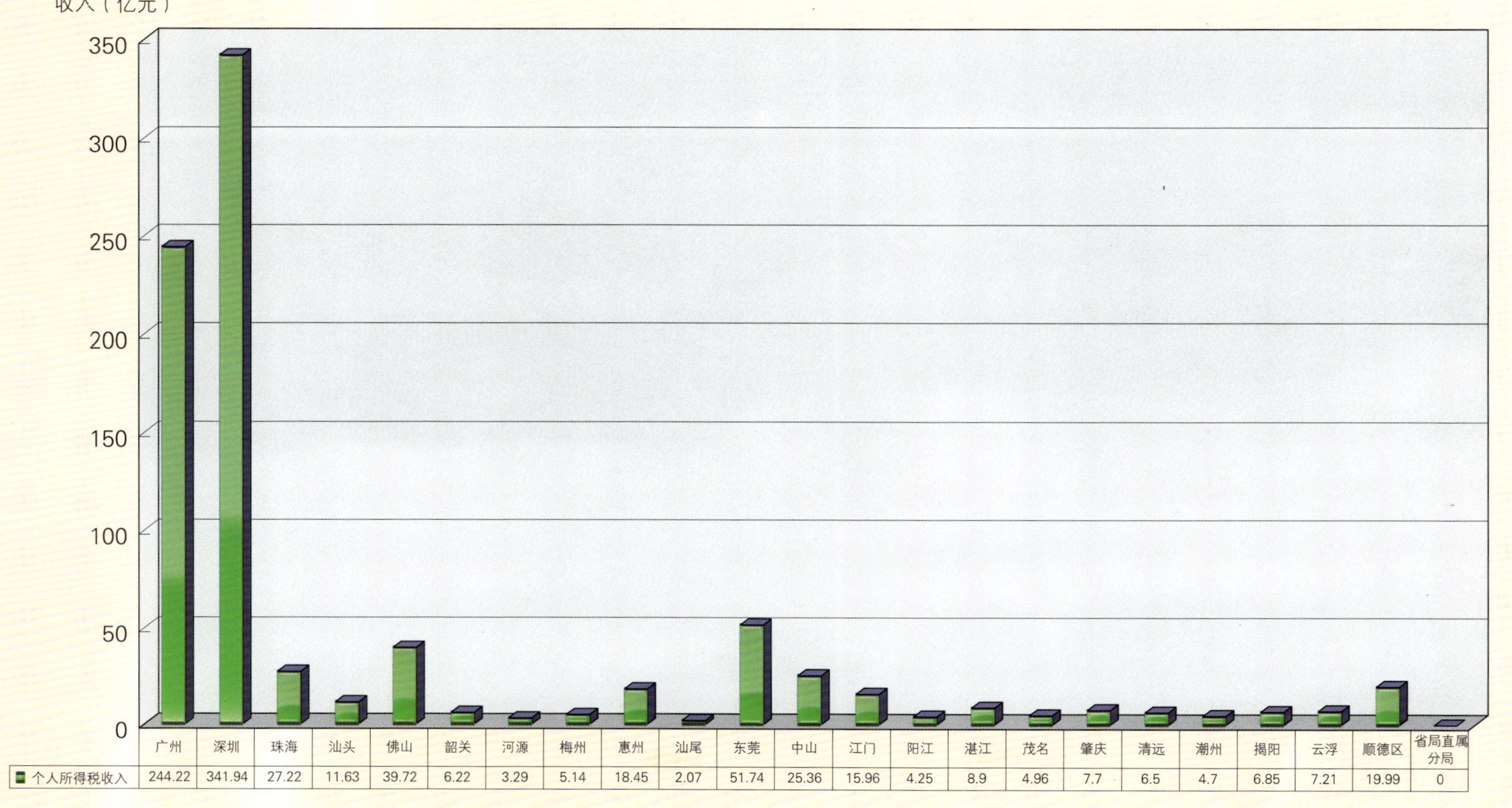

2013年广东省各市地方税务局涉外税收收入情况

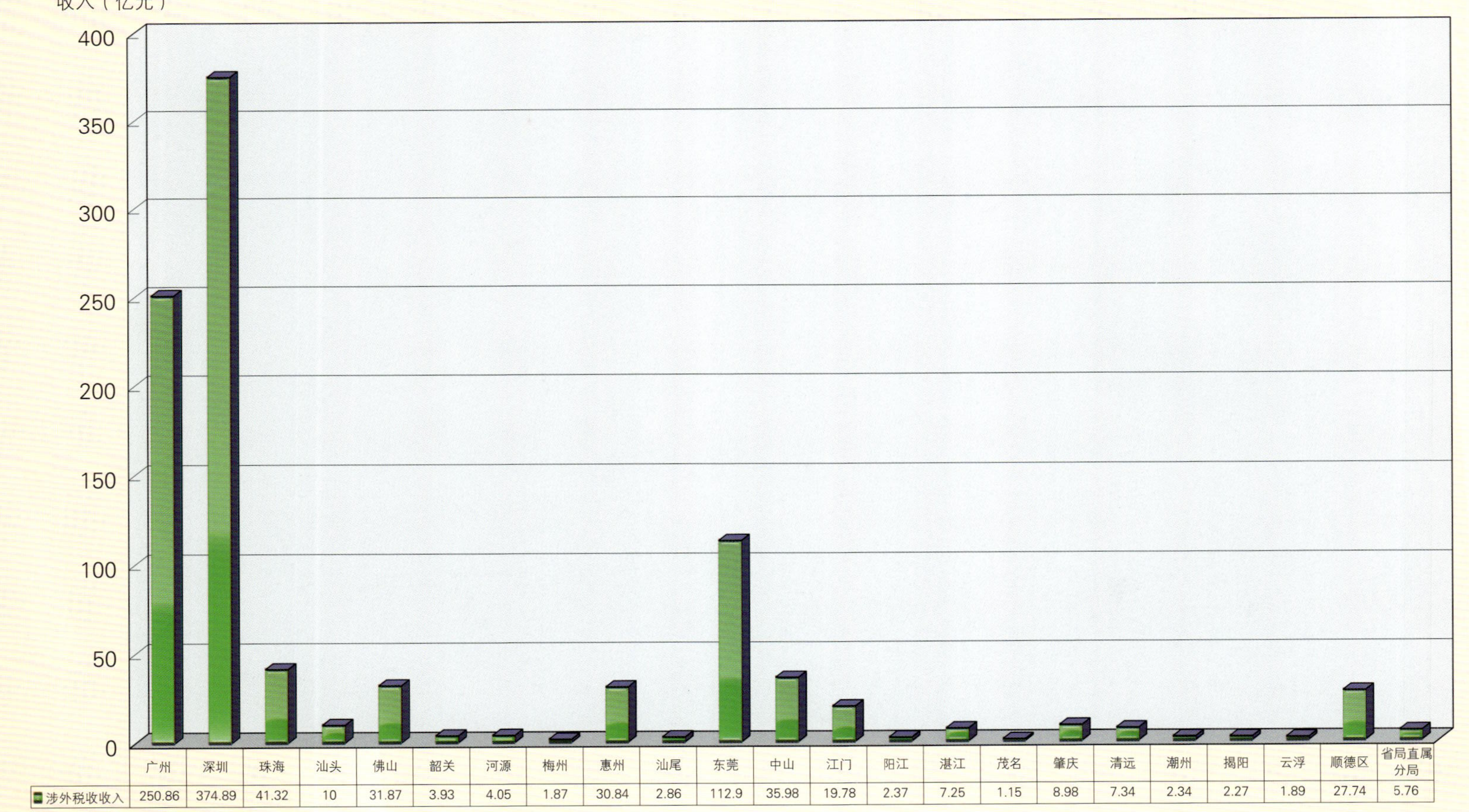

	广州	深圳	珠海	汕头	佛山	韶关	河源	梅州	惠州	汕尾	东莞	中山	江门	阳江	湛江	茂名	肇庆	清远	潮州	揭阳	云浮	顺德区	省局直属分局
涉外税收收入	250.86	374.89	41.32	10	31.87	3.93	4.05	1.87	30.84	2.86	112.9	35.98	19.78	2.37	7.25	1.15	8.98	7.34	2.34	2.27	1.89	27.74	5.76

2013年广东省各市地方税务局资源税收入情况

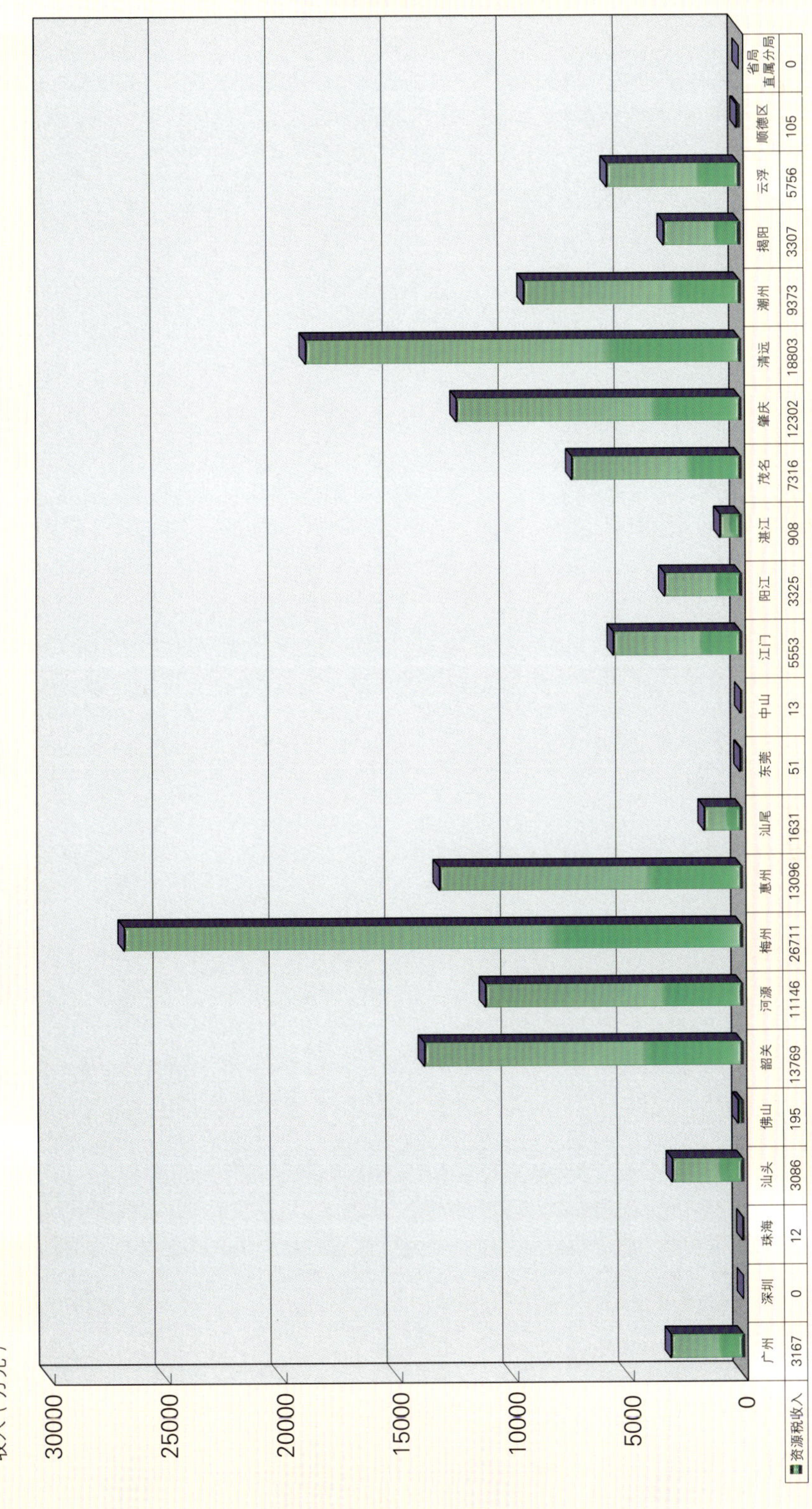

2013年广东省各市地方税务局社会保险基金收入情况

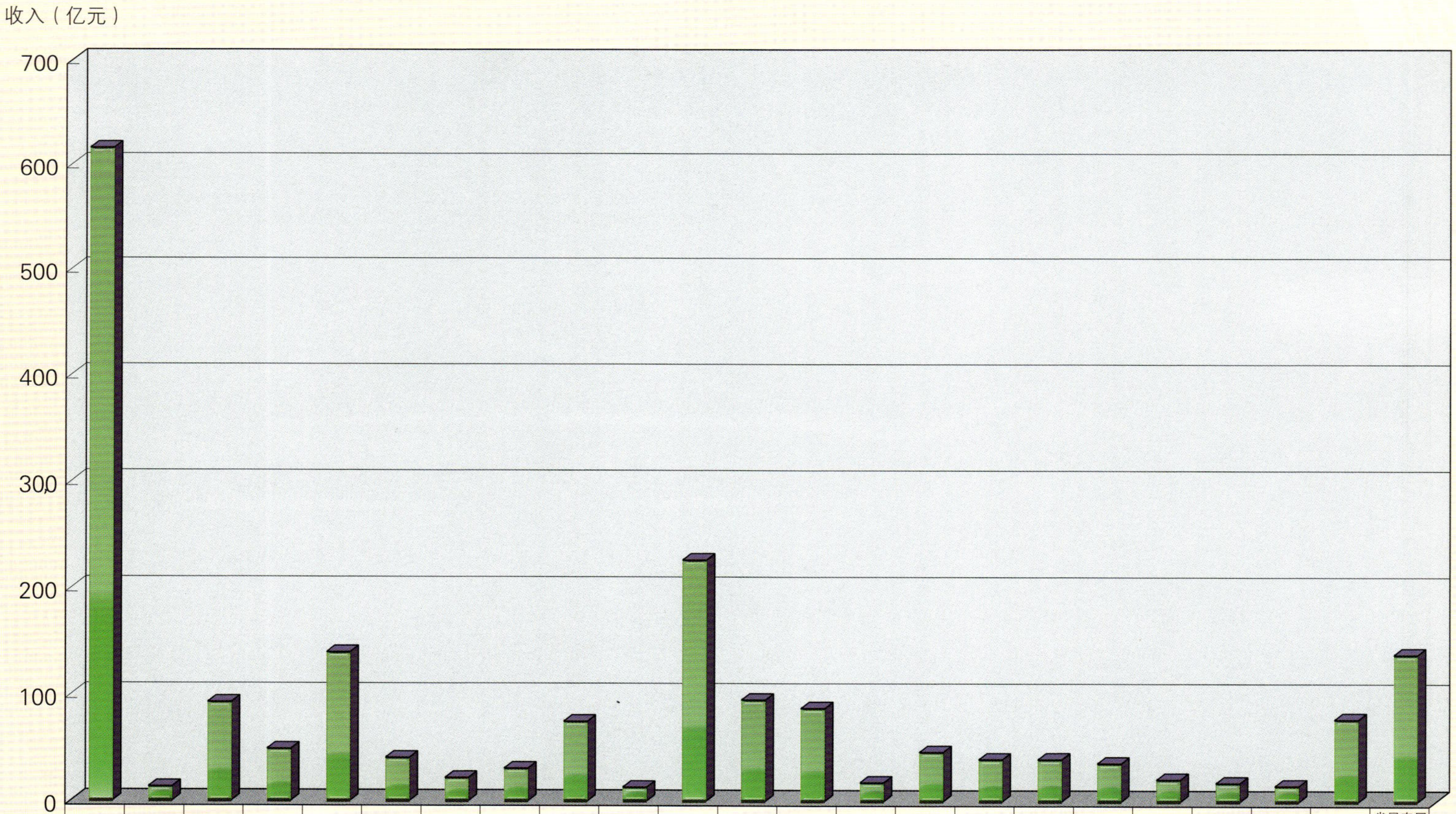

收入（亿元）

700 600 500 400 300 200 100 0

	广州	深圳	珠海	汕头	佛山	韶关	河源	梅州	惠州	汕尾	东莞	中山	江门	阳江	湛江	茂名	肇庆	清远	潮州	揭阳	云浮	顺德区	省局直属分局
社会保险基金收入	615.71	13.43	92.73	48.89	139.59	40.63	21.92	30.65	75	13.07	226.49	94.98	87.22	17.75	46.25	39.4	39.44	35.79	20.88	17.61	14.96	77.36	137.88

2013年广东省地方税务局社会保险基金收入结构

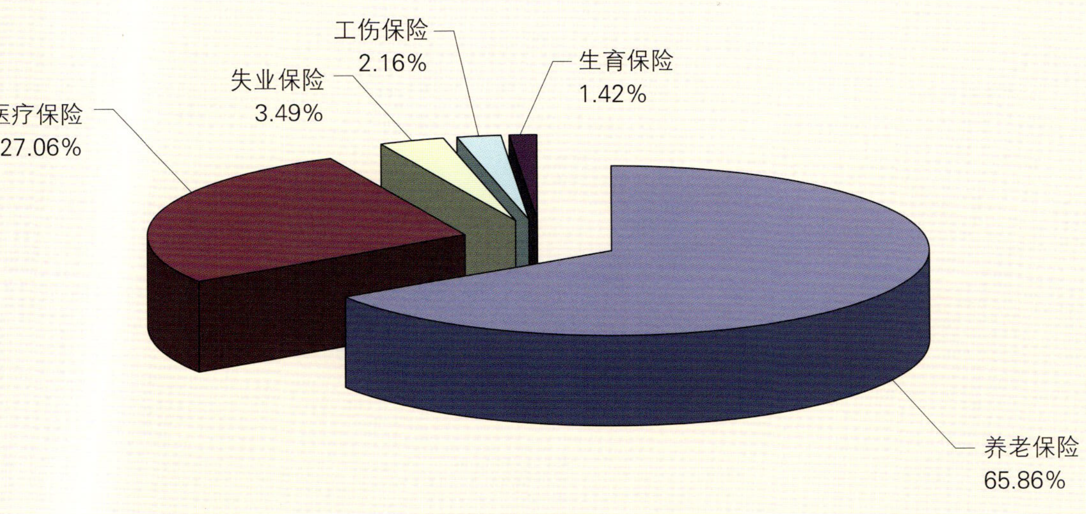

单位：万元

合计	养老保险	医疗保险	失业保险	工伤保险	生育保险
19476285	12827713	5271207	680184	421574	275607

2013年广东省地方税务局一般税务登记及扣缴税款登记户数分登记注册类型结构

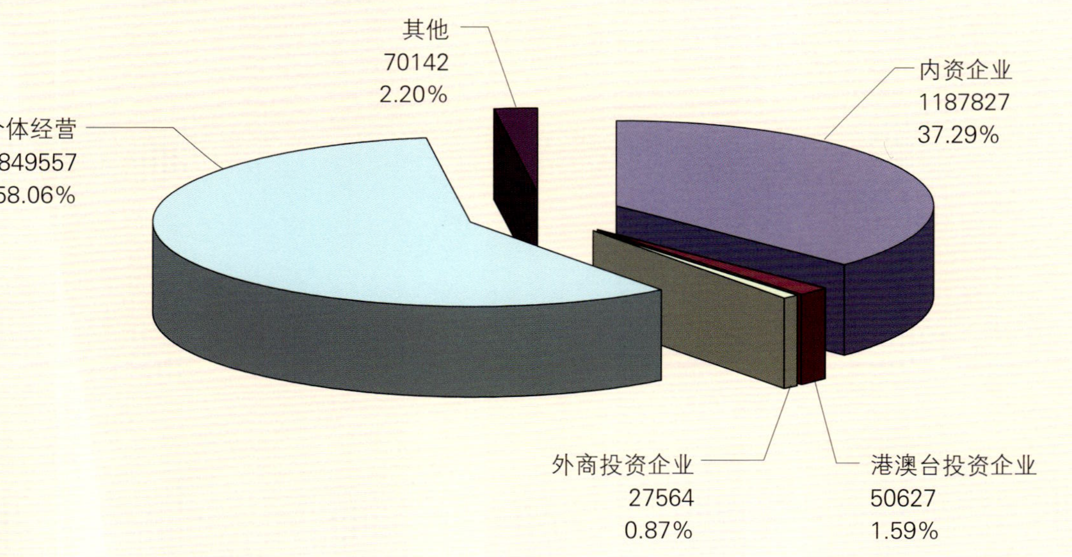

单位：户

合 计	内资企业	港澳台投资企业	外商投资企业	个体经营	其他
3185717	1187827	50627	27564	1849557	70142

广东省地方税务局2011—2013年分月税收收入情况

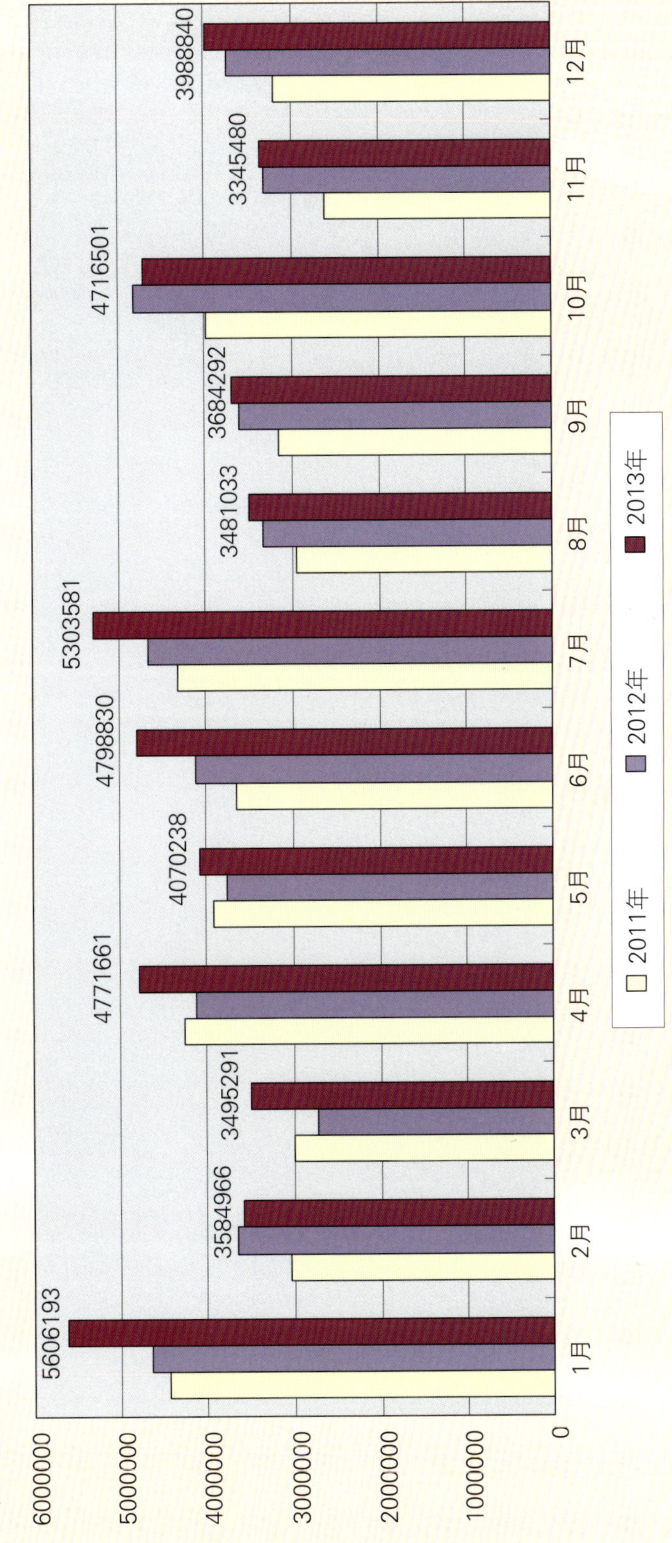

广东省地方税务局2010—2013年分月税收收入（不含两税）情况

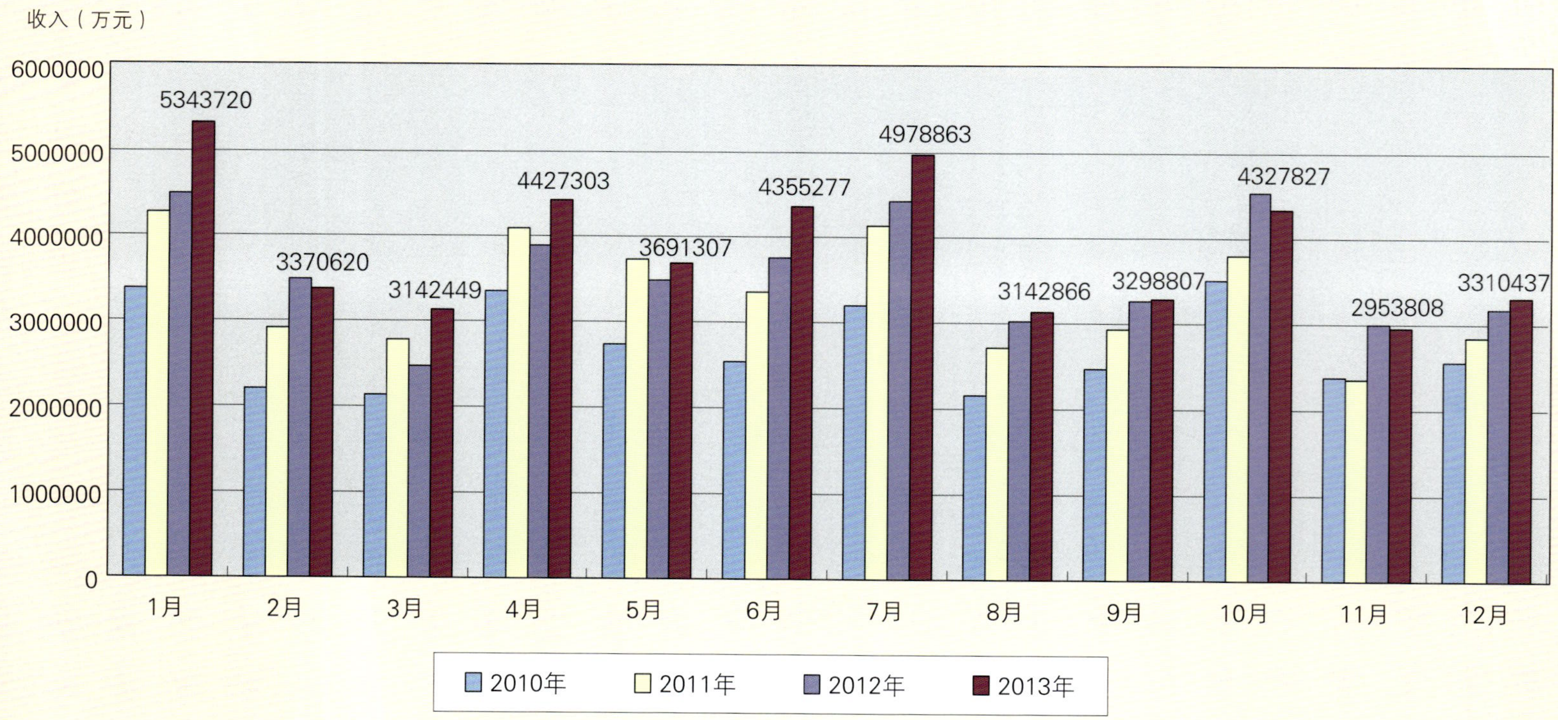

广东省地方税务局2010—2013年税收收入分月增幅情况

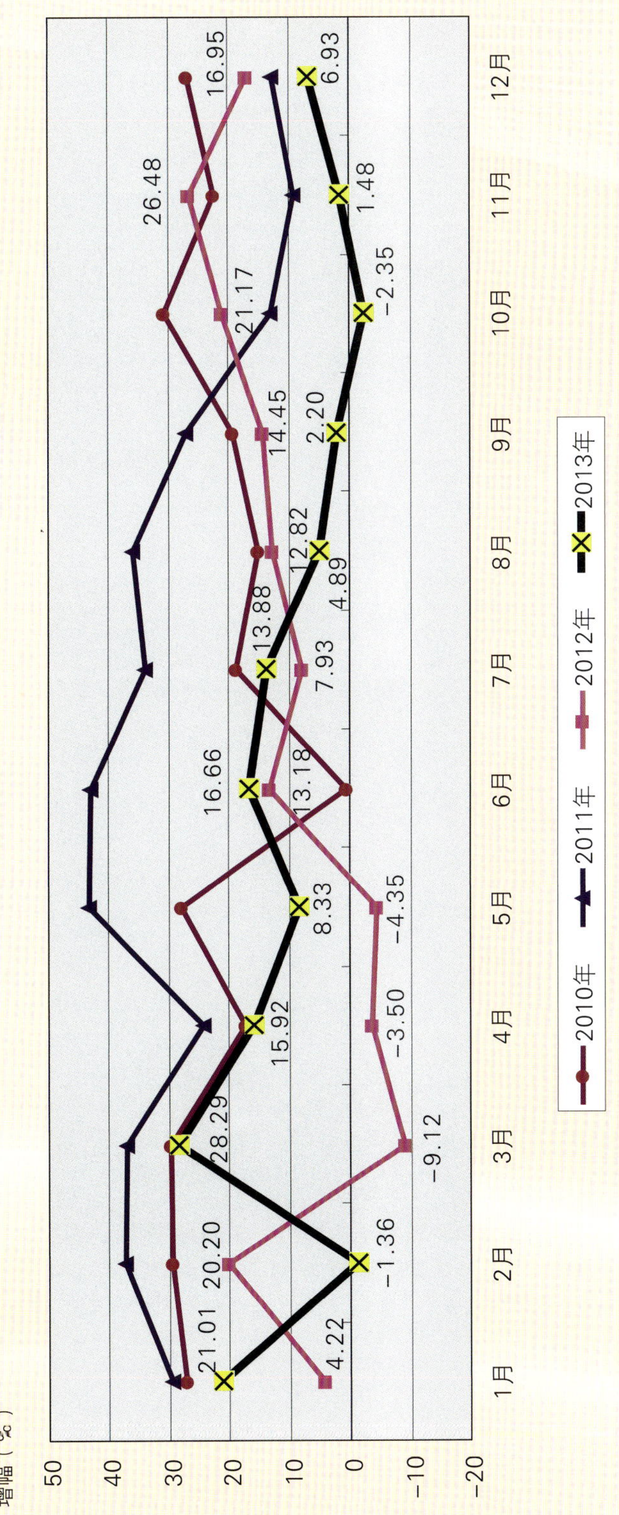

广东省地方税务局2010—2013年税收收入（不含两税）分月增幅情况

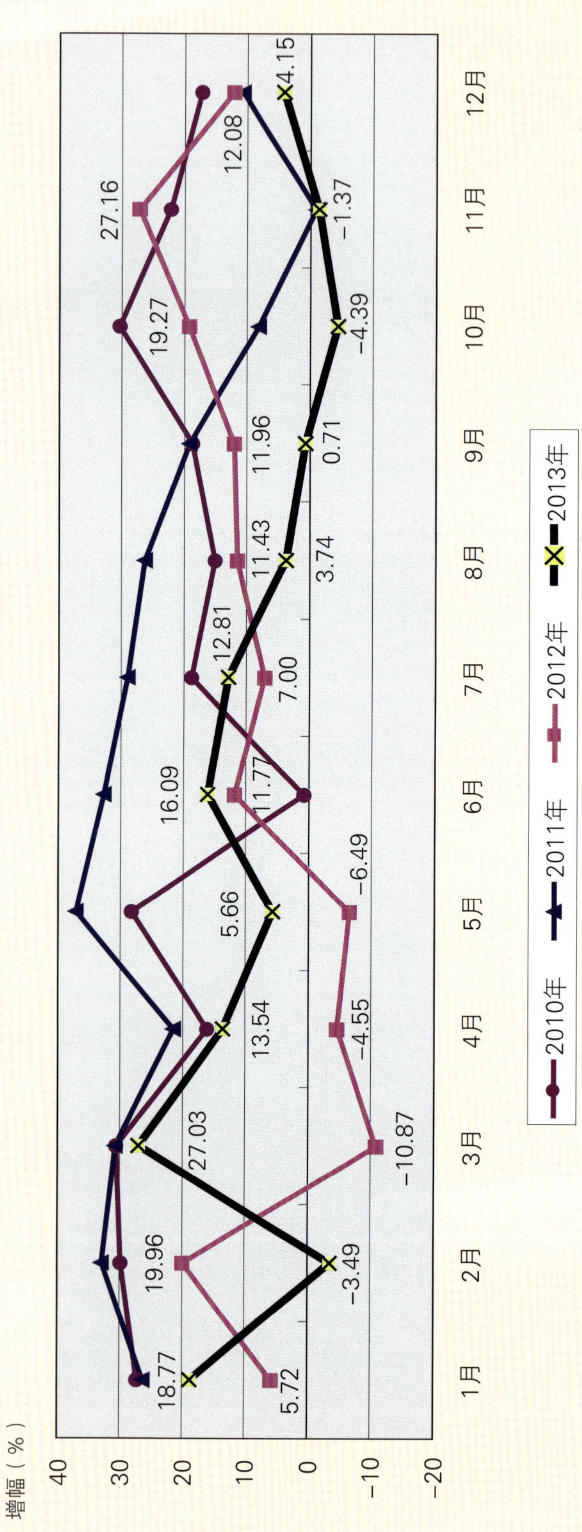

广东省地方税务局（不含深圳）2010—2013年税收收入分月增幅情况

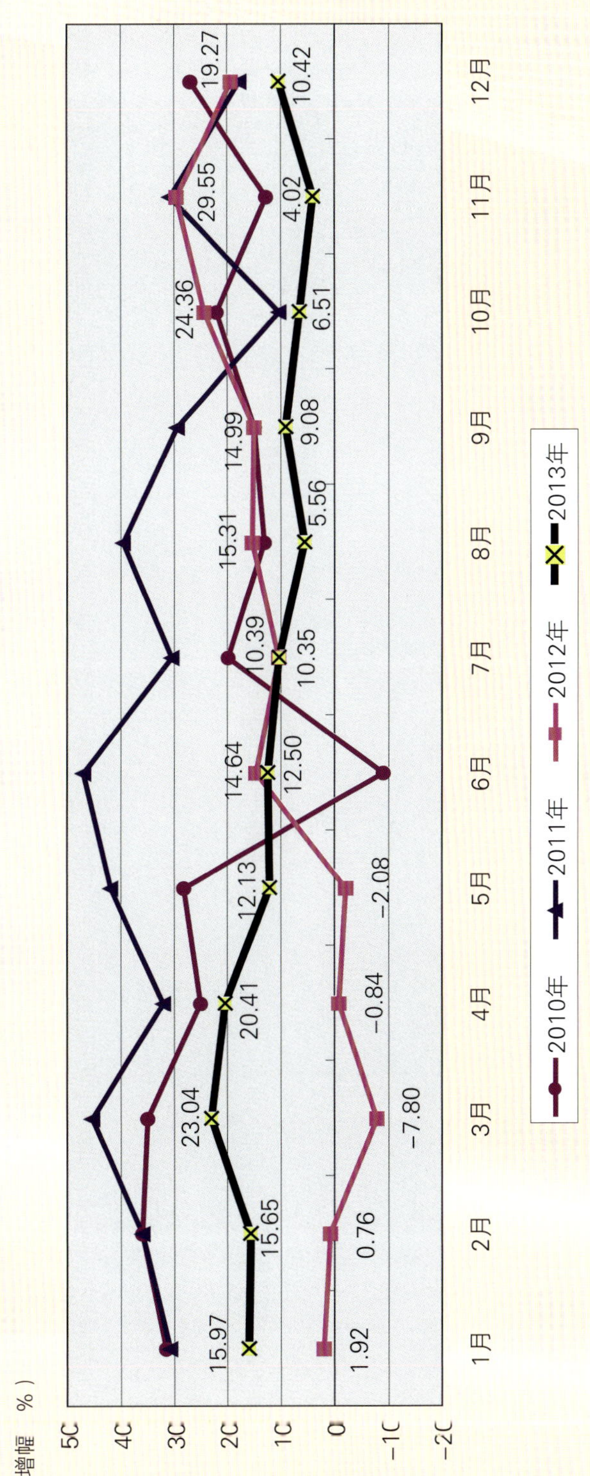

广东省地方税务局（不含深圳）2010—2013年税收收入（不含两税）分月增幅情况

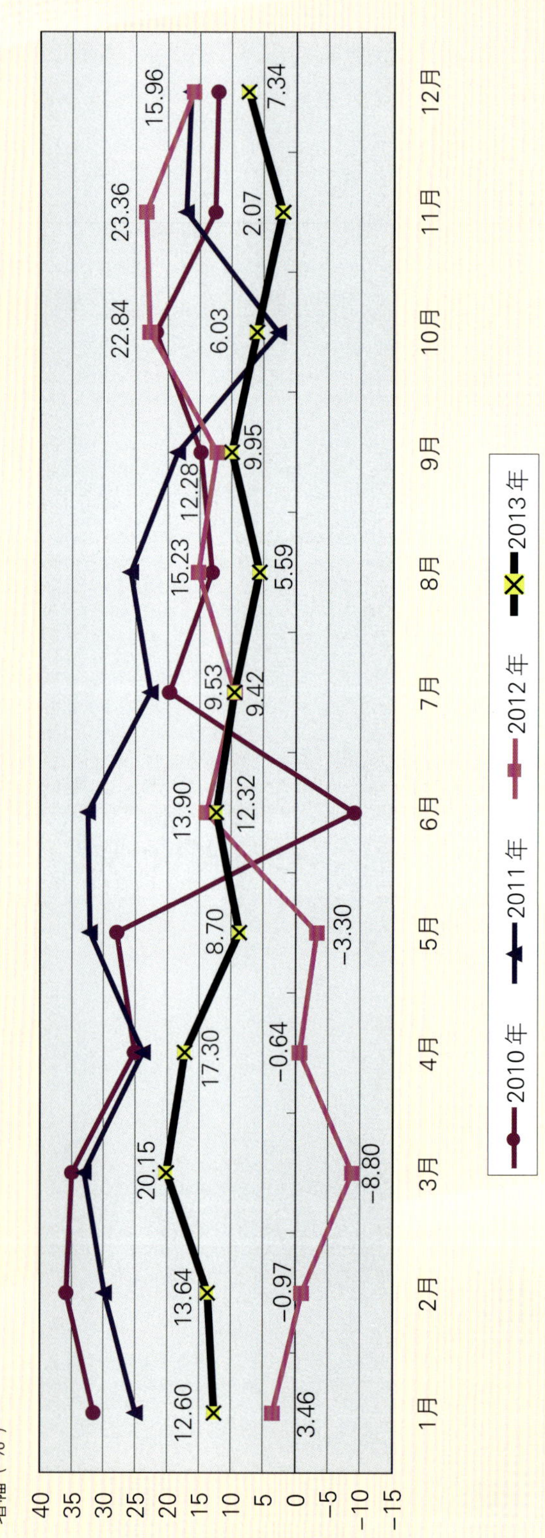

广东省地方税务局2010—2013年省级税收分月增幅情况

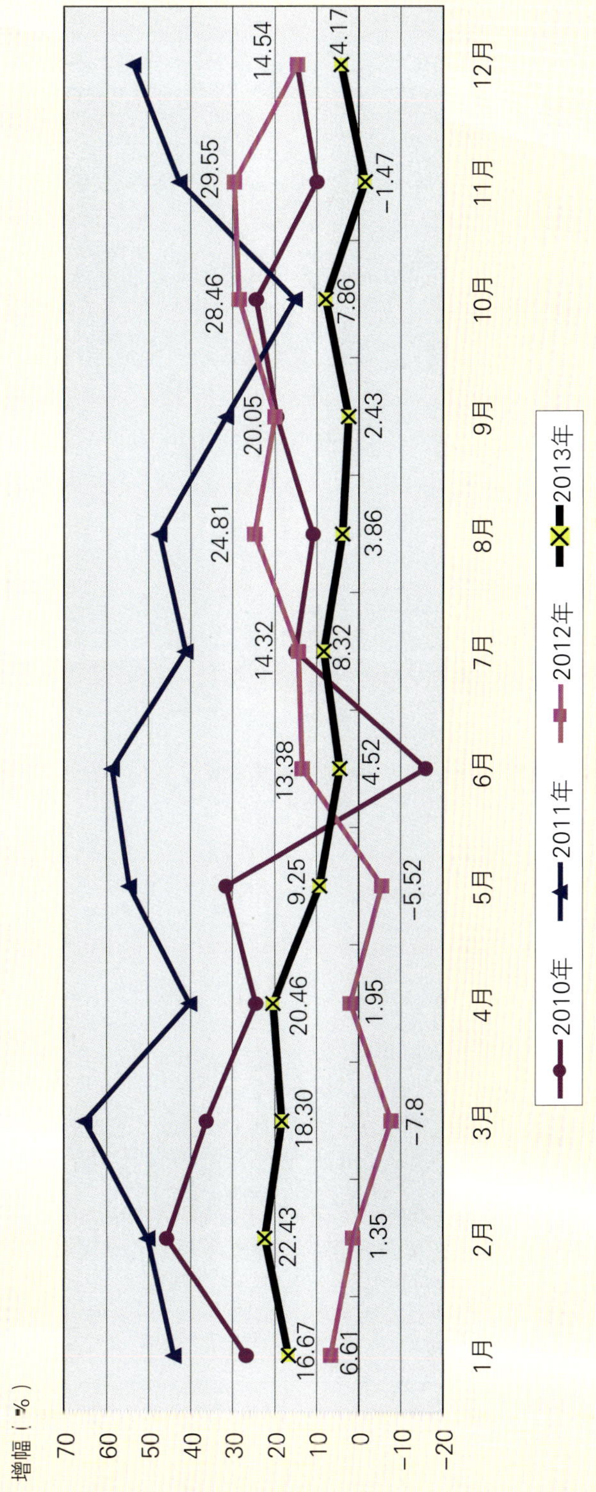

广东省地方税务局2010—2013年营业税分月增幅情况

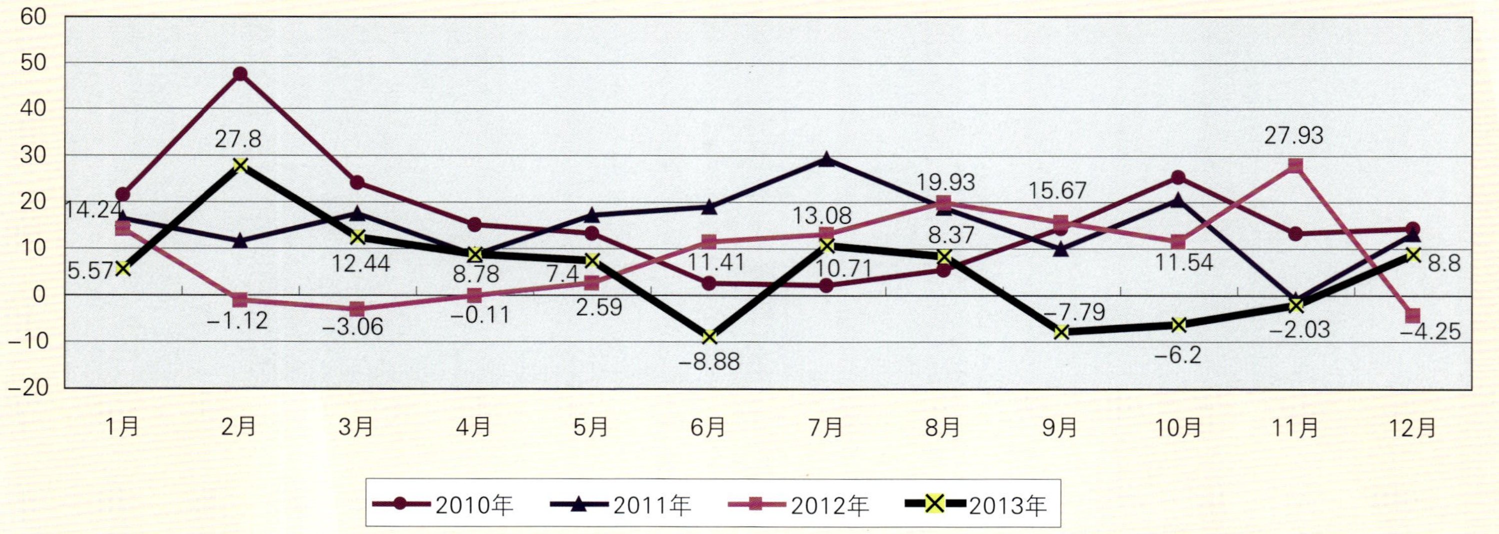

广东省地方税务局2010—2013年企业所得税分月增幅情况

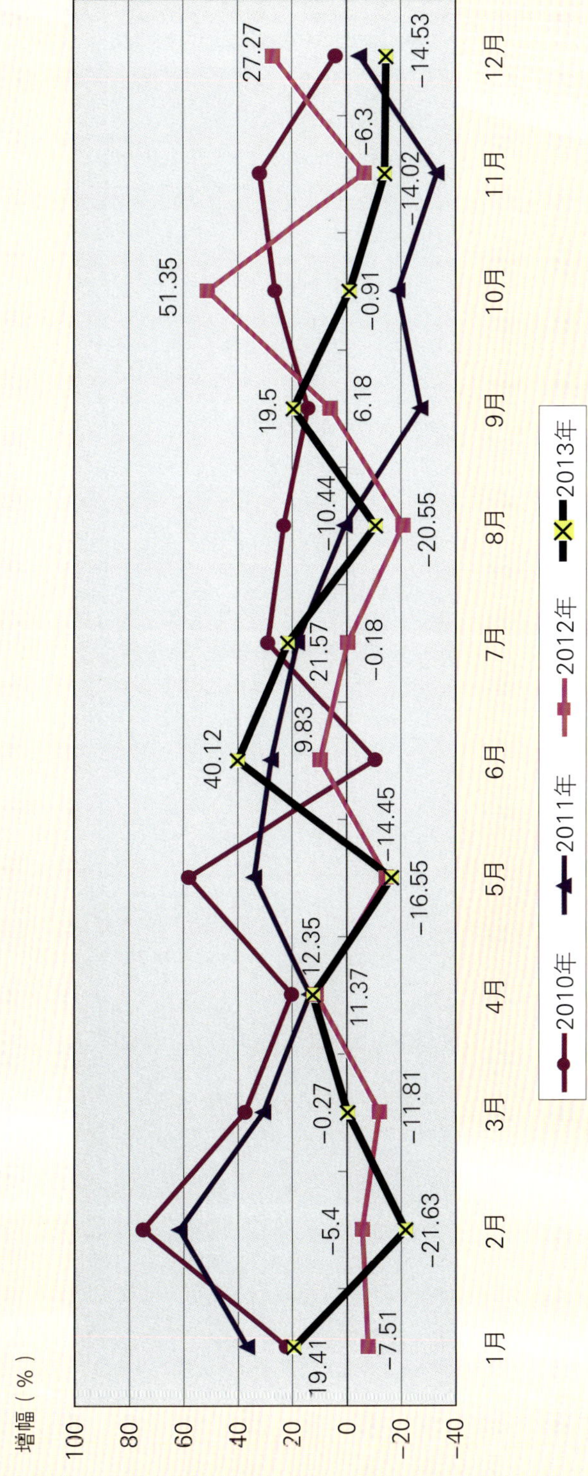

广东省地方税务局2010—2013年个人所得税分月增幅情况

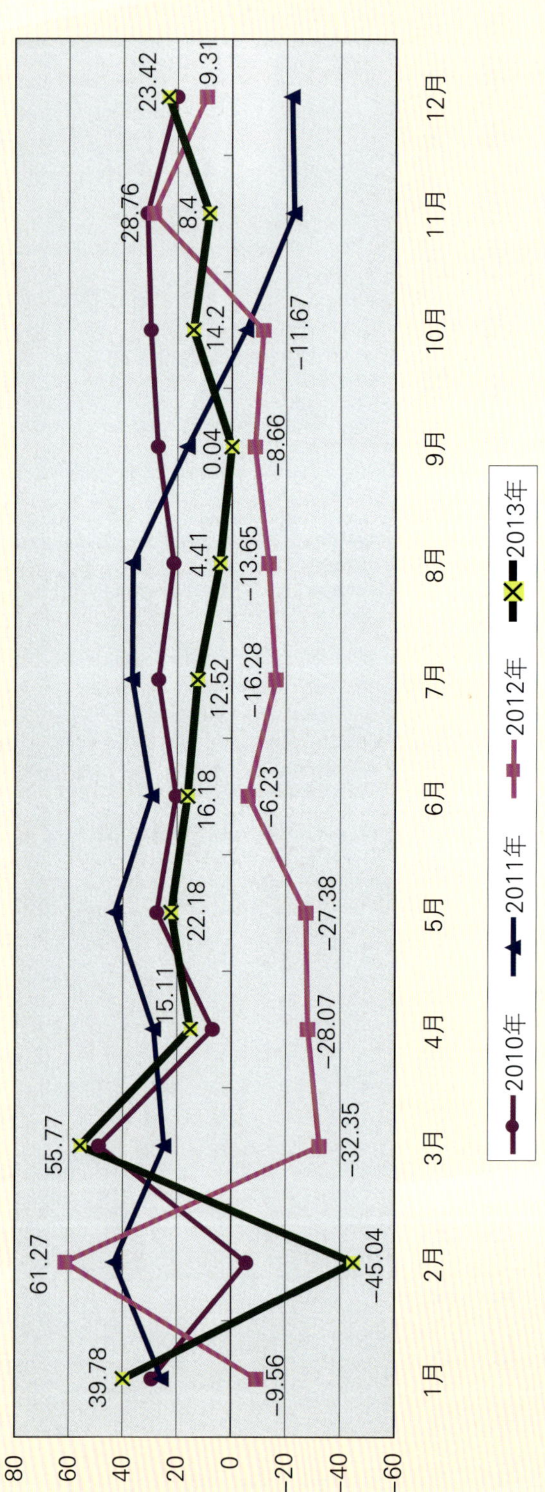

广东省地方税务局2010—2013年财产行为税（含两税）分月增幅情况

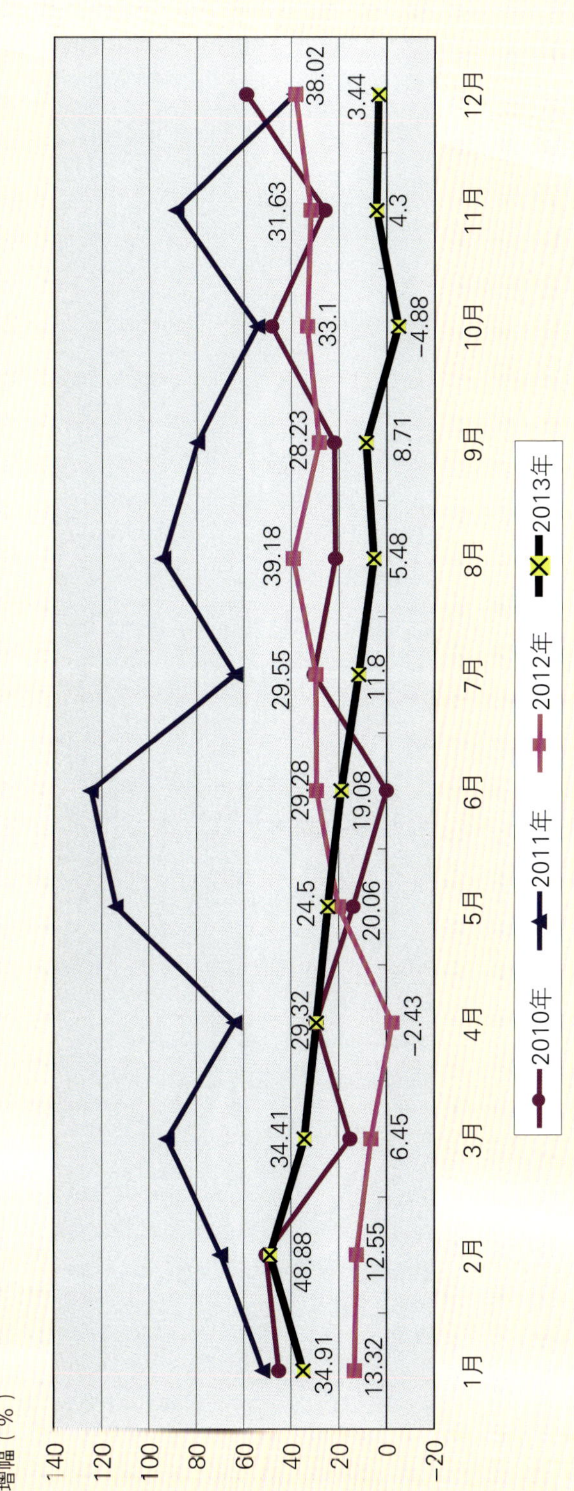

广东省地方税务局2010—2013年财产行为税（不含两税）分月增幅情况

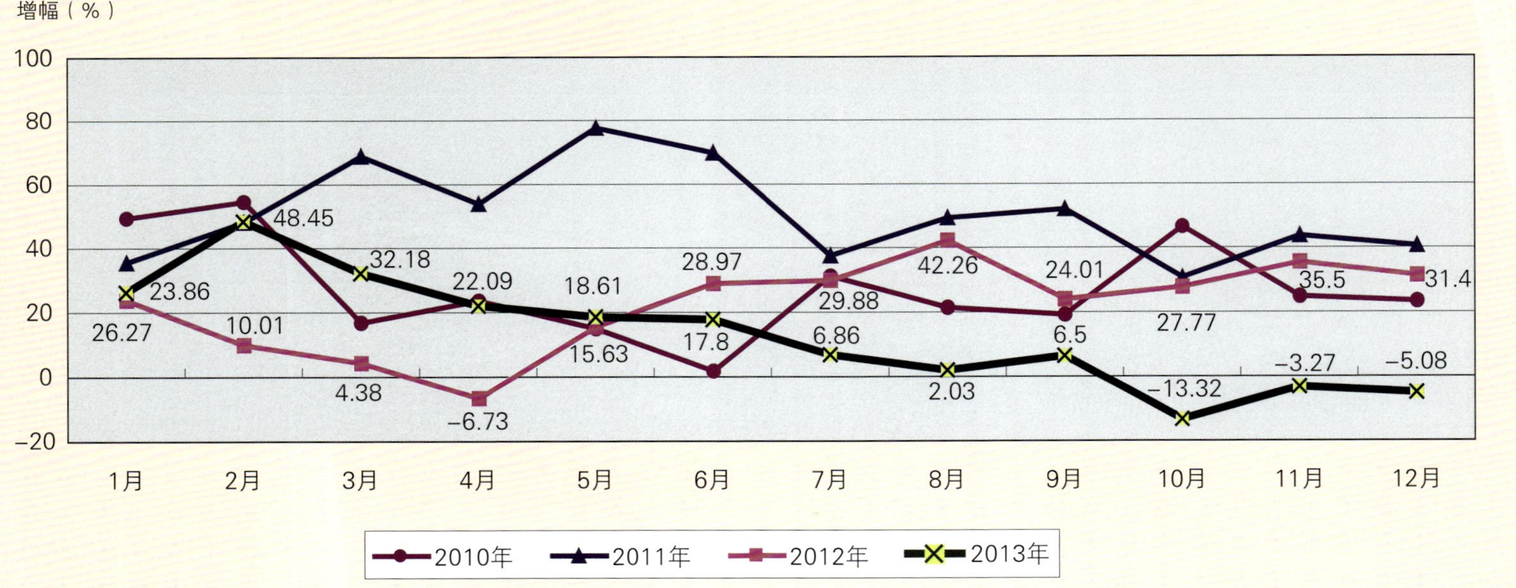

第二篇

年度关注

实现“两个确保”

2013年,广东省地税系统深入贯彻党的十八大和习近平总书记视察广东重要讲话精神,积极迎接经济下行压力挑战,坚持以服务转型升级为主题,真抓实干,实现了完成组织收入任务和落实税收优惠政策“两个确保”的目标。

税费收入保持平稳较快增长。科学应对复杂的组织收入形势,加强税收分析,牢牢把握组织收入主动权;严格落实组织收入责任制,对未完成收入计划的2个市局开展专项审计;在防止收过头税上大胆创新,在7个县(区)试行税收计划指标风险预警管理,初显成效;加强税种管理,挖掘税收增长潜力;深化稽查管理改革,建立征管与稽查联动机制,加大大要案查处力度。在各级共同努力下,全年组织税费收入7524亿元,增长10.6%,可比增长(剔除“营改增”因素,下同)15.1%。其中,税收收入5085亿元,增长9.6%,可比增长16.2%,完成年初计划的105.3%;中央级收入1036亿元,增长8.1%;省级收入1088.7亿元,增长9.7%,可比增长19.2%,完成省政府追加任务的100.2%;市县级收入2960亿元,增长10.0%,可比增长18.2%。

认真落实税收政策服务经济发展。制定《广东省地方税务系统税收优惠管理办法(试行)》,统一规范减免税审批;主动下放城镇土地使用税困难减免审批权限;开展优惠政策落实情况专项检查,委托第三方调查,建立税收政策落实评价反馈机制;“营改增”试点范围从8月起扩大至影视制作、发行、播放领域,结构性减税政策得到落实;制定《关于鼓励和支持我省大型骨干企业壮大规模增强实力工作方案》,健全培育发展大型骨干企业的税收支持工作制度。全年全省地税累计减免各项税收近238亿元,同比增长22.4%,快于同期税收增速12.8个百分点。其中,高新技术企业减免111亿元,同比增长4.2%;扶持再就业减免1699万元,同比增长39.6%;认真执行国家调低失业保险费率和省级工伤保险费率规定,为企业减负20亿元。

加大税收支持小微企业力度。下发《关于认真贯彻落实暂免征收部分小微企业营业税政策的通知》,并针对政策实施存在问题部署全系统开展小微企业所得税优惠政策落实整改工作,加大力度,严格督导,促使小微企业税收优惠政策得到较好落实;完善征管系统,对符合享受减免条件的小微企业进行自动免税处理。减免3.3万户小型微利企业企业所得税1.06亿元,免征5.8万户小微企业营业税1.7亿元。

(周忠清)

探索构建社保费部门协同工作机制

针对广东省现行社保费征缴模式存在的信息共享不够、问题处理低效、影响参保人权益等问题,广东省地方税务局按照“强化信息化支撑,建立部门协同工作新机制”的思路,在梅州、河源等地开展改革试点的基础上,积极争取党政支持,推进建立政府主导,地税、社保、财政三部门形成合力,信息技术平台支持有力的新的协同工作机制,较好地实现了部门信息完全共享、资金准确对账、问题高效处理、基金安全运行的工作目标,为参保人提供了更加优质便捷的服务。

社保费三方协同工作新机制初步建立。积极推动省政府召开(省财政厅、省人力资源和社会保障厅、省地税局等联席会议成员单位参加)社保费征管工作联席会议,就共同下达养老保险扩面征缴任务、完善三方对账工作、社保费退费、联席会议制度等有关问题达成一致意见,确定在部门间重新构建起新的协作机制。12月,省地税局、省人力资源和社会保障厅、省财政厅联合下发《关于建立部门协同工作新机制完善社会保险费三方对账管理工作的通知》,明确广东省全面建立地税、社保和财政部门协同工作新机制,以及完善社会保险费三方对账管理工作的具体要求。

社保费三方协同办公系统在河源试点运行。河源市地税局在全省率先开发社保费地税、社保、财政三方协同办公系统,于4月正式上线。该系统数据传输时间从3天缩短到30分钟,传输速度比以前提高144倍,资金、数据对账率100%。与以往数据交换模式相比,新系统具有五大突出优势:一是三方联动时效性强。实现社保费登记、核定、扩面、征收、划解等业务,地税、社保、财政三方协同办公。系统自动将任务送达责任方,三方根据约定的业务范围处理问题,并反馈至发起方,及时联动。二是数据实时共享性准。充分利用省地税下发库的时效性,将参保人在地税和社保部门的相关信息在30分钟内进行传输共享,数据传输及时、准确、安全,社保部门能够及时准确记账。三是异常预警主动性快。能够实时记录监控业务操作痕迹、数据传输情况,做到及时预警,任务主动找人,问题同步处理。四是对账全面先进性高。实现资金、数据、关联的三方全面对账:资金对账方面,以地税方划解社保财政专户数据为基础,财政、社保每月5日前确认上月金额的银行到账情况,系统自动生成三方资金情况报表;数据对账方面,以地税实征数据为基础,结合社保数据的接收和到账情况,详细反映每条征收明细数据,同时可以反映整个数据交换过程所产生的差异数据和影响范围;关联对账方面,系统自动对比三方的资金账和数据账的差异,生成数字资金核对差异情况统计表,杜绝了以往各部门责任不明确的现象。从运行对账情况看,对账准确率可达到100%。五是功能延续拓展性大。系统采用大集中新社保费系统技术架构,三方可共同维护开放性代码表,系统可以根据需求不断优化拓展。

(周忠清)

以“一厅一台”为重点
打造电子税务升级版

依托全省征管信息“大集中”平台,广东省地税局初步建立以“大集中”为依托,包括全省统一的网上办税、税管员平台、网络在线发票、自助办税和统一工作平台等信息应用系统的电子税务局基本框架。但随着税收业务不断变革和大数据时代的全面到来,网上办税覆盖面不广、与专业化税源管理模式不完全适应、数据共享应用不足等问题凸显。2013年,广东省地税局重点打造了电子办税服务厅和税源管理平台“一厅一台”,力促电子税务实现“升级版”,为税收管理现代化增添新动力。

电子办税服务厅实现功能优化。电子办税服务厅将七大类227项涉税业务纳入网上无纸化办理,在功能上实现多项突破:一是虚拟与实体同质化。电子办税服务厅与实体办税服务厅实现业务描述、办理流程、操作标准、文书资料、办理时限“五统一”,虚拟和实体业务办理同质化,除纳税人特定需求外,均不到实体大厅办理,形成了“电子办税为主、实体办税和自助办税为辅”的办税服务新格局。2013年,电子办税服务厅开户率91.1%,用户135万户,业务受理量占受理总量的78%。二是流程重组优化。推行先办后审,优化业务流程,增加即办事项,简并办理环节,将办理时限及办理环节均压缩25%;创新实现网络发票的逐票网络验销,年验销发票2.1亿份,涉及纳税人门前发票业务逾120万户次,门前发票业务量减少30%。三是数据本地化。为纳税人提供智能客户端,在纳税人本地自动生成申报表、涉税事项附报文档,建立与纳税人相匹配、个性化的政策法规库;纳税人通过客户端在本地管理查询所有涉税资料,不再依赖税务部门获取信息,实现征纳双方数据信息平等,从而还责还权于纳税人。四是信息推送主动化。在通知公告等公共信息的基础上,主动推送给纳税人应办涉税事项、办税所需个性化信息,突出数据推送和服务(如上期申报、已缴税款、减免备案、发票开具、财务报表、涉税风险等数据)、涉税事项办理状态等;提醒纳税人可享受优惠政策及存在涉税风险。

税源管理平台实现功能拓展。税源管理平台以模块化、流程化、共享化的功能设计和操作运用,规范专业化分工,强化团队式合作,有效整合各级各部门、各业务环节之间的管理资源,成为以税收风险管理为导向、以专业化团队式管理为基础的新一轮税收征管改革的助推器,是一个综合性的数据分析利用和管理平台，为金税三期工程后承接数据和应用做好了准备。一是改变管理方式。从税收管理员各事统管的单兵管户模式，向不同管理服务事项分别由不同岗位负责、各个岗位既明确分工又紧密协作的专业化团队式管理转变。二是扩大管理范围。增加了社保费管理，实现税费同管、同服务。三是强化数据利用。在纳税评估模块中，新建行业（产品）评估模型和案例33个，设计覆盖税收征管全过程的监控分析指标113个，制定针对日常征管漏洞的风险监控规则20个，对20.2万个建筑安装、房地产业"两业"登记项目、24万户纳税人的网络开票数据、申报数据进行分析比对，并推送给纳税人进行风险提示，促进税收遵从。2013年全省地税实现纳税评估收入141亿元。四是实现全员应用。税收管理员是使用主体，且各级领导和相关部门均可通过平台了解税源状况、办理相关事项及查询统计报表等。

"一厅一台"实现连轴驱动。在电子办税服务厅和税源管理平台这"一厅一台"的规划建设中，坚持办税服务与税源管理相互融合、前厅后台同行并重的理念：电子办税服务厅作为前端面向纳税人，是税收征管工作的起点和涉税信息的入口，为税源管理平台提供管理依据；税源管理平台作为后端面向税务人员，既满足内部的各种管理需求，又在对数据分析后，通过电子办税服务厅向纳税人推送包括涉税风险防范在内的各类服务。自2013年9月在全省上线以来，纳税人通过电子办税服务厅办理业务1411.21万宗；税源管理平台向税务人员推送涉税风险管理等四大类、22小类任务1043万条，办结率96.49%；并通过电子办税服务厅向纳税人推送信息十大类6800万条。"一厅一台"实现管理服务上的"连轴驱动"和数据应用上的完整闭环，成为广东地税在大数据应用上的重大突破。

（周忠清）

党的群众路线教育实践活动取得阶段性成效

按照中央和广东省委部署，围绕"为民务实清廉"主题，广东省地税局紧密联系实际，以整风精神，深入开展党的群众路线教育实践活动，得到省委教育实践活动领导小组、国家税务总局和广大干部群众的好评。省局先后在全省和全国税务系统会议发言，介绍经验。中央电视台、《中国税务报》《中国税务》杂志、《南方日报》等主流媒体多次专访并播报广东省税务局经验和阶段性成果。

学习教育形式多样、扎实有效。省局成立领导小组，建立工作机构，制定活动方案，把学习教育摆在重要位置。党组中心组专题学习会以导读的方式组织班子成员学深学透；班子成员在所在支部带头围绕作风问题谈认识、谈体会；机关每周安排半天学习辅导、座谈讨论、交流心得；在办公自动化内网组织开展学习检查；每位党员干部撰写学习心得，处级以上干部学习心得在内网专栏交流；组织机关全体干部观看省局文艺轻骑队演出的《心灵的对话》，不少同志心灵受到了强烈的震撼。通过学习教育，以思想的自觉促进了行动的自觉。

征求意见敞开大门、七上七下。省局班子成员放下身段，深入基层，真心实意地请纳税人和干部职工"把脉问诊"。坚持敞开大门纳言，在门户网站、办公自动化内网设立征求意见专栏，在办税大厅、办公楼大堂设置征求意见箱，召开干部职工、"两代表一委员"、老同志及纳税人座谈会，还通过领导干部邮箱、手机等各种渠道，广泛征求意见建议。省局召开座谈会90余场，发放征求意见函和调查问卷600多份，共征求意见建议304条。

查摆问题从实从严、加强约束。省局领导班子共查摆问题26条，班子成员共查摆问题214条，其他厅级党员领导干部共查摆问题143条。针对一些群众反映强烈的问题是由于制度失之于粗、执行失之于松所造成，着重在加大约束力上下功夫，规定：对打招呼要"照顾"的人在一定范围内曝光，对不坚持原则、不报告者严肃问责；禁止领导干部以任何理由、任何方式干预工程招投标等。

整改行动雷厉风行、标本兼治。坚持边整边改、立行立改，对征求到的304条意见建议分门别类，按轻重缓急制定整改计划。制定37项整改措施，向社会作出加强作风建设7项公开承诺，并配套制定相应的违反追责办法；突出抓建章立制，修订制度22项，新建制度30项，初步形成作风建设长效机制。

（周忠清）

前海地税创新开局

前海地方税务局设立。2013 年 5 月上旬，深圳市编办批复设立深圳市前海地方税务局。5 月底，深圳地税成立前海地税局筹备组，着手开展前海地税的组建筹备和征管架构研究工作。深圳市编办并没有给前海地税增加编制，而是要求在深圳地税现有的编制中解决前海地税人员编制问题。由于基层一线人手紧张，深圳地税主要从南山、蛇口、宝安这 3 个邻近前海的片区，抽调 6 位素质较高的干部到前海地税筹备组工作。

前海税收管理。在前海的税收管理上，深圳地税转变税收管理理念，秉承简政放权管理原则，积极适应与市场经济要求更加开放的发展新环境，强调要进一步增加政策透明度和及时性，减少行政审批对微观事务的干预，提高政策执行效率。依此原则，深圳地税提出“两条腿走路”方式。即“对外”做好税收管理的减法，借鉴信息化工具，通过网上纳税人平台，促成各项涉税事项的便捷办理，变事前审批、事前备案为自助办理、事后备案，还责于纳税人；“对内”做好税收管理的加法，加强后台审核、后续管理和风险管理的力度，梳理征管流程，提高对涉税事项的把控能力，避免放权后出现漏管现象。

前海税收优惠政策落实。2012 年 12 月，根据国务院批复，深圳市政府公布了《前海境外高端人才和紧缺人才财政补贴暂行办法》，其中对在前海工作、符合前海优惠类产业方向的人才在其个人所得税税负的 15% 的部分，予以财政返还。该政策是关系前海引进人才的重要优惠政策，对于享受优惠的企业高管感受最为贴切。为此，2013 年初，深圳地税迅速与市财委、前海管理局进行沟通，制定个税返回时的各项细则。首先，深圳地税针对前海企业税收优惠的享受，主动提出信息系统改造需求，将财政返还个税证明实现网络化、信息化，并在完税证明上增加打印应纳税所得额明细，纳税人可自行在网上打印带有二维码和电子印章的纳税证明，政府部门可借助互联网查询真伪、查询明细，这极大地解放了纳税人和税务机关的“双手双脚”，提高了财政返还的效率。其次，针对前海企业所得税优惠范围广、优惠层次高、专业技术强的特点，主动研究并开发了企业所得税优惠管理平台，通过信息化的手段，预设网上备案、自助办理等功能模块，将符合资格的企业利用系统主动标示，实现税收优惠自动享受，省去了纳税人来回奔波、反复提交资料的麻烦。同时，对涉税事项的办理，进一步简化办税的审核审批和备案流程，强调审批转备案、事前转事后的工作模式转变，缩短了管理链条，强化了后续管理的手段方式。

2013 年，前海地方呈现企业数量和税收收入“双提升”的良好局面，全年组织地方税收 12 亿元，是 2012 年地方税收的 3.48 倍，企业登记从 2012 年的 515 户增加到年底的 3868 户。

现代服务企业加速聚集。2013 年底，前海新登记注册企业 3307 户，比 2012 年增长 21.5 倍，注册资金达 2052 亿，新企业全年贡献税收收入 3.41 亿元。

金融业发展势头迅猛。金融业、现代物流、信息服务、科技服务及其他服务业是前海四大产业。其中，金融业 2338 户，贡献税收 2.81 亿元，占前海四大产业税收比例高达 82.4%；物流业 98 户，贡献税收 0.29 亿元，占比 8.55%；信息服务业 112 户，贡献税收 1038.54 万元，占比 3.05%；科技服务和其他服务业 759 户，贡献税收 2036.32 万元，占比 6%。在前海四大产业中，金融业的登记户数、行业税收位居首位。

所得税贡献突出。2013 年，前海地税部门组织企业所得税税收 1.28 亿元，个人所得税税收 1.79 亿元，营业税税收 0.73 亿元，其他地方税收入 0.56 亿元。

（刘　森　陈东阳）

横琴新区税收征管改革成效初现

按照广东省地税局进一步深化税收征管改革试点工作的要求，横琴新区地税局于2013年7月正式启动税收征管改革工作。改革总体要求：以明晰征纳双方权利义务为前提，以信息共享为基础，以数据应用为主线，以专业化管理为核心，构建与法治化国际化营商环境相适应的现代化税收征管体系。

本次税收征管改革以转变税务机关职能和深化行政审批制度改革为突破口，正确处理征纳双方和税收管理前后台的关系，重点加强数据分析应用，实现切实提高税法遵从度、纳税人满意度和税务人员满意度，降低税收流失率、征纳成本和执法风险的改革目标。

改革的具体做法和配套措施

加大办税窗口建设，拓展办税服务厅功能。调整管理员职责中户籍管理、催报催缴、一般涉税事项等三大类前移办税厅，窗口新增双定户管理、非正常户认定、单项税种登记、申报提醒及催报、税费催缴、发票管理等15大项职能，提供“一窗式”“一条龙”服务，提高办税整体效能。

简化优化业务流程，缩短涉税事项办理时限。在省地税局梳理28项涉税事项（即时办结9项、即日办结8项和限时办结11项）的基础上，细化分解为30项涉税事项，即时办结23项，限时办结7项，总办理时限从129天缩短至85天，减幅34.1%，节省1/3的办税时间。

行政审批制度改革，改事前审批为事后监督。取消行政审批事项12项，改为备案管理，占比57.1%，仅保留9项。改革各税种备案事项，将原228项中的133项列作暂不备案，减少58.3%。保留的95项全部前移办税厅受理，其中75项当场办结，占比78.9%。运用风险管理加强“先办后审”业务监督。

科学分类，团队管税，强化重点税源专业化管理。按照税收规模、经营行业等定性与定量相结合的标准，将定点联系企业、金融业、房地产业、建筑安装业以及年纳税缴费超过100万元的共566户列入重点税源，组建管理团队，突出抓好税源监控、税收管理、个性化服务以及税收复杂事项管理。

加强征管信息化建设，打造电子税务局。上线税源管理平台，实现税源分类分事项分阶段进行流程管理和信息共享，实现任务处理流程化、团队化、专业化。全力推广电子办税厅，采取细化方案、明确对象、落实责任、统一口径等措施，CA认证客户端达239户，覆盖面力争达到90%。

深化数据分析应用，完善绩效管理体系建设。成立绩效管理与风险防控办公室，统筹开展绩效管理、内控机制建设和数据分析应用等工作。以风险防控保障绩效提升，以绩效管理强化风险防控，对内强化过程控制、规范执法行为，对外加强防范和化解税收执法风险，提高风险应对质量和效率。

改革的初步成效

促进从“管户制”到“管事制”的转变。“管事制”将管理员从纳税人的视野中解放出来，把税收征管的任务和目标分解给各个部门及人员，明确事项任务以及方式和方法，增强“管事”熟练程度。建立流程化的征管方式，增强团队意识和协作能力，实现征管的简单化和高效化。在落实小微企业所得税优惠政策中，发挥“管事制”优势，补正申报2010—2012年度优惠76户次，占符合条件的93.8%，减免税额8.39万元。

促进服务效率的提升。通过有效整合促进办税厅窗口服务事项，避免互相推诿、扯皮；加大后台审核支撑力度，提高办税厅综合处理能力。自印发票申请改为备案事项后，首届马戏节4万张门票的印制，从纳税人报备到送票上门，在5个工作日高效完成。专业化专家式税源管理模式下，管理员对所负责涉税业务的政策研究更深入，业务操作更专业、更熟练，办税效率明显提高。

促进办税满意度的提升。启用叫号系统、预约服务、延时服务等措施，实现基础涉税事项即时办结以及复杂事项办理的规范化和高效化，让纳税人明白办税、诚信办税、方便办税、满意办税。2013年8月开始实施涉税事项前移5个月来，办税厅受理前移事项8819件，包括户籍管理1626件，催报催缴1282件，制发催报催缴文书1980份，一般涉税事项3766件，备案事项165件，被政府评为“红旗窗口”，纳税人满意度99%以上。

促进征管质效的提升。通过采取科学分类、团队管理的方式,按照“二八法则”抓住20%的重点税源实现80%的税收收入,抓住20%的业务骨干带动80%的管理员提高整体效率。让“最合适的人负责最合适的事”,进一步促进税收政策的贯彻落实,集中力量组织开展185户企业的股权转让税收跟踪核查工作,通过财务报表分析追缴资本公积印花税445.0万元和实收资本印花税48.7万元。

促进数据管税水平的提高。建设电子税务局,奠定信息流在现代税收管理的核心作用。配合第三方信息共享,健全信息化、立体化的税源管理体系,实现税源监控的纵向互动、横向联动。开展金税三期工程数据清理,核查包括非正常户、欠税、外来项目以及共管户对碰数据4855条。开展建设项目外来经营户清理、非金融企业的金融业务专项检查,较好地解决“人盯人、人盯户”下征纳双方信息不对称的问题,提高信息管税水平。

促进执法风险的降低。通过分事项分解制约执法权,形成“事前、事中、事后”监控机制,及时提示风险,减少“主动性过错”。开展建设项目外来经营清理,对“工程款支付进度100%”,且“超过1年无申报”的169个项目核实清查。另外,专业化的管理模式促使税收政策水平提高,“被动性过错”减少。通过国土部门共享的167宗临时用地信息,征收土地使用税51.0万元,清理临时用地税收管理盲区。

促进人力资源的合理配置。税收征管改革按岗位需要选人,按工作难易程度用人,合理分解工作任务、科学分配岗位角色,实现“人岗合一”,分别调整同时具备注册会计师和注册税务师资格以及外语专业人才各1名,加强税源管理和办税服务、政策把关工作。管理员充分发挥业务专长,让专才在专业中发挥最大优势,调动和激发工作激情,实现人尽其才。

(范丽华)

第三篇

全省地方税收工作

概　述

［经济概况］ 2013年,广东省实现地区生产总值(GDP)62163.97亿元,比上年增长8.5%。其中,第一产业增加值3047.51亿元,增长2.5%,对GDP增长的贡献率为1.3%;第二产业增加值29427.49亿元,增长7.7%,对GDP增长的贡献率为45.4%;第三产业增加值29688.97亿元,增长9.9%,对GDP增长的贡献率为53.3%。三次产业结构为4.9:47.3:47.8。在现代产业中,高技术制造业增加值6143.29亿元,同比增长9.8%;先进制造业增加值12314.71亿元,增长9.3%;现代服务业增加值17173.26亿元,增长11.1%。在第三产业中,批发和零售业增长10.5%,住宿和餐饮业增长3.4%,金融业增长18.0%,房地产业增长11.2%。民营经济增加值32058.76亿元,增长8.8%。2013年,广东人均GDP达到58540元,按平均汇率折算为9453美元。2013年广东经济社会发展的特点和亮点:一是全年经济运行非常平稳。二是GDP总量和进出口总额均超过1万亿美元,成为全国首个总量超过万亿美元的经济体。三是第三产业比重近10年来首次超过第二产业。四是居民收入稳定增加,城乡收入差距缩小。五是广东民营经济占全省经济总量的一半。

［税费收入］ 2013年,广东省地税系统累计组织税费收入(按照地税系统征收入库口径,下同)7524亿元,增长10.6%,可比增长(剔除“营改增”因素,下同)15.1%。其中,组织税收收入5085亿元,同比增收443亿元,增长9.6%,可比增长16.2%,完成年初计划的105.3%;中央级收入1036亿元,增长8.1%;省级收入1088.7亿元,增长9.7%,可比增长19.2%,完成省政府追加任务的100.2%;市县级收入2960亿元,增长10.0%,可比增长18.2%。组织社会保险费收入1947.61亿元,入库增收215.19亿元,增长12.4%。组织教育费附加、文化事业建设费及其他收入491.62亿元,入库增收61.32亿元,增长14.3%。

［税收收入特点］ 一是税收增速回升,与全国差距缩小。广东地税税收增速比2012年(9.3%)高0.3个百分点。广东地税税收增速比全国地税(12.2%)低2.6个百分点,差距较2012年收窄1.8个百分点;税收增速高于上海(7.6%)、北京(7.1%)和浙江(4.9%),低于山东(13.2%)和江苏(13.2%)。二是财产行为税收入规模首次超过营业税。受“营改增”影响,营业税收入低增长4.9%,占总税收比重由2012年的33.4%下降到2013年的32.0%;财产行为税10个税种合计收入增长15.6%,占总税收比重由2012年的32.7%提高到2013年的34.5%。三是房地产业增收贡献大,第三产业税收比重进一步提高。房地产业税收收入增长16.8%,对税收增长贡献率48.1%,占总税收比重为29.2%,较2012年提高1.8个百分点。第三产业税收增速(10.3%)快于全省平均增速0.7个百分点,占总税收比重为72.5%,较2012年提高0.5个百分点。四是区域税收结构继续优化。珠三角9市税收收入平稳增长8.5%,税收占全省比重的86.2%。粤东西北地区12个市税收收入增长16.4%,比全省平均水平高6.8个百分点,税收占全省比重较2012年提高0.8个百分点,其中粤东、粤西、粤北地税税收分别增长12.6%、21.0%和16.2%,分别高出珠三角9市税收增速4.1个、12.5个和7.7个百分点。

［税收收入增减因素分析］ 2013年,受房地产等重点行业税收增速自7月起明显下滑影响,全省地税税收增长呈前高后低走势,1—4季度的季度增速分别为15.4%、13.8%、7.7%和1.6%。一是房地产、建筑等重点行业税收较快增长,制造业税收增速回升。房地产业(占总税收的29.2%、增长16.8%)和建筑业(占总税收的9.5%、增长11.7%)税收收入实现两位数增长,但房地产业税收收入下半年下降6.1%,增速较上半年高位回落53.2个百分点;制造业(占总税收的15.3%、增长4.6%)在企业效益好转的带动下,税收增长企稳回升,增速分别较上年同期、上半年均提升1.5个和3.5个百分点。二是强化征收管理,大力挖掘税收增长潜力。其一,强化计划管理,科学分析预判税收走势,自加压力,迅速下达税收收入指令性计划。其二,强化数据应用,通过分析评估,有效发现和堵塞税收疑点漏洞,仅城市维护建设税、城镇土地使用税就补缴税款逾13亿元;密切与公安交警部门联动管理,实现车船

税"先税后审",车船税收入快速增长38.2%。其三,打击税收违法,查获假发票1263万份,挽回税款损失逾2亿元;开展税收专项检查,全省(不含深圳)稽查部门检查和组织企业自查户数5425户,自查和查补入库税款逾38亿元。三是认真落实税收政策,切实减轻纳税人负担。一方面,"营改增"试点范围陆续扩大,"营改增"因素共拉低2013年全省地税总税收增速6.3个百分点;另一方面,进一步规范减免税管理,税收减免额增长快于税收增速。四是2012年税收前低后高的增长走势影响2013年税收增长。

[**社会保险费及其他收入情况**] 2013年,全省地税系统继续强化社保费征管,完成全省社保费新系统的上线推广,积极探索三方对账系统的试点上线,进一步统一规范社保费征收规程,提高了社保费征管质量及服务效率。全年累计组织社会保险费收入1947.61亿元,入库增收215.19亿元,增长12.4%,增速比全国平均水平低2.2个百分点,社会保险费征缴率为98.1%。各费种收入情况:养老保险费收入1282.76亿元,增长11.3%;医疗保险费收入527.11亿元,增长17.9%;失业保险费收入68.02亿元,下降12.2%;工伤保险费收入42.16亿元,增长20.0%;生育保险费收入27.56亿元,增长35.3%。各费种缴费人数情况:养老保险缴费人数1839万人,增长4.7%;医疗保险缴费人数1965万人,增长14.5%;失业保险缴费人数1586万人,下降3.1%;工伤保险缴费人数1871万人,零增长;生育保险缴费人数971万人,增长11.5%。此外,全省全年上划省级养老保险调剂金46.17亿元,上划率为100%。2013年,全省地税系统累计组织其他费金收入491.62亿元,入库增收61.32亿元,增长14.3%。其中,教育费附加收入180.09亿元,增长13.5%;文化事业建设费收入2.62亿元,受"营改增"试点影响下降77.3%;堤围费收入107.73亿元,增长8.2%;地方教育附加、价格调节基金、残疾人就业保障金及工会经费收入分别为119.26亿元、21.94亿元、26.54亿元和32.18亿元。

[**落实税费政策**] 制定税收优惠管理办法,统一规范减免税审批;开展优惠政策落实情况专项检查,委托第三方调查,建立税收政策落实评价反馈机制;针对政策实施发现的问题,加大工作力度,严格督导,使小微企业税收优惠政策得到较好落实;配合"营改增"扩围,落实结构性减税政策。全年全省地税累计减免各项税收近238亿元,同比增长22.4%,快于同期税收增速12.8个百分点。其中,高新技术企业减免111亿元,同比增长4.2%;扶持再就业减免1699万元,同比增长39.6%;减免3.3万户小型微利企业企业所得税1.06亿元,免征5.8万户小微企业营业税1.7亿元。认真执行国家调低失业保险费率和省级工伤保险费率规定,为企业减负20亿元。

[**税收征管**] 顺应税制改革新形势,对推进征管改革的一揽子方案适时调整。深入推进纳税评估,完善33个行业(产品)评估模型,其中广州市局道路货物运输行业和清远市局小水电行业评估模型入选总局"百佳"。加强大企业税收专业化管理,大企业税收管理平台(一期)上线运行;与国税协作对中国烟草、大唐发电、工商银行等开展税收风险管理;推进个性化服务,与中国人寿广东分公司、保利房地产共建税收风险防控体系,为广东电网新建项目提供企业所得税优惠政策备案指引;制定并实施《关于鼓励和支持我省大型骨干企业壮大规模增强实力工作方案》。双边预约定价取得重大突破,首次从国外税务主管部门争回跨境税源,调增企业所得税1.3亿元;对3户外资企业开展反避税调查,调增企业所得税9000多万元;提升税收情报挖掘利用水平,通过1份税收情报信息查补外籍人员个人所得税1796万元。

[**纳税服务**] 全面清理税费行政审批事项,21项审批项目保留12项、取消9项,下放城镇土地使用税困难减免审批权限。对征管类30项业务流程重组优化28项;减少纳税人报送资料111项,减量1/3;实现社保费参保人员身份证明信息免录入;全面取消税务发票工本费,免收5500万元。网上办税实现升级版,电子办税服务厅上线应用,出台电子办税管理办法,引入CA身份认证体系;实现行政审批事项和41项社会服务事项在省网上办事大厅办理;自助办税系统实现个税完税证明和纳税清单自助开具。12366热线全年话务量239万个,平均接通率93.7%,比税务总局要求85%高出8.7个百分点;实行纳税人诉求首问首办责任制和有效投诉升级办理,广东省地税局"局长信箱"及"服务投诉"栏目共受理纳税人来件569宗,办结率100%;首次开展全省12366热线质量抽查,委托第三方开展办税服务及税法宣传满意度调查;在办税服务厅设置行政复议申请接收点62个。依托纳税人培训学校、门户网站、主流媒体等广泛开展税法宣传辅导培训,全省地税累计组织7524场次,培训辅导纳税人55万人次。

[**税收信息化应用与升级**] 全省地税利用第

三方信息补征税款74.8亿元；完善征管质效监控分析指标体系，建立相关指标113个，发布征管质量分析报告。实现税收管理员平台向税源管理平台升级，分类分级分事项自动推送管理任务。信息系统运维保障和安全防护能力提升，核心网络处理能力由“千兆”级升至“十万兆”级，全省推广应用终端安全管理系统，全年未发生3级以上网络信息安全事故；建设统一数据交换平台，实现省局到21个市局的数据回送以及23个省级内部系统间的数据交换；应用统一移动工作平台，创造“时时处处可办公”条件。按税务总局部署推进金税三期工程试点，有序开展上线组织架构建设、业务差异分析、初始化基线、数据迁移等工作。

［队伍建设］ 启动广东省地方税务局机关绩效管理；广州、佛山、茂名、横琴4市（区）地方税务局全面推进绩效管理，全省20多个单位的绩效管理试点取得实质性进展。加大干部交流力度，优化班子结构，省局对部分市局长，各市局对任职时间较长的县（区）局长、分局长和部门负责人进行交流轮岗。持续推进练兵常态化，实施分级分类培训，全系统共举办培训班2066期，培训11万人次；省局将网络培训由内网拓展到外网；出台《岗位能手管理暂行办法》《参加专业技术资格及职业资格考试管理暂行办法》，4人入选首批全国税务领军人才培训，17人入选税务总局专业人才库。“智力援基”“智力援疆”工作扎实推进。下发《关于深入推进干群“连心桥”行动的意见》，各级领导干部与群众交心沟通常态化。

［廉政建设］ 贯彻落实“八项规定”，完善公务接待、公车管理、财务管理等制度，公务接待费、公车运行维护费支出明显下降；整治文山会海成效初显，省地方税务局办文效率大幅提高。对21个市（区）局内控机制建设情况开展专项检查并在全系统通报；出台《内控倒查实施办法（试行）》，强化各级各部门“一岗双责”责任；省局依法行政风险防控工作得到广东省省长朱小丹充分肯定。省局组织对24名基层分局长进行经济责任交叉审计，共发现问题503个，提出整改建议108条。出台《关于加强“一把手”监督管理的若干规定》，把对“一把手”的监督管理落到实处。加大查办案件力度，省局全年收到举报94件（不含重复件），直接初核24件，交转办53件，直接立案6件6人，各市局立案36件36人，全系统共处分42人，挽回经济损失1544.92万元，其中对违规参与发票抽奖的26名税务人员给予行政处分。“民声热线”社会反响良好，办理满意率100%。围绕“为民务实清廉”主题，以整风精神深入开展党的群众路线教育实践活动。征求意见敞开大门、七上七下，共征求意见建议304条，省局领导班子查摆“四风”突出问题24条，班子成员查摆“四风”突出问题204条；整改行动雷厉风行、标本兼治，制定了37项整改措施，向社会作出加强作风建设7项承诺，修订制度22项，新建制度30项，初步形成作风建设长效机制。省局教育实践活动得到广东省委教育实践活动领导小组、税务总局和广大干部群众的好评。此外，全省地税信访维稳、机要保密、财务管理、老干部服务、后勤保障等水平进一步提升，工会、青年团妇联等工作取得新成绩。

（罗奇星）

政务管理

［概况］ 2013年，办公室紧紧围绕发挥参谋助手、综合协调、审核把关、督促检查等职能作用，贯彻“以问题管理为重点当好参谋助手，以提质增效为目标优化服务，以绩效管理为抓手强化队伍建设”的总体要求，齐心协力，真抓实干，推动各方面工作迈上新台阶，切实保障了税收中心工作的顺利开展。

［改进作风］ 按照省地方税务局党组统一部署，精心组织开展党的群众路线教育实践活动。以反“四风”为切入点，全面对照王南健局长指出的十方面突出问题，深刻查摆不足，做到边查边改、立行立改，促进办公室工作作风持续改进。一是转变文风。综合材料起草“挤水分，要干货”，注重用数据和事实说话，避免官话、套话、虚话，全年起草全局性综合文稿105篇，《2014年全省地税工作报告》等系列材料文风清新、广受好评。二是精简信息简报。规定省局信息简报单篇不超过600字，单期简报从5000字压缩至2000字以内，全年共编发《广东地税简报》113期，数量与上年同期持平；按省委统一部署，对局内各单位简报资料和内部刊物开展全面清理，简报资料等由19种减并为8种。三是严把发文

关。控数量、减篇幅，要求一般每份文件不超3000字，2013年共发文2047份。四是加强会议管理。合理缩短会期，完善视频会议系统，坚持勤俭节约不铺张浪费，严格落实参会人员登记、会议请假等制度，全年召开全省性会议32个，数量与上年同期持平，经费289万元，同比减少15%。五是构建长效机制。研究出台省局《贯彻落实"八项规定"切实加强作风建设的实施意见》，从十方面提出加强作风建设的具体措施，推动建立省局改进作风的长效机制。

[提升效率] 一是提升机关公文流转效率。落实《关于提高广东省地方税务局机关公文流转效率的意见》，明确公文各流转环节办理时限，在OA系统增加催办功能，于到期前1天自动提醒承办人员，并对公文办理情况进行通报，有效避免办文延误。2013年办公室共分办来文来电3368份，按期办结率由第一季度的24.3%提升到年底的71.9%，并促使公文质量进一步提高，差错率明显下降。同时，专设"请示性公文处理表"，优化办理流程，明确回复时限，推动及时回应基层诉求。二是大力推进移动办公。完成统一移动工作平台开发建设，实现通过手提电脑、平板电脑、智能手机等终端远程办公，创造"时时处处可办公"条件。三是狠抓督办落实。完善省市县三级统一规范、分级运行的督办工作信息化平台及操作指引，以图形直观显示督办进度，形成省局下达任务、处室全面落实、基层及时跟进的工作格局；2013年共办理重点督办事项33项，办结13项，7项申请延长办理期限（经局领导批准），其余13项按计划进度推进，共建立65件专项督办，办结51项，2项因故延期（经局领导批准），12项尚在办理中，未出现超期办理情况。四是加快信访件办理。将一般信访件办理时间从60天缩短至10天，复查复核时间从30天缩短至15天，全年共收到信访件127件，均按规定进行登记转办。

[税收宣传] 一是健全宣传机制。研究制定《广东省地方税务局税收宣传工作实施办法》，着重建立部门协同联动工作机制，实现税务宣传题材联动，围绕省地税局阶段重点工作部署开展"个税完税凭证网上开具""南粤金税网络发票抽奖一周年宣传活动""大力建设税费宣传示范区"等宣传。二是构建宣传平台。在《南方日报》《香港商报》《大公报》等平面媒体上开设政策专栏72期，与广东电视台《广东新闻联播》联合制作"发票改革在线访谈"节目，在珠江经济广播电台播出《开具个人所得税完税证明有新方式》《未婚成年子女购房仍能享受契税优惠》等专题片，在公交、地铁、楼宇、户外LED显示屏开展专项宣传。三是创新宣传形式。充分运用卡通动漫等百姓喜闻乐见的方式传播税法知识，税收宣传月期间共制作动漫剧《喜洋洋与灰太狼》3部和《熊出没》1部，并注重依托微博、微信、微电影等新媒体开展宣传。四是扩大税收宣传月效果。主办活动的数量以及省国税、地税局合作项目数量均创新高。2013年4月11日举办的"税收开放日"活动，融现场咨询、派发宣传资料、电子办税演示与体验、税企座谈交流互动等为一体，广东省省委常委、常务副省长徐少华亲临现场并讲话，反响良好，多家媒体关注报道。

[规范提质] 一是狠抓建章立制。2013年，办公室研究出台和完善《广东省地方税务局信访工作规程》《广东省地方税务局党组议事规则》《广东省地方税务局领导联系基层工作制度》《广东省地方税务机关公文处理办法》《广东省地方税务局工作规则》《广东省地方税务局税收宣传工作实施办法》《广东省地税系统涉税舆情管理办法（试行）》《广东地税"群言堂"论坛守则》等全局性制度8项，使各项工作有章可循。二是深化绩效管理试点。在2012年率先试点绩效管理的基础上，按照省地税局统一安排，做好集中培训、座谈讨论、征求意见、指标设定等一系列深化工作，重点参照税务总局绩效考核指标完善本部门的指标体系，为2014年全面实施绩效管理打下坚实基础。三是拓展内控机制和绩效管理成果运用。完善《办公室工作流程优化分析》，重新编写岗位工作流程及风险备忘录，做到内控责任到岗到人；组织编写《办公室工作指南》，从职责说明、工作流程图、心得体会、制度汇编、公文和文稿范本等六方面，对办公室工作作出全面描述和具体指引，要求每个岗位须撰写工作体会，突出有关制度规定以外的易忽略事项。

此外，办公室围绕大局、强化统筹、注重质效，其他日常工作也取得积极成效。局领导日常服务方面：协调处理外部会议通知300多份，协助安排领导公务活动200多次，处理密码电报50份，做好24次党组会的会务工作，组织领导接访12次。保密管理方面：对已公开信息开展全面的保密审查，对省地税局保密工作九大方面内容进行普查，落实"六五"保密法制宣传教育工作自查，在全系统科级干部任职培训内容中设置保密安全课程，强化省局设备定点维修维护管理，进一步理顺工作程序。政务公开方面：为省局门户网站提供公开信息800多条，妥善处理政府信息公开申请3件，并加强对全系统的指导，督促各地在政府信息公开年报公布情况。涉税舆情管理方面:出台《涉税舆情管理办法(试行)》,健全舆情应对机制,提高舆情快速反应能力,坚持对舆情早预警、早处理、抢主动,全年处理各类负面舆情事件50多起,没有形成较大负面影响。

(周 斌)

税收法治

[推进行政审批改革 优化OA管理模块] 贯彻党的十八大关于深化行政审批制度改革部署,以及《广东省"十二五"时期深化行政审批制度改革先行先试方案》精神,全面清理全省地税行政审批等涉税费管理事项。经多次、反复论证清理,共确认审批项目21项。其中,保留12项(征管类审批事项6项、税收优惠类审批事项6项);取消9项,取消项目占确认审批项目总数的42.85%。《广东省地方税务系统2013年行政审批制度改革事项目录(第一批)》上报省法制办审查,并向税务总局请示。

省地税OA系统"规范性文件制定管理"模块中,包括"规范性文件制发处理表""规范性文件联合制发处理表""规范性文件收文处理表""规范性文件送审处理表""规范性文件报备复函处理表"等子模块,涵盖税收规范性文件起草、征求意见、会签、合法性审核关、局务会议审议、报送政府法制部门审查、局长签发、报送上级备案审查、向下级回复备案审查意见等各个环节,严格规范了规范性文件制定管理流程,全省地税系统税收规范性文件质量明显提高。省地税系统出台的税收规范性文件,除在政府公报和地税部门门户网站发布外,为方便纳税人和基层税收执法人员查阅,从2013年开始,还定期编印《税收规范性文件公告》,随《广东地方税务》杂志同时印发并即时在广东地税门户网站刊载。全年共向省法制办报送规范性文件审查9件,省地税局出台规范性文件6件,审查各市局报送规范性文件24件,审查省委办公厅转来各市党政部门报送规范性文件11件。

[制定统一的税收优惠办法] 以已经实施的减免税管理办法为基础,与税政部门继续协同推进,加强和规范税收优惠管理,对每一项税收优惠政策的享受主体、所要报送资料、办理流程、办理时限等作统一规范;同时,从受理、审批、备案登记、后续跟踪管理、责任追究等作出明确规定,促进纳税人和税务机关正确执行税收优惠政策。《办法》正报送省法制办审查。

[委托第三方调查] 委托第三方,面向广东省内20个地市地方税务局、横琴新区地方税务局、顺德区地方税务局及广东省地方税务局直属分局管理范围内的纳税人。按区域分布和服务对象类型分别采集一定数量的纳税(费)人样本数据,重点了解重点税源户、中小型企业、个体户、自然人等纳税人,对税收优惠政策的了解程度、享受优惠政策的广度、符合条件而未享受优惠政策的情况及原因。

[支持大型骨干企业] 贯彻落实《中共广东省委、广东省人民政府关于鼓励和支持我省大型骨干企业壮大规模增强实力的指导意见》(粤发〔2013〕6号),制定印发《广东省地方税务局关于鼓励和支持我省大型骨干企业大规模增强实力工作方案》,建立培育发展大型骨干企业议事制度、跟踪服务制度、目标评价制度、税收收入统计制度,积极研究解决大型骨干企业涉税费诉求,强化税收优惠政策梳理宣传,落实各项优惠政策,将大型骨干企业办税事项纳入"绿色通道",做好对大型骨干企业的跟踪服务等多项措施支持企业发展。2013年全省26家大型骨干企业共享受税费减免18.88亿元,减轻了企业负担。

[和谐征纳关系] 针对近年涉税(费)争议增多的情况,着力健全工作机制,打好专题业务培训、专项经验交流、典型案例编写和个案办理指导等"组合拳",积极应对涉税(费)争议高发态势。在省局机关恢复聘请法律顾问,增加系统外法律支持资源。充分发挥税务行政复议在处理涉税费矛盾纠纷中的主渠道作用,畅通复议申请渠道,充分运用办税服务厅点多面广、开门办税的窗口服务功能,在全省选择部分办税服务厅设置行政复议申请接收点,并规范申请接收工作程序,方便当事人提出申请。对依法不属于复议范围的事项,认真做好解释、告知工作。加强对下级单位复议受理活动的指导和监督,坚决纠正无正当理由不受理复议申请的行为。注重运用调解、和解方式解决矛盾纠纷。2013年,4件行政诉讼案件二审结案,省地税局胜诉。省法制办、省

高院在全省依法行政工作会议上印发的《2012 年度广东省行政复议和行政诉讼情况报告》中肯定了省局行政复议工作。在 7 月 10 日召开的全省依法行政工作会议上，省局被选为 4 个作经验交流的单位（广州市政府、深圳市政府、省公安厅、省地税局）之一，作题为《深入推进依法行政，着力建设法治地税》的经验交流发言。朱小丹省长在会议讲话中充分肯定了省局依法行政风险防控经验。

（张　敏）

营业税与财产行为税管理

［税收收入］　广东地税（含深圳）2013 年营业税收入 1625.36 亿元，同比增收 75.73 亿元，入库增长 4.9%。财产行为税中资源税收入 13.96 亿元，同比增收 1.92 亿元，增长 16%；城镇土地使用税收入 129.22 亿元，同比增收 19.21 亿元，增长 17.5%；城市维护建设税收入 399.34 亿元，同比增收 44.4 亿元，增长 12.5%；印花税收入 88.21 亿元，同比增收 11.65 亿元，增长 15.2%；土地增值税收入 417.5 亿元，同比增收 9.5 亿元，增长 2.3%；房产税收入 198.48 亿元，同比增收 23.16 亿元，增长 13.2%；车船税收入 57.16 亿元，同比增收 15.8 亿元，增长 38.2%；烟叶税收入 1.65 亿元，同比增收 124 万元，增长 0.8%；耕地占用税收入 77.89 亿元，同比增收 10.68 亿元，增长 15.9%；契税收入 372.47 亿元，同比增收 100.93 亿元，增长 37.2%。

［依法治税］　转发《国家税务总局关于认真贯彻落实暂免部分小微企业增值税和营业税政策的通知》（税总函〔2013〕508 号），同时下发《广东省地方税务局关于认真贯彻落实暂免征收部分小微企业营业税政策的通知》（粤地税函〔2013〕830 号），要求各地高度重视，采取措施，狠抓落实，主管税务机关简化手续，优化流程，为小微企业享受该项优惠政策提供便捷的渠道，想方设法为小微企业提供优质服务。为及时落实该项优惠政策，广东省地税局及时对大集中征管系统进行了统一维护，对月营业额不超过 2 万元（含 2 万元）的按月纳税单位、季度营业额不超过 6 万元（含 6 万元）的按季纳税单位的本期应缴营业税，系统经过判断后可自动处理为 0，从技术手段上保障了该项优惠政策的落实。

印发《广东省地方税务局关于开展车船税征管有关事项检查的通知》（粤地税函〔2013〕919 号），对全省车辆车船税征管情况、与公安交管部门建立车船税核查工作机制情况、保险机构代收代缴车船税业务情况等进行检查。各地还与公安交管部门沟通协调达成共识，公安交管部门在办理车辆注册登记、定期检验手续时，严格落实“先税后登记”“先税后检验”规定，对无法提供车船税完税证明或免税证明的纳税人，一律不予办理相关手续，强化车辆车船税征管工作。

［服务基层］　一是应用统一工作平台“即时通讯”功能，多次召开部分市局税政科长、业务骨干参加的小规模专题远程音频会议，就广东省的土地增值税清算规程及四项扣除问题、“三旧”改造税收问题等进行研讨，取得密切联系基层，更好服务基层的效果。整合全省税政业务骨干力量，缓解各级税政部门人手奇缺矛盾，构建全省“大税政”，实现全省政策措施制定和执行更均衡更具操作性，同时有助提升基层人员的业务能力水平。二是下放城镇土地使用税困难审批权限。为落实国家行政审批制度改革工作精神，自 2013 年 12 月 20 日起，纳税人因缴纳城镇土地使用税确有困难，需要给予减免税照顾的，审批权限全部下放到市（横琴新区、顺德区）、县（区、市）地方税务局。广州、珠海、佛山、江门、惠州、肇庆市地方税务局在每户纳税人年减免税额 50～100 万元的幅度内，划分本地区市、县（区、市）审批权限标准，报省地方税务局备案。汕头、潮州、揭阳、梅州、河源、汕尾、湛江、茂名、阳江、韶关、清远、云浮市凡每户纳税人年减免税额在 30 万元以上的，由市地方税务局审批；凡每户纳税人年减免税额在 30 万元以下（含 30 万元）的，由县（区、市）地方税务局审批。纳税人年减免税额在 500 万元以上（不含 500 万元）的，由各地级以上市（包括横琴新区、顺德区地方税务局）报省地税局备案。

［税种管理］　开展“以地控税”工作试点。按照《国家税务总局关于在全国范围内开展城镇土地使用税以地控税试点工作的通知》的有关要求，广东省地税局与省国土厅制定试点工作方案，选择潮州市为试点地区，确定具体工作步骤和实施时间。

潮州市地税局紧密与市国土局联系，建立国土地籍信息共享机制，以土地为源头，以信息技术为支撑，以数据分析为手段，以综合治税为保障，结合税收征管实际，积极探索推进“以地控税、以税节地”试点工作，制定《潮州市地方税务局“以地控税　以税节地”工作实施方案》，探索建立以宗地税源信息及大集中征管系统为依托，以电子地图为载体，以土地信息流管理为核心，以涉地五税为主要管理对象的税源管理系统软件，进一步推动税源管理信息化进程；召开“以地控税　以税节地”试点工作预备会，对试点工作进行详细部署；与国土部门联合出台《潮州市“以地控税　以税节地”工作涉税信息共享工作意见》，确保定期获取国土部门地籍涉税信息特别是新增和变更的数据，建立健全常态化的土地涉税信息共享和双向流动的长效机制。进一步强化契税、耕地占用税、房产税、土地使用税和土地增值税的精细化管理。至 2013 年底，共查增应税土地 189.66 万平方米，补征城镇土地使用税税款 1753 万元，清理耕地占用税 2921 万元。

加强土地增值税清算。2013 年，清算工作重点放在完成销售比例 100% 及达到清算条件时间较长的项目，把土地增值税收入和开发项目双指标清算任务下达各市局，市局再分解到县局。按照税务总局《土地增值税清算管理规程》要求，组织各地土地增值税清算业务骨干，选取韶关、佛山、江门、东莞等市跨区域项目开发的房地产企业进行联合清算，推进土地增值税清算工作的规范化管理，确保省级收入进度。培养土地增值税清算人才，有效规范土地增值税清算执法行为。

继续推进“营改增”工作。按照国务院决定，从 2013 年 8 月 1 日起将广播影视作品制作、播映、发行实施营业税改征增值税。按照省“营改增”改革试点工作统一部署，广东省地税局开展广播影视服务业试点纳税户数据信息调查，将相关试点纳税人基础信息梳理清楚并以正式文件下发各地逐户对照核实，高质量完成试点纳税人基础信息的核实统计工作：全省（不含深圳）广播影视服务业“营改增”试点涉及纳税人 1092 户，2013 年缴纳营业税 2.37 亿元。

［涉税信息交换与共享］　广东省地税局与广东海事局联合下发《关于进一步做好船舶车船税委托代征工作的通知》，明确凡在海事管理机构登记管理的应税船舶，其车船税由船籍港所在地的地税机关委托当地的海事管理机构代征，海事管理机构在办理船舶登记手续或受理年度船舶登记信息报告时代征船舶车船税。各级地税机关与海事管理机构要充分依托信息技术手段，搭建畅通的信息交流渠道，建立船舶信息共享机制。

（苏动宇）

所得税管理

［税收收入］　2013 年，广东地税（不含深圳）组织企业所得税收入 503.41 亿元，同比增长 15.6%，增收 67.90 亿元；组织个人所得税收入 522.11 亿元，同比增长 14.3%，增收 65.13 亿元。

［税种管理］　完成 2012 年度企业所得税汇算清缴。2013 年，根据《国家税务总局关于印发〈企业所得税汇算清缴管理办法〉的通知》（国税发〔2009〕79 号）精神，结合实际，采取积极有效措施，督促指导全省地税系统圆满完成 2012 年度企业所得税汇算清缴各项工作。全省地税系统共有 201254 户管户参加 2012 年度企业所得税汇算清缴，其中，实行查账征收的企业 152014 户，实行核定征收的企业 49240 户，查账征收面为 75.53%。

促进小微企业发展。2013 年 8 月以来，省地税局组织全省开展落实小型微利企业所得税优惠政策专项行动，经全系统共同努力，通过采取听取纳税人诉求、简化办税流程、强化宣传辅导、提供主动式服务、全面补办优惠享受等措施，全省共为 3.71 万户企业补办 2010—2012 年度小型微利企业所得税优惠 6.7 万户次，减免税额 2 亿元，减免户次和减免金额大幅度提高。

改进完税证明开具工作。省地税局于 2013 年 3 月起改进个人所得税完税证明开具工作，将个人完税凭证邮寄方式改进为在网上或自主办税终端自主查询完税情况、打印和验证完税凭证真伪的方式，有力推动了个税管理服务精细化、便捷化。一方面，在措施上创新“一库一网”，即为全省个税纳税人建立信息数据库，通过网络提供即时查询、验证、打印及提示服务。另一方面,成效上实现“两升两降”,即纳税服务质量有效提升,征管监控水平有效提升;纳税人时间成本和税务机关工作负担大幅降低;信息安全隐患和税收管理风险大幅降低。新的个税证明开具方式实施一年多来,各项服务新举措得到纳税人一致好评,社会各界广泛认可,以及总局的高度肯定。2013 年 3 月 15 日至 2014 年 3 月 31 日,全省共有 2827216 人次通过广东地税门户网站和自助办税终端登录使用个人所得税查询打印功能,在线打印电子版个税证明 367840 份,打印个人所得税纳税清单 286927 份,验证个税证明和纳税清单 68313 份,定制短信服务的有 41291 人。

限期申报缴纳股权转让所得税。省地税局于 2013 年 8 月 6 日向全省发布《限期申报缴纳股权转让所得税的通告》,要求在 11 月 6 日前,未按规定申报缴纳股权转让所得税的企业和个人应主动向主管地税机关申报。该举措在加强股权转让所得税的征收管理,解决部分企业股东和个人股东在股权转让后不及时申报企业所得税和个人所得税的问题方面起到积极作用。2013 年 8—11 月期间,全省向扣缴义务人和纳税人共发放《限期申报缴纳股权转让所得税的通告》超过 18 万份,申报个人所得税 10252 人次,缴纳入库个人所得税 5.11 亿元,加收滞纳金 343 万元;申报企业所得税 544 户,缴纳入库企业所得税 4264 万元,加收滞纳金 17 万元。

完成年所得 12 万元以上纳税人自行纳税申报任务。为便利纳税人填报年所得 12 万元以上自行申报表,确保顺利完成税务总局下达年所得 12 万元以上纳税人自行纳税申报任务,2013 年,省局按照《关于改进我省年所得 12 万元以上个人所得税自行纳税申报工作方案》要求,扎实组织实施年所得 12 万元以上自行申报改革,在“大集中”开通个人以往申报数据自动归集功能。全省(不含深圳)完成 2012 年度年所得 12 万元以上纳税人自行纳税申报数较税务总局下达任务数多出 8.68%。

所得税核查。一方面,各地按照省局统一部署,结合实际开展企业所得税重点核查,在一定程度上提高了企业所得税管理质效。通过核查,全省共调增应纳税所得额约 18.75 亿元,查补企业所得税约 2.62 亿元,产生税种协同管理效应,查补其他税约 0.66 亿元。另一方面,结合年所得 12 万元以上个人所得税自行申报的开展情况,对医院、高校等行业高收入者进行核查。截至 2013 年 12 月 31 日,共核查补缴个人所得税 1.04 亿元。

各项认定工作。省局会同省委宣传部、省科技厅,省财政厅和省民政厅等相关部门积极做好公益性社会团体捐赠税前扣除资格、转制文化企业、非营利企业、高新技术企业等认定工作,有效确保全省符合税法规定条件的企业依法享受相关减免税优惠政策。

(李　峰)

国际税收管理

[税收收入] 2013 年,广东省地税系统共组织涉外税收收入(不含深圳)613.36 亿元,同比增长 1%。其中,营业税 134.78 亿元,同比下降 18.33%;企业所得税 78.29 亿元,同比增长 14.95%;个人所得税 118.49 亿元,同比增长 10.86%。

[国际税收宣传] 与港媒合作,扩大国际税收影响力。2012—2013 年,省地税局先后与香港《大公报》(24 期)、《香港商报》(36 期)合作开辟国际税收宣传专栏,定期刊登国际税收政策热点解读和管理措施的系列文章,为粤港企业答疑解难,广受社会各界读者好评,被誉为纳税锦囊。合作期满后,又于 2013 年下半年与香港《大公报》续签一年(24 期)的税收宣传计划。

加强人员培训,传播国际税收理念。2013 年 3 月,省地税局为广东粤电集团等 11 家省属大企业举办“走出去”企业税收服务与风险管理宣讲会,作“走出去”企业国际税收政策主题宣讲。2013 年 6 月,省地税局在吉林大学成功举办全省地税系统反避税专业队培训班。并通过多渠道,采取多形式、在多场合宣传国际税收知识及理念,扩大国际税收影响力,提升国际税收工作的地位。2013 年,省局国际税务处负责人应邀为全省公务员初任培训班、市股级干部能力提高班、全省科级干部培训班授课。

编写教材,普及国际税收知识。省局国际税务管理处编写的《国际税收管理实务》一书,于 2013 年 10 月出版,作为全省地税干部普及、更新国际税收知识的读本。

[反避税工作]　加大反避税工作力度，深化“管理、服务、调查三位一体、统一规范的反避税防控体系”，全省通过管理、服务和调查3个环节对税收增收贡献合计7.37亿元，其中调查环节增收4228.57万元、服务环节增收2.31亿元、管理环节增收4.64亿元。

广东省首例双边预约定价取得突破性进展。围绕日本某株式会社旗下两户日资企业与日本国税厅直接开展双边谈签工作。通过多轮谈判磋商，调增企业所得税税款逾1亿元。这是省地税系统首例从国外税务主管当局成功夺回跨境税源的案例，对于彰显中国税收权益，推进全省反避税工作迈向新台阶、开创新局面具有里程碑意义。

对日资企业反避税调查取得成功。针对日资企业利润率普遍较低的现状，广东省加强对日资企业的调查与管理，选取3户日资企业进行立案调查，并成功结案，调整增加企业所得税9000多万元，有效防范了日资企业新的避税行为。

[国际税收征管协作]　情报交换工作取得实效，利用外来税收情报提高征管绩效，其中通过1份日本的外来自发情报的信息，查补数十名在中国境内工作的日籍人员的个人所得税共计1796多万元。

（林伟涛）

规费管理

[规费收入]　2013年，广东省地税系统（不含深圳）共组织规费收入2438亿元，占税费总收入40.2%。其中征收社会保险费（以下简称社保费）1947.6亿元，同比增长12.4%；教育费附加180亿元，同比增长13.5%；文化事业建设费2.6亿元，同比增长-77.3%；地方教育附加119.2亿元，同比增长14.1%；堤围防护费107.7亿元，同比增长8.2%；价格调节基金21.9亿元，同比增长13.3%，残疾人就业保障金26.5亿元，同比增长10.4%；工会经费20.5亿元。

[社保费征缴]　2013年，社保费收入增长12.4%，低于2012年的增长率近5个百分点。收入增长速度放缓的主要原因是受2011年、2012年大规模政策性补缴抬高基数影响，2011年、2012年广东省全面开展历史欠费清理，补缴入库金额较大，抬高基数影响；下半年，各级地税部门进一步加强征管，加大扩面征缴力度，社保费收入逐步摆脱不利因素影响，增长速度逐步加快：养老保险费收入1282.7亿元，增长11.31%。影响收入因素：一是政策性补缴因素影响较大。除个别地区外，全省养老保险收入受政策性补缴影响较大，全年补缴收入同比减收40多亿元，拉低近4个百分点。受此影响，13个地市（含直属分局）养老保险增长率低于全省平均水平。其中，梅州市、潮州市、清远分别增长-50.9%、-19.4%、-6.47%；云浮、韶关、揭阳、江门、湛江分别小幅增长0.36%、1.89%、2.8%、2.2%、4.17%。二是费率费基调整。2013年下半年，全省各地除阳江外最低缴费基数均大幅提高。如珠海、佛山、惠州、东莞、中山等地分别从2012年的1720元、2018元、950元、1100元、1100元提高到2425元、2529元、2075元、1310元、1500元，促进了各地养老保险收入增长。同时，由于以上几市受政策性补缴因素影响也较小，全年累计增长幅度达到17.3%、21.1%、27.7%、18.7%、24%，远远超过全省平均水平。医疗保险费收入527.1亿元，增长17.92%。医疗保险始终保持稳定增长态势，增长原因主要是各地缴费基数上调及参保人员自然增长。另外，企业预缴医疗保险费也是医疗保险收入增长因素之一。如韶关市医保预缴全年增收5500多万元；汕头市仅第四季度医保预缴达收入3300万元。失业保险费收入68亿元，增长-12.15%。根据《转发人力资源和社会保障部、财政部关于东部7省（市）扩大失业保险基金支出范围试点有关问题的通知》（粤人社发〔2013〕13号）要求，从2013年4月1日起，全省失业保险费率从单位费率2%、个人费率1%下调至为单位费率1.5%、个人费率0.5%。受此影响，失业保险费全年减收20多亿，增长-12.15%。工伤保险费收入42.2亿元，增长20.01%。上半年，由于省地税局直属分局和佛山、顺德等地2012年下半年工伤费率调低后仍未恢复，全省工伤保险费同比增长仅7.57%。下半年，根据《广东省人力资源和社会保障厅、广东省地方税务局关于我省事业单位社会组织参加工伤保险有关办理事项的通知》规定，2013年7月开始对事业单位、

社会组织征收工伤保险。全省各级地税部门落实政策规定，及时对征收系统进行修改，加大宣传力度，做好缴费登记，做到应保尽保。这一政策的出台，结合下半年缴费基数的调高、费率的恢复，以及各地大力开展扩面等因素，全省2013年下半年工伤保险收入快速增长，比上半年收入增长12个百分点。生育保险费收入27.6亿元，增长35.29%。由于全省各级地税部门加强征管质量把控，坚持执行五险统征，生育保险费生育保险收入仍然保持大幅度增长，比2012年增长近14个百分点。

［征管措施］ 加强费源分析和社保扩面：配合人力资源和社会保障部门大力开展社保费扩面工作，省地税局对全省费源情况进行认真分析，以大集中系统实际缴费人数为任务基数，试下达扩面任务；各级地税部门将任务进行层层分解，落实到人，扩面工作取得实效，扭转了年初因春节停工、政策性补缴等因素导致的缴费人数负增长的局面，2013年全省养老保险缴费人数达到1839.3万人，同比增加82万人，增长4.67%。

完善社保费征管制度建设：对社保费新系统登记、核定、申报、征收、检查各环节工作进行梳理，完成《社会保险费征管规程》《广东省地税局社会保险费欠费管理办法》修订任务。在2012年省局局务会议审议意见的基础上，加大修改完善力度，多次征求基层意见，先后两次征求并采纳省人力资源和社会保障厅意见，对《办法》作出修改完善，报省法制办批准实行；完成全省规费法规文件汇编工作，全面梳理了1986年以来的规费管理法律法规，并整理汇编成册，共分四大类14部分，收集183份规费政策法规，共计48.8万字。

落实科技征管，优化缴费服务：强化管理、规范流程、管控质量，组织全省完成地税社保费征管新系统在全省的推广应用工作，简化了征管流程，减轻了前台工作人员和缴费人的负担；完善自助办税终端的社保费办理程序，对灵活就业人员办理缴费登记、核定、申报业务实行免填单，为缴费人减少了前台办理填单时间，提供了服务和便利；开发身份证自动识别系统，身份证号码可通过扫描直接录入系统，减轻了基层一线人员手工录入工作量，确保了征管质量。

完成河源社保费三方协同工作机制试点：河源市通过地税、财政、社保部门密切协作，2013年4月，三部门建立起"多方协同办公平台"，功能涵盖任务管理、校验规则管理、档案资料核对、监控管理、异常数据管理、历史数据核对管理、退费管理、查询统计管理、社保托收补缴信息管理、财政代缴社保费管理以及三方对账管理等内容，实现以下功能：社保费征收业务地税、社保、财政三方网上协同办公，及时处理各类关联业务；参保人在地税和社保端的登记、变更、征收信息及时传输和共享；从根源上实时、主动发现数据交换过程中的异常信息，并根据错误类型，及时地把处理方式推送给对应的业务操作人员及时处理；实现社保费征收地税、社保、财政三方资金账及数据账实时核对；实时监控征收数据的传输情况和社保方的接收情况，对异常数据及时定位进行处理。2013年底，省局党组将"全面推动全省建立多部门协同办公新机制"作为重点督办任务，要求全省依托信息管理平台，实现多部门信息共享、协同工作、三方对账，提高社保费征管管理质量效率和服务水平。

［其他规费征缴］ 征缴情况分析：教育费附加及地方教育附加两费随流转税计征，征收对象、费基一致，增长幅度大致相同。第三季度增长幅度较大，主要是根据《关于〈出口货物劳物增值税和消费税管理办法〉有关问题的公告》关于从事进料加工业务的生产企业，自2013年7月1日起按"实耗法"办理进料加工出口货物退（免）税的申报及手（账）册核销业务规定导致；文化事业建设费受"营改增"影响继续走低；价格调节基金、残疾人就业保障金、堤围费均保持平稳增长；工会经费7月1日开始征收，收入环比稳定增长。征缴措施及成效：推进工会经费在全省地税的征收工作，积极应对舆情妥善化解征纳矛盾。该项工作于8月1日起在全省正式开展，完成《广东省工会经费收缴管理暂行办法》的制定工作，征管系统业务需求编写、系统开发、测试、内外培训、宣传等各项准备工作；召开全省工会经费代收工作会议，部署工作任务；针对社会上及有关媒体对地税系统征收工会经费、工会经费筹备金合法性的质疑，会同省总工会，争取由省人大法工委对工会筹备金的收取的合法性进行了确认发文，推动省总工会出台《关于不足二十五人企业工会经费收缴问题的函》（粤工总函〔2013〕129号）规定，暂不向不足二十五人尚未建立工会组织的企业收缴工会经费；推动省政府完善堤围防护费政策，出台《关于取消、免征、降低部分省定行政事业性收费的通知》（粤价〔2013〕223号），自2014年1月1日起2年内，堤围防护费按现行征收标准下调20%，对月营业额2万元以下的中小微企业免征，在保证足额上缴省级统筹部分的前提下，允许各地级以上市政府自行决定是否"封顶"征收堤围防护费。

（陈少娜）

规划核算管理

［税费收入］　2013年,广东地税坚持围绕组织收入中心工作,科学谋划,精心实施,确保了税收收入任务的完成。2013年,累计组织税费收入7523.92亿元,入库增收719.57亿元,增长10.6%。其中,组织国内税收收入5084.69亿元,入库增收443.05亿元,增长9.6%;组织社会保险费收入1947.61亿元,入库增收215.19亿元,增长12.4%;组织教育费附加、文化事业建设费及其他收入491.62亿元,入库增收61.32亿元,增长14.3%。国内税收收入中,中央级收入1035.76亿元,入库增长8.1%;省级收入1088.66亿元,入库增长9.7%;市县级收入2960.27亿元,入库增长10.0%。税收收入总量继续稳居全国地税系统首位。

［组织税收收入］　把握主动,实行税收任务动态管理:一是创新计划管理方式。首次在1月中旬编制下达总税收和省级收入的年初指导计划,在省政府收入任务未明确的时候,促进各地明确目标、抓早抓紧组织收入工作。二是准确预判、合理安排年度计划。结合国家税务总局、省财政厅下达省国税局税收计划情况,准确预判全年收入走势,自加压力,从高安排省级收入计划,为完成全年收入任务奠定基础。三是提早准备争取主动。四季度根据收入形势未雨绸缪提前做好追加任务分配预案,并与各地充分沟通准确掌握税源税收情况,11月初接到省级收入追加目标要求后在一周内迅速分解落实,一定程度上化解了任务追加金额大、时间要求紧的困难。坚持走群众路线,服务基层组织收入工作:一是加大税源摸查调研力度。通过对大量经济税收数据的挖掘分析,从宏观上了解各地情况,先后前往广州、佛山、东莞、珠海等16个市(区)及直属局,对基层单位及重点企业开展实地调研,从中观、微观上了解基层一线征管情况及重点企业经营情况,进一步加强与各地沟通,为研判税收走势、下达税收任务及统筹组织收入工作奠定基础。二是努力为基层单位减负。在核查"营改增"影响基数工作中,配合完成14.2万户固定纳税人的信息与入库数据等查询工作,完成各地临商登记户的基数查询与确定,切实减轻基层单位的工作负担;在税收电月报报送工作方面,针对基层单位报送时间紧、压力大的问题,拓宽采集渠道,确保大集中分析系统及时加工生成的全省各市县税收电月报主要数据;加强与省人民银行国库部门协商,敦促各市县人行国库部门加快月末工作进度,配合基层地税部门完成销号对账相关工作。三是加强对保险营业税退税工作的监控统筹。及时掌握2013年保险营业税退税信息,迅速加紧沟通协调,从上半年开始落实专人加快办理退税工作;针对基层单位提出的审核流程多、时间长影响退税进度与效率的问题,积极与省财政厅有关部门沟通,明确财政部门审核时间,有效提高退税工作办理效率,进度明显加快,确保在年内如期完成相关退税工作。强化监控和预测,服务组织收入决策:一是密切跟踪经济税源变化,准确把握税收发展走势。在年初、半年、三季度末等重要节点开展税源税收调研摸查,适时提交税收收入形势分析预测报告,针对不同阶段提出组织收入工作建议,为组织收入工作决策发挥参谋作用。二是实现政府下达税收任务情况监控的制度化和常态化。建立市、县级政府税收任务要求月报制度,按月收集整理各市、县级政府下达地税部门的税收任务要求及变化情况,在原有的《税收收入动态》《税收预测与分析专报》基础上增加编写《税收任务变动专报》,更加及时全面反映税收收入各类重大情况,为税收计划风险预警提供依据。

［收入核算管理］　进一步规范会统核算管理:对全省纳税户进行大、中、小、微企业划型,明确耕、契两税年度决算表的取数口径,细化调整城市维护建设税目级预算科目,完成大中小微型企业数据填报,完成2012年会统年报对账及年报会审、2012年全省各县区的会统报表的汇总审核工作,完成全省减免税统计调查工作;与省人行、工会管理部门制定工会费科目使用、账户设置规则,明确工会费入库、对账业务流程,跨省合资铁路纳税人异地缴纳营业税的操作流程,贯彻工会费收缴管理办法、跨省总分机构及省内跨市总分机构办法,及时调整完善大集中系统预算分配比例对照表及预算科目对照表;贯彻落实税收票证管理办法:贯彻落实《税收票证管理办法》,修订印发《广东省地方税务局税收票证管理补充规定》,按照权限规定完成税收票证的设计和印制,针对涉及纳税人的事项发布公告,跟踪、督

促落实大集中系统税收票证改版升级工作,确保新税收票证顺利启用,开展新办法师资培训,编写业务手册,强化税收票证业务管理,保障税收票证管理工作平稳过渡;开展税费资金安全检查。组织开展全省税费安全管理检查工作,重点对税收资金管理情况、税收票证管理情况和税收会计核算情况进行检查;在各县(区)局全面自查、各地市局抽查的基础上,省局开展对惠州地税的重点检查工作;协调落实印花税票选题工作:组织开展印花税票选题调研,制定选题工作方案,部署印花税票选题工作,配合题材方案总体思路及设计,加强协调联系与请示汇报,选题工作获国家税务总局同意实施;密切联系选题承办单位、国家税务总局以及邮票印制局相关工作,及时报告工作进展,推进印花税票选题工作按既定方案实施。

[重点税源监控] 规范实施日常监控:每月对省局监控的1650户重点税源企业和160个重点建设项目的税收、财务情况进行数据采集、审核、加工、汇总和上报,对发现异常情况进行追踪和沟通;每月通过与房地产协会、统计局、建设厅等单位沟通,及时获取新建商品房的销售和投资情况,为房地产等重点行业的监控提供基础性数据支持。完善重点税源分析平台功能:完善重点税源分析平台对全省重点税源户的排名和选择机制,合并名称一致的重点税源户,增加同年度重点税源企业的上年对比情况,使得分析数据更加完整;完成全省税收调查工作:全省税收调查工作按照全国税收调查工作部署和省局工作既定计划有序开展,并按时保质完成,全省(不含深圳)共调查企业集团24家,8496户企业,其中抽样调查企业1900户;发布2012年度省纳税百强榜:反复核实相关企业的地税数据,与省国税局联合发布了2012年度广东省纳税百强榜。

[税收分析调研] 继续完善税收常规分析:撰写省直部门经济财税形势分析座谈会、全国人大预算工委调研、省人大财经委会议、省财政厅调研、总局组织收入调研检查和执法监察、全国部分地区税收形势分析会、省财税部门工作联系会议等分析汇报材料,着力反映经济和税收运行情况,分析预测税收收入走势,揭示组织收入存在问题,为各级领导掌握税收收入形势提供参考;大力开展税收专题分析:在日常税源监控的基础上,紧密结合税收实践,完成《近期我省餐饮娱乐业经营和税收变化情况》《粤苏两省经济与税收相关指标比较》《2013年上半年全省房地产市场及税收情况分析》《从微观角度看税收与经济增幅》等信息资料;构建税收分析联动机制:建立健全税收分析指标体系,构建以近70个常用税收指标反映经济运行和征管效能的分析框架,起草《关于加强税收分析工作的方案(征求意见稿)》,召开专题会议征求意见,进一步加强横向沟通协调及信息共享,明确部门分析工作职责,推动形成税收分析工作合力;深化税收收入质量评价:完善优化评价指标体系,从上百个指标中选取整合出经济税源增长带动性及税收增长稳定性两大类共11项指标作为评估依据,对全省21个市区地税征管范围的税源税收质量进行测算分析,完成《2012年广东地税税源税收质量评估报告》。

[税收计划指标风险预警机制建设] 开展调研论证:收集、整理和分析1995—2012年共18年的经济和地税税收数据,从定性和定量两方面分析税收与经济关系基础上,研究选择合适的预测方法,采用组合预测方法,结合多元回归模型、ECM(误差修正模型)、ARIMA模型,建立地税税收收入组合预测模型,对全省、三大经济区域和59个县区的地税税收收入进行预测和分析,开展县区聚类分析、广东经济税收发展周期分析;建立数学模型:根据经济和税收运行的波动性情况,结合每个县区经济和税收规模特点,对纳入预警范围的59个县区均依据自身的历史数据单独建立模型,增强针对性,提高预测精度,对全省、东翼、西翼和粤北山区分别建立数学模型,掌握全省和三大经济区域的平均预测水平,实施各县区进行横向比较,筛选3个单位进行核查,通过对税收入库及重点行业入库情况核查,与模型数据比对,验证风险预警系统预测的准确性;试行发布预警:按照税收增长指标风险预警的模型识别、初步提示、综合分析、正式预警工作流程,根据模型预测提示情况开展定性分析,将预测结果与历史增长趋势进行纵向比较,与所在地级市的县区平均增长、其他经济发展水平相当的县区税收增长以及所在经济区域的平均发展水平等3个不同层面的平均增长水平进行比较,分析判断该县区的税收增长是否过高,最终得出是否预警的结论;11月,省局精心筛选出县局政府下达的税收增长指标风险较高的5个县区地税部门,发布预警通知,从基层反映的情况看,有效缓解了基层税务部门税收增长指标过高的压力,预警工作取得良好成效。

[税库银管理] 创新方法,试点开展POS机刷卡税款直解国库:广泛调研、充分论证,确定全省POS机刷卡税款直解国库总体思路,明确全省刷卡税款直解国库工作TIPS、ETS分步实施方案部署,完成揭阳等地的TIPS系统刷卡税款直解国库的上线

工作,POS机刷卡税款直解国库工作,使得长期以来税款待解户划解不及时问题得以解决,降低了税收资金风险,进一步提高税款缴库效率和资金安全;争取主动,解决金税三期工程税库银横向联网缴库问题:针对省地税系统TIPS、省ETS、各地ETS多种方式并存、而金税三期工程系统仅支持TIPS一种方式的问题,开展对金税三期工程核心征管业务功能、横向联网系统功能比对工作,在对全面上线TIPS与ETS接入金税三期工程两个方案的可行性、技术细节、业务功能全面比较分析的基础上,据实向国家税务总局提出广东地税横向联网采取ETS接入金税三期工程的模式,并获得总局同意,为广东地税金税三期工程税库银工作争取了主动;按照省级工作部署,在全省开展TIPS、ETS通过省级代理平台接入金税三期工程工作,加强与基层业务协调,确保金税三期工程税库银横向联网缴库业务顺利实施。深化改革,推广财税库银横向联网电子缴税系统(TIPS):积极协调,针对揭阳、梅州征管工作特点制订方案,按时完成揭阳、梅州TIPS上线工作;加强跟踪落实,及时解决基层反馈的业务需求,确保推广工作顺利开展,力促征缴工作质效提升。认真总结试点工作经验,及时解决TIPS应用问题,加强对汕尾、清远等上线地区系统应用应急保障工作,推进税款缴库安全、规范、便捷、高效。

(叶友法)

纳 税 服 务

[抓好三大服务平台与创新三项服务]　着重抓好三大服务平台、创新三项服务工作(简称"3+3"工作)。即进一步加强12366热线服务管理,稳定热线接通率,提高回复准确率,推进办税服务厅综合管理信息化建设,持续提升门户网站群建设及短信平台的服务质效;同时,抓好响应纳税人诉求、税收信用体系建设以及涉税中介管理等三项工作,力促广东纳税服务迈上新台阶,推动全省地税纳服工作实现新发展、新突破。

[12366热线质量抽查]　6月,在全省范围首次组织开展12366热线质量抽查工作,通过模拟纳税人咨询特定问题的方式,及时发现各市局12366热线在答复及时性、准确性、服务态度及技巧等方面存在的问题,对热线质检工作情况进行全省通报,指导基层改进热线管理服务;同时,制定《广东地税12366热线质量检查工作规范》,明确省市两级质量管理工作的职责和方式,进一步加强热线服务管理。为持续提升12366热线咨询服务管理团队业务素质,10月,举办全省地税系统12366热线管理及质检人员培训班,围绕制度规范、工作实务、质检技能以及系统操作等方面的内容进行全方位培训,进一步提高12366热线咨询服务及质检管理等工作人员的业务能力与综合素质。通过认真抓好热线质量抽查和业务培训工作,提升了全省地税12366热线管理服务水平,全年全省地税12366热线话务受理239.72万个,其中自动语音话务71.63万个、人工接听话务147.76万个。平均接通率93.8%,超出国家税务总局85%热线接通率的要求,达到国内同行业领先水平。

[网上办事大厅建设]　积极组织协调局内相关业务技术部门,认真落实省政府最新出台的省网上办事大厅建设、管理、监管等系列制度及工作要求,严格按照接口技术规范,顺利实现行政审批事项流程数据与省网上办事大厅系统的对接,会同相关部门研究确定2项行政审批事项和41项社会服务事项实现网上办理,行政审批事项的办理深度达到三级标准,提前完成了省政府下达的工作任务要求,省局网上办事效能经省网上办事大厅效能监察系统评测为五星级。围绕全局工作和纳税人关心的热点问题,有针对性地做好门户网站信息维护和功能完善工作,充分发挥网站服务税收全局、落实两个减负的作用,配合不同时期税收重点工作,先后开设电子办税服务厅专区、股权转让所得税辅导专栏、工会经费基本政策及缴费指引、小企业会计准则等专题栏目,举办在线访谈,发布通知公告和税收宣传活动预告,公开工作动态、财务预决算、人事任免、采购招标等政府信息,同时注重及时巡查排除各种故障,高效有序地做好网站运维工作。全年省局门户网站新增信息1283条,更新信息2137条,开发建设横琴新区局分站,将网站群站点数量增至25个;网站群点击总量达1.12亿人次,日均点击量超过30万人次,其中省局主站点击总量突破5000万人次,日均点击量

达13.8万人次。在2013年度省政府网站公共服务程度评测中,省局门户网站荣获优秀奖和创新服务奖。

[办税服务厅建设] 3月,下发《关于开展2011—2012年度全省地税系统办税服务厅建设经验总结交流工作的通知》,各市区局以层级推荐的方式,共报送参加经验交流的办税服务厅86个。为进一步畅通行政复议等税收法律救济渠道,省局下发通知要求各市(区)局选定1个以上办税服务厅设置行政复议申请接收点,并规范申请接收工作程序,全省地税共设置办税服务厅行政复议申请接收点62个。为配合省直单位2013年度民主评议政风行风工作的开展,省局下半年通过公开招标委托第三方机构开展办税服务及税法宣传满意度调查,采取"电话访问+神秘顾客检测+厅外拦截访问"三结合的方式,面向全省地税(不含深圳)管户范围内的纳税人及办税服务厅,分四大类型共抽取样本10574个,通过主观感受评价和客观实地检查,了解纳税人对办税服务厅服务质效和税收优惠政策的感受度,对照查找薄弱环节和解决途径。调查已完成访问执行与数据处理阶段,并提交了调查分析报告(初稿),据初步分析,全省办税服务总体满意度得分为83.40分,二级指标中的"办税方式""自助办税"方面得分相对较高,"办税过程""涉税事项申请审批"方面得分略低;全省办税服务厅暗访总体达标率为95.81%,其中多项办税厅硬件建设方面指标普遍得分较高,而工作纪律、服务态度、办税信息公开、领导值班制、自助办税服务等"软服务"指标在全省各办税厅之间差距较大,部分大厅表现不尽如人意,影响了全省整体得分率。

["局长信箱"及服务投诉处理] 在做好网站"局长信箱""服务投诉"栏目来件转办、跟进、回复、归档等日常性工作的基础上,定期编写《"局长信箱"情况反映》,向局领导汇报来件处理情况以及纳税人反映的问题和诉求;承办各项来件的市局认真落实局长负责制,依据收到省局转办件涉及的业务内容,由相应的分管局领导对办理情况进行严格把关,切实提高来件办理质量。从4月开始,按照省局领导要求,在将省局领导对各项来件办理情况的批示意见转交省局有关部门或相关市局跟进落实之后,对相关部门或市局的具体落实情况进行收集汇总并编写成"南健局长批示跟进情况表",推动各有关单位高度重视和抓紧研究落实相关工作要求,从而将局领导有关举一反三、查补短板、严堵管理漏洞、完善相关工作机制等批示精神及工作要求及时传达至相关单位,完善统筹协同服务工作机制,努力实现为纳税人减负和响应纳税人合理诉求的目标。继续完善问题倒查机制,协同相关部门研究解决纳税人反映的诉求和问题,加强源头控管,切实维护纳税人的合法权益,省局网站"局长信箱"及"服务投诉"栏目共受理纳税人来件675宗,办结率100%。

[税法宣传辅导培训] 为配合2013年省局有关创新个人所得税完税证明开具方式并提供网上自助服务以及企业所得税征管工作的开展,纳税服务处积极协同税政部门于4月3日和5月22日举办"个人所得税12万元申报及完税证明开具""企业所得税税收优惠备案、涉税事项办理流程介绍及汇算清缴问题解答"等两场专题网上"在线访谈"活动,同时将门户网站与内部统一工作平台进行链接,分别有4035人次和1120人次参与访谈,共现场解答网友问题69个,平均2.6分钟回答1个提问,成为省局门户网站举办在线访谈活动5年以来的最高峰值。同时,为切实加大中小微企业税收优惠政策的宣传力度,协同相关业务部门在省局网站开设"股权转让所得税辅导专栏""工会经费基本政策及缴费指引""扶持中小微企业发展税收优惠政策""《小企业会计准则》"等专题栏目,为纳税人及时全面查询了解税收政策信息提供方便,切实保障广大纳税人特别是中小微企业的税法知情权。5月24日,纳税服务处联合省国税局共同举办纳税人权益保护专题政策宣讲会,邀请广东商学院副校长于海峰教授作主题发言,省国税、地税有关业务部门骨干与纳税人进行现场互动交流并解答政策业务咨询问题,帮助纳税人了解、维护自身合法权利,正确履行纳税义务,广州地区部分A级纳税信用等级纳税人、注册税务中介机构代表100多人参加会议。组织编印电子办税服务厅、工会经费、个人所得税等税法宣传资料共8款120多万份,派发至全省各市局办税服务厅供纳税人免费取阅。全省各级地税部门共组织开展各类税法宣传培训辅导7650场次,参加活动的纳税人超过56万人次,收到增进税企交流、落实税收优惠政策的良好成效。

[纳税信用信息管理系统试点上线] 2013年上半年开展纳税信用管理系统试点工作,确定广州、珠海、汕头、惠州、江门、云浮和顺德等7个市(区)局为试点上线工作单位,探索应用优化系统管理,完善信用等级评定数据、统计与纳税失信情况查询功能、补充细化信息核查等业务需求,成功补录当期评定的A、C、D级(B级纳税人数量较大,暂不录入)纳税人数据7351条,完成上年度470576户参评纳税

人的纳税信用信息梳理，同时提出完善系统相关功能的意见与建议。为切实解决近年来中小企业融资难的问题，广州市地税局与金融机构合作推出“税融通”项目服务，4月与交通银行广东省分行和招商银行广州分行共同签署合作意向书，由广州市地税局向银行提供近2年来企业纳税信用等级评定结果，在相关企业向银行申请金融产品服务时，银行可将企业的纳税信用等级评定结果作为重要参考依据（A级纳税信用等级企业量化评定为95分以上），为按时诚信纳税的企业特别是中小企业提供一定额度的授信品种或融资产品。截至2013年底，广州市参与“税融通”项目的银行机构共给予202家中小企业核定授信额度逾7亿元，贷款金额5亿元，进一步提升了纳税信用等级评定的应用价值，增强了纳税信用等级管理与企业经营发展的融合度。2013年全国纳税服务工作会议交流介绍了广东地税加强“两建”工作经验，广东省“两建”领导小组通报肯定省地税局工作并刊发简报，介绍广东地税加强税收信用体系建设的经验做法。

（姚　波）

税收征管科技

［**业务概述**］　2013年，征管科技处改进工作作风，提升管理服务水平，各项工作取得新进展。截至2013年末，全省地税系统税务登记户数2967736户，其中国有企业28452户、集体企业34445户、私营企业509055户、外商投资及港澳台商投资企业59006户、个体经营户1834422户。

［**数据管税**］　完善涉税信息交换与共享机制。与中国人民银行广州分行联合发文贯彻落实广东省涉税信息交换与共享规定，至此除省公安厅外，与需要联合发文的省直部门全部实现联合发文。每两个月定期通报全省涉税信息交换与共享工作进展情况，督促各地开展工作。全年全省地税部门共获得18102万条涉税信息，通过信息利用，共补缴税款74.82亿元；2013年省地税系统收到工商部门提供的股权转让数据共27.72万条，利用股权转让信息共补缴税款滞纳金27520万元。

开展征管质量监控。不断丰富和完善监控分析指标体系，建立覆盖税收征管全过程的100多个监控分析指标，制定针对日常征管漏洞的风险监控规则20个，包括非正常户认定管理、未核定风险、错误核定风险、长期零申报风险等。依托信息技术的支持开展征管状况监控分析，发布2012年全年、2013年上半年征管状况分析报告并全省通报，提醒税务人员及时补充完善相关登记信息及进行税种核定；并对纳税人核定信息进行合法性校验，对诸如税种核定错误、征收方式选择错误等，及时进行提示预警，进一步提升了纳税人登记、核定等基础数据的质量，有利于税务机关准确掌握税源状况，减少税款的流失。

深入推进纳税评估。推进税源管理平台纳税评估模块优化应用，完善评估业务流程，规范执法文书，实现模块从文书流向任务流转变；应用模块简易数据分析功能，挖掘疑点数据，主动向主管税务机关推送风险应对任务11076条，取得初步成效。优化房地产业和建安业税源控管系统，设计土地使用权、房地产开发、重点建设项目和存量房4类台账和税源底册，共计18张数据表、296个数据项、41个风险评估指标。累计构建33个符合广东实际的行业（产品）纳税评估模型，其中道路货物运输行业纳税评估模型和小水电行业评估模型，入选国家税务总局“百佳”行业纳税评估模型及案例。2013年全省地税系统实现纳税评估收入165亿元。

［**推广应用电子办税服务厅和税源管理平台**］　按照“平滑过渡、自愿选择、制度引导、协同推进”原则，以实现办税服务“零接触”为目标，在全省推广应用电子办税服务厅，引入CA身份认证体系，实现涉税事项无纸化、电子实体同质化、信息推送主动化、数据采集精细化、方便快捷智能化、征纳互信平等化，纳税人可以通过电子办税服务厅办理所有涉税事项，并为下步建设电子文档系统提供良好基础。出台《广东省地方税务局电子办税管理办法》，在制度层面对电子办税服务厅的推广应用进行规范。电子办税服务厅已开发完成七大类227个业务及功能，用户135.53万户，其中CA用户1.23万户，上线以来纳税人通过电子办税服务厅办理涉税事项1411万项。

按照“风险导向、自动预警、分类应对、全程监控、多方可用、信息共享”要求，设计开发税源管理平台并实现在全省的推广应用，实现分类分级分事项应对管理任务系统自动派送，全程监控，自动考核，数据与核心系统同步，同时实现全省地税系统的上下级之间、兄弟市县局之间的信息共享。税源管理平台向税务人员推送的任务共四大类22小类，自上线以来累计向税务人员推送任务超过1000万条；税源管理平台通过电子办税服务厅向纳税人推送的信息共十类，自上线以来累积推送信息数量超过6756万条。全省登录税源管理平台的总用户数18445人，访问次数86万余次，日均访问2000多人次。

电子办税服务厅作为前端面向纳税人，税源管理平台作为后端面向税务人员，电子办税服务为后端税源管理提供主要信息来源以及与纳税人的沟通渠道；税源管理平台则通过电子办税服务厅对纳税人提供风险提示、通知公告、政策法规等信息主动推送服务。

［推进金税三期工程试点］ 完善金税三期工程上线组织架构。建立健全试点办工作制度、印发上线工作方案，明确上线计划、任务分解及路线图。强化统筹协调，建立与税务总局、各市局纵向沟通，与国税部门、开发商横向协调，与省局各相关处室内部衔接的工作机制。加强培训，共组织6期师资培训，培养师资骨干逾650人；指导各地市开展全员培训，培训人数近20000人。开展业务差异分析，经比对分析，发现784项业务差异，包括401项功能流程差异和383项表证单书差异。向税务总局提交关于9个重大差异问题的请示，积极推动税务总局解决省局上线过程中的问题。初始化方面，完成全省初始化基线工作，包括2162个机构和部门、13958名操作员的岗位、345条工作流、65张参数代码表的配置等初始化评审工作。数据迁移方面，完成全省地税新旧系统的97张代码表对照和67张物理表比对，开展三轮全省核心征管及个税系统的迁移演练。按计划逐步推进特色软件改造和培训工作。在佛山南海桂城分局及顺德伦教分局进行小范围双轨试运行。

［流程减负］ 一是优化办税流程。对27项征管类办税业务流程开展重组优化；将延期缴纳税款2000万以下下放到市局审批；将原来的审批项目“印制有本单位名称的发票审批”“对停业和复业办理税务登记的核准”“对纳税人申报方式的核准”改为备案类涉税事项。二是完善自助办税。实现个人所得税完税证明和纳税清单的自助开具功能。完成广州市局自助办税终端的改造，实现全省使用统一的自助办税服务系统。全面接管自助办税服务系统项目，实现省局统一调配相关资源，统一协调运维需求和技术实现，统筹自助办税服务系统项目开发和管理。自助办税终端受理超过556.4万项税收业务，其中补打完税证份数461万次，打印电子缴款凭证份数39.2万份，开具个税证明9.9万次，开具小额发票4.3万份。三是全面取消税务发票工本费，每年免收工本费5500万元，进一步减轻纳税人负担。

［管理增效］ 一是夯实税收征管基础。在广泛征求意见的基础上，向省局党组提交《广东省地方税务局关于进一步深化税收征管改革方案（送审稿）》。在全省范围内开展欠税清查，摸清欠税底数，规范欠税管理。开展零星税源社会化管理情况专题调研，提出规范和完善零星税源社会化管理的建议。继续做好大集中模块功能优化工作，优化并上线大集中录入其他应征功能，通过设定文书审批降低操作风险。组织开展打击“虚假”网络发票专项行动。完善发票抽奖兑奖流程，发票查验登记抽奖数量不断上升，达到800万份/期的规模，总体查验率接近5成，提升了网络发票闭环管理效力。举办全省税收征管岗位能手、纳税评估业务等培训班，进一步提升了征管队伍业务水平。二是强化信息化项目管理。制定信息化项目评审会议制度，严格对信息化项目建议、投资预算、可行性、实施方案以及采购需求等内容进行审核把关，审核项目立项申请24个，项目执行申请161项，项目验收45项，共230项。编制《广东地税2013年度信息化项目年度计划》，信息化项目分别由局内11个部门（含二级单位）报送，累计项目98项，含本年度新开工项目40项，往年度已开工在建项目58项。

（茹岱芸）

财务装备管理

［财务基础管理］　省局财务装备系统以“整顿、规范、提高”为主线，坚持统筹兼顾，紧密结合群众路线教育实践活动，改进工作作风，提高服务水平；坚持依法理财，着力强化经费保障，严格落实厉行节约，提高资金使用效益，成效显著。2013 年，随着省财政改革深化，财务管理工作日益繁重，省财政厅对口部门增加到 11 个，涉及预算申报、部门决算、绩效评价等工作。省局财务装备处认真组织，加强沟通，严格把关，按时保质完成了年度各项工作。2012 年省局部门决算获省财政厅通报表扬。

系统财务通过国库集中支付系统支出和拨出的资金预计 3.5 亿元，资金划拨保持零差错，确保了各单位专项经费及时、安全到位，为地税系统顺利完成组织收入等各项工作任务提供了财力保障。此外，还完成了全系统近 140 个银行账户的年检工作，批复开立、变更或撤销的银行账户 97 个。

［财务调研］　高度重视调研工作，把调研作为联系基层的桥梁、科学决策的依据、规范提高的手段。2013 年 3—6 月，财务装备处在全省地税系统开展财务、基建和固定资产专项调研工作，通过发放调研表、座谈会、实地查看、抽查等方式，对全系统财务管理现状，以及基层的诉求有了更深入的认识和了解；对个别县区经费保障不足、结余资金使用等问题进行深入分析。根据调研了解的情况，进一步明确下阶段工作思路，并形成《专题调研报告》，为领导决策提供参考。

为贯彻落实中央及省关于停建党政机关楼堂馆所建设有关规定，对采取 BT、置换方式建设办公业务用房项目进行实地调研，从政策、资金等层面对项目进行全面、认真评估，督促有关单位加强与同级政府有关部门沟通协调，切实、有效规避管理风险。

［重点督办工作］　检查省级征收经费使用情况是省局重点督办工作，财务装备处对此高度重视，认真研究制定重点督办工作方案，以重大基建项目补助经费使用情况作为突破口，采取自查和抽查相结合方式，将立项开工并获得省局补助经费的基建项目全部纳入检查范围，对项目立项及报建、资金使用等情况进行重点抽查，及时向被查单位反馈存在问题，并督促其限时整改。对检查中发现的问题进行全面梳理、认真分析，并向局领导提交专题报告。由于抓得早、抓得准，督办工作比预期提前 1 个季度完成。督促各级地税部门严格执行专款专用，进一步提高省局基建项目补助经费使用效益。

［厉行节约］　为落实省委省政府关于厉行节约，规范公务支出的要求，同时积极应对社会各界对地税部门的日益关注，在规范支出管理、强化监督职能上狠下功夫：按月发布“三公”经费、六项费用预警报告，加强对水电费、维修费等预算金额较大的项目预算执行进度的监控和分析，及时向机关服务中心等部门反馈预算执行情况，为相关部门制定调控措施提供参考，确保了局机关“三公”经费零增长目标的实现。

［财务保障］　在制定补助经费分配方案时，综合考虑各单位实有人数、经费水平、税收收入、纳税户数、地区类别等因素，坚持“两个倾斜”原则，形成合理的经费补助分配意见报经局党组讨论；下半年根据基建项目暂停建设的实际情况，适时调整分配方案，保证了各项资金的落实，为基层，尤其是经济欠发达的边远山区和海岛地区的正常运作，以及办公和生活条件的有效改善，征管和纳税服务水平的不断提高提供了有力保障。

此外，根据省局工作部署，还对 2003 年省局无偿调拨给各市的郑州日产皮卡车的编制、使用情况进行了全面调查、了解。结合地税实际，制定相应的经费补助方案，分期分批解决基层单位车辆不足问题。

［资产管理信息化］　考虑到上线必须同时具备完成固定资产清查、统一实物管理部门两个前提条件，加上各市培训人员较多（培训到县区级，100～200 人/市），为保障上线工作顺利开展和系统的平稳运行，上线推广工作采取“各市申请，分批上线”策略。主要措施：一是明确工作时限和要求；二是抓好业务流调研、系统初始化、培训等各项前期准备工作；三是建立顺畅的问题反馈解决机制，通过深入一线指导、开座谈会、电话电邮等方式及时解决问题。7 月，分 6 批培训第一批上线单位珠海、江门市局 260 人，助力两局成功上线；云浮、河源等市的上线筹备工作加紧进行。

[**制度建设**] 为贯彻落实中央及省厅行节约要求,适应财政改革深化,将制度建设纳入处室重点工作:一是修订《广东省地方税务局财务管理办法》,结合强化局机关财务管理需要,重点修订审批程序,明确各部门的职责;二是编撰《2000—2013年财务管理文件选编》,为全省地税系统财务管理人员提供全面、翔实的文件依据及参考资料。

完成部门预决算信息公开和全省地税系统固定资产报表审核、汇总、上报;积极协助服务中心开展资产清查,认真完成省局群众路线教育实践活动办公室及绩效办布置的各项工作。

(邓晓炜)

内审管理

[**内审监督**] 2013年,省局加强内审制度建设,积极开展审计项目,共组织开展5项任期经济责任审计和2项专项审计,统筹开展全系统基层分局长的交叉经济责任审计,授权5个市局对3个稽查局局长、3个区局(副处级)局长进行任期经济责任审计。内审监督工作主要有四个方面:一是紧密结合省局内控机制建设的工作部署,制定并下发《广东省地方税务系统内部审计工作规范》,规范审计计划、审前准备、内控分析、审计抽样、审计要点与方法、审计决定、审计整改等一系列工作机制,从政策执行和业务操作上为内审工作建立实用、有效的制度保障和操作指南;印制850册《内部审计手册》发放给全省地税系统内审工作人员,作为案头工具书。二是利用授权审计方式,借助市级内审力量,有效地缓解有限的内审资源与繁重的审计任务之间的矛盾,提高了审计效率。三是根据省局党组的决定和2012年各市税收计划完成情况,组织对佛山和汕尾市地方税务局2012年度省级税收收入情况进行专项审计,摸清了两个市省级税收收入增减变化影响的总体状况,堵塞了征管漏洞,防范了执法风险,得到多位局领导的肯定和表扬。四是开展全省地税系统首次大规模基层分局长交叉经济责任审计。省局成立专门工作领导小组,各市成立相应领导机构。全系统采取“统一组织、统一方案、统一方式方法、统一时间、统一处理”的“五统一”组织形式,在试点审计的基础上总结经验,开展有针对性的审前集中培训,加强动态管理,确保审计项目顺利完成。

[**内审信息化**] 省局通过采取规则筛查与人工测试相结合的方式,组织开展2012年全省税收征管数据筛查工作,对筛查出的29979条疑点数据进行排查和预警;组织编写《税收征管数据说明及操作指南》,明确每类数据可能存在的问题和整改要求,并加强对基层核实整改工作的督促指导,提高了核查效果。数据筛查规则和疑点数据库为审计项目的开展提供了数据支持,也为内审工作信息化建设作了有益探索,得到省局主要领导的高度评价。

[**外部审计协调**] 坚持“积极主动,及时有效”的工作原则,确保各项外部审计协调工作按时保质完成。配合省审计厅、财政部广东专员办、审计署特派办完成11项审计协调工作。包括:配合省审计厅开展2012年度税收征管和文化事业建设费征管情况审计;协助省审计厅完成2011年度省级预算执行和其他财政收支审计工作报告反映问题整改情况核对工作、珠三角城际轨道交通项目部分施工单位有关问题的审计移送处理工作;协调财政部广东专员办完成5个检查项目,即对广州、中山和顺德开发区财税政策执行情况及税收征管质量检查的后续工作,对珠海市局税收征管情况以及对广州市局“营改增”执行情况的检查;配合审计署特派办开展3个审计项目,即对广东省财政收入、外商投资情况以及全省地税系统财政资金结余情况的审计。各项配合协调工作得到省局领导和外部审计单位的肯定。

[**审计整改**] 加大整改检查力度,提升内部审计执行力。省局与审计厅联合开展对清远、肇庆、阳江、广州等市局2012年度税收征管审计发现问题整改落实情况进行检查,及时发现被审计单位落实整改工作存在问题,督促各单位分析原因,对发现的重要问题和风险隐患,提出切实可行的意见和建议,消除整改过程中的障碍,提升了审计整改工作实效。

(张沛娟)

人事管理

［班子和队伍建设］　完善选拔任用机制，优化各级班子的配备，改善各级班子的年龄、知识结构，提高班子实现科学发展的能力。2013年，共选拔提任市局领导班子成员8人，市局班子内部及同级领导职务转任14人。积极探索改进干部选拔方式，灵活使用竞争上岗、民主推荐、“两推荐一评议”等方式选拔干部，提高选人用人公信度。省、市局共选拔处级领导干部9名，处级非领导职务52名，一批政治坚定、工作能力出色、年富力强的高素质干部走上更高一级领导岗位；同时，一批工作勤勤恳恳、资历较深、年龄偏大的老同志提任上一级非领导职务，充分调动了不同层面、不同类型干部的积极性。此外，还配合省委组织部完成1名正厅级领导干部和1名副巡视员的选拔配备工作。

［绩效管理］　绩效管理是省地税局开展管理科学化行动的一项核心内容。各试点单位在省局统一目标框架下因地制宜，积极开展试点工作，积累经验，取得一定成效，为全面推行打下良好基础。全省29个试点单位全部开展了税收执法类岗位考评；28个开展了行政管理及其他类岗位考评；27个开展了单位职能梳理、全员定岗定责、绩效目标界定，形成绩效管理体系文本。通过实施绩效管理，各试点单位在基础管理、税收业务、队伍建设、纳税服务、风险防控总体水平均有不同程度提升。省局机关绩效管理方面，完成部门和岗位职责说明书编写工作，已制定出绩效管理办法和指标体系初稿，信息平台开发及时配套跟进。

［人员录用］　2013年通过考试录用586名新公务员，本科以上学历占90.1%，其中研究生学历占7.8%，财税、会计、经济、政法和计算机类专业合计比例接近80%，人员结构进一步优化，为地税事业的发展补充了后备力量。

［机构编制管理］　加强与省编办的沟通协调，分两批完成24个市辖区地税部门转为全职能局的“三定”工作，进一步理顺了市局和市辖区局机构编制设置。个别市辖区局还根据经济税源的实际情况相应增设部分税务分局，加强了基层税收征管力量。

［外事管理］　严格按照外事管理规定，履行出国境审批程序和加强证照集中管理。根据工作需要，组织广东省地税系统绩效管理与税收中介筹划研究班共20名学员赴英国学习绩效管理，选派9名干部参加税务总局、省委组织部和省人力资源社会保障厅等单位组织的出国培训，均取得较好效果。

（华　关）

教育培训

［领导干部培训］　4月15—27日，组织全省地税系统各市（区）局“一把手”和省地税局各部门主要负责人共42人到中国延安干部学院和北京大学法学院围绕广东地税局局长王南健提出的“加强作风锤炼、形成改革共识”的主题进行为期12天的培训；7月28日至8月8日，组织全省地税系统新提拔的处级干部赴北京国家行政学院进行任职培训；10月，组织系统部分副处级干部到延安举办知识更新培训。各个培训班圆满成功，效果明显，反映良好。多个市局组织本系统的县（市、区）局领导、分局长和市局机关的科长赴省外或省内有关院校进行理想信念、领导艺术、税收理论等内容的培训。通过上下联动，各级领导干部素质、能力、作风得到锤炼和提升，发挥了税收工作“火车头”的作用。

［常态化练兵］　根据省局党组的决定部署，在全系统推广实行练兵“常态化”。一是省局认真做好办班计划，以“三支队伍”为重点，以专业化为主线，以提高素质能力为目标，举办各类培训班。3月5日至6月9日，全省近500名新进地税人员接受（共4期）初任暨军转干培训，初步构建了初任公务员应有的知识技能体系。6月初至7月底，组织举办全省地税系统科级干部任职培训班3期，近200

人受训，提升了科级业务骨干的知识技能。二是按照年初计划举办“岗位能手标兵”培训班，推进业务骨干递进式培训。三是各市局制订一系列练兵“常态化”方案，持续开展大规模干部培训工作，举办各种脱产班、网络班、在线考试、知识讲座等。例如：佛山市局确定2013年为“学习奋进年”，在全系统举行岗位业务大学习；潮州市局组织开展“传帮带”活动并通过考试加以检验。四是组织全省地税系统1161名干部参加全国税收执法资格考试，及格率90%，进一步夯实新进人员的岗位业务知识，检验了练兵成果。五是按照省人社厅的要求，采用视频方式，组织全系统干部进行“为民、务实、清廉”专题学习培训。六是结合群众路线教育实践活动，制定《关于进一步加强广东省地方税务系统干部教育培训学员管理的规定》，得到基层的广泛称赞。多形式、多渠道的教育培训，促进了练兵常态化，使干部素质能力得到提升。

［高素质人才培养］ 进一步加强高素质人才培养。5—6月，对全系统“三师”人员现状和“三师”培训需求进行摸底和调查，购买《注册税务师考试培训课件》基础班、强化班、冲刺班3类课件（共15门），为干部报考“三师”提供辅导教材，得到广大干部的称赞。6月，配合税务总局高层次人才培养，将厦门大学1名税务硕士报考指标分配给揭阳地税，将厦门大学2名工程硕士报考指标由信息中心向基层分配，选拔优秀干部学习深造。充分发挥赴港培训人员作用，安排10多人次讲课或与培训学员交流经验。9—11月，配合税务总局首批领军人才培养对象选拔，严格按照有关规定，认真做好通知下发、报名汇总、资格审查、组织考察等各项组织实施工作，省地税系统取得较好成绩，广东地税114人报名，30人参加笔试，15人进入面试，4人入选领军人才培养对象。此外，建立健全高端人才培养机制，做好能手标兵的后续培养工作，加强专业人才库建设。1—5月，下发《广东省地税系统岗位能手管理暂行办法》，促进专业人才培养深入有效开展。通过举办培训班、鼓励报考“三师”、选派参加学位教育、赴港人员培训、制订长效机制等措施，多管齐下，促进了高素质税务专业人才培养。

［网络学院建设］ 为落实省局党组关于互联网登录网络学院的部署，教育处积极与信息中心沟通协作，5月底在茂名和湛江市局开展测试并通过，6月中旬选取清远市进行开通试点工作（845人参加测试并获成功），6月底在全省全面开通互联网登录网络学院功能。同时，为配合《小企业会计准则》抽考、党的十八大精神学习、注税考试、其他培训开展，共购买电子课件113门，举办15期培训班，供广大地税干部选修学习。组织地税干部考试，12757人参加。同时，做好学分登记考核工作，认真审核录入培训资料，截至2013年底，全系统共有26287人登记了学分资料。网络学院为缓解工学矛盾，满足干部学习需求，管理干部培训学分，发挥了十分重要的作用，成为地税干部学习培训的“第二平台”。

［智力援基援疆］ 一是智力援基。为迎接税务总局《小企业会计准则》抽考，年初抽调兼职教师、岗位能手标兵和部分高校老师进行集体备课，3月中旬至4月2日赴珠海、韶关、河源、惠州、肇庆、湛江、梅州、云浮、清远9个市局开展送教上门工作，共有3200多人参加培训，得到基层欢迎和好评。此外，还经常为基层选派师资协助办班，深化智力援基，缓解基层师资紧缺的问题。二是智力援疆。按照税务总局和省局党组要求，积极做好智力援疆工作，2012年底，研究把援疆工作列入2013年工作计划；3月，省局与新疆地税召开联席会议商洽援疆事项；4—5月，起草智力援疆方案；6月1—6日，省局局长王南健、副局长宋爱勤率员赴新疆调研，确定援疆有关工作；7月下旬，组织一批兼职教师赴新疆地税举办1期税政业务培训班，共培训75名干部；9月，为新疆地税在广东省举办1期稽查业务培训班，共培训50名干部。智力援疆工作得到税务总局教育中心领导和新疆地税一致好评。

［兼职教师选拔培养］ 7月1—10日，省局先后在广州、梅州、阳江3个片区进行第三批兼职教师入库试讲评审和选拔工作，全省共364人报名，分设纳税服务、纳税评估、税费征收管理、税收计会统、税务稽查、税政法规、信息技术、政务八大类，为便于评审操作，将八大类整合为纳服和纳税评估、税费征收、税收计会统和税务稽查、税政法规、信息技术和政务5个小组，聘请省局和有关市局共16名处级干部担任评委，重点设置口头表达、逻辑思维、授课水平、仪表仪态等4个指标进行考核评分，最终评审选拔出106名入库兼职教师，选拔评审工作取得圆满成功。参照省局做法，江门、河源等市局也进行兼职教师的选拔和培训。在选拔基础上，11月2—9日省局在南海信息中心举办兼职教师培训班，共83名兼职教师参加培训。通过兼职教师选拔和培训，一方面建设了一支素质优良、结构合理、“以我为主”的兼职教师队伍，可满足培训的师资需求；另一方面以此为平台促进干部业务学习和对工作的关注、思考和总结，以点带面，丰富了业务骨干人才的培养方

式和渠道。

［**完善教材体系建设**］　为不断完善省地税系统教材体系建设，编写了《广东地税计会统票岗位培训习题集》《广东地税税政法规岗位培训习题集》。两本教材内容全面、题量丰富，共含4000余道题目，50多万字，分别印刷4700本、15200本。应一些单位的加印要求，加印2011年编写的《协税员培训教材》4200本。

［**加强自身建设**］　一是认真开展党的群众路线教育实践活动。按照省局群教办的部署和要求，制定《教育培训处深入开展党的群众路线教育实践活动实施时间表》，并一一落实。按照《广东省地方税务局关于开展“转换角色、切身体验”主题活动的通知》要求，教育处处级干部认真深入开展“转换角色、切身体验”活动，取得良好效果；制订《教育处党支部专题组织生活会工作方案》，两次召开专题组织生活会，开展批评与自我批评，4名处级干部提交4篇对照检查材料，共收集13条批评意见；坚持边开展活动边整改，并建立长效机制，修订《省局兼职教师管理暂行办法》，新建《关于进一步加强广东省地方税务系统干部教育培训学员管理的规定》。二是按照省局绩效办的部署和要求，反复研究，认真起草《岗位职责说明书》岗位版和人员版。教育处草拟的《岗位职责说明书》被列为“样板版本”，推荐给省局其他处室参考。三是配合做好政风行风评议工作和内控机制建设。

（王海钰）

机关党建和基层工作

［**围绕中心抓党建**］　广东地税系统按照“围绕中心抓党建，抓好党建促中心”的工作思路，深入学习贯彻党的十八大和十八届三中全会精神，扎实开展党的群众路线教育实践活动，加强政治思想工作，推进地税文化建设，提高党员干部素质等方面工作，机关党建工作整体水平不断提升，为建设和谐、幸福的广东地税提供了坚强有力的组织和政治保障。全省各级地税机关按照中央、省委统一部署和省局党组具体安排，迅速行动，采取各种有效形式，把学习宣传贯彻党的十八大和十八届三中精神不断引向深入。一是抓好机关党员干部学习。通过发放辅导读本、邀请专家学者辅导、组织座谈讨论、联系实际撰写心得体会、开展党的十八大知识竞赛等形式，不断深化学习宣传教育活动，始终把广大地税干部职工的思想统一到十八大精神上来，把力量凝聚到省局党组部署的各项任务上来。二是认真做好处级以上领导干部集中轮训工作。按照中央和省委要求，着力抓好处级以上领导干部的十八大精神学习培训，先后集中3个月时间，分3期完成处级以上领导干部轮训工作。三是着力做好培养先进典型、引领风尚工作。紧密结合省局党组提出的开展“创先争优”“感动广东地税人物”评选等活动，把树立典型、学习典型、推广典型工作有机融合，贯穿于活动的全过程。

［**党的群众路线教育实践活动**］　省局党组高度重视，按照中央和省委的要求，紧密联系实际，研究和制定实施方案，成立专门领导小组和办公室，统一部署，精心组织，周密安排。活动中，省局主要领导带头，广泛征求意见，认真查摆“四风”突出问题，全力抓好整改，立改立行，确保了整个活动推进有序有效，得到省委和税务总局党组的充分肯定，并在全省及全国税务系统教育实践活动会议上作经验交流发言。教育活动期间，共征求意见建议304条，查摆“四风”突出问题143条，及时制定整改方案和专项整治工作方案，提出37项整改措施，形成整改台账，明确整改内容、责任人、责任部门和整改时限，以及整改落实工作要求。先后印发《关于加强服务基层工作的通知》《省局领导联系基层工作制度》等，并向社会公布7条针对性强、可操作、可监督的加强作风建设的承诺，配套制定相应的违反规定追责办法。与此同时，认真抓好建章立制工作，制定《制度建设工作计划》，形成《制度建设台账》，重点从体现群众意愿的科学民主决策、严格“三公”经费管理使用、简化行政审批提升服务质量、干部作风监督考核等方面，明确保留、完善和新建的制度建设计划，共涉及制度133项，其中保留制度81项、完善制度22项、新建制度30项。

［**思想政治工作**］　一是加强党性锤炼，着力增强“三个自信”。通过组织开展“强三信、树三观”理想信念和党性教育活动，围绕当前系统党员队伍中

在宗旨意识、理想信念、党性观念、“三个自信”等方面的突出问题，组织机关党务干部和工、青、妇骨干到党性锤炼教育基地开展活动，有针对性地开展党性教育和党性锤炼活动，不断增强各级党组织和广大党员自我净化、自我完善、自我革新、自我提高的能力和水平。二是开展“学习党章、遵守党章，做合格党员”教育活动。结合中心工作和地税改革任务，重点学习党的十八大报告原文、新党章的有关规定，以及习近平总书记一系列重要讲话精神，把学习党章、贯彻党章、维护党章、落实党章，做一名合格党员作为全年全系统各级党组织开展活动的一项重要内容，贯穿于党建工作的全过程。三是深化干群“连心桥”行动，提升思想政治工作实效。抓好省局《关于深化干群“连心桥”活动的意见》的贯彻落实，不断完善定期谈心和走访制度，做好“连心桥”案例月报工作和《广东地方税务》“连心之桥”栏目。严格落实干群“连心桥”一把手责任制，强化考核检查，切实转变工作作风，努力为基层群众解决实际困难，增进群众感情，拉近群众距离。四是以精神文明建设带动道德建设。不断深化各类先进典型创建活动，积极做好2011—2013年度省文明单位申报推荐和2010—2013年度省直机关文明单位、“全国巾帼文明岗”“全国巾帼建功标兵”和全国、全省“五一劳动奖状和奖章”评选的申报创建工作。推进新一轮“一帮一”对口帮扶和扶贫开发工作。

[地税文化建设] 一是扎实推进《广东地税文化建设纲要(2011—2015年)》落实，认真贯彻党的十八大关于加强社会主义核心价值观建设“三个倡导”的精神，继续做好支持欠发达地区文体设施建设工作，组织对第一批帮扶单位43个项目的建设情况进行检查、验收和总结，推进第二批帮扶单位57个项目的实施，确保所有投入资金专款专用，全部用于基层文化设施建设。积极配合人事、教育培训等部门，加强对欠发达地区的人才智力支持，不断推进地税文化建设活动深入开展。二是广泛开展健康向上的群众性文化活动。组织开展各种健康有益的文化体育活动，活跃和丰富干部职工业余文体生活，培养积极向上的兴趣爱好。完善地税文体工作的组织、管理、保障制度，并落实到位，保证干部职工最大限度地参与各种健康向上的文体活动，缓解压力，陶冶情操。开展树立和宣传先进典型、进行爱岗敬业表彰等系列活动，组织开展发放“老税务”荣誉纪念章活动，增强广大干部职工对地税事业的认同度，强化队伍的向心力。充分发挥工、青、妇等群团组织作用，开展文体活动和各种帮扶活动，形成地税文化建设活动的强大合力。三是加强和巩固廉政文化建设成果，以社会主义核心价值体系教育为重点，把培育廉洁从税价值理念贯穿于干部培养、选拔、管理和使用的全过程，实现常态化、均衡化发展，营造良好的廉政氛围。

全系统共有39个集体和个人荣获省部级以上荣誉称号，其中深圳南山区地税局等4个单位被评为全国税务系统先进集体，佛山禅城区局等2个单位被评为“全国青年文明号”，梅州梅江区办税服务厅等2个单位被评为“全国巾帼文明岗”；清远市局罗镜文、茂名信宜市局赖德中被授予全国“五一劳动奖章”，广州第一稽查分局张蓓伟等2人被评为“全国税务系统先进个人”。

(罗维明)

纪检监察

[落实中央八项规定反“四风”] 结合第一批党的群众路线教育实践活动，广泛征求各方面的意见建议300多条，提出整改措施37项并建立台账跟踪督办，修订和新建制度52项。制定加强作风建设“十项意见”，向社会公开“七项承诺”，并配套出台相应的问责追究办法，以严明的纪律促进全省地税系统落实中央八项规定。在全系统深入开展领导干部清退会员卡、清理修建楼堂馆所和违规占用办公用房、治理公款出国(境)旅游、清理“小金库”，以及治理节庆、论坛、展会和考核、评比、表彰项目过多过滥等5个专项行动。完善公务接待、公车管理、财务管理制度，严禁公款购赠月饼、贺年卡和年货、节礼等物品。大力整治文山会海，实行省局机关办文办事超期情况每月通报制度，省局领导带头开短会、讲短话。2013年，省局会议费同比减少24%，公务接待费同比减少15%，公车运行维护费同比减少14%，发文同比减少12%，办文超期率由原来的61.5%降到10%以内，停止不符合规定的考核3

项;全系统停止基建工程项目 10 个。同时,全系统干部主动清退上缴红包和有价证券等共 115.36 万元。

［信访办案与严惩腐败］　省局主要领导亲自批办重要信访件,参与研究指导查办案件 32 件。驻省局纪检组增强主业意识,加大对各市(区)局信访办案工作的指导和督办力度。全系统各级纪检监察机关共受理信访举报 176 件,立案 46 件,党纪政纪处分 47 人,同比增长 67.9%,问责追究 15 人,通过办案挽回经济损失 1899.72 万元。其中,驻省局监察室共受理信访举报 130 件,直接初核 24 件,同比增长 140%,直接立案 6 件 6 人。省局分别对 2 名因执法不严负有领导责任的处级干部给予记过和警告处分,对 1 名与情妇非婚生育的某市局稽查局长给予开除党籍、开除公职处分,指导 10 个市局严肃查处 37 名违规参与发票抽奖的系统内工作人员。

［党风廉政建设］　省局细化分解八大类 26 项反腐倡廉工作任务,并明确责任单位和部门,其中 3 项列入党组重点督办事项。省局班子成员认真履行“一岗双责”,积极督促分管业务部门及挂片单位加强作风建设,防控廉政风险;省局党组先后分 7 批次听取局内各单位落实责任和持续改进作风情况汇报,并作出针对性点评。年底,省局领导分片带队对各市(区)局班子进行责任制考核,组织各市(区)局“一把手”公开述责述廉述德,并专门对“一把手”选人用人和民主作风情况进行测评。根据考核测评情况和问责追究规定,省局党组决定对 1 个市局班子、3 名处级干部的党风廉政建设责任制考核结果给予降低档次处理,并取消年度评优评先资格。

［内控机制建设］　省局把内控机制建设列入责任制考核内容,年内组织 2 个考核组,用 1 个多月时间,多渠道、多角度、多层次对 21 个市(区)局的内控工作进行专项检查,指出内控工作存在的 4 个问题,并在全系统通报。针对“一把手”监督难问题,省局制定《关于加强对“一把手”监督管理的若干规定》,出台八条硬性措施。下发《关于落实基建工程廉政风险防控责任的通知》,组织开展领导干部及亲属违规插手基建工程专项查纠活动。建立税收增长指标风险预警机制,省局先后对 7 个县(区)局发布预警,通过沟通协调,当地政府要求地税收入脱离实际大幅增长的态度明显缓和,有的还主动把增长指标从 35% 下调到 15%,有效防范了“寅吃卯粮”的执法风险,该预警机制得到税务总局的充分肯定,并在全国税务系统推广。制定《内控倒查实施办法(试行)》,着力解决风险防控与业务工作“两张皮”问题。

［政风行风建设］　省局以参与省政府纠风办组织的行评活动为契机,加强政风行风建设。制定实施方案,细化分解 46 项具体任务到各级各部门,广泛征求系统干部和社会各界意见建议,明确整改责任并督促落实。通过加强税收行政审批制度改革,重组优化征管业务流程,严格落实税收优惠政策,全面取消发票工本费,大力推行税收执法责任制和执法过错责任追究制,加强 12366 服务热线、办税服务厅、网上办事大厅、纳税信用体系建设,委托第三方机构开展“广东地税办税服务及税法宣传满意度调查”等一系列举措,进一步树立“为民、务实、清廉”的地税形象。省局领导亲自参加“民声热线”上线直播,与群众“零距离”互动交流,取得良好效果。省局在 24 个参与行评的省直窗口单位中,被评为“满意”单位。

［廉政教育与文化建设］　围绕防范和化解失职渎职风险主题,精心策划,组织参观广东省反腐倡廉教育基地、邀请省检察院反渎职局负责人讲授《税务渎职侵权犯罪及预防》法制课、省局主要领导作廉政讲座和观看廉政教育情景剧等组合式教育活动,提高了“三纪”教育的效果。广东地税廉政文艺轻骑队自编自演《心灵的对话》,以身边事教育身边人,在全系统巡演 32 场,观众达 2 万多人,梅州、惠州市委还组织全市处以上党员领导干部观看。该剧作为广东省和全国税务系统的优秀廉政文化作品,被省纪委、税务总局向中纪委推荐。

（覃千乐）

税务稽查

[**稽查查补收入**] 全省各级地税稽查部门检查纳税户1123户,其中立案户数1118户,同比增长19.32%;立案查补收入5.75亿元,同比增长6.58%,入库5.78亿元,同比增长13.22%。选案准确率为91.27%,结案率为92.84%,入库率为100.66%,处罚率为22.98%。全省组织企业自查5425户,组织企业自查收入总额33.13亿元,入库总额33.02亿元。立案查补和自查查补收入总额38.88亿元。

[**重大案件查处**] 全省各级地税稽查部门查补税款100万元以上的案件77宗,其中查补税款100万~500万元以下案件68宗;查补税款500万~1000万元以上案件5宗;查补税款1000万~5000万元以下案件3宗。大要案查补税款共计3.2元,占查补税款总额的79.65%。

[**税收专项检查**] 全省地税稽查部门结合工作实际,统一开展以证券基金公司、资本交易项目、房地产业和建筑安装业为指令性检查项目,以中介和培训服务机构、高收入者个人所得税、工业企业、矿产资源开发企业、"营改增"企业为指导性检查项目的地方税收专项检查。同时,各地还有针对性地开展营利性教育培训机构、资源税等6个指导性项目地方税收专项检查。全省共立案检查纳税户702户,查补收入0.99亿元;组织9205户企业开展自查,有问题企业2506户,自查查补收入11.33亿元。

[**重点税源企业检查**] 根据税务总局工作要求,全省先后共组织珠海格力电器股份有限公司、美的集团股份有限公司及其分支机构、13家集团公司在广东省内的85家分支机构,对2011—2012年度纳税情况进行自查,并对23户重点税源企业的分支机构进行检查,共查补地方税费、滞纳金及罚款1.35亿元。

[**打击发票违法犯罪活动**] 全省各级稽查部门充分利用公安税务联合执法工作平台,借助全国公安系统开展打击发票违法犯罪"集群战役"的东风,保持对发票违法活动的高压态势。从年初开始,重点检查房地产业、建筑安装业、旅游业及中介机构的用票行为,同时抽查交通运输业、餐饮娱乐业、营利性教育培训机构的用票行为,共检查企业14828户,查处违法企业1084户,查处各类非法发票1263万份,挽回税款损失2.05亿元,查处违法使用假发票企业的户数和清缴制售假发票的份数均创新高。相继破获湛江市"1·06"特大制售假发票案、佛山市特大虚开发票窝案、广州市"0606"专案等3个重大涉票违法案件。

[**清票行动**] 从8月开始,广东省地税局稽查局及时联合省公安经侦部门,在全省范围内统一部署开展打击发票违法犯罪的"清票行动",对三大案件查出的违法使用"网络发票"单位,开展拉网式清查;同时将这些案件涉及的外省用户报税务总局转相关省、市税务部门进行核查。全省共检查企业223户,发现有问题企业64户,达到移送公安条件户数31户,涉及非法开具和使用的假发票26.72万份,涉及发票金额9.86亿元。

(胡东胜)

直属分局

[**税收收入**] 整体宏观经济形势企稳向好,但受经济增速放缓和"营改增"等政策性减收因素的影响,全省省级共享收入增长乏力,省级收入任务面临严峻考验。直属分局作为省级收入的管理部门,省级固定收入的直接征管部门,从大局出发采取一系列措施实现省级固定收入的高速增长,有力地保障了省级收入的稳定增长。全省省级税收收入累计1088.7亿元,突破1000亿元,增长9.7%,其中直属分局征管的省级税收收入256.4亿元,同比增收62.9亿元,同比增长32.5%,可比增长35.7%。

[**社保费征收**]　制定具体上线方案，组织业务骨干分析新旧社保费征管系统的业务差异，完成新社保系统上线工作；牵头组织省财政厅、省局规费处、规划核算处多次召开省级社会保险基金对账业务研讨会，到佛山市、梅州市、揭阳市等地市进行调研，形成《关于省级社会保险基金三方对账工作的调研报告》，制订具体解决方案，建立对账机制，实现直属分局与省财政厅国库处（省财政专户）对省直社保费资金的有效对账；完成省属社保费欠费的清缴工作。直属分局全年组织省属社保费178.1亿元，同比增长12.4%。

[**价格调节基金**]　价格调节基金是政府为了平抑市场价格，用于吞吐商品、平衡供求或者支持经营者的专项基金。直属分局作为省级价格调节基金的征收单位，充分认识到省级价格调节基金对于政府抑制通货膨胀，防止市场价格的剧烈波动，维护社会稳定等方面的重要作用，把其视为与省级固定收入和省属社保费并重的征收管理职责来开展工作，注重与省级物价部门的协调联动，积极配合物价部门做好征管工作。直属分局全年征收省级价格调节基金10.63亿元。

[**党的群众路线教育实践活动**]　认真组织各种学习，多渠道广泛征求意见建议，并结合实际做好整改落实工作。一是全面落实《"连心桥"谈心谈话制度》。直属分局局长与分管局领导、科室负责人、部分科室工作人员逐一谈心，各分管局领导与分管科室工作人员逐一谈心，科室负责人与科室工作人员逐一谈心。二是广泛征求群众意见。通过归集调查问卷，走访、接访广大纳税人、缴费人，组织民主座谈会、支部生活会等方式，全面听取、收集纳税人、缴费人和干部职工的意见和建议。三是做好整改落实工作。多次利用局务会议逐条讨论收集的意见和建议，提出对应的改进措施。研究优化征管流程，制订《直属分局征管规程》。出台《关于广东电网新建项目享受企业所得税优惠政策备案指引》，使得企业顺利开展优惠备案工作。调整、优化干部职工的生活服务保障。四是开展转换角色体验活动。直属分局领导到办税大厅前台充当一线工作人员，以普通干部群众的身份参与"换位"工作体验，了解纳税人对地税工作的满意度和建议，熟悉前台办事流程，以实际体验来了解一线工作面临的突出问题。

[**绩效管理**]　绩效管理和内控建设有机结合促工作。一是突出绩效管理注重过程控管的作用。直属分局自6月1日起在绩效管理系统中增加"工作周志"界面，干部职工和协税员通过每周填写"一周工作情况""下周工作计划"，积极主动反映自己的工作情况，逐步实现自我约束和自主管理。二是结合直属分局参加省直单位政风行风评议活动，强化内部作风管理，治理慵懒。直属分局绩效办坚持每周两次上下班考勤，杜绝工作人员迟到早退现象。三是按照省局内控办关于内控机制建设的规范要求，将内控机制融入绩效管理全过程。四是以绩效管理《岗责说明书》编写为契机，进一步理顺和细化每个岗位的具体职责和要求。

（李　婷）

大企业管理

[**团队建设**]　在省局层面成立大企业专业化管理团队，制订《团队管理办法》，选拔系统内人才，开展统一培训。选拔出来的36名成员均为各地的业务骨干，平均年龄34岁，全部本科或研究生以上学历，获得律师、注册税务师、会计师等专业资格人员占33%，各级岗位能手等占28%。大企业专业化管理团队成员根据定点联系企业税收风险管理工作需要，在风险评估、税务审计、遵从年度报告编写等特定阶段，采用短期集中办公或分派任务分散各地的方式开展工作，改变了过去各自为政的单点服务方式，调动了整个系统资源，形成管理合力，实现1+1>2管理效能。

[**信息系统**]　大企业专业化管理信息平台一期系统验收完毕，经过一年多的运行，集团企业树型结构、"立体化"的工作团队、工作任务流推送、行业风险管理等业务功能模块不断优化，与核心征管系统、统一工作平台以及网报系统等信息互通、共享，为省局大企业专业化服务和管理工作发挥了强大的支撑和引擎作用。经过近一年的努力，项目二期框架开发完毕，构建了以集团为管理单元的集团档案库、税源监控和遵从管理，同时把对工作团队和专业化管理工作团队的绩效考核一并纳入系统。在开发

工作中,引入第三方咨询服务,协助对房地产特征库的需求及开发,引入监理服务,协助对项目后期工作的质量监督和管理。

[风险管理] 税务总局在年中部署了中国烟草总公司、中国大唐发电集团及中国工商银行3户集团全流程、全方位的税收风险管理工作,在方式方法上采用统一的软件工具,工作流程包括企业自查、风险评估和初审、税务审计等工作环节。大企业管理团队与省国税局落实税务总局有关要求,做到"四个统一"和"四个联合"(统一思想认识、统一组织领导、统一工作开展、统一工作规范;联合制定方案、联合开展督导、联合税务审计、联合总结反馈),取得良好效果。

[个性服务] 税企合作共建税收风险防控体系的探索在2012年基础上持续推进,以国税与地税合作为亮点,积极开展与中国人寿广东分公司的税企共建工作;以信息化平台为依托,开展与保利房地产的税企共建工作。组织培训班,对工作团队进行培训;完成税收风险问卷调查工作;开展税收风险自评工作,并进行督导;根据问卷调查情况和自评初核结果开展重点复核工作;开展税收风险评估等一系列工作。

(倪文俊)

机 关 服 务

[作风建设] 2013年,机关服务中心落实"八项规定""十项意见",践行党的群众路线,后勤队伍工作作风显著改善。一是思想认识提升。中心坚持贯彻"连心桥"活动精神,努力提升服务水平;领导干部以身作则,凝聚正能量,带头树立清风正气;干部职工树立正确价值观,廉洁自律,对财权物权保持清醒认识,确保政治安全。二是组织纪律加强。配合民主评议政风行风工作,中心在职工饭堂"打钟"提醒上班时间避免迟到,同时加强内部请休假和考勤管理,严肃整治迟到、早退、旷工等现象。三是厉行节约压缩开支。中心简化接待工作,厉行勤俭节约,严格管理,控制开支。

[内控建设] 按照省局机关内控机制建设工作部署,中心充分利用内控制度建设成果,结合机关后勤工作实际,切实从权利和风险相对集中的工作和岗位入手,认真抓好公务接待、车辆管理、政府采购等工作,加强监督,制衡权力,践行厉行节约,坚决反对浪费。与此同时,对机关后勤全部岗位职责进行梳理,理清权利节点和廉政风险,完善工作规程,完成《机关服务中心内控机制建设文本汇编》的拟写和编撰工作。结合内控机制建设成果,修订《广东省地方税务局机关职工饭堂管理办法》,进一步规范职工饭堂管理;按规定实行采购公开招标,完成大宗政府采购、协议采购和零星采购,提高防控功能,强化廉政监督。

[绩效管理] 按照省局绩效办工作部署,完成中心《部门和岗位职责说明书》的编写。同时,中心详细制定各编外合同岗位的《绩效考核暂行办法》,推动针对编外合同工的绩效管理工作。经省局领导批准,9月起,中心先在保安岗位施行绩效管理,加强岗位收入与绩效评分挂钩力度,有效提高工作质效。

[优质服务年] 为切实提高省地税系统机关后勤管理、保障和服务水平,更好地服务税收中心工作,按照税务总局关于开展全国税务系统机关后勤"优质服务年"活动的要求,中心积极组织、全面指导全省地税系统各级机关后勤管理部门开展活动。各级后勤部门认真筹划具体活动和举措,按照管理科学、服务到位、保障可靠的总体要求,坚持科学化、人性化、精细化和专业化原则,加大安全管理力度,创新优化服务机制,围绕"2+X"开展系列工作。在重点做好餐饮管理和物业服务的同时,在X项目上开拓创新,取得成效。活动结束后,中心认真总结活动成果,发掘后勤工作亮点和特色,获得税务总局肯定。

[活动保障] 中心深入贯彻"连心桥"活动精神,积极沟通主动服务,回应和满足干部职工合理诉求,不断夯实后勤服务各项基础工作。完成大型活动后勤保障13次,中心配合开展金税三期工程专项工作,完成"国际税收研究会换届""纪律教育月""民生热线""税收开放日""民生热线""税收开放日""公务员面试"等大型活动,服务保障执行力有较大提高;人性化做好餐饮服务,提供全年无休三餐供应,达到干部职工满意。

［安全保卫］ 开展消防安全检查4次，其中按税务总局要求开展“安全隐患排查整治”专项工作1次，重大节日安全检查2次，消防安全回头看检查1次；在隐患排查专项行动中，更换应急照明200个、火灾探测器265个、防火门闭门器175只，清理闲置杂物60件；举办消防知识培训1次，培训内容包括消防安全基础知识和自防自救常识；组织消防应急疏散演习1次；共处理消防故障报警50余次，排除安全隐患6起；配合门禁系统升级，为干部职工及时升级更换IC卡。

［物业管理］ 省局全年未发生停水停电事件，各项水电问题得到及时检修；按照省局办公用房管理规定，合理调整楼层，归并空间，使办公布局更加合理有序；实施天花改造工程，改善省局大楼办公环境；实施电线电路全面升级更新，确保大楼用电安全；为创建节约型机关，节约用电，照明灯更换为LED节能灯，照明灯从原每盏20瓦降低到每盏8瓦，车库从原每盏40瓦降低到每盏16瓦。

［车辆管理］ 机关服务中心安全调度车辆1万多台次，安全行使200多万公里；及时办理车辆年审，车辆路桥费、车船税、粤卡通和车辆财产保险等购买事项；为省局及直属单位更新配备车用灭火装置及多功能逃生自救器，提高车辆安全系数，确保人员和车辆安全；协助干部职工办理驾驶证年审，最大程度方便干部职工，提供便民服务。

［医疗保障］ 机关服务中心先后邀请各科专家来省局坐诊，为干部职工现场诊治或提供医疗方案；定期发布健康快递共计47期，增加干部职工医疗卫生知识；妥善安排干部职工参加年度体检，组织47人无偿献血。

（刘付金梅）

信息中心

［技术服务业务］ 积极做好技术保障工作，确保各项业务调整在信息系统中及时、有效落实：优化小型微利企业优惠流程，完成“大集中”征管系统小型微利企业优惠备案模块功能的调整；实现省属社保费直接征收与各地代征有效区分，完成省属社保划解情况查询功能模块的开发；实现“两业”系统（建筑安装业和房地产业税源管控系统）的省局集中部署，整合各地版本特色功能，完善数据查询统计功能。

［系统运维管理］ 构建省市两级协同运维体系新格局，为组织收入任务的顺利完成提供有力保障：推动省市两级协同运维体系的落实，发挥地市在一体化协同运维体系中的信息系统运维作用，举办全省地税WebLogic管理员认证培训和oracle sql优化培训，不断提升地市运维水平，全年地市运维事件过滤率80%，运维事件解决率98%以上。完善运维制度建设，完善事件管理、问题管理运维制度流程，加强变更的事前审批和事后审核，规范运维信息发布，制定数据变更管理、数据备份管理制度，制定《运维公告管理办法》《监控指挥中心管理办法》；试点运维项目组运维绩效评估，开展运维项目组事件管理流程、变更发布流程评估，通过分析运维月报寻找加强运维项目组管理，不断提升运维保障能力和突发事件的响应能力，全年省局运维事件每月及时解决率90%以上，运维事件的响应速度缩减至10分钟。加强监控服务台建设，做好事件受理、事件管理和事件督办工作，加快处理进度，消除积压事件。全年事件解决率96%。

［系统安全建设］ 夯牢信息化建设基础设施，保障信息安全，铸就信息化建设强大引擎：实施南海核心网络重构及天河北核心网络重构项目建设，更新两地机房的核心网络设备和安全设备，提高省局核心网的网络承载能力和可靠性，减少网络管理的复杂度；实施南海数据楼机房精密空调增容及配电改造工程，实现机房制冷量翻倍、空调设备N+1冗余与配电线路冗余，提高网络设备的安全性和稳定性；开展天河北机房局域空间改造工程项目，解决因新增设备所带来的供电、制冷不足问题及设备老化、耗材更新等问题，新增智能监控系统；实施南海监控室改造工程项目，利用现有区域建设综合的专业化展示平台，实现涉税信息化应用系统的集中监控与展示，同时该系统具有远程会议、指挥决策的功能；实施全省区县视频会议高清改造项目，为15个市局更换视频会议转发设备（MCU），并升级市局下辖县（区）局视频会议终端设备；继续推进软件正版化项目，完成无纸化学法用法软件、采购Office 2013办公

软件;完成信息安全专项检查工作,完成税务总局信息安全专项检查、广东省公安厅信息安全等级保护专项检查、广东省经济和信息化委员会2013年广东省重点领域信息安全检查、五部门信息安全保密联合检查等检查工作。

［**数据分析利用**］ 服务业务,深化数据应用,积极推进大数据战略,为税收决策分析提供技术支持:优化改造税收分析系统,改造后的系统提升了数据利用的广度和深度、提高了数据查询效率,为各级领导宏观决策提供了数据支持;加强第三方数据交换利用工作,实施车辆登记信息、船舶代征信息、股权转让信息等第三方数据交换利用工作,为计征相关税金提供数据基础。

［**信息化项目建设**］ 开拓创新,整合信息资源,积极构建新一代电子税务局:推进统一工作平台项目建设,完成统一移动工作平台的开发、试点及全省范围内的培训、推广上线工作;推动本地软件的金三接入工作,完成发票在线系统、税库银代理平台、社保费管理系统、电子办税服务厅、建筑业房地产业税源控管系统的关联关系分析,部分系统进入开发阶段;推动电子办税服务厅项目建设,完成电子办税服务厅项目全省推广应用,并向纳税人提供两项行政审批事项网上受理服务;推进税源管理平台项目建设,完成税源管理平台的开发、试点及全省范围内(除直属分局外)的培训、推广上线工作;加快优化完善新社保费系统,完成社保费新系统全省推广应用工作。

［**队伍建设**］ 加强队伍建设,建设内控机制,提升中心管理能力:开展积极健康的团队活动以及扶贫、党日、联谊等活动;加强全省信息队伍能力建设和技术培训工作,开展全省信息岗位能手培训,帮助信息岗位能手提升综合素质和业务能力,开展全省区县信息岗位人员培训,提高区县信息技术岗位人员的信息系统运维、税收数据分析和解决实际问题能力;加强信息中心队伍的梯队建设,完成2名新同事的招录,开展信息中心专业技术职务、科级领导干部的聘任工作;积极发展党员,为中心党组织补充新血,发展2名同志为党员;实施科学化管理,积极推进内控机制建设,梳理、完善和优化信息中心的工作职责和工作流程,继续推进数据中心管理系统建设,巩固内控机制建设成果。

［**数字运维**］ 截至2013年底,共接收事件报告单有18218个,解决17879个,未解决339个,解决率98.1%,其中属于大集中征管系统的有13613个。按功能模块统计,事件较多的是:“社保费全责征收(新社保)”类2646个,占19.4%,“社保费管理”类2142个,占15.7%,“文书管理”类1599个,占11.7%;按地区分布统计,广州市局和省局较多,事件数量分别为5494个和2071个。全年共发布运维公告139份,电话咨询3251个,其中咨询类1983个、催办类1352个。大集中核心征管系统(含新社保)补丁发布64次,需求及变更211项(较大变更44项),程序BUG修改139项,SQL优化6项;稽查系统补丁发布4次;发票在线应用系统补丁发布15次,需求变更29项;网上办税系统补丁发布20次,需求变更43项;门户网站(含省局改版和分站改版)发布20次,需求变更296项。

(甘荣伟)

税收科研与内刊、年鉴编辑

［**税收科研**］ 坚持“服务中心工作、服务税制改革、服务领导决策”原则,主要组织税收调研课题13项。课题主要有3个特点:一是课题交办和合作单位多。完成的13项课题中,有广东省政府交办课题1项,税务总局课题2项,省国税、地税合作课题1项,省局领导交办课题5项,两个研究会年度重点课题4项。二是课题成果影响较大。《地方税体系的构建与完善研究》于十八届三中全会召开期间在《中国税务报》上全文刊登;《地方税体系的构建与完善研究》《广东物流业效率优势弱化值得关注》《深化分税制改革,完善地方税体系》等3个调研报告获得省领导批示肯定;《广东地税系统重点税种风险管理探索与难点分析》等课题成果得到省局领导的肯定;一些成果被省委有关刊物采用。在2011—2012年全国税收科研成果评选中,送审的4项科研成果分别荣获一等奖1项、二等奖3项,获奖级次和数量居全国前列。三是科研成果的二次转化利用增强。对刊载在《调研报告》上的敏感性材料和数字进行技术处理后,结集公开出版《广东地税调研/2013》;《广东经济》、税务总局的《税收研究资

料》等刊物也刊登了多篇省局科研所主持的调研成果。

［内刊采编］　坚持以传播地税文化、凝练地税精神为重点，按照“三贴近”要求（贴近税收中心工作、贴近基层、贴近实际），整合优化杂志栏目，进一步巩固刊物全国税务名刊品牌地位。共采编刊发《调研报告》24 期，编辑《广东地方税务》12 期，汇编《南方经验》《税收论萃》《广东笔谈》等系列丛书 6 本。自 2008 年来连续 5 年在税务总局举办的主编座谈会上作经验介绍。成立广东地税作协分会，丰富地税文化的人文性。

杂志采编呈现 3 个特点：一是增加《广东地方税务》刊物税务领域采编比重，提高栏目的专业水平，及时总结各地税务管理创新的经验做法，集中反映省地税系统勇于创新的成就。通过“政经”等栏目，贯彻落实省委省政府决策部署，解读新时期广东取得的新成就；通过“封面”等栏目，透视岭南历史风云，展示文化大省的历史底蕴。二是开设“税收法治”“数字地税”等专业栏目。三是坚持身边人讲身边事的编辑方针，通过“10 个地税人谈”“基层风采”等栏目，突出展现广东地税人风采。

［年鉴编辑出版］　坚持需求导向、以用定编的原则，不断健全完善“四审五校”制度，年鉴工作取得新进展。2012 年省局获得中国税务出版社颁发的“发行工作先进单位”等多类奖项；《广东地税年鉴》（2012 年）荣获第六、七届全国年鉴编校质量检查评比一等奖。

［绩效工作］　紧紧围绕“规范、优化、提质”目标，通过绩效设定、绩效考核、绩效诊断等环节，不断提升税收科研工作质量和效率。主要做法：一是通过绩效设定，工作职责界定到人；二是通过绩效考核，工作成效落实到人；三是通过绩效诊断，工作质量提升到人。

（吴　澜）

税务票证专业印刷

［票证印制计划］　完成省税收票证印制计划工作，确保各类票证及有关印刷品的及时供应。票证中心下达票证印制任务共 16 次，其中发票印制任务计划 11 次；税票印制任务计划 2 次；税务登记证 3 次。下达印制计划中包括：电子类发票 24879 万份，通用定额发票 42774 万份，税票 3286.60 万份，税务登记证 126 万份，上述印制产品数量共 71065.60 万份。

［防伪专用纸管理］　做好防伪专用纸张的管理工作，有效改善纸张运输包装，大大降低了纸张的损耗以及运输成本。加强日常对防伪专用纸张的管理工作，切实做到定期巡检，保障防伪专用纸张仓库的消防安全，避免自然灾害所带来的危害。票证中心下达防伪纸张需求计划 101 次，共购进防伪纸张 1572.99 吨。同时，为全省 14 家定点发票印刷企业提供防伪纸张共 1648.37 吨。

［协助快印服务］　协助做好省局机关快印工作，满足省局机关各类印刷品的设计、打样及印制等需求，红山票证公司在省局设立快印室。2012 年 5 月珠海红山票证印刷有限公司（以下简称红山票证公司）移交后，票证中心做好各处室与红山快印室的桥梁工作，协助各处室完成快印业务的下单工作，督促红山快印室按时保质完成各处室的快印任务。全年快印室承接省局 18 个处室共计 157 个印制任务，印制各类会议材料、文件汇编、信封、档案盒、税务宣传品（简介、海报、小册子）、表、证、单、书等印刷品共计 166.18 万份。

［制度建设］　健全票证中心各项管理制度。联系票证中心工作实际，对改进工作所需的各项管理制度重新梳理，制定《广东地方税务票证专业印刷中心固定资产管理办法》，并按实物使用人建立“固定资产实物登记卡”，加强票证中心固定资产管理，维护资产的安全和完整。

［党风廉政建设］　切实加强自身廉洁自律意识，使思想认识与中央精神保持高度一致，不断加大防治力度，扎实推进票证中心全体干部的思想、政治和作风建设，着力解决工作中的薄弱环节。切实加强民主集中制建设，坚持重大事项由班子集体决定，在原则问题上不乱开口子，不讲情面，严格按照政策办事，未发现利用工作之便吃、拿、卡、要等行为；加强内控机制建设，强化制度落实。根据省局机关内控机制建设要求对本部门权力事项再次进行全面梳理，根据票证中心的业务特点，界定出本部门的重点业务、重点权力和重点岗位，根据对票证中心重点业

务、重点权力、重点岗位及有关风险点防范要求,编写票证中心内控文本汇编,重新编写部门职责和岗位职责、工作流程及风险备忘录、重点权力运行流程图和跨部门权力、业务节点及防控重点四个部分,实现源头防控;贯彻落实"八项规定""十项意见",进一步推进票证中心作风建设。严格按照省局领导的指示,多次组织全体人员集中学习有关文件精神,并结合票证中心工作实际,切实做到:一是精简各类会议,尽量开小会,简化会议程序,缩短会议时间。2013 年会议同比减少 10 次,减幅 40%。二是严格执行省局公务车辆使用管理相关制度,杜绝不经审批私用公务车辆现象。三是严控公务接待费用支出,杜绝同城接待、公款私人宴请、迎宾送礼等各类接待工作,严格按照相关规定执行。四是深入落实财务管理相关规定,严格执行部门预算,强化财务管理。

(梁婷婷)

广东省地税干部进修学校

[**教育培训**] 针对教育培训工作的薄弱环节,强化教研工作,培训量创新高。学校共承办 88 期培训班(含南海校区办班 8 期),台山校区承办班次比 2012 年增长 65%。学校坚持"教研、教学、教评"相结合的原则,根据干部培训需求特点,做好调查研究,清晰定位培训目标,科学设置教学课程。重视教学结果反馈,建立全面教学评估机制,加强兼职教师的授课考核,打造"名师库",构建学校"金讲台"。创新教育培训新模式,开设"模块式、交流式、体验式、转化式"四式教育。建起"动态培训菜单",供参加培训单位按需点单培训。

[**内部管理**] 进一步规范各种规章制度。完善工作流程、采购制度、会议制度、用车制度和员工管理制度,强化各项工作流程监控,在用餐、用电方面大力倡导环保节约之风;重新设立采购小组,推广阳光采购;精简会议,规范会议议程;整改学校用车监管制度,有效降低费用;规范学校人事管理,强化员工服务培训。

畅通沟通渠道,加强文化建设。通过设立员工意见箱,张贴部门集体照等方式,提高员工主人翁意识,调动员工工作积极性,增强员工集体荣誉感;举办税校文化创意大赛,"印象台大"征文比赛和"培训好声音""非诚勿扰"晚会等一系列校园文化建设活动,加深学员之间友谊,提升校园文化内涵。

推行"万能前台"服务,做好重要接待工作。让学员"有事找前台",做到有问必答,有事必帮,热心服务,提升后勤服务水平。4 月期间,省委巡视组在学校食宿,学校为其提供了细致周到的服务,得到巡视组、台山市委市政府的高度表扬和一致肯定。

成立南海校区。经省局党组同意,新设立南海校区,并于 6 月 20 日举行挂牌仪式。南海校区的建立缓解了台山的培训压力,改变了单一校区的场地局限,扩大了培训规模,给学校提供了新的发展空间。

[**规划调研**] 2013 年初,成立"五年发展规划"专题调研组,先后赴江苏、北京、湖南等地税校和广东移动通讯培训学院进行调研,交流探讨教育培训经验,并将从外地和外单位学习到的先进经验学以致用,改进不足,学校各项工作进一步改善。学校坚持"内外结合"的原则,6 月,在内部集合各部门召开发展规划座谈会,总结广东地税干部进修学校成立 10 年来的工作,规划学校未来的发展;在外部召开粤东、粤西、珠三角 3 个分片座谈会,听取对"学校五年发展规划"的意见,形成调研报告。

[**党风廉政建设**] 推进党风廉政建设,紧紧围绕内控机制,以绩效管理工作为抓手,及早部署内控机制建设各阶段工作,落实岗位职责分工,强化工作流程,全面排查风险,制定严密预防方案,重新梳理修订制度,从源头上防控各种风险。严格执行中央八项规定和省局加强作风建设"十项意见"的有关要求,以"反对'四风'、服务群众"为重点,坚持边查边改、立行立改,建立长效机制;开展自查自纠,召开党支部专题组织生活会和开展"员工一对一谈心"活动,剖析思想根源,明确努力方向,端正思想作风,营造风清气正的工作氛围和工作环境,提高工作积极性,促进工作持续发展。

(冯振宇)

广东省地方税收研究会

[理论学术研究]　紧密结合广东经济发展形势,紧密联系税收任务、税收征管、税收队伍建设等工作实际,坚持"精品战略",形成多篇质量较高、影响较大的课题研究报告,受到多位领导的肯定和批示。如《深化分税制改革,完善地方税体系》调研报告,先后在省地税局的《调研报告》《广东地方税务》和省政府发展研究中心的《广东经济》、税务总局《税收研究资料》上刊登。广东省委常委、常务副省长徐少华对报告给予高度评价,批示:"此份研究报告主题清晰,层次分明,分析细致,设想具体。"《构建"资金流"控制为主的电子商务税收征管模式》调研报告,先后在省地税局的《广东地方税务》《调研报告》和税务总局的《税收研究资料》上刊登。此外,与省局科研所等相关单位、各市地方税收研究会联合开展了多项调研课题。

[服务基层组织]　一是积极组织开展群众性课题研究。与各市县地方研究会联合开展调研或是采取一个单位牵头,多个单位参与的形式,围绕一个课题研究的方式,突出研究会的地方特色,完成了数篇高质量调研报告。二是适时参与各市县研究会组织的各项活动。汕尾、湛江等市研究会完成换届选举工作,省地方税收研究会会长鲁兰桂专程赴部分市研究会指导换届。11月,鲁兰桂会长应邀赴惠州指导粤东七市2013年度税收调研活动。三是推动各市研究会工作。利用各种学习交流机会帮助或协助各市研究会开展课题研究,完善内部制度、充实专业人才,有效地促进了全省地方税收研究事业科学发展。

[搭建交流平台]　一是积极参加粤港澳台税收征管研讨会。围绕加强纳税人权益保护主题进行研讨,增进四地社会组织的交流和沟通,扩大研究会影响力。二是与香港税务学会进行新春团拜。2013年初,香港税务学会组团与研究会进行新春团拜,共同推进两个学会业务交流,促进学会共同发展。三是与省内外各兄弟省市相关社会组织进行交流互动。研究会分别以信函、电话等形式与中国税务学会,中国国际税收研究会,北京、山西、湖北、江西、河南、广西、内蒙古等地方税务学会或地方税收研究会进行交流联系,丰富办会经验。另外,研究会还积极参加省社科联,省社会组织管理局等省直有关单位及社会团体组织的各项活动,拓宽研究会交流渠道。

[换届选举]　12月12日,研究会成功召开第五次会员代表大会。会议听取了鲁兰桂代表第四届理事会所作的工作报告,审议并通过该工作报告和《章程》修改草案,选举第五届理事会理事107名、常务理事33名。选举王南健为第五届省地方税收研究会会长,罗与洪为常务副会长并兼任秘书长,杨汉廷、沈肇章、陆宇、黄和平为副会长。敦请钟阳胜为研究会名誉会长,陈杰、陈家记、汪一洋等11人为顾问,鲁兰桂、黄炎光为特聘顾问。

(吴　澜)

广东省国际税收研究会

[实施精品工程]　将开展国际税收理论与实务研究作为研究会"立会之本",紧紧围绕服务社会大局和服务改革开放,坚持理论性与实践性统一、前瞻性与现实性统一、学术性与应用性统一,继续大力实施精品战略工程。重点开展了两项课题研究:一是参与中国国际税收研究会"优化纳税服务国际借鉴研究"课题,完成《纳税服务促进公民纳税跨越的实证分析与政策建议》,明确了从公民到纳税人跨越的概念,并针对中国社会经济系统和税收管理系统存在发展不平衡性,分析了当前中国纳税服务在促进公民向纳税人转变中面临的问题,提出了推进中国公民纳税跨越的政策建议。二是围绕缩小收入差距问题,完成《个人所得税法修正案对于居民收入分配关系的影响之实证研究》,分析了中国现行

个税制度存在的问题,提出了优化个人所得税制度的政策建议。

[成果转化] 在开展重点课题研究的同时,注重抓好研究成果的价值转化,《纳税服务促进公民纳税跨越的实证分析与政策建议》等研究成果被决策部门重视,被社会认可和利用。同时,加强研究成果交流,与省地方税收研究会联合编辑出版《广东税收研究文集(2008—2010)》,收集报告32篇53万字;编辑《国际税收论粹》,收录研究会自成立以来部分优秀调研成果,共18篇30万字。此外,充分发挥国际税收信息资料中心分部作用,积极参与中国国际税收研究会国际税收信息资料库建设,完成相关国家和地区的税收资料翻译共20多万字。

[学术交流] 积极组织或参与税收学术交流,加强与省内外税收研究会、科研机构、高校及港澳台税收研究组织的联系与交流。先后参加香港税务学会定期进行的新春团拜活动、中国国际税收研究会第五届二次理事会暨2012—2013年度全国国际税收理论研讨会,以及粤港澳台税收征管研讨会。同时,还与江苏、湖南等省市国际税收研究会开展交流活动。通过学术交流,既丰富了社团组织活动,增进了友谊;又活跃了学术研究气氛,拓展了学术研究视野,促进了研究会发展。

[组织建设] 一是成功换届。8月,召开第四次会员代表大会,选举产生由110人组成的第四届理事会、32人组成的常务理事会,以及会长、副会长、秘书长等。二是密切与市国际税收研究会沟通协作,有效凝聚了全省国际税收研究会学术研究力量。指导汕头市国际税收研究会完成换届工作,加强与广州、深圳、珠海、汕头等4市研究会的交流,形成工作合力。三是加强制度建设,确保各项工作做到制度化、规范化。如:进一步完善研究会会议制度;学习参考省地税局的财务管理办法,制定研究会财务管理制度,促进各项工作合理合规合法高效开展。四是严格按章程规范办会。依章程规范内部管理,按期召开会长办公会议、秘书长会议、常务理事会议、秘书处工作会议等,总结部署工作,研究解决重要问题,保障研究会工作顺利开展。

(李兴蕊)

第四篇

各市地方税收工作

广州市地方税务局

［**经济概况**］　2013 年，广州市经济发展以推进新型城市化发展为引领，呈现稳中有进、结构优化、质量效益双提升的良好势头。全年实现地区生产总值（GDP）15420.14 亿元，比上年增长 11.6%，增速较上年提高 1.1 个百分点，其中第一、二、三产业分别完成增加值 228.87 亿元、5227.38 亿元和 9963.89 亿元，分别增长 2.7%、9.2% 和 13.3%。全市经济呈现四大特点。一是农业稳步发展，工业生产稳中提质，第三产业保持较快增长。全市农林牧渔业生产能力不断增强，总产值同比增长 2.7%；规模以上工业总产值同比增长 12.9%，其中汽车制造业增长 24.0%，对全市工业增长的贡献率达 25.9%；在金融、交通运输、旅游保持较快增长的拉动下，第三产业增加值增速比 GDP 快 1.7 个百分点。二是投资较快增长，消费市场保持畅旺，外贸出口有所回升。在全市实施投资倍增计划和民间投资增势强劲的有力带动下，全市完成固定资产投资 4454.55 亿元，同比增长 18.5%；社会消费品零售总额实现 6882.85 亿元，同比增长 15.2%，其中汽车类零售额和网上商店零售额分别增长 30.2%、64.5%；受益于加快转变外经贸发展方式，启动跨境贸易电子商务，扩展国际营销网络，全市完成商品进出口总值 1188.88 亿美元，同比增长 1.5%。三是财政收入质量提升，工业企业利润较快增长。全市地方公共财政预算收入 1141.79 亿元，同比增长 10.8%，其中税收收入占比 79.3%，比上年提高 4.4 个百分点，收入质量进一步提升；企业亏损面收窄，全市规模以上工业企业实现利润总额 866.13 亿元，同比增长 23.2%，连续 8 个月保持正增长。四是物价水平稳定，社会保障水平不断提高。全年消费价格涨幅平稳回落，城市居民消费价格指数（CPI）同比上涨 2.6%，涨幅比上年回落 0.4 个百分点；民生领域投入持续增长，地方公共财政预算支出中用于社会保障和就业、医疗卫生、教育等民生领域支出分别增长 18.8%、16.5% 和 6.7%。

［**税费收入**］　2013 年，广州市地方税务局共组织各项税费收入 2154.18 亿元，同比增长 10.64%，增收 207.13 亿元，税费收入规模连续 15 年居全国省会城市第一。其中，税收收入（含省级固定收入）1256.75 亿元，同比增长 9.27%，增收 106.57 亿元；费金收入 897.43 亿元，同比增长 12.62%。社会保险费收入 753.54 亿元，同比增长 13.26%；组织市公共财政预算收入 678.41 亿元，同比增长 5.43%、可比增长 12.91%（指剔除“营改增”减收影响后的同口径增幅，下同），占全市公共财政预算收入总量的比重 59.48%，比市政府下达年初计划（653.8 亿元）和奋斗目标（672.8 亿元）分别超收 24.61 亿元和 5.61 亿元。全市组织计划考核口径税收收入 1089.08 亿元，占全省地税收入总量（不含深圳）的 30.1%，同比增收 41.66 亿元、增长 3.98%，可比增长 13.19%，完成省局年初下达计划（1055.81 亿元）的 103.15%，税收规模在 5 个国家中心城市中排名第三，高于天津、重庆。其中，省级收入 280.41 亿元，同比下降 4.08%、可比增长 12.29%，分别完成省局下达年初计划（266.2 亿元）和追加后任务（280 亿元）的 105.33% 和 100.15%；完成市公共财政预算收入 678.41 亿元，可比增长 12.9%。

［**税收特色**］　一是税收增速总体呈现“前高后低”走势。年初在全市楼市热销推动下，1 月税收可比大增 29.61%；3 月税收因“二手房”交易火爆，达到月度可比增幅峰值 50.45%；进入二季度后，房地产成交下滑明显，导致税收增幅逐月快速走低；年末调控政策加码、房贷收紧、同期基数高企等多重不利因素叠加，12 月出现年内首次月度可比负增长（－11.34%）。二是中央级收入增速高于地方级。中央级收入在两个所得税较快增长推动下，同比上升 13.16%，居各级次税收增幅之首；市区级收入受益于契税、车船税、印花税等多个地方税种的出色表现，同比增长 5.06%，有效弥补“营改增”减收缺口；省级收入则在土地增值税同期基数高企、营业税同比减收的影响下，同比下降 4.08%，在各级次中增幅最低。三是第三产业税收的可比增速快于第二产业。第二产业实现税收 232.7 亿元，同比增长 4.4%；第三产业实现税收 853.4 亿元，同比增长 3.7%，剔除“营改增”因素，第三产业税收可比增长 14.66%，比第二产业税收的可比增速（7.46%）高 7.2 个百分点，占总税收的比重也由上年的 77.35% 提高到 78.36%。四是房地产业拉动作用凸显，其

他主要行业增长缓慢。得益于年度楼市总体热销，房地产业实现税收413.41亿元，占税收总量比重37.96%，比上年大幅提升3.9个百分点；同比增长15.89%，比税收总量增幅高出11.91个百分点；增收56.68亿元，超出税收总增量15亿元，收入规模、增收额和增量贡献率均居各行业之首。金融业税收在行业薪酬水平稳步提高的带动下，同比增长17.06%，增收7.61亿元，贡献增量仅次于房地产业；受益于广州打造六大现代服务业功能聚集区和消费结构升级的步伐加快，租赁和商务服务业税收可比增长17.01%；建筑业税收在广州市加大固定资产投资力度特别是房地产投资快速增长的推动下，同比增长9.51%；受宝洁公司销售业务外移和广石化检修减产等因素的冲击，制造业税收可比缓增3.07%。五是重点税源税收支柱性作用继续增强。全市纳税50万元以上的重点税源户14931户，占纳税户总数的1.95%；合计创税897.02亿元(不含契税，下同)，占全局同口径税收总量的88.87%，同比增长7.67%，高出税收总量增幅3.69个百分点；贡献增量63.89亿元，占总税收增量的153.36%。

［**政策落实**］ 狠抓税种和行业管理，组建清算小组，强化土地增值税清算，全年清算税款34.3亿元。加大企业所得税汇算清缴和股权转让核查力度，加强外籍人员和外派人员个人所得税管理，上线应用存量房交易计税价格评估系统二期，推进契税征管属地化，完善纳税评估模型，道路货物运输行业评估模型入选总局“百佳”。落实税收优惠促发展：制定税收优惠政策落实工作的指导意见，出台促进大型骨干企业和先进制造业发展、促进投资等税收优惠政策指引，推进“营改增”试点扩围，认真落实小微企业减免税等税收优惠政策，全年累计减免税约90亿元。其中，为4.2万户小型微利企业减免企业所得税9846万元(对月营业额不超过2万元的小微企业免征营业税，每月减轻税负1300多万元；对月营业额2万元以下的个体工商户免征营业税及附加约15亿元)。小型微利企业税收优惠补办工作走在全省前列，省局在广州召开现场会推广广州地税局的做法和经验。抓好费金征收惠民生：抓好社保费、残疾人就业保障金等费金征收工作，开展工会经费代征，稳步推进社保扩面，全年征收社保费615.7亿元，同比增长13.8%，占全省2013年征收社保费总量1948亿元的31.6%，占全省2013年征收社保费总量1948亿元的31.6%，全市参保缴费2048万人次；落实失业保险单位缴费率降低等优惠政策，为缴费人减负约10亿元。

［**税收征管**］ 在总结广州市南沙开发区局、越秀区局试点做法的基础上，全面推进税收征管改革，构建税收管理新模式。一是全面实施税收征管改革。①积极探索税收管理集约化。基本搭建起集约化、专业化、扁平化的税源管理框架，着力推动税源管理模式从属地化、全职能管理向跨地域、集约化管理转变。②积极实施税收管理专业化。在全面推进税源专业化管理方面，推行重点税源“管户制”改革，推广一般税源“管事制”改革，推进税务(缴费)登记属地管理，探索管评分离的分级分类管理；在探索推进稽查专业化改革方面，优化集中选案机制，试行专题性、行业性选案评估。③积极推动税收管理社会化。委托市质监部门代办税务登记，由市交警部门年审把关车船税，在全省第一个委托海事部门代征船舶车船税，规范个体工商户及零散税源委托代征管理，利用第三方数据，促进税收收入增加8.9亿元。二是大力推广“一厅一台一终端”。做好金税三期工程试点准备，开展电子办税服务厅和广东地税税源管理平台的系统管理员培训、系统初始化设置，加快电子办税服务厅建设，大力推广CA数字认证，5534户纳税人办理了CA认证，位居全省地税系统第一名，45万户次纳税人通过电子办税服务厅办理涉税事项，完成现有116台自助办税终端机接入省局个税完税证明系统的升级改造工程。三是深化个体及零散税源管理。引入“阳光评税”优化个体定额核定，试行工作站及代征员量化考核。联合市国税局寻求广州市委、市政府支持，提升广州市代征组织架构、解决财政经费问题，深化个体及零散税源社会化管理。推进个人出租屋税费和个体零散税源委托代征单位取消现金收税工作。四是深化发票改革。全年免收发票工本费2455万元，占全省2013年免收发票工本费总额5500万元的44.6%，10万户企业受益。

［**科技兴税**］ 一是努力保障组织收入中心工作。拓展和完善税源管理平台辅助系统功能，完成新社保征管系统上线，加强综合治税数据交换平台建设，积极推进商事登记制度改革，梳理近40个外部数据交换主题，推动信息数据共享和应用。二是积极参与金税三期工程各项工作。开展参数表录入、工作流设置、机构职能维护、岗位维护等初始化工作，为系统迁移奠定基础。完成金税三期工程系统956个流程事项适应性测试。做好全员培训及上线师资培训相关工作。组织特色软件立项工作。积极开展数据清理工作，完成国税、地税共管户数据清理。开发数据清理辅助工具，指导基层克服工作难

点。三是为优化纳税服务提供保障。完成网上办事大厅建设,开发网上查询、缴纳、对账和差错处理等功能;开发政务信息公开模块,整合利用纳税服务资源;推广纳税服务综合监控管理系统,建设广州市8区27个办税服务厅及3个辅导专区,实现视频、音频、评价、排队叫号等功能;实现集中式管理全市办税大厅,监控办税服务厅纳税人流量、窗口服务情况、业务办理等实时状况,优化升级系统功能。完善全市自助办税终端,实现自助办税终端个税证明开具功能,打造良好的自助办税环境。四是全力开展信息安全管理工作。监控网络运行状况,快速处理网络突发事件,降低突发事件的后续影响。集中精力保障小型机数据库安全运行及数据备份工作,做好安全检查,及时建章立制,防控内部风险。积极配合市公安局网监分局进行安全专项检查工作,妥善处理暴露问题,防患于未然。完成省局天珣安全终端部署,做好病毒防范工作,保证网络环境安全。做好网络账号日常管理工作,开展门户网站安全防护项目建设,科学部署IPS(入侵防护系统)和应用防火墙等安全设备,抵御黑客病毒等网络攻击。定期组织安全大检查工作,保证办公环境安全和信息系统稳定运行。五是努力夯实硬件环境基础。升级门户网站、绩效管理系统等关键系统的应用服务器,提升硬件配置,提高运行效率。部署防止入侵安全设备,保障网络环境及应用系统环境安全。优化调整网络线路;协调电信部门对征收点互联网线路升级,提高网络带宽,优化系统运行环境;启动核心网络安全改造项目,对接入核心的外联单位和互联网业务特殊区域进行安全加固和设备更新,做到万无一失。

[**税务稽查**]　一是围绕税收中心工作,发挥稽查职能作用。稽查系列共检查业户577户,查补税费金、罚款等共12.98亿元,入库税费金、罚款13.34亿元。狠抓重大涉税违法案件的查处,查处查补金额超过1000万元的税务违法案件3宗,1000万元以下100万元以上案件26宗,大要案查补金额总计1.94亿元。多措并举抓实欠税清理工作,加大执行力度,清理以前年度欠税4704万元;多管齐下开展积案清理工作,成功解决七大建筑安装集团等一批重点攻坚的疑难案件,527宗积案下降到265宗,完成全部积案的49.7%;全市税收违法案件举报中心共接收税收违法检举事项6374件,转交广州地税局属各单位办理915件,查补税费金、罚款合计5923万元,发放奖励金5.18万元,查处50万元以上的案件14宗。组织评选2012年度稽查十宗大要案,其中某食品添加剂案和某餐饮公司案被评为广东地税2012年度十大案例,广州成为全省唯一入选两个案例的城市。稽查系列调配稽查精干力量,通过与征收单位分工合作、密切配合,组织土地增值税清算入库4.93亿元,为切实保障组织收入任务的完成作出了重大贡献。二是依托警税联合平台,打击发票违法犯罪。助警税联合执法平台,整合各方力量,发挥联合办案威力,检查纳税人502户,查获非法发票22849份,涉及金额8752万元,查补税款、滞纳金、罚款合计4078万元,涉及金融、保险、广告、餐饮、建筑安装、电信等行业。在查办"0606专案"中,稽查局联合公安经侦部门,周密部署、重拳出击,对涉嫌接受虚开发票的广告、房地产、建筑安装公司开展清票检查行动,共查处受票方企业20户,查出涉税发票313份,涉税金额7395万元,查补税费金合计2954万元。"0606专案"以出击精准、指挥有力、查处到位、意义重大四大特点堪称近5年来广州地税发票第一大案,有效打击了发票违法犯罪活动,净化了广州社会经济环境。三是大力开展专项检查,整顿规范税收秩序。据上级要求,结合广州地税实际组织开展了房地产业及建筑安装业、区域税收专项整治等项目的税收专项检查工作,选取352户企业进行检查,组织18户企业进行自查,共查补税费金、罚款5645万元。稽查系列还组织9户重点税源企业48个分支机构进行自查,查补税费金3185万元。另外,组织12户证券、基金公司进行自查,有7户企业发现存在涉税问题,合计自查补税259万元。四是深入推进稽查改革,专业化水平稳步提高。明确全市稽查系列单位职责分工和内设机构调整,为稽查专业化改革奠定了基础。推进集中选案工作方法改革,推行"案源疑点分析+集体讨论评分"选案模式,建立案源准入的评分标准,为选案决策提供了数量化的参考数据;尝试选取"房地产、商业培训、'营改增'、长亏不倒、资本交易"等五大类型300户企业开展选案评估分析工作,72%的企业符合立案条件列入案源库;编制集中选案月度分析报告,提升集中选案的效率与质量,集中选案派案484户,选案准确率87%。全力配合市局信息中心顺利完成"稽查工作管理系统二期"已实现的200多个子模块的测试工作,提出修改建议100多条,着力提高稽查信息化水平。正式启动集中审理工作,适时收集解决稽查难点,编写《稽查研讨》,为各稽查单位在日常工作中遇到的疑难问题提供操作指引,规范税务稽查工作。五是加强干部队伍建设,队伍素质得以提升。加大稽查培训力度,完善学习制度,确保素质教育规范化,激发干部职工的学习自主性,确保培训课程的

针对性。精心组织培训工作，强化人员理论知识，提高人员综合素质。稳步推进绩效管理，制定绩效管理实施计划，组织绩效管理骨干培训和全员培训，全面试运行绩效管理平台，确保绩效考评实现信息化操作，开展绩效管理调研，完善绩效管理实施工作方案。

［**纳税服务**］　一是不断优化纳税服务品牌。在“一线、一网、一校”（即12366服务热线、广州地税网站和纳税人学校）建设中，注重采取有效措施，促进服务短板的提升，优化品牌服务能力，持续改进服务质效。①有效提升12366热线服务质量。通过合理调配人力资源、强化绩效管理、加强培训辅导、规范质检标准等措施，使12366热线专业服务水平得到有效提升。全年12366服务热线咨询服务总量122.5万人次，解答准确率90.48%，咨询服务满意度达到95%以上，接通率从年初的79.37%提升到93.81%。12月开始将12366服务热线人工咨询服务时间从上午9点提前到8:30，有效缓解纳税人咨询需求压力。②持续优化提升网站办税能力。着重对网站办税栏目和查询栏目进行优化，先后完善了网站“纳税信用等级查询”“办税地图”查询功能，并对纳税人常用的网上办税和查询栏目进行整合，畅通网上办税渠道。全年广州地税网站总点击量突破1.74亿人次，年点击量超过1834万人次，连续8年被评为广州市“优秀政务网站”。③多种方式开展纳税人学校辅导培训。通过请进来、走出去和送教上门等方式，以及先后针对不同行业群体需求开设专场培训，为纳税人提供税法咨询、办税指南、最新税费知识辅导等全方位服务。纳税人学校共组织49场面授培训，授课人数近5.1万，切实推动广州纳税人税法遵从和纳税服务满意度的提升。二是积极探索和创新，推动税收宣传工作上台阶。①探索构建筑安装全纳税平台。积极探索帮助纳税人安全纳税的有效途径，出版《安全纳税——给纳税人提个醒》一书，从维护纳税权益角度出发，为纳税人提供税务援助，得到社会各界好评，《中国税务》杂志编辑部来函商约连载。②税法宣传月活动创新项目纷呈。组织开展各类税法宣传活动，重点打造9个税收宣传项目，其中《安全纳税》出版、“案说税法”等四项活动获得良好的社会反响，并作为纳税服务创新项目上报省局。③创新税收宣传组稿方式，加大税收宣传统筹策划力度。提出对税收宣传稿件采写进行专题策划管理，构建税收宣传稿件专题策划长效机制，有效提升税收宣传稿件质量。全年在市以上新闻媒体共刊发税收宣传稿件1289篇次。其中，中央级媒体采用81篇、省级303篇、市级869篇；专题策划涉及重大税费政策、与民生密切相关的稿件，广受媒体关注。④健全微博运行机制，发挥政务微博正能量。通过建立岗位责任制、学习培训制、不定期巡检等规范微博管理，发挥政务微博的正能量，全年共主动发布微博3294条，回复网友评论3826条，粉丝数2.3万人，广州地税局官方微博连续数月在全国工商税务政务微博排名前5位，并获得市网信办及多家媒体的点名表扬。三是注重纳税人权益保护，创新推出“税融通”项目。重视对纳税人投诉、意见和建议的收集和整理，不断完善内部管理，更好地为纳税人、缴费人服务。全年通过来电、来访、函件、上级部门转办等途径接到服务投诉线索613宗，局长信箱来件90件，均按期高质办结。同时，以“保护纳税人权益、倾听纳税人心声”为出发点，统筹组织召开37场税企“连心桥”座谈会，收集意见、建议145条，均一一解答和回复。此外，还联合国税、银行创新推出“税融通”项目，合作银行共核定企业授信额度8.2亿元，贷款5.7亿元，获得良好的社会效益。

［**人事管理**］　一是着力加强领导班子和干部队伍建设，队伍结构进一步优化。①协助省局加强市局领导班子建设。协助组织选拔市局纪检组组长、市稽查局局长各1名，配备市局总审计师1名，选拔局级非领导职务干部5名。②推进干部交流轮岗。出台《广州市地方税务局干部交流轮岗暂行规定》，调整市局机关处室和基层单位领导班子85人次，占全市系统处级领导干部总人数的48.5%；组织科级以下干部201人进行跨单位交流任职，选调160名干部到新组建的大企业税收管理局、纳税评估局。③做好人才引进工作。招录公务员198名，接收军转干部7名，进一步缓解了基层单位税费收入任务压力与人力资源相对不足的矛盾。二是着力创新干部人事管理制度，队伍活力进一步激发。①积极推进机构职能优化调整。完成市局内设机构的更名及职能调整，市局大企业税收管理局、纳税评估局的组建，规费服务中心与纳税服务处分设，系统内12个征收单位部分内设机构职能调整，稽查系列单位职责分工及部分内设机构职能调整等工作，进一步优化机构职能，理顺工作关系，有力保障了税源管理专业化改革和税务职能转变。②全面推进绩效管理试点。开办广州地税绩效管理信息专刊并刊发11期；举办一期全系统绩效管理业务培训班；研究制定绩效奖励方案，并顺利实施全年绩效奖励；完成绩效管理系统二期开发和三期业务需求的撰写和招

投标工作。通过实施绩效管理,促进工作作风“四个转变”(促进“要我干”向“我要干”转变、促进“悠着干”向“抓紧干”转变、促进“想少干”向“抢着干”转变、促进“应付干”向“争优干”转变)、工作质效“三个提高”(促进管理基础水平不断提高、促进绩效意识水平不断提高、促进工作绩能水平不断提高)。③创新干部选拔培养方式。选派部分能力素质高、工作实绩好的优秀机关干部赴基层单位挂职锻炼,着力提升干部队伍综合素质。三是着力创造干事创业和谐氛围,人员待遇进一步改善。①积极改善干部职工福利待遇。落实省局有关干部政策,干部职工的幸福感增强。②建立健全编外用工管理机制。全市地税系统前台协税员招聘工作由“市局统一招聘”改为“市局控制用工指标、统一招聘条件和工资标准,局属征收单位直接负责招聘”方式进行;结合全面推进绩效管理试点,加大编外人员绩效考核力度,完善绩效激励措施,编外人员工作积极性得到提高。③提升老干管理服务质量。实行离退休干部归口局属单位管理,出台《广州市地方税务局离退休干部管理暂行办法》,完善老干部管理服务工作;及时发放离退休费、各项补贴,积极组织外出参观、健康体检和春节、建军节、中秋节慰问等活动,得到老干部好评。同时,还完成了安全保卫、计划生育、干部人事档案管理等工作。

[党风廉政建设]　一是力纠“四风”,强化制度规定的硬约束力。不断提高党纪法规执行力度,通过领导带头、部门联动、上下配合、加强督导等方式,狠抓中央八项规定精神落实,促进各项制度规定刚性运行。出台《关于加强对局属单位“一把手”监督管理专项工作实施方案》《关于整治庸懒散奢等不良风气　切实改进工作作风的实施意见》等文件。全市性会议同比减少64%,发文数量同比减少22.7%,“三公”经费和会议费同比下降20.5%。改革礼品、礼金和有价证券上交管理方式,下放管理权限,强化基层自主管理。全系统干部职工主动上交礼品、礼金、有价证券458人次,金额110.9万元。加强机构调整和干部轮岗期间的风险防控,明确暂停干部选拔、大宗物品采购和基建项目招投标等重大事项。认真落实上级部署,深入开展全系统副科级以上干部会员卡专项清退行动,做到“零持有、零报告”。加大违规违纪问题查办力度,全年查处违纪案件5起8人,受理群众信访举报43件,办结率100%。二是凝聚合力,优化反腐倡廉的软环境。广泛调动干部职工参与廉政文化活动的积极性,主动加强与省局、各级党政部门、市纪委、市检察院等单位的互联互通,形成反腐倡廉的内外合力。组织200多名副处级以上干部参加省局“三纪”教育培训班,参观广东省反腐倡廉教育基地;组织全体干部职工和协税员观看廉政教育情景剧《心灵的对话》;广州市地税局与增城市地税局联合制作了廉政警示教育片,番禺区和增城市地税局等单位创新开展税收廉政公益短片展播、“我当廉政大明星”小品评比等活动,促进了廉洁从税理念深入人心。积极参加上级组织的各类廉政文化活动,并获得一系列荣誉。其中,市地税局荣获“广州廉洁动画创作大赛最佳组织奖”;番禺区地税局、市地税第一稽查局分别获得“第九届全国法制动漫作品征集活动三等奖”“广州市纪委廉洁文化建设创新奖”。三是上下联动,实现风险防控全覆盖。严格按照省局部署,深入推进内控机制建设。机关各部门围绕“两权”运行中的重点权力事项,编印《风险防控指引》,得到省局局长王南健的批示肯定。全系统强化上下级之间、部门之间的权力运行监督,修订《职业风险防控手册》,不断健全“全员防控、防控全员”工作机制。探索建立风险防控与绩效考核相融合的管理模式,切实发挥内控建设在提升工作效能中的作用。对发生违纪问题的单位启动内控倒查,形成问题曝光、责任追究、督办整改的完整倒查链条,相关做法在省局党风廉政建设工作会议上进行了经验交流。四是完善机制,激发纪检监察的新活力。积极探索实行纪检监察工作新举措。全系统落实省局关于纪检组长在本单位领导班子成员中排名的要求,落实了人事议题上党组会前纪检组长参与研究的规定。修订纪检监察工作目标考评制度,优化15项考核指标,强化了各级领导干部“一岗双责”意识。为强化审计监督职能,在监察室设立内审工作办公室,启动对17位正处级领导干部的经济责任审计工作。通过规范取证程序、完善问题反馈机制、创新意见收集形式、实行两级分组包干等举措,确保了审计工作的顺利推进。五是以评促改,营造勤政廉政的好氛围。在全市组织的政风行风测评工作中,参评单位通过健全工作机制,落实了各项任务分工;通过发放调查问卷、开设网上意见专栏、召开座谈会等方式征集意见,加强了税企沟通;通过加强检查督导,改善了基层办税环境;通过密切与行评办沟通联系,及时整改回复,确保行评工作取得了较好成绩。12个参评单位中,越秀、天河、荔湾、白云、花都、从化、增城、南沙开发区局名列所在区(市)第一;市局和海珠、番禺、广州开发区地税局取得“满意”或“第一档次”好成绩。

(缪晓苏)

深圳市地方税务局

[经济概况] 2013年，深圳市实现生产总值14500.23亿元，同比增长10.5%，经济总量继续列全国大中城市第四位。第一产业增加值5.25亿元，下降19.8%；第二产业增加值6296.84亿元，增长9.0%；第三产业增加值8198.14亿元，增长11.7%；全市规模以上工业增加值5695.00亿元，增长9.6%，比2012年提高2.3个百分点；全市固定资产投资2501.01亿元，增长14.0%；全市社会消费品零售总额4433.59亿元，增长10.6%；全市进出口总额5373.59亿美元，增长15.1%，比2012年提高2.4个百分点，分别比全国和全省高7.5个、4.2个百分点，比重占全国的12.9%和全省的49.2%；全市公共财政预算收入1731.26亿元，增长16.8%，地方财政一般预算支出1690.20亿元，增长7.7%；全市规模以上工业企业利税总额、利润总额分别增长17.3%和18.3%，分别比2012年提高19.9个和23.5个百分点；全年单位GDP能耗0.432吨标准煤/万元，下降4.3%；全年单位GDP电耗558.41千瓦时/万元，下降7.14%；年末国内金融机构人民币存款余额29830.99亿元，比年初增长15.1%；国内金融机构人民币贷款余额19803.58亿元，比年初增长14.1%。

[税费收入] 深圳市地方税务局组织各项收入1561.39亿元，同比增长4.59%，增收68.59亿元。其中，税收收入1462.72亿元，剔除"营改增"因素后，可比增长12.7%；税收收入中，中央级收入416.19亿元，同比下降0.52%，减收2.16亿元；地方级收入1046.53亿元，同比增长6.07%，增收59.86亿元，占全市公共预算收入的比重为60.50%，圆满完成深圳市政府下达的年度税收任务；税收规模连续7年在全国大中城市排名第3位，在省、计划单列市排名第10位。

[税收特色] 一是税收增速、结构和产出效率全面协调。税收规模持续增长，税收收入与经济增长的弹性系数为1.1；高新技术、金融、物流和文化产业合计贡献税收571.58亿元，占总体税收比重的四成；全年有税申报的户数为41.6万户，比上年增加4.5万户；百万以上纳税大户共9261户，税源覆盖11类526个行业细项；每百元GDP的地税产出10.2元，比全国平均水平高2元；每平方公里土地产出的地税收入0.73亿元，居全国大中城市首位。二是各税种收入结构更趋均衡。"营改增"政策实施导致营业税收入占比下降1.05个百分点；2012年企业效益下滑严重，2013年呈现缓慢复苏态势，导致企业所得税收入增长乏力，股息红利、全年一次性奖金项目个人所得税收入减收明显，两大税种收入占比分别下降0.96个和1.16个百分点；随着社会财富的不断积累和经济活动行为的日益频繁，财产行为税税源得到迅速扩张，收入占比提高3.16个百分点；全年营业税、企业所得税、个人所得税、财产行为税收入的比例分别为28.7%、23%、23.4%、25%，税种收入结构更趋均衡。三是产业转型升级竞争力更强。第二、第三产业税收分别为341.45亿元和1120.55亿元，三次产业税收之比为0.05∶23.34∶76.61，三产税收比全国地税平均水平高7.7个百分点。四是战略性新兴产业创新发展驱动力更足。六大战略性新兴产业贡献税收136.93亿元，可比增长12%，"营改增"转移至市国税部门的增值税14.36亿元，为企业直接减负7.1亿元；"营改增"政策实施对战略性新兴产业发展的深层次促进作用逐步显现。五是税源内生增长潜力更大。民营经济快速发展，全市共有民营企业67万户，比2012年增加16万户，实现税收925.56亿元，同比增长8%，占总体税收的比重达63.3%；大中小微企业多元平衡，大型企业和中小微企业分别贡献税收706.4亿元和756.3亿元，所占比重分别为48.3%和51.7%；深圳345家"走出去"重点企业承接国际劳务，贡献税收66.44亿元；境外企业在该市进行股权投资等应税行为，贡献税收34亿元；总部经济和上市公司相互融合，该市认定的首批65家总部企业近七成是上市公司，贡献税收233.4亿元，占总体税收的比重为16%，全市184家上市公司贡献税收108亿元；商事制度改革助推税源猛增，全年新增纳税人22.2万户，比2012年增长71%，贡献税收10.3亿元，增长32.4%。六是税收服务转型升级内涵更加丰富。全年为纳税人减免各项税收110.8亿元，受惠企业8.2万户次、个体工商户16.2万户，服务内涵实现三方面拓展：重点服务对象从战略性新

兴产业向中小微企业拓展,服务领域从扶持产业发展向改善民生拓展,服务方式从广泛宣传辅导向分类定向推送政策拓展。

［税源分析］　地方税收增收的主要因素:一是宏观经济稳中趋升和转型升级步伐加快,增强整体税源的可持续发展能力;该市率先推进商事登记制度改革,有效激发民间创业投资热情,全年新增纳税人22.2万户,贡献税收10.3亿元。二是高新技术企业和战略性新兴产业得到快速发展,纳入深圳地税局监控的重点企业分别为2855户和2063户,贡献税收163亿元和137亿元。三是房地产市场成交量显著放大,助推房地产业税收实现24.56%的快速增长。地方税收减收的主要因素:一是人民币升值等因素削弱该市整体经济的回升动力,2013年人民币兑美元累计升值幅度超过3%,对外贸出口企业的效益增长造成较大负面影响。二是投资和消费增速放缓导致相关税源减少,影子银行、地方融资平台治理等问题,使固定资产投资受到资金供给等因素制约,政府严格控制“三公”消费,造成部分高端消费和集团消费持续回落,居民消费者零售总额增幅比上年回落5.9个百分点。三是结构性减税政策直接减少该局税源,“营改增”试点19万户纳税人转给深圳市国税局控管。

［征管改革］　通过完善业务流程和开展办税服务厅前台业务整合,不断深化大征管体制改革;修订发票管理、申报征收等12项制度规程,精简5类业务用章,优化21项文书工作流,逐步梳理税源管理、税收分析、实地核查等业务事项,进一步优化征管资源配置;规范统一16类238项办税服务厅前台业务,在全市建立以全职能窗口为主、集中前置办理涉税事项的办税模式;整合后,办税服务厅精简窗口87个、节约人力20%,办税平均提速40%。一是税收风险管理。立足风险管理实践需要,开发完成集风险特征管理、风险扫描、评定排序、风险应对、反馈评估等功能于一体的风险管理系统,拓展指标范围,形成包含遵从型、基础管理型等风险指标管理体系;完善指标发布审核、扫描识别、归集管理等流程环节;升级技术架构,支撑与其他系统的互联互通,全年接收数据质量管理等5个平台1000多项任务流转;从风险管理系统选取经过验证的6类指标共1.4万户次任务下发基层局,基层局结合辖区实际主动建立13项指标、自主下发8907户次风险任务,全年风险任务应对率达94%。二是税源监控。制定实施《加强大企业税收风险管理和服务实施方案》,明确大企业管理与服务的目标、任务和工作方式,利用VICDP软件,把控管的税务总局定点联系企业征管数据逐月上报到大企业税收管理信息系统上,完成与25家信用良好的企业签订“税收遵从协议”,编制重点税源监控企业名单,针对9226户年纳税百万元以上企业和1626户战略性新兴产业的企业,按月实施监控和分析税源异动原因;加强组织收入管理和税源动态监控,做好对个人所得税年终分红和奖金缴税、土地增值税清算等重点环节的跟踪管理;组织召开5次税收形势分析会,做好税收收入分析预测;每月编发税收完成情况通报,及时分析和反映组织收入工作情况,强化对重点税源的微观收入分析预测,全年共对46家有代表性的重点企业实施跟踪调研,并形成书面调研报告;通过常态化的税收形势分析和强化对重点税源的跟踪监控,各辖区平均月度收入预测准确率达89%。三是税种管理。对金融企业逾期贷款利息等开展营业税风险核查,促使全市金融企业自查补缴营业税7658万元;将广播影视作品的制作、播映和发行纳入营业税改征增值税试点,认真筛选确定广播影视服务业试点纳税人1120户,及时向试点纳税人提供全面准确的政策辅导,扎实做好征管数据移交工作;全市19万试点纳税人减税39.7亿元,总体减负32.9%,强化城市维护建设税等附加税费征管,积极利用系统数据和第三方信息,加强增值税、消费税的信息比对分析,城市维护建设税同比增长21%;汇总分析近3年汇算清缴数据,汇缴企业所得税112.7亿元;制定《企业清算所得税管理规程》《股权转让所得税风险管理工作规程》,加强企业所得税管理,筛查分析近5年9.8万条股权变更登记数据,查补税款3.4亿元;开展年所得12万元以上自行申报受理工作,通过数据比对,有针对性地发送提醒短信,自行申报人数比上年增长21%,顺利完成税务总局下达任务;以分析确定清算成本扣除范围为重点,加大土地增值税清算力度,全年组织土地增值税107亿元,同比增长6.6%;与全国保险机构车险平台实时联网,车船税征收实现“先税后险、见税出单”,全年车船税同比增长26.3%;开展房产原值比对分析,继续加大房产税、契税管理力度,加强新办企业实收资本、土地使用权出让合同等印花税申报监控,追缴印花税1205万元。

［纳税服务］　切实减轻纳税人办税负担,将21.8万户小微企业、23万户个人纳税人营业税申报期限从按月改为按季;简化税务登记程序,不再需要纳税人提供注册地址及生产、经营地址等场地的证明材料;积极服务前海企业,入驻前海e站通,为前

海纳税人提供便捷高效的办税服务，全年e站通地税窗口共开展税务登记、纳税咨询等业务共800余户次。突出宣传实效，开展税收宣传月活动，举办上百场政策宣讲活动，向高新技术、小微企业等解读纳税人普遍关心的八类40项政策，将正面引导和警示教育相结合，开展中小学税法知识大奖赛、稽查系列宣传等活动；拓宽税收宣传载体，第一时间通过政务微博发布最新税收政策、征管方式调整等内容，与腾讯公司签订战略合作协议，探索政企合作开展税收宣传的新方式和新路径；积极与市国税局、行业协会等部门合作，联合开展税收宣传活动；发挥媒体宣传优势，刊登专栏约380期，联合媒体采访近40次；做好日常咨询辅导，依托12366热线和网上纳税人学校，全年12366热线话务量61万人次，热线接通率持续保持在98.5%以上，网上纳税人学校访问量19万人次。

[税收法治] 推动《深圳市税收征管保障办法》出台，明确相关部门在税收征管方面的协助职责，为涉税信息获取建立制度基础；梳理前端岗位风险点，出台《税收执法重点事项监察管理办法》，对税收重点事项的执法风险进行防控；与法院“查控网”联网，准确采集纳税人个人财产、经济往来等信息，拓宽税收强制执行、税务稽查等获取涉税信息的渠道；取消汇总缴纳税款、纳税人变更纳税定额核准等6项审批，仅保留8项审批；落实税收优惠管理办法，明确审批和备案责任边界，避免备案事项的审批化；编制《税务行政执法取证操作指引》，对税务行政执法取证的基本规则、程序等进行明确，并针对部分需要统一规范的文书制作标准化模板；精心选定重点督察内容，对18个基层局的汇算清缴管理、股权转让管理等17项执法事项开展执法督察，督察面100%。

[税务稽查] 全年共检查企业1381户，同比增长142%，查补收入8.2亿元；出台自查工作指引，强化查前告知、查中辅导、重点稽查；健全大集中选案、专案组稽查、互助式审理的集约管理模式，对股权转让、证券基金、房地产等行业及项目开展重点稽查；选取证券基金公司、房地产业等5个行业开展专项检查，发现并查处少计营业税计税收入、未按规定扣缴个税等问题，查补税款1.83亿元；与深圳市公安和国税部门联合开展打击发票违法犯罪行动，查获地税假发票22万份；加强反避税和非居民企业管理，核查避税地大额支付风险，强化居民企业与非居民企业协同管理，补税1.6亿元；推动全国首例集团内劳务预约定价安排的成功签署，完成对某现代服务企业转让定价调整，调增税款3.7亿元。

[平台建设] 电子税务：完善信息系统架构，扎实推进信息化三期项目建设，全年开发105个信息化项目，使信息系统覆盖征收、管理、服务三大领域，信息系统架构更加完整，信息管税的基础更加稳固。一是优化核心征管系统。开发房地产交易税费征收系统，功能达到全国一流，实现房地产登记管理的“先税后证”、房地产交易税费逻辑上的直征，创新委托代征管理模式；在全国首批推广使用横联POS机刷卡缴税，率先开发上线银行卡网上缴税，探索网上报税、缴税、打印凭证“一站式”服务。二是搭建纳税服务平台。建立渠道多元、内容统一的纳税服务平台，集中服务管理，整合服务资源，为电子税务局等渠道提供统一服务内容；开辟征纳互动助手、移动税务局两大服务渠道，升级短信平台；上线新的知识库和法规库，为税务人员和纳税人提供专业的技术与业务支持；纳税服务平台上线以来，向纳税人定向推送办理结果告知、政策变动、征管提示等信息110万条，开展个税新版申报表辅导32万次。政务管理：认真编制和落实2013年公共服务白皮书，进一步加大重点工作督办力度，督办市局机关重点工作65项，基层局重点工作110项；及时完成45件市人大建议和市政协提案的答复工作，满意率100%；认真做好全系统矛盾纠纷及安全隐患的全面排查，做好舆情监测与应对，编发《深圳税收舆情监测》26期；全年共处理信访案件75件，接待个访16批，47人次；及时公开政务信息，办理依申请公开11件。后勤管理：完成财务信息化平台的修改升级，全面实现预算管理、电子化报账等职能，加强机关财务日常核算和监督工作；顺利完成公务卡改革，减少现金支付结算，实现从编制到执行的跟踪、监督、控制和分析，推行全口径预算管理，重点提高水电、接待、基建、交通等指标的预算执行质量；制定《关于加强“三公”经费管理的意见》《“三公”经费公示暂行办法》，完成全年“三公”经费控制任务目标，压缩“三公”经费和公用定额支出合计596.49万元；严格履行前期调研、立项报批、验收付款等标准采购流程，完成2014年非计算机类固定资产采购计划编制工作；开展对23个预算单位的财务收支、预算执行等七大类项目财务内审，严格按照整治“小金库”专项工作要求，采取实地检查、财务督导等检查方式，确保全系统23个预算单位自查覆盖率100%和实地检查率不低于30%；完成下属2个事业单位离任负责人的离任审计。

[队伍建设] 举办8次党组理论中心组学习会，开展一把手“讲学”、专家讲座、交流讨论等活动

27场次，深化对群众路线教育实践活动的理解和认识；党组成员带头开展调研和民生体验，召开66场座谈会，设立征求意见箱，出台26条整改措施、8项承诺和15条服务纳税人举措，制订完善22项制度，开展“擦亮窗口”行动，治理“文山会海”；加大干部培养和使用力度，选拔128名处、科级干部，对75名处、科级领导进行交流轮岗，使干部得到多岗位锻炼；完成首批135名执法类公务员职级晋升，首次开展事业单位职员岗位选拔；加强专业人才队伍建设，组建35名干部组成的税政法律、国际税收专业人才队伍；首次开展稽查岗位竞赛，选拔34名稽查能手；组织20期884人次参加各类培训；编写涵盖43类103个业务场景的培训教材；自主查办虚开纳税证明购房案，召开警示教育大会，组织1400余名干部职工到会听取检察官对案情的深刻剖析；围绕“严纪律、正作风、促廉洁”主题，扎实开展纪律教育学习月活动；组织处、科级干部到监狱开展实地教育，听取服刑人员的现场忏悔，结合深圳地税局违法违纪案例举办警示教育巡展，以身边案例开展廉政教育；试点电子廉政档案，实现干部廉政承诺书、廉政档案的信息化管理。开展党的十八大、十八届三中全会精神和中央八项规定学习贯彻活动；开展读书、健身、志愿服务等文体活动；举办“我身边的好税官”事迹巡展，宣传26位先进典型；落实关爱机制，走访慰问900余人次；对口帮扶徐闻县三年扶贫工作通过检查验收，启动新一轮扶贫工作，制定新的三年帮扶规划。深圳地税局涌现出一批表现突出的先进集体和个人，34个基层单位和个人获得“全国税务系统先进集体”等市级以上表彰，深圳地税局被评为广东省“双到”扶贫优秀单位；广东省委常委、深圳市委书记王荣对深圳地税局近年来的工作作出批示：“地税部门‘创一流’的工作实践，是深圳改革开放城市特质的体现！”

（陈东阳）

珠海市地方税务局

［经济概况］　2013年，珠海市实现地区生产总值1662.38亿元，同比增长10.5%，增速比上年高3.5个百分点，经济运行总体呈现“平稳、升温、提质”的良好态势。完成社会消费零售总额720.52亿元，同比增长13.5%；市场物价温和上涨，居民消费价格同比上涨2.3%，低于全国及全省水平。工业生产增幅攀升，全年完成规模以上工业增加值744.99亿元，累计增幅11.2%；对外贸易增速明显回升，全年完成外贸进出口总额541.69亿美元，同比增长18.6%，扭转上年持续负增长局面。三次产业比重由上年的2.6∶51.6∶45.8调整为2.6∶51.1∶46.3，产业结构进一步优化；固定资产投资保持较高速度增长，全年完成固定资产投资额960.89亿元，同比增长23.0%，增速连续三年居珠三角首位；全市公共财政预算收入194.2亿元，同比增长19.4%。全年税收收入502.74亿元（含海关代征），同比增长14.4%。

［税费收入］　2013年，珠海市地税部门组织各项税费收入319.29亿元，同比增长16.0%。税收收入206.78亿元，同比增长14.8%，可比增长18.6%（剔除“营改增”影响，下同）。其中，中央级收入51.79亿元，同比增长25.7%；省级收入58.55亿元，同比增长5.8%，可比增长11.7%；市县级收入96.44亿元，同比增长15.3%，可比增长19.4%，实现珠海市公共财政预算收入103.23亿元，同比增长15.3%。组织社保费收入92.73亿元，同比增长18.2%。组织其他收入19.79亿元，同比增长18.7%。

［税收特色］　一是所得税增速回升，营业税低增长，财产行为税增速减缓。所得税收入85.94亿元，同比增长26.0%，增速较上年同期提高36.5个百分点，对税收总体增长贡献率为66.7%，是税收增长主要拉动力。营业税收入59.78亿元，同比增长5.9%，可比增长18.1%，占总体税种比重的28.9%，10年来首次跌至30%以下。财产行为税收入61.06亿元，同比增长9.9%，对总体税收增长贡献率为20.7%，增速呈下滑态势。二是第二产业税收比重提高，增速更快。第一、二、三产业税收收入分别为0.37亿元、79.50亿元、126.91亿元，增幅分别为28.5%、19.8%、11.8%，占比分别为0.2%、38.4%、61.4%，第二产业较快增长带动其比重同比上升1.6个百分点。三是主要行业增长差异性较大。制造业、房地产业、金融业实现较快增长，分别实现收入53.84亿元、59.84亿元、17.66亿元，分别增长30.2%、26.9%、16.2%；“营改增”试点涉及行

业交通运输业、信息传输计算机服务软件业税收分别下降50.5%、17.6%；住宿、餐饮、娱乐业税收分别下降15.7%、14.8%、18.2%。四是税收累计增幅14.8%，高于全省及珠三角平均水平，居珠三角第二，仅次于惠州（17.9%）。

［税源分析］ 增收因素：珠海市经济健康稳定发展，为税收收入提供了稳定税源。制造业、房地产、金融业等重点行业税源实现较快增长。制造业得益于利润增长及汇算清缴补缴增收拉动，房地产业得益于珠海市尤其是西区楼市销售的持续畅旺，金融业得益于信贷规模的稳步上升及中间业务收入显著增长。全市百家"三高一特"（高端制造业、高端服务业、高新技术产业、特色海洋经济和农业）重点企业合计税收34.67亿元，增长62.5%，拉升总体税收增长7个百分点，成为税收增长主引擎，凸显了珠海市以创新驱动产业转型升级、抢占国际高端产业发展制高点的新优势。重点税源企业税收稳步增长，纳税百强企业合计税收95.23亿元，比上年同期增收20.57亿元，占总体税收比重提高4.7个百分点。加强税收征管，推动税收整体平稳增长。减收因素：珠海市地税局全年累计减免税收同比增长164.2%。"营改增"试点直接减少地方税收收入规模，交通运输和服务业营业税下降99.7%和28.8%，"营改增"涉及行业中，交通运输业、信息传输计算机服务软件业税收分别下降50.5%、17.6%。土地增值税由于前两年清算税款集中入库抬高了基数（2011年增长35.6%、2012年增长91.7%），直接影响2013年同比下降29.7%。此外，消费下降造成娱乐住宿餐饮业税收下降。

［服务大局］ 落实税收优惠政策。全年累计减免各项税收22.83亿元，其中减免高新技术企业税收20.97亿元，同比增长177.4%。大力宣传贯彻小微企业税收优惠，主动补办以前年度税收优惠，累计确定符合优惠政策条件企业7873户次，补正申报企业4011户次，减免企业所得税1029万元，抵缴或退税76万元。积极落实对月营业额不超过2万元小微企业暂免征收营业税最新优惠政策，为企业减负221万元。落实"营改增"结构性减税政策，确保广播影视服务业8月1日平稳纳入"营改增"试点范围；发挥税收调研参谋辅政作用。全系统完成40多个调研课题，上报省地税局、市委市政府信息专报和调研文章410余篇次，多篇得到上级领导批示。与市国税局一起配合市委办开展"三高一特"产业发展税收调研，在《珠海特区报》《香港商报》等媒体刊发"从税收看珠海'三高一特'产业发展""港企税务直通车"等专题系列报道，为珠海市现代产业体系发展建言谋策。全年共为全市各部门提供税收政策咨询意见和建议280项，为珠海市经济发展、民生改善、人才引进等提供决策参考。

［税收征管］ 推进业务流程优化重组：将审批减免类、备案减免类、征管备案类、认定类、退税类共163项涉税事项前移至征收前台窗口办理，增加即时办结事项的种类和数量，减少流转环节，简并表证单书和报备资料。对主城区范围内房地产交易税收业务与"两税"业务进行整合，实现房地产交易税收征管业务统一规范管理。深化税收行政审批制度改革，将契税减免、残疾人就业减免、企业困难性减免、申请延期纳税等四大类15小类审批事项分阶段逐步实现终审权限下放。全局现有审批事项9项，其中包括2项行政许可事项、7项非行政许可事项；综合治税全面实施。推进第二批18家单位上线社会综合治税信息共享交换平台，与24个政府职能单位和部门建立双边涉税信息交换共享机制。启动房地产登记与完税信息实时共享应用平台建设。通过市综合治税网络采集涉税数据3321万条，跟踪监控税源实现税款7.91亿元。从5月起，推动香洲区实施"政府牵头、财税主管、部门配合"，区、镇（街道）两级联动的"3+2"综合治税新机制，实现珠海主城区私房出租等零散税源管理全覆盖，预计每年增收近2000万元；信息管税加快发展。全力备战金税三期工程上线，做好数据初始化、数据清理、全员培训、系统适应性测试以及宣传、应急等各项准备工作。以金税三期工程上线为契机全面开展征管数据清理，重点对欠税户、非正常户、国地税共管户进行清理，清缴欠税3151万元，核查虚欠数据2126万元，清理非正常户32082户，总清理率89%，极大地夯实了征管基础。深化数据分析应用，下发税务登记、纳税核定等三大类主题7.9万条疑点数据到基层局核实。对全市医疗和教育机构进行行业数据分析，提出加强税收征管建议。通过涉税信息分析应用深化纳税评估，累计实现评估收入3.3亿元。实现办税厅智能评价系统和自助办税服务终端在全市覆盖，上线应用广东地税税源管理新平台，扩面应用建筑安装"两业"税源控管系统，完善二手房过户税收管理系统，实现与市政府信息共享平台互联。积极推广应用电子办税，推动9项审批类事项、13项社会服务事项进驻市网上办事大厅。珠海市网上办税系统用户76465户，开户率96.15%，每月申报户数超过55000户。

［税收执法］ 一是充分发挥稽查刚性作用。

立案查处涉税案件32宗,组织企业自查65户,累计查补各税1.31亿元;实施反避税调查案件5宗,入库税款2188万元。开展税收专项检查,首次将证券、基金公司列入指令性检查计划,共查补税款794万元。部署重点税源检查,累计查补税收加滞纳金1亿元。开展打击发票违法犯罪“清票行动”、医疗器械生产经营单位和医疗机构发票使用情况专项整治、打击传销专项执法行动等。二是推广完善存量房评估系统。继2012年主城区启动住宅类存量房价格评估系统以来,2013年3月、7月和9月先后在金湾、开发区和斗门局推广应用存量房评估系统,实现全市覆盖,有效堵塞了房产交易“阴阳合同”带来的税收漏洞。同时,启动非住宅类存量房估价系统上线有关准备工作。三是推进社会信用体系建设。认真做好纳税信用数据上传和录入,充实完善纳税人信用信息数据库。做好跨地区从事涉税鉴证业务备案审核,对珠海市注册税务师行业2012年度年检和2013年执业质量进行实地检查。

[纳税服务] 创新服务方式方法:推出即时办、简化办、一厅办、预约办、容缺办、上门办、联合办“七办”服务,认真开展清单书、减资料,清环节、减流转,清规程、减时限“三清三简”活动,与国税、工商、公安等单位合作推出“同步审核、限时办结、统一发证”商事登记联办服务,在全省首推灵活就业人员登记和单位无变动申报的社保费免填单服务,全面梳理优化减免税(费)、退税(费)、注销、代开发票业务流程,大幅缩短退费办结时限,社保费退费办理时限由原来45个工作日缩减为20个工作日,简易退费事项无须申请15个工作日内办结,有效推进“两个减负”。两个项目获评珠海市“行政服务创新进步奖”。完善纳税服务平台:狠抓“12366”热线日常管理、考核、回访,继续坚持每日班前学习制度。积极应对新社保系统上线咨询压力,迅速跟进主城区私房出租涉税事项办理,动态更新《办税指南》,保证咨询指引的准确性和一致性。全年人工话务总量19万宗,保持98%以上的准确率和98%以上的满意率。在首次全省地税系统“12366”热线服务质量抽查中成绩突出,成为唯一获得6项指标全部满分的单位。整合房产交易相关涉税业务,组建全省首个房地产交易办税服务厅,纳税人可“一站式”办理市区范围涉及房地产交易各税费事项。改造斗门区局大楼及办税厅,启用吉大新办税服务厅。原吉大办税厅获得“珠海市先进集体”荣誉,全市16个“党员志愿服务岗”被市直机关工委通报表彰。紧扣中心工作开展税收宣传:精心策划组织全国第22个税收宣传月系列活动,加强与市国税局、新闻媒体合作,举办“三高一特”企业税收优惠政策宣讲会、A级纳税人座谈会、“税法进校园”“税费宣传进街区”、纳税信用等级评定、在《珠海特区报》开展系列专题报道等活动,进一步营造依法诚信纳税氛围。充分依托门户网站、“两报两台”、短信平台、办税服务厅、税收管理员等平台和纽带,将最新税收政策、办税流程、便民举措、热点焦点问题等告知或提醒纳税人。继续办好“新办企业培训”“税法进企业”“专家答疑日”和网上纳税人学校等服务品牌,通过更具针对性和实效性的宣传辅导,不断提高纳税人办税准确率。全系统全年举办新办企业培训11期57场,参加人数27368人次。

[队伍建设] 通过笔试、民主测评、面试环节,逐环淘汰,并首次引入50名群众代表为面试评委,从211名报名者中,公开竞争选拔12名年富力强的副科级干部,竞争比例达18∶1。分级分类狠抓教育培训,坚持每季度组织党组中心组理论学习,举办科级领导干部培训班、税收业务类人员分岗位全员培训。通过个人报名、分类试讲和组织推荐等方式,改选33名第二批市局师资库兼职教师,其中7人入选省局师资库。截至2013年底,全系统高端人才(注册会计师、注册税务师、注册房地产评估师、律师、省局师资库师资、能手标兵、博士、硕士等)占干部队伍总人数的25%,比2010年上升7个百分点。择优评定6名特级税务员、30名高级税务员、21名中级税务员。扎实开展党建工作,深化“连心桥”活动,市局领导班子带头深入企业实地走访调研,各级领导面对面走访干部职工300多人次,认真撰写“连心桥日记”。通过“连心桥”驿站收集“连心桥案例”122件,逐件跟踪落实并反馈。其中,向5位重病患者发放医疗互助救济款近4万元;帮助干部职工和家属解决就医、升学、就业等实际困难38宗。推进党团建设,出台《关于规范基层党务工作的指引意见》,举行市局团委第五次代表大会,选举新一届委员会委员。认真做好斗门新丰村对口扶贫和“幸福村居”创建工作,对信宜、雷州、徐闻3县(市)局开展经济和智力帮扶,获评珠海市扶贫开发“双到”工作先进单位。市局机关党委被市直机关工委授予全市“金星”先进基层党组织称号。珠海市地税局被市文明办评为“2012—2013年度珠海市文明单位”。做强文化品牌。红山书画社成员作品获得多项市级以上荣誉,红山爱乐合唱团取得第五届珠海合唱节机关组专场赛金奖和总决赛银奖的历史最好成绩。

[作风建设] 肃风整纪抓好风险防控,出台

《珠海市地方税务局贯彻落实“八项规定”切实加强作风建设的实施意见》，对十方面工作提出明确要求。加强现金流和票据报销审核等财务管理，重点监控“三公经费”支出情况。抓好“转作风提效能”和政风行风评议工作，市局领导带头开展转作风提效能“服务企业”活动，走访企业60多户。举办“转作风提效能”增强执行力专题讲座6场，召开办税服务对象座谈会16场，并通过问卷调查、发放征求意见表等渠道广泛收集意见建议，督促相关单位整改落实。制定《“转作风提效能”服务纳税人若干规定》，组织专项检查和明察暗访，按照“评建结合、查改并重”原则，促进服务效能和政风行风明显提升，在全市2013年度民主评议政风行风中被评为“满意”。内控机制建设实现“全员参与，全员覆盖”，抓好部门和个人风险排查和防控，重点围绕失职渎职风险9类问题，动态排查清理欠税（费）等12类风险，深入分析业务衔接不畅、超时办理等效率风险点，并及时制定防控措施，实现内控机制建设与日常工作良性互动。

（孙幼娇）

汕头市地方税务局

［**经济概况**］ 2013年，汕头市全市实现生产总值1565.90亿元，比上年增长10.0%。其中，第一产业增加值87.18亿元，增长3.9%；第二产业增加值817.79亿元，增长12.1%；第三产业增加值660.94亿元，增长7.9%。三次产业比重结构为5.6∶52.2∶42.2，第一产业、第三产业比重下降，第二产业比重提高。工业经济方面：工业生产年初以低位开局，然后稳步回升，受8·17特大洪灾和“天兔”台风影响，8月、9月有所回落，但全年整体走势保持平稳增长。规模以上工业全年实现工业增加值568.28亿元，总产值2504.17亿元，比上年分别增长14%与14.3%。交通运输方面：完成货运量4929.5万吨，比上年增长13.5%，港口货物吞吐量增速放缓，尤其是集装箱吞吐量增速明显减弱，增速3.0%，同比下降10.6个百分点。固定资产投资方面：全市完成固定资产投资784.67亿元，增长28.2%，增速位居全省前列，其中房地产开发投资出现新的增长点，全市共完成投资150.80亿元，增长80.9%，潮阳、南澳等新板块成为推动房地产市场的新增长点。在外需持续疲软的大形势下，外贸市场低位运行。全市公共财政预算收入首次突破百亿大关，达到112.11亿元，比上年增长16.4%；金融机构全年运行态势良好，年末本外币存款余额2530.16亿元，贷款余额971.93亿元，分别比年初增长10.7%和19.7%。全市实现社会消费品零售总额突破1158.92亿元，增长12.5%。在全市消费品市场中，批发和零售额占比达到93.7%。全市批发和零售业实现零售额1085.92亿元，同比增长12.9%；住宿和餐饮业实现零售额73.00亿元，同比增长7.7%。

［**税费收入**］ 2013年，汕头市地税系统共完成各项税费收入147.89亿元，同比增长8.9%，剔除“营改增”试点影响，可比增长11.1%（下同），增收12.11亿元。其中，税收收入92.59亿元，同比增长7.3%，可比增长10.7%，增收6.33亿元，完成省局年初下达年度收入任务的102.2%；征收社保费收入48.89亿元，同比增长11.4%，增收5.0亿元；征收教育费附加、文化事业建设费等收入6.42亿元。此外，来自汕头市地税部门组织的一般预算收入50.09亿元，同比增长12.4%，可比增长15.8%。

［**税收特点**］ 一是税收增速两头低中间高，下半年增速有所回落。受国内外经济形势依然严峻，特别是汕头市接连遭受8·17重大洪涝灾害和“天兔”强台风侵袭及政策性减免退库等因素影响，下半年增速有所回落，税收收入增长压力较大。全年4个季度税收收入分别增长6.8%、9.1%、8.3%和5.2%。二是分级库收入均实现增长，市县级收入增幅明显高于中央级库和省级库。全年完成中央级收入21.26亿元，同比增长3.2%；省级收入24.31亿元，同比增长1.8%，完成省局下达年度收入计划的102.9%（其中省级共享收入20.39亿元，同比增长2.8%，可比增长10.1%，完成省局下达年度收入计划的104.1%，完成收入任务的100.7%）；市县级收入47.02亿元，同比增长12.5%，可比增长16.2%，可比增速比上年提高6.1个百分点。三是除企业所得税收入同比下降外其他税种均实现增长，地方级库税种相对增长较快。主体税种营业税、个人所得税和土地增值税分别增长2.4%、20.4%和1.2%，共增收2.59亿元。部分地方税种城市维护建设税、

车船税、耕地占用税和契税分别增长10.6%、62.6%、28.9%和60.2%，共增收4.31亿元，拉高市县级库收入逾10个百分点。企业所得税同比下降3.8%，减收9320万元。四是建筑业和房地产行业税收增速快，对总税收增长贡献率高。来自建筑业和房地产行业税收增速快，对总税收增长贡献率高，两大行业税收占全局税收收入总量近半，达44.2%。其中来自建筑业的税收15.89亿元，占总税收的17.2%，同比增长17.9%，对总税收增长贡献率为38.0%。来自房地产行业的税收24.99亿元，占总税收的27.0%，同比增长25.3%，对总税收增长贡献率为79.8%。

［**税源分析**］　主要增收因素：全年汕头市经济呈现总体平稳、稳中有进的态势，特别是房地产开发和土地转让趋向活跃，交通基础设施建设大会战扎实推进，全年汕头市固定资产投资额增长28.2%，连续三年高速增长且增速位居全省前列，其中房地产开发投资增长80.9%，为税收增收奠定坚实的税源基础。全年税收增幅较高的行业有建筑业税收增长17.6%，房地产业增长25.3%，租赁和商业服务业税收增长12.7%。同时，全市各级地税部门坚持"向加强征管要收入"的工作思路，紧扣以大税源行业、大项目、大企业、大税源地区、大税种为核心的重点税源控管，坚持以"一个龙头、三驾马车"为主要抓手，将建筑安装、房地产销售、土地使用权转让等作为征管重点和收入龙头来抓，发挥建筑安装、房地产"两业"税源监控平台作用，落实专人加强跟踪管理，带动相关行业企业所得税、耕地占用税和契税等3个相关税种的较快增长。全年来自建筑安装和销售不动产的营业税分别增长21.5%和31.2%，两大行业企业所得税增长10.7%，耕地占用税增长28.9%，契税增长60.2%。确保收入大局稳定。主要减收因素：受国内外复杂发展环境等因素的影响，企业经营困难加重，加上汕头市连续遭受两次自然灾害等因素影响，辖区经济税源增长后劲严重乏力，税收同比低增长或负增长的行业有：批发和零售业税收增长1.2%，金融业税收增长0.9%，制造业税收下降0.2%，电力煤气水供应和生产业税收下降14.1%，交通运输仓储和邮政业税收下降29.7%，住宿、餐饮业税收下降9.3%。此外，实施"营改增"造成税收政策性减收2.8亿元，落实对符合一年期以上返还性人身保险免征营业税条件的相关保险营业税办理退库7345万元，落实高新技术企业、小微企业等结构性减免税优惠5.46亿元。

［**创新税收管理**］　完成三批大集中数据清理和补录工作，为金税三期工程上线的海量数据迁移打下坚实基础；推广应用电子办税服务厅系统，完善"电子税务局"建设；启动税源管理平台的上线应用，结合新税源管理平台纳税评估模块的试运行，合理设置评估工作岗位流程，并将三项职责由税收管理员岗调整到纳税评估岗，实现"管评分离"；组织开展企业所得税税源调查、税式支出测算及重点核查，加强日常预缴税负监控和年终汇算审核，特别是在加强非居民企业所得税扣缴工作上取得重大突破，通过争取法院、财政等部门的支持，成功对一非居民企业转让境内企业股权行为扣缴企业所得税4814万元；加强高收入者个人所得税管理，完成省局下达年所得12万元以上个人所得税自行纳税申报目标数的109%，加强财产转让所得、企业分红和股息所得等项目个人所得税管理，重点开展对股权转让数据信息逐条进行核查，全年个人所得税收入增长20.1%。其中，来自房屋转让项目增长46%，限售股转让项目增长287.8%，利息、股息、红利项目增长37.4%；加大土地增值税清算力度，抓好土地增值税《核定征收暂行办法》、调整核定征收率和"实时预征系统"等的落实，并将原由房产交易所代预征调整为由主管地税部门按营业税申报同步预征，保证了土地增值税在较高基数下的稳定增长。

［**数据分析利用**］　积极推进汕头市综合治税体系建设，根据税收业务需求，制订60类面向不同部门的《涉税信息数据交换表》，推动汕头市综合治税涉税信息交换和共享系统于6月试运行成功并在7月投入正常使用，实现汕头市涉税信息共享工作的常态化、日常化。强化综合治税工作机制的落实。密切与国税、交警等涉税部门的信息共享和交换，实行"先税后证"制度，严格源头把关，全年来自城市维护建设税、车船税、资源税分别增长10.6%、62.6%、18.9%；加强涉税数据的分析利用。运用工商登记信息开展经济户口清理，运用发改委、住建部门的项目信息对重点工程项目纳税情况实行全程监控和管理，运用国土房产部门的地籍信息开展房产税和土地使用税比对清理，运用供电部门用电信息对产值异常户开展纳税评估等。全年共取得各类涉税信息176万多条，通过应用涉税信息增加税收收入超过1.13亿元。此外，试行开展税收征管数据监控分析，加强对征管异常户的数据比对，进一步提升税收征管效能。

［**纳税服务与政策帮扶**］　深化税务行政审批制度改革，废止行政审批项目4个，实现9项涉税审批事项上线汕头市政府网上办事大厅；委托第三方

机构对全系统办税服务厅进行明察暗访;进一步建立健全多渠道的车船税申报体系,开发应用车船税自助办税终端和车船税网上报税系统;在汕头地税网站增设电子版“办税地图”及街景服务功能,12366接通率在全市机关便民利民服务电话考核中一直名列前茅;派驻市行政服务中心地税窗口成为全市唯一一个全年每月全部以满分通过考核的派驻窗口;广东地税纳税服务志愿行动汕头分队被评为“汕头市青年志愿服务先进集体”。积极创新税收宣传形式,在全省地税系统首创推出两部以3D动漫形式制作的税收宣传系列动漫短片;全年全市地税系统共组织相对集中的日常宣传辅导活动321场(次),参与人数10916人次。积极做好税收优惠政策梳理和宣传辅导,落实好支持高新技术企业、民营经济发展、小型微利企业及帮助企业灾后复产的税收政策,重点对近三年来年所得额30万元以下6425户企业逐户发放《小型微利企业所得税优惠政策及办理流程》宣传资料和《小型微利企业所得税优惠税务事项通知书》,并实行“送达回执”制度,确保做到企业告知率和回复率都达到100%。全年各项减免税优惠5.46亿元,其中为1553户符合政策的小型微利企业办理减免税优惠996.91万元。

[队伍建设] 举办“学习贯彻党的十八大精神”“党的十八大辅导报告”“共筑中国梦”系列讲座,形成浓烈的学习氛围。按照突出核心业务和关键岗位的要求,加快绩效管理试点工作步伐。在绩效考核指标体系建设、建立考核数据的中间库、编写绩效管理应用规范等方面取得突破,并创新性地提出下发任务、根据完成任务情况进行综合评价的绩效考核方式,为深化和扩大绩效管理试点工作打下了坚实的基础。全面部署以“阳光地税、文明地税”为主题的十二项文化系列实践活动;联合汕头市文明办举办“文明城市、美丽汕头”全市公务员书画展,展现书香地税、文化地税、文明地税的良好形象,荣获“汕头市全民阅读活动”先进单位;坚持因地制宜开展丰富多彩的群众文体活动,在市直机关第一届运动会上,囊括了游泳、乒乓球、羽毛球等各类奖项(12个),并被国家体育总局评为“全国群众体育先进单位”;扎实推进对潮阳区金灶镇东仓村的新一轮对口帮扶工作,多渠道投入帮扶资金305万元,全面推进规划20个扶持项目的落实,并荣获广东省扶贫开发“双到”工作先进单位称号。此外,保税区分局获市文明委命名为“汕头市全民立德修身活动实践基地”。

[党风廉政建设] 制定落实中央八项规定切实加强作风建设实施意见,提出“改进调查研究、密切干群关系、精简会议活动、厉行勤俭节约、切实服务基层”等十项规定,改进机关作风,厉行节约。结合开展整治“庸、懒、散、奢”不良风气活动,开展对窗口单位进行明察暗访67次,突击抽查考勤49次,组织督查48次;积极参与“民声热线”活动;组织向纳税人发放勤政廉政调查问卷1000份,向各级党政机关发放政风行风调查问卷148份,召开征询意见座谈会28场次,部门对地税工作满意率100%,群众满意率99.9%。全系统共查摆问题43条,制定整改措施45条,新订制度5个,修订制度10个。在本年全市民主评议政风行风活动中,实现汕头市局及全部基层单位在当地党政参评部门中均取得量化测评成绩第一的“满堂红”。组织开展内控机制建设“回头看”“全覆盖”访谈调查活动;建立《个人内控风险防范手册》,对每个人的岗责、风险及防范措施进行再梳理、再复核、再完善和再登记,使内控建设工作做到人人参与,防控责任落实到人。

(杨　坚)

佛山市地方税务局

[经济概况] 2013年,佛山市经济增长稳中有进,经济结构进一步优化。完成地区生产总值7010.17亿元,同比增长10.0%。其中,第一产业增加值139.05亿元,增长2.8%;第二产业增加值4340.36亿元,增长11.4%;第三产业增加值2530.76亿元,增长7.6%。三次产业结构比为2.0∶61.9∶36.1。工业生产稳步增长。规模以上工业完成工业总产值17157.64亿元,同比增长12.6%;完成工业增加值3652.82亿元,增长12.7%。第三产业在金融、房地产、交通运输业的带动下保持稳步增长,成为推动经济发展的重要力量。金融业稳健运行。1—12月全市金融机构本外币存款余额11387.13亿元,比年初增长11.7%。金融机构本外币贷款余额为7112.31亿元,比年初增长

11.3%。房地产市场健康发展。1—12 月房地产开发完成投资 745.37 亿元,比上年同期增长 16.7%;商品房住宅成交面积、商品房住宅成交金额分别为 807.92 万平方米、666.54 亿元,分别增长 20.2%、29.9%。交通运输和邮政业平稳发展。全年旅客周转量、货物周转量分别为 1252671 万人公里、2410154 万吨公里,分别增长 6.6%、11.4%;邮政业务总量 152.73 亿元,增长 7.0%。财政收入稳定增长。全年地方公共财政预算收入 437.88 亿元,同比增长 14.01%;基金预算收入 601.99 亿元,增长 37.7%。固定资产投资力度加大。完成全社会固定资产投资 2383.65 亿元,同比增长 15.0%。第三产业投资力度加大。第二产业完成投资 925.06 亿元,增长 13.5%;第三产业完成 1450.97 亿元,增长 15.9%。房地产投资增速加快。完成房地产投资 745.37 亿元,增长 16.7%。农村投资增速快于城镇。城镇投资 1242.28 亿元,增长 12.6%,农村投资 1141.37 亿元,增长 17.8%。消费品市场增长平稳。全年实现社会消费品零售总额 2264.1 亿元,比上年同期增长 12.1%。对外贸易呈现先抑后扬的发展态势。前三季度全市进出口总值增幅逐季下跌,分别为 -6.1%、-6.2%、-6.7%;1—11 月,全市累计进出口总额 566.62 亿美元,同比增长 1.4%。其中,出口总值 379.56 亿美元,增长 3.5%;进口总值 187.06 亿美元,下降 2.7%。

[税费收入]　佛山市(不含顺德区,下同)地税系统累计组织税费收入 449.36 亿元,可比增长(考虑"营改增"基数,下同)15.96%,增收 61.85 亿元。组织税收收入 277.73 亿元,可比增长 13.35%,增收 32.72 亿元。其中,中央级收入 44.71 亿元,同比增长 18.87%,完成年度收入计划的 112.14%;省级共享收入 65.52 亿元,可比增长 12.26%,完成年度收入计划的 100.19%;省级固定收入 16.90 亿元,同比下降 1.45%,完成年度收入计划的 92.57%;市县级收入 150.60 亿元,可比增长 14.19%,完成年度收入计划的 100.20%。组织社保费收入 139.59 亿元,同比增长 22.08%,增收 25.24 亿元。组织教育费附加、文化事业建设费及其他规费收入 32.04 亿元,同比增长 13.79%,增收 3.88 亿元。

[税收特色]　佛山地方税收运行主要呈现 5 个特点:一是税收增速呈前高后低态势。受 2012 年税收增长呈前低后高态势影响,2013 年一、二季度税收增速分别达到 20.67% 和 19.19%;三、四季度增速放缓,分别增长 5.31% 和 8.06%。二是中央级收入较快增长,省级和市县级收入平稳增长。中央级收入 44.71 亿元,同比增长 18.87%,增速分别高于省级共享收入和市县级收入 6.61 个和 4.68 个百分点。市县级收入增收贡献率最大,达 56.77%,中央级、省级共享收入增收贡献率分别为 21.53% 和 21.70%。三是营业税增收贡献突出。主体税种中,占总税收规模 33.70% 的营业税收入可比增长 20.27%,增收贡献率 48.20%。占总税收规模 26.74% 的所得税同比增长 18.95%,增收贡献率 36.16%,其中企业所得税和个人所得税分别同比增长 13.53% 和 24.10%。占总税收规模 39.56% 的财产行为税收入同比增长 4.88%,税收增收贡献率 15.64%。四是税收增长主要依靠第三产业尤其是房地产业拉动。来自第一、二、三产业的税收收入占比分别为 0.09%、28.07% 和 71.84%。第二产业税收收入同比增长 10.43%,增收贡献率 29.75%,其中制造业税收收入同比增长 8.41%。第三产业税收收入同比增长 9.52%,增收贡献率 70.22%,其中房地产业税收收入同比增长 11.93%,增收贡献率 45.67%。五是各区税收收入增长较平衡,均实现两位数增长。禅城区(16.22%)增长最快,三水(12.47%)、高明(12.29%)和南海区(11.95%)增长 12%。

[税源分析]　增收因素:全市经济增长缓中趋稳,房地产销售市场持续升温。一方面,佛山受内外需求减弱、要素供给制约、工业出口负增长等因素影响,制造业地方税收仅实现个位数增长;另一方面,随着各项稳增长措施陆续出台、落实,投资增幅回升、购房需求释放,带动房地产销售持续高位运行。全市新建住宅销售额 450.34 亿元,同比增长 34.73%,为历年峰值。全市销售不动产营业税收入和预征土地增值税收入累计增幅分别为 29.46% 和 31.92%。管理增收成效显著。强化高收入行业及股权转让个人所得税管理,全年入库 39.72 亿元,同比增长 24.10%;商请交警部门在车辆年审和新车登记环节把关车船税,全年入库 5.11 亿元,同比增长 34.69%;加强税务稽查,查处大案要案,打击发票违法犯罪活动,开展税收专项检查,共查补税收入库(含自查)2.4 亿元。

减收因素:受 2012 年高基数影响,土地增值税和耕地占用税大幅减收。土地增值税同比下降 20.61%,减收 6.43 亿元。土地增值税清算税源减少,全年清算收入仅 7 亿元,同比下降 60.5%。耕地占用税同比下降 40.69%,减收 2.10 亿元。2013 年农业地块转变用途出让收入大幅萎缩。全面落实各项税收优惠政策,减轻纳税人负担。全市各级地税部门依法落实各项税收优惠政策,推动产业转型升级、鼓励企业自主创新、促进社会就业。全年共减免税收22.2亿元。其中,落实研发费税前扣除、高新技术企业优惠政策,分别减征企业所得税3207.5万元和2.8亿元;落实小微企业优惠政策,减免2010—2012年度企业所得税7194户次、2802万元;1.8万户纳税人享受月营业额不足2万元免征营业税优惠,减免营业税733.4万元。

[征管信息化建设] 积极筹备金税三期工程试点,8月南海桂城分局实现"小双轨"试运行。5月,佛山市局被确定为全省首批试点单位后,按照"小范围双轨—全市双轨—全市单轨"步骤,迅速联合国税部门对碰共管户数据、统一代码参数规则;8月起开展系统初始化配置、业务差异分析和重组、数据迁移和清理等工作,全年测试业务811项,通过606项,通过率75%;配合上线,8—12月共清缴往年欠缴税费1037万元。强化存量房税收征管。完善房地产税收一体化系统,增加重复核价异常操作的系统监控和审批功能,定期调整普通住房平均交易价格;完成GIS空间管理技术处理数据匹配和定位;启动商业用房核价模块开发,完成需求、技术架构分析。9月开始推广电子办税服务厅,积极引导纳税人选择使用CA数字证书办理涉税事项,推动纳税人足不出户办理税收业务,截至年底推广906户;协助省局开发税源管理平台纳税评估子模块,9月在全省推广应用。

[综合治税] 加强部门合作,获取住建部门8万条房产开发明细数据、供电部门1.2万户用电数据。综合治税核心数据采集面不断扩大,税收信息逐步应用到住建、统计、海事等政府工作中。全年市信息共享平台采集30个成员单位22557万条数据,入库税收2.5亿元。推行国税、地税联合办证、外商投资企业联合年检,全市43个联合办证点共办理税务登记证业务5.5万笔,减少单位纳税人办证资料3.7万份,精简率12%~20%,实现税务登记证业务"国税地税任一窗口办理、接收一套资料、借助同一辅助平台、共用一个纳税人识别号、发放一份税务登记证"目标。国税、地税部门共减少办证业务约5万笔。

[税务行政管理体制改革] 制定《佛山市地方税务局深化行政管理体制改革实施方案》,完成文件清理和职能目录编制;5月省局批复同意佛山市局下放6项征管业务审批权限,基本完成配套管理办法和操作指引,加紧研究9项税收减免审批改备案后续监管措施;将城镇土地使用税困难减免等4项审批承诺办理期限从30个工作日调减为15个工作日;出台市局向社会组织购买服务管理暂行办法,规范服务购买。落实税制改革要求,扎实推进"营改增"。仔细核实试点纳税人基础信息,全面清票、清税、清户,8月1日,62户广播影视服务业纳税人享受"营改增"。自2012年"营改增"以来累计移交国税部门试点纳税人7433户。规范非居民税收管理,编印20万字的《非居民税收管理实务手册》,相关内容被编入省局《国际税收管理实务》;在全省率先与国税、外汇管理部门联合制定售付汇后续管理办法。全年入库国际税收31.9亿元,占地方税收总收入的11.5%。

[绩效管理] 遵循战略导向原则,以强管理、重考核为核心,形成"市局+区局"的"1+4"模式,绩效管理工作稳步推进。编制完成《2013年市局部门绩效管理目标计划书》,修订完善市局考核区局管理办法和绩效考评指标体系,将内控机制建设中梳理出的重要风险点纳入绩效考核指标,确定70个基础指标;完善优化绩效管理平台,考核流程更加顺畅;将各项风险点和防控措施系统融入绩效管理,风险防控管理力度不断加强;编写完成绩效管理操作手册,探索绩效管理考核结果应用。

[激发队伍活力] 落实"学习奋进年"主题,突出政治学习,邀请广东省委、广州市委党校教授举办党的十八大、十八届三中全会精神专题讲座,刊发《党员学习参考资料》7期。突出业务学习,围绕代收工会经费、金税三期工程上线等重点工作开展分级分类培训,全年举办128期,参加人员7183人次;全市推广"学习日"制度,市局举办"公开课"13课。突出高端人才培养,从引导报考、考前培训、考后奖励等环节创造条件鼓励干部职工报考"三师",2人入选税务总局人才库,10人入选省局第三批兼职教师队伍师资库。

(徐冬晓 邱撼栋)

韶关市地方税务局

［经济概况］　2013 年，韶关市生产总值（GDP）1010. 1 亿元，增长 12. 1%，其中，第一、二、三产业增加值分别为 131. 3 亿元、428. 3 亿元、450. 5 亿元，分别增长 4. 8%、16%、10. 5%。三次产业结构为 13. 0∶42. 4∶44. 6。全市人均生产总值 3. 51 万元，增长 11. 3%。全市工业增加值 360. 3 亿元，增长 16. 1%。年末规模以上工业企业 554 个，比上年末增加 72 个，规模以上工业企业增加值 306. 77 亿元，增长 17. 8%。完成固定资产投资 664. 5 亿元，增长 21. 2%。在建的市以上重点项目 50 个，完成投资 311. 4 亿元，增长 13%。商品房销售面积 347. 2 万平方米、增长 33. 7%。其中，商品住宅销售面积 327. 4 万平方米、增长 39. 4%；商品房销售额 153. 8 亿元、增长 32. 2%，其中商品住宅销售额 136. 8 亿元、增长 54. 8%；年末商品房待售面积 124. 3 万平方米，增长 32. 5%。批发零售和住宿餐饮业销售额 783. 8 亿元，增长 18. 6%。交通运输、仓储和邮政业增加值 68. 4 亿元，增长 12. 9%。进出口总额 23. 17 亿美元，增长 13. 9%。其中，进口 13. 97 亿美元，增长 20. 1%；出口 9. 2 亿美元，增长 5. 7%。接待旅游者人数 2437 万人次、增长 15%；旅游总收入 187. 2 亿元，增长 20. 1%。年末金融机构本外币各项存款余额 1255. 8 亿元，增长 12. 3%。全市城乡居民人均收入 15320 元，增长 11. 3%。其中，城镇居民人均可支配收入 20259 元，增长 10. 4%；农民人均纯收入 9584 元，增长 11. 7%；韶关市区中心城区居民人均可支配收入 25595 元，增长 10. 4%。全年地方公共财政预算收入完成 71. 65 亿元，增长 16. 54%；全市公共财政预算支出 166. 81 亿元，增长 12. 90%。全市财政总收入完成 198. 86 亿元，财政总支出 170. 09 亿元，收支相抵，滚存结余 28. 77 亿元，净结余 7653 万元。

［税费收入］　2013 年，韶关市地税系统组织税费总收入 105. 57 亿元，首次突破百亿元大关，同比增收 9. 62 亿元，增长 10%，税费收入占总收入比例为 54% 和 46%；其中：来源地税收收入 57. 04 亿元，占总收入的 54%；同比增收 6. 06 亿元，增长 11. 9%，完成年度计划 106%；费金收入 48. 53 亿元，占总收入的 46%，其中，社保基金收入 40. 63 亿元，同比增收 2. 67 亿元，增长 7%；其他 7 项费金合计 7. 9 亿元，同比增收 8983 万元，增长 12. 8%。按省局计划考核口径税收收入 55. 03 亿元，同比增收 6. 22 亿元，增长 12. 7%（剔除“营改增”部分，可比口径增长 16. 3%），完成年度计划 106. 9%；其中：省级共享收入 13. 08 亿元，同比增收 1. 11 亿元，增长 9. 3%（剔除“营改增”，可比口径增长 16. 4%），完成年度计划 109. 9%，完成省局追加计划的 102. 5%。市本级收入 14. 74 亿元，同比增收 8693 万元，增长 6. 3%，若按可比口径剔除“营改增”部分（地税转国税市本级税收 1000 万元）以及耕地占用税（2012 年入库市本级税收 1. 91 亿元，2013 年入库 300 万元，同比减少市本级税收 1. 88 亿元），全局市本级收入实际同比增长 23. 9%，高于同期市本级一般预算收入（12. 1%）增长。

［税源分析］　全市地税税收增收因素主要有：一是经济的发展带动了税收增长，1—12 月全市规模以上工业增加值 306 亿元，增长 17. 8%，民营经济增长 33. 4%，固定资产投资完成 664. 5 亿元，增长 21. 2%；房地产开发投资增长 35. 4%，重点项目投资增长 13%。深入开展“项目建设年”活动，全市列入省重点的 27 个项目，共完成投资 201. 09 亿元，完成年度计划的 125. 8%，市委市政府狠抓“百项工程”项目的落实，全年 106 个项目中，完成全部建设任务的项目有 12 个，完成年度投资计划的工程类项目 49 个，非工程类 6 个，百项工程的扎实推进有力地带动了全市税收的大幅增长。二是房地产市场交易活跃带来税收增长，全市税收增长主要靠支柱行业房地产业的税收增长，房地产业税收比重不断加大，房地产业税收收入 16. 71 亿元，占全市税收 29. 3%，同比增收 4. 95 亿元，增长 42%，对总税收的增长贡献率 81. 6%，2013 年全市税收增长基本上依赖市房地产业。1—12 月全市商品房销售面积 347 万平方米，增长 33. 7%，商品房销售额 153 亿元，增长 32. 2%。三是组织措施有力保障税收增长。加强与公安交警联动管理。1 月 1 日车船税税警监管和代收代缴一体化系统在市区率先上线。该系统在市区成功运行以来，有效地解决了车船税征管难题，提高了征管质效，优化了纳税服务，取得明显成效，

车船税快速增长18.1%；加强和金融机构涉税信息交换与共享。市局在2012年31个部门协税护税职责的基础上，2013年8月与中、农、工、建四大分行签订协税护税协议，1—12月全局取得的涉税信息数量累计205317条；全年清缴各税2.47亿元，协税护税取得显著成效；制定《韶关市地方税务局关于继续推进房地产开发企业土地增值税清算工作的补充实施方案》，并成立全市土地增值税清算审核专业队伍，土地增值税清算收入约5000万元。

［**税收征管**］ 一是加强重点税源管理，突出抓好建筑安装业、房地产业的税收管理，紧盯重点投资项目，强化税收跟踪管理。全年组织房地产业营业税6.2亿元，建筑安装业营业税7.1亿元，占营业税总收入的37%，全市100万元以上的重点税源户529户，实现税收收入32.2亿元，占全市税收总量的69%。二是落实省局部署严厉打击“虚假”网络发票，开展行业税收清查，将检查对象的范围从重点行业、重点纳税人扩展到所有网络发票自开票纳税人和部分查账征收的其他纳税人；开展经营性房屋租赁税收专项清理整顿工作，尝试建立“乡镇街道办、社区、居委会”为主体的三级网格化管理监控体系，全市入库经营性房屋租赁税款1700多万元；积极开展非金融企业从事金融业务税收专项检查和股权交易税收专项清理。三是规范各项税种管理。认真组织开展企业所得税汇算清缴，对61户企业实施企业所得税重点核查，有效规范企业申报缴纳行为；狠抓土地增值税管理，全力开展土地增值税清算。全年入库土地增值税4亿元，增长8.05%；开展医院、高校行业个人所得税核查工作，强化股权转让个人所得税征管。四是深化涉税信息共享与应用。在政府主导和各职能部门配合下，全市第三方涉税信息交换单位超过40个，并在全省开创了地税部门与银行协税护税合作的先河。全市采集应用涉税数据205317条，清缴入库税款2.47亿元。五是大力推进信息管税。稳步推进税源管理平台上线和电子办税服务厅推广，实现征管资源的优化组合。车船税税警监管一体化系统在全市推广应用，全年车船税同比增长18%。积极开展金税三期工程上线，全市适应性测试通过率70%以上。着手研发出租屋计税租金收入评估及管理系统，堵塞出租屋税收征管漏洞。六是继续推进纳税评估。充分应用发票在线应用、两业税源控管等系统以及部门信息共享机制所提供的数据，强化涉税数据综合应用，选择部分重点企业，利用第三方信息开展行业专项评估。全年全市累计评估收入1.29亿元，占完成税收收入的2.26%。

［**税收法治**］ 强化税收执法监督和制约，出台符合韶关地税实际的依法行政指南——《韶关市地方税务局全面加强依法行政工作的意见》；完成全市地税系统各级执法人员的执法责任书签订工作，坚持做好执法责任制考核每季一通报工作，在全市系统开展税收执法督察，对检查发现的薄弱环节及时整改，堵塞漏洞；严格执行重大税务案件审理制度，健全重大减免税、税务行政审批项目等的集体审议制度，健全对政策性个案批复的制约机制；推进税务行政审批制度改革，按照“能取消的尽量取消，应减必减、该放就放”原则，清理压减行政审批事项，市一级的行政许可项目全部取消，行政审批项目清理减少至6项，下放审批权限10项，对保留和下放的审批权限，规范和优化审批流程，提高审批效率和透明度，加强对取消项目的后续监管。进一步开展税费宣传工作，组织开展一系列税收宣传月活动，积极开辟税收宣传教育基地、韶关新闻网、开通“韶州通”税收宣传公交卡等税务宣传新阵地；积极开展税费咨询、提供税收法律援助等志愿服务。落实各项税收优惠政策，完善减免税审批流程，加大优惠政策宣教力度，对15户企业进行土地使用税减免审核，市局审核通过8户，计32万多元；认真做好小型微利企业所得税税收优惠政策落实工作，强化宣传辅导和督导检查，优化办税流程，初步核实符合优惠条件户数逾700户，组织政策辅导班，对300多户小型微利企业进行税法宣传和辅导。

［**纳税服务**］ 一是推进纳税服务平台建设，稳步推进办税服务厅规范化建设和信息化管理，成功上线“办税服务厅信息整合及绩效管理系统”，并将全市11个一类办税服务厅纳入管理范围，对各项纳税服务指标进行量化统计和考核，全年全市办税服务厅满意度99%以上；不断深化12366热线管理，健全12366热线管理制度，加强对话务人员的业务培训，全年话务量累计17933宗，平均每月1494宗，办结率100%，人工服务接通率在5月首次达到100%，位列全省第一；优化门户网站建设，全年网站浏览量累计904081人次。二是深化纳税辅导工作，完善纳税辅导机制，将日常纳税辅导与集中纳税辅导相结合，推动涉税辅导常态化，全年全市共举办各类纳税人培训班63期，市局纳税服务志愿队共接待市民860人次，现场发放各类税收宣传手册6000份。三是推进纳税服务信息化建设，推广自助办税服务，全市投入使用自助办税终端36台，覆盖全市三区七县主要城区，受理业务超过6万项，在乐昌城

区建成全市首个国、地税24小时联合自助办税厅；成功研发“金税通”移动纳税服务信息平台，开启“处处可办税、时时可查询、纳服随身走”的“掌上办税”新模式。四是优化征管业务流程，简化涉及表证单书和办理环节，积极配合政府网上办事大厅建设，将涉税查询、资源税困难性减免、城镇土地使用税困难性减免等八项业务迁移到网上办事大厅，方便群众“一站式”办理业务。

[队伍建设]　推进绩效管理试点，密切跟踪试点单位曲江区局的绩效考评，并根据考评情况，再次优化岗责体系和各项业务指标，全面排查风险，健全预警监控，同时抓好市局和其他县(市、区)局的上线工作。优化干部队伍配置，严格按照干部选拔任用规定，灵活采取竞争上岗、民主推荐的方式选拔配备干部，既提拔了一批工作能力强、实绩突出、群众公认的优秀干部，也照顾了长期在基层工作且表现较突出的老干部职工，全市系统共选拔5名正科级干部、23名副科级干部、2名副调研员、5名主任科员、4名副主任科员，并对37名干部进行轮岗交流。强化干部教育培训，健全教育培训相关制度，规范教育培训工作，严格落实网络教育平台学分考核，有的放矢铺开“分层次、分岗位”培训教育，将线上教育与线下教育、集中学习与自主学习有机集合，有效提升了干部队伍综合素质，全年共举办各岗位业务培训52期，培训人数3055人次；与江西财经大学联手开办在职硕士研究生班，30名干部通过入学考试。深化精神文明建设，大力开展“青年文明号”“文明单位”“巾帼文明岗”等争先创优活动，有效巩固已有创建成果；组织形式多样的文娱体育活动，搭建内容丰富的文体活动平台，培养干部职工积极健康的兴趣爱好，促进干部职工的团结交流。

[党风廉政建设]　扎实开展廉政教育，不断在创新廉政教育形式和增强廉政教育实效性上下功夫，通过民主生活会、专题教育会、廉政辩论赛、任前廉政专题谈话等形式，切实提高各级干部的廉洁从政意识；健全内控机制建设，对内控制度多次梳理完善，编印完成《韶关市地方税务局内控制度汇编(2013年)》，围绕动态管理和问题整改，扎实开展内控机制建设“回头看”，做到有漏洞必堵，有问题必改，有制度必依；加大风险治理力度，结合近年来内外审计、执法检查和案件查办等情况，总结出税收征管工作中九类28项易发高发的失职渎职风险，并从风险意识、教育培训、风险排查、分级负责、整改问责和长效机制六方面提出整改和防控措施；持续推进作风建设，严格执行中央关于改进工作作风、密切联系群众的“八项规定”“六项禁令”，采取窗口暗访、诫勉谈话等形式，结合政风行风民主评议活动，着力整治庸懒散奢不良作风，扎实解决不作为、乱作为、效率低下、自由散漫、铺张浪费、贪图享乐等问题；强化内部审计工作力度，对全市系统3名科级干部和6个县(区)局7名税务分局长(稽查局长)进行离任审计，积极配合全省地税基层税务分局交叉审计，加强对人事任免、经费使用等行政管理权和税额核定、税款征收、发票管理等税收执法权的监督。

(李阳才　黄德明)

河源市地方税务局

[经济概况]　2013年，河源市实现生产总值(GDP)680.33亿元，按可比价格计算，比上年增长12.0%，增速分别比全国(7.7%)、全省(8.5%)高4.3个和3.5个百分点，居全省各地级以上市第8位。分产业看，第一产业增加值83.08亿元，增长6.2%；第二产业增加值337.11亿元，增长15.6%；第三产业增加值260.15亿元，增长8.9%。三次产业结构由上年的12.7∶48.7∶38.6调整为12.2∶49.6∶38.2。全市规模以上工业增加值294.21亿元，增长17.3%，增速比全省快8.6个百分点，居全省各地级以上市第8位。工业对全市经济增长的贡献率62.1%，拉动全市经济增长7.5个百分点。全市“一区六园”规模以上工业实现增加值201.07亿元，比上年增长41.7%，其中6个省级产业转移园共实现工业增加值99.52亿元，增长40.2%，占全市规模上工业增加值的比重为33.8%，同比提高3.4个百分点。固定资产投资持续扩张，工业投资大幅回升，全市累计完成固定资产投资342.73亿元，比上年增长22.0%，增速同比提高4个百分点，位居全省各地级以上市第10位。房地产开发投资增势强劲，完成房地产开发投资89.18亿元，增长32.9%，增幅同比提高18.7个百分点；完成商品房销售面积192.42万

平方米，增长50%，实现商品房销售额88.11亿元，增长75.5%。内需稳定增长，旅游业平稳较快发展。全市实现社会消费品零售总额236.61亿元，增长13.0%。全市接待总人数1908.42万人次，增长15.6%，实现旅游总收入152.75亿元，增长15.4%。财政大幅增收，民生支出保障有力。全市实现地方公共财政预算收入48.77亿元，比上年增长29.6%，增速居全省各地级以上市首位。国税、地税完成税收收入87.06亿元，增长13.3%。全市地方公共财政支出为168.15亿元，增支24.6%。

［**税费收入**］ 2013年，河源市地税系统组织税费收入突破70亿元，达到72.5亿元，同比增收12亿元，增长19.9%，其中税收收入467849万元，同比增收81850万元，增长21.2%，剔除“营改增”因素，可比增长25%。各级次税收收入均衡增长。其中，中央级税收收入75224万元，同比增收11398万元，增长17.9%；省级税收收入134440万元，同比增收18744万元，增长16.2%，可比增长22.3%；市县级税收收入258185万元，同比增收51708万元，增长25%，可比增长28.7%。社保费收入219213万元，同比增收32754万元，增长17.6%。其他规费、基金收入38103万元，同比增收5875万元，增长18.2%。

［**税收特点**］ 一是税收收入持续较快增长，增幅稳居全省前列。1—4季度，税收收入累计增幅分别为27.1%、23.1%、21.3%、21.2%。全年税收增速21.2%，仅次于茂名(32.1%)、梅州(30.5%)、云浮(28.2%)和阳江(22%)，全省排名第五。二是各级次税收全面增长，市县级税收增速最快。市县级税收收入258185万元，同比增长25%，增速比中央级和省级税收增速分别快7.1个和8.8个百分点。市县级税收收入占总税收比重为55.2%，比上年提高1.7个百分点。三是各税种全面增长，主体税种增收贡献突出。12个税种全面实现增长。其中，营业税收入164825万元，增长18%，对总税收增收贡献率为30.7%；企业所得税收入92435万元，增长13.9%，对总税收增收贡献率为13.8%；个人所得税收入32936万元，增长30.5%，对总税收增收贡献率为9.4%。财产行为税收入177653万元，增长26.9%，对总税收增收贡献率为46.1%，其中耕契两税快速增长64.8%，以占总税收比重14.9%的规模贡献了33.6%的税收增量。四是三大产业税收增长相对均衡，重点行业税收增长分化。全市第一、二、三产业税收分别增长37.1%、22.7%和20.2%，占税收的比重分别为0.5%、38.6%和60.9%。重点行业中，房地产业税收收入125177万元，增长26.4%，对总税收增收贡献率为32%；建筑业税收收入77627万元，增长33.3%，对总税收增收贡献率为23.7%；采矿业税收收入59518万元，增长14.7%，对总税收增收贡献率为9.3%；与“营改增”有关的交通运输业、科学研究和技术服务业、文化体育娱乐业分别下降38.1%、19%和3.8%，住宿餐饮业受消费需求下降等因素影响减收1232万元，下降9.4%。五是各县区税收收入全面增长，税收区域结构进一步优化。全市7个县区局税收收入均实现两位数的增长，增幅最高的为35.5%，最低的为16.7%。5个县局实现税收收入206382万元，同比增长24.1%，比全市平均增幅高2.9个百分点，比2个区局税收增幅(19%)高5.1个百分点，占全市税收的比重为44.1%，比上年提高1个百分点。

［**税源分析**］ 全市地税税收增减因素：一是全市经济保持稳中趋升态势，工业、投资、消费等主要经济指标增速明显回升。全市深入实施园区建设年、项目推进年、民生建设年“三个主题年”要求，经济社会实现平稳较快发展，为税收增长提供了经济税源保障。二是落实结构性减税及税收优惠政策影响税收增速。全市地税部门坚持大局意识，依法落实各项税收优惠政策。落实高新技术企业、残疾人就业、再就业扶持等减免政策减免税收5019万元；“营改增”试点进一步减少了营业税收入规模，交通运输业、科学研究和技术服务业、广播影视业税收分别下降38.1%、18.9%和3.3%，“营改增”试点全年共拉低总税收增幅3个百分点；全年为纳税人减负超过2.6亿元，影响总税收增速6.7个百分点。三是科学谋划组织收入，全力以赴挖潜增收。

［**税收征管**］ 一是扎实做好纳税评估工作。全年评估入库收入31236万元，评估收入占完成税收收入比例6.68%。二是强化重点税源监管。加大对重点行业、重点企业、重点项目、重点税种和重点区域的税源监控力度。落实“每月重点企业、重大税源异常变动”报告制度，及时掌握各地税收收入前30位、减收前30位的重点企业税收变动情况及原因。重点税源累计实现税收收入320549万元，同比增收71679万元，增长28.8%，占全市税收总量的68.5%。三是强化发票管理。进一步把发票的印制、保管、供应到发票的缴销、查询、稽核各环节管理工作纳入“大集中”系统管理。加大网络发票宣传力度，稳步提高网络发票覆盖率。开展“营改增”纳税人发票调整情况清理核查，认真核对“营改增”纳税人发票数据。四是强化社保费、其他规费和基金等管理。严格执行社保费收入计划，认真分析形

势、开展费源调查,将社保费收入和扩面任务逐月细化、层层分解下达到各征收单位。对全市社保费企业参保情况开展专项清理。认真开展欠费清理,完善社保费征管档案基础信息,加强欠费后续管理。全市新增缴费企业 2987 户,新增缴费人数 43396 人。不断加强教育费附加、文化建设事业费、堤围防护费、残疾人保障金等费金的征收管理,积极开展工会经费地税代征工作,不断提高各种规费征收管理的质量和效率。五是强化各税种管理。切实抓好 2012 年度企业所得税汇算清缴工作,全市应汇算清缴企业 2766 户,实际汇算清缴企业 2602 户,汇缴面为 94.07%。积极开展 2013 年企业所得税重点核查,全年调增应纳税所得额 838.75 万元、补缴企业所得税 9.43 万元。抓好年所得 12 万元以上个人所得税自行纳税申报工作,受理申报人数 1816 人,同比增长 2.37%,增加 42 人;申报年所得总额 36218 万元。抓好土地增值税管理,对全市房地产开发销售项目和土地使用权转让过程中土地增值税预征及清算工作情况进行自查和重点检查,全年清算入库税款 1593 万元。

[**科技兴税**] 一是成功开发社保费三方协同办公系统并在全省率先上线运行。在全省率先成功开发运用社保费地税、社保、财政部门三方协同办公系统。该系统具有 11 个管理功能,实现三方联动时效性强、数据实时共享性准、异常预警主动性快、对账全面先进性高、功能延续拓展性大等五大优势,彻底解决了社保信息不共享、数据传送不及时、三方对账难、发现问题难、问题处理难等问题,将参保人在地税和社保部门的相关信息从原来的 3 天缩短为 30 分钟内传输共享,传输速度提高 144 倍,数据传输准确、安全,社保部门准确记账,缴费人及时享受待遇,极大地保障了缴费人利益,提高了管理质效。该系统得到省政府和省局的高度赞誉。省局牵头与省人社厅、财政厅经省政府同意联合发文在全省推行"河源模式"。二是做好税源管理平台上线工作。市、县区局成立工作领导小组,制定上线推广工作方案,将责任划分到部门、任务分解到个人。认真梳理、合理授权、开展培训、加强沟通,9 月 25 日成功上线运行该系统。三是在全市推广应用电子办税服务厅,举办 14 期电子办税服务厅培训班,参加培训人数 800 多人,9 月 12 日成功上线运行。四是推进存量房交易税收征管软件上线。4 月底完成全市存量房基准价格评估系统和房地产税收一体化管理系统的推广应用,实现全市房地产税收一体化管理。五是开发应用私人房屋出租税收征管系统。以源城区局为试点,9 月成功上线运行私人房屋出租税收征管系统,有效地解决了私人房屋出租税收管理存在的"阴阳合同"、租金价格不实、难以核定计税标准等问题,规范征管、防范风险。

[**税收执法**] 一是落实收入考核问责。完善收入考核和问责制度,严格执行组织收入原则,坚决不收"过头税"。二是加强社会综合治税。贯彻落实《河源市涉税信息交换与共享实施办法》,积极开展与国税、工商、国土、公安等部门的协作。三是全面落实结构性减税政策。不折不扣地做好中小微企业等结构性减税政策的宣传、解释、落实工作,促进产业结构转型升级。落实营业税起征点政策,全年免征营业税约 500 多万元。落实再就业税收政策,免征下岗就业税收 18 万元。落实个人转让住房税收政策,全年减免个人转让住房税收 9775 万元;做好房、土两税减免管理,减免房产税 904 万元、土地使用税 3144 万元。四是扎实开展税收专项检查。对工业企业、建筑安装业、房地产业、企业所得税、营利性医疗和教育培训机构进行重点检查,开展餐饮业和娱乐业专项检查。五是大力打击假发票违法行为。全年出动执法人员 172 人次,查处违法企业 26 户,缴获非法发票 2714 份,涉及金额 210 万元,查补税款、滞纳金及罚款共 49 万元。六是严厉查处涉税违法举报案件。全市地税受理举报案件 23 宗,查处 19 宗,查补税款 4.99 万元,加收滞纳金 1.16 万元,罚款 10.2 万元。七是扎实推进"两法衔接"。建立"两法衔接"联络员工作责任制度,明确专人负责联络,进行日常信息沟通和具体案件的协调工作。

[**纳税服务**] 一是扎实开展税收宣传。与市国税局联合举行税收宣传月启动仪式,联合开展"人大代表、政协委员走近税收"活动,联合开展税法知识进校园活动,联合开展"走访重点税源企业"活动,联合举办"中小企业税企座谈会",联合举办文化广场税收宣传月文艺晚会。同时,市局继续开展税费宣传示范区活动,开展"征纳双方在线互动"活动,在《河源日报》《河源晚报》等主流媒体开展"税费热点问题您问我答"活动,在河源电视台开展"税收热点问题电视访谈"活动,开展"社保知识走进外来工"活动,利用媒体、网络等开展"个税完税凭证网上开具"系列宣传,在部分高速公路设置户外税收宣传广告。二是推进办税服务厅规范化建设,建立健全各项办税服务制度,推广办税服务厅星级管理,完善办税服务厅功能建设,健全办税服务厅意见回复机制,提升办税服务厅的办税服务功能。三是依托 12366 热线、地税网站、"手机短信通"系

统等服务平台，发布税费信息，及时为纳税人提供咨询、解难释疑。全年共受理并办结咨询 1711 宗，举报 8 宗，回复率和办结率 100%。

［**队伍建设**］ 一是抓好领导班子建设。按照“集体领导、民主集中、个别酝酿、会议决定”的原则，认真执行党组议事规则，严格贯彻落实民主集中制。落实班子与群众的沟通交流制度。开展局长与其他班子成员、班子成员与基层单位“一把手”谈心，各县区局班子成员以及各科室与基层单位建立联系点，增进各级班子与群众之间的了解和信任。选强配齐县区局领导班子，调整提拔 9 名县区局班子成员。二是积极稳妥推进干部交流轮岗。进一步实施异地交流轮岗，提拔 2 个县局的稽查局局长，并异地交流任职；对符合轮岗条件的 23 名基层分局长进行全面轮岗。三是认真开展干部选拔任用工作。进一步完善干部选拔任用机制，执行《党政领导干部选拔任用条例》及有关规定，提拔机关部门负责人 5 名、市局稽查局科长 1 名；全系统提拔主任科员 9 名、副主任科员 13 名。四是开展“五必谈五必访”（与新进干部职工谈、与思想出现波动干部职工谈、与岗位变动干部职工谈、与闹不团结干部职工谈、与出现工作矛盾干部职工谈；干部职工生病住院时必访、女干部职工生育时必访、干部职工受到纪律处分时必访、干部职工家庭生活困难时必访、干部职工家庭不和睦时必访），搭建干群“连心桥”。按照此原则，各级领导干部认真撰写“连心桥”日记，市局定期检查撰写情况确保实效，干群连心桥成为和谐干群关系、稳定干部队伍的具体行动，是“创造拴心留人大环境、凝聚幸福地税正能量”的有力措施，省局领导专门批示要求全省在河源召开“五必谈五必访”经验做法现场会。五是加强精神文明建设。市地税局、东源县局、连平县局被市委、市政府评为全省扶贫开发“双到”工作优秀单位。连平县局被中华全国妇女联合会授予“巾帼文明岗”，被共青团河源市委员会、河源市文明办、河源市志愿者联合会授予“河源市优秀志愿服务组织”称号。连平县局何星火、源城区局林苑芬被河源市精神文明建设委员会评为“河源好人”。龙川县局被人力资源和社会保障部、税务总局评为“全国税务系统先进集体”，龙川县局、赤岗税务分局被市委市政府评为“文明单位”。

［**教育培训**］ 全市地税系统组织各类培训班 151 期，培训 10282 人次。一是抓好更新知识培训。组织正科级干部、县区局正股级干部、市局机关和稽查局科员更新知识培训。二是抓好业务培训。举办企业所得税检查、前台征收人员、税源管理平台、全省终端案例管理、办公室文秘等业务知识培训。三是抓好新录用公务员岗前培训。四是抓好网络教育培训。自主开发“每日一练”学习系统，全年网络教育培训 17 期，参训 1113 人次。五是开展专业人才培养。10 人参加研究生全国联考，1 人被录取。参加注册税务师资格考试 11 人；参加注册会计师资格考试 9 人；参加司法考试 3 人。六是注重兼职师资的培养和使用，有 2 名干部入选省局师资库。

（李婧雯）

梅州市地方税务局

［**经济概况**］ 2013 年，梅州市生产总值 800 亿元，同比增长 11%，全市规模以上工业增加值 173 亿元，同比增长 14%；全市社会消费品零售总额 450 亿元，同比增长 12%；全市固定资产投资 281 亿元，同比增长 28%；全市房地产开发投资 77 亿元，同比增长 75%；全市贸易进出口总额 18 亿美元，同比增长 17%；全市金融机构本外币各项贷款余额 548 亿元，比年初增长 21%；全市市区居民消费价格总指数 102%，同比上涨 2%，全市三次产业的结构比例由 2012 年的 21.1∶36.1∶42.8 调整到 2013 年的 20.6∶36.2∶43.2。

［**税费收入**］ 2013 年，梅州市地税系统组织各项税费收入 102.49 亿元，其中组织地方税收收入 65.87 亿元，同比增长 30.53%，增收 15.41 亿元，圆满完成年度税收收入任务。税收收入中，中央级收入 10.37 亿元，同比增长 33.86%，增收 2.62 亿元；省级收入 16.94 亿元，同比增长 35.58%，增收 4.45 亿元；市县级收入 38.55 亿元，同比增长 27.6%，增收 8.34 亿元。征收教育费附加等其他规费收入 5.97 亿元。征收社会保险费 30.65 亿元，同比下降 40.36%，减收 20.74 亿元。其中养老保险费收入 22.34 亿元，同比下降 49.6%；工伤保险费收入 4544

万元,同比增长29.3%;失业保险费收入6012万元,同比增长19.3%;医疗保险费收入7.01亿元。同比增长19%;生育保险费收入2460万元,同比增长32.2%。减收原因:2012年同期政策性补缴养老保险费的人数相对较多抬高了基数,2013年政策性补缴养老保险费的人数大幅减少,造成养老保险费收入同比减少22.1亿元;受缴费基数调整和缴费年限满15年停保影响,全市3.1万低收入灵活就业人员因无力继续缴费或缴费年限满15年而不再缴费,灵活就业人员缴纳的养老保险费收入同比减少1.45亿元。

[税收特色]　一是税收收入增长较快居全省第二。全市地方税收同比增长30.5%(剔除"营改增"因素,可比增长32.5%),增速高于2012年18个百分点,位居全省第二位,高于全省平均水平21个百分点。收入规模在全省5个山区地市中超过韶关9亿元、河源19亿元、云浮26亿元,少于清远16亿元。二是市县级收入增速慢于其他级次收入且占总税收比重下降。受地方小税种收入特别是耕地占用税增长相对乏力的影响,全市市县级收入实现38.55亿元,同比增长27.6%,增速明显低于中央级收入(33.9%)和省级收入(35.6%),态势与2012年相反。市县级收入在总税收所占比重为58%,较上年下降2个百分点。三是以"营改增"为主的税收政策性减收效应明显。受交通运输、现代服务以及广播电视等行业的营业税自2012年11月起先后改征增值税的影响,全市减少地方税源近1亿元。四是各单位收入增速差异大。全市8个考核单位的税收收入均实现两位数增长,但增速差异较大,收入增长最快的梅县达到53%,最慢的蕉岭仅增长13.4%。

[税源分析]　主要增长行业:税收增长主要来自电力、房地产、建筑和金融4行业拉动。受广东宝丽华电力公司税收大幅增长影响,全市电力生产行业税收增收2.6亿元;受房地产交易活跃影响,房地产行业税收增收6.5亿元,建筑行业税收增收6700万元;受贷款余额大幅增长影响,金融行业税收增收5900万元。以上4个行业共增收10.4亿元,拉动总税收增长21个百分点。主要增长税种:税收增收额八成集中在营业税、企业所得税、土地增值税和契税4个税种上。全市营业税收入17.58亿元,同比增收3.55亿元;企业所得税收入12.15亿元,同比增收3.79亿元;土地增值税收入7亿元,同比增收3.32亿元;契税收入4.2亿元,同比增收2.05亿元,以上4个税种共增收12.7亿元,占税收增收总额(15.41亿元)的82.5%。主要增长因素:二手房消费者抢在"新国五条"实施细则出台前交易,造成二手房交易量暴增,带来房地产业税收同比增长53.3%,增收6.5亿元。受上网电价提高和煤炭价格下降双重因素影响,电力生产企业利润大幅提高,电力生产行业企业所得税同比增长88.9%,增收2.6亿元。信贷规模和保险收入规模稳步增长推动金融业税收较快增长。全市金融机构本外币各项贷款余额增长20%,保险收入增长18%,全年金融业地方税收同比增长20%,增收5900万元。

[税收征管]　大力做好地方税源清理。全年在全市范围内持续进行地方税源清理,摸清税源,分解计划,落实责任,强化考核。大力加强重点税源(企业)监控。加强对房地产、烟草、电力、电信、金融和上市公司等重点税源企业以及全市2013年投资亿元以上重点工程项目税源监控。全年全市重点税源企业实现地方税收收入37.6亿元,同比增长32.6%,增收9.23亿元。加强与国土、国税、住房建设、公安、工商等相关部门合作,大力开展国税增值税大户、建筑安装、房地产土地评估、股权变更、物业管理、房地产中介、二手房交易等行业的专项评估和督查工作,全市累计纳税评估税收收入2.61亿元,占总税收收入的4%。大力加强企业所得税汇算和土地增值税清算工作。全市企业所得税收入增长45.3%,增收3.79亿元,土地增值税收入增长87.8%,增收3.32亿元。充分发挥税务稽查作用,提高税收遵从度。继续开展以房地产、建筑安装、股权转让、药品经销、土地使用权二级交易市场、非居民企业纳税情况为主的地方税收专项检查,全年立案查处企业54户,查补罚税费850万元;组织企业自查36户,自查收入848万元。

[涉税信息平台]　一是全面建成市级集中的市、县涉税信息共享与交换平台。通过政府牵头,地税推动,纪委部门监督,建立8个县(市、区)和市直共249个涉税单位接入的涉税信息共享与交换平台。同时,市、县两级涉税信息共享与交换平台均接入当地政府效能监控系统,把信息采集范围从市级单位延伸到县级单位,确保数据共享交换及时准确全面,数据采集实现横到边纵到底。二是建设大集中数据、涉税信息、纳税人财务报表三方信息综合分析系统,深入分析应用涉税信息。

[预受理服务区]　8月,在梅江区局办税大厅试点设立预受理服务区,随后在全市各县(市)城区办税大厅全面推广,至12月底全面建成。预受理服务区主要功能有业务受理、分类叫号、资料预审、一

次告知、答疑解惑、辅导填单、引导自助办税和收集纳税人的意见等,以达到提高办事效率,避免纳税人多次往返,促进自助办税服务目的。

[**地税文化建设**] 一是召开全市地税系统文化建设现场会,对全市系统的文化建设进行部署;二是继续办好内刊《心灵驿站》《心香一瓣》,发挥文化建设主阵地疏导思想、展示才情、宣传正面典型的作用。三是完善地税文化展室,建设税收发展史展室,推动国学字画进办公场所。四是开展"我的梦·地税梦"主题讨论及征文活动,激发干部职工爱岗敬业、努力追梦的热情。五是积极开展群众性体育活动。成功举办全市地税系统"迎国庆"体育比赛活动,丰富干部职工业余文体生活。

(郭程望)

惠州市地方税务局

[**经济概况**] 2013年,惠州市生产总值2678.4亿元,同比(下同)增长13.6%;地方公共财政预算收入250.1亿元,增长24.5%。经济总量、财政实力同步从全省第6位迈进第5位,增幅均居全省第3位、珠三角首位。

[**税费收入**] 2013年,惠州市地税局组织税费总收入突破300亿元,达306.55亿元,增收52.75亿元,增长20.8%。税收收入206.06亿元,增收31.31亿元,增长17.9%,税收增幅位居珠三角首位,税收规模跃升至全省第5位。各项规费收入100.5亿元,增收21.44亿元,增长27.1%。其中,社保费收入75.01亿元,增收15.78亿元,增长26.6%;其他规费收入25.49亿元,增收5.66亿元,增长28.5%。

[**税收特点**] 一是各级次均衡增长,结构较为合理。中央级增长16.0%,省级增长16.5%,市县级增长18.9%。二是县区结构持续优化,互补能力明显增强。惠东、龙门和仲恺增幅均超过30%,大亚湾、惠阳、博罗保持平稳增长,惠城区受契税和"营改增"影响较大,增长5.8%。三是主体税种增长平稳,地方税种贡献加大。四大共享税种收入127.8亿元,增长16.8%,占收入总量的62%,稳定了税收增长的基础。除契税外地方固定税种收入54.9亿元,增长41.7%,对全市增长贡献达到51.6%。四是重点行业表现突出,第三产业较快增长。建筑安装、房地产和制造业三大行业共组织税收152.8亿元,占税收总量的74.2%,拉动全市税收增长约15个百分点。第三产业税收136.7亿元,同比增长16.4%,对全市收入增长贡献达到61.4%。

[**税源分析**] 惠州加快产业转型升级步伐,各项工作实现良好发展。特别是房地产销售状况良好,固定资产投资保持较大规模,经济的发展稳定了税源,带动了全年税收收入的较快增长。惠州市局强化税收征管工作力度,坚持"挖潜堵漏保增长"的工作思路,加强计划管理,深入开展税费源调查分析,及早启动三级联动组织收入工作机制,强化重点税源控管和收入动态监控,加大清欠查补工作力度。基础税源管理能力的不断提高,成为收入增长的重要推动力。

[**税费征管**] 优化办税流程,简并办税事项,推行"先办后审",落实取消对停业和复业办理税务登记的核准等税务行政审批项目,下放2000万元以下延期缴纳税款审批权限;推进分类分级分事项管理,抓好房地产、建筑安装等重点项目以及股权转让相关税收的管理和监控,抓好大企业税收风险管理,在全市范围内推广应用电子办税服务厅,引入CA数字证书;规范行业税种征管:加强土地增值税清算及管理,组织税收收入21亿元,同比增长18%;完成2012年度企业所得税汇缴11290户,同比增加2440户,汇缴率同比提高8%,汇算补缴税额1.4亿元;全市全年受理年所得12万元以上个人所得税自行申报10772人,同比增长24.5%,比省局任务增加1739人;年内通过存量房计税价格评估系统办理业务1.6万宗,并在惠城区试点将该系统应用领域扩大至非住宅类存量房。推进征管信息化建设:组织开展全市金税三期工程各项上线准备工作,开展国税、地税共管户对碰和"大集中"数据清理工作,共完成对碰数据130545条、税务登记类数据191263条。推进"1+6"涉税信息综合应用平台建设;在惠城区局、大亚湾区局和龙门县局开展税收征管档案管理电子化试点;部署信息安全改造建设工作,建立终端安全管理系统,实现个人办公电脑到系统服务器的"全覆盖"管理,实现本机、本地磁带库、异地机房"三位一体"的有效数据备份,确保数据安全。推

进涉税信息交换与共享：进一步完善与国土、房管、住建等部门的“先税后证（审）”协作机制，与人民银行惠州市中心支行联合发文，进一步贯彻落实省、市涉税信息交换与共享文件规定。与公安交警部门实现“先税后登记”联合把关，强化车辆车船税税收控管，车船税收入同比增长59.8%；加强信息分析应用，全年共获取涉税信息43.8万条，增加税款13.6亿元，全年定期向惠州市信息资源交换与共享平台传递税务登记、欠税、行政处罚等信息数据1.68亿条。扩大网络开具发票应用面：全市共上线使用发票在线应用系统用户12241户，开出电子发票约2771万份，开票金额超过5072亿元；开展纳税评估。建立“采集、分析、利用”三管齐下的数据应用模式，针对评估疑点制定专项纳税评估方案，通过市、县（区）、基层分局“三级联动”的方式开展评估；组织开展城市维护建设税及“两个附加”、土地使用税及房产税、印花税等专项纳税评估，采集分析49222条涉税数据，实施纳税评估71258户次，完成纳税评估收入21.4亿元，占税收总额的10.39%。抓好规费征缴工作：优化完善社保费中间库系统性能，每月缴费数据及时记账率99.5%以上，加大社保扩面工作力度，全市有效扩面纯增人数82792人；抓好历史欠费追缴，全年清缴欠费1.1亿元，推进社保费“三方”对账工作，分别于4月、8月开征价格调节基金和工会经费，组织收入合计近1.3亿元。

［依法治税］　落实税收优惠政策：共办理减免税74444宗，减免税额11.22亿元，同比增长28.5%；编制《小型微利企业税收优惠政策》，补办2010—2012年度小微企业税收优惠666户次，减免税额262万元。做好税收规范性文件制定管理工作：严格按照总局、省局规定的程序制定税收规范性文件，抓好已出台的规范性文件的合法性审查、备案审查工作，加强对县区级税收规范性文件制定工作的业务指导、日常检查，督促其做好备案备查工作。税收执法督察：按照全市所有税务分局、县（区）局稽查局的30%的比例随机抽取被查单位开展税收执法督察，确保3年内执法督查覆盖全市37个基层分局和4个县（区）稽查局；通过查前数据分析、疑点采集和实地督察相结合的方式，重点对土地增值税管理、企业所得税管理、欠税管理、非正常户管理、税款征收管理中是否存在违规不征、少征税款，不计、少计滞纳金等问题和贯彻落实省局行政处罚裁量权实施办法的情况进行督察。打击涉税违法犯罪：组织开展各项税收专项检查和重点检查，检查纳税人782户，查补收入6.91亿元，坚持“查案必查票、查账必查票、查税必查票”，严厉打击发票违法犯罪活动；以建筑安装及房地产业、饮食服务业、广告业等发票违法犯罪活动易发生的行业为打击重点，全年共查处违法用票企业62户，查处非法发票36.46万份，涉案金额5084万元，查补收入128万元；税警联合组织打击制售假发票行动30次，捣毁制售假发票窝点2个，抓获犯罪嫌疑人30名，缴获假发票105.51万份及相关制假设备；市局稽查局被税务总局评为“全国打击发票违法犯罪活动工作成绩突出单位”，成为全省地税稽查系统唯一获得表彰的单位；与地方法院通力合作，加大历年积案清理力度，全年排查稽查积案29宗，清理13宗，突破一批历史案件旧欠难题，积极追缴欠税2317万元。

［纳税服务］　开展税费宣传辅导：在《惠州日报》、惠州电台、惠州电视台等主流媒体宣传报道税费相关知识76次（篇）。税费宣传公益广告遍及市区50多个高档住宅小区、300多栋楼宇和1177部出租车、公交车。更新了全市84个社区税费宣传栏。共组织138场次纳税服务专题讲座，培训14360人次。门户网站“网送税法”向纳税人推送税收法规政策、公告、热点问题等信息12期，共31154户次；举办两期个人所得税政策业务在线访谈，解答网民提问64条，全年门户网站访问量2628812人次，日均访问量7202人次；推进专业化纳税服务热线建设，全年话务总量6.75万宗，热线接通率98.8%，高于全省5个百分点，在全省排第3位。拓宽税收宣传平台：联合惠州市国税局制作税费宣传微电影《小二黑进城》，联合惠州学院举办税务公益宣传动漫创作、“微税法”微博征文比赛、税收宣传主题辩论赛、税收热点问题解读等系列活动，加强与各税务师事务所合作，成立税务师志愿者服务队，发挥志愿者税法宣传服务零距离作用。惠东县局开展税费宣传进电影院，创新了宣传形式。

［队伍建设］　优化人力资源配置：坚持以德为先、德才兼备原则，选拔正科级干部5人、副科级干部17人；通过笔试、民主推荐、面试、组织考察和党组票决等环节，选拔20位正副科级领导干部；加强干部交流轮岗工作及队伍建设，全市共交流干部10名，招录新公务员25名。强化教育培训：组织举办各类培训35期，培训人员近3000人次，在中南财经政法大学、南开大学、首都对外经济贸易大学举办3期科级干部更新知识研修班，组织各岗位系列业务骨干共49人到扬州税务学院参加9期专门业务培训。开展“干群连心桥”活动：市局班子成员走访全市37个基层分局和5个征收点，倾听基层一线心

声,落实各级领导干部“连心桥”日记登记制度,上报省局干群连心桥案例33篇;注重解决干部职工关心的热点难点问题,对市局会议室、饭堂、电梯间、洗手间等场所进行维修改造;解决纳税人、缴费人停车难问题,改造惠城区局办税大厅,建立启动市局机关医务室。在省局绩效管理试点评估工作中,大亚湾区局总分位居全省各市前列;开展机关“道德讲堂”文化建设活动。成立学雷锋志愿者队伍和网络文明传播志愿者队伍。惠阳区局淡水分局办税服务厅被广东省妇联授予2012年度“巾帼文明岗”称号。仲恺区局被市委市政府评为“文明窗口”示范单位,并报送“广东省文明单位”。市局代表团在惠州市第四届运动会中荣获“团体总分一等奖”“体育道德风尚奖”。

[党风廉政建设] 推进内控机制建设:形成“党组统一领导、一把手负总责、纪检监察部门具体承办、全员参与”工作机制,采取全面排查、分类汇总、点评结合、分类培训等形式,组织开展岗位排查、流程重组、风险分级、风险防范、制度清理,形成长效工作机制;结合绩效,实现内控建设与绩效管理资源共享,编写形成具有惠州地税特色的内控文本;加强日常廉政教育宣传:向全系统发送廉政温馨提示22期,组织离退休干部参观东江纵队纪念馆,举办书画摄影展,开展内控机制建设“大家谈”活动;继续打造廉政文艺品牌,排演的廉政教育情景剧《心灵的对话》在全省各地巡演32场,观众人数达2万多人次,并由税务总局和省纪委作为优秀剧目向中纪委推荐参加全国廉政文化精品评选;大亚湾区局党廉文化室建设、“最美地税人”宣传活动等起到传播正能量作用,通过提升幸福指数增强干部职工归属感和凝聚力。抓好内审督查:对县(区)局、稽查局、基层分局共7名领导干部开展了离任审计、任中经济责任审计,在全系统开展经费账户自查、固定资产清查以及税费票证管理、资金管理及会计核算检查,有效防范风险;协调督促有关县(区)局做好珠三角城际轨道交通项目部分施工单位审计移送问题的核实和征管工作,开展审计结果跟踪检查,通过抽查、上报整改报告等方式,整改税款入库合计1500多万元;推进政风行风建设,定期或不定期开展行风与效能督察活动。组织召开特邀监察员及专(兼)职监察员座谈会。抓好预防职务犯罪工作,主动加强与纪委、公检法等部门的联系和工作协调,落实联席会议制度。制定《惠州市地方税务局改进工作作风、密切联系群众实施意见》。严格控制“三公”经费支出,市局机关办公费、水电费、差旅费、会议费等支出同比下降14.9%,会议数量与上年相比下降22%,市局机关出国(境)费用零支出,公务车在非工作时间在单位集中停放、统一保管。全年全系统未发现违反中央八项规定的行为。

(黄　广　刘晓渊)

汕尾市地方税务局

[经济概况] 2013年,汕尾市实现地区生产总值(GDP)671.75亿元,增长12.2%,增速全省排第6位,经济发展呈现稳中求进、稳中提质的良好态势。三次产业结构由2012年的16.3∶46.6∶37.1调整为16.1∶47.0∶36.9。全年规模以上工业实现增加值234.98亿元,增长24.9%,增幅排在全省第3位。规模以上工业企业完成销售产值949.5亿元,增长28.5%。累计完成固定资产投资462.09亿元,增长22.3%。全市完成进出口41.7亿美元,增长46.9%,其中出口总值19.5亿美元,增长32.9%,涨幅居全省首位。全市实际利用外商直接投资1.52亿美元,同比下降55.8%。全市完成社会消费品零售总额473.56亿元,增长11.9%。财税收入较快增长,全市公共财政预算收入完成48.15亿元,增长17.2%,其中税收收入增长20.9%,非税收入增长11.3%,非税比由上年的38.9%下降为37.0%。

[税费收入] 2013年,汕尾市地税系统累计组织税费收入50.58亿元,同比增长17.05%,增收7.37亿元。累计组织国内税收收入35.48亿元,同比增长19.19%,增收5.71亿元,完成省局计划31.45亿元的112.82%,各级次任务全部完成。市县级税收收入中属于市本级部分6.21亿元,同比增长26.34%,增收1.29亿元,完成市政府下达任务的101.88%。社保费累计13.07亿元,同比增长13.29%,增收1.53亿元。其他收入累计组织2.04亿元,同比增长6.43%,增收1231万元。

[税收特色] 一是从税收分级次看,各级次超额完成计划。中央级2.90亿元,同比增长15.53%,

完成 108.06%；省级固定 0.87 亿元，增长 13.35%，完成 106.43%；省级共享 5.92 亿元，增长 12.71%，完成 111.68%；市县级 25.79 亿元，增长 21.43%，完成 113.88%。二是从入库情况看，各税种收入升多降少。营业税增长 6.69%、企业所得税增长 11.92%、个人所得税增长 20.73%、土地增值税增长 31.81%、耕地占用税增长 89.41%、印花税增长 48.45%、城市维护建设税增长 24.26%、资源税增长 23.92%、土地使用税增长 3.49%；房产税减少 15.89%、车船税减少 12.28%、契税减少 4.18%。三是从重点行业看，“两业”对税收贡献加大。建筑业税收 4.45 亿元，增长 21.62%，增收 0.79 亿元，房地产业税收 9.55 亿元，增长 35.30%，增收 2.49 亿元。“两业”共入库 14 亿元，占税收总额的 39.45%，比同期提高 3.45 个百分点；增长 30.63%，增收 3.28 亿元，占增收总额的 57.47%，比同期提高 10.1 个百分点。四是各县区局全部完成计划。城区局组织税收收入 9.72 亿元，增长 14.48%，完成 102.27%；海丰局 11.45 亿元，增长 16.04%，完成 109.71%；陆丰局 9.80 亿元，增长 30.03%，完成 122.69%；陆河局 2.78 亿元，增长 24.95%，完成 119.62%；红海湾局 1.68 亿元，增长 4.82%，完成 146.54%；华侨分局 430 万元，增长 6.70%，完成 100%。

[**税源分析**]　1. 经济稳定运行是税收增长的决定因素。汕尾市积极实施振兴发展规划，不断优化产业结构，经济实力进一步增强，地区生产总值增长 12.2%，规模以上工业增加值增长 28.5%，固定资产投资增长 22.3%。经济较快增长，为税收增长提供了经济税源保障，带动了营业税、企业所得税等主体税种以及建筑业、房地产业、制造业等重点行业的税收增长，拉动税收增长。

2. 房地产业和建筑业较快发展为税收增长奠定基础。全市商品房销售及土地转让成交活跃，基础设施建设力度加大，为税收增长奠定基础。重点行业中建筑业和房地产业共入库 14 亿元，增长 30.6%，占整个税收增量的 57.5%。

3. 土地增值税清算有力促进税收增长。全市清算房地产项目 21 个，完成省局下达项目任务 7 个的 3 倍，有力促进土地增值税收入增长，全年入库 2.8 亿元，同比大幅增长 39.9%。

4. 相关税收政策对税收产生减收效应。根据上级部署，将交通运输业和部分现代服务业“营改增”试点的 371 户纳税人移交国税部门征管，这一因素对营业税收入规模造成较大影响，全年交通运输业营业税收入减少 93.57%，减收 2199 万元。认真落实小微企业、灾后复产重建等税收优惠政策，全年减免税收 1631.2 万元。

[**税收法治**]　重点开展“一清两打三加强”专项行动，进一步推进税收法治工作。“一清两打三加强”（清理欠税欠费工作；打击违法印制贩卖假发票、打击偷逃税行为；加强征管基础工作、加强清算管理工作、加强风险隐患节点监管）。“一清”：清理欠税户 1338 户，清缴欠税金额 416.6 万元；清理欠费户 1703 户，清缴欠费金额 4348.7 万元。“两打”：检查发票使用企业户数 86 户，查处违法企业户数 28 户，查处非法发票份数 562 份，查补入库 237.08 万元。立案检查 17 户查补入库 237.1 万元，协查促收 77 户查补入库 1.1 亿元。“三加强”：加强征管基础，抓好新开户、注销户、非正常户以及外出外来经营户的税收管理，加强纳税户籍巡查和监管，补办税务登记 799 户，补缴税款 38.78 万元；新增网报开户 485 户，全年网报开户 2346 户，成功申报 1680 户；加强催报催缴，清理和催报催缴逾期未申报纳税 5764 户、逾期未缴纳税款 5674 户；加强清算管理，前 3 个季度完成 66 个土地增值税清算项目调查，达清算条件项目 29 个，清算房地产项目 21 个，追缴税款 8600 万元。城区局、红海湾区局开展耕地占用税重点倒查，清理入库 8058 万元。加强高收入个人所得税征管，年所得 12 万元以上自行申报 2440 人 6696.5 万元。开展企业所得税汇缴审核，发出限期改正文书 58 份，整改落实汇缴 17 户，处理处罚 2 户。加强风险隐患节点监管，针对风险高发易发行为，梳理代开发票、减免税、社保费管理等十方面风险隐患，逐一制定防范措施，完善操作规程。推行统一选案和集中审理，推进稽查“扁平化”建设，进一步规范稽查执法。经税收行政执法责任制考核系统考核，全系统发生执法过错 44 宗扣 63 分，分别同比下降 53% 和 64%，实现执法过错连续 3 年下降。

[**服务大局**]　积极发挥税收职能，落实扶持个体工商户、小微企业和高新技术企业发展等优惠政策，服务汕尾产业结构调整和经济转型升级。开展落实税收优惠政策情况督查，全年减免 1631.2 万元。其中，为 318 户小型微利企业减免企业所得税 139 万元；为 235 户营业额不超过 2 万元的企业减免营业税 17 万元。积极应对 9 月 22 日超强台风“天兔”影响，梳理支持灾后复产重建八方面 14 项税收优惠政策，并在《汕尾日报》等媒体公布和宣传，同时组织人员主动上门走访辅导，在各基层办税服务厅开辟“绿色通道”，提供特事特办服务，为 73

户受灾及困难企业减免税收751万元,帮助受灾企业和纳税人渡过难关。

［税费征管］ 加强数据管税工作力度,抓好存量房评估系统应用和二次开发,加强交易监管,实现全程免填单。改造升级网上办税系统,推广应用电子办税服务厅,完善自助办税服务系统。推进两业系统应用,两业系统登记项目1014个,新增登记项目345个,补录税款7.95亿元。2346户开通网上办税系统,通过网报入库税款4.66亿元。按省局部署推进金税三期工程试点,有序开展业务差异分析、初始化、数据迁移等工作。推进税收精细化管理,抓好纳税评估,评估收入2.04亿元,占税收收入的5.76%,按评估程序和流程评估收入9996万元,占税收收入的2.82%。抓好涉税信息管理,完成与工商、国土等16个部门联合发文,建立涉税信息交流共享机制,累计取得涉税数据3440条,据此组织收入3.1亿元。抓好股权转让所得税管理,落实企业和个人限期申报缴纳股权转让所得税工作,申报24人次,缴纳个人所得税296.04万元。进一步规范规费征管,坚持税费并重,规范征缴业务操作规程,筹备社保费三方协同办公系统,推广社保费网报网扣和自助缴费,提供多元化缴费服务。按上级统一部署,经前期多方筹备,于8月1日起开展代征工会经费工作,8—12月入库736万元。

［纳税服务］ 推出10项便民利民举措,抓好纳税志愿者服务、增设网站便民栏目等工作,网站访问人次50多万。统一简化二手房交易的办税流程,办税时限从15个工作日缩至5个工作日。走访20户重点税源企业,切实解决纳税人关注的热点难点问题,帮助企业转型升级。落实两个减负,免收纳税人发票工本费15万元,取消印制有本单位名称发票的审批。推进标准化、规范化办税服务厅建设,改造陆河县局、梅陇税务分局办税服务厅等6个基层办税厅。推进电子政务建设,实现行政审批9项和43项服务事项在广东省网上办事大厅汕尾分厅办理。精心组织第22个税收宣传月,开展"税收服务转型升级"优惠政策宣讲、税收热点您问我答、"个人完税凭证网上开具"等12项宣传活动。完善诚信纳税示范街建设,开展公交候车亭、大型LED屏和深汕高速、厦深铁路T型广告的税收宣传。

［队伍建设］ 加强作风行风建设:开展"访民情、送温暖"救济扶贫活动,抓好"千名党代表走基层""双到"扶贫帮扶工作。加强"救急济难互助金"管理,发放互助金5.5万元,帮助有特殊困难的干部职工减轻生活负担。落实中央八项规定,改进调查研究,严格会议管理,精简文件简报,简化接待工作,规范出国(境)管理,实现"三公"经费同比下降。加强监督检查,加大内部审计、巡视检查、诫勉谈话等工作力度,开展明察暗访,大力整治"庸懒散"行为。推进党务政务公开,在OA公开党组决议24次79项、局务决议5次14项。开展民主评议政风行风和政务整治工作,市局在25个市直参评单位排名第二,陆丰局、华侨分局在当地县区名列第一。加强党风廉政建设:将内控融入绩效考核和年度考核,落实《内控倒查实施办法》,发出《内控倒查建议书》6份,进一步规范业务流程和完善防控措施。全系统配备纪检监察员31名,规范纪检监察员管理。加强审计监督,全年对14个单位开展内部审计,发现问题193个,提出整改建议57条。加大查办案件力度,注重发挥查办案件的综合效应,全年立案4件,办结3件,党纪政纪处分11人次,行政问责12人次。加强行政制度建设:推进海丰县局绩效管理模式试点工作,初步构建绩效管理运行体系,推行横向覆盖的个人绩效考核。加强制度建设,建立修订《党组议事规则》等11项工作制度,对县区局班子实行"十项考核",探索建立科学的干部考核评价机制。加强工作督办力度,落实重点工作督办35项,发出内部情况通报6期,确保重点工作落实到位。匡正选人用人机制,全年选拔科级领导干部4名、科级非领导干部9名。落实中层干部任期制,实施交流轮岗科级干部35人,副科级以下150人,其中县区局班子成员9人、基层分局长11人。加强思想文化建设:成立市局机关党委,推动党建工作上台阶。开展"读书修德·文化养身"读书月活动,举办"强素质　正作风　树形象"军训和"打铁还需自身硬"演讲比赛等,开展"双十双百"分类培训3343人次。继续办好幸福地税10件实事,切实解决干部职工合理诉求,实施任职满10年以上享受上一级非领导职务工资待遇。

（吴维浩）

东莞市地方税务局

［经济概况］　2013年，东莞市生产总值（GDP）5490.02亿元，按可比价格计算，比上年增长9.8%。三大产业比例为0.3∶45.9∶53.8。全年全市固定资产投资总额1383.94亿元，增长18.2%。全年全市社会消费品零售总额1486.66亿元，增长9.8%，扣除物价因素影响，实际增长9.1%。全年居民消费价格总水平上涨1.9%。全年全市进出口总额1530.72亿美元，增长6.0%。其中，进口622.08亿美元，增长4.6%；出口908.64亿美元，增长6.9%，外贸进出口顺差286.6亿美元。按新口径统计，全年全市新签外商直接投资项目506宗，合同外资金额40.41亿美元，增长6.1%。实际利用外资39.38亿美元，增长16.9%。全年来源于东莞的财政收入974.16亿元，增长15.2%，其中，市公共财政预算收入409.01亿元，增长14.8%。全年全市税收总额1085.36亿元，增长15.6%。其中，国税完成684.12亿元，增长17.4%；地税完成401.24亿元，增长12.6%。

［税费收入］　2013年，东莞市地方税务局组织各项税费收入680.25亿元，同比增长15.0%。其中，国内税收收入401.24亿元，同比增长12.6%，可比增长（剔除“营改增”影响，下同）17.2%；社会保险费收入226.49亿元，同比增长17.6%，征缴率99.7%；于10月1日起代收工会经费，截至2013年12月底共代收工会经费6108万元；文化事业建设费收入3839万元，同比下降49.5%；教育费附加收入19.46亿元，同比增长32.3%；地方教育附加收入12.96亿元，同比增长32.3%；堤围防护费收入12.39亿元，同比下降3.0%；残疾人就业保障金收入4.94亿元，同比增长17.2%；价格调节基金收入1.68亿元。

［收入特点］　一是国内税收收入实现均衡增长，整体呈前高后低走势。全年组织国内税收收入累计增速高于全省平均水平（9.6%）3个百分点，增长速度在珠三角地区9市中位列第4位。全年各月税收增幅保持平稳。其中，4月创下单月最大增幅，同比增长20.5%；11月增幅最小，同比增长2.9%。二是地方级税收比重提高，增速快于中央级税收。中央级税收收入76.04亿元，增长10.2%；地方级税收收入325.20亿元，占总税收比重的81.0%，较上年提高0.4个百分点，增长13.2%，比中央级税收收入高3个百分点。地方级税收收入中，省级收入116.59亿元，增长7.9%（省级共享收入90.85亿元，增长4.1%，可比增长13.1%；省级固定收入25.73亿元，增长24.1%）；市级收入208.61亿元，占总税收比重的51.9%，增长16.3%、可比增长21.0%。三是主体税种增减各异，财产行为税收入增长突出。占总税收37.3%的财产行为税收入149.65亿元，增长25.4%，对税收增长贡献率达67.6%，其中，耕地占用税（56.7%）、契税（34.1%）、城市维护建设税（33.0%）快速增长。主体税种中，占总税收31.6%的营业税收入126.79亿元，增长1.9%；占总税收31.0%的所得税收入124.80亿元，增长10.8%。其中，企业所得税收入73.06亿元，增长7.2%；个人所得税收入51.74亿元，增长16.3%。四是第三产业税收收入增长较快，房地产业贡献突出。第一、二、三产业税收分别完成0.33亿元、140.65亿元、260.26亿元，所占比重分别为0.1%、35.1%、64.9%。第二产业税收收入增长13.0%，其中制造业和建筑业税收分别增长15.1%和9.1%；第三产业税收收入增长12.5%，其中占总税收31.2%的房地产业税收增长21.2%，对总税收增长贡献率高达48.8%。

［税收执法］　完成8个分局税收执法重点检查，严格税收执法监督，防范执法风险。制作行政处罚裁量基准指引汇编，规范税收执法行为。深化行政审批项目清理，压缩行政许可和非行政许可事项。积极应对1宗行政诉讼案件，维护征纳双方的权益。开展资本交易、房地产、建筑安装、酒店、旅游等重点行业专项检查，打击涉税违法犯罪行为，整顿税收秩序。加大反避税工作力度，加强情报交换工作，开展反避税案件调查，成功签订全省地税首例双边预约定价安排。加大公安地税联合执法力度，成立镇街一级警税联合执法办公室，查办全市首宗非法持有伪造发票刑事案件。

［税源控管］　推广应用征管档案数据化管理系统，在试点分局创建电子档案101.5万个。规范发票管理，全面取消手写发票，加强冠名发票管理，继续推广发票在线应用系统。深化涉税信息共享，推动共享平台整合升级，拓展交换内容，加强分析应

用,全年获取涉税数据153.52万条。完善纳税评估机制,实施财务报表与纳税申报关联,引入第三方数据建立多元化评估体系,全年共对8095户企业实施纳税评估,核查补税10.38亿元。上线应用税源管理平台,制定税源分类标准,为实施税源专业化管理打下基础。开发应用房地产办证电子数据交换系统,发送数据19.4万条,接收数据13.2万条,为税源监控和分析预测提供准确数据来源。做好金税三期工程上线准备,稳步推进系统初始化、适应性测试、业务差异分析、国税地税数据对碰、大集中数据清理等工作。积极配合商事登记改革,优化税务登记办理流程,探索强化后续管理的配套改革措施。严格落实各项税费优惠政策,梳理并出台办理指引,加强政策执行监督,落实小微企业税收优惠政策专项督导工作,及时发现并解决政策执行问题。全年落实减免各项税收25.6亿元,涉及高新技术优惠、扶持中小微企业、经营就业困难减免、二手房交易、车船税等各个领域;落实外贸企业堤围费征收标准调低至0.7‰,为1.6万户企业减负1.9亿元。

[**纳税服务**] 搭建多元办税平台,推进17项审批服务事项在市政府网上办事大厅办理,推广应用电子办税服务厅,鼓励纳税人使用CA证书,投放应用64台自助办税终端,开设3个24小时自助办税服务厅,对7个办税服务厅进行规范化改造。提升12366纳税服务热线服务质量,热线接通率超过98%。通过门户网站、服务热线、在线访谈、局长信箱等渠道,受理纳税人咨询诉求事项近5万宗,办结率100%。通过网站、办税服务厅、短信等载体以及报纸、广播、电视等媒体,全面及时宣传税收政策、办税指引及服务举措等涉税信息,积极开展税收宣传辅导,全年组织各类宣传培训辅导活动328场(2.7万人次参与),派发宣传资料超过13万份,让广大纳税人能及时了解并用足用好相关法规政策。

[**队伍建设**] 连续12年被东莞市委、市政府评为中央、省属驻莞机构先进单位,市地税局和17个基层分局在市政府组织的民主评议政风行风排名第一。健全干部选拔任用机制,通过民主推荐选拔提任17名科级以上干部,对16名基层分局"一把手"和20名副科级领导干部进行交流轮岗,择优录取12名国家公务员,优化领导班子和队伍结构。继续推进大岭山分局绩效管理试点工作,顺利通过省地税局的评估验收。推进岗位练兵常态化,全年举办科级干部更新知识、内控机制建设、税收专项业务等各类培训班28期,培训5524人次,年度人均培训13天。完善实施干群"连心桥"制度,收集"连心桥"日记250篇,干部职工反映的实际问题基本得到反馈和解决。落实系统内"一帮一"对口帮扶和市内扶贫"双到"工作,加强基层党建工作,推进地税文化建设。

[**党风廉政建设**] 深化内控机制建设,全系统梳理岗位258个、权力事项773个,修订完善管理制度487项,编制岗位防控流程图438个、跨部门权力事项运行图105个,编印内控文本并应用到实际工作,所有干部职工都能建立内控档案、参加内控培训,初步达到促规范、防风险目标。改进工作作风,制定并落实中央八项规定实施意见,推行经费预算管理,规范财务支出,严控"三公"经费;搭建视频会议系统,严控会议费用;建设市局监控中心,强化办税服务效能监督;以民主评议政风行风为载体,整治庸懒散奢。加强监督管理,制定并落实市局党组和基层分局领导班子议事规则,确保重大事项决策依法依规、民主科学;对8名领导干部开展任期经济责任审计和离任审计,跟踪督查审计意见整改落实;及时调查处理群众举报,严肃查处违规违纪案件,有效规范执法行为。

(陈群弟)

中山市地方税务局

[**经济概况**] 2013年,中山市实现生产总值2638.93亿元,比上年增长(以下简称增长)10.0%。其中,第一产业增加值66.87亿元,增长2.2%;第二产业增加值1463.71亿元,增长10.9%;第三产业增加值1108.35亿元,增长9.0%。三次产业结构调整优化为2.5∶55.5∶42.0。全市规模以上工业企业实现增加值1257.02亿元,增长10.2%。其中,轻工业增加值687.27亿元,增长10.1%;重工业增加值569.75亿元,增长12.9%。大中型企业实现增加值909.58亿元,增长11.6%;股份制企业实现增加值413.60亿元,增长14.5%。进出口总额356.29亿美元,增长6.3%,其中,出口总额264.78亿美元、增

长7.5%，进口总额91.51亿美元、增长3.1%。外商直接投资项目173个，下降10.4%。合同利用外资13.21亿美元，增长0.2%；实际利用外资6.46亿美元，下降19.6%。全市完成固定资产投资962.93亿元，增长15.2%，其中，第二、三产业投资分别为295.54亿元和666.49亿元，分别下降3.9%和增长13.8%。工业投资额294.72亿元，下降4.1%。民间投资额647.74亿元，增长8.0%。房地产开发投资额399.12亿元，增长15.2%。商品房施工面积3717.06万平方米，增长20.9%；竣工面积563.04万平方米，增长75.0%；销售面积780.34万平方米，增长19.3%；销售额472.08亿元，增长31.2%。全年社会消费品零售总额890.55亿元，增长10.4%。地方公共财政预算收入225.31亿元，增长11.6%；公共财政预算支出236.66亿元，增长9.9%。实现国地两税收入491.06亿元，增长11.5%。年末，全市金融机构本外币存款余额4021.81亿元。

[税费收入]　2013年，中山市地税局累计组织税费收入309.81亿元，增长13.82%，增收37.61亿元，其中，组织地方税收收入191.59亿元，同比增长10.33%（可比增长14%），增收17.93亿元。分级次情况为：中央级收入26.61亿元，同比增长15.20%，增收3.51亿元；省级收入59.56亿元，同比增长4.60%，增收2.62亿元；市级收入105.42亿元，同比增长12.61%，增收11.80亿元。征收规费和其他收入118.22亿元，同比增长19.97%，增收19.68亿元，其中，征收社会保险基金收入94.98亿元，同比增长21.99%，增收17.12亿元。全市工商业户参保人数152.66万人，同比增长2.96%，增加4.38万人；缴费工资水平达到1828.24元，同比增长18.98%，增加291.66元。

[税收分析]　一是税收收入总体呈平稳增长态势。虽月度增幅有波动，但总体运行呈现出第一季度走高、第二和第三季度走低、第四季度企稳的态势；全年税收收入增幅10.3%，比上半年10.6%的增幅略有下降，总体增长平稳。二是中央级和市级收入保持稳定增长，省级收入增幅略低。中央级收入在企业所得税和个人所得税带动下，全年增长15.20%。市级收入在房产税、土地使用税和契税等市级固定税种带动下，全年实现12.61%的增长。省级收入受“营改增”试点和保险业营业税政策退税影响，增长4.60%（剔除这两项减收因素，可比增长12.9%）。三是共享税种三升一降，土地增值税贡献最大。受“营改增”试点和保险退税等影响，营业税收入67.11万元，同比下降1.2%，减收0.81亿元，占税收收入比重从上年同期的39.1%下降到35%。企业所得税收入18.85亿元，同比增长12.67%，增收2.12亿元。个人所得税收入25.36亿元，同比增长17.07%，增收3.7亿元。土地增值税收入25.74亿元，同比增长19.61%，增收4.22亿元。四是市级固定税种增长突出。通过加强对契税、房产土地两税的考核督导，相关税种增收成效明显。其中，契税收入17.54亿元，同比增长32.4%，增收4.29亿元，为增量最高税种；房产税收入10.24亿元，同比增长33.1%，增收2.55亿元；土地使用税收入6.77亿元，同比增长24.88%，增收1.35亿元。五是房地产业和建筑业税收增量贡献超70%。房地产业和建筑业分别贡献税收82.51亿元和21.3亿元，分别占税收总量的43.07%和11.12%。房地产业税收增长16.53%，贡献地税税收增量的65.27%；建筑业税收增长6.67%，贡献地税税收增量的7.4%，两行业合计贡献地税税收增量的72.67%。

[税收征管]　深化税种管理，圆满完成企业所得税年度汇算清缴及企业所得税重点核查工作，规范全市医疗机构企业所得税管理；圆满完成个人所得税年度汇算清缴及年所得12万元以上纳税人自行申报工作，开展对上市公司及上市后备企业、医院、高等院校的个人所得税核查，按省地税局部署开展个人所得税完税证明开具改进工作；深入开展土地增值税预征申报核查，继续强化土地增值税清算工作；规范综合商场、专业市场和写字楼租金收入申报管理；牵头组织做好契税、耕地占用税征管业务优化；理顺船舶车船税的委托代征管理工作，与海事部门建立车船税核查工作机制；开展2012年度外商投资企业联合年检，加强中国税收居民身份证明管理。继续依托中山市综合治税信息系统，获取涉税数据3636万条，形成32个第三方数据利用功能模块；在此基础上按照“查找疑点、验证疑点、查前培训、核实疑点、优化指标”评估步骤，先后开展在线开票与申报情况比对、同一纳税人全年一次性奖金申报情况核查、房产登记与申报比对分析等专项评估，全年开展专项及日常评估入库税款6.1亿元。

[科技兴税]　在自行研发的征管数据综合应用平台一期应用取得良好成效的基础上，完成平台项目二期建设，新增仪表盘、疑点分析、指标比对、多维报表等功能，集成第三方数据应用、三维地图应用、台账管理等多项研发成果，为税收征管提供可靠的数据资源以及多层次、多角度、多维度的数据分析和展现。按照省局部署，开展金税三期工程上线准备工作，成立工作领导小组，设置上线办，以方案、会

议、通报“三联合”的方式推进准备工作,逐步解决局内层级设置问题,及时完成国地税共管户对碰和税务登记清理工作,为下一步全面测试及系统上线夯实基础。按照省局部署在23个基层税务分局推广应用税源管理平台,通过开展全员培训、组织分局系统管理员集中初始化、邀请工程师现场指导、建立常态化意见征集和问题反馈机制,确保平台顺利上线应用。

［依法治税］ 积极贯彻落实各项支持企业发展、帮扶困难群体的税收优惠政策,全年累计为41万户次纳税人减免税款9.8亿元。其中,为月营业额不超过2万元的4312户小型微利企业减免营业税498万元;跟踪落实2010—2012年度小型微利企业所得税优惠政策执行情况,为企业补正申报1516户次,减免企业所得税691万元。深入推进“营改增”试点及扩围工作,完成中山市33户广播影视服务业、250户邮政服务业营业税纳税人的基础信息核实工作。发挥稽查职能作用,先后对房地产业、建筑安装业、快递行业、证券公司、基金公司、小额贷款公司、重点税源企业分支机构、资本交易项目等开展专项检查,全年共查补收入7593.95万元;严厉打击发票违法犯罪活动,市局稽查局联合基层地税分局查处违法企业63户、非法发票1146份。

［纳税服务］ 完善12366纳税服务热线管理制度,规范业务流程及回复时限,全年总话务量达70739个,接通率97.32%。完善“纳税人网校”建设,丰富税收资料及课件题库,点击量19053人次。加大税法培训力度,全年举办税法宣讲会377场,辅导培训纳税人23705人次。4月税收宣传月期间,联合中山市国税局邀请市领导发表署名文章、举办上市后备企业税收政策宣讲会、走访重点税源企业,开展“在线访谈”“税收热点问题您问我答”“税法宣传进万家”等活动。年内,联合税务宣传教育示范基地高校举办“地税杯”大学生篮球邀请赛、一站到底精英挑战赛和“博士论坛”3项活动;与中山市依法治市办联合举行“地税杯”中学生法律知识竞赛;设置户外广告牌,税收宣传融入城市、走近市民。在14个基层税务分局办税服务厅设置排队机,推行预约办税服务,累计有3042人次进行网上预约,有效减少纳税人等候时间。在23个基层税务分局配置自助办税终端机,在东区税务分局设置24小时自助办税终端机,方便纳税人自助办理代开小额发票、打印电子缴款凭证等业务。

［队伍建设］ 一是继续加强教育培训。以工作需求为导向,加大对科级、股级、科办员的分级分类培训力度,重点抓好征管数据综合应用平台、征收前台工作人员、税收管理员三大专题培训,年内共举办各类培训班280期,培训干部员工10778人次;组织对税费管理、税务稽(检)查、信息技术、征收服务和计会统5个岗位696名干部员工开展岗位业务知识过关考试。二是优化队伍建设。对17名正科级领导和27名副科级领导进行轮岗;理顺基层税务分局股室职能,在18个分局增设重点税源管理股,竞争选拔44名正副股级领导干部;做好原城区税务分局分设调整工作。三是深化绩效管理探索。城区税务分局、开发区税务分局两个试点单位在通过省局验收的基础上,及时总结试点阶段存在问题,不断完善考核指标体系,探索提高考核实操性和公信力,为全面推广绩效管理工作积累宝贵经验。未纳入试点的单位依托中山市地税局工作实绩考核制度体系,将有关指标细化分解到具体岗位,有效激发干部员工的积极性和主动性,极大地提高工作效能。

［党风廉政建设］ 一是巩固内控机制建设成果。继续深入排查风险隐患,完善内控文本,编印《内控建设资料汇编》供干部员工对照学习执行;抓好内控预警系统的推广应用,把预警指标办理情况纳入实绩考核范围,提高干部员工的内控意识和风险防范能力。二是加大监督力度。通过巡视督查、明察暗访、内部审计、案件查处、加强与特邀监察员交流沟通等方式,进一步加大监督力度。全年共对14个内设单位和税务分局“一把手”开展经济责任审计,对5个分局开展财务专项审计,对7个分局开展执法督察重点检查。三是大力整治庸懒散奢。深入开展“整治庸懒散奢不良风气,切实改进工作作风”专项活动,通过调查问卷、座谈会、工作组巡查等方式认真查找“庸懒散奢”问题及表现;从“队伍建设、规范执法、优化服务、厉行节约”四方面有针对性地提出整改措施,认真落实整改;梳理岗位职责,优化工作流程,完善工作制度,进一步健全改进工作作风的长效机制。2013年,中山市地税局在中山市机关民主评议政风行风活动中获评“满意”。

(杨丽云)

江门市地方税务局

［**经济概况**］　2013年，江门市生产总值（GDP）2000.18亿元，增长9.8%。全市规模以上工业增加值714.44亿元，增长14.1%。地方财政一般预算收入158.01亿元，增长17%。全社会固定资产投资1000.84亿元，增长17.7%。社会消费品零售总额903.7亿元，增长12%。

［**税费收入**］　2013年，江门市地税局共组织地方税费收入242.11亿元，同比增长9.88%，增收21.78亿元，其中，国内税收收入138.9亿元，同比增长11.73%，增收14.59亿元，完成税收计划的105.58%。社保费收入87.22亿元，同比增长5.76%，增收4.75亿元；其他费金收入15.99亿元，同比增长18.01%，增收2.44亿元。其中，教育费附加收入5.11亿元，同比增长11.24%，增收5166万元；文化事业建设费收入694万元，同比下降62.18%，减收1141万元；堤围费收入51866万元，同比增长7.37%，增收3558万元；残保基金收入11813万元，同比增长37.55%，增收3225万元；地方教育附加收入34077万元，同比增长11.1%，增收3406万元；工会经费10204万元。

［**税收收入分析**］　一是房地产快速发展，涉及房地产的相关税种收入全面快速增长。全市商品房销售额254.32亿元，增长31.3%；商品房销售面积426.81万平方米，增长21.6%。由于房地产市场供求两旺，直接带动销售不动产营业税、土地增值税、契税等相关税种收入高幅增长。全年全市销售不动产营业税收入177596万元，增长45.08%，增收55181万元，占全市营业税增收额（31737万元）的173.87%，占全市税收增收总量（145859万元）的37.83%。土地增值税收入132872万元，增长19.85%，增收22011万元。契税收入111532万元，增长29.33%，增长25297万元。其中，房屋交易契税78520万元，增长33.24%，增收19589万元；土地交易契税收入33012万元，增长20.91%，增收5708万元。房地产业企业所得税收入59682万元，增长58.37%，增收21996万元，增量占全市企业所得税增收额（22104万元）的99.51%。二是金融机构信贷活跃，带动银行业营业税快速增长。全市金融机构人民币各项存款余额3207.33亿元，增长14.4%；人民币各项贷款余额1563.15亿元，增长17.4%。银行业营业税39092万元，增长22.36%，增收7144万元；金融业税目营业税56779万元，增长19.82%，增收9393万元。三是固定资产投资增长快，有力推动建筑业税收收入恢复较快增长。全市完成固定资产投资1000.84亿元，增长17.7%，其中房地产开发投资和基础设施投资增长是拉动固定资产投资增长的主要动力，同比分别增长67.3%、25.4%。在固定资产投资增长提速的带动下，全市建筑业营业税107853万元，增长7.82%，比前三季度增幅提高6.13个百分点，比上年提高2.05个百分点；建筑业税目营业税117742万元，增长9.21%，比前三季度增幅提高5.83个百分点，比上年提高3.03个百分点。

［**税收征管**］　一是推进涉税信息交换与共享工作。充分利用涉税信息交换与共享平台交换信息数据，全市交换涉税信息约40.5万条，利用有关信息促进增加税收收入约1.54亿元。为更加高效地开展涉税信息的后续应用工作，制定《江门市地方税务局涉税信息管理暂行办法》，开发了涉税信息管理系统，实现信息数据的拆分、下发、查询等功能，为各职能部门和基层征收单位应用涉税信息打下良好基础。二是抓好重点税种征管工作。①开展企业所得税重点核查，采取落户实地核查和案头核查相结合、企业财务资料和税务中介鉴证资料相结合核查等方式，市局组成检查组直接下户检查，重点检查7家企业，发现普遍存在多列扣除等问题，查出少缴税金合计约507万元，其中企业所得税约468万元。②开展个人所得税代扣代缴情况核查。市局核查小组对市区1家银行、1家医院和2所学校的个人所得税重点进行核查，并整理出检查过程中发现的问题，形成检查指引。③加强个人转让股权所得税征管。加强与工商部门合作，由工商部门对自然人股东转让完税情况进行把关，取得明显成效。全年共开出《股权转让纳税申报证明》1066份，征收股权转让个人所得税4629万元，比上年同期增加2859万元（剔除上年天地一号因股改缴纳个税5340万元）。三是推进专业化纳税评估。总结归纳饮食业、娱乐业、旅店业、建筑安装业和房地产业、水暖卫浴行业等六大行业的评估模型和方法，予以推广实

施,促进提高征管质效,强化税源监控。2013 年,全市累计完成纳税评估收入 8.25 亿元,占税收收入比例的 5.94%。四是利用电子地图税源数据强化税源管理。在市局的统一部署和技术支持下,把开平市局作为试点单位,率先完成电子地图税源数据应用系统一期的建设并取得初步成效。系统完成采集第一批国土数据 9 万多条,建立项目 147 个,在地图上标注 70 个;建立土地 152 块,在地图上标注 93 块。通过应用电子地图税源管理系统,发现"大集中"征管系统中没有的国土信息数据 454 条,与"大集中"系统记载信息不符的数据 21 条,追补土地使用税约 2900 万元。

[**依法治税**] 一是加大税务稽查力度。面对复杂的经济税收形势,全市地税稽查部门充分发挥以查促管、以查促收的稽查职能作用。将证券公司、基金公司、资本交易项目、房地产业、建筑安装业作为指令性检查项目;将中介、培训服务机构、高收入者个人所得税、工业企业、矿产资源开发企业、"营改增"企业作为指导性检查项目。全市共检查(含自查)企业户数 475 户,查补税款合计 10576.31 万元。二是开展税收执法综合督察。制定《税收执法综合督察暂行办法》,联合监察、内审、征管、税政等部门开展执法综合督察,检查内容达 30 多项,重点对注销税务登记管理、土地增值税的日常管理、欠税管理、所得税的管理进行等项目进行检查,扩大了督察工作效力范围,对查出问题及时提出整改意见,并从建立长效机制的高度制定相应的措施加以规范。三是积极依法应对涉税纠纷。先后参与处理多宗情况复杂、疑难问题较多的涉税涉费案件,帮助基层单位合法、准确行使税收执法权。在案件处理完成后,认真总结经验,对税费征收过程中的一些疑难问题进行剖析,完善制度,建立长效机制,指导基层规范税收执法。四是落实好税收优惠政策。着眼于保障和改善民生,及时落实促进就业、提高营业税起征点、实施支持小型微型企业发展的税收政策。加强税收政策宣传,针对小微企业享受优惠面较低的情况,召开小微企业所得税优惠政策落实情况专题调研座谈会,宣讲税收优惠政策。全年共为 18 万户符合条件的纳税人办理税收优惠,减免各项税收 4 亿多元。五是加强涉税中介信用管理。召集全市 12 家税务师事务所代表召开座谈会,以税务师事务所行业自律检查为重点,强化涉税中介行业自身纳税信用和中介信用水平建设。完善优化国地税联合评定纳税信用,完善信息数据库,对恶意偷逃骗税等涉税失信失范行为进行记录,探索建立信用记录公开查询和社会共享制度,健全失信行为惩戒机制,推进征信体系建设,积极创造良好的营商环境。

[**社保费征管**] 按照市政府的部署,积极配合人社、社保等部门抓好社保扩面计划的实施,并协助宣传和落实"缴十延五"政策。受理"缴十延五"申办 20772 人次,其中缴费 18000 人,合计金额 54687 万元。

[**纳税服务**] 一是整合纳税服务资源。注重组织发挥办税服务厅、12366 服务热线、地税门户网站和纳税服务平台的作用,不断优化纳税服务工作;配合市政府做好网上办事大厅建设准备工作,做好市局网上办税大厅开发筹划工作;稳步推进社会信用体系建设试点,制定详尽可行的信用体系建设方案;开发应用诉求管理平台,对纳税人的咨询、投诉、举报、建议等业务做出快速反应,其中的发票快速反应平台申报了市政府组织的管理创新奖。二是加快电子办税服务厅推广工作。推广过程中主动、及时收集纳税人关于电子办税服务厅的使用感受、问题反映和优化建议等信息,与省局项目组保持密切沟通,积极解决试运行过程中遇到的问题。召开专题培训约 70 场次,培训纳税人约 6000 户,办理天翼税通 CA 数字证书 4776 户。三是继续做好自助办税服务系统推广工作。全市地税系统共设置自助办税终端 81 台,建有 24 小时办税厅(点)22 个。纳税人通过自助办税终端缴纳税费超过 7.4 万户次,开具税票、电子缴款凭证及发票、打印个税证明和个税清单近 46 万份。四是做好税收宣传工作。加强与媒体的合作,在江门电视台《新闻联播》插播税收宣传广告;在《江门日报》开辟"地税视窗"栏目,宣传地税动态和税收政策,通过增加期数、扩大版面加大宣传力度;在江门广播电台播出"地税之声"52 期,局领导上线"民生热线"直播节目,听取纳税人的意见和建议。通过各类媒体开展税收宣传 267 项 2842 场次。

[**队伍建设**] 一是积极推进绩效管理。制定具有可行性和可操作性的绩效管理方案,在完成考核指标设置、指标公认、部门互认工作的基础上,自主开发绩效管理系统,11 月进入绩效考核模拟演练阶段,12 月正式开展绩效考核。二是高度重视建好干群连心桥。抓好干群"连心桥"行动,各级领导班子成员多次深入基层,倾听基层声音,关心基层员工;根据省局干群"连心桥"月报制度的要求,指定专人负责收集、整理"连心桥"案例,每月按时上报;继续落实"干群连心桥"直通车制度和绿色通道,畅通群众表达诉求的渠道,对受理税务干部和纳税人的信访、投诉及相关意见,及时回复,有效化解矛盾。

共受理信访举报案件29宗,并全部办结。三是重视抓好思想教育,举办"道德讲堂"活动。推进社会主义核心价值体系建设和公民道德建设,于6月下旬举办了全市地税系统"道德讲堂"启动仪式暨第一期活动,推进全系统干部职工思想道德和职业道德的建设,为基层开展道德讲堂活动起到示范和指导作用。四是抓好党建、工青妇和扶贫工作。强化党员组织生活观念,落实"三会一课"、民主生活会、民主评议党员等制度,深入推进党务公开;按期完成局机关党委下属各党支部换届选举;积极参加片组党建活动,不断总结经验,开阔视野、拓宽了党建工作思路;积极开展"两新"组织帮扶交流党建活动;组织成立党员义工服务队,积极开展义工服务活动。丰富干部职工文化生活,重新修改和完善了俱乐部管理制度、球类联赛制制度,保证俱乐部活动正常开展,增进干部职工间的感情,增强队伍凝聚力。抓好扶贫帮扶工作,对汕尾市陆丰、陆河县地税局和台山市斗山镇莲洲村进行帮扶,派驻干部常驻莲洲村委会,协助村委加强基层组织建设,发展当地经济。

(吴七逸)

阳江市地方税务局

[**经济概况**]　2013年,阳江市生产总值突破1000亿元,达1040亿元,同比增长15.3%;人均生产总值达42000元,同比增长14.7%,在粤东西北地区率先超过全国同期平均水平;地方公共财政预算收入突破50亿元,达53.7亿元,增长24.5%;规模以上工业总产值1540亿元,增长30%;规模以上工业增加值380亿元,增长31%;固定资产投资595亿元,增长23%;社会消费品零售总额525亿元,增长12.5%;外贸进出口总额23.8亿美元,增长7.1%;实际利用外资1.65亿美元,增长8%;金融机构人民币存款余额813.03亿元、贷款余额524.77亿元,分别增长12.1%和21.9%;城镇居民人均可支配收入21701元,增长13.5%;农村居民人均纯收入10670元,增长16%。阳江市转型升级步伐加快。重工业总产值增长33.4%,比轻工业快7.8个百分点。五金刀剪产业总产值397亿元,增长33.5%。4个省级产业转移工业园规模以上工业总产值616亿元,增长34.5%,占全市规模以上工业总产值的40%。全市农业总产值312亿元,增长4.5%。第三产业发展势头良好,全市接待游客1255.3万人次,旅游总收入114.2亿元,分别增长15.6%和32%。房地产业健康发展,商品房销售面积256万平方米,增长35%;销售额116亿元,增长31%。

[**税费收入**]　2013年,阳江市地税局组织各项税费收入69.98亿元,增收10.46亿元,同比增长17.6%、可比增长(按省地税局口径剔除"营改增"影响,下同)20.6%。组织税收收入48.39亿元,增收8.74亿元,增长22%、可比增长26.9%,增速在全省排名第4位,完成省地税局税收计划的112.1%。其中,中央级收入6.52亿元,增长24.8%;省级固定收入1.91亿元,增长8.5%;省级共享收入12.75亿元,增长19.4%、可比增长28.5%,完成省地税局年初计划的116.8%、追加目标的104.3%;市县级收入27.21亿元,增长23.8%、可比增长28.2%。组织社保费收入17.75亿元,增收1.33亿元,增长8.1%,征缴率99.3%。其中,养老保险费收入11.69亿元,增长9.7%;医疗保险费收入5.09亿元,增长11.8%;失业保险费收入6628.21万元,下降23.4%;工伤保险费收入1956.21万元,下降6.7%;生育保险费收入1156.47万元,下降19.51%。组织教育费附加、文化事业建设费及其他收入3.84亿元,增收3862万元,增长11.2%。其中,教育费附加收入1.22亿元,增长11.4%;文化事业建设费收入242万元,下降55.8%;堤围防护费收入1.27亿元,增长14.7%;地方教育附加、价格调节基金、残疾人就业保障金和工会经费收入分别为8092万元、2418万元、1286万元和1287万元。

[**税收特色**]　全市6个县区级征收单位全部超额完成年度收入任务,收入增速由高到低依次为高新、海陵、阳西、阳春、江城、阳东,分别增长48.4%、45%、26.2%、23.5%、22.8%、12.5%。全市营业税收入17.61元,增收1.53亿元,增长9.5%、可比增长22.5%,占全市地方税收收入比重的36.4%,仍居税收收入主体地位,增收的3/4来自建筑和房地产业。土地税收增速快丁税收收入增速,全市包括土地使用税、土地增值税和耕地占用税在内的土地税收入库11.95亿元,与上年同期相比

增收4.57亿元,增长61.9%,比税收收入增速快35个百分点,占全市地方税收收入比重的24.7%。重点行业制造、建筑、金融和房地产业税收稳步增长,分别增长20.8%、18.6%、13.4%、35.2%。

[税费征管] 阳江市地方税务局税务登记为正常的纳税人4.38万户,其中,内资企业1.35万户、外商投资企业和外国企业101户、港澳台商投资企业324户、个体工商户2.84万户、其他业户1443户。全市社保费登记户数9.95万户;养老保险参保人数46.76万人,失业保险参保人数19.7万人,医疗保险参保人数25.29万人,工伤保险参保人数22.0万人,生育保险参保人数17.62万人。抓好信息化建设:按省局部署推进金税三期工程试点准备工作,有序开展系统初始化设置、数据迁移、师资培训、实验测试等工作。上线新税源管理平台和天询终端安全管理系统,推广电子办税服务厅、代收工会费系统、社保费征管新系统、移动办公系统,提升税费管理的信息化程度,深化网上办税应用,全市网报开户纳税人14686户,占应开通户数的91%,网上申报14.33万户次,入库税款22.5亿元,占全年税收收入的46%,深化自助办税系统应用,全市通过自助办税终端办理业务851项。抓好税政管理:加强企业所得税汇算清缴,补缴企业所得税7800万元,汇缴面97.69%,改进年所得12万元以上个人所得税申报方式,完成省局下达工作目标的111%,申报已缴(扣)税额7532万元;加强土地增值税清算工作,全市完成48个项目清算审核工作,共补缴土地增值税8900万元,部署开展欠税自查,摸清清欠底数,规范欠税管理,全市共清理欠税1060户,清理欠税1450万元;开展非金融企业从事金融业务专项检查,补缴税款3744.95万元。抓好社保费征缴:建立"政府主导,人社牵头,部门配合,社会参与"的工作机制,落实社会保险的法定措施,建立扩面征缴通报和征管质量考核制度,理顺社保费退费流程,探索完善征缴档案管理,启动社保费地税社保财政三方协同办公系统开发应用工作。认真执行国家失业保险费率、工伤保险费率下调及缴费基数下调政策,为企业减负1.6亿元,全年社保增员续保人数5.9万人,其中新增2.6万人,全年清理社保欠费5946.33万元。抓好综合治税:加强涉税信息共享,完成与市直19个部门的涉税信息交换与共享的联合发文,并采集到涉税信息18万条,有力地促进税收征管。开展车船税税源调查,与市公安局、保险行业协会、海事局联合做好代收代缴车船税工作。认真分析交通运输业和现代服务业"营改增"前后营业税变化,以及对地方税收收入的影响情况,共向国税部门移交"营改增"试点纳税人648户。配合市总工会赴肇庆市学习了解肇庆代征工会费工作的有关情况,与市总工会等部门联合制定《阳江市工会经费收缴管理实施办法》,审核编制了《阳江市工会经费缴费指南》,全年全市入库户数656户,入库金额1286.8万元。联合国税局开展涉税中介机构监管、重点税源企业走访等工作,较好地整合了资源,扩大了影响力。

[依法治税] 强化税法宣传教育:依托网络、报纸、杂志等各种媒体,大规模开展面向纳税人的税法宣传,共开设电台专栏216期、报纸专栏50期,门户网站访问量高达300万人次;开展土地增值税、企业所得税、网上办税等宣传辅导培训69场,4277人次参加培训;与国税局联合开展"2013阳江'税收宣传杯'羽毛球大赛""人大代表、政协委员走近税收""'我学税法,我爱税收'校园手抄报比赛"等活动,扩大税收宣传影响力。强化税收执法管理:落实税收行政执法责任系统考核工作,加强税收执法监督,执法差错进一步下降;推行"阳光审批",规范行政审批行为,压缩审批时限,取消"印花税代售"等2项审批事项,下放"使用经营地发票审批"等3项行政审批权;加强行政复议和应诉工作,复议案件数和诉讼案件数均为0。强化税务稽查:深入开展对证券基金公司、资本交易项目、房地产、建筑安装业的税收专项检查,广泛应用电子查账技术查处涉税案件,查补收入3671万元(含企业自查收入),入库3808万元(含清理陈欠);联合公安、国税等部门严厉打击发票违法犯罪行为,全市共检查企业54户,查处违法企业26户。

[服务大局] 抓好政策服务:认真分析周边和同等城市耕地占用税情况,向市政府提出按2010年人均耕地面积提高耕地占用税税额标准的建议并得到支持,及时调整全市土地增值税预征率,充分发挥土地增值税在预征阶段的调节作用;用足用好税收优惠政策,全市累计减免税6491万元,比上年同期增加2604万元,同比增长66%,为346户小微企业减免167.64万元。抓好纳税服务:完善12366服务热线管理,规范语音服务,12366热线全年话务量4675个,平均接通率95%,比省局要求90%高出5个百分点;通过官方微博发布最新政策、税收优惠、办税指引等资讯463条,受理网络问政平台、局长信箱等纳税人咨询、举报、投诉事项51件(宗),办结率100%。畅通税务行政复议申请渠道,在办税服务厅设置行政复议申请接收点5个,组织开展工业

企业集中服务月活动，市局班子率队到企业开展调研，解决企业生产遇到困难和问题，受到市政府的通报表扬。抓好参谋服务：密切关注财税体制改革进程，开展地方税体系构建研讨和调研，积极争取地方政府在财税体制改革中的合理权益，参与市政府组织的税源建设有关情况调研工作，形成《关于阳江市地税收入情况的调研报告》《关于加强地方税源建设促进财政增收的若干意见》；与市旅游与外事侨务局联合撰写的《阳江市旅游业发展与地方税收研究报告》荣获阳江市第二届（2010—2012 年度）哲学社会科学优秀成果奖调研报告类一等奖。

［队伍建设］　加强队伍素质建设：加强各级领导班子建设，提拔 9 名副科级领导干部和 19 名科级非领导干部，大大优化了各级班子的结构；加大干部交流轮岗力度，共有 21 名科级干部和 7 名干部职工实现交流轮岗，其中县区局一把手全面实现轮岗，增强了队伍活力；严格执行公务员公开考试录用制度和招考计划，共招录 18 名大专院校毕业生充实到基层一线；加强教育培训，组织开展各级各类各层次干部培训班 113 期，4434 人次参加培训；组织各类业务考试（含网络考试）34 次，2344 人次参加考试，开展 2013 年素质考试，全年共组织 7 次素质考试，合格率为 100%。加强税务文化建设：开展“我的阳江地税梦”宣传教育活动，通过组织演讲比赛、主题书画摄影展等活动，弘扬和实践阳江地税核心价值观；开展地税文化示范点创建活动，3 部门分别获得“省级青年文明号”、省级“职工书屋”、省级“巾帼文明岗”等荣誉；开展学习型党组织建设活动，市局被评为“2011—2012 年度阳江市学习型党组织建设工作先进单位”。深化干群“连心桥”行动：落实“连心桥”案例月报制度，各级领导深入基层主动与群众开展“一对一”谈心，帮助解决实际困难，如：完善扶助金管理，完成市局机关饭堂自助餐厅改造工作，解决干部职工夫妻分居两地问题，救助困难员工等，较好地增强了队伍凝聚力；对广大干部职工关心的 5 万平方米土地问题，多方争取市委市政府的支持，采取置换市地方公路总站办公楼的方式，妥善解决了历史遗留问题。加强党风廉政建设：贯彻落实中央八项规定，完善公务接待、公车管理、财务管理等制度，公务接待费、公车运行维护费支出明显下降；整治文山会海成效初显，市局办文办会效率大幅提高；深入推进纪律教育月活动，通过自查自纠、明察暗访、调查问卷等形式，召开纳税人代表、特邀监察员座谈会和开展“领导大接访”等活动，树立良好地税形象，提高社会满意度；加强廉政教育和廉政文化建设，市局被评为“阳江市廉政文化进机关五星级示范单位”，对 8 名科级干部进行经济责任审计，共发现问题 96 个，提出整改建议 15 条；以弘扬阳江地税“法治、高效、创新、和谐”的核心价值观为目标，狠抓机关效能提升，全市地税信访维稳、机要保密、财务管理、后勤保障等水平进一步提升，工青妇、扶贫开发、计划生育等工作取得新成绩。

（黄自如）

湛江市地方税务局

［经济概况］　2013 年，湛江市实现生产总值 2060.01 亿元，全省排名第 8 位。按可比价格计算，比 2012 年增长 12%。其中，第一产业 421.44 亿元，总量排全省第一；第二产业 814.33 亿元；第三产业 824.24 亿元。三次产业结构为 20.5∶39.5∶40，按常住人口计算，人均生产总值 28859 元，全省排名第 14 位（全省平均水平 58542 元、全国平均水平 41908 元）。全社会固定资产投资 795.58 亿元，增长 39%。全年社会消费品零售总额 1010.7 亿元，增长 15%。全年外贸进出口总额 55.13 亿美元，增长 17.3%。全年港口货物吞吐量 1.8 亿吨，增长 5.4%。全市地方公共财政预算收入 105.92 亿元，同比增长 15%，收入规模全省排名第 11 位，国地税收入合计 411.09 亿元，收入规模全省排名第 8 位。其中国税税收收入 334.2 亿元（含海关代征 190.52 亿元），同比下降 1.4%，收入规模全省排名第 6 位（不含海关代征国内税收收入规模全省排名第 10 位）。

［税费收入］　2013 年，湛江市地税局累计组织地方税费收入 132.2 亿元，同比增收 12.6 亿元，增长 10.5%；其中，税收收入 76.9 亿元，同比增收 8.05 亿元，增长 11.7%，计划考核口径税收收入 71.5 亿元，同比增收 7.6 亿元，增长 11.9%，完成年度收入任务 65.82 亿元的 108.7%，省级共享收入 17.7 亿元，同比增收 1.3 亿元，增长 8.0%，完成年

度收入任务16.2亿元的109.3%；市本级收入15.5亿元,同比增收2.05亿元,增长15.2%。其他规费收入55.3亿元,同比增收4.5亿元,增长8.9%,其中社保费收入46.2亿元,同比增收3.4亿元,增长7.3%。

［税收特色］ 湛江市第一产业税收0.595亿元,占第一产业生产总值(421.44亿元)的比例为0.14%；第二产业税收22.6575亿元,占第二产业生产总值(814.33亿元)的比例为2.78%；第三产业税收53.636亿元,占第三产业生产总值(824.24亿元)的比例为6.51%。湛江市农业总量全省第一,占全市生产总值20.46%,远远高于全省平均水平(2013全省平均占4.9%)。

［税源分析］ 纳税类型分布:固定企业税收、个体工商户税收、临时征收税收比重为68.5∶13.5∶18。纳税区域分布:三大区、三小区、五县市税收收入比重为58.3∶12.9∶28.6。收入级次分布:中央级、省级、市级、县区级收入比重为12.6∶30∶19.7∶37.7。行业分布情况:房地产25.65亿元(占税收总额33.36%)、建筑安装13.05亿元(16.97%),批发零售5.40亿元(7.03%),制造业8.60亿元(11.19%),交通运输1.93亿元(2.51%),住宿饮食娱乐1.99亿元(2.58%)。地税纳税重点户情况:地税前100名纳税总额35亿元,占全市地税46%。入围门槛为1150万元。前五位分别为中国石化湛江东兴石油化工有限公司(35395万元)、广东南粤银行股份有限公司(12010万元)、荣盛广东房地产开发有限公司(10794万元)、保利(湛江)房地产开发有限公司(10646万元)、湛江经济技术开发区土地储备交易中心(10363万元)。

［信息管税］ 完成数据交换平台建设;初步实现移动办公;自主开发税费征管数据综合应用平台;顺利上线税源管理平台,将全市管辖的7.14万户纳税人和18.16万社保户全部纳入系统管理;利用915万多条涉税信息增加税收收入1461万元;加强与物价部门联合开展涉税财物价格认定;将存量房交易价格评估系统的评估范围扩大至非住宅类房产。

［税收执法］ 一是全面推行税收行政执法过错责任追究制度。执法过错行为由上年的586项扣1021分大幅减少为275项扣463分。二是有序运行征管查互动机制。认真分析研究稽查和征管环节的热点难点问题,进一步规范案件执行,加强征管执法行为,征管查互动机制运行有序。三是继续加大执法督查力度。由年度执法督查改为不定期日常机动检查,全年查处9个基层单位税收违法违规操作1148户次,检查面达75%,查补税费5162万元。四是充分发挥税务稽查职能作用。检查企业435户(含自查),查补税款、罚款、滞纳金1.36亿元,同比增长55%;大力打击发票违法犯罪活动,对608户企业开展检查,查处问题发票8187份,查补收入31万元,被省局推荐为“2013年全国税务系统开展打击整治发票违法犯罪专项行动成绩突出单位”。五是积极落实税收优惠政策。落实中小微企业税收优惠政策,为767户次小微企业减免所得税139.47万元;落实房产税、城镇土地使用税困难性减免政策,为240户企业减免税4000万元;免收纳税人发票工本费92万元;落实扶持就业、创业的税收优惠政策,被评为“全市就业先进工作单位”。

［纳税服务］ 与市国税局、交行湛江分行推出“税融通”服务,将纳税人的纳税信用情况与银行融资紧密结合。推进重点项目、重点企业定点联系和协调制度;与市国税局联合开展大企业风险评估,帮助中石化等企业建立税收风险防范机制。开展“服务企业、服务项目、服务基层”的“三服务”活动,为纳税人解决问题840件。

［作风建设］ 出台贯彻落实中央八项规定实施意见,定期向省局和湛江市委报告执行情况。大力提升办文、办会效率,精简文件简报数量,加强“三公”经费管理。全年缩减会议规模18次,会议数量减少25%,简报数量减少32%,经费总支出明显下降,公务接待费减少53.7%。

(黄颖毅)

茂名市地方税务局

［经济概况］ 2013年,茂名市地区生产总值突破2000亿元,达到2160.2亿元,居全省第7位。农业总产值583.8亿元,实现增加值373.2亿元,增长3.3%。工业完成总产值突破2000亿元,达到2074.1亿元,实现增加值529.1亿元,增长17.1%,增速居全省第9位。第三产业实现增加值893.6亿

元,增长15.2%。金融机构人民币存款余额1567亿元,同比增长18.0%,居全省第4位。人民币贷款余额637.1亿元,同比增长18.1%,居全省第11位。固定资产投资660.5亿元,增长54.6%,其中工业投资383.8亿元,增长75.9%,固定资产投资和工业投资增速排位连续两年保持全省第1位。社会消费品零售总额1008.8亿元,增长11.8%。进出口总额12.2亿美元,增长17.7%,增速居全省第3位,其中出口总额8.1亿美元,增长28.1%,增速居全省第2位。全年实际利用外资1.15亿美元,增长43.3%,增速居全省第2位。公共财政预算收入90.3亿元,增长15.6%,增速居全省第15位。其中,来源于税收收入54.6亿元,增长23.9%,税收收入占比60.4%;来源于茂名市财政总收入417亿元,增长18.1%,增速居全省第9位。城市居民可支配收入20036元,增长11.1%。农村居民人均纯收入10808元,增长13.7%。

［**税费收入**］　2013年,茂名市地税局累计组织税费收入121.88亿元,首次突破100亿元大关,同比增收24.93亿元,增长25.7%。其中,税收收入70.77亿元,占税费收入总量的58.1%,同比增收17.18亿元,增长32.1%,剔除“营改增”政策调整因素影响,可比增长35.9%,完成省局下达年度计划56.46亿元的125.3%;社保费收入39.4亿元,同比增收4.29亿元,增长12.2%;其他规费收入11.7亿元,同比增收3.46亿元,增长42%。

［**税收特色**］　一是税收收入增长快速。茂名市地税局组织税收收入同比增长32.1%,高于全省地税系统平均水平(9.6%)22.5个百分点,增速居全省地税系统首位。其中,中央级收入增长40.1%,全省排名第一;省级收入增长31.9%,全省排名第二;市县级收入增长30.6%,全省排名第二。二是税收收入质量明显提高。从增速看,各级次收入增长快速且较为均衡。从比重看,中央级收入比重略增(所占比重为12.6%,增0.7个百分点),市县级收入比重略降(所占比重为64.3%,降0.7个百分点)。通过规范管理化解收入中的历史遗留问题成效明显,不仅圆满完成市本级税收收入任务,而且实现市本级规费收入全部大幅度增长,增收1.68亿元。三是县区税收增速明显加快。从增速看,县区税收增速明显快于市区,茂港增长87.3%,电白增长55%,高州和化州增长均为41.7%,信宜增长35.1%。从比重看,市区税收比重下降,县区比重上升,区域税收发展进一步优化。四是清缴往年税款入库增收明显。全市地税系统清缴往年税款入库6.12亿元,同比增长88.6%,增收2.87亿元。其中,清缴省级收入1.09亿元,同比增长71.7%;清缴市县级收入4.35亿元,同比增长107.5%。五是税种之间增幅差异较大。省共享“四税”增幅较大,土地增值税增长90.2%,企业所得税增长52.7%,营业税增长21.7%,个人所得税增长20.2%。耕地占用税和契税增长快速,耕地占用税增长298.1%,契税增长104.8%。

［**税源分析**］　增收因素主要有:一是茂名市经济发展稳中向好,为税收收入奠定税源基础。茂名市第二产业地方税收收入26.46亿元,同比增长17.5%,增收3.95亿元;第三产业地方税收收入43.74亿元,同比增长43.7%,增收13.29亿元。二是建筑安装业和房地产业税收增长快速。建筑安装业和房地产业税收收入共29.65亿元,占税收总收入的41.9%,合计拉动税收总增长21.3个百分点。其中,建筑业税收收入13.42亿元,同比增长37.3%,增收3.64亿元;房地产业税收收入16.24亿元,同比增长92.4%,增收7.80亿元。三是全面强化税收征管,大力挖潜增收,促进税费收入持续稳定增长。加强企业所得税汇算清缴管理,汇算清缴收入1.87亿元,其中外出经营企业所得税汇缴收入1.39亿元,占汇缴总额的74.3%;加强个人所得税管理,其中工资薪金个人所得税收入2.11亿元,同比增长17.6%,财产转让个人所得税收入5872万元,同比增长6倍多;清缴往年税款入库(不含企业所得税汇算清缴收入)6.12亿元,同比增长88.6%,增收2.87亿元。减收因素主要有:一是受交通运输业和部分现代服务业营业税改征增值税政策调整影响,全年减收营业税1.52亿元,其中市县级减收7600万元,市本级库减收2918万元。二是茂名石化公司停产检修48天,城市维护建设税减少8700多万元。

［**税费管理**］　一是强化督导考核。市局党组例会坚持每月通报和研究收入工作,始终强调坚持依法组织收入原则。继续实行基层联系点工作制度,班子成员分赴基层一线靠前指挥,强化组织收入工作督导考核。二是强化基础管理。推广应用电子办税服务厅和税源管理平台,对税源实施分类管理,提升税源管理水平。试点开发税费电子档案管理系统,有效推动基础管理电子化和科学化。加强涉税信息交换与共享,深化信息数据应用,提升信息管税能力,全年共获取23个部门涉税信息84687条,增加税收收入1.23亿元。强化纳税评估,将房地产行业列为重点评估行业,全年共对6054户企业进行评估,实现纳税评估收入3.72亿元。加强发票管理,

扩大网络开具发票应用面，全年共开具网络发票296万份，开票金额267亿元。加强欠税清查，对2063条历年欠税数据进行分类、整理、核实，并建立欠税台账，积极催缴。强化大企业税收风险核查，抓好中石化集团在茂成员企业的税收风险后续管理工作。做好金税三期工程上线准备工作。三是强化税种管理。抓好房产税、土地使用税信息核查工作，有效提高登记率。加强土地增值税清算工作，全年共入库土地增值税5.92亿元，同比增长90.2%，增收2.81亿元。规范高岭土行业资源税征管，确定高岭土产品与高岭土原矿的折算比，增加资源税收入。规范代收代缴车船税工作，通过发票在线数据核查16家保险机构代收代缴车船税情况。强化股权转让所得税管理，全年股权转让所得个人所得税申报入库4552万元。四是落实税费优惠政策。围绕上级关于加快转型升级、扶持中小微企业、促进民生改善等决策部署，不折不扣落实各项税费优惠政策。全年共减免优惠各项税费1.68亿元，其中减免优惠二手房转让税收1.41亿元，减免优惠高新技术企业所得税1271万元，减免优惠小型微利企业所得税301万元。五是强化规费管理。成功上线社保费新系统，提高社保费征管质效。积极做好社会保险费协同办公系统上线准备工作。统一开展地税系统管辖税收业户参加社保情况调查和社保欠费清查工作，并与人社部门成立联合执法机构，对不按时缴费的欠费大户进行重点检查。逐步推广网报社保费，切实为参保单位减负。继续抓好扩面征缴工作，巩固企业职工养老保险扩面成果，在2012年全市净增参保人数20.23万人基础上，2013年又净增参保人数3.3万人，全市参保人数62.7万人，参保率为82%。

［税收执法］ 坚持组织收入原则，严肃征收纪律，依法规范征管行为，提高征管质效。强化稽查力度，大力整顿规范税收秩序，依法查办“5·06案”“某房地产涉税案”等一批涉税大案要案，有效化解重大案件久拖未办的执法风险和廉政风险，得到省地税局和茂名市纪委的充分肯定。积极打击发票违法犯罪和“虚假”网络发票。全年共查补入库税费8291万元，同比增长20.1%。强化重大税务案件审理，积极受理行政复议和听证申请，共受理3宗税务行政复议申请和3宗税务听证申请，并依法组织听证会。强化税务执法检查，切实提高税收管理与执法水平。

［纳税服务］ 一是推进纳税服务标准化建设。开展星级办税服务厅考评，规范业务流程，创新服务措施，在全市推广“前台受理、内部流转、限时办结、窗口出件”的办税模式，提升工作效率。下放审批事项17项，减轻纳税人负担。二是积极构建多元化纳税服务体系。根据纳税人需求进一步完善和拓展服务功能，加强12366服务热线的功能建设，抓好地税网站建设升级改版，大力推广应用网上办税系统和24小时自助办税服务，实现全天候办税。全市地税系统共投入使用自助办税服务终端39台，全年使用次数22万次，同比增长48%；12366服务热线共受理纳税人咨询、举报、投诉、建议等事项17960宗，全部办结。三是优化税收环境。以《地税之窗》电视栏目和《茂名日报·地方税务》等宣传品牌为载体，加大税法宣传力度。组织参加由茂名市纪委、茂名市纠风办和茂名市广播电台联合举办的《民声热线》直播节目，回复率、办结率和群众满意率均为100%。开展税法进企业、税法进校园、纳税志愿服务、税企“连心桥”和培训辅导纳税人等特色服务，提高纳税人纳税遵从度，营造良好税收环境。

［队伍建设］ 一是积极推进绩效管理。按照“突出重点、信息支撑、过程控制、持续改进”的工作思路，4月起在全市地税系统全面推行绩效管理考核机制，全员参与，双向互动，重视工作日志填写和公开。通过实施绩效管理，干部队伍的工作理念明显转变，工作作风明显改进，工作执行力明显提升，试点工作得到省地税局和茂名市领导的充分肯定，其中高州市局试点工作在全省地税系统29个试点单位中得分排名第二。二是强化核心业务能力建设。按照“缺什么、补什么”原则，不断整合培训资源、创新培训方式，举办中青年干部岗位能力提升和稽查业务、会计基础、税源调查、舆情监控及应对等培训班，进一步提高干部职工核心业务能力和综合素质。全年共举办培训班和讲座149期，参训人员17079人次。同时，通过以考促学方式，举行全市地税系统税政业务知识和全员计算机操作技能考试等，全年共举办考试26场次，参加考试5415人次。三是树立正确用人导向。进一步匡正选人用人风气，按章办事，阳光操作。全年公开、公正选拔5名人品优、业绩好、作风正的正科级领导干部和6名科级非领导职务干部，总体反映良好。加大干部交流力度，对任职时间较长的17名正科级干部、22名副科级干部进行轮岗交流。按照公开、平等、竞争、择优的原则，面向全市地税系统选调基层3名高素质业务骨干到市局机关工作。四是深化干群“连心桥”行动。认真落实基层联系点工作制度，各级领导干部定期深入基层调研，倾听群众心声和诉求，切实为群众办好事实事。落实“连心桥”日记制度，全

市地税系统干群谈心 2475 人次，填写“连心桥”日记 2460 篇。五是抓好地税文化建设。继续完善文体兴趣小组，并以其为依托深入开展各种健康有益的文体活动，加强干部职工的沟通交流，增强干部队伍的活力。

[党风廉政建设] 一是强化党风廉政建设。明确反腐倡廉建设工作要点及责任分工，落实“一岗双责”。加大案件查办力度，对信访件及时进行处理。切实做好内外审计工作，及时发现问题、化解风险。制定《茂名市地方税务系统基层税务分局兼职监察员管理办法》，规范兼职监察员工作，完善内部监督机制。对在审计、举报、执法检查、明察暗访等出现违规问题的，实施责任追究。二是强化内控机制建设。落实责任分工，重点做好领导干部、税收管理员、稽查人员和人财物岗位人员的风险防控。全市地税系统共排查风险隐患 36 个，制定防范措施 36 项。加强内控机制建设与绩效考核的联动，量化考核指标。三是强化民主评议政风行风工作。认真开展民主评议政风行风工作，促进依法行政能力不断增强，办事效率不断提高，服务质量不断优化，工作作风明显好转。四是强化机关作风建设。对照中央八项规定等，以整治“庸懒散奢”为突破口，深入开展作风建设专项治理行动，以治庸提升能力，以治懒提高效率，以治散严明纪律，以治奢端正风气。加大明察暗访力度，不定期对全系统征收大厅视频监控进行实时检查，并对违反工作纪律、税容风纪不整等现象进行通报。同时，外聘人大代表、民主党派人士和市局特邀监察员组成暗访组对全市地税系统进行暗访，发现问题及时整改。

（潘　强）

肇庆市地方税务局

[经济概况] 2013 年，肇庆市实现生产总值 1660.07 亿元，同比增长 11.5%。全年实现规模以上工业增加值 813.45 亿元，增长 18.1%；固定资产投资投资额为 1007.78 亿元，同比增长 20%；商品房销售面积、销售额分别增长 24.6% 和 31.7%；公共财税收入 120.75 亿元，同比增长 16.3%，国税收入 82.67 亿元，增长 5.1%，地税收入 100.05 亿元，总量首超百亿，增长 14.1%。

[税费收入] 2013 年，肇庆市地税系统共组织各项税费收入 147.26 亿元，增长 13.46%，增收 17.47 亿元。其中，税收收入 100.05 亿元，增长 14.1%，增收 12.36 亿元，完成省局下达年度任务的 109.44%，税收收入总量排全省第 8 位(不含深圳)；社保费收入 39.44 亿元，增长 11.59%，增收 4.09 亿元；教育费附加收入 2.25 亿元，增长 8.97%，增收 1856 万元；堤围费收入 1.98 亿元，增长 14.14%，增收 2454 万元；残疾人就业保障金收入 4312 万元，增长 31.91%，增收 1043 万元；价格调节基金收入 4416 万元，增长 132.54%，增收 2517 万元；工会经费收入 11210 万元，增长 16.71%，增收 1605 万元；地方教育附加收入 15015 万元，增长 10.03%，增收 1369 万元；其他收入(含文化事业建设费和罚没收入)410 万元，下降 63.29%，减收 707 万元。另外，市直本级收入 12.15 亿元，增长 10.92%，完成地方政府下达年度任务的 100.12%。

[税收特点] 全年税收收入呈现前稳后震荡的增长态势。1—7 月，肇庆市地方税收收入平稳较快增长，前 7 月单月税收收入增幅均在 12% 以上。下半年税收收入增长出现较大波动，其中 8 月增长 0.7%、11 月出现年内首次负增长，税收收入下降 2.86%。全年税收收入增长 14.1%，税收收入总量首次突破百亿大关。受“营改增”政策性减收、保险营业税退税及肇庆市“五大工程”项目收入下降等因素影响，全年营业税增长乏力，收入 301394 万元，同比仅增长 3.07%，较上年同期增幅回落 5.35 个百分点。所得税增长差异明显。其中企业所得税全年收入 83816 万元，同比小幅增长 3.2%，增收 2599 万元。个人所得税全年收入 76887 万元，同比增长 18.61%，增收 12063 万元。小税种收入成增收主要亮点。全市增速超 20% 的 4 个(耕地占用税、土地增值税、车船税和契税)税种收入总量对总收入增收贡献率接近 7 成，且全部集中在小税种，实现了“小税种、大作为”。由于清算、清欠力度加强，耕地占用税和土地增值税保持较快增长。其中，耕地占用税全年收入为 128154 万元，增收 31899 万元，同比增长 33.14%，占税收总量 12.81%，拉高税收增幅 3.64 个百分点；土地增值税全年收入 141628 万元，成为地方税收第二大税种，同比增长 27.84%，

增收30845万元,拉高税收增幅3.52个百分点,增收贡献率24.95%;此外,车船税和契税增幅均超25%,同比分别增长36.4%和25.07%。全市9个县级征收单位均实现不同程度增长,其中3个单位收入增幅超20%。

[税源分析] 房地产业、建筑业、制造业、金融业、住宿和餐饮业、批发和零售业是当年地方税收主要来源,六大行业占总税收比重68.07%,较上年同期占比下降3.32个百分点,行业收入占比过于集中的情况有所改善,其中两大支柱产业房地产业(34.76%)和建筑业(13.9%)税收共占总税收比重48.66%,较上年同期占比下降0.81个百分点。此外,住宿和餐饮业占总税收比重1.88%,较上年同期占比大幅下降0.83个百分点。房地产业税收347741万元,同比增长17.34%,较上年大幅回落41.64个百分点;建筑业税收139073万元,同比增长1.16%,较上年回落9.13个百分点。全年"五大"工程项目税收收入10845万元,同比减收1412万元。其中,江肇高速工程项目税收收入575万元,同比下降74.55%,减收1684万元;南广铁路工程项目税收收入453万元,同比下降65.66%,减收866万元;广贺高速工程项目税收收入182万元,同比下降38.31%,减收113万元;贵广铁路工程项目税收收入6062万元,同比增长8%,增收449万元;城际轻轨工程项目税收收入3573万元,同比增长28.94%,增收802万元。

[依法行政] 一是税收执法更加规范。共审查清理税收规范性文件16份,从源头上有效防范了执法风险;执法责任制考核创佳绩,首次连续12个月实现所有单位零过错;深入开展打击发票违法犯罪专项整治,立案16宗,查补税款、滞纳金、罚款合计174.13万元;税警联合开展"清票行动",出动90人次,抓获犯罪嫌疑人4人,缴获涉假发票321份。二是优惠政策落实更加到位。全年累计减免各项税收1.6亿元,免收发票工本费116万元。其中,市局为4户困难企业减免税收143.15万元,全市为19户高新技术企业减免税3634.55万元,为272户小型微利企业减免税收114.86万元;全年办理再就业税收优惠60户,减免税额17.58万元。三是税收调研更加深入。完成《肇庆市地税系统协税员问题研究》等调研报告,《肇庆地税扶持小微企业发展的情况报告》受到市委、市政府领导充分肯定。

[征管改革] 一是创新数据管税模式。研发并成功运行"涉税综合信息应用系统",全年累计获取涉税信息20.58万条,增加税收1.62亿元;成功上线运行车船税税警监管系统,实现车辆完税信息与交警年审系统实时联网;率先在全省开展船舶车船税由海事局代征,实现实时监控、源头控管。全年征收车船税1.2亿元,同比增长36.4%;加强省局征管状况监控指标数据运用,着力提高征管质量,全市按时缴款率和申报率分别排全省第4和第5名;研发应用本地特色的征管辅助软件,如税费监测分析管理平台、身份认证录入系统、税费自助填单系统、中小税源评税辅助软件、探索征管档案电子化等。二是扎实推进征管改革。认真做好金税三期工程上线准备,逐一核实可疑对应户1.12万户,清理税务类登记信息3.8万多条,完成测试项目956个;加强网报宣传引导,扩大网上办税应用范围,强化网报开通户后续培训;深化纳税评估,评估入库税款5.15亿元,占全市税收收入总量的5%;积极做好"大集中"系统和应用软件运维,推进软件正版化,强化系统安全,解决各类问题3300多条,信息化保障能力显著提升。三是夯实税政基础管理。积极稳妥推进"营改增"试点,完成2012年度年所得12万元以上个人自行纳税申报,累计受理自行申报纳税人数5612人,完成省局下达任务的113%;汇算清缴2012年度企业所得税户数5268户,清缴面92%;积极做好存量房交易价格评估系统维护,全年评估系统共发生交易1.04万件,直接增加税收4373.2万元,同比增长31.16%;强化土地增值税清算,土地增值税同比增长27.84%,其中清算收入8.84亿元,同比增长13.19%,圆满完成省局下达的清算任务。

[纳税服务] 一是认真解决纳税人咨询诉求。全年受理咨询、举报、投诉和建议4.01万宗,回复率100%;封开县局成立全市首个纳税人维权中心;抓好市局"局长信箱""网络问政平台"来信来帖办理,办结率100%;12366热线全年话务总量3.05万个,年平均接通率97.3%,比全省平均水平高出3.6个百分点,比税务总局要求高出12.3个百分点。二是加强服务设施建设。加大资金投入,全市累计配置自助办税终端50台,自助终端机使用次数、清缴税费次数以及清缴税费金额均居全省第2位;搬迁改造端州区局车船税办税厅,成功上线电子办税服务厅系统,受到纳税人广泛好评;全市多地城区办税服务厅获得荣誉称号。三是推进纳服平台建设。研发并试运行"肇庆地税办税服务厅综合管理平台";建立个性化服务机制;优化地税门户网站,增设业务专栏,集中专题辅导,举办在线访谈,网站年访问量突破120万人次,增长20%,累计点击率超600万人

次。四是加大税收宣传力度。联合广西梧州国税局、地税局为进入"粤桂特别合作试验区"的企业"量身"开展税法宣传和纳税服务；联合召开"税收服务转型升级"座谈会，举办"一战到底"税收知识擂台赛，开展人大代表、政协委员"走近税收走进基层"活动；开展系列"税法送新区"活动；全年举办税法宣传辅导活动160场次，逾1.1万人次参加。全系统建成税费宣传示范街9条，设置户外广告牌348个，借助媒体发布媒体宣传2.2万次，通过短信或邮件发送税费知识2.4万多条，发放税收宣传小册25万份。

［队伍建设］　一是"四项行动"（管理科学化行动、党务政务公开行动、干群连心桥行动、岗位练兵行动）上台阶，强化内部科学管理，完成端州、鼎湖区局全职能局改革工作。加强绩效管理，稳步推进高要、四会市局绩效管理试点；加大干部选拔力度，选拔科级领导干部14名，科级非领导干部11名；全系统举办培训班98期，培训2245人次；高新区局开展"每周一学，每月一考"，推进了学习练兵活动常态化；强化党务政务公开，主动公开各类涉税信息2335条；领导班子带头，深入基层、深入一线，切实解决干部群众合理诉求，上报连心桥案例36件。二是"扶贫双到"成效显著，积极帮助困难弱势群体和支持社会公益事业，为雅安地震捐款1.87万元，为广东扶贫济困日捐款34.1万元；扎实推进新一轮帮扶工作，帮扶点万安村的集体经济收入由原来的年收入7000元到现在的年收入54800元；贫困户的年人均收入由原来的2769元到现在的年人均收入8135元，市局被省委、省政府评为"广东省扶贫开发先进单位"，被市委、市政府评为"肇庆市扶贫开发标兵单位"。三是文化建设结出丰硕成果。弘扬主旋律，传达正能量，扎实办好《肇庆地税》内刊，累计刊发干部职工各类调研文章和文学作品132篇、书画摄影作品86幅。高要市局邓敏华、广宁县局陈剑章分别荣获2013年广东地税文学创作比赛二、三等奖（全省30名）。怀集县局"一廊两室三场所"（廉政文化走廊、文化荣誉室、阅览室、篮球场、羽毛球场、乒乓球室。）建设受到省局纪检组长王中福和地方党政领导的充分肯定。四是道德风尚呈现新气象。认真开展社会公德、职业道德、家庭美德、个人品德"四德"教育，积极参加全市首批"道德讲堂"活动；怀集县局"道德讲堂"创特色，成为当地学习交流示范点；德庆县局"道德讲堂"活动事迹，被中国文明网作专门介绍。开展职工趣味运动会、税企篮球联谊赛、网球赛、羽毛球赛等各类活动。五是文明创建取得新成绩。一大批单位和个人获得省、市级各种荣誉，其中德庆城区分局被中华全国总工会授予"模范职工小家"，端州局重点税源管理股被授予"省工人先锋号"；端州局谢荣华被全国总工会评为"全国优秀工会工作者"，怀集局梁娟、罗琼花分别被评为"省三八红旗手"和"省优秀团支部书记"，林茂峰、陈汉明、许建强、林贵杰4人被评为"市先进工作者"称号（全市16人）。

（冯玲玲）

清远市地方税务局

［经济概况］　2013年，清远市实现生产总值1093亿元，同比增长8.2%。全年居民消费价格总水平上涨1.6%。全年规模以上工业完成增加值315.5亿元，同比增长8.6%。全年完成固定资产投资486.5亿元，同比增长15.5%。全年实现社会消费品零售总额509亿元，同比增长10.7%，扣除物价上升因素实际增长10.3%。全年进出口总额43.49亿美元，同比增长4.2%。其中，出口总额22.40亿美元，下降6.0%；进口额21.09亿美元，下降2.2%。贸易顺差1.31亿美元。全年来源于清远的财政总收入246.6亿元，同比增长18.8%。地方公共财政预算收入92.8亿元，比上年增长6.8%，其中税收收入61.4亿元，增长8.5%。地方公共财政预算支出185.7亿元，增长7.9%。

［税费收入］　2013年，清远市地税局共组织税费收入124.2亿元，同比增长2.0%，可比（剔除"营改增"影响，下同）增长4.0%。全市地税税费收入和税收收入总量继续位居山区五市首位、保持较大的总量优势，为本市经济社会发展和改善民生提供了坚实的财力保障，其中组织税收收入82.0亿元，同比增收2.3亿元、增长2.9%，可比增长6.1%，完成省局下达收入任务的100.9%。中央级收入9.1亿元；省级收入24.6亿元、可比增长1.4%，完成省局下达任务的100.1%；市县级收入48.2亿元、可比

增长10.4%,其中市区市县级收入25.2亿元,完成市委、市政府下达任务的100.4%。组织各类费金收入42.2亿元、同比增长0.3%,其中社会保险费收入35.8亿元,同比增长0.4%,若剔除政策性补缴因素影响增收1亿元,增长13.3%。其他费金收入6.4亿元。

[税收特色] 一是月度税收增速大致呈M型走势。月度税收增速一个高点在4月(27.9%),另一个高点在9月(7.5%)。从9月开始,税收收入受同期基数较高、房地产业税收收入增长乏力、政策性增收消失等因素影响,下行压力陡增,同比增速快速回落。二是契税推动税收增长作用明显。营业税收入30.9亿元;企业所得税收入8.7亿元;个人所得税收入6.5亿元;财产行为税收入35.8亿元,同比增收2.8亿元、增长8.5%,其中契税同比增收2.4亿元、增长33.3%,对地方税收增长的贡献率104.2%。三是税收收入质量明显提升。当期经济税源收入比重大幅上升到95.5%,比上年提高近11个百分点;第三产业税收收入比重首次超七成,与上年相比提高了1.3个百分点,其中新兴产业比重提高了0.5个百分点;税收收入均衡性进一步提高,月份收入波动逐渐缩小,从方差来看,2013年为0.000191,2012年为0.000401,方差越小,波动就越小;区域发展差异收窄,东部和北部地区税收收入比重提升1.3个百分点,市区(含开发区、清城区)税收收入比重为53.7%,下降1.6个百分点。

[税源分析] 全市地税组织收入工作面临较大下行压力:一是"营改增"减收2.6亿元,拉低税收增速3.4个百分点。二是占税收比重超过四成的房地产业税收增速自6月起快速下滑、环比下降66.8个百分点,下半年同比下降5.3个百分点。三是受用地指标、征地拆迁、资金和天气等因素影响,重点项目建设进度缓慢,全年建筑业税收下降7.4%。四是2012年为应对严峻的经济税收形势,深入挖潜增收,推高了税收收入基数,缩小了管理性增长空间。与此同时,全市各级地税部门化压力为动力,坚持刚性执法与柔性服务并举,落实好稳增长、促转型、惠民生。一是狠抓收入进度管理,促进税收收入稳定增长。细化各地月度税收收入计划,促进均衡入库。二是积极应对复杂的经济税收形势,加强税收分析和预测,并结合全市各地的经济税源变化情况,做到年初早部署、年中再发力、年终分头督导促冲线,确保全年税收任务的顺利完成。三是狠抓重点税源管理。推进建筑行业营业税清理,清理营业税3328万元。抓好土地增值税清算,清算入库税收1.54亿元。推进车船税代收代缴,车船税增收2886万元,增长51.5%。企业所得税汇缴率100%,补缴企业所得税7340万元。建立契税"先税后证"机制,共征收契税9.6亿元。四是严格贯彻落实结构性减税政策,促进经济加快转型升级。一方面,不折不扣落实各项税收优惠政策,减免税收5.6亿元;另一方面,做好"营改增"试点任务,做好纳税人信息比对和移交工作。

[数据管税] 一是深化数据管税,加强与国税、住建、国土、法院等部门协作,推进涉税信息共享与交换,评估查补税款2.9亿元。开发数据综合展现系统,实现全市税费数据实时统计分析,实现对全市重点办税服务厅实时智能监控。推广应用税源管理平台,全面提升税收征管水平。省局专门发来表扬信,对税源管理平台的业务需求编写、前期测试和试点应用等工作给予充分肯定。加强征管风险监控,清理风险数据23项3.9万条,有效提升征管质量。二是强化年度纳税额500万元以上的205户重点税源企业的税收征管情况分析监控;烟草、工商银行和中石化等定点联系企业的税收风险管理进一步完善。三是完善"征评管查督"征管新模式建设,在英德、佛冈探索设立纳税评估办,调整分局职能设置,专项开展纳税评估工作;加强行业评估建模,小水电行业评估模型入选总局"百佳",在全省地方税务工作会议上受到省局局长王南健表扬。四是扎实推进金税三期工程上线,抓好数据初始化及核对清理,完成初始化数据表31个,核对数据6.9万条;做好系统业务节点测试演练,上报64份问题报告单及5份测试报告供省局参考优化;组织4期11个培训班,培训700多人次。

[税收优惠] 梳理各类税收优惠政策,制定减免税操作指引,加强宣传,确保政策落实到位。共减免税收5.61亿元,其中存量房交易税收减免36094万元,扶持中小微企业发展税收减免9553万元,提高个人所得税扣除额税收减免6439万元,提高营业税起征点至政策允许最高额税收减免3361万元。全省第一家全面完成省局督办的小微企业所得税优惠办理工作,得到省局肯定。严格落实费金优惠政策,调低失业保险费率减免社保费7604万元,降低堤围防护费率减免3747万元。

[纳税服务] 一是推广应用电子办税服务厅,实现为纳税人和税务机关"双减负";推广网上办税,开户率和申报率分别达96.93%、93.94%,其中网报申报率保持全省第一;投入自助办税终端38台,新增个人所得税完税证明和纳税清单打印等功

能，累计自动打印票证 48 万份；加强门户网站建设，全年总访问量 114 万人次，以总分第一的成绩荣获“清远市优秀政府网站”；12366 热线全年共受理咨询、投诉、建议事项 31254 宗，限时办结率 100%，平均接通率 98.74%，全省排名前列。二是开通新浪政务微博“清远地税”，拓展政策宣传、征纳沟通渠道。在市行政服务中心实行税务登记“全市通办”，在连山试点实行涉税事项“同城通办”，深受纳税人欢迎。创新纳税服务方式，开发区建立办税服务厅“自我找茬”巡查工作制度得到省局局长王南健的批示，佛冈“4S”服务纳税人得到省局肯定，连南开展少数民族地区“双语”服务被《南方日报》《清远日报》和省局专报报道，阳山“三询纳税人”走访服务、连州《地税直播室》受到纳税人好评。三是拍摄税收宣传微电影《大爱瑶山》，在全省地方税务工作会议上得到省局局长王南健肯定。市局动漫作品《纳税人权利和义务》荣获“第九届全国法制动漫作品优秀奖”，市局同时获得“法制动漫优秀组织奖”。推出卡通动漫形象“税宝”获得广东版权局颁发的著作权。四是落实国税、地税第三次联席会议确定的 10 项合作事项，开展涉税中介机构年审；国地税联合开展重点企业走访活动，帮助企业解决发展困难，共走访企业 132 户，收集意见建议 91 条，解决实际问题 84 个，采纳建议 7 条，所到之处备受企业称赞。

［队伍建设］　一是坚持公开公平公正和竞争择优的原则选拔干部，提拔 1 名正科领导干部、26 名副科领导干部、6 名主任科员和 13 名副主任科员，得到干部职工的认可与支持。经过调整，将一批德才兼备、年轻优秀干部充实基层，基层分局战斗力进一步增强；全系统科级干部年龄、学历结构进一步优化，女性科级干部占比提升 5 个百分点。招录公务员 14 名。二是落实领导班子任期制和交流轮岗制，共 21 名县级局班子成员交流轮岗，占全市县级局班子成员 49 人的 43%；全市 37 名分局负责人全部交流任职，在市中心区域首次实行分局长跨区交流，促进区域优势互补；选派 10 人赴江门、东莞挂职，从市局机关选派 4 名骨干到基层锻炼。三是稳步推进绩效管理，清城区局试点工作全省排名第 6 位；加强领导班子工作实绩考核建设，深入全市 9 个县（市、区）局调研，合理设计考核指标，客观公正、科学准确地考核评价干部。四是推进岗位练兵常态化，以专业人才培训为基础，推动与广州市局区域合作，开展分级分类培训，举办主体培训班 11 期，参训人数达 752 人次。五是实施重点联系和定期走访制度，各级领导班子深入联系单位“接地气”，解决实际问题；开展“连心桥日记”检查和经典案例报送，共收集案例 36 宗；制定机关救急济难互助金管理办法，开展工会慰问，帮扶困难干部职工和退休干部。六是深入开展争先创优活动，党、工、青、妇的作用进一步发挥，全系统共获得国家级荣誉 6 项、省级荣誉 6 项和市级荣誉 22 项。

［党风廉政建设］　一是贯彻落实中央八项规定和省市局党组“十项意见”。继续开展“正风”行动，通过明察暗访、重点工作督办和通报批评等方式，大力整治效率低下、执行力不强、会风不正等不良作风；全年清理检查、评比、考核、表彰活动 6 项；开展减少基层报送材料工作调研，制订措施为基层减负；规范公务接待，原则上在饭堂就餐和在招待所住宿；厉行节约，开展“光盘行动”，受到市文明办表扬；整治“文山会海”，简并会议，推行“短实新”文风。二是与市检察院签订协议书，建立税检联防机制，开展“无职务犯罪先进单位”创建活动；完善内控机制建设，强化风险动态防控，在全省专项检查中排名第三；加强廉政教育，清城区“廉政微信宝”得到省局肯定，清新“廉政文化进家庭”活动和英德“正风提效”活动均得到市纪委高度好评。三是加强县（市、区）局“一把手”离任审计，试行“先审后任”；制定党组议事规则，落实党组会“一把手”末位发言制度；在清新试点，人事议题必须由“一把手”、纪检组长、分管人事工作的党组成员先行“碰头”研究，达成共识后再提请党组会审议；实行“一把手”信访举案件报备制，对反映“一把手”的举报件，纪检组长亲自带队核查，并将信访反映的主要问题及办理情况报上级纪检监察部门；加强权力运行监督，落实“一把手”不直接分管人、财、物和基建“四分离”制度。

（邓颖瑜）

潮州市地方税务局

［经济概况］ 2013年，潮州市实现生产总值780.3亿元，增长11%。三次产业增加值分别为54.9亿元、435.9亿元和289.5亿元，同比分别增长4.9%、14.2%和7.3%。工业仍是支撑经济发展的主力，对GDP增长的贡献率高达68.6%，第三产业对GDP增长的贡献率仅为25.3%。实现全部工业增加值412.6亿元，增长14.2%。规模以上工业增加值277.5亿元，增长16.5%。固定资产投资总额253.6亿元，增长19.3%。社会消费品零售总额354.1亿元，增长11.6%。地方公共财政预算收入37.1亿元，增长16.1%。各项税收收入88.5亿元，增长10.45%。国税国内税收收入（剔除海关代征进口税收）51.2亿元，增长10.4%，其中工业增值税33.4亿元，增长2.8%。地税国内税收收入30.9亿元，增长16%。

［税费收入］ 2013年，潮州市地税系统共组织税费收入54.53亿元。其中，税收收入30.88亿元，增收3.76亿元，增长16.27%；社保费收入20.28亿元，减收3.04亿元，下降13.04%，剔除一次性补缴因素，实际增长20.29%；其他费金收入3.37亿元，增收2966万元，增长9.64%。税收收入各级次均衡增长，中央级收入6.21亿元，增收6539万元，增长11.76%；省级共享收入6.14亿元，增收1.08亿元，增长27.50%；市县级收入17.41亿元，增收2.35亿元，增长17.48%，市本级收入6.14亿元，增收8248万元，增长17.23%。

［税收特色］ 一是各级次税收均实现增长。完成中央级收入6.21亿元，增长11.76%；省级共享收入6.14亿元，增长27.50%；市县级收入17.41亿元，增长17.48%，市本级收入6.14亿元，增长17.23%。二是主要税种税收贡献明显。一般营业税可比增长38.14%，土地增值税增长34.0%，契税增长65.21%，印花税增长18.51%，个人所得税增长18.54%，车船税增长14.76%，耕地占用税增长14.37%，资源税增长11.32%。三是房地产业的税收增幅远超制造业，成为税收增长的第一拉动力。制造业税收收入增长7.62%，房地产业税收收入7.12亿元，同比增长87.37%，对总体地方税收增长贡献率为88.3%，居各行业之首。

［税源分析］ 一是从制造业看，受外贸出口增长乏力、工业投资不理想等影响下，制造业税收低幅增长。二是从房地产业看，受主要楼盘销售、二手房交易大幅增长、土地契税快速增长以及在全市开展的房地产专项清理带动下，房地产业税收高幅增长87.37%。三是从工程项目看，受重点工程项目完成投资建设计划滞后、其他建筑项目增长等叠加的影响下，建筑业税收增速稳中回升。四是从企业看，企业利润、工资薪金所得收入、利息股息红利所得收入增长带动下，企业所得税、个人所得税增速稳中回升。五是从注册类型看，受传统电信、电力企业等国有重点企业增速放慢影响下，国有企业税收持续低幅增长。六是从政策变动看，政策性减收明显，特别受是“营改增”扩围和保险营业税政策性退库影响，交通运输业、服务业、广播传媒业、保险业营业税收入下降明显。

［税收征管］ 一是制定出台《潮州市地方税务系统征管档案管理办法（试行）》，围绕收集、整理、归档、管理四大环节中涉及的资料归集、归档时限、案卷形式、移交手续等12项内容进行详细规定，规范管理环节和档案清单；在枫溪分局试点推行电子档案管理模式，探索纸质档案和电子档案双轨运行机制。二是采取数据分析与自查、清理检查、重点检查、抽查“四查”相结合的方式，抓好房地产业、建筑业专项清理检查工作，查补入库税款1.07亿元，房地产业税收实现7.12亿元，增长87.37%，增收3.32亿元；抓好“以地控税”试点工作，完善与国土等部门的信息传递机制，推进契税、耕地占用税、房产税、土地使用税和土地增值税精细化管理，共补征土地使用税1753万元，清理耕地占用税2921万元，土地增值税增长34.01%，契税增长65.21%；加强与房管、国土等部门的联系协作，不断规范和优化增量房、存量房和土地出让等交易环节的契税征收工作，全年共征收入库契税1.55亿元，同比增长65.21%，增收6021万元。三是分析比对风险数据，开展企业股权转让信息清理，全年共清理940户，清理税款1062.86万元；开展漏征漏管户的专项清理，清理未纳税核定和核定不规范业户共1022户。推进综合治税工作，贯彻省政府涉税信息交换与共享

规定，提请市政府召开联席会议，健全33个部门的涉税信息传递共享机制。四是完善评估操作规范与业务流程，逐步建立起评估流程、文书运用、档案管理和结果执行“四规范”的评估模式；强化评估和稽查的协调互动，突出对“前店后场”业户的清理和纳税评估工作；加强对重点行业、第三产业以及长期零申报、纳税信用等级低、税负变化异常等类型纳税人的日常评估。全年共对3335户纳税人进行纳税评估，累计完成评估税收收入17955.54万元，占总税收收入的5.81%。五是继续推行实施稽查统一选案、统一审理、人员统一调配“三统一”管理创新改革，凝聚全市稽查力量开展税收专项检查工作，联合国税、公安部门开展打击假发票违法犯罪行为活动，全年共查补税款3333.1万元，查处制售假发票案件9宗，现场查获假发票263383套。六是加快信息化建设步伐，推进重点税源查询监控、数据共享库等软件的优化应用；有序推进金税三期工程上线，推广应用电子办税服务厅，加强税源管理平台上线运作情况的跟踪管理和处理应对；强化信息安全建设，出台新的信息化工作制度和管理办法，开展信息安全大检查，投入使用IT综合监控管理平台，完成终端安全管理系统建设项目在全系统的实施工作。

［**依法治税**］　落实税收执法责任制，完善和充实事前风险警醒、事中跟踪监控、事后考核追究“三位一体”执法风险综合防治机制。坚持从预防执法风险入手，在全系统全面推行税收执法岗位审计（检查）制度，采取由各县、区（分）局自行组织实施为主，市局重点审计（检查）为辅的形式，对税收征收、管理系列执法人员履行职责的情况实施“离任必审、五年一审”，强化对执法全过程的监督管理。开展税收执法督察工作，按照督察内容及省局下发的疑点数据对各县、区（分）局进行执法督察，及时发现并纠正税收违法违规行为，并严格落实责任追究。开展税收专项执法监察工作，以“听、看、查、处”四个步骤对各县、区（分）局在2012年度各级审计、检查中发现的问题实施专项执法监察，全面剖析原因、逐项落实整改。

［**纳税服务**］　一是开展第22个税收宣传月活动，组织市县两级“税收服务转型升级”优惠政策宣讲会，开展走访重点税源企业宣传活动、社保知识走进千家万户等活动；与市国税局首次联合上线《政风行风热线》节目直播活动，办理满意率100%。二是以开展“民营企业服务年”活动为抓手，坚持在政策上“扶”，认真贯彻落实税收优惠政策；在工作上“帮”，编制《纳税人涉税风险手册》，促进民营企业强化财务管理、安全纳税；在手续上“简”，推进审批提速、服务提效，多管齐下扶持民营企业发展。三是出台《潮州市地方税务局优化涉税服务事项工作措施》，明确具体服务对象和内容；依托驻潮州市行政服务中心“地税窗口”为纳税人提供办理开业税务登记服务，将原先30天的办证时间缩短为3个工作日；在各县、区（分）局5个办税服务厅设置行政复议申请接收窗口，作为全市地税系统受理行政复议申请的接收点。四是出台《潮州市地方税务局促进民营企业发展若干政策措施》，制定《贯彻小型微利企业所得税优惠政策工作方案》，多形式辅导企业用足用好各项优惠政策。全年共减免1551户企业地方各税12266万元（中小微企业共落实739户次，减免企业所得税376.99万元）。五是重视舆情监控，落实专人密切关注互联网涉税舆情，加强对涉税相关信息的筛选分析工作，整理归集成《潮州地税新闻舆情摘要》，加强网络舆情的正面引导。

［**队伍建设**］　一是加大教育培训力度，扩大师徒结对范围，结成“师徒传帮教”对子89对，强化日常互动，提升岗位技能；落实“每日一题、每周一谈、每月一课、每季一考、每年一评“五个一”全员培训；突出领导干部、业务骨干、专业人才和基层一线干部教育培训。全年共组织培训103场次，参训人员5456人次，组织（网上）考试5场次，参考人员1134人次。二是推进绩效管理试点。继续以枫溪分局为试点单位，坚持定性考核和定量考核相结合，推进和完善符合潮州实际的绩效管理模式，深化过程跟踪与结果应用，探索绩效管理与内控机制建设相融合的新途径，为全市地税系统推行绩效管理积累经验，提供借鉴。三是深化内控机制建设。完善现有制度，细化防控措施，排查新出现的风险点，完善岗位之间相互监督的风险防控措施，对内控工作文本、个人手册等有关资料进行查漏补缺，探索完善内控责任倒查制度；强化动态管理，探索内控机制与业务工作、绩效管理相融合的方法，构建内控长效机制。四是推进干群“连心桥”活动。出台《潮州市地方税务局关于深入推进干群“连心桥”活动实施意见》，落实重点联系基层单位（或联系人）、定期走访、谈心和“连心桥”日记等制度，结合机关科室挂钩联系基层、组织收入督查督导、矛盾纠纷排查和市局领导接访日等，开展干群谈心或访谈活动。五是深化地税文化建设。出台《潮州市地税局关于开展“增强文化自觉自信·提升队伍整体素质”文化建设活动方案》，积极组织各项文体活动，开展潮州地税读书学习活动，不断优化潮州地税文化沙龙网站，拓宽文化

团队交流学习内容，开展网上“道德讲堂”教育，营造勤奋学习，互相促进的良好氛围。六是加大督办力度。落实《潮州市地方税务局重点工作督导督查办法》《潮州市地方税务局督办工作规程》，结合市局全年工作部署，梳理出全年31项全局性的重点工作，形成重点工作事项分解表，明确各项工作的主（会）办部门、领导、具体负责人以及办理时限和完成目标，及时跟踪市局重点工作办理情况，推进各项重点工作任务落实到位。

［作风建设］ 深入贯彻中央改进工作作风、密切联系群众的中央八项规定，制定落实“十项措施”，落实领导联系基层工作制度，大力改进文风会风，规范内部管理。按照潮州市委、市政府“机关作风转变年”活动部署，在全系统开展“刹风肃纪、加强作风建设”“机关作风转变年”活动，组织部署以整治基层一线执法人员执法过程中收受纳税人钱物问题为重点的刹风整纪专项教育活动，解决干部队伍中的“四风”问题。加强与纪检、检察机关的协调配合，落实各级纪检监察、内审部门把改进作风情况作为一项经常性工作来抓，加大日常性的检查督促、信访查办和监督惩治力度，多措并举深化作风建设，受到各级党政和社会各界的肯定和好评，各级地税部门在当地政风行风评议中均名列前茅。

（张　骋）

揭阳市地方税务局

［经济概况］ 2013年，揭阳市实现生产总值1605.35亿元，比上年增长14.5%，跃居粤东第一。固定资产投资829.39亿元，增长27.5%。社会消费品零售总额657.66亿元，增长15.2%；外贸出口43.8亿美元，增长15%。规模以上工业增加值860.79亿元，增长23.8%；工业用电量增长14%。地方公共财政预算收入66.69亿元，增长17.6%；各项存款、贷款余额分别增长16.67%、17.82%。

［税费收入］ 2013年，揭阳市地税系统共组织税费收入76.58亿元，同比增长13.81%，其中税收收入合计53.33亿元，同比增长17.39%。税收收入的主要特色是地方税统领全局：中央级收入和地方级收入（省及省以下）对税收增量的贡献率分别为10.22%和89.78%，地方税增收地位突出；中央级收入10.10亿元，同比增长8.69%，完成省局年度计划的100.51%；省及市县级收入43.23亿元，同比增长19.63%。其中，省级固定收入3.07亿元，同比增长7.32%，完成省局年度计划的100.73%；省级共享收入11.05亿元，同比增长27.60%，完成省局调整后年度计划的104.28%；市县级收入29.10亿元，同比增长18.25%，完成省局年度计划的108.40%。

［税源分析］ 一是从税种看，小税种大有作为。地方小税种增幅和增量贡献率分别高于主体税种10个和5个百分点，成为拉动税收增长的主导力量。营业税和两个所得税收入合计31.55亿元，同比增长13.56%，增收3.77亿元，占税收增收总量的47.69%。其中，营业税14.73亿元，同比增长19.68%；企业所得税9.97亿元，低幅增长4.34%；个人所得税6.85亿元，同比增长15.70%。各小税种收入合计21.78亿元，同比增长23.42%，占税收增收总量的52.31%。二是从地区看，县（市）域一路飘红。新市区（榕城、揭东、空港、蓝城）税收总量29.58亿元，同比增长12.51%，增收3.29亿元，占全市税收增收总量的41.63%。三县市（普宁、揭西、惠来）税收总量23.75亿元，同比增长24.09%，增收4.61亿元，占全市税收增收总量的58.37%。三是从行业看，第三产业主导增收。三大产业税收比重为0.10∶43.51∶56.39，第三产业税收增幅和增量贡献率分别比第二产业高出15个和51个百分点。具体情况是：第二产业税收23.20亿元，同比增长9.17%，增收1.95亿元，占税收增收总量的24.68%；第三产业税收30.07亿元，同比增长24.66%，增收5.95亿元，占税收增收总量的75.32%。

［规费征管］ 全年共组织社会保险费和各项地方费（金）23.26亿元，同比增长6.36%。其中，社会保险费收入17.61亿元，同比增长4.78%；其他各项费（金）收入5.65亿元，同比增长11.63%。夯实费源基础：深入调查费源，调整企业养老费基费率，顺利完成农垦系统养老保险接收工作，加强非税收入管理，开展堤围防护费核查清理，查补堤围防护费费款3156万元；规范社保费征缴管理：上线社保费新系统，优化社保费征缴流程，开展社保数据清理，强化社保费扩面和清漏追欠，及时下调失业保险费率，全年为企业和职工减负1500万元，积极为台风

受灾群众落实社保费延期缴纳工作，全年依法批准12111 人次缓缴费额 529 万元；规范其他规费管理：进一步规范价格调节基金和残疾人就业保障金代征，开展工会经费代收工作，全市代收工会经费1521 万元。

强化经济户口清理：全市在管户数 8.07 万户，正常率93.3%，全省排名第三，其中清理新增 9020户。强化征管质量考核：定期公布税收征管质量监控指标，推动征管质效提升，全市在线发票开通率为81%、纳税核定率 97.25%、网报申报率 84.05%。强化专项清理：开展房地产营业税和土地增值税、出口企业免抵调附征税费、重点建筑安装项目等专项税收清理，全年共清理增加税费收入 6427 万元。强化最佳基层单位考核：评选出榕城梅云分局、普宁洪阳分局、揭东龙尾分局、东山税源管理股 4 个最佳基层单位，有效规范执法行为。

强化重点行业纳税辅导评估：将供电、建筑安装、服装等 13 个重点行业 802 户企业作为两个所得税重点辅导对象，并结合国土、工业用电量、财务报表等信息疑点筛选 1830 户纳税人进行纳税评估，全市纳税辅导和评估查补税费 2.16 亿元。强化高收入者个人所得税管理：加强私营企业股息、红利和股权转让个人所得税征管，全年征收该项税收 1.5 亿元，积极协调外汇管理部门，加强涉外税收管理，成功扣缴揭阳市最大一笔外籍人员个人所得税 252 万元，年所得 12 万元以上纳税人个人所得税自行申报5656 人，应纳税额 1.92 亿元，完成省局下达任务的119%。强化地方小税种管理：加大房地产项目开发、土地使用权转让和存量房交易土地增值税的清算力度，建立土地使用权转让备案制度，加强 2 亩以上二级土地转让税收管理，及时对行政区划调整地区的土地使用税、耕地占用税、城市维护建设税单位税额（税率）进行调整，强化建筑、石板行业、大南海项目资源税专项清理，实现地方小税种的全面增长。强化税收优惠政策落实：组织税收优惠政策落实情况专项督查，依法简化程序，全市取消行政审批事项4 项，优化办税流程 6 项。强化政策梳理和宣传，编印改造、扶持民营（中小微）企业等政策指南，不折不扣落实各项税收优惠政策，进一步推动产业转型升级，扶持民营经济发展，全年落实各项优惠政策减免税款 2.47 亿元，其中减免小微企业所得税 440 户（次）、232 万元，相关工作受到省局通报表扬。

［信息管税］　一是应用存量房交易价格评估系统。全市共受理存量房交易 5402 宗，征收税款1.78 亿元，评估后调增比例达 55%。二是推进涉税信息实时共享。实现与房管、交警部门涉税信息实时交换应用，加强源头税收控管，以“先税后证”制度有效防范房地产交易税收和车船税流失。全市建筑安装、房地产两业税收 20.07 亿元，增长 35.19%，车船税 1.07 亿元，增长 70.43%。开发应用电子档案系统。实现档案资料的永久保存和共享应用，提高管理效率。三是推进金税三期工程上线工作。上线税源管理平台，顺利实现 TIPS 系统切换，率先在全省启用税费 POS 机 TIPS 直解入库新模式，进一步提升税收征管水平和风险防控能力。

［税收执法］　推进依法行政：以普宁市地税局为试点开展依法治税示范单位创建工作，继续完善执法责任制考核，强化日常考核，坚持每月通报，促进税收执法水平不断提高。净化法治环境：加大重大涉税违法案件和发票违法行为查处力度，全市各级稽查部门共查补税费 3375 万元，查处发票违法案件 7 宗，缴获假发票 296 万份。加强督查督办：以表格化形式对年度重点工作和其他阶段性重点工作进行督查督办，按季通报相关工作的落实情况，推动各单位执行力的提升，确保政令畅通和各项工作的落实。

［税收宣传及纳税服务］　加强税法宣传：扩大税收宣传阵地，在售楼中心、房管办事大厅、银行按揭中心、政务服务中心设置税费宣传自助区 76 个，将房地产业税收知识宣传覆盖房地产交易全流程，定期更新揭普高速公路锡场路段税费宣传广告牌内容，相关活动受到新闻媒体的关注和报道。加强窗口建设：在全市 8 个政务服务中心开设 12 个业务窗口，加强办税服务厅视频监控巡查，开展“纳税人满意的办税服务厅”创建和 1000 户重点纳税人“一对一”服务活动，提升窗口服务质量。加强业务培训：依托纳税人学校，对医药、中德金属生态城等重点行业和项目进行专题政策辅导，全面落实“暖企”措施，全年开展培训 188 场次，参训纳税人 7142 人次。加强便民服务：积极推广应用电子办税服务厅，开通待办提醒、申报缴纳、涉税事项办理等 188 项功能，拓宽电子办税内容。同时，加强门户网站建设，实现网上自助开具个人所得税完税证明，进一步方便纳税人办理涉税事项。

［队伍建设］　完善有利于优秀人才脱颖而出的用人机制，加强干部职工交流轮岗和挂职锻炼，调动队伍的积极性。全年通过竞争性选拔方式选拔科级领导干部 27 名，民主推荐选拔科级非领导干部22 名，交流轮岗科级干部 43 名。同时，稳妥有序完成全市部分税务机构调整工作，地税队伍和谐稳定，

各项工作有序运转。全员教育培训:开展学习型机关创建活动,落实"十二五"教育培训工作规划,举办科级干部更新知识培训以及税源管理平台、电子办税服务厅等业务培训,鼓励干部职工参加"三师"考试,不断提升队伍素质。全年全系统共组织各类培训148期,参训1.57万人天次,有8位同志入选省局师资库。推进幸福地税建设,深入开展干群"连心桥"活动,帮助干部职工解决实际困难,全市有2件好事例被省局选登。积极扶助病故干部杨贤锐家庭,向其家属慰问、捐款29万元,协调党政及有关部门解决其妻子工作安排和家庭廉租房问题。深入开展对口扶贫和"双联双促"活动,投入帮扶资金36.8万元,取得效果。

[党风廉政建设] 把年度反腐倡廉的任务分解为五大类29小项,逐项细化、量化到单位和个人。深入开展纪律教育学习月活动"十二个一"活动,全市设立35个廉政小屋,继续抓好《廉政手机报》《教育园地》和清风城廉政网站等宣传平台建设。加强内控建设,加大党务政务公开力度,建立个人内控工作档案,发动全员参与内控风险排查与防范。开展基层税务分局交叉审计和离任经济责任审计,进一步规范"两权"行为。严格执行中央八项规定,倡导全员厉行节约,认真开展庸懒散奢浮专项整治,进一步规范公务接待、公车用车和办公用房管理。积极参加省"民声热线"和市"行风热线"活动,每季对机关和基层的工作效能情况进行明察暗访,向纳税人问卷调查基层税服务及廉政情况,自觉接受社会监督。全系统没有发现违法违纪案件,揭阳市纪委充分肯定并专题介绍了市局工作作风整治的经验做法。

(吴秋鸿)

云浮市地方税务局

[经济概况] 2013年,云浮市完成地区生产总值602.3亿元,比上年同期增长13.3%,增速排全省第4位。其中,第一产业增加值135.25亿元,增长4.0%;第二产业增加值259.63亿元,增长19.9%;第三产业增加值207.42亿元,增长10.1%。工业生产保持快速增长。全市完成规模以上工业增加值192.06元,比上年同期增长26.0%,增速排全省第2位。消费品市场稳定增长。全市社会消费品零售总额204.02亿元,比上年同期增长13.1%,增速排全省第8位。外贸经济保持平稳增长。全市外贸进出口总额15.81亿美元,比上年同期增长8.5%,其中外贸出口总额10.72亿美元,比上年同期增长14.7%,增速排全省第9位。外贸顺差5.63亿美元,比上年同期增长36.7%。全年合同利用外资2.64亿美元,增长7.2%;实际利用外资1.1亿美元,增长4.6%。投资保持较快增长。全年完成固定资产投资总额623.38亿元,同比增长34.4%,增速排全省第3位。其中,城镇投资545.43亿元,同比增长38.5%;农村投资77.95亿元,同比增长11.7%;在城镇投资中房地产开发投资65.44亿元,同比增长84.9%。财税、金融较快增长。全年全市地方公共财政预算收入45.75亿元,同比增长24.5%,增速排全省第4位;其中税收收入28.03亿元,同比增长29.4%。地方公共财政预算支出107.32亿元,同比增长16.2%。国税系统收入27.97亿元,同比增长19.3%。地税系统收入39.94亿元,同比增长28.2%。全市金融机构本外币各项存款余额744.9亿元,比年初新增加85.97亿元,增长13.0%。全市金融机构本外币各项贷款余额471.52亿元,比年初新增加76.06亿元,增长19.2%。

[税费收入] 2013年,云浮市地税系统共组织各项收入57.24亿元,同比增长20.4%,增收97164万元。其中,组织国内税收收入39.94亿元,同比增长28.2%,增收8.78亿元;组织社会保险费收入14.96亿元,增长3.2%,增收4640万元;组织其他收入(含教育费附加、残疾人保障基金、价格调节基金等)2.33亿元,增长25.2%,增收4699万元。

[税收特点] 一是税收保持快速增长势头。全市地方税收总量及增量均创新高,收入增幅全省排名第3位,月均税收收入33283万元,比上年同期月均税收收入增加7318万元,6月58277万元的收入规模创云浮市单月税收收入新高。二是各预算级次收入全面增长。中央级收入65733万元,增长31.2%,增收15650万元,完成年度税收计划的121.1%;省级固定收入17070万元,增长5.4%,增收881万元,完成年度税收计划的99.01%;省级共享收

入89741万元,增长24.3%,完成年度税收目标的102.4%,进度全省排名第13位;市县级收入226855万元,增长31%,增收53745万元,完成年度税收计划的121.5%,占全市地方税收收入的比重为56.8%,对总税收增长的贡献为61.2%。三是各县(市、区)收入全面增长。全市5个县(市、区)税收收入全部实现增长,并全面完成年度税收计划。其中:云城区收入154086万元,增长27.8%,增收33562万元,完成年度考核税收计划的122.1%;新兴县收入113980万元,增长35.2%,增收29656万元,完成年度考核税收计划的128.3%;罗定市收入67445万元,增长28.8%,增收15072万元,完成年度考核税收计划的122.5%;郁南县收入40365万元,增长20.7%,增收6919元,完成年度考核税收计划的114.9%;云安县收入23523万元,增长12.5%,增收2616万元,完成年度考核税收计划的105.2%。四是各税种收入全面增长。增幅普遍超过20%,增收超亿元的税种有营业税、个人所得税、土地增值税、契税和耕地占用税,合计增收71689万元,对总税收增长的贡献为81.6%。五是市县(区)级税收收入占地方公共财政预算收入比重不断提高。市县级税收收入226855万元,占全市公共财政预算收入457500万元的比重为49.6%,比上年提高2.5个百分点。

［税源分析］　全市地方税收收入增长的主要因素:一是房地产业相关税收大幅增收。房地产营业税收入42877万元,增长47.4%,增收13789万元;契税收入29992万元,增长51.5%,增收10189万元;土地增值税收入35208万元,增长48.8%,增收11545万元;耕地占用税收入49403万元,增长38%,增收13594万元(以上税种合计增收49117万元,占全市税收增收总量的55.9%)。二是个人所得税收入实现快速增长。在利息、股息、红利所得以及财产转让所得等项目税收大幅增收的拉动下,个人所得税收入72114万元,增长43.7%,增收21914万元,占全市税收增收总量的25%。三是金融保险业营业税保持稳定增长。金融保险业营业税收入17070万元,增长4.8%,增收775万元,主要是2012年以来云浮市金融业总体上稳定发展,各金融机构的信贷业务量普遍上升,计税收入增加,从而拉动税收稳定增长。四是征管措施得力促进税收增长。通过加强税务稽查,查补税款入库(含滞纳金、罚款和自查补税)7127万元;通过开展欠税清查工作,清理欠税及滞纳金入库6055万元;通过规范土地增值税管理,全年土地增值税清算入库7025万元;通过涉税信息交换与共享工作,累计征收税款4817万元。地方税收减收的主要因素:一是政策性因素造成收入减少。按照省局核定基数,"营改增"试点政策直接造成税收收入减少7400万元;落实保险业税收优惠政策,对符合退税条件的保险企业退保险营业税1523万元,该因素是2013年金融保险营业税增幅大幅回落的主要原因。以上两项拉低总体税收增幅2.9个百分点。二是个别企业清缴税款减少造成企业所得税增幅较低。企业所得税增长12.5%,创近3年来企业所得税最低增幅,同时也是2013年增幅最低的税种,主要是房地产业企业所得税收入下降16%,减收1155万元。三是个别重点项目税收减少导致建筑安装业税收拉动力减弱。建筑安装业营业税同比增长11.9%,增收4150万元,增长拉动力大幅减弱(2012年建筑安装业营业税增长21%,增收6073万元),主要是个别重点建设项目入库税收减少。

［税费征管］　一是采取有力措施确保全年各项组织收入任务圆满完成。开展税源调查,详细了解全市国民经济发展计划、重点建设项目投资情况,牢牢把握税源动态;加强税收收入分析,着力加强重点税源企业、重点投资项目税款入库情况的分析比较;抓好收入预测工作,加强组织收入预警,强化税收征管和稽查工作,适时确定和调整组织收入工作重点和工作措施;对年纳税额100万元以上的重点企业和投资额1000万元以上的重点建设项目,实行月报制度,建立专项档案,确保重点税源按时足额组织入库。二是建立大企业税收管理机制。重点开展工商银行税收风险管理评估和初审工作,以及中石化云浮分公司税收风险管理后续核查工作,依法补缴税款。三是规范土地增值税管理。依据税收政策,严格控制土地增值税核定征收,采取依法查账征收方式,在化解管理风险的同时增加了税收收入,全年土地增值税收入35207万元,同比增长48.8%,征管质量提升。四是加强涉税信息分析利用。成立涉税信息交换与共享工作沟通协调领导小组,初步建立工商信息共享的组织架构。全市共收到涉税信息32249条,通过涉税信息交换与共享工作,累计征收税款4816.69万元。五是开展欠税清查工作。深入调查摸底,了解全市欠税的规模、构成、成因,妥善解决欠税历史遗留问题,全年共清理欠税户513户,清理欠税及滞纳金6055万元。六是加强所得税管理。在抓好企业所得税汇算清缴和年所得12万元以上个人所得税自行申报工作的同时,重点强化股权转让所得税征管。累计征收股权转让个人所得税入库2917.36万元,同比增长2452.37万元,增幅527.43%,加收滞纳金9.52万

元。七是加强信息化建设。切实推进金税三期工程系统上线工作，按时完成税源管理平台和电子办税服务厅上线工作，先后完成社保费新系统、工会经费代征模块及移动工作平台的上线工作。八是落实各项税收优惠政策。审批和审核税种优惠政策减免税6.12万宗，减免税款8807万元。其中，农村车船税减免52377宗，减免税款189万元；企业困难性减免19宗，减免税款289万元；就业扶持减免税26宗，减免税款7万元；房地产交易减免7756宗，减免税款8171万元；其他税收减免1083宗，减免税款212万元。此外，还审批企业所得税优惠政策备案减免485宗，减免税款892万元；减免所得涉及所得额137889万元；加计扣除涉及扣除额468万元；减计收入涉及收入额114万元；免税收入涉及收入额595327万元。九是抓好社保费等费金征管工作。共组织社会保险费收入149640万元，同比增长3.2%，增收4640万元。组织其他费金收入23337万元。其中，教育费附加收入8602万元，同比增长13.8%；地方教育附加5739万元，同比增长14.6%；价格调节基金5008万元，同比增长11.2%；堤围防护费收入891万元，同比增长73.7%；残疾人就业保障金1207万元，同比增长88.9%；文化事业建设费收入139万元，工会经费1592万元。

［**税收执法**］ 一是深入推进税收执法责任制。通过继续加强税收行政执法责任制考核，进一步规范税收执法行为。全市最终确认的执法过错行为55宗，共扣75.5分，并对过错人采取了相应的责任追究。二是强化税收执法监督。加强事前监督，抓好税收规范性文件审查工作；完善重大税务案件审理制度，确保重大税务案件审理质量，推动积案的审理，有效降低执法风险。对6宗重大税务案件进行了审理，其中1宗经审理未达重审标准退回，经重审的有5宗。三是抓好行政复议工作。严格依据复议程序将工作做细做实，应用复议委员会开展集体审理。办理1宗税务行政复议案件，做出维持的复议决定。并对市局近三年的行政复议法实施情况进行自查。四是打击发票违法犯罪活动。共对全市166户发票使用业户进行发票检查，查处违法企业30户，查补入库188.02万元。并通过纳税人自查、税务机关重点检查、加强数据分析比对等方式开展打击“虚假”网络发票专项行动，查处涉及非法发票135份，涉及发票金额132万元，查补入库税款9.5万元，罚款及滞纳金10.1万元。五是落实查办案件责任制，实行稽查绩效独立考核，有效促进稽查工作开展。检查纳税户30户，结案31户，共查补入库7127万元（税款1939万元、滞纳金370万元、罚款834万元、自查补税3984万元），其中成功查处某石材企业偷逃税案，查补收入合计入库1264万元，为云浮市建市以来地税部门查处的最大一起石材企业偷税案件。

［**纳税服务**］ 一是加强税收宣传力度。以4月全国税收宣传活动月为载体，先后举办“税收服务转型升级”优惠政策宣讲会和“中小企业税企座谈会”，开展“走访重点税源企业”“税法宣传进校园”“我与税收共成长”青少年税收书画创作比赛和“动漫税法宣传”等系列活动；加强与当地主流媒体合作，办好《云浮日报·走进地税》专版和云浮广播电视台《地税之窗》税收宣传栏目，全年共出版《云浮日报·走进地税》专版46期，拍摄《地税之窗》税收宣传节目12期，持续扩大宣传影响力；建设“税费宣传示范区”、开辟“税费知识宣传专栏”、制作派发宣传资料等，进一步拓宽宣传渠道。二是完成10个办税服务厅的升级改造工作，切实改善办税服务环境。对基层办税服务工作开展明察暗访，督促各地改进作风，提升服务质量。筹备在办税服务厅统一安装视音频监控及纳税服务评价系统。制定完善办税服务厅各项规程和服务制度，抓好制度落实。推进网上办事大厅建设工作，已有10个事项进驻云浮市网上办事大厅，更加便利了群众办事。新兴县局通过引进身份证“读卡器”，电子读取录入个人信息，推出免填单、社保全城通办服务，精简二手房交易业务审批环节等举措，有效提升了服务质量。三是多渠道为纳税人提供纳税服务。充实优化云浮地税门户网站功能，提升网站工作效率和服务质量，全年云浮地税门户网站访问量57.7万人次，同比增长34.4%；强化服务，12366热线广受纳税人好评，12366－2热线人工接听3619次、语音接听1973次、呼出780次、解答留言83条；接受处理纳税人的咨询、举报、投诉、建议事项32851件，其中咨询32841件、举报8件、投诉1件、建议1件。所有事项均按照规定时限、程序办理完成，办结率100%；开展纳税辅导活动，全市地税组织面向纳税人的税法宣传辅导活动50多场，参加人员超5000人次，派发税费宣传资料25000多份。

［**队伍建设**］ 一是加强干部队伍管理。结合市局管理干部的职位空缺和工作实际，严格选拔流程，通过民主推荐、竞争上岗、两推一评等方式在全市地税系统开展7次选拔调配工作，共选拔任用干部19人，岗位调整6人，充实了市局机关、全市地税稽查系统科级干部队伍，调整强化了罗定、新兴两局

的领导班子，调动了干部队伍的积极性，提高了战斗力。二是加大教育培训力度。全系统组织各类型培训班164期，培训1844人次，累计培训4222天。三是提升绩效考核质效。在绩效考核中增加对作风、行风、会风、考勤等考核内容，进一步规范考核流程，打破平均主义"大锅饭"现象，更加充分地发挥出绩效考核的积极作用，"庸懒散"现象逐步得到治理。四是关心关爱干部职工。坚持以人为本，落实《救急济难互助金救济管理办法》，共为37名有困难的干部职工申请救急互助金，救助金额34.7万元，有力解决了干部职工的实际困难。将市、区局干部职工（含员工）共225人纳入医疗互助保障计划。统一全市地税系统科级干部的工资福利标准，调增离退休干部福利待遇，适当增加编外合同工的工资待遇，进一步促进队伍稳定和谐。五是抓好新一轮扶贫开发"双到"工作。制定《云浮地税扶贫开发步郎村2013—2015年帮扶规划》，召开新一轮扶贫开发工作动员大会，落实帮扶资金17.8万元，选派了驻村干部，组织完成帮扶对接工作。驻村工作稳步推进，发动村民自行开垦山地1000亩用以种植竹笋，由市局出资14万元，加上市专项资金9万元帮助该村建设农家乐饭庄，计划在2014年动工兴建。加强基础设施建设，完成该村枫木咀、森木垌两条自然村道硬底化工程，实现通车；为10户贫困户进行危房改造；村饮水设施已铺设新水管；积极开展生活垃圾、沟渠水塘、院落畜圈的整治。六是抓好生态文明村建设工作。认真执行领导干部挂钩生态文明村建设制度，副处级以上干部每人挂钩1个自然村，责任领导积极与帮扶村委干部共同研究谋划生态文明村建设的规划。切实落实建设资金，为建设社会主义新农村作出积极贡献。七是积极参加云浮市"创建国家卫生城市"活动。切实做好单位办公楼、办公场所和饭堂的清洁卫生，认真落实责任地段的环境检查整治工作。在活动期间，共投入800多人次、资金5万元开展包干地段的清理工作，确保包干地段符合创建卫生城市标准。

［党风廉政建设］　一是深入推动内控机制建设。建立并完善个人内控档案700多本，编印《云浮市内控机制建设文本》。开展岗责流程梳理和廉政风险排查，共对336个工作环节进行排查，查出466个风险点。其中，新增98个风险点，制定出238项整改措施；同时，根据风险排查反映的问题，全市地税系统重新修改完善46项制度，为全市建立和谐平安地税提供制度保障。二是抓好信访案件的查办工作。根据省局转办的线索，对15名税务人员涉嫌违规参与发票抽奖问题进行了查处，给予有关人员行政记大过、警告、通报批评等处理。同时，还核实了其他的信访案件。三是严格落实中央八项规定，开展自查自纠。组织开展党政机关停止新建楼堂馆所清理自查工作，编制《云浮市党政机关楼堂馆所清理自查项目处理意见及整改情况表》报送上级部门；开展党政机关和领导干部办公用房清理工作，对市局办公用房进行实地测量，建立分部门、分楼层及使用面积等详细资料的机关办公用房情况表；开展整治"小金库"及违规使用专项资金的自查工作。四是加强廉政纪律教育，围绕纪律教育学习月活动主题，开展整治"庸懒散奢"调查问卷、组织干部到省反腐倡廉警示教育基地佛山高明监狱接受警示教育，观看省地税局廉政文艺"轻骑队"文艺表演、举办廉政网上知识测试、举办"三纪"教育培训班和组织系列保密教育活动等，进一步增强廉政教育的吸引力和感染力，增强地税干部廉洁自律意识和党纪政纪法纪观念。

（陈　虹）

珠海横琴新区地方税务局

［经济概况］　2013年，横琴新区实现地区生产总值36.5634亿元，按可比价计算，比上年同期增长60.8%。规模以上工业增加值1383万元，比上年同期下降17.8%，规模以上工业总产值5983万元，比上年同期下降21.4%。固定资产投资额为20.43亿元，比上年同期增长23.6%。外贸进出口额1.98亿美元，比上年同期增长80.3%，其中外贸出口额4505万美元，比上年同期增长69.9%，实际吸收外商直接投资1.53亿美元，同比增长43.5%。公共财政预算收入8.9亿元，同比增长108.8%；公共财政预算支出21.42亿元，同比增长57.7%。

［税费收入］　2013年，横琴新区地税局税费收入16.67亿元，比上年增收9.89亿元、增长146.0%。其中，国内税收收入14.78亿元，比上年增收9亿元、

增长157.7%；其他收入9289.43万元，比上年增收4600.82万元、增长98.1%；社保费收入9607.38万元，比上年增收3886.21万元、增长67.9%。

[税收特色] 横琴新区地税局税费总量持续跨越式增长。2010—2013年税费收入分别为0.79亿元、3.98亿元、6.78亿元和16.67亿元，3年增长超过20倍。一是各级次全面增长，省级固定收入大幅度增长。省级固定收入在金融业的拉动下，全年收入18932.47万元，同比增长6491.6%。中央级收入34952.85万元，同比增长264.8%；省级共享收入36939.92万元，同比增长87.3%；区级收入56978.65万元，同比增长105.1%。二是第三产业成为收入主体。第三产业累计贡献税收110017.79万元，同比增长405.6%，占税收收入的74.4%，取代第二产业成为主导产业。第二产业税收受部分重点建设工程竣工影响，收入累计37775.30万元，占比25.6%。三是主体税种日渐均衡。营业税、企业所得税、个人所得税三大主体税种收入122334.69万元，占税收收入的82.8%，其中营业税收入64079.94万元，占比43.4%。企业所得税和个人所得税分别收入25866.16万元和32388.59万元，占比分别为17.5%和21.9%。四是各行业税收百花齐放。在各路投资进驻横琴新区的拉动下，各行业税收稳步增长，一改建筑业一枝独秀的局面。金融业税收收入38845.53万元，占比26.3%；建筑业税收收入36489.79万元，占比24.7%；房地产业税收收入30925.18万元，占比20.9%；租赁和商务服务业税收占比12.3%；居民服务、修理和其他服务业税收占比8.1%。

[税源分析] 从行业结构来看，金融业税收在广发基金、易方达基金两大新进驻企业的带动下，成为了突出的增长点，超越建筑业税收，居行业税收第1位，占比26.3%；房地产业、租赁和商务服务业等行业税收也得到快速发展；建筑业税收在横琴新区市政基础设施（BT）项目、澳门大学横琴新校区项目和长隆国际海洋观光旅游项目等重点建设工程项目相继竣工的影响下，税收收入与上年持平，增长的步伐有所减缓，从占全局税收收入的60.2%调整到24.7%。从税源结构看，重大纳税户贡献突出，税收收入超千万元的有18户，共组织收入9.9亿元，占比67.1%；超亿元的有3户，共组织收入7亿元。横琴新办企业数量迅猛增长2156户，占全部企业的54.4%；同时，新办企业纳税金额也增长迅猛，2013年缴纳税费合计2.85亿元，占总体税费收入的17.1%。从税种结构看，营业税是第一税种，占国内税收收入比重为43.4%；企业所得税和个人所得税在横琴新区一批新迁入的优质大型企业拉动下，比重分别提高2.3个和9.3个百分点。地方小税种中，城市维护建设税、印花税、房产税、土地增值税收入均有不同程度的增长；自2013年9月起，横琴新区范围内的契税收入直接缴入横琴金库，带来净增长收入4786万元。

[行政审批及备案改革] 对各税种审批及备案事项进行逐条梳理，坚持简化办事流程和还责于纳税人的思路，制定《涉税行政审批及备案事项改革实施方案》。将区局具有审批权限的税务行政审批事项由原有21项减为保留9项，取消57%的审批事项；将各税种现有的228项税收优惠备案及涉税备案事项予以优化，仅保留95项，将133项列为暂不办理备案管理的事项；并将保留的备案事项中的74项前移至办税厅办结，占比78%。在实施方案的基础上，制定《珠海横琴新区地方税务局关于各税种备案项目的公告》，对各税种备案事项进行目录式管理，并对办理程序、办理资料、税企双方职责以及法律责任进行了明确。

[税收征管] 一是深化与完善专业化税源管理，加强重点企业、重点项目的监控和管理。通过定期开展税收预测、项目监控以及数据分析工作，把握企业状况，熟悉项目动态。通过电子化管理台账，对重点工程项目进度和税收入库情况进行全面监控，全年27个重点建设工程项目累计入库税款3.2亿元。二是注重数据分析，大力开展税收风险防控工作。开展"一税两费"比对、土地使用税和房产税清查等专项核查工作；开展"资本公积"印花税清理、股权转让专项核查、金融行业专项检查等专项纳税评估。对20户纳税人实施纳税评估，实现入库税款740万元。深化重点税源风险管理，积极探索与构建税收征管新模式。三是开展专项税收工作核查。清查临时用地资料与税收情况、清理逾期未结束外来经营项目。开展土地增值税预征率备案工作、建立横琴新拍土地电子管理台账、建立建筑工程总分包项目电子档案。完成"营改增"试点368户纳税人基础信息核实工作。四是深化推进社会综合治税工作。联合国税局、地税局组织开展个体户定税、企业所得税核定、数据交换等工作，建立定期联系、季度交换信息的长效互通机制，促进各方合作规范化。五是积极落实金税三期工程、电子办税服务厅、税源管理平台等系统的上线准备以及推广工作。通过核查征管系统疑点数据，开展非正常户清理、欠税清理、国税局、地税局信息对碰等清查工作，为金税三

期工程试点上线做好准备。通过培训、电话、网络等途径,积极落实电子办税服务厅推广工作。

［绩效管理与风险防控］　整合绩效管理、内控机制建设、执法监督检查和数据分析职能,成立绩效管理与风险防控办公室推进工作落实。一是积极完善“海琴绩效与能力提升系统”,制定年度绩效考核指标,配合征管改革职能调整,分解年度战略目标、科室任务和岗位职责,形成包括23项高标准指标、122项基础职能指标、13项公共指标共158项的考核指标体系。二是严格实施绩效考核。认真组织以定性为主的绩效月度考核,并开展以定量为主的半年、全年的阶段考核,督促单位和个人工作任务的落实,并开展全员能力素质评估。三是创新绩效管理的结果运用。将公务员的年度考核“能、勤、绩”通过绩效与能力提升系统量化考核,“德、廉”通过民主评议定性衡量,评选绩效成绩突出、领导和群众公认的“优秀”等次公务员,实现年度考核科学评价。四是上线风险防控模块,加强数据的分析、运用和预警功能,分析各环节风险点336个,明确防范措施734条;依托绩效月计划小结平台,实现主动预防、风险公示,并开展风险监察;将内控机制融入绩效管理,通过风险点与指标、业务数据与风险预警、防控效果与绩效考核的“三个结合”,以绩效促内控,以内控防风险,实现事前事中事后“三段防控”。横琴新区局在全省地税系统29个绩效管理试点单位评估中排名第一。

［纳税服务］　一是积极创新方式完善服务体系。实施窗口预约服务,解决群众上班时间难办事、休息时间窗口不能办事的困扰,共受理预约209次延时服务528小时。完善“一窗式一站式”服务,推行全职能办税窗口避免纳税人跑多趟的不便,全年受理办结涉税事项约4.5万宗。入驻新区网上办事大厅,为纳税人提供4项行政审批事项和29项社会服务事项预受理服务,健全第三方监督机制,纳税人可以通过网上办事大厅的环节流程和时限监控来监督各审批事项和社会服务事项的办理进度。二是积极推进国地税合作提高服务效能,设立联合自助办税区,纳税人可免排队自行办理10多项国地税业务;联合开展纳税评估、个体工商户定期定额评税,加强沟通提升联合办证工作效率,联合办证1215份,节约办税时间472小时。三是推进以纳税人需求为导向的“顾问式、提前介入式、不见面式、零距离式、客户式”五大特色服务品牌建设,对2000多户外来施工企业提供提前介入服务,上门为长隆重大项目提供个性化发票专场培训辅导,为重点项目、新区管委会职能部门提供税收顾问服务60余宗。

［队伍建设］　一是加强领导班子建设,开展党的十八大、作风建设等专题党组中心组理论学习4期,开好“为民务实清廉”专题民主生活会,班子带头讲党课,带队开展“创新发展”调研,领导水平和决策能力不断提高。规范干部选拔任用工作,采取“两推荐一评议”的竞争性选拔方式选拔副科级干部1名,按程序考察副科长转正1人,招录公务员2人,树立科学的选人、用人导向。二是推进“富脑工程”建设,打造“学习型组织”。坚持“三大课堂”教育培训平台,举办业务课堂、专家讲堂和纳税人课堂培训22期600人次,开展知识分享和创新分享,评选创意日税收“金点子”40个。在北京大学、四川大学和广东税务干部进修学校组织2批次的全员培训,提升岗位工作能力;赴安徽、江苏开展税收征管改革和绩效管理专题调研。制定海琴人才库和新入职人员管理办法,采取导师制、以老带新的方式实现“岗位练兵”常态化。三是推进“连心桥工程”建设,落实每月“局长接访日”和重大项目局领导挂联制度,走访重大项目现场、联合国税局班子走访重点企业10余次,采取面对面、电子邮件、QQ等途径开展谈心活动,形成连心桥日记144篇。推进“文化工程”建设,出版海琴刊物2期,举办各项文体活动,提高队伍活力和凝聚力。

［文化建设］　深入推进以“开放、励新、明德、超越”为核心的横琴地税价值观教育和各项实践活动。一是出版《海琴》刊物,实现专业与可读、理论与实践、知识与文学相结合,展现干部职工在工作中和工作之外演绎的各种精彩,成为干部职工沟通学习的良好平台和精神家园。二是开展主题党团活动,组织开展福利院慰问活动,有序进行青年志愿服务活动,举办第一届横琴地税三人篮球锦标赛及男女定点投篮等文体活动;积极参与珠海市半程马拉松赛与迎新年健身跑活动,展示横琴地税人的活力和风采;区局团支部成功创建“2012—2013年度广东省五四红旗团支部标兵”。三是各青年文化团队活动蓬勃开展,倡导有益身心、健康文明的生活方式及团结互助、热心服务的工作氛围;税务宣传月期间,联合国税及横琴中学举办“和谐税收,腾飞横琴”书画展。四是开展廉政文化建设,首次以经典诵读的方式举办第四届家庭助廉活动,通过自编自导自演的节目,为广大干部职工奉献了一场形式多样、内容丰富、才情并茂的视听精神大餐。

［党风廉政建设］　开展“一月一主题,一月一活动”廉政文化建设活动,确保廉洁从税要求认识

到位；对党风廉政建设和反腐败工作主要任务进行细化分解，明确牵头单位和协办单位，确保廉政建设责任制落实到位；实行省局、珠海市局、新区廉政办、社会各界及局内干部的多方位、多角度立体监督制度。开展每季度一次的税收执法检查，确保权力运行规范到位；强化监督检查，重点开展失职渎职风险隐患专项清理、各类考核检查评比表彰活动情况自查、欠税清查专项行动及会员卡专项清退等活动，确保政令畅通执行到位；将内控机制建设融入绩效管理，探索以风险防控促进绩效提升，以绩效管理强化风险防控的有效途径，开展风险监察，确保内控机制建设防控到位；召开“转作风提效能”税企座谈会、特邀监察员座谈会、党组专题民主生活会座谈会，加强作风建设，确保中央八项规定措施落实到位。

（范丽华）

顺德区地方税务局

［经济概况］ 2013年，顺德区实现地区生产总值2556.8亿元，比上年增长10.2%。其中，第一产业增加值43.6亿元，增长3.1%；第二产业增加值1356.5亿元，增长10.7%；第三产业增加值1156.7亿元，增长9.8%。全区规模以上企业实现工业总产值5473.7亿元，增长11.8%。全社会固定资产投资499.2亿元，增长14.0%。社会消费品零售总额730.3亿元，增长12.0%。年末全区金融机构本外币存款余额3453.2亿元，增长9.6%；贷款余额2516.0亿元，增长13.2%。年内实现地方公共财政预算收入154.1亿元，同比增长12.9%。

［税费收入］ 2013年，顺德区地税局组织税费收入237.46亿元，比上年增长10.1%。其中税收收入142.93亿元，同比增长6.0%，增收8.05亿元；其他收入94.53亿元，同比增长16.9%，增收13.64亿元。在税收收入中，中央级收入24.45亿元，同比下降2.7%，减收6741万元；省级收入42.16亿元，同比增长3.2%，增收1.31亿元；县区级收入76.33亿元，同比增长10.8%，增收7.41亿元。在其他收入中，社会保险费收入77.36亿元，同比增收11.88亿元，增长18.14%；其他规费收入17.17亿元，同比增收1.74亿元，增长11.45%。

［税收特色］ 一是各季度收入增长呈“跌宕起伏”态势。受大额一次性税源影响，4个季度收入增幅分别为0.4%、13.8%、3.2%和5.7%，全年实现增幅6.0%，顺利完成各级税收收入任务，但落后全省平均增幅(9.6%)3.6个百分点。二是耕契两税成为增收主力。耕地占用税和契税收入占全年收入比重达11.3%，同比提升3.3个百分点。其中，耕地占用税增长150%，增收1.30亿元；契税增长41.7%，增收4.13亿元，两个税种为税收收入提速4.0%。三是第三产业税收贡献率逐年上升。第三产业税收占比为69.4%，比上年提高3.0个百分点，比重连续4年实现上升，但仍低于全省第三产业收入比重(72.5%)3.1个百分点。四是支柱行业收入比重下滑。房地产业、制造业、建筑业、金融业四大支柱行业实现税收收入100.7亿元，与上年持平，占全区地税收入的70.4%，同比下滑4.3个百分点，其中金融业发展势头强劲，比上年增长14.5%，建筑业保持10.4%的增速，而房地产业基本与上年持平，制造业同比下滑11.0%。

［税源分析］ 从增收因素分析：一是土地转让市场火爆。外来大型房企频频在顺德抢滩布局，土地热销带来地方税源11.89亿元，成为拉动税收收入增长的主导力量。二是商品房成交持续放量。多个高端楼盘在大良和乐从推出，销售均价一路走高，顺德区新建商品房成交总价216.88亿元，再创新高，成为推动房产营业税、土地增值税收入增长的主要来源。三是政策暖风助推金融业发展。一方面顺德产业发展定调为科技与金融两翼齐飞，对金融营业税增长构成实质性利好；另一方面受银根紧缩政策影响，银行业外的其他融资渠道迎来发展机遇，民间借贷利息收入成为新的增收点，其他金融营业税收入达9671万元，同比增长72.3%。从减收因素分析：一是企业盈利水平下降，两个所得税收入锐减；二是土地增值税税源萎缩，拖慢税收增长速度；三是“营改增”政策性减收效应逐渐显现。

［税收征管］ 通过深化征管改革，提高税收治理现代化水平。一是构建税务协同共治新格局。联合顺德国税局推动镇（街）办税员协会成立，并以委托形式，让办税员协会承接纳税人满意度调查、政策辅导、税企恳谈等税收公共服务事项，顺利启动社会

化协同治理模式。二是提升信息管税能力。成立专业化税收数据分析监控中心,以信息技术为依托,以风险管理为导向,以数据应用为主线,对全区征管数据的风险点进行筛查、分析和推送,运行两月协助基层追缴税款1.53亿元。三是启动大企业税收专业化管理。顺德区地税局大企业征收管理税务分局是全国第一个"全职能"大企业集中征管分局,1月起成功接管全区78个集团共1047户企业,通过专业化团队管理和个性化定制服务,年内共组织税费收入53.43亿元,其中税收收入40.98亿元,占全区地税收入的29%。四是深化行政审批制度改革。积极推进商事登记改革,5月起在全省率先推行国地税联合办证业务同城通办,9月起试行企业登记并联审批,实现一表登记三证(营业执照、组织机构代码证、税务登记证)同发;继续压缩行政审批事项,简并二手房交易、企业所得税减免税备案的涉税资料,精简15项社保费流程业务,大幅压减社保档案资料。

[信息化建设]　一是全面升级二手房地产基准房价评价系统,成功上线系统二期,核价范围基本覆盖区内各类存量房,进一步堵塞征管漏洞,规范市场秩序,约束自由裁量权。二是自主开发应用车船税征管新系统,满足交警部门新车入户"先税后证"规定,减轻地税部门和代征单位工作压力,有效提升部门协管水平。三是试点应用广东地税税源管理平台,依托平台高效开展纳税评估工作,成为向征管要收入的有效手段。四是担当广东地税电子办税服务厅试点,将现代信息技术和先进管理服务理念相结合,逐步实现电子办税厅和实体征收厅的同质化管理,节约征纳双方办税成本,提高行政服务效率。五是自主开发社保费费源申报系统,及时掌握全区各镇街、各行业、各企业、各时期的费负参数,为社保扩面工作提供支持。

[纳税服务]　围绕服务办税办事、服务企业成长、服务区域发展,营造富有区域竞争力的政务环境。一是开展"快贴准"服务升级行动,从办事、咨询、宣传、维权4个维度入手,出台服务纳税人的10项措施和服务基层的22条指导意见,多项服务实现质的提升。二是开展"暖企行动"。深入镇街、企业和行业商会实地调研,贴心交流问需问计,尽力协助解决难题;联合主流媒体推出"税企携手共谋发展""智慧财税服务顺德""财税改革顺德探索"等大型系列报道,营造有利企业发展的舆论氛围;自主开发企业减免税辅导系统,推出一企一策辅导方案,提高优惠政策落实效率,让企业充分享受政策红利。三是打造"地税智库"。深度分析财税经济形势,向上级呈送系列调研报告和参考材料,获省局和市、区领导批示19条次;从税政角度协助优化"三旧"(旧城镇、旧厂房和旧村居)改造工作部署,辅助推进社会组织体制改革战略实施,成功推动工会经费征缴标准出台,有效辅助政府科学决策。

[党风廉政建设]　一是强化权力制约监督。引入任务分解方式,对廉政建设制度的执行落实进行量化细化;将班子建设制度库系统化,实现内控机制岗位全覆盖,强化对干部员工特别是"一把手"的监督;创新廉政回访机制,实现全区范围的统筹回访和交叉回访,提升权力制约监督实效。二是加强干部作风建设。落实中央八项规定,出台加强工作统筹、规范行文、精简会议和调研活动的42条意见;完成全区地税系统各项工作制度的梳理,规范公务行为,防治"庸懒散奢";面向全区纳税人开展政风行风问卷调查,全面排查整改作风问题;切实处理好群众反映的突出问题,纪检监察信访举报保持有效投诉零记录。三是创新廉政教育形式。开展廉政电子书创作活动,营造以"廉洁地税·和谐家园"为核心的廉政文化氛围;以视频教育、阅读熏陶、短信提醒、文化创作、专家讲座、廉政墙廊、庭审观摩等为载体,形成全方位全覆盖的廉政教育格局。顺德区地税局在全区政风行风测评中排名第一,群众综合满意度98%,窗口服务满意率99.9%,廉政回访满意率100%。

[队伍建设]　一是优化人力资源配置。开展全系统人力资源现状和工作负荷度调查,推动各部门、各分局干部职工定岗定编,为人员调配划定准绳;加大交流换岗力度,探索机关与基层互挂机制,提高干部综合素质;组织开展正副股长、主办科员公推选拔,培育业务骨干,激发队伍活力。二是实施人才成长计划。开展强化型专业培训,针对岗位需求开办分类培训班,提升业务应用技能;修订学历教育管理办法,激励员工参加学历教育和职业资格考试,实现自我增值。三是推行员工关爱行动。深化干群"连心桥",开通"健康直通车",为员工及家属提供入学、就业、就医等生活援助,尽力解决后顾之忧。四是聚合发展正能量。开展中层集思会、无记名问卷调查、满意度调查、"一人一计"征集、减负情况问卷调查、年终调研等大规模问计问需活动,让干部员工参与全局的规划部署,增强主人翁意识和归属感。

(林　俊)

第五篇

大　事　记

广东省地方税务局大事记(2013 年)

第一季度

1 月 4 日　广东地税定点联系企业专业化管理信息系统正式上线运行。经过一年多的开发,系统搭建完成了集团企业树型结构、“立体化”工作团队、工作任务流推送、行业风险管理等业务功能模块,并且与核心征管系统、统一工作平台及网报系统等进行了信息互通、共享,成为继网络发票、纳税服务平台之后,再次引领全国税务专业化税源管理和纳税服务信息化的新里程碑。

1 月 4 日　广东省地税局印发《关于 2012 年广东地税门户网站群评估情况的通报》(粤地税办发〔2013〕1 号),评定广州、佛山市局分站为 2012 年度广东地税门户网站群优秀分站,珠海、东莞、惠州、顺德、揭阳、中山、汕头 7 个分站为优良分站。

1 月 5 日　广东省国税局、地税局联合发文《关于国地税联合开展税企共建税务风险防控体系工作的通知》(粤地税发〔2013〕4 号),部署与中国人寿广东省分公司开展税企共建风险防控体系工作,标志着大企业管理部门落实国税、地税第六次联席会议确定的协作项目正式启动。

1 月 5 日　广东省地税局印发《广东省地方税务局关于深入推进干群“连心桥”活动的意见》(粤地税发〔2013〕1 号),对干群“连心桥”活动的目的要求、主要内容及方式方法进行明确,要求建立定期走访、定期谈心和干群“连心桥”案例月报制度,以进一步密切党群干群关系,促进和谐、幸福广东地税建设。

1 月 7 日　国家税务总局副局长王力在《广东省地方税务局关于开展社会保险费欠费清理专项工作情况的报告》(粤地税发〔2013〕3 号)上批示:“请肖捷局长并各位局领导阅示。广东省地税局着力清欠,规范管理,社保费征管工作成效明显。建议可发简报,介绍其经验和做法,推动相关省此项工作开展。”

1 月 7 日　广东省地税局印发《广东省地方税务局关于钟毅民等同志职务任免的通知》(粤地税任免字〔2013〕4 号),决定:钟毅民任东莞市地方税务局局长;免去罗达佳的东莞市地方税务局局长职务;免去戎惠良的东莞市地方税务局调研员职务。

1 月 7 日　广东省地税局印发《广东省地方税务局关于宁波等同志职务任免的通知》(粤地税任免字〔2013〕5 号),决定:宁波任广东省地方税务局税政一处处长,免去其广东省地方税务局规费管理处处长职务;免去黄和平的广东省地方税务局税政一处处长职务。

1 月 7 日　中共广东省地税局党组印发《中共广东省地方税务局党组关于戎惠良等同志职务任免的通知》(粤地税组发〔2013〕2 号),决定:戎惠良任中共惠州市地方税务局党组书记;免去钟毅民的中共惠州市地方税务局党组书记职务。

1 月 7 日　中共广东省地税局党组印发《中共广东省地方税务局党组关于钟毅民等同志职务任免的通知》(粤地税组发〔2013〕3 号),决定:钟毅民任中共东莞市地方税务局党组书记;免去罗达佳的中共东莞市地方税务局党组书记职务;免去戎惠良的中共东莞市地方税务局党组副书记职务。

1 月 14 日　在全省地税工作会议上,广东省地税局领导为 2012 年岗位练兵行动团体组织奖获奖单位和能手标兵代表颁奖。

1 月 15 日　广东省国际税收研究会第三届三次常务理事会在省地税局召开,会长黄炎光,副会长伍绍焕、谭惠坚、何武贤、谭玉明、林江,秘书长钟文锋,副秘书长向景等 19 名常务理事参加会议。会议总结了 2012 年工作,研究部署 2013 年工作。

1 月 16 日　广东省地税局印发《关于加强基层办税服务厅队伍建设的意见》(粤地税函〔2013〕31 号),要求各地优化完善办税服务厅队伍管理与激励机制,切实关心窗口一线工作人员的身心健康及压力疏导,建立健全办税服务厅定期轮岗与干部挂职锻炼制度,有效提升窗口服务质量。

1 月 17 日　广东省地税局在信息技术知识培训支持、工作动态信息报送方面受到国家税务总局电子税务管理中心的通报表扬。《国家税务总局电子税务管理中心关于 2012 年度强化内部建设情况的通报》(税总电税便函〔2013〕14 号),表扬广东省地方税务局信息报送数量显著提高,稿件内容质量逐步提升，有力保障了电子税务网和电子税务工作动态的信息更新，并向广东省地税局长期以来对国家税务总局电子税务管理中心工作的大力支持表示感谢。

1月18日 广东省地税局党组成员、总会计师苏振钿参加省台办在广州举办的2013年广东台协会长座谈会。

1月21日 由广东省地税局承办的国家税务总局国际税务司非居民税收研讨会在南海召开。总局国际税务司副巡视员彭宁出席会议。参加会议的有来自天津、黑龙江、湖北、重庆、陕西、广东、山东、深圳、青岛等9个省市的国地税业务骨干。会议由国际税务司非居民税收管理处处长付树林主持。

1月21日 广东省地方税收研究会、国际税收研究会在省地税局召开两个研究会的顾问座谈会。广东省人大常委会原副主任、省地方税收研究会、省国际税收研究会名誉会长黄伟鸿，省地方税收研究会、省国际税收研究会领导和顾问等共28人参加会议。省地税局党组副书记、巡视员杨楚潮出席会议并作讲话。

1月22日 广东省地税局党组成员、副局长杨朝峰率征管科技处、纳税服务处、票证中心及年度考核工作组成员一行9人，到广东南海税务信息处理中心慰问信息中心工作人员。杨朝峰指出，2012年信息中心在信息化建设各方面都取得了明显进展，是近年来运行保障做得最好、故障率出现最低、安全事件发生最少的一年。同时，杨朝峰代表省局党组、省局考核组对信息中心在2012年为全省地税信息化建设付出的努力和作出的突出贡献给予了充分肯定和高度赞扬，并对信息中心全体干部、职工表示衷心的感谢和亲切的慰问。

1月29日 2013年度广东省审计厅审计进点见面会在省地税局召开。省审计厅副厅长何丽娟率审计组一行出席会议并讲话。省局党组成员、副局长潘享清，总审计师朱毅及省局相关处室负责人参加会议，朱毅主持会议。潘享清明确要求省局各相关处室要全力配合，充分借助这次审计将各项工作提高到更高水平。

2月4日 全国税务稽查工作视频会议在北京召开。广东省地税局组织全省稽查干部收看视频会议。

2月19日 香港税务学会会长洪宏德一行20人到访广东省地税局，并一同进行新春团拜。省地税局党组书记、局长王南健，省地税局党组副书记、巡视员杨楚潮，省地方税收研究会会长鲁兰桂，副会长李贵、杨汉廷，省国际税收研究会副会长伍绍焕、谭惠坚，以及省地税局办公室、税政一处、税政二处、国际税务处、规费处和征管科技处、科研所等处室领导共16人出席团拜活动。

2月21日 广东省地税局印发《2013年广东地税纳税服务工作要点》（粤地税办发〔2013〕8号），要求各地进一步提升征纳“连心桥”服务平台建设管理水平，切实加强纳税人权益保护等工作。

2月26日 广东省地税局党组书记、局长王南健主持召开深化税收征管改革座谈会。省局党组成员、副局长潘享清、揭晔、杨朝峰，部分市局、县（区）局及分局局长，以及省局征科处、办公室、规费处、人事处、稽查局、直属税务分局、大企业局、科研所主要负责人参加会议。在听取会议代表发言后，王南健要求，省局有关部门要根据会议代表提出的意见和建议，对方案进行修改和完善；珠海、汕头、惠州市局及横琴新区局4个试点单位抓紧制定试点方案报省局批准后开展试点工作。

2月27日 广东省地税局党组成员、副局长杨朝峰率征管科技处、信息中心等部门负责人及相关人员到惠州、清远市局调研税源管理平台上线应用工作，并主持召开座谈会，听取基层一线税源管理人员对税源管理平台的意见和建议。在了解平台试点情况后，杨朝峰高度肯定了惠州、清远市局税源管理平台上线应用工作。杨朝峰指出，惠州、清远地税努力克服上线应用工作的各类问题和困难，狠抓工作落实，并结合实际提出了许多积极有效的意见建议，特别是清远市局承担了税源管理平台的业务需求、测试和试点上线工作，为税源管理平台开发应用作出了突出贡献。杨朝峰希望两市局继续加大应用力度和深度，积极探索，积累更多更好的工作经验。

2月28日 全省地税稽查工作会议在佛山市召开，广东省地税局党组成员、副局长宋爱勤，省局有关处室、稽查局领导和各科负责人，各市局分管稽查工作的领导、稽查局长，以及省检察院、公安厅的代表参加会议。会议总结了2012年全省地税稽查工作情况并对2013年工作作了部署。通报了2012年专项工作情况，并对优秀单位及个进行了表彰。

2月28日 广东省地税局印发《广东省地方税务局关于简志行同志免职退休的通知》（粤地税任免字〔2013〕24号），决定：免去简志行的广州市地方税务局副巡视员职务，按规定办理退休。

3月1日 广东省地税局决定对全省地税系统部分基层税务分局进行交叉经济责任审计。

3月5日 广东省地税干部进修学校隆重举行

春季学期开学典礼。广东省地税局党组成员、副局长宋爱勤出席开学典礼和宣誓仪式，并为公务员初任班、军转干部培训班共 159 位学员讲授第一课。

3 月 7 日　广东省地税局印发《广东省地方税务局关于富余职工住房售房收入及费用情况的函》（粤地税函〔2013〕203 号）发出。

3 月 7 日、14 日和 21 日　广东省地税局组织在珠海、阳江和梅州市局分片召开全省税政工作现状调研座谈会。省局党组成员、副局长李华东，一处、二处有关人员，以及各市（区）局分管税政工作的局领导和税政科（处）长参加。主要内容是各市（区）局对 2012 年加强各税种政策管理和征收管理采取的重大措施、取得成效、工作体会、存在问题及解决方向等方面进行汇报、交流，并提出 2013 年工作设想及对省局税政一处、二处工作建议。李华东在会议上对全省今后一段时期的税政工作提出了工作思路和要求。

3 月 8 日、12 日和 27 日　广东省地税局党组成员、总经济师罗达佳分别在顺德、河源、湛江主持召开珠三角和东、西片区规费管理工作座谈会。各市局及省局直属分局分管规费工作的局领导、规费科（处）长及规费处相关人员参加会议。会议听取全省规费工作管理情况汇报；罗达佳对下一步规费管理工作作了部署。

3 月 19 日　广东省国税局、广东省地税局联合举办“走出去”企业税收服务与风险管理宣讲会，邀请省粤电集团等 11 户“走出去”企业代表参加会议。

3 月 26 日　广东省地税局印发《广东省地方税务局关于陈锦洪同志任职的通知》（粤地税任免字〔2013〕34 号），2013 年 1 月 29 日决定：陈锦洪提任广州市地方税务局副巡视员。

3 月　全省税收专项检查全面启动。指令性检查项目为证券公司、基金公司、资本交易项目、房地产业、建筑安装业。同时，确定中介、培训服务机构，以及高收入者个人所得税和工业企业、矿产资源开发企业、“营改增”企业等指导性检查项目供各地选择。

3 月　广州、广东省地税局直属分局和清远、惠州、汕头、茂名 6 市成功上线推广应用社保费新系统。

第二季度

4 月 5 日　广东省地税局配合国家审计署驻广州特派员办事处检查组对广东省外商直接投资的企业、项目等税务征收管理情况进行审前调查工作。

4 月 8 日　广东省地税局党组成员、副局长潘享清率省局绩效办相关人员到直属分局开展绩效管理调研，与分局绩效管理工作小组成员、各科室负责人进行交流座谈。

4 月 8 日　全省地税系统 2013 年公务员初任培训班（第二期）在广东省地税干部进修学校开班，102 名新招录公务员参加培训。

4 月 10 日　广东省综合治理和平安创建工作第四考评小组到省局检查考核 2012 年综合治理和平安创建工作。省局党组书记、局长王南健，党组成员、副局长潘享清和省局创建平安工作领导小组全体成员参加考评汇报会；考评组对省局综治和平安创建工作给予充分肯定。

4 月 10 日　国家税务总局总经济师张志勇一行在横琴新区与澳门特别行政区财政局副局长容光亮一行会晤，就关于执行《粤港澳合作框架协议》有关税务问题及执行内地与澳门税收安排涉及的居民身份判定等内容进行了磋商。省局党组成员、总会计师苏振钿，国际税务管理处有关人员参加会谈。

4 月 12 日　根据广东省地税局“税收宣传月”工作安排及税企共建风险防控工作方案要求，省地税局、国税局大企业管理部门与 2 户共建对象——中国人寿广东分公司和保利地产联合召开阶段性工作座谈会。税企共建风险防控体系工作办公室汇报了上阶段国地税联合、税企共建进展情况，分析了需要解决的问题并介绍了下阶段工作安排。税企双方还针对具体工作部署进行了互动交流。

4 月 15 日　全省地税系统正处级领导干部研修班在中国延安干部学院（4 月 15 日至 4 月 21 日）和北京大学（4 月 22 日至 4 月 27 日）开班，42 名正处级干部参加培训。广东省地税局党组书记、局长王南健出席开班仪式并讲话，省局党组成员、副局长宋爱勤全程跟班参加培训。

4 月 15 日　中国欧盟商会代表一行到广东省地税局访问交流，省局党组成员、总会计师苏振钿代表省局接见商会代表一行，国际税务管理处、税政一处、税政二处、规费处等有关部门负责人参与会见并座谈。

4 月 22 日　广东省地税局印发《广东省地方税务局关于陈锦洪同志免职退休的通知》（粤地税任免字〔2013〕37 号），决定：免去陈锦洪的广州市地方税务局副巡视员职务，按规定办理退休。

4 月 23 日　广东省地税局配合省审计厅核对 2011 年度省级预算执行和其他财政收支审计工作

报告反映问题整改情况。

4月25日至26日 全省地税系统首次大规模基层分局长交叉经济责任审计培训班在南海信息处理中心举办，全系统158名参与交叉审计的工作人员参加培训。广东省地税局党组成员、副局长潘享清出席开班仪式并作重要讲话，总审计师朱毅作培训小结。

4月26日 广东省地税局印发《广东省地方税务系统内部审计手册（第三版）》。

4月27日 广东省地税局机关服务中心发出《广东省地方税务局关于报送2013年公共机构节能工作计划的函》（粤地税函〔2013〕404号）。

5月6日 全省地税系统2013年公务员初任培训班（第三期）在广东省地税干部进修学校开班，104名新招录公务员参加培训。

5月6日 国家税务总局在广州召开境外税收管理和服务工作调研会议，研究讨论企业境外事项报告制度。税务总局国际司副司长王文钦主持召开会议，全国部分省市国、地税局代表参加会议。广东省地税局党组成员、总会计师苏振钿及国际税务处有关人员出席会议。

5月6日 广东省地税局派出22个审计组，在系统内开展首次大规模基层分局长交叉经济责任审计。

5月8日 2013年广东省地税局教育培训师资库第三批入库兼职教师选聘工作正式启动。全系统有近400人报名参加此次选聘（365人通过资格初审）。

5月9日 广东省政府与香港特别行政区政府在香港联合举办粤港投资环境推介与项目对接交流会，会议由广东省政府副秘书长刘晓捷主持，广东省副省长招玉芳、香港特区政府财政司司长曾俊华分别作主题推介。广东省地税局党组成员、总会计师苏振钿和国际税务处有关人员参加会议，并接受大会提问与客商政策咨询。

5月19日 广东省地税局直属分局在天河体育中心成功举办2013年“税企杯”网球邀请赛。广东省地税系统、省属企业集团、重点税源企业及金融行业等20个单位的网球爱好者应邀参加比赛。

5月22日 广东省地税局印发《广东省地方税务局关于王雄武同志免职退休的通知》（粤地税任免字〔2013〕48号），决定：免去王雄武同志的广州市地方税务局副巡视员职务，按规定办理退休。

5月24日 广东省地税局配合财政部驻广东省财政监察专员办事处开展对广州市地方税务局税收征管质量检查查前调查工作。

5月 派驻广东省地税局纪检组监察室组织学习传达上级会员卡清退专项活动电视电话会议和有关文件精神，并按照文件要求，组织纪检监察干部认真开展会员卡专项清退活动，没有发现派驻省局纪检组监察室个人持有会员卡的情况。

6月1日 全省地税系统2013年公务员初任培训班（第四期）在广东省地税干部进修学校开班，97名新招录公务员参加培训。

6月5日 广东省地税局购买北京东大正保科技有限公司（中华会计网校）制作的“注册税务师考试培训课件”，共计15门课程全部上传“广东地税网络学院”。

6月5日、7日 广东省地税局在梅州、肇庆召开基层分局长交叉经济责任审计分片座谈会，由各审计组主审汇报审计工作开展情况；并对审计中发现的问题进行了汇总、归纳。

6月8日 国家税务总局召开部分定点联系企业税收风险管理工作视频会议，部署总局3户定点联系企业税务风险管理工作。广东省地税局党组成员、副局长杨荣华和大企业管理局全体人员及各市大企业管理部门人员在各分会场参加视频会议。

6月9日 广东省地税局印发《转发国家税务总局办公厅关于印发全国税务系统机关后勤“优质服务年”活动参阅材料的通知》（粤地税办函〔2013〕34号），并向全省各市局提供全国税务系统机关后勤“优质服务年”活动参阅材料。

6月14日 广东省地税局召开迎接省直行风评议工作动员大会，传达省直行评工作会议精神，动员部署省局迎接省直民主评议政风行风工作。省局领导及全体干部职工参加会议。

6月14日 广东省地税局印发《广东省地方税务局关于简汝坚同志任职的通知》（粤地税任免字〔2013〕58号），2013年5月6日决定：简汝坚同志提任广州市地方税务局副巡视员。

6月15日至17日 全国税务系统反腐倡廉教育工作座谈调研活动在扬州举行，广东省地税局党组成员、驻省局纪检组组长王中福参加。

6月20日 广东省地税局安全管理工作专题会议召开，省局党组成员、总经济师罗达佳参加。会议传达国家税务总局关于集中开展全国税务系统安全大检查要求，并布置了省局安全隐患排查整治工作。

6月20日 广东省地税局直属分局召开民主评议政风行风工作动员大会，全面启动2013年民主评议政风行风工作。

6月21日　广东省国税局、地税局在平安大厦5楼会议室召开协调会议，研究落实《国家税务总局关于开展中国烟草总公司等3户企业集团税收风险管理工作的通知》（税总函〔2013〕288号）要求的相关事项，并就职责分工和协调问题进行讨论。省地税局党组成员、副局长杨荣华，省国税局党组成员、总审计师梁世桃，以及省级国税、地税大企业管理部门相关人员参加会议。

6月26日　通过在清远市地税系统测试后，互联网登录广东地税网络学院工作全面启动，各地地税干部职工除内网登录外，可通过互联网登录广东地税网络学院进行相关学习。

6月26日　广东省直行评办副主任彭玉康一行10人在驻广东省地税局纪检组副厅级纪检员、监察专员朱汉锋的陪同下对省局直属分局的办税服务厅进行实地调研。调研后，省直行评办对省局的办税服务厅建设给予充分肯定。

6月27日　广东省地税局印发《关于调整广东省地方税务局招标采购实施办法采购限额标准的通知》（粤地税办函〔2013〕38号），对全局采购限额标准进行调整。

6月27日　全省大企业税收管理工作会议在顺德召开。会议总结了3年来全省大企业税收管理的主要工作情况，并部署了当前和今后一个时期的工作任务。广东省地税局党组成员、副局长杨荣华参加会议并发表讲话。

6月28日　广东省国税局、省地税局在省国税局四楼会议室召开第七次联席会议，双方局领导及有关处室负责人出席会议。省国税局党组书记、局长胡金木主持，省地税局党组书记、局长王南健发言。会议以金税三期工程的试点上线为主题，专题研究金税三期工程业务、技术、管理等10个方面的议题，在建立联络机制、代码表初始化、共管户识别号对应、数据迁移、联合办证、会统核算等事项上达成共识。

6月　广东省地税局开展全省地税系统内控机制建设工作阶段性检查，进一步推进全省地税系统内控机制建设工作。

第三季度

7月1日　广东省地税局和中国人民银行广州分行联合发文《关于做好广东省工会经费收缴工作的通知》（粤地税发〔2013〕57号），明确工会经费核算使用的预算科目编码和名称、工会经费使用的划款凭证等事项。

7月2日　全省规费工作会议在清远召开，会议总结过去5年广东省规费管理工作，部署2013年全省规费重点工作。广东省地税局党组成员、总经济师罗达佳，全省各市（区）局分管规费业务的局领导、规费科（处）长参加会议。

7月3日　广东省地税局印发《广东省地方税务局关于林如山同志免职的通知》（粤地税任免字〔2013〕67号），决定：免去林如山同志的广州市地方税务局副局长职务。

7月4日　广东省地税局印发《广东省地方税务局关于杨来发、区艳钊同志职务任免的通知》（粤地税任免字〔2013〕68号），决定：杨来发同志任中山市地方税务局局长；免去区艳钊同志的中山市地方税务局局长职务。

7月4日　广东省地税局印发《广东省地方税务局关于廖建勇同志免职退休的通知》（粤地税任免字〔2013〕69号），决定：免去廖建勇同志的惠州市地方税务局副调研员职务，退休。

7月3日至5日　广东省地税局金税三期工程试点办集中全省各市（区）局技术骨干共43人在南海信息处理中心进行初始化培训和录入工作，以此启动了全省金税三期工程初始化工作。

7月11日　广东省地税局印发《广东省地方税务局转发省人力资源社会保障厅关于潘享清同志免职的通知》（粤地税函〔2013〕645号），免去潘享清同志的广东省地方税务局副局长职务。

7月11日　广东省地税局印发《中共广东省地方税务局党组转发省委组织部关于潘享清、罗与洪、林如山等同志职务任免的通知》（粤地税组发〔2013〕41号），免去潘享清同志的省地税局党组成员职务，免去罗与洪同志的省地税局巡视员职务，退休。决定林如山同志任省地税局副巡视员。

7月11日　广东省地税局印发《广东省地方税务局关于洪凯松同志免职退休的通知》（粤地税任免字〔2013〕71号），决定：免去洪凯松同志的揭阳市地方税务局副调研员职务，退休。

7月12日　广东省地税局印发《广东省地方税务局关于林展同志免职退休的通知》（粤地税任免字〔2013〕72号），决定：免去林展同志的阳江市地方税务局调研员职务，退休。

7月15日　广东省地税局印发《广东省地方税务局关于请明确我局政府采购活动纳入属地管理的函》（粤地税函〔2013〕651号），申请全省各级地税部门政府采购活动继续遵照省府办公厅等文件规定,纳入属地管理。

7月17日 全省工会经费地税代收业务培训班在广州举办,培训内容主要包括:工会经费地税代收征管操作流程、工会经费划解入库规定和操作、大集中工会经费模块后台应用维护。

7月18日 广东省地税局印发《广东省地方税务局关于简汝坚同志免职退休的通知》(粤地税任免字〔2013〕73号),决定:免去简汝坚同志的广州市地方税务局副巡视员职务,退休。

7月24日 广东省地税局印发《广东地税金税三期工程上线全员培训方案》(粤地税函〔2013〕683号),标志着全省金税三期工程系统操作全员培训工作的正式启动。

7月26日 广东省人大常委会预算工作委员会潘子纯主任一行8人到广东省地税局直属分局进行党的群众路线主题实践体验活动。

7月29日 广东省地税局印发《广东省地方税务局关于关子超同志职务任免的通知》(粤地税任免字〔2013〕74号),2013年6月17日决定:关子超同志提任江门市地方税务局调研员,免去其江门市地方税务局副局长职务。

7月31日 广东省国税局、地税局联合印发《广东省国家税务局、广东省地方税务局关于广播影视服务业纳入营业税改征增值税试点有关发票衔接的通告》(联合通告〔2013〕4号),确保"营改增"有关发票衔接工作的顺利进行。

8月1日 大集中系统全省统一代征工会经费模块成功上线,全省地税系统首笔代收工会经费通过"大集中"系统成功征收入库,标志着广东省地税局统一代收工会经费业务正式运行。

8月2日 广东省国税局、地税局在顺德区地税局召开金税三期工程试点工作第四次协调会议。省国税局陈忠明总经济师、省地税局党组成员、副局长杨朝峰和国税、地税试点办有关负责同志等38人参加会议。会议确定将小范围双轨运行工作时间推迟至2013年8月19日;审议了省国地税金税三期工程试点工作协调方案及国地税共管户核对工作方案。

8月3日 广东省地税局印发《关于12366热线服务质量抽查情况的通报》(粤地税函〔2013〕730号),对开展首次全省范围的各市地税12366热线服务质量抽查工作情况进行通报,同时提出进一步加强热线服务管理的工作要求。

8月5日 广东省地税局印发《广东省地方税务局关于重申严格落实审计发现问题整改和督查工作的通知》(粤地税函〔2013〕731号),对审计发现的问题的整改和监督提出要求,以强化审计的推动力和监督力。

8月6日 全省打击发票违法犯罪"清票行动"动员大会在广东省地税局召开,省局党组成员、副局长杨荣华,省局稽查局局长余振荣,省公安厅经侦局副局长李善雄,省局征科处、稽查局和来自广州、深圳等19个市(区)地税稽查局的有关领导共50多人参加会议。

8月7日 广东省地税局组织局班子成员、机关副处以上干部及各市(区)地税局主要负责人共120人,到省纪委反腐倡廉教育基地参观,并观看反腐倡廉电教片。

8月7日 广东省地税局围绕加强党的群众路线教育和党员干部作风建设,在广州军区礼堂举办"三纪"教育培训班,省局机关全体干部、各市(区)地税局主要负责人和广州市地税局副处以上干部共600多人参加。

8月8日 广东省国际税收研究会第四次会员代表大会在省地税局召开,会议选举产生广东省国际税收研究会第四届领导班子及理事、常务理事。

8月11日 广东省地税局印发《广东省地方税务局关于邓连光同志免职退休的通知》(粤地税任免字〔2013〕76号),决定:免去邓连光同志的河源市地方税务局副调研员职务,退休。

8月19日 广东省国税、地税在佛山市南海区国家税务局召开广东金税三期工程(佛山)双轨试运行工作启动会。省国税局陈忠明总经济师,省地税局党组成员、副局长杨朝峰及相关部门主要负责人参加会议。会议标志着广东金税三期工程(佛山)小范围双轨试运行工作正式启动,广东金税三期工程试点上线工作迈出坚实步伐,具有里程碑意义。

8月23日 广东省地税局印发《广东省地方税务局关于何光荣同志免职退休的通知》(粤地税任免字〔2013〕77号),决定:免去何光荣同志的韶关市地方税务局副调研员职务,退休。

8月23日 广东省地税局印发《广东省地方税务局关于罗木海同志职务任免的通知》(粤地税任免字〔2013〕78号),2013年7月15日决定:罗木海同志提任揭阳市地方税务局调研员,免去其揭阳市地方税务局副局长职务。

8月26日 广东省地税局印发《广东省地方税务局关于魏少波同志任职的通知》(粤地税任免字

〔2013〕83 号），2013 年 5 月 20 日决定：魏少波同志任深汕特别合作区地方税务局局长。

8 月 26 日 广东省地税局印发《广东省地方税务局关于李荣德同志任职的通知》（粤地税任免字〔2013〕84 号），决定：李荣德同志任广东省地方税务局基层工作处（机关党委办公室）调研员。

8 月 26 日 广东省地税局印发《广东省地方税务局关于李荣德同志免职的通知》（粤地税任免字〔2013〕85 号），决定：免去李荣德同志的江门市地方税务局调研员职务。

8 月 26 日 广东省地税局印发《广东省地方税务局关于焦献民等同志任职的通知》（粤地税任免字〔2013〕86 号），2013 年 7 月 29 日决定：焦献民同志提任佛山市地方税务局调研员；周伟宁同志提任佛山市地方税务局副调研员；梁铭强同志提任佛山市地方税务局副调研员。

8 月 28 日 广东省地税局首次远程交互式视频会议成功召开，验证了广东地税视频会议系统灵活的远程交互功能，改变了传统的视频会议模式，在推动会风、提高会议实效上具有深远意义。

8 月 28 日 全省地税系统加强国际税收管理工作视频会议召开，广东省地税局党组书记、局长王南健，党组成员、副局长宋爱勤、李华东、杨朝峰，总会计师苏振钿出席会议。

8 月 30 日 广东省国税局、地税局在平安大厦联合召开中国烟草税收风险管理工作税企座谈会，邀请中国烟草总公司广东省公司、广东中烟工业有限责任公司分管财务的领导、财务部主要负责人到会，共同研究落实《国家税务总局关于开展中国烟草总公司等 3 户企业集团税收风险管理工作的通知》（税总函〔2013〕288 号）的相关事宜。省局党组成员、副局长杨荣华出席会议。

8 月底 在中国出版协会年鉴工作委员会主办的第七届全国年鉴编校质量评比中，广东省地税局科研所负责编纂的《广东地税年鉴》（2012 卷）荣获一等奖（全国税务系统只有两个单位获一等奖）。

9 月 2 日 广东省国税局、地税局联合印发《广东省国家税务局、广东省地方税务局关于做好共管户核对工作的通知》（粤国税发〔2013〕178 号）。

9 月 3 日 广东省地税局印发《广东省地方税务局关于钟晓山同志任职的通知》（粤地税任免字〔2013〕87 号），2013 年 7 月 29 日决定：钟晓山同志提任广州市地方税务局稽查局局长（广州市副局级），试用一年。

9 月 3 日 广东省地税局印发《广东省地方税务局关于罗发业同志任职的通知》（粤地税任免字〔2013〕88 号），2013 年 7 月 29 日决定：罗发业同志提任东莞市地方税务局副调研员。

9 月 3 日 广东省地税局印发《广东省地方税务局关于尹进城等同志任职的通知》（粤地税任免字〔2013〕89 号），2013 年 7 月 15 日决定：尹进城同志提任东莞市地方税务局调研员，免去其东莞市地方税务局副局长职务；祁宝驹同志提任东莞市地方税务局副调研员；袁银灿同志提任东莞市地方税务局副调研员。

9 月 3 日 广东省地税局印发《广东省地方税务局关于钟崇光同志任职的通知》（粤地税任免字〔2013〕90 号），2013 年 8 月 14 日决定：钟崇光同志提任梅州市地方税务局副调研员。

9 月 3 日 广东省地税局印发《广东省地方税务局关于刘新中同志免职退休的通知》（粤地税任免字〔2013〕91 号），决定：免去刘新中同志的清远市地方税务局副调研员职务，退休。

9 月 3 日 广东省地税局印发《广东省地方税务局关于钟文锋、魏少波同志职务任免的通知》（粤地税任免字〔2013〕92 号），决定：钟文锋同志任广东省地方税务局基层工作处（机关党委办公室）处长，免去其广东省地方税务局机关党委办公室（基层工作处）调研员职务；免去魏少波同志的广东省地方税务局机关党委办公室主任职务。

9 月 5 日 广东省地税局召开全省地税纳税服务工作视频会议，传达全国纳税服务工作会议精神，总结交流近年全省地税纳服工作情况，部署当前和今后一段时期的主要任务，省局副局长杨朝峰出席会议并作讲话，强调要重点抓好 12366 纳税服务热线、办税服务厅、门户网站群三大服务平台管理和及时响应纳税人诉求、税收信用体系建设、涉税中介服务三大专项性工作（即“3 + 3”），力促纳税服务水平迈上新台阶。

9 月 5 日 广东省地税局印发《广东省地方税务局关于陈铁玉、韩启争同志任职的通知》（粤地税任免字〔2013〕93 号），2013 年 8 月 14 日决定：陈铁玉同志提任湛江市地方税务局副调研员；韩启争同志提任湛江市地方税务局副调研员。

9 月 9 日 广东省直属行风评议团到省局召开政风行风评议明查会议。省局 10 位党组成员及局内各单位主要负责人共 35 人参加会议。

9 月 11 日 税收分析系统优化改造项目验收会在南海举行。

9 月 11 日 广东省地税局印发《广东省地方税

务局关于王家良同志免职退休的通知》(粤地税任免字〔2013〕94 号),决定:免去王家良同志的中山市地方税务局副调研员职务,退休。

9 月 12 日 广东地税电子办税服务厅、税源管理平台推广应用启动会召开。广东省地税局党组书记、局长王南健宣布并依次启动电子办税服务厅、税源管理平台上线,标志广东地税在纳税服务和税收管理方面迈上新台阶,进一步减轻纳税人和基层的负担,是广东地税深入贯彻落实党的群众路线实践活动要求的重要举措。

9 月 12 日 广东省地税局印发《广东省地方税务局关于陈小龙同志职务任免的通知》(粤地税任免字〔2013〕95 号),2013 年 8 月 14 日决定:陈小龙同志提任湛江市地方税务局调研员,免去其湛江市地方税务局副局长、湛江经济技术开发区地方税务局局长职务。

9 月 16 日至 17 日 全省地税系统信访维稳保密工作会议在省局召开,广东省地税局党组成员、副局长宋爱勤出席会议并讲话,各市(区)局分管办公室工作的局领导、办公室主任及业务骨干共 150 多人参加会议。会议总结、部署工作的同时,还邀请了省委宣传部、中山大学、新浪网的专家和老师授课。

9 月 16 日 广东省地税局、海事局联合印发《关于进一步做好船舶车船税委托代征工作的通知》(粤地税发〔2013〕87 号),明确全省委托海事部门代征船舶车船税有关事项。

9 月 16 日 广东省地税局印发《广东省地方税务局关于许世荣、刘永才同志任职的通知》(粤地税任免字〔2013〕96 号),决定:许世荣同志任阳江市地方税务局总经济师;刘永才同志任阳江市地方税务局总会计师。以上 2 位同志的任职时间从 2012 年 6 月算起。

9 月 16 日 广东省地税局印发《广东省地方税务局关于卢锡豪同志任职的通知》(粤地税任免字〔2013〕97 号),决定:卢锡豪同志任潮州市地方税务局稽查局局长,任职时间从 2012 年 6 月算起。

9 月 16 日 广东省地税局印发《广东省地方税务局关于廖德清同志任职的通知》(粤地税任免字〔2013〕98 号),决定:廖德清同志任云浮市地方税务局稽查局局长,任职时间从 2012 年 6 月算起。

9 月 16 日 广东省地税局印发《广东省地方税务局关于陈海亮同志任职的通知》(粤地税任免字〔2013〕99 号),决定:陈海亮同志任深汕特别合作区地方税务局副局长,任职时间从 2012 年 6 月算起。

9 月 16 日 广东省地税局印发《广东省地方税务局关于邬坤辉同志任职的通知》(粤地税任免字〔2013〕100 号),决定:邬坤辉同志任河源市地方税务局总会计师,任职时间从 2012 年 6 月算起。

9 月 16 日 广东省地税局印发《广东省地方税务局关于陈金树同志任职的通知》(粤地税任免字〔2013〕101 号),决定:陈金树同志任汕尾市地方税务局稽查局局长,任职时间从 2012 年 6 月算起。

9 月 16 日 广东省地税局印发《广东省地方税务局关于黄建明同志任职的通知》(粤地税任免字〔2013〕102 号),决定:黄建明同志任揭阳市地方税务局总经济师,任职时间从 2012 年 6 月算起。

9 月 16 日 广东省地税局印发《广东省地方税务局关于吴澜星同志任职的通知》(粤地税任免字〔2013〕103 号),决定:吴澜星同志任梅州市地方税务局稽查局局长,任职时间从 2012 年 6 月算起。

9 月 16 日 广东省地税局印发《广东省地方税务局关于王绍乐等同志任职的通知》(粤地税任免字〔2013〕104 号),决定:王绍乐同志任省地税局办公室副主任;徐伟同志任省地税局办公室副主任;曾玉勤同志任省地税局政策法规处副处长;李秋然同志任省地税局收入规划核算处副处长;肖戎同志任省地税局纳税服务处副处长;杨美龙同志任省地税局教育培训处副处长;陈晓敏同志任省地税局直属税务分局副局长(安排在大企业税收管理局工作)。以上 7 位同志的任职时间从 2012 年 6 月算起。

9 月 16 日 广东省地税局印发《广东省地方税务局关于熊诵伟同志任职的通知》(粤地税任免字〔2013〕105 号),决定:熊诵伟同志任清远市地方税务局总会计师,任职时间从 2012 年 6 月算起。

9 月 16 日 广东省地税局印发《广东省地方税务局关于张光华、张京祥同志任职的通知》(粤地税任免字〔2013〕106 号),决定:张光华同志任惠州市地方税务局总经济师;张京祥同志任惠州市地方税务局总会计师。以上 2 位同志的任职时间从 2012 年 6 月算起。

9 月 16 日 广东省地税局印发《中共广东省地方税务局党组转发省委组织部关于吴昇文同志免职的通知》(粤地税组发〔2013〕61 号),免去吴昇文同志的省地税局巡视员职务。

9 月 17 日 张波诉广东省地税局驳回其行政复议申请一案在省高级人民法院二审终审,省局胜诉。

9 月 24 日 广东省地税局印发《广东省地方税务局关于罗木海同志免职退休的通知》(粤地税任免字〔2013〕107 号),决定:免去罗木海同志的揭阳市地方税务局调研员职务，退休。

9月24日　广东省地税局印发《广东省地方税务局关于宋天福、林润生同志职务任免的通知》（粤地税任免字〔2013〕108号），决定：宋天福同志任省地税局直属税务分局（大企业税收管理局）调研员，免去其省地税局征管和科技发展处调研员职务；林润生同志任省地税局基层工作处（机关党委办公室）调研员，免去其省地税局规费管理处调研员职务。

9月24日　广东省地税局印发《广东省地方税务局关于叶冬青同志职务任免的通知》（粤地税任免字〔2013〕109号），2013年9月9日决定：叶冬青同志提任中山市地方税务局调研员，免去其中山市地方税务局副局长职务。

9月25日　国家税务总局国际税务司副巡视员俞书春及台港澳处处长付瑶一行调研广东省台港澳涉税工作，省局党组成员、总会计师苏振钿及国际税务处、广州市局、东莞市局、横琴区局负责人与总局领导开展座谈。

9月26日　广东省地税局组织开展"广东地税定点联系企业专业化管理信息系统"企业名册信息的核实更新工作，并举办了辅导班，22户省局定点联系企业近30名财务人员参加。

9月29日　《广东省地方税务系统2013年行政审批制度改革事项目录（第一批）》《广东省地方税务系统税收优惠管理办法（试行）》经局长办公会议原则通过。

9月底　广东省地税局科研所撰写的《广东物流业效率优势弱化值得关注——税收视角下粤苏物流业发展比较分析》课题报告，得到广东省常务副省长徐少华的批示肯定。

第四季度

10月8日　广东省地税局印发《关于开展车船税征管有关事项检查的通知》（粤地税函〔2013〕919号），对全省车辆车船税征管情况开展专项检查。

10月8日至14日　广东省地税局参加"民声热线"5期上线直播节目。8日，省局党组书记、局长王南健参加"民声热线"上线直播，与群众"零距离"互动交流。

10月8日至14日　广东省地税局直属分局组织局内正式干部及优秀协税员共31人，到扬州税务干部学院进行干部专项培训。

10月10日　广东省地税局印发《广东省地方税务局关于邱秀、林桓同志任职的通知》（粤地税任免字〔2013〕110号），决定：邱秀同志任湛江市地方税务局总会计师；林桓同志任湛江市地方税务局稽查局局长。以上2位同志的任职时间从2012年6月算起。

10月10日　广东省地税局印发《广东省地方税务局关于尤庆驰同志免职退休的通知》（粤地税任免字〔2013〕111号），决定：免去尤庆驰同志的湛江市地方税务局调研员职务，退休。

10月10日　广东省地税局印发《广东省地方税务局关于黄炳文同志职务任免的通知》（粤地税任免字〔2013〕112号），2013年9月9日决定：黄炳文同志任珠海市地方税务局总会计师，免去其珠海市地方税务局稽查局局长职务。

10月10日至17日　广东省地税局稽查局在江西财经大学举办为期8天的全省稽查专业队培训班，来自全省各地的专业队员和业务骨干60人参加业务培训。

10月11日　广东省地税局自助办税服务系统2013年维保及开发服务项目启动会在广东南海税务信息处理中心召开。

10月14日至18日　广东省地税局征管和科技发展处在南海举办全省税收征管岗位能手培训班。

10月14日至19日　驻广东省地税局纪检组与驻广西壮族自治区地税局纪检组在湖南长沙税务干部学院联合举办纪检监察业务培训班，省地税系统纪检监察干部52人参加培训。

10月15日　广东省地税局印发《广东省地方税务局关于卢俭生、陈关宇同志职务任免的通知》（粤地税任免字〔2013〕113号），决定：卢俭生同志任湛江市地方税务局副局长；免去陈关宇同志的湛江市地方税务局副局长职务。

10月21日　广东省地税局信息中心在湖南长沙税务干部学院举办2013年第一期广东省地税系统信息技术岗位能手培训班。

10月22日　办税服务厅智能监控系统建设座谈会在广东省地税局召开，广州、佛山、惠州、湛江、肇庆、顺德区地税局先后在会上介绍交流各自开展办税服务厅智能监控系统建设及管理工作情况。会上围绕办税服务厅智能监控系统建设可行性研究报告、实施方案及相关资料进行了研究讨论。

10月23日　广东省地税局印发《广东省地方税务局关于同意江门市作为全省首批推广应用自助缴纳社会保险费业务单位的批复》（粤地税函

〔2013〕974 号)。

10 月 23 日 广东省地税局印发《广东省地方税务局关于刘伟荣同志免职退休的通知》(粤地税任免字〔2013〕114 号),决定:免去刘伟荣同志的河源市地方税务局调研员职务,退休。

10 月 23 日 广东省地税局印发《广东省地方税务局关于周国政同志免职退休的通知》(粤地税任免字〔2013〕115 号),决定:免去周国政同志的肇庆市地方税务局调研员职务,退休。

10 月 25 日 广东省地税局通过省国家安全厅、省国家保密局、省公安厅、省经济和信息化委员会、省通信管理局等五部门的信息安全保密联合工作检查,获得检查工作组的高度好评。本次检查的顺利通过,标志着省局信息安全保密工作取得良好成效。

10 月 25 日 广东省地税局直属分局举办"小型微利企业所得税相关税收优惠政策专题宣讲会",所辖小微企业代表及相关财务人员近 500 人参会。

10 月 25 日 广东省地税局印发《广东省地方税务局关于李荣德同志免职退休的通知》(粤地税任免字〔2013〕116 号),决定:免去李荣德同志的广东省地方税务局基层工作处(机关党委办公室)调研员职务,退休。

10 月 30 日 广东省地税局出台《关于加强对"一把手"监督管理的若干规定》(粤地税组发〔2013〕75 号),并于 12 月 4 日印发《加强市、县局"一把手"监督管理专项工作实施方案》(粤地税发〔2013〕55 号),针对各市、县(市、区)"一把手"八方面突出问题进行重点监管。

10 月 广东地税大集中社保费新系统引入身份证阅读器,实现二代居民身份证信息采集功能。该功能的引入大大提升了社保费业务的征管质效。

10 月 广东省地税局开展会员卡专项清退行动。经自查,全省地税系统各级党员领导干部均未收受会员卡,且每人都自觉按照要求向组织作了个人零持有承诺报告。

10 月底 广东省地税局 2013 年度(总第六次)信息系统灾难恢复演练圆满完成。实战演练检验了广东地税信息系统应急机制,通过分析、解决演练暴露的问题,完善了应急预案,提高了队伍有效的应急处置能力。

截至 10 月底 以证券基金公司、资本交易项目、房地产业和建筑安装业为指令性检查项目;以中介和培训服务机构、高收入者个人所得税、工业企业、矿产资源开发企业、"营改增"企业为指导性检查项目的地方税收专项检查,共检查纳税户 702 户,查结 254 户;发现有问题业户 285 户,查补收入合计 9981.59 万元;组织 9205 户企业开展自查,有问题业户 2506 户,自查查补收入 113307.89 万元。检查与自查合计收入 123289.48 万元,入库 115417.84 万元。全省共检查假发票 1263 万份,共挽回税款损失 20527.63 万元。

截至 10 月底 广东省属社保费欠费的清缴工作基本完成,3 年来共清查欠费单位 2030 户,金额 7982.68 万元,涉及数据信息 66652 万条;清缴欠费 279 户,金额 273.80 万元;核销欠费 230 户,金额 2087.42 万元。拟申请省政府核销 1258 户金额 4806.61 万元,申请另账管理 275 户金额 781.14 万元。

11 月 4 日 为协调中国交通建设集团等大企业提出的外出经营施工项目个人所得税重复缴纳问题,国家税务总局大企业管理司、所得税司组成联合调研组前往相关企业及广东省地税基层实地调研。

11 月 4 日 广东省地税局印发《广东省地方税务局关于韩启争同志免职退休的通知》(粤地税任免字〔2013〕118 号),决定:免去韩启争同志的湛江市地方税务局副调研员职务,退休。

11 月 4 日 广东省地税局印发《广东省地方税务局关于李雪华、郑南华同志任职的通知》(粤地税任免字〔2013〕119 号),2013 年 10 月 14 日决定:李雪华同志提任潮州市地方税务局副调研员;郑南华同志提任潮州市地方税务局副调研员。

11 月 4 日 广东省地税局印发《广东省地方税务局关于黄真同志任职的通知》(粤地税任免字〔2013〕120 号),决定:黄真同志任东莞市地方税务局副局长。

11 月 6 日至 8 日 国家税务总局财产行为税司副司长杨遂周及副处长刘明扬等一行到广东省调研农村集体建设用地使用权流转是否开征土地增值税问题。

11 月 8 日 广东省地税局印发《广东省地方税务局转发省人力资源社会保障厅关于罗达佳同志任职的通知》(粤地税函〔2013〕1044 号),任命罗达佳同志为广东省地方税务局总经济师。

11 月 11 日 广东省地税局金税三期工程试点办在第 21 次省局党组会议上向省局党组报告省金税三期工程试点上线前期工作情况。随后,省局向国家税务总局提交《广东省地方税务局关于金税三期试点工作情况的报告》(粤地税发〔2013〕113

号),介绍了广东省金税三期工程试点工作情况,并向总局提出相关建议。

11 月 11 日　香港会计师公会谭振雄先生一行到广东省地税局访问,省局党组成员、总会计师苏振钿带领税政一处、税政二处、国际税务管理处、规费处等处室人员会见并开展座谈会议。

11 月 11 日　广东省地税局印发《广东省地方税务局关于苏彰强同志职务任免的通知》(粤地税任免字〔2013〕121 号),决定:苏彰强同志任清远市地方税务局副调研员,免去其清远市地方税务局稽查局局长职务。

11 月 11 日　广东省地税局印发《广东省地方税务局关于冯金祝同志免职退休的通知》(粤地税任免字〔2013〕122 号),决定:免去冯金祝同志的韶关市地方税务局副调研员职务,退休。

11 月 11 日　广东省地税局印发《广东省地方税务局关于欧锦驱等同志职务任免的通知》(粤地税任免字〔2013〕123 号),决定:欧锦驱同志任江门市地方税务局副局长,免去其江门市地方税务局总会计师职务;陈雁成同志任江门市地方税务局副局长,免去其江门市地方税务局总经济师职务;柯见贤同志任江门市地方税务局总经济师。

11 月 11 日　广东省地税局印发《广东省地方税务局关于柯见贤同志免职的通知》(粤地税任免字〔2013〕124 号),决定:免去柯见贤同志的茂名市地方税务局总会计师职务。

11 月 11 日　广东省地税局印发《广东省地方税务局关于包林同志免职退休的通知》(粤地税任免字〔2013〕125 号),决定:免去包林同志的云浮市地方税务局副调研员职务,退休。

11 月 12 日　广东省地税局印发《广东省地方税务局关于朱毅同志免职的通知》(粤地税任免字〔2013〕126 号),决定:免去朱毅同志的广东省地方税务局总审计师职务。

11 月 12 日　广东省地税局印发《广东省地方税务局关于朱毅、陆耀炳同志职务任免的通知》(粤地税任免字〔2013〕127 号),决定:朱毅同志任佛山市地方税务局局长;免去陆耀炳同志的佛山市地方税务局局长职务。

11 月 12 日　广东省地税局印发《广东省地方税务局关于陆耀炳同志任职的通知》(粤地税任免字〔2013〕128 号),决定:陆耀炳同志任广州市地方税务局副局长。

11 月 13 日　广东省地税局机关服务中心发文《广东省地方税务局关于开展机关后勤"优质服务年"活动情况的报告》(粤地税发〔2013〕108 号),向国家税务总局报告 2013 年广东省地税系统"优质服务年"活动开展情况。

11 月 14 日　广东省地税局印发《广东省地方税务局关于钟崇光同志免职退休的通知》(粤地税任免字〔2013〕129 号),决定:免去钟崇光同志的梅州市地方税务局副调研员职务,退休。

11 月 15 日　广东省地税局印发《广东省地方税务局关于梁宇卫同志任职的通知》(粤地税任免字〔2013〕130 号),2013 年 10 月 28 日决定:梁宇卫同志提任湛江经济技术开发区地方税务局局长,试用一年。

11 月 15 日　广东省地税局出台《广东省地方税务局电子办税管理办法》(广东省地方税务局公告 2013 年第 4 号,以下简称《办法》),于 2013 年 12 月 15 日正式生效施行。《办法》的出台,标志着省地税正在大力构建的以电子办税服务厅为涉税信息主通道的新型管理和服务体系的正式确立,并受法律法规保障和约束。

11 月 15 日　广东省地税局印发《关于开展税收优惠政策落实情况督查的通知》(粤地税函〔2013〕1067 号),并抽调人员分成 5 个督查组对全省税收优惠政策落实情况进行督查。

11 月 15 日　2013 年第五期"南粤金税"电子发票抽奖如期举行。

11 月 18 日至 22 日　广东省地税局信息中心在广东邮电职业技术学院举办了全省区县信息技术岗位人员知识更新培训班(第一期)。

11 月 18 日　广东省地税局、省人力资源社会保障厅社会保险费征缴工作协调会议在省局召开。会议研究讨论了 8 项社会保险费征缴管理有待解决的问题,双方就其中 4 项工作达成一致意见。

11 月 20 日　广东省地税局发出《广东省地方税务局关于〈关于进一步明确堤围防护费征收政策调整有关事项的请示(征求意见稿)〉意见的函》(粤地税函〔2013〕1098 号)。

11 月 20 日　广东省地税局印发《广东省地方税务局关于郑明钦同志职务任免的通知》(粤地税任免字〔2013〕131 号),决定:郑明钦同志任揭阳市地方税务局副局长,免去其揭阳市地方税务局总会计师职务。

11 月 25 日　广东省副省长林少春召开省社会保险费征管工作联系会议。省财政厅、省人力资源和社会保障厅、省地税局主要负责人参加会议。会议对以下问题达成一致意见:一是关于共同下达养老保险扩面征缴任务问题;二是共同完善三方对账问题;三是关于社保费退费问题;四是关于联席会议制度问题。

11月25日至29日 广东省地税局信息中心在湖北省税务干部学校举办2013年第二期广东省地税系统信息技术岗位能手培训班。

11月26日 广东省地税局机关服务中心联合广州市消防局及天河消防中队举行消防演习,省局党组成员、总经济师罗达佳担任消防演习总指挥。

11月27日 南海税务信息处理中心数据楼机房精密空调增容及配电改造工程验收。该项目完成后,广东地税南海机房精密空调系统实现双路冗余,全局制冷量提升一倍,解决了因设备日益增多而导致的热量以及局部机房空间温度较高的问题。

11月29日 广东省地税局印发《广东省地方税务局关于熊保利同志免职的通知》(粤地税任免字〔2013〕132号),决定:免去熊保利同志的广东省地方税务局大企业税收管理局副局长职务。

11月29日 广东省地税局印发《广东省地方税务局关于熊保利同志任职的通知》(粤地税任免字〔2013〕133号),决定:熊保利同志任省地税局直属税务分局副局长(安排在大企业税收管理局工作)。

11月30日 广东省地税局出台《广东省地方税务局税收票证管理补充规定》(粤地税函〔2013〕1092号)。

11月下旬 广东省地税局天河北机房局部区域改造项目施工全部结束,该项目为金税三期工程设备在天河北机房部署提供了必要的物理环境,提升了安全防护能力。

11月 廉政文艺轻骑队的廉政音乐情景剧《心灵的对话》,被广东省纪委和驻国家税务总局纪检组分别作为广东省和全国税务系统的优秀廉政文化作品向中纪委推荐。

截至11月30日 非金融企业从事金融业务营业税专项检查完成,全省共54143户非金融企业开展了自查,补缴“其他金融”营业税2603万元;全省共选取977户重点企业进行检查,发现有问题的企业130户,其中112户企业少缴“其他金融”营业税,金额为1957万元,18户企业缴纳营业税品目错误,将“其他金融”营业税错缴为“其他服务业”等其他品目营业税,金额为488万元。

12月2日 广东省财政厅、省人社厅、省地税局组成调研组,对河源市社保费“三方协同办公”系统进行调研。

12月3日至6日 广东省地税局副巡视员林如山率金税三期工程试点办一行21人赴山东地税学习考察金税三期工程上线工作经验(山东地税上线工作基本顺利,主要得益于规范业务、规范数据和规范管理三项工作)。

12月3日至6日 国家税务总局大企业税收管理司调研组实地调研省局大企业税收管理信息化建设情况,听取大企业管理局关于广东大企业税收管理信息化建设情况、广东税源监控管理体系建设情况汇报,并就总局定点联系企业税务监控体系建设总体方案、税收快报实施方案及业务需求问题进行了研讨。

12月4日 广东省地税局发出《广东省地方税务局关于明确个体户堤围防护费征收政策意见的函》(粤地税函〔2013〕1138号)。

12月6日 广东省地税局印发《广东省地方税务局关于杨金灵同志任职的通知》(粤地税任免字〔2013〕134号),2013年10月28日决定:杨金灵同志提任广州市地方税务局副巡视员。

12月9日至13日 全省地税系统纳税服务岗位能手培训班在湖南税务高等专科学校举行。

12月9日至13日 税务总局大企业税收管理司工作组在省局召开专项工作会议,审改《大企业税收服务和管理工作手册》初稿。

12月10日 广东省地税局印发《广东省地方税务局关于喻玲同志任职的通知》(粤地税任免字〔2013〕135号),2013年11月25日决定:喻玲同志提任广东省地方税务局税政一处副调研员。

12月11日 广东省地税局印发《广东省地方税务局关于董超明同志免职退休的通知》(粤地税任免字〔2013〕136号),决定:免去董超明同志的湛江市地方税务局副调研员职务,退休。

12月12日至13日 湖北省地税局副局长肖绪湖一行到广东省地税局调研国际税收管理工作。省局党组成员、总会计师苏振钿带领国际税务管理处有关人员会见并开展座谈会议。

12月16日 广东省地税局印发《广东省地方税务局关于苏明钦同志任职的通知》(粤地税任免字〔2013〕137号),2013年11月25日决定:苏明钦同志提任惠州市地方税务局副调研员。

12月17日 广东省地税局印发《广东省地方税务局转发省物价局财政厅关于取消、免征、降低部分省定行政事业性收费的通知》(粤地税发〔2013〕119号)。调整堤围防护费征收政策:自2014年1月1日起2年内,堤围防护费按现行征收标准下调

20%；对月营业额2万元以下的中小微企业免征；对各市政府自行决定封顶征收的堤围防护费，征管系统不作封顶设置限制，由各地自行设置。

12月19日　广东省地税局发布《关于下放我省城镇土地使用税困难减免审批权限的公告》（2013年第5号），自12月20日起，将纳税人缴纳城镇土地使用税确有困难，需要给予减免税照顾的审批权限下放到市（横琴新区、顺德区）、县（市、区）地方税务局，省局不再审批。

12月20日　广东省地税局大企业管理局、征科处、信息中心及第三方监理等项目相关人员组成验收小组，对“广东地税定点联系企业专业化管理信息系统”（一期）项目进行了评审验收，标志着系统一期正式开发完毕，投入正常运行。

12月27日　广东省地税局金税三期工程试点办在省局召开金税三期工程试点办公室主任会议，总结赴山东省地税局学习考察金税三期工程上线工作的情况及启示，明确下一阶段的工作任务和工作思路，通过了金税三期工程抽调人员年度考核办法，并提出要在充分利用现有资源的原则下，积极完成税务总局工程办拟交省局金税三期工程数据同步管控的相关工作任务。

12月27日　广东省人力资源和社会保障厅、广东省财政厅和广东省地方税务局联合印发《关于调整企业职工基本养老保险缴费工资下限有关问题的通知》（粤人社发〔2013〕268号），明确从2014年1月1日起，省企业职工基本养老保险缴费工资下限调整为2139元。

12月30日　广东省地方税务局、广东省人力资源和社会保障厅、广东省财政厅联合印发《关于建立部门协同工作新机制完善社会保险费三方对账管理工作的通知》（粤地税发〔2013〕125号），明确广东省全面建立地税、社保和财政部门协同工作新机制，完善社会保险费三方对账管理工作的具体要求，并要求各地在2014年8月底，确保完成社保费地税、社保、财政“三方协同工作平台”的搭建并运行。

截至12月中下旬　全省终端安全管理系统建设项目涵盖的全省26个单位的主体实施工作完成。终端安全管理系统的应用推广，增强了全省3万多台终端的安全防护能力，进一步降低了广东地税内网的安全风险，提升了税务内网的安全保障能力。

截至12月30日　广东省地税局直属分局3526户正常税收管户中（一次性税源户除外），共有1440户纳税人登录电子办税服务厅并申请开通数字证书（CA），其中844户纳税人开通CA并通过CA方式进行纳税申报，累计申报金额461508.3万元，标志着电子办税服务厅在直属分局顺利上线。

12月底　广东地税门户网站在广东省电子政务协会举办的2013年度广东省政府网站公共服务程度评测中荣获优秀奖和服务创新奖。

截至12月底　2013年全省地税12366热线话务受理量239.72万个，其中自动语音话务71.63万个、人工接听话务147.76万个，平均接通率93.8%。

2013年，全省地税组织税费收入7524亿元，增长10.6%，剔除“营改增”因素增长15.1%。其中，组织税收收入5085亿元，突破5000亿元，增长9.6%，剔除“营改增”因素增长16.2%，比上年加快6.3个百分点；省级收入1088.7亿元，突破1000亿元，占省级公共预算收入的比重超过2/3，增长9.7%，剔除“营改增”因素增长19.2%，超额完成省政府追加的省级收入任务；组织社保费等规费收入2439亿元，增长12.8%。

第六篇

机构与人员

广东省地方税务局厅级干部名单

截止时间:2013年12月31日

序号	任职部门	姓名	性别	出生日期	政治面貌	现任职务	任现职时间	现任职级	任现职级时间	备注
1	广东省地方税务局	王南健	男	1955.08	中共党员	局长	2011.04	厅局级正职	2003.06	2010.06任省局党组书记
2	广东省地方税务局	杨楚潮	男	1957.09	中共党员	巡视员	2009.12	厅局级正职	2009.12	2006.04任省局党组副书记
3	广东省地方税务局	潘享清	男	1962.12	中共党员	副局长	2012.09	厅局级副职	2003.08	省局党组成员（2013.06调离到其他单位任职）
4	广东省地方税务局	欧卫东	男	1957.07	其他党派	副局长	2013.12	厅局级副职	2003.08	省委组织部于2013.12宣布到位，省政府于2014.2发文任命
5	广东省地方税务局	宋爱勤	女	1957.10	中共党员	副局长	2004.12	厅局级副职	2004.12	省局党组成员
6	广东省地方税务局	揭晔	男	1958.09	中共党员	副局长	2007.02	厅局级副职	2007.02	省局党组成员，广州市地税局党组书记、局长
7	广东省地方税务局	李华东	男	1965.12	中共党员	副局长	2008.02	厅局级副职	2008.02	省局党组成员
8	广东省地方税务局	杨朝峰	男	1964.03	中共党员	副局长	2010.02	厅局级副职	2007.12	省局党组成员
9	广东省地方税务局	杨荣华	男	1958.11	中共党员	副局长	2012.02	厅局级副职	2010.03	省局党组成员
10	广东省地方税务局	王中福	男	1954.12	中共党员	纪检组长	2011.01	厅局级副职	2004.03	省局党组成员

续表

序号	任职部门	姓名	性别	出生日期	政治面貌	现任职务	任现职时间	现任职级	任现职级时间	备注
11	广东省地方税务局	苏振钿	男	1958.02	中共党员	总会计师	2010.03	厅局级副职	2010.03	省局党组成员
12	广东省地方税务局	罗达佳	男	1960.06	中共党员	总经济师	2012.09	厅局级副职	2012.09	省局党组成员
13	广东省地方税务局	吴昇文	男	1953.07	中共党员	巡视员	2011.04	厅局级正职	1998.06	省政协委员 (2013.08 免去巡视员职务)
14	广东省地方税务局	罗与洪	男	1953.05	中共党员	巡视员	2012.02	厅局级正职	2012.02	退休 (2013.06 免去巡视员职务)
15	广东省地方税务局直属税务分局	方佳雄	男	1967.08	中共党员	局　长	2009.10	厅局级副职	2008.05	
16	广东省地方税务局稽查局	余振荣	男	1962.04	中共党员	局　长	2009.10	厅局级副职	2009.09	
17	广东省地方税务局	朱汉锋	男	1958.06	中共党员	监察专员	2010.12	厅局级副职	2010.12	副厅级纪检员
18	广东省地方税务局	刘茂坤	男	1955.06	中共党员	副巡视员	2011.09	厅局级副职	2011.09	系统
19	广东省地方税务局	陆　宇	男	1954.03	中共党员	副巡视员	2011.09	厅局级副职	2011.09	系统
20	广东省地方税务局	黄和平	男	1955.03	中共党员	副巡视员	2012.09	厅局级副职	2012.09	
21	广东省地方税务局	林如山	男	1960.05	中共党员	副巡视员	2013.06	厅局级副职	2013.06	
22	广东省地方税务局	梁友平	男	1955.07	中共党员	副巡视员	2013.12	厅局级副职	2013.12	系统

广东省地方税务局机关及直属单位处级干部名单

截止时间:2013 年 12 月 31 日

机构类别	机构名称	现配备情况			
		领导职务		非领导职务	
		正　职	副　职	调研员	副调研员
	总审计师	朱　毅（2013. 11 调离省局）			
机关内设处室	办公室	冯绍伍	聂鸿杰　王绍乐　徐　伟　黄俊杰		王立行　朱晓菁
	政策法规处	李漫天	曾玉勤		
	税政一处	宁　波	蒙全忠		卢红秋　喻　玲
	税政二处	龙　磊	刘　柯　吴旭红		
	国际税务处	詹立仁	罗翠英　陈云璋		
	规费管理处		黄　荣		
	收入规划核算处	李殿相	黄健劲　杜　鹃　李秋然		
	纳税服务处	黄桂祥	张浩祥　肖　戎		杨建军
	征管和科技发展处	陈汉钗	麦　立　陈　挺		
	财务与装备管理处	陈小东	江　平	李明景	
	内审处	庄义河	赵善文　黄媛春		谢建新
	人事处	侯邦安	朱勇兵	梁明裕	冉启红　吴建秀
	教育培训处	胡泽民	张文邦　杨美龙		黄锡深
	基层工作处(党办)	钟文锋	魏冬青	师青海　林润生	
直属行政单位	稽查局	余振荣（副厅级）	黄松宜　范思鑫　欧阳华　林华儿	龚寿文　黄燕平	张　弟　庞信城　朱伟馨　陈　蕾
	直属税务分局	方佳雄（副厅级）	张俭美　李新忠　唐　山	何革明　王力元　陈　忠	苏　彤　吕燕英　彭峰彪　钟　斌　陈滨霞
	大企业税收管理局	刘通天	熊保利　陈晓敏	宋天福	陈磊然　肖二蓝
事业单位	机关服务中心	黄永桂	曾建辉　戴宏辉		
	信息中心	周　昊	卢新生　郑毅强　黄世能	华　军（总工程师）	
	税收研究所	向　景	梁若莲　温丽萍		
	票证中心		张少宏		
	干部进修学校	王永民	赵永清		

广东省各市地方税务局领导班子成员(含同级非领导职务)名单(在职)

截止时间:2013 年 12 月 31 日

单位	局　长	副局长	纪检组长	总经济师	总会计师	稽查局长	副巡视员、调研员、副调研员①	市局党组成员及同级职务
广州	揭　晔	陆耀炳(党组副书记) 孙　洪　胡　强　谢红鹰	杨亚平	杨　凡	李健强	钟晓山	林泊全(广州市地税局副巡视员) 杨金灵(广州市地税局副巡视员)	马世超(党组成员) 徐　杰(党组成员)
珠海	赵　平	杨　敏　文　英　邝景伦	李维泽	陆　强	黄炳文		徐均红(调研员、党组成员) 陈才华　詹剑锋　李国华	
珠海横琴	罗增庆(珠海局党组副书记)	林锦雄　李喜妍　黄炯培	/	/	/	/		
汕头	林达生	陈德元(党组副书记) 郑友声　吴志坚	庄顺明	黄映宣	杨启丰			
韶关	王中高	陈红光　苏韶娟　欧阳坚		赖燕华		黄伟明		
河源	严贵杨	练富强　邹汇川　曾罗生	刁振光	张亮文	邬坤辉	余小凡	王宣秋　肖　平	
梅州	李万清	饶羽平　管仕浩　甘广木	邓坤泉	廖永新	陈维聪	吴澜星	张世光(调研员、党组副书记) 刘国忠　李南安	
惠州	戎惠良	柳晓晖　吴凤雄　叶柏灼	陈少龙	张光华	张京祥	郑小明	谢正荣　苏明钦	罗群忠
汕尾	姚小健	孙彦浩(党组副书记) 赖永腾　林永胜	唐雪峰	黄礼文	姚诗谋	陈金树	黄　维　黄　鹏　陈天利	
深汕	魏少波	陈海亮		/	/	/		
东莞	钟毅民	莫灿洪　叶　胜　黄　真		吴锡昌	黄见洪	蔡超文	刘茂坤(副巡视员) 尹进城(调研员、党组成员) 叶新光　祈宝驹　袁银灿 罗发业	

续表

单位	局　长	副局长	纪检组长	总经济师	总会计师	稽查局长	副巡视员、调研员、副调研员①	市局党组成员及同级职务
中山	区艳钊(党组书记) 杨来发(局长、党组副书记)	刘　建(党组副书记) 李政科		张政鸿	吴冠伟	温牧汉	叶冬青(调研员、党组成员) 蓝铭坚　麦庆菊　谢荣根	
江门	王　毅	赖竹华　欧锦驱　陈雁成		柯见贤		黄　钟	陆　宇(副巡视员) 关子超(调研员、党组副书记) 陈庆年　黄海荣	
佛山	朱　毅	林少雄　李海山　关远荣	周卫平		戚晋北	李怀嘉	焦献民(调研员、党组成员) 杨汉奇　林国棠　吴创英 周伟宁　梁铭强	李振辉　黄学保
阳江	蒋安平(党组书记) 林永锋(局长、党组副书记)	杨　路　陈德亮　王振义	唐　山	许世荣	刘永才	程国建	郑向阳(调研员、党组成员) 李孔云　邓作高	
湛江	林兆华	阎　志　王上治　卢俭生	周景明	苏赤进	邱　秀	林　桓	陈小龙(调研员、党组成员) 陈铁玉	梁宇卫
茂名	龚学泉	潘致远　叶秀红		黄燎原			邓长学(调研员、党组副书记) 邱坚明　陈兆辉　陈家友	
肇庆		何　蜀(党组副书记) 陈明兴　乔伟健	莫秋涛	黎明礼	伍自强	钟翰文	梁友平(副巡视员)　苏成耀	
清远	罗镜文	雷文广　肖事叶　王立新	江国煌	钟华清	熊诵伟		温汝想(调研员、党组成员) 苏彰强　姜以贵	曾桂芬
潮州	张振宇	郑杰鹏(党组副书记) 陈　泽　罗逸绪	谢烈鹏	李俊坤	林玉辉	卢锡豪	李雪华　郑南华	
揭阳	黄少波	游绿东　黄瑞章　郑明钦	利志清	黄建明		郑凯平	罗宗发　郑可夫	
云浮	陈　伟	李　铸　郭仲均　徐安办	周石南	成志杰	区卓斌	廖德清	刘　萍　何英民	

注:①表中该栏未用括号注明的为副调研员。

广东省地税系统机构级别情况统计表

截止时间:2013 年 12 月 31 日　　单位:个

项　目	编号	总计	局机关			直属行政单位			税务所(分局)	事业单位		
			小计	省局	省以下局	小计	省局	省以下局		小计	省局	省以下局
甲		1	2	3	4	5	6	7	8	9	10	11
总　计	1	1099	102	1	101	229	5	224	635	133	4	129
正厅级	2	1	1	1								
副厅级	3	1	1		1							
正处级	4	54	25		25	19	5	14		10	4	6
副处级	5	45	1		1	40		40		4		4
正科级	6	286	74		74	84		84	83	45		45
副科级	7	638				86		86	552			
股　级	8	74								74		74

注:1. 本表不含深圳市及佛山市顺德区。

2. 本表数据关系:编号 1 = 编号 2 + …… + 编号 8;甲 1 = 甲 2 + 甲 5 + 甲 8 + 甲 9;甲 2 = 甲 3 + 甲 4;甲 5 = 甲 6 + 甲 7;甲 9 = 甲 10 + 甲 11。

广东省地税系统机构设置情况统计表

截止时间:2013 年 12 月 31 日　　　　单位:个

项目		编号	合计	省局	副省级市局	地(市)局	副省级市区(市)局	地(市)区局	县(市)局
甲			1	2	3	4	5	6	7
总　计		1	1099	10	29	273	58	106	623
局机关		2	102	1	1	19	6	10	65
直属行政单位	小　计	3	229	5	14	70	52	23	65
	税务分局	4	58	1		11	46		
	区地方税务局(按行政区划设置)	5	34		6	28			
	区地方税务局(按经济区域设置)	6	12	2		10			
	稽查局	7	120	1	7	19	6	22	65
	其他直属行政单位	8	5	1	1	2		1	
税务所(分局)		9	635		14	146		63	412
事业单位		10	133	4		38		10	81
其中:规费服务中心		11	101			19		10	72

注:1. 不含深圳市及佛山市顺德区。

2. 本表数据关系:编号 1 = 编号 2 + 编号 3 + 编号 9 + 编号 10;编号 3 = 编号 4 + …… + 编号 8;甲 1 = 甲 2 + …… + 甲 7。

广东省地税系统从业人员基本情况统计表

截止时间:2013 年 12 月 31 日

项目		编号	总计	女	少数民族	学历						学位		政治情况				年龄							人员分布			
						研究生	大学本科	大学专科	中专	高中 技校 职高	初中及以下	博士	硕士	共产党员	共青团员	民主党派	无党派或群众	30岁以下	31至35岁	36至40岁	41至45岁	46至50岁	51至54岁	55至59岁	局机关	直属机构	派出机构	事业单位
甲			1	2	3	4	5	6	7	8	9	10	11	12	13	14	15	16	17	18	19	20	21	22	23	24	25	26
总计		1	32685	13242	283	1417	16771	10200	1735	1655	907	40	1361	19894	2984	109	9698	6434	3839	6060	6066	5467	2920	1899	5455	7506	10383	9341
正式职工合计		2	25796	9535	242	1393	15162	7550	1040	582	69	40	1342	18961	1391	109	5335	3365	2505	5078	5249	5008	2776	1815	5455	7506	10383	2452
干部	小计	3	23905	9089	229	1387	14686	6609	846	355	22	40	1340	17946	1362	109	4488	3293	2354	4663	4731	4600	2593	1671	5455	7506	10383	561
	公务员	4	23344	8868	223	1334	14464	6368	825	333	20	35	1280	17630	1344	107	4263	3212	2274	4547	4607	4497	2551	1656	5455	7506	10383	
	事业干部	5	561	221	6	53	222	241	21	22	2	5	60	316	18	2	225	81	80	116	124	103	42	15				561
正式工人		6	1891	446	13	6	476	941	194	227	47		2	1015	29		847	72	151	415	518	408	183	144				1891
临时工	小计	7	6889	3707	41	24	1609	2650	695	1073	838		19	933	1593		4363	3069	1334	982	817	459	144	84				6889
	临时助征员	8	101	49	1	1	34	47	12	7				13			88		7	46	38	10						101
	临时工	9	6788	3658	40	23	1575	2603	683	1066	838		19	920	1593		4275	3069	1327	936	779	449	144	84				6788

补充资料:离退休人员 4339 人,其中:离休人员 116 人、退休人员 4186 人(提前离岗人员 18 人)、退职人员 37 人。

编号 7 中直接签订用工合同的 2436 人,签订劳务派遣合同的 4213 人,未签订用工合同的 240 人。按照人员来源分,由税务机关招聘的 6274 人,由地方政府招聘后派遣给税务机关的 536 人,以临时工形式接收安置的复员退伍战士 79 人。

注:本表数据关系:编号 1 = 编号 2 + 编号 7;编号 2 = 编号 3 + 编号 6;编号 3 = 编号 4 + 编号 5;编号 7 = 编号 8 + 编号 9;甲 1 > = 甲 2;甲 1 > = 甲 3;甲 1 = 甲 4 + …… + 甲 9;甲 1 > = 甲 10 + 甲 11;甲 1 = 甲 12 + …… + 甲 15;甲 1 = 甲 16 + …… + 甲 22;甲 1 = 甲 23 + …… + 甲 26。

广东省地税系统从业人员基本情况统计表（含临时工）

截止时间:2013 年 12 月 31 日

单位	总计	女	少数民族	学历						学位		政治情况				年龄							人员分布			
				研究生	大学本科	大学专科	中专	高中技校职高	初中及以下	博士	硕士	共产党员	共青团员	民主党派	无党派或群众	30岁以下	31至35岁	36至40岁	41至45岁	46至50岁	51至54岁	55至59岁	局机关	直属机构	派出机构	事业单位
序号	1	2	3	4	5	6	7	8	9	10	11	12	13	14	15	16	17	18	19	20	21	22	23	24	25	26
统计汇总	32685	13242	283	1417	16771	10200	1735	1655	907	40	1361	19894	2984	109	9698	6434	3839	6060	6066	5467	2920	1899	5455	7506	10383	9341
广东省地税局	360	135	5	103	222	28	2	5		13	110	290	3	2	65	23	66	85	63	77	26	20	162	119		79
广州市地税局	3786	1835	56	294	2792	447	96	106	51	6	346	2176	626	75	909	847	435	545	925	634	271	129	472	1921	966	427
珠海市地税局	1164	521	7	45	737	229	65	54	34	1	75	641	146	2	375	174	137	259	268	204	86	36	206	307	293	358
汕头市地税局	1329	408	1	49	605	524	104	32	15		22	1029	25	2	273	123	172	257	235	233	167	142	244	226	577	282
佛山市地税局	2812	1447	15	93	1545	706	78	119	271	2	98	1218	459		1135	852	475	521	389	363	145	67	426	148	809	1429
韶关市地税局	1300	525	19	18	551	536	47	86	62		5	792	77	1	430	227	116	222	247	284	155	49	297	250	428	325
河源市地税局	1180	471	8	5	366	505	186	96	22		6	683	33		464	194	87	184	229	249	145	92	319	111	426	324
梅州市地税局	1614	547		12	638	701	110	118	35		3	1109	74		431	254	148	209	278	362	198	165	265	201	712	436
惠州市地税局	1661	659	9	60	645	738	61	142	15		34	1053	161		447	372	211	275	287	280	149	87	249	260	540	612
汕尾市地税局	830	231	1	12	275	364	79	73	27	1	4	540	20	1	269	116	73	156	130	153	123	79	207	161	260	202

续表

单位	总计	女	少数民族	学历						学位		政治情况				年龄							人员分布			
				研究生	大学本科	大学专科	中专	高中 技校 职高	初中及以下	博士	硕士	共产党员	共青团员	民主党派	无党派或群众	30岁以下	31至35岁	36至40岁	41至45岁	46至50岁	51至54岁	55至59岁	局机关	直属机构	派出机构	事业单位
序号	1	2	3	4	5	6	7	8	9	10	11	12	13	14	15	16	17	18	19	20	21	22	23	24	25	26
东莞市地税局	1099	503	2	59	855	177		7	1		61	680		1	418	287	294	227	148	85	22	36	99	40	758	202
中山市地税局	761	369	5	38	581	56	11	42	33	1	72	458	38	2	263	159	152	205	111	86	31	17	93	40	519	109
江门市地税局	1844	787	3	42	756	689	159	92	106	1	14	1019	132		693	376	250	392	315	273	137	101	310	354	503	677
阳江市地税局	1095	372	3	27	553	379	55	71	10		6	713	60		322	169	93	261	247	186	82	57	235	240	302	318
湛江市地税局	1820	603	3	63	810	702	145	87	13	1	18	1238	77	3	502	181	111	402	425	315	213	173	302	551	521	446
茂名市地税局	1463	472	5	35	711	593	43	73	8		15	1064	107		292	254	126	247	279	265	167	125	221	243	664	335
肇庆市地税局	1242	487	9	17	556	467	46	93	63		50	680	164		398	293	101	237	225	197	112	77	360	114	372	396
清远市地税局	1234	538	82	18	683	394	86	29	24		22	756	153		325	302	172	222	214	167	101	56	289	173	451	321
潮州市地税局	832	223	1	7	405	293	43	49	35		5	643	31		158	79	45	172	124	183	134	95	132	270	245	185
揭阳市地税局	1132	325		10	489	451	41	98	43		8	903	42	8	179	190	102	225	167	177	132	139	213	107	497	315
云浮市地税局	756	257	3	4	340	242	96	55	19		3	442	42		272	98	116	190	115	131	64	42	196	83	300	177
珠海横琴新区地税局	52	19	1	12	27	12		1		2	16	36	16			19	14	8	7	1	2	1	38			14
深汕特别合作区地税局	2				2							2							1		1		2			
深圳市地税局	3317	1508	45	394	1627	967	182	127	20	12	368	1729	498	12	1078	845	343	559	637	562	257	114	118	1587	240	1372

广东省地税系统从业人员基本情况统计表(不含临时工)

截止时间:2013 年 12 月 31 日

单位	总计			学历						学位		政治情况				年龄							人员分布			
		女	少数民族	研究生	大学本科	大学专科	中专	高中 技校 职高	初中及以下	博士	硕士	共产党员	共青团员	民主党派	无党派或群众	30岁以下	31至35岁	36至40岁	41至45岁	46至50岁	51至54岁	55至59岁	局机关	直属机构	派出机构	事业单位
序号	1	2	3	4	5	6	7	8	9	10	11	12	13	14	15	16	17	18	19	20	21	22	23	24	25	26
统计汇总	25796	9535	242	1393	15162	7550	1040	582	69	40	1342	18961	1391	109	5335	3365	2505	5078	5249	5008	2776	1815	5455	7506	10383	2452
广东省地税局	360	135	5	103	222	28	2	5		13	110	290	3	2	65	23	66	85	63	77	26	20	162	119		79
广州市地税局	3480	1704	51	292	2681	392	75	40		6	346	2122	569	75	714	685	382	504	894	622	265	128	472	1921	966	121
珠海市地税局	900	349	7	45	660	162	22	7	4	1	75	604	53	2	241	79	91	213	226	174	81	36	206	307	293	94
汕头市地税局	1178	357	1	49	584	421	99	21	4		22	981	24	2	171	102	125	218	203	225	164	141	244	226	577	131
佛山市地税局	1463	618	12	90	1045	290	16	20	2	2	95	1055	77		331	201	191	358	265	275	117	56	426	148	809	80
韶关市地税局	1062	399	16	18	541	455	32	15	1		5	777	57	1	227	151	78	198	208	249	138	40	297	250	428	87
河源市地税局	961	353	8	5	350	441	139	24	2		6	668	21		272	106	54	163	192	225	136	85	319	111	426	105
梅州市地税局	1302	355		12	607	594	51	33	5		3	1091	45		166	131	76	165	240	336	190	164	265	201	712	124
惠州市地税局	1250	476	8	60	600	480	33	75	2		27	979	57		214	183	114	213	244	263	147	86	249	260	540	201
汕尾市地税局	710	170	1	12	268	327	73	24	6	1	4	537	16	1	156	66	60	142	114	144	118	66	207	161	260	82

续表

单位	总计	女	少数民族	学历						学位		政治情况				年龄							人员分布			
				研究生	大学本科	大学专科	中专	高中 技校 职高	初中及以下	博士	硕士	共产党员	共青团员	民主党派	无党派或群众	30岁以下	31至35岁	36至40岁	41至45岁	46至50岁	51至54岁	55至59岁	局机关	直属机构	派出机构	事业单位
序号	1	2	3	4	5	6	7	8	9	10	11	12	13	14	15	16	17	18	19	20	21	22	23	24	25	26
东莞市地税局	922	392	2	59	743	112		7	1		61	646		1	275	219	218	201	142	84	22	36	99	40	758	25
中山市地税局	669	317	5	38	569	50		10	2	1	72	456	34	2	177	132	131	181	101	78	29	17	93	40	519	17
江门市地税局	1253	463	3	41	673	458	47	33	1	1	13	927	57		269	144	125	286	242	248	121	87	310	354	503	86
阳江市地税局	858	288	3	27	526	257	20	24	4		6	671	38		149	83	50	220	211	163	74	57	235	240	302	81
湛江市地税局	1581	489	3	63	786	611	97	21	3	1	18	1201	42	3	335	120	79	339	374	291	207	171	302	551	521	207
茂名市地税局	1238	369	5	35	673	464	27	32	7		15	1006	57		175	150	85	217	243	254	164	125	221	243	664	110
肇庆市地税局	924	320	9	17	513	341	23	29	1		50	669	37		218	114	63	212	186	168	109	72	360	114	372	78
清远市地税局	987	374	61	18	627	277	51	13	1		22	735	58		194	136	146	200	200	151	98	56	289	173	451	74
潮州市地税局	741	194	1	7	401	266	35	25	7		5	628	26		87	71	32	157	102	165	127	87	132	270	245	94
揭阳市地税局	1010	273		10	484	400	35	67	14		8	856	30	8	116	174	66	195	150	166	128	131	213	107	497	193
云浮市地税局	626	193	3	4	340	224	31	27			3	434	31		161	64	95	165	89	115	57	41	196	83	300	47
珠海横琴新区地税局	41	14	1	12	26	2		1		2	16	35	6			14	8	8	7	1	2	1	38			3
深汕特别合作区地税局	2				2							2							1		1		2			
深圳市地税局	2278	933	37	376	1241	498	132	29	2	12	360	1591	53	12	622	217	170	438	552	534	255	112	118	1587	240	333

广东省地税系统税务公务员岗位分布情况统计表

截止时间:2013 年 12 月 31 日

项目	编号	行政管理人员									税收业务人员														
		小计	局领导	综合办公岗位	人事岗位	教育培训岗位	纪检监察岗位	巡视岗位	党群岗位	其他岗位	小计	法制岗位	征管岗位	货物和劳务税岗位	所得税岗位	财产和行为税岗位	涉外税岗位	进出口税收岗位	收入核算岗位	财务审计岗位	稽查岗位	税源管理岗位	征收服务岗位	基金费征收岗位	其他岗位
甲		1	2	3	4	5	6	7	8	9	10	11	12	13	14	15	16	17	18	19	20	21	22	23	24
总　计	1	4101	848	1404	551	120	511	3	148	516	19243	396	2159	115	290	174	88	15	495	389	2664	6581	3952	620	1305
总局	2																								
省(自治区、直辖市)	3	72	13	23	13	6	8		7	2	209	9	11		8	7	7		9	18	46	72	11	7	4
计划单列市	4	426	6	128	41	13	20		10	208	1519	8	11	6	9	7	8		7	4	260	401	515	154	129
副省级城市	5	349	7	144	113	6	71		8		1937	25	31	18	18	14	12		23	5	547	995	187	62	
地(市、州、盟)	6	1214	266	385	117	39	154	1	86	166	5139	187	665	40	98	66	32	13	139	117	724	1288	741	93	936
直辖市区	7																								
计划单列市区	8																								
副省级城市区	9	96	28	24	24		20				614	8	25	4	4	3	4		8	28	49	428	43	10	
地(市、州、盟)区	10	484	122	158	52	16	47		15	74	2736	63	497	27	42	25	19		68	43	241	842	766	92	11
县(市、旗)	11	1460	406	542	191	40	191	2	22	66	7089	96	919	20	111	52	6	2	241	174	797	2555	1689	202	225

注:1. 本表统计范围是公务员;

2. 本表数据关系:编号 1 = 编号 2 + …… + 编号 11;甲 1 = 甲 2 + …… + 甲 9;甲 10 = 甲 11 + …… + 甲 24。

广东省地税系统税务人员分单位情况统计表

截止时间:2013 年 12 月 31 日

项目		编号	合计	总局	省(自治区、直辖市)局	计划单列市局	副省级城市局	地(市、州、盟)局	直辖市区局	计划单列市区局	副省级城市区局	地(市、州、盟)区局	县(市、旗)局
甲			1	2	3	4	5	6	7	8	9	10	11
总计		1	25796		360	2278	2378	6985			718	3494	9583
局机关		2	5455		162	118	170	1536			209	846	2414
直属机构	合计	3	7506		119	1587	1844	2569			49	510	828
	稽查局	4	2662		47	260	547	719			49	232	808
	直属税务分局	5	2137		61		1241	761				54	20
	车辆购置税征收管理分局	6											
	其他直属机构	7	2707		11	1327	56	1089				224	
派出机构	合计	8	10383			240	272	2248			452	1864	5307
	税务分局	9	9773					2248			452	1864	5209
	其中:设在开发区	10	359					120			175	64	
	税务所	11	610			240	272						98
事业单位	合计	12	2452		79	333	92	632			8	274	1034
	信息中心	13	64		30	34							
	机关服务中心	14	1024		32	281	80	403			6	47	175
	注册税务师管理中心	15											
	税务干部学校(培训中心)	16											
	税收科学研究所	17	10		10								
	票证中心	18	16		5								11
	报社、杂志社	19											
	采购中心	20											
	其他事业单位	21	1338		2	18	12	229			2	227	848

注:1. 本表统计范围为正式职工;

2.“机关党委办公室”“离退休干部处(科)”“工会”的人员统计在局机关。

第七篇

文件选目

综合类

1. 广东省地方税务局办公室关于印发《关于提高省局机关来文来电办理效率的意见》的通知
2013 年 1 月 18 日　粤地税办发〔2013〕5 号
2. 广东省地方税务局关于印发 2013 年全省地方税务工作会议报告的通知
2013 年 1 月 31 日　粤地税发〔2013〕13 号
3. 广东省地方税务局关于印发《贯彻落实“八项规定”切实加强作风建设的实施意见》的通知
2013 年 2 月 7 日　粤地税发〔2013〕15 号
4. 广东省地方税务局关于印发《广东省地方税务系统信访工作规程》的通知
2013 年 3 月 6 日　粤地税函〔2013〕200 号
5. 中共广东省地方税务局关于印发《广东省地方税务局党组议事规则》的通知
2013 年 4 月 1 日　粤地税党组发〔2013〕14 号
6. 广东省地方税务局办公室关于印发《2013 年保密工作要点》的通知
2013 年 4 月 1 日　粤地税办发〔2013〕14 号
7. 广东省地方税务局关于印发《全省地税系统 2013 年重点督办工作事项》的通知
2013 年 4 月 12 日　粤地税函〔2013〕344 号
8. 广东省地方税务局关于省局领导班子部分成员工作分工调整的通知
2013 年 5 月 24 日　粤地税函〔2013〕486 号
9. 广东省地方税务局办公室转发《国家税务总局办公厅关于印发〈国家税务总局机关公文考核办法〉的通知》的通知
2013 年 5 月 29 日　粤地税办发〔2013〕20 号
10. 广东省地方税务局转发《国家税务总局关于做好税务系统职能转变工作的通知》的通知
2013 年 6 月 9 日　粤地税发〔2013〕54 号
11. 广东省地方税务局转发《档案管理违法违纪行为处分规定》的通知
2013 年 7 月 4 日　粤地税函〔2013〕627 号
12. 广东省地方税务局关于印发《广东省地方税务局领导联系基层工作制度》的通知
2013 年 8 月 29 日　粤地税函〔2013〕819 号
13. 广东省地方税务局转发国家税务总局关于坚持求真务实加强作风建设的通知
2013 年 9 月 23 日　粤地税发〔2013〕93 号
14. 广东省地方税务局转发《国家税务总局关于印发〈废止的工作制度目录〉的通知》的通知
2013 年 10 月 18 日　粤地税发〔2013〕101 号
15. 广东省地方税务局关于印发《广东省地方税务机关公文处理办法》的通知
2013 年 11 月 14 日　粤地税发〔2013〕110 号
16. 广东省地方税务局关于在《广东省人民政府公报》发布《广东省地方税务局关于发布电子办税管理办法的公告》的函
2013 年 12 月 10 日　粤地税函〔2013〕1173 号
17. 广东省地方税务局关于印发《广东省地方税务局工作规则》的通知
2013 年 12 月 31 日　粤地税发〔2013〕128 号
18. 广东省地方税务局关于在《广东省人民政府公报》发布《广东省地方税务局关于下放我省城镇土地使用税困难减免审批权限的公告》的函
2013 年 12 月 31 日　粤地税函〔2013〕1235 号

19. 广东省地方税务局关于在《广东省人民政府公报》发布《广东省地方税务局关于贯彻〈税收票证管理办法〉若干问题的公告》的函
 2013 年 12 月 31 日　粤地税函〔2013〕1236 号
20. 广东省地方税务局关于印发《广东省地税系统涉税舆情管理办法(试行)》的通知
 2013 年 12 月 31 日　粤地税发〔2013〕127 号

法规公告

1. 广东省地方税务局关于企业所得税税收优惠备案办理流程的公告
 2013 年 2 月 13 日　广东省地方税务局公告 2013 年第 1 号
2. 广东省地方税务局关于所得税涉税事项办理流程的公告
 2013 年 2 月 27 日　广东省地方税务局公告 2013 年第 2 号
3. 广东省地方税务局　广东省国家税务局关于延期缴纳税款权限下放的公告
 2013 年 7 月 5 日　广东省地方税务局公告 2013 年第 3 号
4. 广东省地方税务局关于发布《广东省地方税务局电子办税管理办法》的公告
 2013 年 11 月 14 日　广东省地方税务局公告 2013 年第 4 号
5. 广东省地方税务局关于下放我省城镇土地使用税困难减免审批权限的公告
 2013 年 12 月 18 日　广东省地方税务局公告 2013 年第 5 号
6. 广东省地方税务局关于贯彻《税收票证管理办法》若干问题的公告
 2013 年 12 月 15 日　广东省地方税务局公告 2013 年第 6 号

营业税与财产行为税管理类

1. 广东省地方税务局关于企业向职工出租单位自有住房征免房产税问题的请示
 2013 年 1 月 5 日　粤地税发〔2013〕2 号
2. 广东省地方税务局关于逐户核实营改增试点纳税人基础信息工作的紧急通知
 2013 年 3 月 18 日　粤地税函〔2013〕230 号
3. 广东省地方税务局转发《国家税务总局关于做好扩大营业税改征增值税试点工作意见》的通知
 2013 年 5 月 8 日　粤地税发〔2013〕45 号
4. 广东省地方税务局关于韶关市中科丹霞创业投资有限责任公司转让限售股征收营业税问题的请示
 2013 年 5 月 23 日　粤地税发〔2013〕49 号
5. 广东省地方税务局关于进一步加强土地增值税清算工作的通知
 2013 年 6 月 13 日　粤地税函〔2013〕545 号
6. 广东省地方税务局　广东省国土资源厅关于《广东省以地控税　以税节地试点工作方案》的报告
 2013 年 7 月 4 日　粤地税发〔2013〕60 号
7. 广东省地方税务局转发《国家税务总局关于进一步做好土地增值税征管工作的通知》的通知
 2013 年 7 月 26 日　粤地税发〔2013〕70 号
8. 广东省地方税务局关于集中开展土地增值税项目清算剖析调研工作的通知
 2013 年 8 月 30 日　粤地税函〔2013〕821 号

9. 广东省地方税务局　广东海事局关于进一步做好船舶车船税委托代征工作的通知
2013 年 9 月 2 日　粤地税发〔2013〕87 号
10. 广东省地方税务局关于认真贯彻落实暂免征收部分小微企业营业税政策的通知
2013 年 9 月 2 日　粤地税函〔2013〕830 号
11. 广东省地方税务局转发《国家税务总局关于认真贯彻落实暂免部分小微企业增值税和营业税政策的通知》的通知
2013 年 9 月 4 日　粤地税函〔2013〕839 号
12. 广东省地方税务局关于非金融机构统借统还业务营业税政策问题的请示
2013 年 9 月 17 日　粤地税发〔2013〕92 号
13. 广东省地方税务局关于开展车船税征管有关事项检查的通知
2013 年 9 月 27 日　粤地税函〔2013〕919 号
14. 广东省地方税务局关于《广东省地方税务局促进粤东西北地区振兴发展实施方案》的备案报告
2013 年 10 月 15 日　粤地税函〔2013〕950 号
15. 广东省地方税务局关于清理简并纳税人报送涉税资料有关问题的通知
2013 年 10 月 22 日　粤地税函〔2013〕969 号
16. 广东省地方税务局关于肇庆高新区开展土地使用税征收创新试点工作的函
2013 年 11 月 13 日　粤地税函〔2013〕1062 号
17. 广东省地方税务局关于开展税收优惠政策落实情况督查的通知
2013 年 11 月 15 日　粤地税函〔2013〕1067 号
18. 广东省地方税务局转发《国家税务总局关于做好铁路运输和邮政服务业营业税改征增值税试点工作的通知》的通知
2013 年 12 月 11 日　粤地税发〔2013〕115 号
19. 广东省地方税务局转发《国家税务总局关于进一步加强存量房交易税收征管工作的通知》的通知
2013 年 12 月 18 日　粤地税发〔2013〕120 号

所得税类

1. 广东省地方税务局关于报送《广东省地方税务局关于所得税涉税事项办理流程的公告》的函
2013 年 3 月 7 日　粤地税函〔2013〕204 号
2. 广东省地方税务局关于启用电子版个人所得税完税证明的通知
2013 年 3 月 8 日　粤地税函〔2013〕208 号
3. 广东省地方税务局关于报送《广东省地方税务局关于企业所得税税收优惠备案办理流程的公告》的函
2013 年 3 月 7 日　粤地税函〔2013〕205 号
4. 广东省地方税务局关于做好 2012 年度企业所得税汇算清缴相关工作的通知
2013 年 3 月 12 日　粤地税函〔2013〕213 号
5. 广东省地方税务局转发《国家税务总局关于进一步加强企业所得税汇算清缴工作的通知》的通知
2013 年 3 月 21 日　粤地税发〔2013〕28 号
6. 广东省地方税务局转发《国家税务总局关于加强企业所得税后续管理指导意见》的通知
2013 年 6 月 24 日　粤地税发〔2013〕56 号
7. 广东省地方税务局关于限期申报缴纳股权转让所得税的通告
2013 年 7 月 26 日　通告〔2013〕1 号

企业管理类

1. 广东省地方税务局关于与保利房地产(集团)股份有限公司合作开展共建税务风险防控体系工作的通知
   2013 年 1 月 6 日　粤地税函〔2013〕5 号
2. 广东省地方税务局转发《国家税务总局办公厅关于做好〈税收遵从合作协议〉执行工作的通知》的通知
   2013 年 4 月 10 日　粤地税办函〔2013〕22 号
3. 广东省地方税务局关于修订重点企业直通车服务措施的函
   2013 年 4 月 12 日　粤地税函〔2013〕351 号
4. 广东省地方税务局关于印发《广东省地方税务局大企业税收专业化管理团队管理暂行办法》的通知
   2013 年 7 月 31 日　粤地税函〔2013〕720 号
5. 广东省地方税务局办公室转发《广东省经济和信息化委关于〈印发广东省直通车服务重点企业名单(2013 年修订版)〉的通知》的通知
   2013 年 10 月 17 日　粤地税办发〔2013〕72 号

征收管理类

1. 广东省地方税务局转发《国家税务总局关于青岛世界园艺博览会冠名定额发票使用问题批复》的通知
   2013 年 1 月 22 日　粤地税函〔2013〕42 号
2. 广东省地方税务局关于 2012 年第四季度涉税信息交换与共享规定落实情况的通报
   2013 年 1 月 22 日　粤地税函〔2013〕43 号
3. 广东省地方税务局关于调整金税三期工程试点领导小组及办公室成员的通知
   2013 年 2 月 1 日　粤地税函〔2013〕72 号
4. 广东省地方税务局关于印发《发挥税务职能建设法治化国际化营商环境工作方案》的通知
   2013 年 2 月 21 日　粤地税发〔2013〕18 号
5. 广东省地方税务局关于同意变更粤地税函〔2007〕61 号文适用主体的批复
   2013 年 3 月 1 日　粤地税函〔2013〕183 号
6. 广东省地方税务局关于印发《2013 年税收征管和科技发展工作要点》的通知
   2013 年 3 月 11 日　粤地税办发〔2013〕12 号
7. 广东省地方税务局转发《国家税务总局关于印发〈“十二五”时期税收征管工作规划〉的通知》的通知
   2013 年 4 月 22 日　粤地税发〔2013〕43 号
8. 广东省地方税务局关于推荐金税三期工程人才储备库成员的通知
   2013 年 4 月 22 日　粤地税函〔2013〕371 号
9. 广东省地方税务局转发《国家税务总局关于第九届中国(北京)园林博览会冠名定额发票使用问题批复》的通知
   2013 年 4 月 28 日　粤地税函〔2013〕412 号
10. 广东省地方税务局关于印发金税三期工程广东地税上线工作方案的通知
    2013 年 5 月 7 日　粤地税函〔2013〕422 号
11. 广东省地方税务局关于 2013 年第一季度涉税信息交换与共享规定落实情况的通报
    2013 年 5 月 7 日　粤地税函〔2013〕423 号

12. 广东省地方税务局关于接管自助办税服务系统项目的通知
　　2013 年 5 月 28 日　粤地税函〔2013〕500 号
13. 广东省地方税务局转发《国家税务总局　财政部关于冠名发票印制费结算问题》等文件的通知
　　2013 年 5 月 29 日　粤地税函〔2013〕504 号
14. 广东省地方税务局关于省联合电子公司对储值卡用户充值即开发票的函
　　2013 年 5 月 31 日　粤地税函〔2013〕509 号
15. 广东省地方税务局关于 2012 年全省地税系统征管状况监控分析情况的通报
　　2013 年 6 月 19 日　粤地税函〔2013〕576 号
16. 广东省地方税务局转发《国家税务总局关于实施金税三期工程 5 省试点单位核心征管软件上线计划有关事项的通知》的通知
　　2013 年 6 月 23 日　粤地税函〔2013〕585 号
17. 广东省地方税务局转发《国家税务总局关于发布〈纳税人识别号代码标准〉的通知》的通知
　　2013 年 7 月 3 日　粤地税发〔2013〕58 号
18. 广东省地方税务局关于贯彻落实《委托代征管理办法》的意见
　　2013 年 7 月 4 日　粤地税函〔2013〕619 号
19. 广东省地方税务局关于贯彻实施《广东省地方税务局　广东省国家税务局关于延期缴纳审批权限下放的公告》的通知
　　2013 年 7 月 10 日　粤地税函〔2013〕640 号
20. 广东省地方税务局关于贯彻广东省涉税信息交换与共享规定有关问题的通知
　　2013 年 7 月 19 日　粤地税发〔2013〕71 号
21. 广东省地方税务局关于 2013 年第二季度涉税信息交换与共享规定落实情况的通报
　　2013 年 7 月 19 日　粤地税函〔2013〕679 号
22. 广东省地方税务局关于印发《广东地税金税三期工程上线全员培训方案》的通知
　　2013 年 7 月 24 日　粤地税函〔2013〕683 号
23. 广东省地方税务局关于中国人寿广东省分公司实施省级集中印制保险费发票有关问题的函
　　2013 年 8 月 22 日　粤地税函〔2013〕794 号
24. 广东省地方税务局关于印发《全省地税系统欠税清查工作方案》的通知
　　2013 年 8 月 19 日　粤地税发〔2013〕78 号
25. 广东省地方税务局关于印发《广东地税金税三期工程双轨试运行总体方案》的通知
　　2013 年 8 月 20 日　粤地税函〔2013〕785 号
26. 广东省地方税务局关于开展金税三期工程上线数据清理工作的通知
　　2013 年 9 月 5 日　粤地税函〔2013〕849 号
27. 广东省地方税务局关于印发《电子办税服务厅推广应用工作方案》的通知
　　2013 年 9 月 10 日　粤地税函〔2013〕879 号
28. 广东省地方税务局关于印发《税源管理平台推广工作方案》的通知
　　2013 年 9 月 10 日　粤地税函〔2013〕859 号
29. 广东省地方税务局关于中国人寿保险有限公司广东分公司实施省级集中印制保险费发票有关问题的函
　　2013 年 9 月 10 日　粤地税函〔2013〕872 号
30. 广东省地方税务局关于 2013 年 7—8 月涉税信息交换与共享规定落实情况的通报
　　2013 年 9 月 25 日　粤地税函〔2013〕893 号
31. 广东省地方税务局关于 2013 年上半年全省地税系统征管状况监控分析情况的通报
　　2013 年 10 月 16 日　粤地税函〔2013〕953 号
32. 广东省地方税务局关于进一步做好电子办税服务厅推广应用工作的通知
　　2013 年 10 月 17 日　粤地税函〔2013〕956 号

33. 广东省地方税务局关于商业银行类保险兼业代理机构税务办理有关工作的复函
 2013 年 11 月 13 日　粤地税函〔2013〕1061 号
34. 广东省地方税务局关于 2013 年 9—10 月涉税信息交换与共享规定落实情况的通报
 2013 年 11 月 25 日　粤地税函〔2013〕1122 号
35. 广东省地方税务局转发《国家税务总局关于发布〈税务系统数字证书格式标准〉和〈税务系统数字证书应用接口规范〉的通知》的通知
 2013 年 12 月 5 日　粤地税发〔2013〕114 号

规费管理类

1. 广东省地方税务局关于大集中社保费新系统缴费工资申报问题的批复
 2013 年 1 月 16 日　粤地税函〔2013〕32 号
2. 广东省地方税务局关于 2012 年规费收入情况的通报
 2013 年 1 月 28 日　粤地税函〔2013〕61 号
3. 广东省地方税务局关于明确地税代收工会经费起始期限的函
 2013 年 5 月 30 日　粤地税函〔2013〕510 号
4. 广东省地方税务局关于开展工会经费地税代收工作的通知
 2013 年 5 月 31 日　粤地税发〔2013〕50 号
5. 广东省地方税务局关于确认工会经费代收范围的函
 2013 年 6 月 19 日　粤地税函〔2013〕573 号
6. 广东省地方税务局关于开展事业单位社会组织工伤保险征管事项的通知
 2013 年 6 月 24 日　粤地税函〔2013〕589 号
7. 广东省地方税务局关于 2013 年上半年规费收入情况的通报
 2013 年 7 月 15 日　粤地税发〔2013〕66 号
8. 广东省地方税务局转发《省总工会关于确认工会经费代收范围复函》的通知
 2013 年 7 月 26 日　粤地税函〔2013〕689 号
9. 广东省地方税务局关于《广东保监局关于恳请将营业税应税收入作为我省保险公司堤围费计征依据的请示》意见的函
 2013 年 11 月 20 日　粤地税函〔2013〕1109 号
10. 广东省地方税务局转发《省物价局省财政厅关于取消、免征、降低部分省定行政事业性收费的通知》的通知
 2013 年 12 月 16 日　粤地税发〔2013〕119 号

国际税收类

1. 广东省地方税务局关于印发《广东省地方税务局特别纳税调整(反避税)案件会审制度》的通知
 2013 年 12 月 10 日　粤地税函〔2013〕1175 号
2. 广东省地方税务局转发《国家税务总局关于进一步加强非居民企业税收收入分析工作的通知》的通知
 2013 年 12 月 16 日　粤地税发〔2013〕118 号

规划核算类

1. 广东省地方税务局关于大中小微企业税收划型统计问题的通知
   2013 年 1 月 24 日　粤地税函〔2013〕53 号
2. 广东省地方税务局关于贯彻落实《税收票证管理办法》的通知
   2013 年 11 月 14 日　粤地税函〔2013〕1064 号
3. 广东省地方税务局办公室关于印发《广东省地方税务局税收分析工作制度》的通知
   2013 年 12 月 11 日　粤地税办发〔2013〕59 号

执法监督类

1. 广东省地方税务局关于贯彻落实《国务院批转发展改革委等部门关于深化收入分配制度改革若干意见的通知》意见的函
   2013 年 5 月 20 日　粤地税函〔2013〕469 号
2. 广东省地方税务局转发《广东省人民政府转发〈国务院关于取消和下放一批行政审批项目等事项的决定〉》的通知
   2013 年 7 月 4 日　粤地税函〔2013〕620 号
3. 广东省地方税务局关于报送贯彻落实国务院取消和下放行政审批项目等事项情况的函
   2013 年 7 月 8 日　粤地税函〔2013〕635 号
4. 广东省地方税务局转发《国家税务总局关于贯彻落实〈国务院关于取消和下放一批行政审批项目等事项的决定〉的通知》的通知
   2013 年 7 月 23 日　粤地税发〔2013〕69 号
5. 广东省地方税务局转发《国家税务总局政策法规司〈关于取消“对办理税务登记(开业、变更、验证和换证)的核准”有关事项〉的通知》的通知
   2013 年 8 月 13 日　粤地税函〔2013〕752 号
6. 广东省地方税务局关于行政审批相关中介服务情况的函
   2013 年 10 月 24 日　粤地税函〔2013〕976 号
7. 广东省地方税务局关于印发《鼓励和支持我省大型骨干企业壮大规模增强实力工作方案》的通知
   2013 年 11 月 11 日　粤地税发〔2013〕106 号
8. 广东省地方税务局关于开展 2013 年全省地税系统依法行政考评工作的通知
   2013 年 12 月 20 日　粤地税发〔2013〕122 号
9. 广东省地方税务局关于清理规章和规范性文件设定行政审批工作情况的函
   2013 年 12 月 24 日　粤地税函〔2013〕1217 号

纳税服务类

1. 广东省地方税务局关于2012年度全省地税系统咨询服务工作情况的通报
   2013年1月31日　粤地税函〔2013〕70号
2. 广东省地方税务局关于启用全省地税系统门户网站群二级域名体系的通知
   2013年3月4日　粤地税函〔2013〕193号
3. 广东省地方税务局转发《国家税务总局关于加强纳税人权益保护工作的若干意见》的通知
   2013年3月8日　粤地税发〔2013〕21号
4. 广东省地方税务局转发《国家税务总局关于做好扩大营业税改征增值税试点纳税服务工作的通知》的通知
   2013年8月6日　粤地税函〔2013〕734号

财务管理类

1. 广东省地方税务局转发《广东省人民政府办公厅关于地税系统经费问题的通知》的通知
   2013年2月22日　粤地税函〔2013〕173号
2. 广东省地方税务局关于开展2013年度省级经费重大项目支出绩效评价工作的通知
   2013年4月2日　粤地税函〔2013〕308号
3. 广东省地方税务局关于报送2013年政府向社会组织购买服务计划的函
   2013年4月11日　粤地税函〔2013〕349号
4. 广东省地方税务局关于印发《2013年广东省地方税务局机关及二级核算单位财政资金和会计信息质量检查工作方案》的通知
   2013年4月12日　粤地税函〔2013〕343号
5. 广东省地方税务局转发《省财政厅关于加强党政机关一般公务用车管理的通知》的通知
   2013年5月10日　粤地税函〔2013〕435号
6. 广东省地方税务局关于广东地税固定资产管理升级改造系统上线应用的通知
   2013年5月15日　粤地税函〔2013〕451号
7. 广东省地方税务局关于2013年财政资金和会计信息质量检查工作情况的函
   2013年5月23日　粤地税函〔2013〕480号
8. 广东省地方税务局关于申报2014年度省级部门预算项目支出绩效目标的通知
   2013年5月28日　粤地税函〔2013〕502号
9. 广东省地方税务局转发《省财政厅关于开展省级2014年预算编制工作的通知》的通知
   2013年6月24日　粤地税函〔2013〕588号
10. 广东省地方税务局关于印发《广东省地方税务局财务管理办法》的通知
    2013年12月30日　粤地税办发〔2013〕63号
11. 广东省地方税务局关于编报2013年度固定资产投资决算报表的通知
    2013年12月31日　粤地税函〔2013〕1249号

人事管理类

1. 广东省地方税务局关于郑可夫同志任职的通知
   2013 年 1 月 4 日　粤地税任免字〔2013〕1 号
2. 广东省地方税务局关于胡新发、游影萍同志免职退休的通知
   2013 年 1 月 5 日　粤地税任免字〔2013〕2 号
3. 中共广东省地方税务局党组关于戎惠良等同志职务任免的通知
   2013 年 1 月 7 日　粤地税党组发〔2013〕2 号
4. 中共广东省地方税务局党组关于钟毅民等同志职务任免的通知
   2013 年 1 月 7 日　粤地税党组发〔2013〕3 号
5. 广东省地方税务局关于戎惠良等同志职务任免的通知
   2013 年 1 月 7 日　粤地税任免字〔2013〕3 号
6. 广东省地方税务局关于钟毅民等同志职务任免的通知
   2013 年 1 月 7 日　粤地税任免字〔2013〕4 号
7. 广东省地方税务局关于宁波等同志职务任免的通知
   2013 年 1 月 7 日　粤地税任免字〔2013〕5 号
8. 广东省地方税务局关于曾桂芬同志任职的通知
   2013 年 1 月 14 日　粤地税任免字〔2013〕6 号
9. 中共广东省地方税务局党组关于江国煌同志任职的通知
   2013 年 1 月 14 日　粤地税党组发〔2013〕6 号
10. 广东省地方税务局关于何光荣等同志任职的通知
    2013 年 1 月 15 日　粤地税任免字〔2013〕7 号
11. 广东省地方税务局关于蔡品辉同志职务任免的通知
    2013 年 1 月 15 日　粤地税任免字〔2013〕8 号
12. 广东省地方税务局关于张天才同志任职的通知
    2013 年 1 月 16 日　粤地税任免字〔2013〕10 号
13. 广东省地方税务局关于郭惠敏同志任职的通知
    2013 年 1 月 16 日　粤地税任免字〔2013〕11 号
14. 广东省地方税务局关于邝景伦同志职务任免的通知
    2013 年 1 月 18 日　粤地税任免字〔2013〕9 号
15. 广东省地方税务局关于李国华同志任职的通知
    2013 年 1 月 21 日　粤地税任免字〔2013〕12 号
16. 广东省地方税务局关于黄海荣同志任职的通知
    2013 年 1 月 21 日　粤地税任免字〔2013〕13 号
17. 中共广东省地方税务局党组关于吴杏芳同志免职的通知
    2013 年 1 月 29 日　粤地税党组发〔2013〕9 号
18. 广东省地方税务局关于吴杏芳同志免职退休的通知
    2013 年 1 月 29 日　粤地税任免字〔2013〕14 号
19. 广东省地方税务局关于杜安娜同志免职退休的通知
    2013 年 1 月 29 日　粤地税任免字〔2013〕15 号

20. 广东省地方税务局关于吴新泉同志免职退休的通知
    2013 年 2 月 4 日　粤地税任免字〔2013〕16 号
21. 广东省地方税务局关于林国棠、吴创英同志任职的通知
    2013 年 2 月 4 日　粤地税任免字〔2013〕17 号
22. 广东省地方税务局关于李瑞璋同志免职退休的通知
    2013 年 2 月 5 日　粤地税任免字〔2013〕18 号
23. 广东省地方税务局关于黄俊杰同志任职的通知
    2013 年 2 月 7 日　粤地税任免字〔2013〕19 号
24. 广东省地方税务局关于蒙燕华同志任职的通知
    2013 年 2 月 7 日　粤地税任免字〔2013〕20 号
25. 广东省地方税务局关于陈春武同志任职的通知
    2013 年 2 月 7 日　粤地税任免字〔2013〕21 号
26. 广东省地方税务局关于罗文辉、洪君清同志任职的通知
    2013 年 2 月 19 日　粤地税任免字〔2013〕22 号
27. 广东省地方税务局关于蔡品辉同志免职退休的通知
    2013 年 2 月 27 日　粤地税任免字〔2013〕23 号
28. 中共广东省地方税务局党组关于蔡品辉同志免职的通知
    2013 年 2 月 27 日　粤地税党组发〔2013〕10 号
29. 广东省地方税务局关于吴胜自同志免职退休的通知
    2013 年 2 月 27 日　粤地税任免字〔2013〕25 号
30. 广东省地方税务局关于简志行同志免职退休的通知
    2013 年 2 月 28 日　粤地税任免字〔2013〕24 号
31. 广东省地方税务局关于罗巧玲同志任职的通知
    2013 年 3 月 5 日　粤地税任免字〔2013〕26 号
32. 广东省地方税务局关于陈春武同志免职退休的通知
    2013 年 3 月 8 日　粤地税任免字〔2013〕27 号
33. 广东省地方税务局关于梁婷婷同志聘任职务的通知
    2013 年 3 月 11 日　粤地税任免字〔2013〕28 号
34. 广东省地方税务局关于林伟涛、严浩同志职务任免的通知
    2013 年 3 月 14 日　粤地税任免字〔2013〕29 号
35. 广东省地方税务局关于蒙燕华同志免职退休的通知
    2013 年 3 月 15 日　粤地税任免字〔2013〕30 号
36. 广东省地方税务局关于陈兆辉、陈家友同志任职的通知
    2013 年 3 月 15 日　粤地税任免字〔2013〕31 号
37. 广东省地方税务局关于进一步深化绩效管理试点工作的通知
    2013 年 3 月 25 日　粤地税函〔2013〕174 号
38. 广东省地方税务局关于王海钰同志职务任免的通知
    2013 年 3 月 26 日　粤地税任免字〔2013〕32 号
39. 广东省地方税务局关于洪君清同志免职退休的通知
    2013 年 3 月 26 日　粤地税任免字〔2013〕33 号
40. 广东省地方税务局关于陈锦洪同志任职的通知
    2013 年 3 月 26 日　粤地税任免字〔2013〕34 号
41. 广东省地方税务局关于王宣秋、肖平同志任职的通知
    2013 年 4 月 3 日　粤地税任免字〔2013〕35 号

42. 广东省地方税务局关于罗巧玲同志免职退休的通知
2013 年 4 月 10 日　粤地税任免字〔2013〕36 号
43. 广东省地方税务局关于谢沁华同志职务任免的通知
2013 年 4 月 17 日　粤地税任免字〔2013〕38 号
44. 广东省地方税务局关于陈锦洪同志免职退休的通知
2013 年 4 月 22 日　粤地税任免字〔2013〕37 号
45. 广东省地方税务局关于周忠清同志任职的通知
2013 年 4 月 26 日　粤地税任免字〔2013〕39 号
46. 广东省地方税务局关于钟斌同志任职的通知
2013 年 4 月 26 日　粤地税任免字〔2013〕40 号
47. 广东省地方税务局关于陆立发同志免职退休的通知
2013 年 4 月 27 日　粤地税任免字〔2013〕41 号
48. 广东省地方税务局关于陈明珍同志任职的通知
2013 年 4 月 28 日　粤地税任免字〔2013〕42 号
49. 广东省地方税务局关于况淑敏等同志任职的通知
2013 年 4 月 28 日　粤地税任免字〔2013〕43 号
50. 广东省地方税务局关于陈明珍同志免职退休的通知
2013 年 5 月 14 日　粤地税任免字〔2013〕44 号
51. 广东省地方税务局关于黄鹏、陈天利同志任职的通知
2013 年 5 月 14 日　粤地税任免字〔2013〕45 号
52. 广东省地方税务局关于胡启权同志免职退休的通知
2013 年 5 月 17 日　粤地税任免字〔2013〕46 号
53. 广东省地方税务局关于杨成祥同志免职退休的通知
2013 年 5 月 22 日　粤地税任免字〔2013〕47 号
54. 广东省地方税务局关于王雄武同志免职退休的通知
2013 年 5 月 22 日　粤地税任免字〔2013〕48 号
55. 广东省地方税务局关于邓长学同志免职的通知
2013 年 5 月 22 日　粤地税任免字〔2013〕49 号
56. 广东省地方税务局关于邓长学同志任职的通知
2013 年 5 月 22 日　粤地税任免字〔2013〕50 号
57. 中共广东省地方税务局党组关于邓长学同志任职的通知
2013 年 5 月 22 日　粤地税党组发〔2013〕22 号
58. 中共广东省地方税务局党组关于黄燎原、王振义同志职务任免的通知
2013 年 5 月 22 日　粤地税党组发〔2013〕23 号
59. 广东省地方税务局关于黄燎原、王振义同志职务任免的通知
2013 年 5 月 22 日　粤地税任免字〔2013〕51 号
60. 中共广东省地方税务局党组关于王振义同志任职的通知
2013 年 5 月 22 日　粤地税党组发〔2013〕24 号
61. 广东省地方税务局关于王振义同志任职的通知
2013 年 5 月 22 日　粤地税任免字〔2013〕52 号
62. 广东省地方税务局关于林润生等同志职务任免的通知
2013 年 5 月 22 日　粤地税任免字〔2013〕53 号
63. 广东省地方税务局关于陈能波同志任职的通知
2013 年 5 月 22 日　粤地税任免字〔2013〕54 号

64. 广东省地方税务局关于潘玉明、蔡振明同志任职的通知
2013 年 5 月 30 日　粤地税任免字〔2013〕55 号
65. 广东省地方税务局关于罗文辉同志免职退休的通知
2013 年 6 月 4 日　粤地税任免字〔2013〕56 号
66. 广东省地方税务局关于张天才、郭惠敏同志免职退休的通知
2013 年 6 月 4 日　粤地税任免字〔2013〕57 号
67. 广东省地方税务局关于简汝坚同志任职的通知
2013 年 6 月 14 日　粤地税任免字〔2013〕58 号
68. 广东省地方税务局关于陈能波同志免职的通知
2013 年 6 月 17 日　粤地税任免字〔2013〕59 号
69. 广东省地方税务局关于陈莹同志聘任职务的通知
2013 年 6 月 19 日　粤地税任免字〔2013〕60 号
70. 广东省地方税务局关于吴建忠、陈树娣同志聘任职务的通知
2013 年 6 月 19 日　粤地税任免字〔2013〕61 号
71. 广东省地方税务局关于陈柏成同志免职退休的通知
2013 年 6 月 25 日　粤地税任免字〔2013〕62 号
72. 广东省地方税务局关于谢正荣、廖建勇同志任职的通知
2013 年 6 月 26 日　粤地税任免字〔2013〕63 号
73. 广东省地方税务局关于潘玉明、蔡振明同志免职退休的通知
2013 年 6 月 26 日　粤地税任免字〔2013〕64 号
74. 广东省地方税务局关于邓连光同志任职的通知
2013 年 6 月 27 日　粤地税任免字〔2013〕65 号
75. 广东省地方税务局关于林展、邓作高同志任职的通知
2013 年 6 月 27 日　粤地税任免字〔2013〕66 号
76. 广东省地方税务局关于林如山同志免职的通知
2013 年 7 月 3 日　粤地税任免字〔2013〕67 号
77. 中共广东省地方税务局党组关于林如山同志免职的通知
2013 年 7 月 3 日　粤地税党组发〔2013〕33 号
78. 广东省地方税务局关于杨来发、区艳钊同志职务任免的通知
2013 年 7 月 4 日　粤地税任免字〔2013〕68 号
79. 广东省地方税务局关于廖建勇同志免职退休的通知
2013 年 7 月 4 日　粤地税任免字〔2013〕69 号
80. 广东省地方税务局关于王娟、马丹阳同志任职的通知
2013 年 7 月 4 日　粤地税任免字〔2013〕70 号
81. 中共广东省地方税务局党组关于杨来发同志任职的通知
2013 年 7 月 4 日　粤地税党组发〔2013〕34 号
82. 广东省地方税务局转发省人力资源社会保障厅关于潘享清同志免职的通知
2013 年 7 月 11 日　粤地税函〔2013〕645 号
83. 中共广东省地方税务局党组转发省委组织部关于潘享清、罗与洪、林如山等同志职务任免的通知
2013 年 7 月 11 日　粤地税党组发〔2013〕41 号
84. 广东省地方税务局关于洪凯松同志免职退休的通知
2013 年 7 月 11 日　粤地税任免字〔2013〕71 号
85. 广东省地方税务局关于林展同志免职退休的通知
2013 年 7 月 12 日　粤地税任免字〔2013〕72 号

86. 广东省地方税务局关于简汝坚同志免职退休的通知
2013 年 7 月 18 日　粤地税任免字〔2013〕73 号
87. 广东省地方税务局关于关子超同志职务任免的通知
2013 年 7 月 29 日　粤地税任免字〔2013〕74 号
88. 广东省地方税务局关于宋相当同志免职的通知
2013 年 8 月 11 日　粤地税任免字〔2013〕75 号
89. 广东省地方税务局关于邓连光同志免职退休的通知
2013 年 8 月 11 日　粤地税任免字〔2013〕76 号
90. 广东省地方税务局关于何光荣同志免职退休的通知
2013 年 8 月 23 日　粤地税任免字〔2013〕77 号
91. 广东省地方税务局关于罗木海同志职务任免的通知
2013 年 8 月 23 日　粤地税任免字〔2013〕78 号
92. 广东省地方税务局关于袁湛华同志免职的通知
2013 年 8 月 23 日　粤地税任免字〔2013〕79 号
93. 广东省地方税务局关于严浩、马良同志任职的通知
2013 年 8 月 23 日　粤地税任免字〔2013〕80 号
94. 广东省地方税务局关于卓鹏程等同志聘任专业技术职务的通知
2013 年 8 月 23 日　粤地税任免字〔2013〕81 号
95. 广东省地方税务局关于免去郑毅强、黄世能同志聘任的专业技术职务的通知
2013 年 8 月 23 日　粤地税任免字〔2013〕82 号
96. 广东省地方税务局关于焦献民等同志任职的通知
2013 年 8 月 26 日　粤地税任免字〔2013〕86 号
97. 广东省地方税务局关于李荣德同志任职的通知
2013 年 8 月 26 日　粤地税任免字〔2013〕84 号
98. 广东省地方税务局关于李荣德同志免职的通知
2013 年 8 月 26 日　粤地税任免字〔2013〕85 号
99. 中共广东省地方税务局党组关于李荣德同志免职的通知
2013 年 8 月 26 日　粤地税党组发〔2013〕50 号
100. 广东省地方税务局关于魏少波同志任职的通知
2013 年 8 月 26 日　粤地税任免字〔2013〕83 号
101. 广东省地方税务局关于钟文锋、魏少波同志职务任免的通知
2013 年 9 月 3 日　粤地税任免字〔2013〕92 号
102. 广东省地方税务局关于罗发业同志任职的通知
2013 年 9 月 3 日　粤地税任免字〔2013〕88 号
103. 广东省地方税务局关于尹进城等同志任职的通知
2013 年 9 月 3 日　粤地税任免字〔2013〕89 号
104. 中共广东省地方税务局党组关于杨亚平同志任职的通知
2013 年 9 月 3 日　粤地税党组发〔2013〕53 号
105. 广东省地方税务局关于钟晓山同志任职的通知
2013 年 9 月 3 日　粤地税任免字〔2013〕87 号
106. 广东省地方税务局关于钟崇光同志任职的通知
2013 年 9 月 3 日　粤地税任免字〔2013〕90 号
107. 广东省地方税务局关于刘新中同志免职退休的通知
2013 年 9 月 3 日　粤地税任免字〔2013〕91 号

108. 广东省地方税务局关于陈铁玉、韩启争同志任职的通知
2013 年 9 月 5 日　粤地税任免字〔2013〕93 号
109. 广东省地方税务局关于王家良同志免职退休的通知
2013 年 9 月 11 日　粤地税任免字〔2013〕94 号
110. 中共广东省地方税务局党组关于焦献民同志免职的通知
2013 年 9 月 12 日　粤地税党组发〔2013〕57 号
111. 广东省地方税务局关于陈小龙同志职务任免的通知
2013 年 9 月 12 日　粤地税任免字〔2013〕95 号
112. 中共广东省地方税务局党组关于李维泽同志任职的通知
2013 年 9 月 16 日　粤地税党组发〔2013〕60 号
113. 广东省地方税务局关于许世荣、刘永才同志任职的通知
2013 年 9 月 16 日　粤地税任免字〔2013〕96 号
114. 广东省地方税务局关于卢锡豪同志任职的通知
2013 年 9 月 16 日　粤地税任免字〔2013〕97 号
115. 中共广东省地方税务局党组关于唐雪峰同志任职的通知
2013 年 9 月 16 日　粤地税党组发〔2013〕59 号
116. 广东省地方税务局关于熊诵伟同志任职的通知
2013 年 9 月 16 日　粤地税任免字〔2013〕105 号
117. 广东省地方税务局关于张光华、张京祥同志任职的通知
2013 年 9 月 16 日　粤地税任免字〔2013〕106 号
118. 中共广东省地方税务局党组关于利志清同志任职的通知
2013 年 9 月 16 日　粤地税党组发〔2013〕62 号
119. 广东省地方税务局关于邬坤辉同志任职的通知
2013 年 9 月 16 日　粤地税任免字〔2013〕100 号
120. 广东省地方税务局关于陈金树同志任职的通知
2013 年 9 月 16 日　粤地税任免字〔2013〕101 号
121. 广东省地方税务局关于黄建明同志任职的通知
2013 年 9 月 16 日　粤地税任免字〔2013〕102 号
122. 广东省地方税务局关于吴澜星同志任职的通知
2013 年 9 月 16 日　粤地税任免字〔2013〕103 号
123. 广东省地方税务局关于王绍乐等同志任职的通知
2013 年 9 月 16 日　粤地税任免字〔2013〕104 号
124. 中共广东省地方税务局党组转发省委组织部关于吴昇文同志免职的通知
2013 年 9 月 16 日　粤地税党组发〔2013〕61 号
125. 广东省地方税务局关于廖德清同志任职的通知
2013 年 9 月 16 日　粤地税任免字〔2013〕98 号
126. 广东省地方税务局关于陈海亮同志任职的通知
2013 年 9 月 16 日　粤地税任免字〔2013〕99 号
127. 中共广东省地方税务局党组关于罗木海同志免职的通知
2013 年 9 月 24 日　粤地税党组发〔2013〕64 号
128. 广东省地方税务局关于宋天福、林润生同志职务任免的通知
2013 年 9 月 24 日　粤地税任免字〔2013〕108 号
129. 中共广东省地方税务局党组关于廖胜亨同志免职的通知
2013 年 9 月 24 日　粤地税党组发〔2013〕65 号

130. 广东省地方税务局关于罗木海同志免职退休的通知
2013 年 9 月 24 日　粤地税任免字〔2013〕107 号
131. 广东省地方税务局关于叶冬青同志职务任免的通知
2013 年 9 月 24 日　粤地税任免字〔2013〕109 号
132. 广东省地方税务局关于尤庆驰同志免职退休的通知
2013 年 10 月 10 日　粤地税任免字〔2013〕111 号
133. 中共广东省地方税务局党组关于尤庆驰同志免职的通知
2013 年 10 月 10 日　粤地税党组发〔2013〕66 号
134. 中共广东省地方税务局党组关于黄炳文同志任职的通知
2013 年 10 月 10 日　粤地税党组发〔2013〕67 号
135. 中共广东省地方税务局党组关于周卫平同志免职的通知
2013 年 10 月 10 日　粤地税党组发〔2013〕68 号
136. 中共广东省地方税务局党组关于周卫平同志任职的通知
2013 年 10 月 10 日　粤地税党组发〔2013〕69 号
137. 广东省地方税务局关于黄炳文同志职务任免的通知
2013 年 10 月 10 日　粤地税任免字〔2013〕112 号
138. 广东省地方税务局关于邱秀、林桓同志任职的通知
2013 年 10 月 10 日　粤地税任免字〔2013〕110 号
139. 中共广东省地方税务局党组关于卢俭生同志免职的通知
2013 年 10 月 15 日　粤地税党组发〔2013〕70 号
140. 中共广东省地方税务局党组关于卢俭生、陈关宇同志职务任免的通知
2013 年 10 月 15 日　粤地税党组发〔2013〕71 号
141. 广东省地方税务局关于卢俭生、陈关宇同志职务任免的通知
2013 年 10 月 15 日　粤地税任免字〔2013〕113 号
142. 中共广东省地方税务局党组关于陈小龙同志免职的通知
2013 年 10 月 16 日　粤地税党组发〔2013〕72 号
143. 中共广东省地方税务局党组关于刘伟荣同志免职的通知
2013 年 10 月 23 日　粤地税党组发〔2013〕73 号
144. 广东省地方税务局关于周国政同志免职退休的通知
2013 年 10 月 23 日　粤地税任免字〔2013〕115 号
145. 中共广东省地方税务局党组关于周国政同志免职的通知
2013 年 10 月 23 日　粤地税党组发〔2013〕74 号
146. 广东省地方税务局关于刘伟荣同志免职退休的通知
2013 年 10 月 23 日　粤地税任免字〔2013〕114 号
147. 广东省地方税务局关于李荣德同志免职退休的通知
2013 年 10 月 25 日　粤地税任免字〔2013〕116 号
148. 广东省地方税务局关于黄真同志任职的通知
2013 年 11 月 4 日　粤地税任免字〔2013〕120 号
149. 广东省地方税务局关于李雪华、郑南华同志任职的通知
2013 年 11 月 4 日　粤地税任免字〔2013〕119 号
150. 广东省地方税务局关于韩启争同志免职退休的通知
2013 年 11 月 4 日　粤地税任免字〔2013〕118 号
151. 中共广东省地方税务局党组关于黄真同志免职的通知
2013 年 11 月 6 日　粤地税党组发〔2013〕77 号

152. 广东省地方税务局转发省人力资源社会保障厅关于罗达佳同志任职的通知
2013 年 11 月 8 日　粤地税函〔2013〕1044 号
153. 广东省地方税务局关于包林同志免职退休的通知
2013 年 11 月 11 日　粤地税任免字〔2013〕125 号
154. 广东省地方税务局关于冯金祝同志免职退休的通知
2013 年 11 月 11 日　粤地税任免字〔2013〕122 号
155. 广东省地方税务局关于苏彰强同志职务任免的通知
2013 年 11 月 11 日　粤地税任免字〔2013〕121 号
156. 广东省地方税务局关于柯见贤同志免职的通知
2013 年 11 月 11 日　粤地税任免字〔2013〕124 号
157. 中共广东省地方税务局党组关于柯见贤同志任职的通知
2013 年 11 月 11 日　粤地税党组发〔2013〕79 号
158. 中共广东省地方税务局党组关于柯见贤同志免职的通知
2013 年 11 月 11 日　粤地税党组发〔2013〕80 号
159. 广东省地方税务局关于欧锦驱等同志职务任免的通知
2013 年 11 月 11 日　粤地税任免字〔2013〕123 号
160. 中共广东省地方税务局党组关于朱毅、陆耀炳同志职务任免的通知
2013 年 11 月 12 日　粤地税党组发〔2013〕81 号
161. 广东省地方税务局关于朱毅、陆耀炳同志职务任免的通知
2013 年 11 月 12 日　粤地税任免字〔2013〕127 号
162. 广东省地方税务局关于朱毅同志免职的通知
2013 年 11 月 12 日　粤地税任免字〔2013〕126 号
163. 中共广东省地方税务局党组关于陆耀炳同志任职的通知
2013 年 11 月 12 日　粤地税党组发〔2013〕82 号
164. 广东省地方税务局关于陆耀炳同志任职的通知
2013 年 11 月 12 日　粤地税任免字〔2013〕128 号
165. 广东省地方税务局关于钟崇光同志免职退休的通知
2013 年 11 月 14 日　粤地税任免字〔2013〕129 号
166. 广东省地方税务局关于郑明钦同志职务任免的通知
2013 年 11 月 20 日　粤地税任免字〔2013〕131 号
167. 广东省地方税务局关于熊保利同志免职的通知
2013 年 11 月 29 日　粤地税任免字〔2013〕132 号
168. 广东省地方税务局关于熊保利同志任职的通知
2013 年 11 月 29 日　粤地税任免字〔2013〕133 号
169. 广东省地方税务局关于杨金灵同志任职的通知
2013 年 12 月 6 日　粤地税任免字〔2013〕134 号
170. 广东省地方税务局关于喻玲同志任职的通知
2013 年 12 月 10 日　粤地税任免字〔2013〕135 号
171. 广东省地方税务局关于董超明同志免职退休的通知
2013 年 12 月 11 日　粤地税任免字〔2013〕136 号
172. 广东省地方税务局关于苏明钦同志任职的通知
2013 年 12 月 16 日　粤地税任免字〔2013〕137 号
173. 广东省地方税务局关于印发《2013 年度各市地方税务局省局管理干部年度考核工作方案》的通知
2013 年 12 月 20 日　粤地税发〔2013〕121 号

教育培训类

1. 广东省地方税务局转发《国家税务总局关于印发〈2013 年全国税务系统干部教育培训工作要点〉的通知》的通知
   2013 年 3 月 18 日　粤地税函〔2013〕237 号
2. 广东省地方税务局关于印发《2013 年广东省地方税务局教育培训师资库第三批入库兼职教师选聘方案》的通知
   2013 年 5 月 10 日　粤地税函〔2013〕436 号
3. 广东省地方税务局转发《国家税务总局关于成立全国税务领军人才培养工作领导小组的通知》的通知
   2013 年 9 月 10 日　粤地税发〔2013〕90 号
4. 广东省地方税务局关于成立税务领军人才培养工作领导小组的通知
   2013 年 9 月 27 日　粤地税发〔2013〕95 号
5. 广东省地方税务局关于印发《关于进一步加强广东省地方税务系统干部教育培训学员管理的规定》的通知
   2013 年 11 月 19 日　粤地税函〔2013〕1103 号

纪检监察类

1. 中共广东省地方税务局党组关于落实基建工程廉政风险防控责任的通知
   2013 年 1 月 16 日　粤地税党组发〔2013〕7 号
2. 中共广东省纪委派驻省地方税务局纪检组批转中共广州市地方税务局党组纪检组关于增城市地方税务局潘伯长等 3 名处级领导干部违法犯罪情况的通报的通知
   2013 年 2 月 26 日　粤纪驻地税纪发〔2013〕2 号
3. 中共广东省地方税务局党组关于 2012 年度全省地税系统落实党风廉政建设责任制考核情况的通报
   2013 年 3 月 15 日　粤地税党组函〔2013〕12 号
4. 中共广东省地方税务局党组关于印发《2013 年全省地税系统党风廉政建设工作要点及责任分工》的通知
   2013 年 3 月 28 日　粤地税党组发〔2013〕15 号
5. 中共广东省地方税务局党组转发《中共广东省纪委印发〈关于整治庸懒散奢等不良风气切实改进工作作风的意见〉的通知》的通知
   2013 年 4 月 3 日　粤地税党组发〔2013〕16 号
6. 中共广东省纪委派驻省地方税务局纪检组转发省纪委办公厅关于加大力度查处违反中央八项规定精神案件的通知
   2013 年 4 月 22 日　粤纪驻地税纪发〔2013〕5 号
7. 中共广东省地方税务局党组转发《中共国家税务总局党组关于印发〈《税务系统领导班子和领导干部监督管理办法》实施细则〉的通知》的通知
   2013 年 5 月 20 日　粤地税党组发〔2013〕21 号
8. 中共广东省地方税务局党组转发《中共国家税务总局党组关于印发〈税务系统贯彻落实中央关于改进工作作风八项规定监督办法(试行)〉的通知》的通知
   2013 年 6 月 19 日　粤地税党组发〔2013〕30 号

9. 广东省地方税务局关于印发《广东省地方税务局迎接2013年省直单位民主评议政风行风工作实施方案》的通知
2013年6月19日 粤地税函〔2013〕566号
10. 广东省地方税务局转发《广东省监察厅关于印发〈广东省网上办事大厅效能监察暂行办法》和《2013年省网上办事大厅效能测评规则(试行)〉的通知》的通知
2013年6月21日 粤地税函〔2013〕583号
11. 广东省地方税务局关于印发《2013年广东省地方税务系统纪律教育学习月活动方案》的通知
2013年7月17日 粤地税函〔2013〕659号
12. 广东省地方税务局关于全省地税系统内控机制建设工作检查情况的通报
2013年8月16日 粤地税函〔2013〕773号
13. 中共广东省地方税务局党组关于印发《关于违反省局党组加强作风建设"十项意见"和"七项承诺"有关规定的问责办法(试行)》的通知
2013年8月30日 粤地税党组发〔2013〕52号
14. 中共广东省纪委派驻省地方税务局纪检组转发《中共广东省纪委关于采取有力措施深入持久纠正"四风"的通知》的通知
2013年9月3日 粤纪驻地税纪发〔2013〕10号
15. 中共广东省纪委派驻省地方税务局纪检组转发《中共广东省纪委关于印发〈广东省纪检监察干部行为规范〉的通知》的通知
2013年9月6日 粤纪驻地税纪发〔2013〕11号
16. 中共广东省纪委派驻省地方税务局纪检组转发《广东省监察厅关于印发〈广东省行政效能投诉处理系统管理办法(试行)〉和〈广东省行政效能投诉处理系统绩效测评规则(试行)〉的通知》
2013年9月23日 粤纪驻地税纪发〔2013〕12号
17. 广东省地方税务局转发《国家税务总局关于严肃纪律促进廉洁从税的通知》的通知
2013年10月9日 粤地税发〔2013〕97号
18. 中共广东省纪委派驻省地方税务局纪检组转发《中共广东省纪委关于在全省党员领导干部中开展会员卡专项清退行动的通知》的通知
2013年10月12日 粤纪驻地税纪发〔2013〕14号
19. 中共广东省地方税务局党组关于印发《关于加强对"一把手"监督管理的若干规定》的通知
2013年10月30日 粤地税党组发〔2013〕75号
20. 广东省地方税务局关于印发《广东省地方税务系统内控倒查实施办法(试行)》的通知
2013年11月6日 粤地税函〔2013〕1033号
21. 中共广东省纪委派驻省地方税务局纪检组转发《省纪委和国家税务总局办公厅关于严禁用公款购买印制寄送贺年卡等物品的通知》的通知
2013年11月19日 粤纪驻地税纪发〔2013〕16号

内审管理类

1. 广东省地方税务局关于印发《广东省地方税务系统内部审计工作规范(试行)》的通知
2013年1月11日 粤地税发〔2013〕8号
2. 广东省地方税务局关于印发《2013年内审工作要点》的通知
2013年3月5日 粤地税函〔2013〕198号
3. 广东省地方税务局关于重申严格落实审计发现问题整改和督查工作的通知
2013年8月5日 粤地税函〔2013〕731号

4. 广东省地方税务局转发《广东省经济责任审计结果运用办法》的通知
2013 年 8 月 14 日　粤地税函〔2013〕762 号

基层建设类

1. 广东省地方税务局关于深入推进干群“连心桥”活动的意见
2013 年 1 月 5 日　粤地税发〔2013〕1 号
2. 广东省地方税务局转发《中共广东省委组织部关于深入开展“群众路线大家谈”活动的通知》
2013 年 2 月 4 日　粤地税函〔2013〕75 号
3. 中共广东省地方税务局直属机关党委关于增补方佳雄等六位同志为机关党委、纪委成员的通知
2013 年 4 月 25 日　粤地税党字〔2013〕2 号
4. 广东省地方税务局办公室关于印发《整治公款出国旅游专项行动实施方案》的通知
2013 年 12 月 2 日　粤地税办发〔2013〕50 号
5. 广东省地方税务局关于报送党的群众路线教育实践活动整改材料的函
2013 年 12 月 3 日　粤地税函〔2013〕1139 号
6. 广东省地方税务局办公室关于印发《整治“文山会海”专项行动实施方案》的通知
2013 年 12 月 3 日　粤地税办发〔2013〕53 号
7. 广东省地方税务局办公室关于印发《整治节庆、论坛、展会活动过多过滥专项行动实施方案》的通知
2013 年 12 月 3 日　粤地税办发〔2013〕54 号
8. 广东省地方税务局办公室关于印发《加强市、县局“一把手”监督管理专项工作实施方案》的通知
2013 年 12 月 4 日　粤地税办发〔2013〕55 号
9. 广东省地方税务局办公室关于印发《广东省地方税务局整治违规修建楼堂馆所专项行动实施方案》的通知
2013 年 12 月 9 日　粤地税办发〔2013〕57 号
10. 广东省地方税务局办公室关于印发《省地税局党的群众路线教育实践活动整改方案》的通知
2013 年 12 月 16 日　粤地税办发〔2013〕62 号
11. 广东省地方税务局关于印发《广东省地税局制度建设计划》的通知
2013 年 12 月 16 日　粤地税函〔2013〕1195 号
12. 广东省地方税务局转发《中共广东省委办公厅　广东省人民政府办公厅关于印发〈广东省深入贯彻党的群众路线制度建设计划〉的通知》的通知
2013 年 12 月 26 日　粤地税函〔2013〕1222 号
13. 广东省地方税务局转发《中共广东省委关于印发〈中共广东省委常委班子党的群众路线教育实践活动整改方案〉的通知》的通知
2013 年 12 月 26 日　粤地税函〔2013〕1223 号

信息管理类

1. 广东省地方税务局转发《国家税务总局关于印发 2013 年全国电子税务工作要点的通知》的通知
2013 年 2 月 6 日　粤地税函〔2013〕104 号

2. 广东省地方税务局关于印发《广东地税金税三期工程上线全员培训方案》的通知
   2013 年 7 月 24 日　粤地税函〔2013〕683 号
3. 广东省地方税务局办公室关于做好实行免抵退税政策的出口货物生产企业增值税消费税信息利用工作的通知
   2013 年 9 月 18 日　粤地税办函〔2013〕63 号
4. 广东省地方税务局转发《国家税务总局关于印发〈税务系统外部信息技术支持人员管理规范〉的通知》
   2013 年 11 月 13 日　粤地税发〔2013〕109 号
5. 广东省地方税务局办公室转发《国家税务总局办公厅关于防范利用税务总局技术支持热线等诈骗的通知》的通知
   2013 年 12 月 20 日　粤地税办函〔2013〕82 号

表彰先进类

1. 广东省地方税务局办公室关于 2012 年度广东省地税系统信息工作先进单位和优秀信息员的通报
   2013 年 2 月 20 日　粤地税办发〔2013〕9 号
2. 广东省地方税务局转发《国家税务总局关于表彰税务系统先进集体和先进工作者决定的通知》的通知
   2013 年 3 月 8 日　粤地税发〔2013〕24 号
3. 广东省地方税务局转发《国家税务总局　共青团中央关于命名税务系统 2011—2012 年度全国青年文明号决定》的通知
   2013 年 3 月 19 日　粤地税发〔2013〕27 号
4. 广东省地方税务局转发《国家税务总局关于表彰 2012 年度税务系统打击发票违法犯罪活动工作成绩突出的单位和个人决定》的通知
   2013 年 5 月 10 日　粤地税发〔2013〕46 号
5. 广东省地方税务局关于给予朱毅等同志记三等功、嘉奖的决定
   2013 年 8 月 14 日　粤地税发〔2013〕75 号

其他类

1. 广东省地方税务局关于报送 2013 年《中国税务年鉴》有关资料的函
   2013 年 3 月 28 日　粤地税函〔2013〕294 号
2. 广东省地方税务局关于报送《广东年鉴·2013》有关资料的函
   2013 年 3 月 28 日　粤地税函〔2013〕295 号
3. 广东省地方税务局关于印发《广东省地方税务系统深入开展重点领域“三打”工作总体方案》的通知
   2013 年 6 月 9 日　粤地税发〔2013〕53 号
4. 广东省地方税务局办公室关于调整广东省地方税务局招标采购实施办法采购限额标准的通知
   2013 年 6 月 27 日　粤地税办函〔2013〕38 号

第八篇

税费统计

2013年广东省地方税务局入库税金明细年报表

编报机关:广东省地方税务局　　　　单位:万元

序号	项　目	合计				中　央	省　级	市　级	县(区)级
		合　计	其中:本年新欠入库	2001年5月1日以后陈欠入库	2001年5月1日以前陈欠入库				
1	总　计	55759306	1055692	105527	230	10357662	11465932	21953794	11981918
2	一、国内税收收入合计	50846938	868431	96125	19	10357643	10886591	19339461	10263243
3	1. 营业税	16253569	187739	31465	4		7238339	6223062	2792168
4	(1)铁路运输企业营业税								
5	(2)金融保险业营业税	3709100	4606	5			2396342	1312758	
6	(3)其他营业税	12544469	183133	31460	4		4841997	4910304	2792168
7	2. 企业所得税	8393887	129107	16735	15	5173291	1051788	1701181	467627
8	(1)一般企业所得税	7666750	126970	16715	15	4600823	999536	1615670	450721
9	内资企业	5751646	115791	14983	15	3451761	869255	1015611	415019
10	外资企业	1915104	11179	1732		1149062	130281	600059	35702
11	(2)分支机构预缴所得税	202570	412			121546	30377	39275	11372
12	内资企业	96432	391			57861	18206	10967	9398
13	外资企业	106138	21			63685	12171	28308	1974
14	(3)总机构预缴所得税	260329	452	16		193001	15962	46060	5306
15	内资企业	151107	426			111179	11018	24800	4110
16	外资企业	109222	26	16		81822	4944	21260	1196
17	(4)分支机构汇算清缴所得税								
18	内资企业								

续表

序号	项目	合计				中央	省级	市级	县(区)级
		合计	其中:本年新欠入库	2001年5月1日以后陈欠入库	2001年5月1日以前陈欠入库				
19	外资企业								
20	(5)总机构汇算清缴所得税	126149	1263			123328	2418	175	228
21	内资企业	57543	1225			54816	2324	175	228
22	外资企业	68606	38			68512	94		
23	(6)企业所得税待分配收入	138089	10	4		134593	3495	1	
24	内资企业	65419	9			62143	3275	1	
25	外资企业	72670	1	4		72450	220		
26	3. 个人所得税	8640589	145034	5576		5184352	1044238	2115060	296939
27	4. 资源税	139625	1771	226				9961	129664
28	5. 固定资产投资方向调节税								
29	6. 城市维护建设税	3993425	64404	3926				2328395	1665030
30	7. 房产税	1984821	68838	9882				1107142	877679
31	8. 印花税	882136	31904	636				401938	480198
32	9. 城镇土地使用税	1292204	85569	9615				478548	813656
33	10. 土地增值税	4175053	62236	14059			1552226	1974716	648111
34	11. 车船税	571569	405	10				301967	269602
35	12. 车辆购置税								
36	13. 屠宰税	30		10					30
37	14. 契税	3724654	69416	3749				2538267	1186387

续表

序号	项目	合计				中央	省级	市级	县(区)级
		合计	其中:本年新欠入库	2001年5月1日以后陈欠入库	2001年5月1日以前陈欠入库				
38	15. 耕地占用税	778912	22008	236				159224	619688
39	16. 烟叶税	16464							16464
40	二、其他收入合计	4912368	187261	9402	211	19	579341	2614333	1718675
41	1. 教育费附加收入	1800871	32738	2331	63			1094143	706728
42	2. 文化事业建设费收入	26186	952	133		19	5505	13966	6696
43	3. 税务部门罚没收入	9085	250	83			14	6609	2462
44	4. 堤围费	1041395	18327	877	148		104140	439541	497714
45	5. 价格调节基金	219404	2067	1058			106334	76241	36829
46	6. 残疾人基金	265384	101286	3758			55519	116837	93028
47	7. 地方教育费附加	923826	19422	1020			307829	408947	207050
48	8. 交通建设附加								
49	9. 社会保险基金收入								
50	基本养老保险基金收入								
51	失业保险基金收入								
52	基本医疗保险基金收入								
53	工伤保险基金收入								
54	生育保险基金收入								
55	10. 工会会费	201147	8308					36397	164750
56	11. 其他	425070	3911	142				421652	3418

2013年广州市地方税务局入库税金明细年报表

编报机关:广州市地方税务局　　　　单位:万元

序号	项　目	合　计				中　央	省　级	市　级	县(区)级
		合　计	其中:本年新欠入库	2001年5月1日以后陈欠入库	2001年5月1日以前陈欠入库				
1	总　计	12223344	396481	38119		2145766	2974458	3420329	3682791
2	一、国内税收收入合计	10890829	301634	34528		2145761	2804122	2839767	3101179
3	1. 营业税	3243164	83144	15768			1621582	585796	1035786
4	(1)铁路运输企业营业税								
5	(2)金融保险业营业税								
6	(3)其他营业税	3243164	83144	15768			1621582	585796	1035786
7	2. 企业所得税	1118085	54035	2640		680399	220419	78996	138271
8	(1)一般企业所得税	1027359	53443	2640		616415	205496	72935	132513
9	内资企业	933959	52523	2640		560375	186816	68224	118544
10	外资企业	93400	920			56040	18680	4711	13969
11	(2)分支机构预缴所得税	38218	152			22932	7643	3897	3746
12	内资企业	36260	152			21756	7252	3623	3629
13	外资企业	1958				1176	391	274	117
14	(3)总机构预缴所得税	33926	47			24968	4797	2154	2007
15	内资企业	32263	47			23729	4579	2010	1945
16	外资企业	1663				1239	218	144	62
17	(4)分支机构汇算清缴所得税								
18	内资企业								

续表

序号	项　　目	合　　计				中　央	省　级	市　级	县(区)级
		合　　计	其中:本年新欠入库	2001年5月1日以后陈欠入库	2001年5月1日以前陈欠入库				
19	外资企业								
20	(5)总机构汇算清缴所得税	7294	393			6493	786	10	5
21	内资企业	7162	393			6361	786	10	5
22	外资企业	132				132			
23	(6)企业所得税待分配收入	11288				9591	1697		
24	内资企业	10797				9111	1686		
25	外资企业	491				480	11		
26	3. 个人所得税	2442270	57619	474		1465362	488454	472747	15707
27	4. 资源税	3167	597						3167
28	5. 固定资产投资方向调节税								
29	6. 城市维护建设税	1058212	12393	1190				280773	777439
30	7. 房产税	647047	33515	5453				287906	359141
31	8. 印花税	260828	10900	166				20	260808
32	9. 城镇土地使用税	178725	19333	2515				12	178713
33	10. 土地增值税	947334	28670	6322			473667	412708	60959
34	11. 车船税	140225						23065	117160
35	12. 车辆购置税								
36	13. 屠宰税								
37	14. 契税	797183						697744	99439

续表

序号	项目	合计				中央	省级	市级	县(区)级
		合计	其中:本年新欠入库	2001年5月1日以后陈欠入库	2001年5月1日以前陈欠入库				
38	15. 耕地占用税	54589	1428						54589
39	16. 烟叶税								
40	二、其他收入合计	1332515	94847	3591		5	170336	580562	581612
41	1. 教育费附加收入	462445	5842	452				181679	280766
42	2. 文化事业建设费收入	4364	363	11		5	1335	417	2607
43	3. 税务部门罚没收入	2564	48	5				1949	615
44	4. 堤围费	365494	6131	327			36549	157678	171267
45	5. 价格调节基金	25134	874	560				25134	
46	6. 残疾人基金	78087	71392	1944			26367	27566	24154
47	7. 地方教育费附加	308704	3751	292			106085	186115	16504
48	8. 交通建设附加								
49	9. 社会保险基金收入								
50	基本养老保险基金收入								
51	失业保险基金收入								
52	基本医疗保险基金收入								
53	工伤保险基金收入								
54	生育保险基金收入								
55	10. 工会会费	82281	3134						82281
56	11. 其他	3442	3312					24	3418

2013 年深圳市地方税务局入库税金明细年报表

编报机关:深圳市地方税务局　　　　单位:万元

序号	项　目	合计				中　央	省　级	市　级	县(区)级
		合　计	其中:本年新欠入库	2001 年 5 月 1 日以后陈欠入库	2001 年 5 月 1 日以前陈欠入库				
1	总　计	15479599	21802	12967	19	4161881		11317718	
2	一、国内税收收入合计	14627219	20104	12460	19	4161881		10465338	
3	1. 营业税	4190745	4014	2374	4			4190745	
4	(1)铁路运输企业营业税								
5	(2)金融保险业营业税	1312758	244	3				1312758	
6	(3)其他营业税	2877987	3770	2371	4			2877987	
7	2. 企业所得税	3359728	5062	1827	15	2110225		1249503	
8	(1)一般企业所得税	2982090	5010	1807	15	1789254		1192836	
9	内资企业	1718380	4780	539	15	1031028		687352	
10	外资企业	1263710	230	1268		758226		505484	
11	(2)分支机构预缴所得税	50872	1			30524		20348	
12	内资企业	5591	1			3355		2236	
13	外资企业	45281				27169		18112	
14	(3)总机构预缴所得税	145275	41	16		108956		36319	
15	内资企业	74722	37			56041		18681	
16	外资企业	70553	4	16		52915		17638	
17	(4)分支机构汇算清缴所得税								
18	内资企业								

续表

序号	项　目	合　计				中　央	省　级	市　级	县(区)级
		合　计	其中:本年新欠入库	2001年5月1日以后陈欠入库	2001年5月1日以前陈欠入库				
19	外资企业								
20	(5)总机构汇算清缴所得税	87103				87103			
21	内资企业	32105				32105			
22	外资企业	54998				54998			
23	(6)企业所得税待分配收入	94388	10	4		94388			
24	内资企业	40084	9			40084			
25	外资企业	54304	1	4		54304			
26	3. 个人所得税	3419426	4521	1894		2051656		1367770	
27	4. 资源税								
28	5. 固定资产投资方向调节税								
29	6. 城市维护建设税	980113	2127	496				980113	
30	7. 房产税	384441	1988	1683				384441	
31	8. 印花税	208401	1154	72				208401	
32	9. 城镇土地使用税	89538	806	70				89538	
33	10. 土地增值税	1070605	364	1509				1070605	
34	11. 车船税	116163	68	10				116163	
35	12. 车辆购置税								
36	13. 屠宰税								
37	14. 契税	808059		2525				808059	

续表

序号	项　　目	合　　计				中　央	省　级	市　级	县(区)级
		合　　计	其中:本年新欠入库	2001年5月1日以后陈欠入库	2001年5月1日以前陈欠入库				
38	15. 耕地占用税								
39	16. 烟叶税								
40	二、其他收入合计	852380	1698	507				852380	
41	1. 教育费附加收入	419845	909	238				419845	
42	2. 文化事业建设费收入	8013	32	66				8013	
43	3. 税务部门罚没收入	2894	158	61				2894	
44	4. 堤围费								
45	5. 价格调节基金								
46	6. 残疾人基金								
47	7. 地方教育费附加								
48	8. 交通建设附加								
49	9. 社会保险基金收入								
50	基本养老保险基金收入								
51	失业保险基金收入								
52	基本医疗保险基金收入								
53	工伤保险基金收入								
54	生育保险基金收入								
55	10. 工会会费								
56	11. 其他	421628	599	142				421628	

2013 年珠海市地方税务局入库税金明细年报表

编报机关:珠海市地方税务局　　　　单位:万元

序号	项　目	合　计				中　央	省　级	市　级	县(区)级
		合　计	其中:本年新欠入库	2001 年 5 月 1 日以后陈欠入库	2001 年 5 月 1 日以前陈欠入库				
1	总　计	2265653	80235	3547		517891	609248	658294	480220
2	一、国内税收收入合计	2067787	70968	2812		517891	585504	566784	397608
3	1. 营业税	597841	16682	530			353747	129222	114872
4	(1)铁路运输企业营业税								
5	(2)金融保险业营业税	109604	319				109604		
6	(3)其他营业税	488237	16363	530			244143	129222	114872
7	2. 企业所得税	587220	8033	1160		354593	116562	82374	33691
8	(1)一般企业所得税	566839	8021	1160		340103	113368	80288	33080
9	内资企业	422250	4958	1068		253350	84450	65395	19055
10	外资企业	144589	3063	92		86753	28918	14893	14025
11	(2)分支机构预缴所得税	8836	11			5302	1767	1361	406
12	内资企业	4656	11			2794	931	730	201
13	外资企业	4180				2508	836	631	205
14	(3)总机构预缴所得税	7584	1			5577	1077	725	205
15	内资企业	3545	1			2595	518	424	8
16	外资企业	4039				2982	559	301	197
17	(4)分支机构汇算清缴所得税								
18	内资企业								

续表

序号	项　　目	合　　计				中　央	省　级	市　级	县(区)级
		合　　计	其中:本年新欠入库	2001年5月1日以后陈欠入库	2001年5月1日以前陈欠入库				
19	外资企业								
20	(5)总机构汇算清缴所得税	1487				1386	101		
21	内资企业	533				473	60		
22	外资企业	954				913	41		
23	(6)企业所得税待分配收入	2474				2225	249		
24	内资企业	1035				889	146		
25	外资企业	1439				1336	103		
26	3. 个人所得税	272163	7251	149		163298	54433	29155	25277
27	4. 资源税	12							12
28	5. 固定资产投资方向调节税								
29	6. 城市维护建设税	158788	3352	145				90624	68164
30	7. 房产税	65371	2985	287				37005	28366
31	8. 印花税	38760	2153	1				12995	25765
32	9. 城镇土地使用税	47008	11726	392				5550	41458
33	10. 土地增值税	121524	6182	116			60762	35368	25394
34	11. 车船税	14426	118					14426	
35	12. 车辆购置税								
36	13. 屠宰税	30		10					30
37	14. 契税	164644	12486	22				130065	34579

续表

序号	项目	合计				中央	省级	市级	县(区)级
		合计	其中:本年新欠入库	2001年5月1日以后陈欠入库	2001年5月1日以前陈欠入库				
38	15. 耕地占用税								
39	16. 烟叶税								
40	二、其他收入合计	197866	9267	735			23744	91510	82612
41	1. 教育费附加收入	67939	1443	59				38755	29184
42	2. 文化事业建设费收入	704	35	3			211	177	316
43	3. 税务部门罚没收入	171	3					129	42
44	4. 堤围费	41101	856	21			4110	17684	19307
45	5. 价格调节基金								
46	6. 残疾人基金	26393	5546	613			4353	9627	12413
47	7. 地方教育费附加	45254	924	39			15070	16863	13321
48	8. 交通建设附加								
49	9. 社会保险基金收入								
50	基本养老保险基金收入								
51	失业保险基金收入								
52	基本医疗保险基金收入								
53	工伤保险基金收入								
54	生育保险基金收入								
55	10. 工会会费	16304	460					8275	8029
56	11. 其他								

2013年汕头市地方税务局入库税金明细年报表

编报机关：汕头市地方税务局　　　　单位：万元

序号	项　目	合计				中　央	省　级	市　级	县(区)级
		合　计	其中：本年新欠入库	2001年5月1日以后陈欠入库	2001年5月1日以前陈欠入库				
1	总　计	990033	36830	12934		212557	250852	232002	294622
2	一、国内税收收入合计	925864	33784	12163		212556	243078	206369	263861
3	1. 营业税	244759	3137	3139			141946	41362	61451
4	(1)铁路运输企业营业税								
5	(2)金融保险业营业税	38733	12				38733		
6	(3)其他营业税	206026	3125	3139			103213	41362	61451
7	2. 企业所得税	236405	5772	4248		142793	46789	16847	29976
8	(1)一般企业所得税	228390	5770	4248		137034	45678	16153	29525
9	内资企业	212505	5770	4248		127503	42501	14287	28214
10	外资企业	15885				9531	3177	1866	1311
11	(2)分支机构预缴所得税	3487	2			2092	697	426	272
12	内资企业	3487	2			2092	697	426	272
13	外资企业								
14	(3)总机构预缴所得税	3559				2683	429	268	179
15	内资企业	3559				2683	429	268	179
16	外资企业								
17	(4)分支机构汇算清缴所得税								
18	内资企业								

续表

序号	项目	合计				中央	省级	市级	县(区)级
		合计	其中:本年新欠入库	2001年5月1日以后陈欠入库	2001年5月1日以前陈欠入库				
19	外资企业								
20	(5)总机构汇算清缴所得税	54				52	2		
21	内资企业	54				52	2		
22	外资企业								
23	(6)企业所得税待分配收入	915				932	-17		
24	内资企业	915				932	-17		
25	外资企业								
26	3. 个人所得税	116272	2248	262		69763	23255	9713	13541
27	4. 资源税	3086	38	26				31	3055
28	5. 固定资产投资方向调节税								
29	6. 城市维护建设税	66930	1775	623				24390	42540
30	7. 房产税	38975	2000	1053				15105	23870
31	8. 印花税	15900	358	236				322	15578
32	9. 城镇土地使用税	38397	2975	1671				20329	18068
33	10. 土地增值税	62175	1517	896			31088	12374	18713
34	11. 车船税	18882	7					11133	7749
35	12. 车辆购置税								
36	13. 屠宰税								
37	14. 契税	69646	13460	9				51581	18065

续表

序号	项　　目	合　计				中　央	省　级	市　级	县(区)级
		合　计	其中:本年新欠入库	2001年5月1日以后陈欠入库	2001年5月1日以前陈欠入库				
38	15. 耕地占用税	14437	497					3182	11255
39	16. 烟叶税								
40	二、其他收入合计	64169	3046	771		1	7774	25633	30761
41	1. 教育费附加收入	26229	1132	353				10449	15780
42	2. 文化事业建设费收入	591	30	14		1	179	308	103
43	3. 税务部门罚没收入	407	5	5				56	351
44	4. 堤围费	6766	182	67			677	3681	2408
45	5. 价格调节基金	4018	158	11				3627	391
46	6. 残疾人基金	3456	912	68			519	2937	
47	7. 地方教育费附加	18996	569	253			6399	4565	8032
48	8. 交通建设附加								
49	9. 社会保险基金收入								
50	基本养老保险基金收入								
51	失业保险基金收入								
52	基本医疗保险基金收入								
53	工伤保险基金收入								
54	生育保险基金收入								
55	10. 工会会费	3706	58					10	3696
56	11. 其他								

2013年佛山市地方税务局入库税金明细年报表

编报机关：佛山市地方税务局

单位：万元

序号	项目	合计				中央	省级	市级	县(区)级
		合计	其中：本年新欠入库	2001年5月1日以后陈欠入库	2001年5月1日以前陈欠入库				
1	总计	3097746	114158	4549	211	447112	860707	198925	1591002
2	一、国内税收收入合计	2777330	87754	4375		447109	824271	192287	1313663
3	1. 营业税	935885	19190	1417			552460	50305	333120
4	(1)铁路运输企业营业税								
5	(2)金融保险业营业税	168967	775				168967		
6	(3)其他营业税	766918	18415	1417			383493	50305	333120
7	2. 企业所得税	345477	9276	1655		208764	68480	10813	57420
8	(1)一般企业所得税	335933	8721	1655		201560	67187	10609	56577
9	内资企业	324523	8720	1655		194714	64905	9851	55053
10	外资企业	11410	1			6846	2282	758	1524
11	(2)分支机构预缴所得税	1933	146			1159	386	137	251
12	内资企业	1933	146			1159	386	137	251
13	外资企业								
14	(3)总机构预缴所得税	5365	307			3952	754	67	592
15	内资企业	5365	307			3952	754	67	592
16	外资企业								
17	(4)分支机构汇算清缴所得税								
18	内资企业								

续表

序号	项　目	合　计				中　央	省　级	市　级	县(区)级
		合　计	其中:本年新欠入库	2001年5月1日以后陈欠入库	2001年5月1日以前陈欠入库				
19	外资企业								
20	(5)总机构汇算清缴所得税	643	102			614	29		
21	内资企业	643	102			614	29		
22	外资企业								
23	(6)企业所得税待分配收入	1603				1479	124		
24	内资企业	1603				1479	124		
25	外资企业								
26	3. 个人所得税	397243	11874	112		238345	79450	15359	64089
27	4. 资源税	195	1						195
28	5. 固定资产投资方向调节税								
29	6. 城市维护建设税	205122	3178	190				25416	179706
30	7. 房产税	136690	8327	68				19805	116885
31	8. 印花税	50374	3265	11				6994	43380
32	9. 城镇土地使用税	101853	15456	367				6646	95207
33	10. 土地增值税	247762	4379	482			123881	15714	108167
34	11. 车船税	51082	95					7740	43342
35	12. 车辆购置税								
36	13. 屠宰税								
37	14. 契税	275082	11284	70				33050	242032

续表

序号	项　　目	合　　计				中　央	省　级	市　级	县(区)级
		合　　计	其中:本年新欠入库	2001年5月1日以后陈欠入库	2001年5月1日以前陈欠入库				
38	15. 耕地占用税	30565	1429	3				445	30120
39	16. 烟叶税								
40	二、其他收入合计	320416	26404	174	211	3	36436	6638	277339
41	1. 教育费附加收入	89115	2909	62	63			725	88390
42	2. 文化事业建设费收入	1491	123	7		3	447		1041
43	3. 税务部门罚没收入	197	6	1					197
44	4. 堤围费	116804	4084	65	148		11679		105125
45	5. 价格调节基金	15180						4554	10626
46	6. 残疾人基金	25090	16812	2			3877	1060	20153
47	7. 地方教育费附加	59343	1919	37			20433	299	38611
48	8. 交通建设附加								
49	9. 社会保险基金收入								
50	基本养老保险基金收入								
51	失业保险基金收入								
52	基本医疗保险基金收入								
53	工伤保险基金收入								
54	生育保险基金收入								
55	10. 工会会费	13196	551						13196
56	11. 其他								

2013 年韶关市地方税务局入库税金明细年报表

编报机关:韶关市地方税务局　　　　单位:万元

序号	项　目	合计				中　央	省　级	市　级	县(区)级
		合　计	其中:本年新欠入库	2001 年 5 月 1 日以后陈欠入库	2001 年 5 月 1 日以前陈欠入库				
1	总　计	645910	246	102		73273	158417	170313	243907
2	一、国内税收收入合计	570451	246	102		73273	150730	131618	214830
3	1. 营业税	192762	54	39			106289	19734	66739
4	(1)铁路运输企业营业税								
5	(2)金融保险业营业税	19811					19811		
6	(3)其他营业税	172951	54	39			86478	19734	66739
7	2. 企业所得税	59398	81	9		35936	11794	2392	9276
8	(1)一般企业所得税	54407	81	9		32644	10945	2025	8793
9	内资企业	54388	81	9		32633	10940	2023	8792
10	外资企业	19				-11	5	2	1
11	(2)分支机构预缴所得税	2584				1551	516	220	297
12	内资企业	2582				1550	515	220	297
13	外资企业	2				1	1		
14	(3)总机构预缴所得税	1693				1093	300	131	169
15	内资企业	1693				1093	300	131	169
16	外资企业								
17	(4)分支机构汇算清缴所得税								
18	内资企业								

续表

序号	项目	合计				中央	省级	市级	县(区)级
		合计	其中:本年新欠入库	2001年5月1日以后陈欠入库	2001年5月1日以前陈欠入库				
19	外资企业								
20	(5)总机构汇算清缴所得税	585				519	33	16	17
21	内资企业	585				519	33	16	17
22	外资企业								
23	(6)企业所得税待分配收入	129				129			
24	内资企业	129				129			
25	外资企业								
26	3. 个人所得税	62230	44	18		37337	12447	4198	8248
27	4. 资源税	13769	20	21				1315	12454
28	5. 固定资产投资方向调节税								
29	6. 城市维护建设税	55495	26	13				31585	23910
30	7. 房产税	21339	3					8481	12858
31	8. 印花税	8451	3					3262	5189
32	9. 城镇土地使用税	33387	15	2				16106	17281
33	10. 土地增值税	40402					20200	10721	9481
34	11. 车船税	6369						4052	2317
35	12. 车辆购置税								
36	13. 屠宰税								
37	14. 契税	49081						29488	19593

续表

序号	项　　目	合　　计				中　央	省　级	市　级	县(区)级
		合　　计	其中:本年新欠入库	2001年5月1日以后陈欠入库	2001年5月1日以前陈欠入库				
38	15. 耕地占用税	16074						284	15790
39	16. 烟叶税	11694							11694
40	二、其他收入合计	75459					7687	38695	29077
41	1. 教育费附加收入	25537						15804	9733
42	2. 文化事业建设费收入	227					68	113	46
43	3. 税务部门罚没收入	46						14	32
44	4. 堤围费	19276					1927	9372	7977
45	5. 价格调节基金	8351						5673	2678
46	6. 残疾人基金	2075					321	1245	509
47	7. 地方教育费附加	16996					5371	6121	5504
48	8. 交通建设附加								
49	9. 社会保险基金收入								
50	基本养老保险基金收入								
51	失业保险基金收入								
52	基本医疗保险基金收入								
53	工伤保险基金收入								
54	生育保险基金收入								
55	10. 工会会费	2951						353	2598
56	11. 其他								

2013年河源市地方税务局入库税金明细年报表

编报机关:河源市地方税务局　　　　单位:万元

序号	项目	合计				中央	省级	市级	县(区)级
		合计	其中:本年新欠入库	2001年5月1日以后陈欠入库	2001年5月1日以前陈欠入库				
1	总计	505956	17	83		75225	138786	104769	187176
2	一、国内税收收入合计	467850	16	75		75223	134439	94002	164186
3	1. 营业税	164824	8	38			92582	25089	47153
4	(1)铁路运输企业营业税								
5	(2)金融保险业营业税	20340					20340		
6	(3)其他营业税	144484	8	38			72242	25089	47153
7	2. 企业所得税	92434	2			55460	19511	11079	6384
8	(1)一般企业所得税	92211	2			55326	19466	11079	6340
9	内资企业	92211	2			55326	19466	11079	6340
10	外资企业								
11	(2)分支机构预缴所得税	223				134	45		44
12	内资企业	223				134	45		44
13	外资企业								
14	(3)总机构预缴所得税								
15	内资企业								
16	外资企业								
17	(4)分支机构汇算清缴所得税								
18	内资企业								

续表

序号	项目	合计				中央	省级	市级	县(区)级
		合计	其中:本年新欠入库	2001年5月1日以后陈欠入库	2001年5月1日以前陈欠入库				
19	外资企业								
20	(5)总机构汇算清缴所得税								
21	内资企业								
22	外资企业								
23	(6)企业所得税待分配收入								
24	内资企业								
25	外资企业								
26	3. 个人所得税	32938	1	3		19763	6588	2484	4103
27	4. 资源税	11146						527	10619
28	5. 固定资产投资方向调节税								
29	6. 城市维护建设税	25169	3	13				9490	15679
30	7. 房产税	13034	1	14				5642	7392
31	8. 印花税	5012	1	3				1870	3142
32	9. 城镇土地使用税	17601		4				7082	10519
33	10. 土地增值税	31517					15758	4941	10818
34	11. 车船税	4357						2144	2213
35	12. 车辆购置税								
36	13. 屠宰税								
37	14. 契税	40675						16954	23721

续表

序号	项　目	合　计				中　央	省　级	市　级	县(区)级
		合　计	其中:本年新欠入库	2001年5月1日以后陈欠入库	2001年5月1日以前陈欠入库				
38	15. 耕地占用税	29143						6700	22443
39	16. 烟叶税								
40	二、其他收入合计	38106	1	8		2	4347	10767	22990
41	1. 教育费附加收入	13021		3				4195	8826
42	2. 文化事业建设费收入	229				2	87	77	63
43	3. 税务部门罚没收入	137	1					64	73
44	4. 堤围费	9355		3			936	3218	5201
45	5. 价格调节基金	2811						404	2407
46	6. 残疾人基金	2168					406	724	1038
47	7. 地方教育费附加	8686		2			2918	1839	3929
48	8. 交通建设附加								
49	9. 社会保险基金收入								
50	基本养老保险基金收入								
51	失业保险基金收入								
52	基本医疗保险基金收入								
53	工伤保险基金收入								
54	生育保险基金收入								
55	10. 工会会费	1699						246	1453
56	11. 其他								

2013年梅州市地方税务局入库税金明细年报表

编报机关：梅州市地方税务局　　　　单位：万元

序号	项　目	合计				中　央	省　级	市　级	县(区)级
		合　计	其中：本年新欠入库	2001年5月1日以后陈欠入库	2001年5月1日以前陈欠入库				
1	总　计	718098	9154	7914		103739	176120	172982	265257
2	一、国内税收收入合计	658688	8054	7863		103739	169420	143248	242281
3	1. 营业税	175756	2845	3468			99087	24007	52662
4	(1)铁路运输企业营业税								
5	(2)金融保险业营业税	22410	122				22410		
6	(3)其他营业税	153346	2723	3468			76677	24007	52662
7	2. 企业所得税	121498	1241	846		72898	24569	5751	18280
8	(1)一般企业所得税	107844	1241	846		64730	21756	4315	17043
9	内资企业	107834	1241	846		64724	21754	4315	17041
10	外资企业	10				6	2		2
11	(2)分支机构预缴所得税	7156				4294	1430	245	1187
12	内资企业	7156				4294	1430	245	1187
13	外资企业								
14	(3)总机构预缴所得税	5937				3569	1211	1107	50
15	内资企业	5937				3569	1211	1107	50
16	外资企业								
17	(4)分支机构汇算清缴所得税								
18	内资企业								

续表

序号	项目	合计				中央	省级	市级	县(区)级
		合计	其中:本年新欠入库	2001年5月1日以后陈欠入库	2001年5月1日以前陈欠入库				
19	外资企业								
20	(5)总机构汇算清缴所得税	492				305	103	84	
21	内资企业	492				305	103	84	
22	外资企业								
23	(6)企业所得税待分配收入	69					69		
24	内资企业	69					69		
25	外资企业								
26	3. 个人所得税	51402	1860	386		30841	10282	3824	6455
27	4. 资源税	26711	123	36				412	26299
28	5. 固定资产投资方向调节税								
29	6. 城市维护建设税	54004	655	272				35734	18270
30	7. 房产税	13220	185	66				4396	8824
31	8. 印花税	7796	30	28				2724	5072
32	9. 城镇土地使用税	17987	517	265				5499	12488
33	10. 土地增值税	70961	303	2339			35482	9223	26256
34	11. 车船税	7349						2780	4569
35	12. 车辆购置税								
36	13. 屠宰税								
37	14. 契税	41953	295	157				17704	24249

续表

序号	项　　目	合　　计				中　央	省　级	市　级	县(区)级
		合　　计	其中:本年新欠入库	2001年5月1日以后陈欠入库	2001年5月1日以前陈欠入库				
38	15. 耕地占用税	65891						31194	34697
39	16. 烟叶税	4160							4160
40	二、其他收入合计	59410	1100	51			6700	29734	22976
41	1. 教育费附加收入	25101	658	24				15384	9717
42	2. 文化事业建设费收入	79					24	28	27
43	3. 税务部门罚没收入	29						20	9
44	4. 堤围费	11022	179	20			1102	4152	5768
45	5. 价格调节基金	2764	60	1				1415	1349
46	6. 残疾人基金	1225	29	2			241	547	437
47	7. 地方教育费附加	16729	174	4			5333	7018	4378
48	8. 交通建设附加								
49	9. 社会保险基金收入								
50	基本养老保险基金收入								
51	失业保险基金收入								
52	基本医疗保险基金收入								
53	工伤保险基金收入								
54	生育保险基金收入								
55	10. 工会会费	2461						1170	1291
56	11. 其他								

2013年惠州市地方税务局入库税金明细年报表

编报机关:惠州市地方税务局　　　　单位:万元

序号	项目	合计				中央	省级	市级	县(区)级
		合计	其中:本年新欠入库	2001年5月1日以后陈欠入库	2001年5月1日以前陈欠入库				
1	总计	2315464	7	1017		180227	617792	530778	986667
2	一、国内税收收入合计	2060602	7	1016		180227	588023	434916	857436
3	1. 营业税	767799		112			422964	93922	250913
4	(1)铁路运输企业营业税								
5	(2)金融保险业营业税	78127					78127		
6	(3)其他营业税	689672		112			344837	93922	250913
7	2. 企业所得税	115917		174		69550	23184	9247	13936
8	(1)一般企业所得税	114473		174		68684	22895	9174	13720
9	内资企业	114110		174		68466	22822	9164	13658
10	外资企业	363				218	73	10	62
11	(2)分支机构预缴所得税	1400				840	280	68	212
12	内资企业	1400				840	280	68	212
13	外资企业								
14	(3)总机构预缴所得税	38				23	8	3	4
15	内资企业	38				23	8	3	4
16	外资企业								
17	(4)分支机构汇算清缴所得税								
18	内资企业								

续表

序号	项　目	合计				中　央	省　级	市　级	县(区)级
		合　计	其中:本年新欠入库	2001年5月1日以后陈欠入库	2001年5月1日以前陈欠入库				
19	外资企业								
20	(5)总机构汇算清缴所得税	5				3	1	1	
21	内资企业	5				3	1	1	
22	外资企业								
23	(6)企业所得税待分配收入	1						1	
24	内资企业	1						1	
25	外资企业								
26	3. 个人所得税	184461		3		110677	36892	14340	22552
27	4. 资源税	13096	3	1				1769	11327
28	5. 固定资产投资方向调节税								
29	6. 城市维护建设税	247993	1	16				139823	108170
30	7. 房产税	78117	3	141				25188	52929
31	8. 印花税	43469		2				17464	26005
32	9. 城镇土地使用税	134348		435				29400	104948
33	10. 土地增值税	209966		132			104983	29851	75132
34	11. 车船税	19170						7553	11617
35	12. 车辆购置税								
36	13. 屠宰税								
37	14. 契税	233361						66359	167002

续表

序号	项　　目	合　计				中　央	省　级	市　级	县(区)级
		合　计	其中:本年新欠入库	2001年5月1日以后陈欠入库	2001年5月1日以前陈欠入库				
38	15. 耕地占用税	12905							12905
39	16. 烟叶税								
40	二、其他收入合计	254862		1			29769	95862	129231
41	1. 教育费附加收入	110510		1				48421	62089
42	2. 文化事业建设费收入	1186					356	309	521
43	3. 税务部门罚没收入	274						9	265
44	4. 堤围费	46979					4698	18444	23837
45	5. 价格调节基金	2533						1788	745
46	6. 残疾人基金	9437					1417	4467	3553
47	7. 地方教育费附加	73823					23298	22424	28101
48	8. 交通建设附加								
49	9. 社会保险基金收入								
50	基本养老保险基金收入								
51	失业保险基金收入								
52	基本医疗保险基金收入								
53	工伤保险基金收入								
54	生育保险基金收入								
55	10. 工会会费	10120							10120
56	11. 其他								

2013 年汕尾市地方税务局入库税金明细年报表

编报机关:汕尾市地方税务局　　单位:万元

序号	项　　目	合计				中　央	省　级	市　级	县(区)级
		合　　计	其中:本年新欠入库	2001 年 5 月 1 日以后陈欠入库	2001 年 5 月 1 日以前陈欠入库				
1	总　　计	375126	3009	294		28961	70103	60141	215921
2	一、国内税收收入合计	354781	2730	280		28961	67884	54722	203214
3	1. 营业税	79607	61	18			44152	5448	30007
4	(1)铁路运输企业营业税								
5	(2)金融保险业营业税	8695	15				8695		
6	(3)其他营业税	70912	46	18			35457	5448	30007
7	2. 企业所得税	27610	237	102		16566	5523	319	5202
8	(1)一般企业所得税	27545	236	102		16527	5509	317	5192
9	内资企业	27544	265	102		16526	5509	314	5195
10	外资企业	1	-29			1		3	-3
11	(2)分支机构预缴所得税	48	1			28	10	1	9
12	内资企业	48	1			28	10	1	9
13	外资企业								
14	(3)总机构预缴所得税	4				3	1		
15	内资企业	4				3	1		
16	外资企业								
17	(4)分支机构汇算清缴所得税								
18	内资企业								

续表

序号	项目	合计				中央	省级	市级	县(区)级
		合计	其中:本年新欠入库	2001年5月1日以后陈欠入库	2001年5月1日以前陈欠入库				
19	外资企业								
20	(5)总机构汇算清缴所得税	11				8	1	1	1
21	内资企业	11				8	1	1	1
22	外资企业								
23	(6)企业所得税待分配收入	2					2		
24	内资企业	2					2		
25	外资企业								
26	3. 个人所得税	20658	395	88		12395	4132	1229	2902
27	4. 资源税	1631						150	1481
28	5. 固定资产投资方向调节税								
29	6. 城市维护建设税	15571	59	8				4706	10865
30	7. 房产税	8145	591	4				2323	5822
31	8. 印花税	3984	38					2055	1929
32	9. 城镇土地使用税	30715	1021	24				6889	23826
33	10. 土地增值税	28154	69				14077	2049	12028
34	11. 车船税	2835	8					527	2308
35	12. 车辆购置税								
36	13. 屠宰税								
37	14. 契税	56348	251	36				3937	52411

续表

序号	项　　目	合　　计				中　央	省　级	市　级	县(区)级
		合　　计	其中:本年新欠入库	2001年5月1日以后陈欠入库	2001年5月1日以前陈欠入库				
38	15. 耕地占用税	79523						25090	54433
39	16. 烟叶税								
40	二、其他收入合计	20345	279	14			2219	5419	12707
41	1. 教育费附加收入	6510	92	1				2137	4373
42	2. 文化事业建设费收入	115	15	1			34	9	72
43	3. 税务部门罚没收入	63	4	1				14	49
44	4. 堤围费	6631	60	5			663	1641	4327
45	5. 价格调节基金	1372	5					747	625
46	6. 残疾人基金	536	46	5			80	225	231
47	7. 地方教育费附加	4381	57	1			1442	646	2293
48	8. 交通建设附加								
49	9. 社会保险基金收入								
50	基本养老保险基金收入								
51	失业保险基金收入								
52	基本医疗保险基金收入								
53	工伤保险基金收入								
54	生育保险基金收入								
55	10. 工会会费	737							737
56	11. 其他								

2013年东莞市地方税务局入库税金明细年报表

编报机关:东莞市地方税务局

单位:万元

序号	项目	合计				中央	省级	市级	县(区)级
		合计	其中:本年新欠入库	2001年5月1日以后陈欠入库	2001年5月1日以前陈欠入库				
1	总计	4537630	183101	2320		760393	1229384	2547853	
2	一、国内税收收入合计	4012411	148616	2030		760393	1165889	2086129	
3	1. 营业税	1267911	16732	566			762626	505285	
4	(1)铁路运输企业营业税								
5	(2)金融保险业营业税	257219	885	2			257219		
6	(3)其他营业税	1010692	15847	564			505407	505285	
7	2. 企业所得税	730627	22755	429		449941	140510	140176	
8	(1)一般企业所得税	632015	22573	429		379209	126403	126403	
9	内资企业	279279	15611	57		167567	55856	55856	
10	外资企业	352736	6962	372		211642	70547	70547	
11	(2)分支机构预缴所得税	51151	89			30691	10230	10230	
12	内资企业	4697	68			2819	939	939	
13	外资企业	46454	21			27872	9291	9291	
14	(3)总机构预缴所得税	28451	55			21257	3651	3543	
15	内资企业	2980	33			2193	421	366	
16	外资企业	25471	22			19064	3230	3177	
17	(4)分支机构汇算清缴所得税								
18	内资企业								

续表

序号	项　　目	合　　计				中　央	省　级	市　级	县(区)级
		合　　计	其中:本年新欠入库	2001年5月1日以后陈欠入库	2001年5月1日以前陈欠入库				
19	外资企业								
20	(5)总机构汇算清缴所得税	7278	38			7219	59		
21	内资企业	586				580	6		
22	外资企业	6692	38			6639	53		
23	(6)企业所得税待分配收入	11732				11565	167		
24	内资企业	1057				996	61		
25	外资企业	10675				10569	106		
26	3. 个人所得税	517420	22146	99		310452	103484	103484	
27	4. 资源税	51	1					51	
28	5. 固定资产投资方向调节税								
29	6. 城市维护建设税	364650	27020	142				364650	
30	7. 房产税	155422	10373	304				155422	
31	8. 印花税	87481	10786	12				87481	
32	9. 城镇土地使用税	128469	15469	302				128469	
33	10. 土地增值税	318537	2443	176			159269	159268	
34	11. 车船税	61766	59					61766	
35	12. 车辆购置税								
36	13. 屠宰税								
37	14. 契税	330370	19813					330370	

续表

序号	项目	合计				中央	省级	市级	县(区)级
		合计	其中:本年新欠入库	2001年5月1日以后陈欠入库	2001年5月1日以前陈欠入库				
38	15. 耕地占用税	49707	1019					49707	
39	16. 烟叶税								
40	二、其他收入合计	525219	34485	290			63495	461724	
41	1. 教育费附加收入	194625	14829	75				194625	
42	2. 文化事业建设费收入	3839	241	2			1152	2687	
43	3. 税务部门罚没收入	913	8	1				913	
44	4. 堤围费	123923	2323	42			12392	111531	
45	5. 价格调节基金	16813	497					16813	
46	6. 残疾人基金	49352	3794	122			7427	41925	
47	7. 地方教育费附加	129646	9783	48			42524	87122	
48	8. 交通建设附加								
49	9. 社会保险基金收入								
50	基本养老保险基金收入								
51	失业保险基金收入								
52	基本医疗保险基金收入								
53	工伤保险基金收入								
54	生育保险基金收入								
55	10. 工会会费	6108	3010					6108	
56	11. 其他								

2013 年中山市地方税务局入库税金明细年报表

编报机关：中山市地方税务局　　　　单位：万元

序号	项　目	合计				中　央	省　级	市　级	县(区)级
		合　计	其中：本年新欠入库	2001 年 5 月 1 日以后陈欠入库	2001 年 5 月 1 日以前陈欠入库				
1	总　计	2148344	30688	5103		266069	622498	1111603	148174
2	一、国内税收收入合计	1915878	30688	4633		266069	595656	930137	124016
3	1. 营业税	671106	5055	770			378850	264062	28194
4	（1）铁路运输企业营业税								
5	（2）金融保险业营业税	86533					86533		
6	（3）其他营业税	584573	5055	770			292317	264062	28194
7	2. 企业所得税	188518	4687	2166		113932	37388	34398	2800
8	（1）一般企业所得税	183649	4687	2166		110189	36730	33953	2777
9	内资企业	181876	4687	2166		109126	36375	33661	2714
10	外资企业	1773				1063	355	292	63
11	（2）分支机构预缴所得税	927				556	185	167	19
12	内资企业	927				556	185	167	19
13	外资企业								
14	（3）总机构预缴所得税	2305				1691	332	278	4
15	内资企业	2305				1691	332	278	4
16	外资企业								
17	（4）分支机构汇算清缴所得税								
18	内资企业								

续表

序号	项　目	合　计				中　央	省　级	市　级	县(区)级
		合　计	其中:本年新欠入库	2001年5月1日以后陈欠入库	2001年5月1日以前陈欠入库				
19	外资企业								
20	(5)总机构汇算清缴所得税	720				675	45		
21	内资企业	720				675	45		
22	外资企业								
23	(6)企业所得税待分配收入	917				821	96		
24	内资企业	917				821	96		
25	外资企业								
26	3. 个人所得税	253562	19984	142		152137	50713	45203	5509
27	4. 资源税	13						13	
28	5. 固定资产投资方向调节税								
29	6. 城市维护建设税	135739	409	176				119873	15866
30	7. 房产税	102378	553	203				89042	13336
31	8. 印花税	34144		12				28043	6101
32	9. 城镇土地使用税	67692		531				58298	9394
33	10. 土地增值税	257411		211			128705	107543	21163
34	11. 车船税	22396						21211	1185
35	12. 车辆购置税								
36	13. 屠宰税								
37	14. 契税	175419		190				156714	18705

续表

序号	项　　目	合　　计				中　央	省　级	市　级	县(区)级
		合　　计	其中:本年新欠入库	2001年5月1日以后陈欠入库	2001年5月1日以前陈欠入库				
38	15. 耕地占用税	7500		232				5737	1763
39	16. 烟叶税								
40	二、其他收入合计	232466		470			26842	181466	24158
41	1. 教育费附加收入	74727		102				64167	10560
42	2. 文化事业建设费收入	1438		4			431	964	43
43	3. 税务部门罚没收入	313		5				277	36
44	4. 堤围费	67084		42			6709	55050	5325
45	5. 价格调节基金								
46	6. 残疾人基金	23324		266			3543	16501	3280
47	7. 地方教育费附加	49800		51			16159	31187	2454
48	8. 交通建设附加								
49	9. 社会保险基金收入								
50	基本养老保险基金收入								
51	失业保险基金收入								
52	基本医疗保险基金收入								
53	工伤保险基金收入								
54	生育保险基金收入								
55	10. 工会会费	15780						13320	2460
56	11. 其他								

2013年江门市地方税务局入库税金明细年报表

编报机关:江门市地方税务局 单位:万元

序号	项　　目	合计				中　央	省　级	市　级	县(区)级
		合　　计	其中:本年新欠入库	2001年5月1日以后陈欠入库	2001年5月1日以前陈欠入库				
1	总　　计	1548966	41774	3815		195489	397626	202804	753047
2	一、国内税收收入合计	1389038	34246	3245		195489	379437	178604	635508
3	1. 营业税	440396	5887	512			247749	43503	149144
4	(1)铁路运输企业营业税								
5	(2)金融保险业营业税	55084	13				55084		
6	(3)其他营业税	385312	5874	512			192665	43503	149144
7	2. 企业所得税	166200	3075	202		99725	33331	6573	26571
8	(1)一般企业所得税	165400	3009	202		99240	33080	6565	26515
9	内资企业	164814	3008	202		98888	32963	6556	26407
10	外资企业	586	1			352	117	9	108
11	(2)分支机构预缴所得税	210	2			126	42	7	35
12	内资企业	210	2			126	42	7	35
13	外资企业								
14	(3)总机构预缴所得税	202				135	45	1	21
15	内资企业	202				135	45	1	21
16	外资企业								
17	(4)分支机构汇算清缴所得税								
18	内资企业								

续表

序号	项　目	合　计				中　央	省　级	市　级	县(区)级
		合　计	其中:本年新欠入库	2001年5月1日以后陈欠入库	2001年5月1日以前陈欠入库				
19	外资企业								
20	(5)总机构汇算清缴所得税	290	64			219	71		
21	内资企业	290	64			219	71		
22	外资企业								
23	(6)企业所得税待分配收入	98				5	93		
24	内资企业	98				5	93		
25	外资企业								
26	3. 个人所得税	159607	2657	115		95764	31921	8273	23649
27	4. 资源税	5553	333	12				98	5455
28	5. 固定资产投资方向调节税								
29	6. 城市维护建设税	110986	3712	98				23815	87171
30	7. 房产税	68400	2244	173				18069	50331
31	8. 印花税	25580	321	22				6084	19496
32	9. 城镇土地使用税	96681	5067	1964				18084	78597
33	10. 土地增值税	132872	3948	147			66436	15450	50986
34	11. 车船税	19464	4					4800	14664
35	12. 车辆购置税								
36	13. 屠宰税								
37	14. 契税	111532	3949					27410	84122

续表

序号	项　　目	合　　计				中　央	省　级	市　级	县(区)级
		合　　计	其中:本年新欠入库	2001年5月1日以后陈欠入库	2001年5月1日以前陈欠入库				
38	15. 耕地占用税	51767	3049					6445	45322
39	16. 烟叶税								
40	二、其他收入合计	159928	7528	570			18189	24200	117539
41	1. 教育费附加收入	51109	1497	68				9916	41193
42	2. 文化事业建设费收入	694	42	21			208	243	243
43	3. 税务部门罚没收入	165	11	2					165
44	4. 堤围费	51866	2463	63			5187	6693	39986
45	5. 价格调节基金								
46	6. 残疾人基金	11813	2215	374			1777	2959	7077
47	7. 地方教育费附加	34077	943	42			11017	4389	18671
48	8. 交通建设附加								
49	9. 社会保险基金收入								
50	基本养老保险基金收入								
51	失业保险基金收入								
52	基本医疗保险基金收入								
53	工伤保险基金收入								
54	生育保险基金收入								
55	10. 工会会费	10204	357						10204
56	11. 其他								

2013年阳江市地方税务局入库税金明细年报表

编报机关：阳江市地方税务局　　　　单位：万元

序号	项目	合计				中央	省级	市级	县(区)级
		合计	其中：本年新欠入库	2001年5月1日以后陈欠入库	2001年5月1日以前陈欠入库				
1	总计	522255	30126	4172		65162	150866	107267	198960
2	一、国内税收收入合计	483866	27248	3638		65162	146601	95024	177079
3	1. 营业税	176052	9495	1336			97559	30060	48433
4	(1)铁路运输企业营业税								
5	(2)金融保险业营业税	19063	11				19063		
6	(3)其他营业税	156989	9484	1336			78496	30060	48433
7	2. 企业所得税	66143	5065	553		39685	13434	5488	7536
8	(1)一般企业所得税	62754	5058	553		37652	12551	5118	7433
9	内资企业	62729	5058	553		37637	12546	5118	7428
10	外资企业	25				15	5		5
11	(2)分支机构预缴所得税	2152	1			1291	430	361	70
12	内资企业	2152	1			1291	430	361	70
13	外资企业								
14	(3)总机构预缴所得税	371				247	83	9	32
15	内资企业	371				247	83	9	32
16	外资企业								
17	(4)分支机构汇算清缴所得税								
18	内资企业								

续表

序号	项　　目	合　　计				中　央	省　级	市　级	县(区)级
		合　　计	其中:本年新欠入库	2001 年 5 月 1 日以后陈欠入库	2001 年 5 月 1 日以前陈欠入库				
19	外资企业								
20	(5)总机构汇算清缴所得税	661	6			495	165		1
21	内资企业	661	6			495	165		1
22	外资企业								
23	(6)企业所得税待分配收入	205					205		
24	内资企业	205					205		
25	外资企业								
26	3. 个人所得税	42462	3360	573		25477	8492	3475	5018
27	4. 资源税	3325	177	4				574	2751
28	5. 固定资产投资方向调节税								
29	6. 城市维护建设税	23685	1721	233				8757	14928
30	7. 房产税	11129	468	21				3723	7406
31	8. 印花税	6458	249	19				2231	4227
32	9. 城镇土地使用税	27309	3140	101				8489	18820
33	10. 土地增值税	54232	2433	520			27116	10014	17102
34	11. 车船税	5939	3					3235	2704
35	12. 车辆购置税								
36	13. 屠宰税								
37	14. 契税	29203	1000	278				10563	18640

续表

序号	项　　目	合　　计				中　央	省　级	市　级	县(区)级
		合　　计	其中:本年新欠入库	2001年5月1日以后陈欠入库	2001年5月1日以前陈欠入库				
38	15. 耕地占用税	37929	137					8415	29514
39	16. 烟叶税								
40	二、其他收入合计	38389	2878	534			4265	12243	21881
41	1. 教育费附加收入	12214	1776	278				3792	8422
42	2. 文化事业建设费收入	242	12	1			73	53	116
43	3. 税务部门罚没收入	101	2					50	51
44	4. 堤围费	12750	468	121			1275	3202	8273
45	5. 价格调节基金	2418	67	3				2418	
46	6. 残疾人基金	1285		19			222	582	481
47	7. 地方教育费附加	8092	445	112			2695	1582	3815
48	8. 交通建设附加								
49	9. 社会保险基金收入								
50	基本养老保险基金收入								
51	失业保险基金收入								
52	基本医疗保险基金收入								
53	工伤保险基金收入								
54	生育保险基金收入								
55	10. 工会会费	1287	108					564	723
56	11. 其他								

2013年湛江市地方税务局入库税金明细年报表

编报机关:湛江市地方税务局　　单位:万元

序号	项　目	合计				中　央	省　级	市　级	县(区)级
		合　计	其中:本年新欠入库	2001年5月1日以后陈欠入库	2001年5月1日以前陈欠入库				
1	总　计	859131	454	978		96872	241535	189784	330940
2	一、国内税收收入合计	768880	452	857		96872	230764	151092	290152
3	1. 营业税	281785	267	665			167766	33872	80147
4	(1)铁路运输企业营业税								
5	(2)金融保险业营业税	53737	31				53737		
6	(3)其他营业税	228048	236	665			114029	33872	80147
7	2. 企业所得税	70755	167	52		43452	13665	4004	9634
8	(1)一般企业所得税	69937	167	52		42962	13488	3971	9516
9	内资企业	59993	167	52		36996	11499	2827	8671
10	外资企业	9944				5966	1989	1144	845
11	(2)分支机构预缴所得税	689				413	138	24	114
12	内资企业	689				413	138	24	114
13	外资企业								
14	(3)总机构预缴所得税	116				77	26	9	4
15	内资企业	116				77	26	9	4
16	外资企业								
17	(4)分支机构汇算清缴所得税								
18	内资企业								

续表

序号	项　目	合　计				中　央	省　级	市　级	县(区)级
		合　计	其中:本年新欠入库	2001年5月1日以后陈欠入库	2001年5月1日以前陈欠入库				
19	外资企业								
20	(5)总机构汇算清缴所得税								
21	内资企业								
22	外资企业								
23	(6)企业所得税待分配收入	13					13		
24	内资企业	13					13		
25	外资企业								
26	3. 个人所得税	89033		52		53420	17807	6330	11476
27	4. 资源税	908		14				14	894
28	5. 固定资产投资方向调节税								
29	6. 城市维护建设税	83074	18	14				36436	46638
30	7. 房产税	23330		14				9089	14241
31	8. 印花税	12804		9				4417	8387
32	9. 城镇土地使用税	25700		15				8322	17378
33	10. 土地增值税	63052		22			31526	11576	19950
34	11. 车船税	9258						3697	5561
35	12. 车辆购置税								
36	13. 屠宰税								
37	14. 契税	81936						33335	48601

续表

序号	项　　目	合　　计				中　央	省　级	市　级	县(区)级
		合　　计	其中:本年新欠入库	2001年5月1日以后陈欠入库	2001年5月1日以前陈欠入库				
38	15. 耕地占用税	27245							27245
39	16. 烟叶税								
40	二、其他收入合计	90251	2	121			10771	38692	40788
41	1. 教育费附加收入	36542	2	65				16655	19887
42	2. 文化事业建设费收入	356		1			107	64	185
43	3. 税务部门罚没收入	146		1				51	95
44	4. 堤围费	21594		35			2160	12166	7268
45	5. 价格调节基金								
46	6. 残疾人基金	3113		17			469	2126	518
47	7. 地方教育费附加	24311		2			8035	7630	8646
48	8. 交通建设附加								
49	9. 社会保险基金收入								
50	基本养老保险基金收入								
51	失业保险基金收入								
52	基本医疗保险基金收入								
53	工伤保险基金收入								
54	生育保险基金收入								
55	10. 工会会费	4189							4189
56	11. 其他								

2013 年茂名市地方税务局入库税金明细年报表

编报机关:茂名市地方税务局　　　　单位:万元

序号	项　目	合　计				中　央	省　级	市　级	县(区)级
		合　计	其中:本年新欠入库	2001 年 5 月 1 日以后陈欠入库	2001 年 5 月 1 日以前陈欠入库				
1	总　计	824755	42031	671		89283	176177	276174	283121
2	一、国内税收收入合计	707714	41394	623		89283	163049	195442	259940
3	1. 营业税	184873	10427	53			103690	22496	58687
4	(1)铁路运输企业营业税								
5	(2)金融保险业营业税	22509	124				22509		
6	(3)其他营业税	162364	10303	53			81181	22496	58687
7	2. 企业所得税	99196	3725	12		59520	19839	4971	14866
8	(1)一般企业所得税	99143	3725	12		59488	19828	4964	14863
9	内资企业	99135	3725	12		59483	19826	4964	14862
10	外资企业	8				5	2		1
11	(2)分支机构预缴所得税	53				32	11	7	3
12	内资企业	53				32	11	7	3
13	外资企业								
14	(3)总机构预缴所得税								
15	内资企业								
16	外资企业								
17	(4)分支机构汇算清缴所得税								
18	内资企业								

续表

序号	项　目	合计				中　央	省　级	市　级	县(区)级
		合　计	其中:本年新欠入库	2001年5月1日以后陈欠入库	2001年5月1日以前陈欠入库				
19	外资企业								
20	(5)总机构汇算清缴所得税								
21	内资企业								
22	外资企业								
23	(6)企业所得税待分配收入								
24	内资企业								
25	外资企业								
26	3. 个人所得税	49605	3314	9		29763	9921	4236	5685
27	4. 资源税	7316	105					276	7040
28	5. 固定资产投资方向调节税								
29	6. 城市维护建设税	116322	5586	15				95636	20686
30	7. 房产税	34746	1375	34				7412	27334
31	8. 印花税	7896	355					3387	4509
32	9. 城镇土地使用税	46930	5140	39				26219	20711
33	10. 土地增值税	59198	6060	27			29599	9361	20238
34	11. 车船税	9278						3308	5970
35	12. 车辆购置税								
36	13. 屠宰税								
37	14. 契税	57684	5289	433				18140	39544

续表

序号	项　　目	合　　计				中　央	省　级	市　级	县(区)级
		合　　计	其中:本年新欠入库	2001年5月1日以后陈欠入库	2001年5月1日以前陈欠入库				
38	15. 耕地占用税	34670	18	1					34670
39	16. 烟叶税								
40	二、其他收入合计	117041	637	48			13128	80732	23181
41	1. 教育费附加收入	50369	239	3				42972	7397
42	2. 文化事业建设费收入	194	1	1			67	38	89
43	3. 税务部门罚没收入	230	1						230
44	4. 堤围费	19627	119	1			1963	12284	5380
45	5. 价格调节基金	6880	13	9				3732	3148
46	6. 残疾人基金	2331	83	32			350	1196	785
47	7. 地方教育费附加	34754	159	2			10748	20510	3496
48	8. 交通建设附加								
49	9. 社会保险基金收入								
50	基本养老保险基金收入								
51	失业保险基金收入								
52	基本医疗保险基金收入								
53	工伤保险基金收入								
54	生育保险基金收入								
55	10. 工会会费	2656	22						2656
56	11. 其他								

2013年肇庆市地方税务局入库税金明细年报表

编报机关:肇庆市地方税务局　　　　单位:万元

序号	项　　目	合　　计				中　央	省　级	市　级	县(区)级
		合　　计	其中:本年新欠入库	2001年5月1日以后陈欠入库	2001年5月1日以前陈欠入库				
1	总　　计	1078215	7588	1776		96609	280696	140555	560355
2	一、国内税收收入合计	1000503	6674	1666		96609	272802	121528	509564
3	1. 营业税	301395	1221	161			169959	36682	94754
4	(1)铁路运输企业营业税								
5	(2)金融保险业营业税	38521					38521		
6	(3)其他营业税	262874	1221	161			131438	36682	94754
7	2. 企业所得税	83819	778	56		50476	16650	4397	12296
8	(1)一般企业所得税	80668	778	56		48401	16134	4079	12054
9	内资企业	80441	778	56		48265	16088	4070	12018
10	外资企业	227				136	46	9	36
11	(2)分支机构预缴所得税	1595				958	319	162	156
12	内资企业	1594				957	319	162	156
13	外资企业	1				1			
14	(3)总机构预缴所得税	990				629	169	124	68
15	内资企业	990				629	169	124	68
16	外资企业								
17	(4)分支机构汇算清缴所得税								
18	内资企业								

续表

序号	项　目	合　计				中　央	省　级	市　级	县(区)级
		合　计	其中:本年新欠入库	2001年5月1日以后陈欠入库	2001年5月1日以前陈欠入库				
19	外资企业								
20	(5)总机构汇算清缴所得税	406				305	51	32	18
21	内资企业	406				305	51	32	18
22	外资企业								
23	(6)企业所得税待分配收入	160				183	-23		
24	内资企业	160				183	-23		
25	外资企业								
26	3. 个人所得税	76889	435	59		46133	15378	4258	11120
27	4. 资源税	12302		24				59	12243
28	5. 固定资产投资方向调节税								
29	6. 城市维护建设税	47051	180	22				10860	36191
30	7. 房产税	29984	410	24				7062	22922
31	8. 印花税	9508	254	2				2175	7333
32	9. 城镇土地使用税	59211	1033	227				7758	51453
33	10. 土地增值税	141629	1247	1063			70815	17298	53516
34	11. 车船税	12054						3722	8332
35	12. 车辆购置税								
36	13. 屠宰税								
37	14. 契税	98505	1116	28				24674	73831

续表

序号	项　　目	合　　计				中　央	省　级	市　级	县(区)级
		合　　计	其中:本年新欠入库	2001年5月1日以后陈欠入库	2001年5月1日以前陈欠入库				
38	15. 耕地占用税	128156						2583	125573
39	16. 烟叶税								
40	二、其他收入合计	77712	914	110			7894	19027	50791
41	1. 教育费附加收入	22541	155	52				4676	17865
42	2. 文化事业建设费收入	369	19				111	74	184
43	3. 税务部门罚没收入	41	3					43	-2
44	4. 堤围费	19806	38	5			1981	5027	12798
45	5. 价格调节基金	4417	122					1310	3107
46	6. 残疾人基金	4313	354	50			755	1544	2014
47	7. 地方教育费附加	15014	108	3			5047	1995	7972
48	8. 交通建设附加								
49	9. 社会保险基金收入								
50	基本养老保险基金收入								
51	失业保险基金收入								
52	基本医疗保险基金收入								
53	工伤保险基金收入								
54	生育保险基金收入								
55	10. 工会会费	11211	115					4358	6853
56	11. 其他								

2013 年清远市地方税务局入库税金明细年报表

编报机关:清远市地方税务局　　单位:万元

序号	项　　目	合　　计				中　央	省　级	市　级	县(区)级
		合　　计	其中:本年新欠入库	2001 年 5 月 1 日以后陈欠入库	2001 年 5 月 1 日以前陈欠入库				
1	总　　计	884011	61	440		91475	253355	280578	258603
2	一、国内税收收入合计	819799	55	38		91475	246454	251650	230220
3	1. 营业税	309180		13			169709	73421	66050
4	(1)铁路运输企业营业税								
5	(2)金融保险业营业税	30217					30217		
6	(3)其他营业税	278963		13			139492	73421	66050
7	2. 企业所得税	87423	54	7		52454	17509	8963	8497
8	(1)一般企业所得税	81801	54	7		49079	16361	8667	7694
9	内资企业	81635	54	7		48979	16328	8664	7664
10	外资企业	166				100	33	3	30
11	(2)分支机构预缴所得税	4046				2429	810	4	803
12	内资企业	4046				2429	810	4	803
13	外资企业								
14	(3)总机构预缴所得税	1537				931	314	292	
15	内资企业	1537				931	314	292	
16	外资企业								
17	(4)分支机构汇算清缴所得税								
18	内资企业								

续表

序号	项　　目	合　　计				中　央	省　级	市　级	县(区)级
		合　计	其中:本年新欠入库	2001年5月1日以后陈欠入库	2001年5月1日以前陈欠入库				
19	外资企业								
20	(5)总机构汇算清缴所得税	20				15	5		
21	内资企业	20				15	5		
22	外资企业								
23	(6)企业所得税待分配收入	19					19		
24	内资企业	19					19		
25	外资企业								
26	3. 个人所得税	65035	1	4		39021	13006	7197	5811
27	4. 资源税	18803		1				1346	17457
28	5. 固定资产投资方向调节税								
29	6. 城市维护建设税	41987		2				20583	21404
30	7. 房产税	25989						12772	13217
31	8. 印花税	9822		5				6195	3627
32	9. 城镇土地使用税	44377						19610	24767
33	10. 土地增值税	92457		6			46230	26094	20133
34	11. 车船税	8528						5083	3445
35	12. 车辆购置税								
36	13. 屠宰税								
37	14. 契税	96141						59832	36309

续表

序号	项　目	合　计				中　央	省　级	市　级	县(区)级
		合　计	其中:本年新欠入库	2001年5月1日以后陈欠入库	2001年5月1日以前陈欠入库				
38	15. 耕地占用税	19447						10554	8893
39	16. 烟叶税	610							610
40	二、其他收入合计	64212	6	402			6901	28928	28383
41	1. 教育费附加收入	21828	1	2				9842	11986
42	2. 文化事业建设费收入	656		1			197	307	152
43	3. 税务部门罚没收入	104						65	39
44	4. 堤围费	15916					1592	8164	6160
45	5. 价格调节基金	6435	5	372				4047	2388
46	6. 残疾人基金	1758		26			328	838	592
47	7. 地方教育费附加	14543		1			4784	4252	5507
48	8. 交通建设附加								
49	9. 社会保险基金收入								
50	基本养老保险基金收入								
51	失业保险基金收入								
52	基本医疗保险基金收入								
53	工伤保险基金收入								
54	生育保险基金收入								
55	10. 工会会费	2972						1413	1559
56	11. 其他								

2013年潮州市地方税务局入库税金明细年报表

编报机关:潮州市地方税务局　　单位:万元

序号	项　目	合计				中　央	省　级	市　级	县(区)级
		合　计	其中:本年新欠入库	2001年5月1日以后陈欠入库	2001年5月1日以前陈欠入库				
1	总　计	342564	6202	1622		62148	76582	70606	133228
2	一、国内税收收入合计	308816	5507	1428		62140	72570	63937	110169
3	1. 营业税	76914	1113	47			44031	16939	15944
4	(1)铁路运输企业营业税								
5	(2)金融保险业营业税	11148					11148		
6	(3)其他营业税	65766	1113	47			32883	16939	15944
7	2. 企业所得税	56193	656	431		33717	11238	5529	5709
8	(1)一般企业所得税	56182	656	431		33710	11236	5528	5708
9	内资企业	56172	656	431		33704	11234	5527	5707
10	外资企业	10				6	2	1	1
11	(2)分支机构预缴所得税	11				7	2	1	1
12	内资企业	11				7	2	1	1
13	外资企业								
14	(3)总机构预缴所得税								
15	内资企业								
16	外资企业								
17	(4)分支机构汇算清缴所得税								
18	内资企业								

续表

序号	项目	合计				中央	省级	市级	县(区)级
		合计	其中:本年新欠入库	2001年5月1日以后陈欠入库	2001年5月1日以前陈欠入库				
19	外资企业								
20	(5)总机构汇算清缴所得税								
21	内资企业								
22	外资企业								
23	(6)企业所得税待分配收入								
24	内资企业								
25	外资企业								
26	3. 个人所得税	47371	847	381		28423	9474	4486	4988
27	4. 资源税	9373	367	86				1719	7654
28	5. 固定资产投资方向调节税								
29	6. 城市维护建设税	26963	482	109				8789	18174
30	7. 房产税	16483	528	112				4357	12126
31	8. 印花税	7620	144	22				1719	5901
32	9. 城镇土地使用税	21803	872	240				3925	17878
33	10. 土地增值税	15654	481				7827	4187	3640
34	11. 车船税	5373						1388	3985
35	12. 车辆购置税								
36	13. 屠宰税								
37	14. 契税	15254	17					10899	4355

续表

序号	项　　目	合　计				中　央	省　级	市　级	县(区)级
		合　计	其中:本年新欠入库	2001年5月1日以后陈欠入库	2001年5月1日以前陈欠入库				
38	15. 耕地占用税	9815							9815
39	16. 烟叶税								
40	二、其他收入合计	33748	695	194		8	4012	6669	23059
41	1. 教育费附加收入	13093	257	81				3997	9096
42	2. 文化事业建设费收入	156	1			8	44	13	91
43	3. 税务部门罚没收入	36							36
44	4. 堤围费	8660	189	24			866	387	7407
45	5. 价格调节基金	479	16	3				438	41
46	6. 残疾人基金	1361	74				209	9	1143
47	7. 地方教育费附加	8922	156	86			2893	1814	4215
48	8. 交通建设附加								
49	9. 社会保险基金收入								
50	基本养老保险基金收入								
51	失业保险基金收入								
52	基本医疗保险基金收入								
53	工伤保险基金收入								
54	生育保险基金收入								
55	10. 工会会费	1041	2					11	1030
56	11. 其他								

2013年揭阳市地方税务局入库税金明细年报表

编报机关:揭阳市地方税务局　　单位:万元

序号	项目	合计				中央	省级	市级	县(区)级
		合计	其中:本年新欠入库	2001年5月1日以后陈欠入库	2001年5月1日以前陈欠入库				
1	总计	589758	224	810		101008	147705	70491	270554
2	一、国内税收收入合计	533273	127	680		101008	141215	54250	236800
3	1. 营业税	147263	1	12			88971	14964	43328
4	(1)铁路运输企业营业税								
5	(2)金融保险业营业税	30617					30617		
6	(3)其他营业税	116646	1	12			58354	14964	43328
7	2. 企业所得税	99684	9	28		59879	19947	2817	17041
8	(1)一般企业所得税	94121	9	28		56473	18824	2800	16024
9	内资企业	93787	9	28		56273	18757	2774	15983
10	外资企业	334				200	67	26	41
11	(2)分支机构预缴所得税	2639				1583	528	11	517
12	内资企业	2639				1583	528	11	517
13	外资企业								
14	(3)总机构预缴所得税	1819				1119	367	5	328
15	内资企业	1819				1119	367	5	328
16	外资企业								
17	(4)分支机构汇算清缴所得税								
18	内资企业								

续表

序号	项目	合计				中央	省级	市级	县(区)级
		合计	其中:本年新欠入库	2001年5月1日以后陈欠入库	2001年5月1日以前陈欠入库				
19	外资企业								
20	(5)总机构汇算清缴所得税	992				635	184	1	172
21	内资企业	992				635	184	1	172
22	外资企业								
23	(6)企业所得税待分配收入	113				69	44		
24	内资企业	113				69	44		
25	外资企业								
26	3. 个人所得税	68549	8	70		41129	13710	3810	9900
27	4. 资源税	3307		1				901	2406
28	5. 固定资产投资方向调节税								
29	6. 城市维护建设税	40826	60	78				9286	31540
30	7. 房产税	22201	14	176				5766	16435
31	8. 印花税	11009	1	13				2702	8307
32	9. 城镇土地使用税	31832	11	290				5293	26539
33	10. 土地增值税	37173	4	12			18587	4011	14575
34	11. 车船税	10740						2338	8402
35	12. 车辆购置税								
36	13. 屠宰税								
37	14. 契税	22387	19					2362	20025

续表

序号	项　　目	合　　计				中　央	省　级	市　级	县(区)级
		合　　计	其中:本年新欠入库	2001年5月1日以后陈欠入库	2001年5月1日以前陈欠入库				
38	15. 耕地占用税	38302							38302
39	16. 烟叶税								
40	二、其他收入合计	56485	97	130			6490	16241	33754
41	1. 教育费附加收入	18677	27	59				3470	15207
42	2. 文化事业建设费收入	389					118	28	243
43	3. 税务部门罚没收入	59		1				5	54
44	4. 堤围费	19331	68	34			1933	9167	8231
45	5. 价格调节基金	2215						1089	1126
46	6. 残疾人基金	1873					285	456	1132
47	7. 地方教育费附加	12420	2	36			4154	1457	6809
48	8. 交通建设附加								
49	9. 社会保险基金收入								
50	基本养老保险基金收入								
51	失业保险基金收入								
52	基本医疗保险基金收入								
53	工伤保险基金收入								
54	生育保险基金收入								
55	10. 工会会费	1521						569	952
56	11. 其他								

2013年云浮市地方税务局入库税金明细年报表

编报机关:云浮市地方税务局

单位:万元

序号	项目	合计				中央	省级	市级	县(区)级
		合计	其中:本年新欠入库	2001年5月1日以后陈欠入库	2001年5月1日以前陈欠入库				
1	总计	422736	6115	2091		65734	109129	75914	171959
2	一、国内税收收入合计	399399	5645	1602		65734	106810	68703	158152
3	1. 营业税	117177	1360	425			67125	16148	33904
4	(1)铁路运输企业营业税								
5	(2)金融保险业营业税	17070					17070		
6	(3)其他营业税	100107	1360	425			50055	16148	33904
7	2. 企业所得税	37441	272	136		22465	7659	2630	4687
8	(1)一般企业所得税	33646	272	136		20188	6729	2500	4229
9	内资企业	33646	272	136		20188	6729	2500	4229
10	外资企业								
11	(2)分支机构预缴所得税	2219				1331	444	37	407
12	内资企业	2219				1331	444	37	407
13	外资企业								
14	(3)总机构预缴所得税	537				328	109	63	37
15	内资企业	537				328	109	63	37
16	外资企业								
17	(4)分支机构汇算清缴所得税								
18	内资企业								

续表

序号	项　目	合　计				中　央	省　级	市　级	县(区)级
		合　计	其中:本年新欠入库	2001年5月1日以后陈欠入库	2001年5月1日以前陈欠入库				
19	外资企业								
20	(5)总机构汇算清缴所得税	868				618	206	30	14
21	内资企业	868				618	206	30	14
22	外资企业								
23	(6)企业所得税待分配收入	171					171		
24	内资企业	171					171		
25	外资企业								
26	3. 个人所得税	72114	1105	680		43269	14423	3489	10933
27	4. 资源税	5756	5					706	5050
28	5. 固定资产投资方向调节税								
29	6. 城市维护建设税	17281	211	68				7056	10225
30	7. 房产税	10727	173	51				4136	6591
31	8. 印花税	4136	20	1				1397	2739
32	9. 城镇土地使用税	15574	460	161				7030	8544
33	10. 土地增值税	35207	1566	79			17603	6360	11244
34	11. 车船税	4590	38					1836	2754
35	12. 车辆购置税								
36	13. 屠宰税								
37	14. 契税	29992	434	1				9027	20965

续表

序号	项　　目	合　　计				中　央	省　级	市　级	县(区)级
		合　　计	其中:本年新欠入库	2001 年 5 月 1 日以后陈欠入库	2001 年 5 月 1 日以前陈欠入库				
38	15. 耕地占用税	49404	1					8888	40516
39	16. 烟叶税								
40	二、其他收入合计	23337	470	489			2319	7211	13807
41	1. 教育费附加收入	8601	347	352				2637	5964
42	2. 文化事业建设费收入	140	3				42	44	54
43	3. 税务部门罚没收入	160						56	104
44	4. 堤围费	891					89		802
45	5. 价格调节基金	5008	67	99				3052	1956
46	6. 残疾人基金	1207		29			227	303	677
47	7. 地方教育费附加	5738	27	9			1961	1119	2658
48	8. 交通建设附加								
49	9. 社会保险基金收入								
50	基本养老保险基金收入								
51	失业保险基金收入								
52	基本医疗保险基金收入								
53	工伤保险基金收入								
54	生育保险基金收入								
55	10. 工会会费	1592	26						1592
56	11. 其他								

2013年顺德区地方税务局入库税金明细年报表

编报机关：顺德区地方税务局　　单位：万元

序号	项目	合计				中央	省级	市级	县(区)级
		合计	其中：本年新欠入库	2001年5月1日以后陈欠入库	2001年5月1日以前陈欠入库				
1	总计	1601000	45389	203		244455	441248		915297
2	一、国内税收收入合计	1429296	42482	11		244455	421573		763268
3	1. 营业税	457736	7046	2			276856		180880
4	(1)铁路运输企业营业税								
5	(2)金融保险业营业税	95364	2055				95364		
6	(3)其他营业税	362372	4991	2			181492		180880
7	2. 企业所得税	196091	4125	2		124528	36126		35437
8	(1)一般企业所得税	161283	3457	2		96770	32256		32257
9	内资企业	144805	3426	2		86883	28961		28961
10	外资企业	16478	31			9887	3295		3296
11	(2)分支机构预缴所得税	10221	7			6133	2044		2044
12	内资企业	1959	7			1175	392		392
13	外资企业	8262				4958	1652		1652
14	(3)总机构预缴所得税	9175	1			6815	1224		1136
15	内资企业	1679	1			1193	287		199
16	外资企业	7496				5622	937		937
17	(4)分支机构汇算清缴所得税								
18	内资企业								

续表

序号	项目	合计				中央	省级	市级	县(区)级
		合计	其中:本年新欠入库	2001年5月1日以后陈欠入库	2001年5月1日以前陈欠入库				
19	外资企业								
20	(5)总机构汇算清缴所得税	8194	660			7937	257		
21	内资企业	2364	660			2107	257		
22	外资企业	5830				5830			
23	(6)企业所得税待分配收入	7218				6873	345		
24	内资企业	1457				1112	345		
25	外资企业	5761				5761			
26	3. 个人所得税	199879	5364	3		119927	39976		39976
27	4. 资源税	105	1						105
28	5. 固定资产投资方向调节税								
29	6. 城市维护建设税	117464	1436	3					117464
30	7. 房产税	77653	3102	1					77653
31	8. 印花税	22703	1872						22703
32	9. 城镇土地使用税	37067	2528						37067
33	10. 土地增值税	137231	2570				68615		68616
34	11. 车船税	21325	5						21325
35	12. 车辆购置税								
36	13. 屠宰税								
37	14. 契税	140199	3						140199

续表

序号	项目	合计				中央	省级	市级	县(区)级
		合计	其中:本年新欠入库	2001年5月1日以后陈欠入库	2001年5月1日以前陈欠入库				
38	15. 耕地占用税	21843	14430						21843
39	16. 烟叶税								
40	二、其他收入合计	171704	2907	192			19675		152029
41	1. 教育费附加收入	50293	623	1					50293
42	2. 文化事业建设费收入	714	35				214		500
43	3. 税务部门罚没收入	21							21
44	4. 堤围费	56519	1167	2			5652		50867
45	5. 价格调节基金	6242	183						6242
46	6. 残疾人基金	15187	29	189			2346		12841
47	7. 地方教育费附加	33597	405				11463		22134
48	8. 交通建设附加								
49	9. 社会保险基金收入								
50	基本养老保险基金收入								
51	失业保险基金收入								
52	基本医疗保险基金收入								
53	工伤保险基金收入								
54	生育保险基金收入								
55	10. 工会会费	9131	465						9131
56	11. 其他								

2013年广东省地方税务局直属分局入库税金明细年报表

编报机关:广东省地方税务局直属分局　　单位:万元

序号	项　目	合　计				中　央	省　级	市　级	县(区)级
		合　计	其中:本年新欠入库	2001年5月1日以后陈欠入库	2001年5月1日以前陈欠入库				
1	总　计	1783012				276333	1482648	13914	10117
2	一、国内税收收入合计	1676664				276333	1376300	13914	10117
3	1. 营业税	1228639					1228639		
4	(1)铁路运输企业营业税								
5	(2)金融保险业营业税	1212573					1212573		
6	(3)其他营业税	16066					16066		
7	2. 企业所得税	448025				276333	147661	13914	10117
8	(1)一般企业所得税	409060				245185	143616	11391	8868
9	内资企业	405630				243127	142930	11090	8483
10	外资企业	3430				2058	686	301	385
11	(2)分支机构预缴所得税	11900				7140	2420	1561	779
12	内资企业	11900				7140	2420	1561	779
13	外资企业								
14	(3)总机构预缴所得税	11445				8948	1065	962	470
15	内资企业	11445				8948	1065	962	470
16	外资企业								
17	(4)分支机构汇算清缴所得税								
18	内资企业								

续表

序号	项目	合计				中央	省级	市级	县(区)级
		合计	其中:本年新欠入库	2001年5月1日以后陈欠入库	2001年5月1日以前陈欠入库				
19	外资企业								
20	(5)总机构汇算清缴所得税	9046				8727	319		
21	内资企业	9046				8727	319		
22	外资企业								
23	(6)企业所得税待分配收入	6574				6333	241		
24	内资企业	6574				6333	241		
25	外资企业								
26	3. 个人所得税								
27	4. 资源税								
28	5. 固定资产投资方向调节税								
29	6. 城市维护建设税								
30	7. 房产税								
31	8. 印花税								
32	9. 城镇土地使用税								
33	10. 土地增值税								
34	11. 车船税								
35	12. 车辆购置税								
36	13. 屠宰税								
37	14. 契税								

续表

序号	项　　目	合　　计				中　央	省　级	市　级	县(区)级
		合　　计	其中:本年新欠入库	2001年5月1日以后陈欠入库	2001年5月1日以前陈欠入库				
38	15. 耕地占用税								
39	16. 烟叶税								
40	二、其他收入合计	106348					106348		
41	1. 教育费附加收入								
42	2. 文化事业建设费收入								
43	3. 税务部门罚没收入	14					14		
44	4. 堤围费								
45	5. 价格调节基金	106334					106334		
46	6. 残疾人基金								
47	7. 地方教育费附加								
48	8. 交通建设附加								
49	9. 社会保险基金收入								
50	基本养老保险基金收入								
51	失业保险基金收入								
52	基本医疗保险基金收入								
53	工伤保险基金收入								
54	生育保险基金收入								
55	10. 工会会费								
56	11. 其他								

2013年广东省地方税务局税收收入分行业分税种统计年报表

编报机关：广东省地方税务局　　　　单位：万元

序号	项目	合计	营业税	企业所得税		个人所得税	城市维护建设税	房产税	印花税	城镇土地使用税	土地增值税	车船税	契税	耕地占用税	其他各税
				内资企业	外资企业										
1	税收收入合计	50846938	16253569	6122147	2271740	8640589	3993425	1984821	882136	1292204	4175053	571569	3724654	778912	156119
2	一、第一产业	122856	22100	8571	1990	50683	2560	7064	3500	6137	8016	733	5447	5837	218
3	二、第二产业	13860909	3190883	2555967	1130324	2560912	2452118	613775	415973	508183	158752	8307	85635	58747	121333
4	(一)采矿业	150141	4739	60416	66	12513	9248	2337	1540	6099	367	14	2317	6531	43954
5	1. 煤炭开采和洗选业	1160	344	-77		27	57	18	16	540	233	1			1
6	2. 石油和天然气开采业	2690	101		16	369	88	57	394	504			1155		6
7	其中：原油	2658	101		15	369	87	57	387	501			1135		6
8	3. 黑色金属矿采选业	58147	694	45954		1488	1705	289	136	686			190	253	6752
9	4. 有色金属矿采选业	21789	244	5436		4347	2215	517	295	647		1	7	1	8079
10	5. 非金属矿采选业	42782	2908	7477	2	2356	2093	598	377	1551	121	2	439	6139	18719
11	6. 其他采矿业	23573	448	1626	48	3926	3090	858	322	2171	13	10	526	138	10397
12	(二)制造业	7784028	249770	1105563	982700	1877752	2074018	517551	331432	430556	71154	6149	62589	20924	53870
13	1. 农副食品加工业	88870	4323	13507	10285	21587	10253	9418	6649	9548	2370	43	719	138	30
14	2. 食品制造业	283407	8189	23575	63421	82703	72271	14637	5773	8703	1581	27	2142	381	4
15	3. 酒、饮料和精制茶制造业	95892	3365	5112	16042	22739	31353	7756	3255	4894	600	72	694	1	9
16	①酒的制造	40239	1006	4260	2935	7507	16527	3701	837	2915	45	71	435		
17	其中：酒精	6302	47	39		3179	1940	346	120	397	1	69	164		
18	②饮料制造	55023	2358	452	13107	15192	14744	4007	2408	1931	555		259	1	9
19	③精制茶制造	630	1	400		40	82	48	10	48		1			
20	4. 烟草制品业	203588	48	23223		21200	144787	4548	3188	1566	2	237	3266		1523
21	其中：卷烟制造	141217	10			17405	116696	3303	2804	996		3			

续表

序号	项目	合计	营业税	企业所得税		个人所得税	城市维护建设税	房产税	印花税	城镇土地使用税	土地增值税	车船税	契税	耕地占用税	其他各税
				内资企业	外资企业										
22	5. 纺织业	126598	4472	20355	6710	24623	29866	16813	5383	14337	1929	182	1481	445	2
23	6. 纺织服装、服饰业	248586	5894	48151	18223	45524	69658	23990	9881	19505	5301	36	1991	431	1
24	7. 皮革、毛皮、羽毛及其制品和制鞋业	126532	4084	7836	5668	25385	41132	12992	7118	12236	8859	70	1140	11	1
25	8. 木材加工及木竹藤棕草制品业	33254	2003	2052	471	6254	8306	3535	1427	6495	500	109	1873	160	69
26	9. 家具制造业	95367	3741	9363	4456	18292	25749	11702	4088	13773	2523	76	1413	186	5
27	10. 造纸及纸制品业	107531	2516	15333	5414	20132	26083	16458	6601	12291	534	89	1121	944	15
28	11. 印刷和记录媒介复制业	121237	2392	24844	18169	31327	22929	9241	3666	7586	220	20	426	60	357
29	12. 文教、工美、体育和娱乐用品制造业	141743	5862	22873	12394	29053	33062	14847	6849	12225	1781	209	2458	85	45
30	13. 石油加工、炼焦及核燃料加工业	361936	3600	4555	17497	19689	284292	5953	6052	19698	4	66	529		1
31	其中:成品油	333931	2085	4410	17496	11586	283460	3120	5838	5807	4		125		
32	14. 化学原料及化学制品制造业	299608	10032	43725	19434	87837	74918	20595	12637	21338	4715	21	3516	245	595
33	15. 医药制造业	236024	2767	76912	42841	47323	40156	11557	4150	7329	158	245	2527	59	
34	16. 化学纤维制造业	20788	460	178	11477	1990	2958	1621	577	1081	83	358	5		
35	17. 橡胶和塑料制品业	360917	17489	48081	29974	82484	85599	33195	15661	31309	14144	62	2469	439	11
36	18. 非金属矿物制品业	303170	11165	42283	7124	45149	52766	27467	8822	42410	6072	49	5478	7982	46403
37	19. 黑色金属冶炼及压延加工业	55908	2124	3205	272	8275	12341	7514	7557	10624	749	210	1308	1707	22
38	20. 有色金属冶炼及压延加工业	75194	1713	18230	780	12884	12841	8551	5895	8633	158	141	932	382	4054
39	21. 金属制品业	376902	19264	42733	35281	94240	88922	32631	17540	36439	1938	132	6375	1216	191
40	22. 通用设备制造业	221729	8758	29637	48399	53153	43281	16428	7631	10381	2358	198	1075	429	1
41	23. 专用设备制造业	282269	10733	45201	33147	96259	54902	14178	9372	11840	3630	109	1610	1268	20
42	24. 汽车制造业	325912	2910	5238	3914	97256	162206	20412	19541	12239	6	345	1845		
43	25. 铁路、船舶、航空航天和其他运输设备制造业	97643	5216	7454	18082	19604	19678	10873	4805	8650	167	244	2025	844	1

续表

序号	项　　目	合　计	营业税	企业所得税		个人所得税	城市维护建设税	房产税	印花税	城镇土地使用税	土地增值税	车船税	契税	耕地占用税	其他各税
				内资企业	外资企业										
44	其中:铁路运输设备制造	2289	229	31	61	458	134	42	31	455	3			844	1
45	船舶及相关装置制造	37539	2360	2144	4076	9538	7413	4912	2185	4793	9	1	108		
46	航空、航天及设备制造	12663	60	6	9348	1813	983	88	313	52					
47	摩托车制造	27115	1362	4647	1	4787	8127	3839	1808	2195	95	38	216		
48	26. 电气机械及器材制造业	850396	16607	305664	74542	170453	163677	52081	28338	31169	2126	36	5028	675	
49	27. 计算机、通信和其他电子设备制造业	1753171	67580	163605	380134	576816	349374	77330	95327	31561	6043	143	4548	709	1
50	28. 仪表仪器制造业	82766	3079	8914	17771	25051	16931	4792	2561	2674	229	33	685	41	5
51	29. 其他制造业	407090	19384	43724	80778	90470	93727	26436	21088	20022	2374	2587	3910	2086	504
52	(三)电力、热力、燃气及水的生产和供应业	1078588	45582	423382	103141	188109	169851	58635	28809	42119	1995	357	4666	11908	34
53	1. 电力、热力的生产和供应业	919342	29683	383109	66540	168856	150639	50809	25695	28302	1974	269	3168	10269	29
54	①电力生产	332127	18893	78958	51810	54709	59758	24184	10736	19920	1942	260	2321	8607	29
55	②电力供应	572236	10363	301648	14730	110427	86956	25069	13286	7596	16	9	689	1447	
56	③热力生产和供应业	14979	427	2503		3720	3925	1556	1673	786	16		158	215	
57	2. 燃气生产和供应业	44429	5339	12533	1497	7286	9704	1356	2639	1934		36	705	1400	
58	3. 水的生产和供应业	114817	10560	27740	35104	11967	9508	6470	475	11883	21	52	793	239	5
59	(四)建筑业	4848152	2890792	966606	44417	482538	199001	35252	54192	29409	85236	1787	16063	19384	23475
60	1. 房屋建筑业	1208637	715745	286136	3664	91245	48085	9356	13688	6364	18597	255	5890	1514	8098
61	2. 土木工程建筑业	567407	352301	106756	101	59369	23562	4370	8612	2414	4358	322	1227	1776	2239
62	3. 建筑安装业	2122937	1326976	365450	37700	231139	90389	11727	20642	9479	14046	880	2834	1172	10503
63	4. 建筑装饰和其他建筑业	949171	495770	208264	2952	100785	36965	9799	11250	11152	48235	330	6112	14922	2635
64	三、第三产业	36863173	13040586	3557609	1139426	6028994	1538747	1363982	462663	777884	4008285	562529	3633572	714328	34568
65	(一)批发和零售业	3144719	528362	660849	183296	684225	470178	155986	166297	94143	128178	4604	37244	9117	22240

续表

序号	项　　目	合　计	营业税	企业所得税		个人所得税	城市维护建设税	房产税	印花税	城镇土地使用税	土地增值税	车船税	契税	耕地占用税	其他各税
				内资企业	外资企业										
66	1. 批发业	2116974	327919	502772	130104	457283	307957	93718	121559	46366	85957	3081	19132	2961	18165
67	其中：烟草制品批发	216748	839	124248		30513	41960	2683	4222	783	181		95	20	11204
68	煤炭及制品批发	29285	1429	10165	3180	3356	4077	538	6119	339	40	1	39		2
69	石油及其制品批发	60385	1603	9297	6033	8761	17884	2249	10424	2453	1267	1	378	35	
70	汽车及零配件批发	24607	4359	3685	4	7762	4031	1147	2232	694	541	110	42		
71	2. 零售业	1027745	200443	158077	53192	226942	162221	62268	44738	47777	42221	1523	18112	6156	4075
72	（二）交通运输、仓储及邮政业	1172030	231029	262178	98214	245841	55838	60184	21777	34925	2124	140113	14598	5175	34
73	1. 交通运输业	1021461	189303	238199	91464	217027	48984	36325	17741	25833	1216	137810	12604	4921	34
74	2. 仓储业	88176	13158	22540	5662	13054	4703	15085	3858	6933	898	136	1895	254	
75	3. 邮政业	62393	28568	1439	1088	15760	2151	8774	178	2159	10	2167	99		
76	（三）住宿和餐饮业	1010549	725233	40800	10987	105911	49333	50965	2390	16477	3566	253	4273	331	30
77	1. 住宿业	341133	221947	16181	4474	27057	14986	37340	1030	10704	3120	141	3798	330	25
78	2. 餐饮业	669416	503286	24619	6513	78854	34347	13625	1360	5773	446	112	475	1	5
79	（四）信息传输、软件和信息技术服务业	1350362	564330	75016	149567	387417	92491	43506	13714	9570	2915	5996	5808	31	1
80	1. 电信、广播电视和卫星传输服务业	685964	455139	11554	38895	98510	33396	34732	4927	6829	232	131	1601	18	
81	其中：电信	663676	447378	8186	38585	90842	32495	33984	4769	6741	232	5	442	17	
82	2. 互联网和相关服务	27006	16736	732	1	5544	2134	650	847	347	-1	8	15	-7	
83	3. 软件和信息技术服务业	637392	92455	62730	110671	283363	56961	8124	7940	2394	2684	5857	4192	20	1
84	（五）金融业	5813837	3611948	124001	5564	1481946	242068	79641	50097	23992	13031	160338	18323	2885	3
85	1. 货币金融服务	4220850	2984705	44071	214	858306	192456	62636	32562	10019	10864	14115	10900	2	
86	其中：银行	4055712	2917987	761	2	827362	187313	62114	30146	9948	10842	3	9232	2	
87	金融租赁	4660	2713	347	113	400	613	23	443	1	7				

续表

序号	项　　目	合　计	营业税	企业所得税		个人所得税	城市维护建设税	房产税	印花税	城镇土地使用税	土地增值税	车船税	契税	耕地占用税	其他各税
				内资企业	外资企业										
88	2. 资本市场服务	575699	225121	6096	254	316453	15919	7296	1549	722	321	33	1913	22	
89	3. 保险业	651803	242677	425		221998	22313	4881	10560	960	295	145778	1290	626	
90	4. 其他金融	365485	159445	73409	5096	85189	11380	4828	5426	12291	1551	412	4220	2235	3
91	(六)房地产业	14862896	5062077	1326895	302374	634857	341151	456717	92555	362642	3441304	1315	2748524	90564	1921
92	(七)租赁和商务服务业	3340579	881594	623615	97406	1000186	100575	172767	46953	80766	166111	17298	86012	64709	2587
93	1. 租赁业	100141	43943	20675	58	6671	4273	17309	1011	2515	1680	1041	952		13
94	2. 商务服务业	3240438	837651	602940	97348	993515	96302	155458	45942	78251	164431	16257	85060	64709	2574
95	(八)科学研究和技术服务业	1000747	185028	166692	101149	370306	70699	27287	16578	12959	12348	12006	9503	15977	215
96	(九)居民服务、修理和其他服务业	2412335	855662	148937	171815	402378	82126	187208	30659	70910	169948	126525	47289	114172	4706
97	其中:居民服务业	473400	151461	33926	2042	58569	14725	82292	4444	21936	27224	43586	7532	22628	3035
98	机动车、电子产品和日用产品修理业	39017	8755	3153	733	13302	5293	1749	1139	1008	735	3120	27		3
99	(十)教育	244237	43673	17789	160	164740	3237	7256	469	1025	1959	1456	677	1796	
100	(十一)卫生和社会工作	212237	11049	9257	68	182930	820	3739	718	519	184	2369	386	196	2
101	其中:卫生	207197	10144	8998	68	179569	754	3372	710	487	184	2328	385	196	2
102	(十二)文化、体育和娱乐业	334016	106382	25123	12045	128161	12019	12927	1537	30589	4049	216	858	107	3
103	其中:新闻和出版业	28757	3356	2905	1	16578	1822	2956	285	645	37	51	121		
104	广播、电视、电影和影视录音制作业	66871	17489	11523	47	30468	3831	1915	720	641	138	76	23		
105	体育	86047	19466	4376	682	41303	1438	2940	138	13004	2546	32	120		2
106	娱乐业	128847	55811	4261	11267	33063	3774	3243	194	15706	1248	16	176	88	
107	(十三)公共管理、社会保障和社会组织	1099753	159213	36326	-8	208946	12023	98807	16990	29901	57508	46242	45466	385909	2430
108	(十四)其他行业	864876	75006	40131	6789	31150	6189	6992	1929	9466	5060	43798	614611	23359	396

2013年广州市地方税务局税收收入分行业分税种统计年报表

编报机关:广州市地方税务局

单位:万元

序号	项　目	合　计	营业税	企业所得税		个人所得税	城市维护建设税	房产税	印花税	城镇土地使用税	土地增值税	车船税	契税	耕地占用税	其他各税
				内资企业	外资企业										
1	税收收入合计	10890829	3243164	1020441	97644	2442270	1058212	647047	260828	178725	947334	140225	797183	54589	3167
2	一、第一产业	29834	5554	2290	1423	9795	524	2433	1351	338	5678	61	73	314	
3	二、第二产业	2344574	639222	263614	5423	515866	583011	130496	93539	65185	21921	4879	17123	1128	3167
4	(一)采矿业	2359	191	127	48	100	169	193	24	577		5			925
5	1. 煤炭开采和洗选业	524	21	-77		25	14	16	3	521		1			
6	2. 石油和天然气开采业	17				8	6		2	1					
7	其中:原油	17				8	6		2	1					
8	3. 黑色金属矿采选业	1							1						
9	4. 有色金属矿采选业	38	13	9		4	1	10	1						
10	5. 非金属矿采选业	1486	126	195		29	106	63	9	31		2			925
11	6. 其他采矿业	293	31		48	34	42	104	8	24		2			
12	(二)制造业	1275537	39293	114498	4899	349977	497455	109199	66291	56508	16765	3363	15005	42	2242
13	1. 农副食品加工业	15610	748	3634	174	4524	1587	1939	1623	1118	226	37			
14	2. 食品制造业	98310	913	10036		34416	42145	6275	2479	1684	112	25	225		
15	3. 酒、饮料和精制茶制造业	23614	1514	743		7633	9320	2252	975	1107		70			
16	①酒的制造	6922	461	724		946	3155	810	176	580		70			
17	其中:酒精	153	17				5	61		1		69			
18	②饮料制造	16664	1053	18		6686	6155	1435	796	521					
19	③精制茶制造	28		1		1	10	7	3	6					
20	4. 烟草制品业	93262	1			13560	70035	2666	2791	722		233	3254		
21	其中:卷烟制造	89775	1			13560	70035	2666	2791	722					

续表

序号	项目	合计	营业税	企业所得税		个人所得税	城市维护建设税	房产税	印花税	城镇土地使用税	土地增值税	车船税	契税	耕地占用税	其他各税
				内资企业	外资企业										
22	5. 纺织业	13726	813	1474	5	2003	3571	2576	926	1601	218	181	358		
23	6. 纺织服装、服饰业	34946	1445	2426		6057	11841	4320	2023	3273	3195	32	334		
24	7. 皮革、毛皮、羽毛及其制品和制鞋业	25371	598	1001		4329	7850	2257	1481	1507	6037	65	246		
25	8. 木材加工及木竹藤棕草制品业	4575	194	240		657	838	431	148	620	79	103	1265		
26	9. 家具制造业	11544	684	835		3090	3122	1348	511	1093	645	72	144		
27	10. 造纸及纸制品业	10733	522	281		3036	2856	1913	860	1090	86	83	6		
28	11. 印刷和记录媒介复制业	7546	406	1015		2046	2065	1054	461	482		17			
29	12. 文教、工美、体育和娱乐用品制造业	18787	1025	3991	4	3769	3950	3277	816	1431	233	207	84		
30	13. 石油加工、炼焦及核燃料加工业	66319	89	155		6335	57628	719	867	276		66	184		
31	其中:成品油	62150	80	53		2744	57494	693	812	274					
32	14. 化学原料及化学制品制造业	129340	3943	19954		49524	37095	6553	4690	4229	2590	13	279	1	469
33	15. 医药制造业	53990	813	9061	4283	17233	14184	3798	1413	1728	90	243	1144		
34	16. 化学纤维制造业	1197	3	6		321	203	124	44	138		358			
35	17. 橡胶和塑料制品业	53413	987	10401	55	15527	11913	6242	2667	4064	943	49	565		
36	18. 非金属矿物制品业	21915	2949	3574		3680	4391	2533	679	2134	60	31	151	-40	1773
37	19. 黑色金属冶炼及压延加工业	18928	219	468		3148	4056	3431	4213	1904		210	1279		
38	20. 有色金属冶炼及压延加工业	7054	447	991		1643	1028	1002	1093	626	26	135	63		
39	21. 金属制品业	41423	2645	6132	31	13221	8426	3702	1795	3001	573	110	1787		
40	22. 通用设备制造业	50464	1352	9192		18458	11201	5876	2202	1954		190	39		
41	23. 专用设备制造业	23307	1289	4216	345	7395	4446	2656	973	1403	321	101	162		
42	24. 汽车制造业	248277	1024	800		70258	140027	13601	15845	6233	6	181	302		
43	25. 铁路、船舶、航空航天和其他运输设备制造业	39719	3063	5034		8565	8719	6091	2403	3861	77	205	1701		

续表

序号	项　目	合　计	营业税	企业所得税		个人所得税	城市维护建设税	房产税	印花税	城镇土地使用税	土地增值税	车船税	契税	耕地占用税	其他各税
				内资企业	外资企业										
44	其中:铁路运输设备制造	215	126	12		19	33	10	8	7					
45	船舶及相关装置制造	21391	1876	1128		6353	4586	3072	1586	2790					
46	航空、航天及设备制造	367				93	160	47	34	33					
47	摩托车制造	15056	1059	3892		2033	3557	2819	698	921	77				
48	26. 电气机械及器材制造业	44786	1385	10187	2	10398	10594	5820	2853	2887	273	28	359		
49	27. 计算机、通信和其他电子设备制造业	84526	8168	3580		29358	17212	12623	7930	4086	633	117	813	6	
50	28. 仪表仪器制造业	4317	215	-42		1862	1157	604	181	286	22	32			
51	29. 其他制造业	28538	1839	5113		7931	5995	3516	1349	1970	320	169	261	75	
52	(三)电力、热力、燃气及水的生产和供应业	149415	11034	19073		47694	42269	10773	12171	4864	47	346	430	714	
53	1. 电力、热力的生产和供应业	122661	8906	9502		42655	37546	9010	11438	2598	47	258	147	554	
54	①电力生产	32044	4748	9129		5527	5694	3606	812	1688	47	258	117	418	
55	②电力供应	89750	4089	55		36898	31744	5357	10619	852				136	
56	③热力生产和供应业	867	69	318		230	108	47	7	58			30		
57	2. 燃气生产和供应业	15355	917	7422		2601	2477	496	621	361		36	283	141	
58	3. 水的生产和供应业	11399	1211	2149		2438	2246	1267	112	1905		52		19	
59	(四)建筑业	917263	588704	129916	476	118095	43118	10331	15053	3236	5109	1165	1688	372	
60	1. 房屋建筑业	279913	181707	44728	167	27851	12634	4262	4271	1155	1556	185	1397		
61	2. 土木工程建筑业	111683	66759	10060	57	21626	4701	1873	3547	979	1363	314	32	372	
62	3. 建筑安装业	359082	241118	42686	189	48105	17881	2237	4304	526	1492	367	177		
63	4. 建筑装饰和其他建筑业	166585	99120	32442	63	20513	7902	1959	2931	576	698	299	82		
64	三、第三产业	8516421	2598388	754537	90798	1916609	474677	514118	165938	113202	919735	135285	779987	53147	
65	(一)批发和零售业	712973	103698	108757	4754	211705	144243	39638	67431	13253	8047	4170	6286	991	

续表

序号	项目	合计	营业税	企业所得税		个人所得税	城市维护建设税	房产税	印花税	城镇土地使用税	土地增值税	车船税	契税	耕地占用税	其他各税
				内资企业	外资企业										
66	1. 批发业	464872	60993	59217	4334	145304	94277	26357	52054	8786	5512	2869	5085	84	
67	其中:烟草制品批发	20707	322	1		11739	6811	964	604	105	161				
68	煤炭及制品批发	16693	544	1827	3180	2045	3298	289	5408	102					
69	石油及其制品批发	28395	475	3212	995	5301	10059	820	6997	536					
70	汽车及零配件批发	12596	1994	1708		4722	2014	406	1161	135	456				
71	2. 零售业	248101	42705	49540	420	66401	49966	13281	15377	4467	2535	1301	1201	907	
72	(二)交通运输、仓储及邮政业	281174	61704	37784	27	94802	17477	23818	9507	11781	705	10134	10291	3144	
73	1. 交通运输业	227542	46894	25348	27	85810	15547	14746	8850	8551	694	7901	10030	3144	
74	2. 仓储业	29479	4016	12042		2672	1083	5965	582	2797	6	66	250		
75	3. 邮政业	24153	10794	394		6320	847	3107	75	433	5	2167	11		
76	(三)住宿和餐饮业	299345	214340	13073	1	33019	15385	16591	1075	3921	720	246	974		
77	1. 住宿业	114020	72208	5293		10598	5131	15245	406	3409	720	137	873		
78	2. 餐饮业	185325	142132	7780	1	22421	10254	1346	669	512		109	101		
79	(四)信息传输、软件和信息技术服务业	350790	135250	20492	694	143482	21205	14918	5130	1682	95	5983	1872	-13	
80	1. 电信、广播电视和卫星传输服务业	184425	105921	2538		51204	8656	12023	2257	1120		126	580		
81	其中:电信	179057	105008	2444		48018	8544	11746	2180	1117					
82	2. 互联网和相关服务	6312	3443	162		2107	472	22	109	2		8		-13	
83	3. 软件和信息技术服务业	160053	25886	17792	694	90171	12077	2873	2764	560	95	5849	1292		
84	(五)金融业	524656	19465	30489	1764	341351	70924	25966	12368	1074	659	17886	2710		
85	1. 货币金融服务	353363	4536	14774		231365	57702	21245	7985	606	16	14111	1023		
86	其中:银行	319042	4506	303		228899	56291	21234	7188	606	15				
87	金融租赁	1318	18			324	570	3	403						

续表

序号	项目	合计	营业税	企业所得税		个人所得税	城市维护建设税	房产税	印花税	城镇土地使用税	土地增值税	车船税	契税	耕地占用税	其他各税
				内资企业	外资企业										
88	2. 资本市场服务	56454	996	5359	184	45731	2640	588	787	33	15	29	92		
89	3. 保险业	75385	9450	309		51073	7475	1499	1798	69		3699	13		
90	4. 其他金融	39454	4483	10047	1580	13182	3107	2634	1798	366	628	47	1582		
91	（六）房地产业	3576659	1502279	310869	63740	219232	105596	201110	24038	44415	853398	1135	239776	11071	
92	（七）租赁和商务服务业	821201	227897	102942	10636	281544	38338	52694	17849	12421	29842	3234	31186	12618	
93	1. 租赁业	17590	8771	1806		1825	1164	1271	473	301		1010	969		
94	2. 商务服务业	803611	219126	101136	10636	279719	37174	51423	17376	12120	29842	2224	30217	12618	
95	（八）科学研究和技术服务业	426789	76552	71958	5	184563	35720	16789	9375	7292	8225	9272	6930	108	
96	（九）居民服务、修理和其他服务业	306669	92773	23170	9107	61200	10807	56588	6454	8096	1727	28607	4999	3141	
97	其中：居民服务业	114649	30189	11146	8	12414	2417	26990	1091	5049	72	24011	138	1124	
98	机动车、电子产品和日用产品修理业	13893	2822	773		4615	1759	340	270	125	76	3113			
99	（十）教育	119067	22659	7746	31	79097	1737	4336	244	273	7	1150	13	1774	
100	（十一）卫生和社会工作	83934	3858	1260		76131	282	1437	425	119		272	1	149	
101	其中：卫生	82243	3246	1080		75608	239	1164	420	99		238		149	
102	（十二）文化、体育和娱乐业	139131	34218	11195	4	77714	5128	5419	712	3789	645	212	95		
103	其中：新闻和出版业	15457	1794	406		9824	1151	1551	192	472	7	51	9		
104	广播、电视、电影和影视录音制作业	28591	6222	5766		13715	1759	550	309	183	1	73	13		
105	体育	55457	8208	3249		37961	785	1962	93	2467	635	32	65		
106	娱乐业	32005	15224	1245		13543	1134	300	60	481	2	16			
107	（十三）公共管理、社会保障和社会组织	319864	85385	7013	2	103771	6402	52266	10388	4079	12003	17943	984	19628	
108	（十四）其他行业	554169	18310	7789	33	8998	1433	2548	942	1007	3662	35041	473870	536	

2013年深圳市地方税务局税收收入分行业分税种统计年报表

编报机关:深圳市地方税务局　　　　单位:万元

序号	项　目	合　计	营业税	企业所得税		个人所得税	城市维护建设税	房产税	印花税	城镇土地使用税	土地增值税	车船税	契税	耕地占用税	其他各税
				内资企业	外资企业										
1	税收收入合计	14627219	4190745	1870882	1488846	3419426	980113	384441	208401	89538	1070605	116163	808059		
2	一、第一产业	7282	3372	1825	13	842	256	590	71	254	59				
3	二、第二产业	3414453	566938	577432	611571	869132	513992	91549	101190	33403	48799	154	293		
4	(一)采矿业	5855	44	3380	16	2249	51	41	70	3		1			
5	1. 煤炭开采和洗选业														
6	2. 石油和天然气开采业	16			16										
7	其中:原油	15			15										
8	3. 黑色金属矿采选业	357		337			20								
9	4. 有色金属矿采选业	5393		3042		2227	15	38	68	2		1			
10	5. 非金属矿采选业	17	3			4	6	3		1					
11	6. 其他采矿业	72	41	1		18	10		2						
12	(二)制造业	2287073	98332	299105	516602	716266	452087	75466	85948	27660	15198	124	285		
13	1. 农副食品加工业	15993	791	758	9471	1998	1293	844	420	417		1			
14	2. 食品制造业	19569	1990	2811	7501	2923	3072	773	323	174		2			
15	3. 酒、饮料和精制茶制造业	14315	103	108	7336	3075	2350	759	240	302	42				
16	①酒的制造	5488	20		2844	522	1282	502	68	208	42				
17	其中:酒精														
18	②饮料制造	8827	83	108	4492	2553	1068	257	172	94					
19	③精制茶制造														
20	4. 烟草制品业	45009	13	21431		1575	21123	454	233	180					
21	其中:卷烟制造														

续表

序号	项目	合计	营业税	企业所得税		个人所得税	城市维护建设税	房产税	印花税	城镇土地使用税	土地增值税	车船税	契税	耕地占用税	其他各税
				内资企业	外资企业										
22	5. 纺织业	20960	785	7840	2566	4959	2909	991	437	472		1			
23	6. 纺织服装、服饰业	55342	978	18870	10697	9117	12837	1210	966	453	212	2			
24	7. 皮革、毛皮、羽毛及其制品和制鞋业	11307	795	605	1528	2627	3909	839	500	381	120	3			
25	8. 木材加工及木竹藤棕草制品业	1892	166	326	211	270	530	155	93	141					
26	9. 家具制造业	11184	652	1479	1399	1695	3659	943	501	605	248	3			
27	10. 造纸及纸制品业	14239	688	3542	1559	2355	3682	1043	573	502	291	4			
28	11. 印刷和记录媒介复制业	43884	526	13365	6173	13814	6760	1621	937	656	29	3			
29	12. 文教、工美、体育和娱乐用品制造业	34615	2227	7510	5911	5648	8312	1959	2609	437		2			
30	13. 石油加工、炼焦及核燃料加工业	21252	887	1	17416	159	2374	109	265	41					
31	其中:成品油	21248	887		17415	159	2372	109	265	41					
32	14. 化学原料及化学制品制造业	36931	2002	4350	9942	10478	6276	1879	1044	672	242	4	42		
33	15. 医药制造业	73517	270	21334	28728	10644	9153	1890	763	734		1			
34	16. 化学纤维制造业	799	11	15	356	95	179	63	37	43					
35	17. 橡胶和塑料制品业	89349	11000	7888	18093	14574	18470	4147	2844	1931	10393	9			
36	18. 非金属矿物制品业	23583	962	4694	4339	9212	2716	671	635	345		9			
37	19. 黑色金属冶炼及压延加工业	953	256	19	33	173	109	45	45	24	249				
38	20. 有色金属冶炼及压延加工业	3096	25	1214	311	743	456	182	110	48			7		
39	21. 金属制品业	79491	6146	5429	23796	16917	19410	3480	2597	1700		12	4		
40	22. 通用设备制造业	82381	2323	3325	43737	15003	13440	1768	2080	702		3			
41	23. 专用设备制造业	129579	3070	23617	24122	52918	20369	2163	2590	611	113	6			
42	24. 汽车制造业	19433	813	607	205	6935	7313	1349	760	1451					
43	25. 铁路、船舶、航空航天和其他运输设备制造业	16176	1128	1042	6379	2837	2297	1569	252	666	6				

续表

序号	项目	合计	营业税	企业所得税		个人所得税	城市维护建设税	房产税	印花税	城镇土地使用税	土地增值税	车船税	契税	耕地占用税	其他各税
				内资企业	外资企业										
44	其中:铁路运输设备制造	8				2	5	1							
45	船舶及相关装置制造	4696	197	511	2413	628	715	153	35	44					
46	航空、航天及设备制造	253	46	6		91	94	5	9	2					
47	摩托车制造	38				25	6	4		3					
48	26. 电气机械及器材制造业	119167	3075	11933	29995	37426	25125	5413	3829	1505	649	5	212		
49	27. 计算机、通信和其他电子设备制造业	1051289	46132	116471	180285	425605	195913	27818	49283	7690	2047	25	20		
50	28. 仪表仪器制造业	43428	1647	4875	10431	14544	8932	1326	1231	346	95	1			
51	29. 其他制造业	208340	8871	13646	64082	47947	49119	10003	9751	4431	462	28			
52	(三)电力、热力、燃气及水的生产和供应业	231893	8528	56405	87769	35133	27956	8578	3127	4297	99	1			
53	1. 电力、热力的生产和供应业	170737	3998	52590	52035	27638	23240	7149	2486	1501	99	1			
54	①电力生产	97335	3393	14154	51810	8015	13469	3684	1544	1166	99	1			
55	②电力供应	69134	598	36533	225	18904	8882	3058	739	195					
56	③热力生产和供应业	4268	7	1903		719	889	407	203	140					
57	2. 燃气生产和供应业	6970	491		672	2243	2665	202	583	114					
58	3. 水的生产和供应业	54186	4039	3815	35062	5252	2051	1227	58	2682					
59	(四)建筑业	889632	460034	218542	7184	115484	33898	7464	12045	1443	33502	28	8		
60	1. 房屋建筑业	57520	33153	9197	2999	8171	2363	226	1146	55	210				
61	2. 土木工程建筑业	160316	92706	38596	-3	17447	6617	1175	2153	231	1387	7			
62	3. 建筑安装业	371931	213262	75509	1560	57587	15354	2118	4797	411	1325	8			
63	4. 建筑装饰和其他建筑业	299865	120913	95240	2628	32279	9564	3945	3949	746	30580	13	8		
64	三、第三产业	11205484	3620435	1291625	877262	2549452	465865	292302	107140	55881	1021747	116009	807766		
65	(一)批发和零售业	1250146	260411	266296	163003	251939	137990	46072	35545	11626	76415	109	740		

续表

序号	项目	合计	营业税	企业所得税		个人所得税	城市维护建设税	房产税	印花税	城镇土地使用税	土地增值税	车船税	契税	耕地占用税	其他各税
				内资企业	外资企业										
66	1. 批发业	1005468	198381	235524	114022	209780	108790	36981	30292	9920	61061	82	635		
67	其中:烟草制品批发	67775	415	53278		4047	8247	949	767	72					
68	煤炭及制品批发	4524	399	2883		507	251	212	166	106					
69	石油及其制品批发	10051	229	2792	3535	1149	1035	349	857	100	4	1			
70	汽车及零配件批发	5340	1156	1263	4	1526	917	103	256	30	85				
71	2. 零售业	244678	62030	30772	48981	42159	29200	9091	5253	1706	15354	27	105		
72	(二)交通运输、仓储及邮政业	453701	78468	138610	80451	105417	21590	16201	6671	5201	138	951	3		
73	1. 交通运输业	410037	67148	130467	77615	95515	18795	9507	5378	4592	136	881	3		
74	2. 仓储业	32390	5519	7486	2836	6686	2344	5697	1269	481	2	70			
75	3. 邮政业	11274	5801	657		3216	451	997	24	128					
76	(三)住宿和餐饮业	232980	178852	6835	7977	17602	12700	7748	393	773	97	5	-2		
77	1. 住宿业	77949	53340	3145	3207	6809	3737	6879	141	688		3			
78	2. 餐饮业	155031	125512	3690	4770	10793	8963	869	252	85	97	2	-2		
79	(四)信息传输、软件和信息技术服务业	620796	165949	46298	148153	194348	49406	7760	5136	1325	2375	13	33		
80	1. 电信、广播电视和卫星传输服务业	193257	114822	8083	38895	17488	8616	4234	715	397	2	5			
81	其中:电信	182221	111780	4958	38585	13832	8153	3889	662	355	2	5			
82	2. 互联网和相关服务	3875	1847	39		1633	172	30	142	12					
83	3. 软件和信息技术服务业	423664	49280	38176	109258	175227	40618	3496	4279	916	2373	8	33		
84	(五)金融业	2304004	1282263	41240	229	735476	90293	19243	19522	1076	1564	112499	599		
85	1. 货币金融服务	1450526	964457	17283	113	374062	67737	11732	12549	622	1368	4	599		
86	其中:银行	1356706	919331			348135	64501	11284	11511	584	1357	3			
87	金融租赁	307	117		113	26	16	19	15	1					

续表

序号	项　目	合　计	营业税	企业所得税		个人所得税	城市维护建设税	房产税	印花税	城镇土地使用税	土地增值税	车船税	契税	耕地占用税	其他各税
				内资企业	外资企业										
88	2. 资本市场服务	425737	163651	421	2	243729	11504	5857	400	172		1			
89	3. 保险业	307058	92284	5		88127	6807	1462	5412	271	196	112494			
90	4. 其他金融	120683	61871	23531	114	29558	4245	192	1161	11					
91	（六）房地产业	3246054	827238	361085	190643	133822	58610	64664	11586	15775	790425	17	792189		
92	（七）租赁和商务服务业	1529671	352503	331796	69642	587536	34751	50179	12167	10672	79597	61	767		
93	1. 租赁业	66207	27367	17496	58	3210	2291	13293	397	619	1451	25			
94	2. 商务服务业	1463464	325136	314300	69584	584326	32460	36886	11770	10053	78146	36	767		
95	（八）科学研究和技术服务业	395750	57932	49455	100856	148293	24193	5722	4487	1251	3520	15	26		
96	（九）居民服务、修理和其他服务业	848737	363647	30713	103151	177989	31356	46773	9056	3786	66522	2322	13422		
97	其中：居民服务业	54692	21658	3312	191	4810	1527	22553	146	493		2			
98	机动车、电子产品和日用产品修理业	8810	1489	1493	720	2643	1767	257	417	23		1			
99	（十）教育	68927	10667	2914	81	53019	764	1205	66	207		3	1		
100	（十一）卫生和社会工作	73545	5687	3843		62902	404	577	96	30		6			
101	其中：卫生	73155	5541	3840		62692	393	560	96	27		6			
102	（十二）文化、体育和娱乐业	65350	21353	3853	10153	19659	2599	2941	324	3868	596	4			
103	其中：新闻和出版业	8070	807	1761	1	4057	279	1028	13	94	30				
104	广播、电视、电影和影视录音制作业	16942	2967	145	36	11506	994	768	247	276		3			
105	体育	3590	2048	600	44	620	146	65	2	65					
106	娱乐业	31668	13723	609	10072	1458	998	897	48	3297	566				
107	（十三）公共管理、社会保障和社会组织	85803	6850	2076	6	52864	469	21520	1974	53	3	3	-15		
108	（十四）其他行业	30020	8615	6611	2917	8586	740	1697	117	238	495	1	3		

2013年珠海市地方税务局税收收入分行业分税种统计年报表

编报机关:珠海市地方税务局　　　　单位:万元

序号	项　目	合　计	营业税	企业所得税		个人所得税	城市维护建设税	房产税	印花税	城镇土地使用税	土地增值税	车船税	契税	耕地占用税	其他各税
				内资企业	外资企业										
1	税收收入合计	2067787	597841	432019	155201	272163	158788	65371	38760	47008	121524	14426	164644		42
2	一、第一产业	3690	1113	106	431	1152	104	214	21	102	69	378			
3	二、第二产业	794963	165733	267400	110719	84736	102770	24607	17784	14513	2249	54	4368		30
4	(一)采矿业	2563	153	41	2	22	14	131	364	700			1136		
5	1. 煤炭开采和洗选业	1				1									
6	2. 石油和天然气开采业	2012	91				6		341	438			1136		
7	其中:原油	2010	91				6		340	438			1135		
8	3. 黑色金属矿采选业														
9	4. 有色金属矿采选业														
10	5. 非金属矿采选业	43	7	6	2	20	4	4							
11	6. 其他采矿业	507	55	35		1	4	127	23	262					
12	(二)制造业	538362	8845	227509	93571	74458	82406	22284	14225	12877	1459		698		30
13	1. 农副食品加工业	2649	81	55	404	1058	298	295	201	169			58		30
14	2. 食品制造业	7048	29	926	2622	1357	1326	391	109	267			21		
15	3. 酒、饮料和精制茶制造业	1480	16	2		86	778	324	66	208					
16	①酒的制造	1391	8	2		80	742	299	62	198					
17	其中:酒精	81				1	6	6		68					
18	②饮料制造	89	8			6	36	25	4	10					
19	③精制茶制造														
20	4. 烟草制品业	21	4			2	5	10							
21	其中:卷烟制造	1				1									

续表

序号	项　目	合　计	营业税	企业所得税		个人所得税	城市维护建设税	房产税	印花税	城镇土地使用税	土地增值税	车船税	契税	耕地占用税	其他各税
				内资企业	外资企业										
22	5. 纺织业	1808	62	2	20	227	473	568	114	342					
23	6. 纺织服装、服饰业	6950	162	685	838	1172	2436	950	254	452			1		
24	7. 皮革、毛皮、羽毛及其制品和制鞋业	1533	53	102	105	180	480	310	84	219					
25	8. 木材加工及木竹藤棕草制品业	364	112		5	44	95	20	23	65					
26	9. 家具制造业	2837	75	30	705	248	555	318	29	857			20		
27	10. 造纸及纸制品业	4598	32	184	1289	427	1291	708	226	441					
28	11. 印刷和记录媒介复制业	1751	17	193	726	214	458	68	25	49			1		
29	12. 文教、工美、体育和娱乐用品制造业	2886	596	7	136	209	595	446	74	516	231		76		
30	13. 石油加工、炼焦及核燃料加工业	1783	3			905	438	241	107	85	4				
31	其中:成品油	1001	3			123	438	241	107	85	4				
32	14. 化学原料及化学制品制造业	11528	290	527	224	3712	2560	1356	1597	1260	2				
33	15. 医药制造业	23300	235	2390	9734	4323	4494	993	434	485	8		204		
34	16. 化学纤维制造业	13655	7		11115	643	1182	301	193	214					
35	17. 橡胶和塑料制品业	6774	221	303	1274	1322	1745	882	415	561			51		
36	18. 非金属矿物制品业	4388	481	991	153	896	913	340	146	468					
37	19. 黑色金属冶炼及压延加工业	1734	16	15	84	362	689	224	77	267					
38	20. 有色金属冶炼及压延加工业	1118	58		33	214	338	133	223	119					
39	21. 金属制品业	7069	782	692	1310	1012	1452	986	219	606			10		
40	22. 通用设备制造业	2756	138	119	218	752	777	409	57	285	1				
41	23. 专用设备制造业	22962	2394	2573	5782	5267	3730	729	636	709	1076		66		
42	24. 汽车制造业	5741	24		2310	1469	1064	479	210	185					
43	25. 铁路、船舶、航空航天和其他运输设备制造业	12281	78	17	7611	2015	1000	729	401	301			129		

续表

序号	项目	合计	营业税	企业所得税		个人所得税	城市维护建设税	房产税	印花税	城镇土地使用税	土地增值税	车船税	契税	耕地占用税	其他各税
				内资企业	外资企业										
44	其中:铁路运输设备制造														
45	船舶及相关装置制造	2626	64	17	158	643	500	683	148	284			129		
46	航空、航天及设备制造	9622	14		7453	1371	478	36	253	17					
47	摩托车制造	32					22	10							
48	26. 电气机械及器材制造业	288058	950	213809	11643	17575	35217	3937	3391	1507			29		
49	27. 计算机、通信和其他电子设备制造业	77789	1113	1344	29219	22674	13367	4406	4308	1294	52		12		
50	28. 仪表仪器制造业	9532	545	1884	4299	968	1137	394	73	148	84				
51	29. 其他制造业	13969	271	659	1712	5125	3513	1337	533	798	1		20		
52	(三)电力、热力、燃气及水的生产和供应业	36388	1875	2169	15362	4950	9215	1301	825	658	31		2		
53	1. 电力、热力的生产和供应业	31041	1049	577	14505	4488	8223	1103	562	503	31				
54	①电力生产	5783	683	577		2181	1554	290	295	188	15				
55	②电力供应	25253	365		14505	2306	6666	813	267	315	16				
56	③热力生产和供应业	5	1			1	3								
57	2. 燃气生产和供应业	2163	163	11	825	71	740	37	250	66					
58	3. 水的生产和供应业	3184	663	1581	32	391	252	161	13	89			2		
59	(四)建筑业	217650	154860	37681	1784	5306	11135	891	2370	278	759	54	2532		
60	1. 房屋建筑业	49203	33936	10419	96	266	2432	129	316	80	300	5	1224		
61	2. 土木工程建筑业	18517	12879	1847	46	1751	909	259	809	16		1			
62	3. 建筑安装业	114658	84948	18873	1520	1679	6088	324	793	88	296	46	3		
63	4. 建筑装饰和其他建筑业	35272	23097	6542	122	1610	1706	179	452	94	163	2	1305		
64	三、第三产业	1269134	430995	164513	44051	186275	55914	40550	20955	32393	119206	13994	160276		12
65	(一)批发和零售业	125030	15140	45219	2018	24392	16600	7786	6311	2763	2955		1843		3

续表

序号	项　　目	合　计	营业税	企业所得税		个人所得税	城市维护建设税	房产税	印花税	城镇土地使用税	土地增值税	车船税	契税	耕地占用税	其他各税
				内资企业	外资企业										
66	1. 批发业	84314	7900	37118	628	14990	10248	4574	5000	1652	1711		493		
67	其中:烟草制品批发	21141	2	19913		505	587		134						
68	煤炭及制品批发	908	1			706	21		180						
69	石油及其制品批发	5625	80	1145	1	930	1986	76	1309	93	5				
70	汽车及零配件批发	559	106	2		87	151	99	42	34			38		
71	2. 零售业	40716	7240	8101	1390	9402	6352	3212	1311	1111	1244		1350		3
72	(二)交通运输、仓储及邮政业	28886	4364	3474	7064	6040	1791	1800	2154	968	701	19	511		
73	1. 交通运输业	18426	2262	2446	4656	4222	1307	1279	898	778	69	19	490		
74	2. 仓储业	8998	1298	1027	2405	1440	422	345	1251	175	632		3		
75	3. 邮政业	1462	804	1	3	378	62	176	5	15			18		
76	(三)住宿和餐饮业	28132	19916	1184	1325	2561	1421	1234	76	210			205		
77	1. 住宿业	12059	7640	684	971	613	557	1174	61	163			196		
78	2. 餐饮业	16073	12276	500	354	1948	864	60	15	47			9		
79	(四)信息传输、软件和信息技术服务业	30973	10834	2905	639	12508	2661	696	282	185	150		113		
80	1. 电信、广播电视和卫星传输服务业	12641	10034	184		1471	706	161	46	19	6		14		
81	其中:电信	12483	9923	179		1439	697	161	45	19	6		14		
82	2. 互联网和相关服务	453	38	2		20	351	4	38						
83	3. 软件和信息技术服务业	17879	762	2719	639	11017	1604	531	198	166	144		99		
84	(五)金融业	176582	97987	775	244	47684	6883	1125	1268	10897	5045	4620	54		
85	1. 货币金融服务	107360	76477	205	101	18860	5358	999	778	12	4516		54		
86	其中:银行	105528	75168		2	18750	5264	996	767	12	4516		53		
87	金融租赁	5				2	2		1						

续表

序号	项　目	合　计	营业税	企业所得税		个人所得税	城市维护建设税	房产税	印花税	城镇土地使用税	土地增值税	车船税	契税	耕地占用税	其他各税
				内资企业	外资企业										
88	2. 资本市场服务	3943	2279	23		1425	178		38						
89	3. 保险业	12710	3317	1		4157	280	106	175	5	49	4620			
90	4. 其他金融	52569	15914	546	143	23242	1067	20	277	10880	480				
91	（六）房地产业	598416	193799	78064	11871	33236	13616	12603	4138	8160	99100	1	143828		
92	（七）租赁和商务服务业	76396	27961	12260	346	13652	3384	4934	3951	2761	3154	250	3743		
93	1. 租赁业	3647	1324	235		622	135	902	29	175	225				
94	2. 商务服务业	72749	26637	12025	346	13030	3249	4032	3922	2586	2929	250	3743		
95	（八）科学研究和技术服务业	14625	3375	3236	3	5779	1283	336	320	217			76		
96	（九）居民服务、修理和其他服务业	156891	46237	16104	20201	24890	6971	8474	2208	4812	8026	9106	9853		9
97	其中：居民服务业	33337	14370	3138	506	5148	2488	2141	881	1330	2535	489	302		9
98	机动车、电子产品和日用产品修理业	1113	359	96	13	226	138	208	46	27					
99	（十）教育	5742	1043	145		4439	74	29	6	2			4		
100	（十一）卫生和社会工作	2235	60	232		1890	4	40	1	8					
101	其中：卫生	2230	59	232		1889	4	39	1	6					
102	（十二）文化、体育和娱乐业	9886	4740	178	327	2371	803	700	105	599	63				
103	其中：新闻和出版业	817	264	119		182	39	184	9	20					
104	广播、电视、电影和影视录音制作业	908	418			385	80	16	8	1					
105	体育	1043	738	2	47	97	55	92	3	9					
106	娱乐业	2476	1516	34	236	129	107	81	3	370					
107	（十三）公共管理、社会保障和社会组织	9595	2281	77	8	6135	182	650	105	101	12	-2	46		
108	（十四）其他行业	5745	3258	660	5	698	241	143	30	710					

2013年汕头市地方税务局税收收入分行业分税种统计年报表

编报机关:汕头市地方税务局　　　　单位:万元

序号	项目	合计	营业税	企业所得税		个人所得税	城市维护建设税	房产税	印花税	城镇土地使用税	土地增值税	车船税	契税	耕地占用税	其他各税
				内资企业	外资企业										
1	税收收入合计	925864	244759	220520	15885	116272	66930	38975	15900	38397	62175	18882	69646	14437	3086
2	一、第一产业	750	105	261		29	12	27	20	75	45		47	129	
3	二、第二产业	350734	73767	128641	7832	45779	41777	16723	7937	18844	3196	10	2559	792	2877
4	(一)采矿业	213	4	2		31	15	3	10	73					75
5	1. 煤炭开采和洗选业	5							5						
6	2. 石油和天然气开采业														
7	其中:原油														
8	3. 黑色金属矿采选业														
9	4. 有色金属矿采选业														
10	5. 非金属矿采选业	122	3	2		27	10	1	1	3					75
11	6. 其他采矿业	86	1			4	5	2	4	70					
12	(二)制造业	159246	3252	49712	7814	29683	28614	14575	4930	16696	770		2388	788	24
13	1. 农副食品加工业	2748	108	597		234	788	415	206	400					
14	2. 食品制造业	2329	74	522		317	720	304	101	287			4		
15	3. 酒、饮料和精制茶制造业	1051	7	341		49	320	122	62	150					
16	①酒的制造	576	7	13		30	236	107	49	134					
17	其中:酒精	416		2		28	202	92	12	80					
18	②饮料制造	142		4		19	82	15	12	10					
19	③精制茶制造	333		324			2		1	6					
20	4. 烟草制品业	1677		740		203	197	269	99	169					
21	其中:卷烟制造														

续表

序号	项目	合计	营业税	企业所得税		个人所得税	城市维护建设税	房产税	印花税	城镇土地使用税	土地增值税	车船税	契税	耕地占用税	其他各税
				内资企业	外资企业										
22	5. 纺织业	9543	48	2902		1453	1498	1292	276	1933			101	39	1
23	6. 纺织服装、服饰业	29748	137	13422	62	3523	5052	3090	933	3327	5		114	82	1
24	7. 皮革、毛皮、羽毛及其制品和制鞋业	763	18	287		75	145	106	25	102			5		
25	8. 木材加工及木竹藤棕草制品业	2689	1	8		788	1018	191	311	372					
26	9. 家具制造业	571	5	42		30	412	17	19	38				8	
27	10. 造纸及纸制品业	3822	16	1324		456	987	284	153	553				49	
28	11. 印刷和记录媒介复制业	14365	267	2071	7615	1484	1592	509	178	634				15	
29	12. 文教、工美、体育和娱乐用品制造业	20672	48	5439	18	8426	3049	1502	433	1437	8		291	21	
30	13. 石油加工、炼焦及核燃料加工业	28		9		3	1	6	1	8					
31	其中:成品油	26		9		1	1	6	1	8					
32	14. 化学原料及化学制品制造业	4374	118	1367		249	959	737	126	720			29	69	
33	15. 医药制造业	5845	4	1888		1945	932	378	94	300			280	24	
34	16. 化学纤维制造业	39				8	9	4	2	16					
35	17. 橡胶和塑料制品业	18133	486	6210		1984	2961	1927	610	2697	419		719	119	1
36	18. 非金属矿物制品业	752	64	277		55	119	58	18	152					9
37	19. 黑色金属冶炼及压延加工业	217	14	74		3	48	15	11	38	14				
38	20. 有色金属冶炼及压延加工业	47	2	11		9	5	8	1	11					
39	21. 金属制品业	2616	59	189	101	1636	203	153	42	233					
40	22. 通用设备制造业	1513	43	447		196	322	189	53	263					
41	23. 专用设备制造业	1395	113	398		140	245	121	39	314	23		1		1
42	24. 汽车制造业	1489	40	108	18	652	531	66	32	42					
43	25. 铁路、船舶、航空航天和其他运输设备制造业	191	30	45		9	26	13	5	63					

续表

序号	项　　目	合　计	营业税	企业所得税		个人所得税	城市维护建设税	房产税	印花税	城镇土地使用税	土地增值税	车船税	契税	耕地占用税	其他各税
				内资企业	外资企业										
44	其中:铁路运输设备制造	52	29	17		4	2								
45	船舶及相关装置制造	60	1	8		2	13	1	3	32					
46	航空、航天及设备制造														
47	摩托车制造	59		20		2	9	3	1	24					
48	26. 电气机械及器材制造业	5494	339	2784		618	779	416	114	311			85	48	
49	27. 计算机、通信和其他电子设备制造业	4141	410	606		1220	1247	270	161	210			17		
50	28. 仪表仪器制造业	174	30	19		6	26	71	4	18					
51	29. 其他制造业	22820	771	7585		3912	4423	2042	821	1898	301		742	314	11
52	(三)电力、热力、燃气及水的生产和供应业	32823	836	11443		8320	8214	1718	779	1492			21		
53	1. 电力、热力的生产和供应业	32090	667	11297		8291	8100	1629	770	1336					
54	①电力生产	16150	342	29		6516	6237	1240	718	1068					
55	②电力供应	15818	325	11268		1757	1863	385	52	168					
56	③热力生产和供应业	122				18		4		100					
57	2. 燃气生产和供应业	209	77	10		9	28	28	6	30			21		
58	3. 水的生产和供应业	524	92	136		20	86	61	3	126					
59	(四)建筑业	158452	69675	67484	18	7745	4934	427	2218	583	2426	10	150	4	2778
60	1. 房屋建筑业	114013	41331	60607		3277	2877	232	1515	307	2171		150		1546
61	2. 土木工程建筑业	8052	5819	978		507	409		94	8					237
62	3. 建筑安装业	25557	16540	3668	18	2453	1172	130	417	203	178	9		4	765
63	4. 建筑装饰和其他建筑业	10830	5985	2231		1508	476	65	192	65	77	1			230
64	三、第三产业	574380	170887	91618	8053	70464	25141	22225	7943	19478	58934	18872	67040	13516	209
65	(一)批发和零售业	83356	5767	35490	702	12427	11060	4316	4186	5327	3209	6	832	18	16

续表

序号	项　目	合　计	营业税	企业所得税		个人所得税	城市维护建设税	房产税	印花税	城镇土地使用税	土地增值税	车船税	契税	耕地占用税	其他各税
				内资企业	外资企业										
66	1. 批发业	67849	3446	32553	104	8784	9280	3230	3491	3768	2721	1	454	3	14
67	其中:烟草制品批发	15284	2	10739		1053	3075	39	345	31					
68	煤炭及制品批发	44					28		15	1					
69	石油及其制品批发	387		28		14	110	70	139	25			1		
70	汽车及零配件批发	209	34	6		23	61	22	46	17					
71	2. 零售业	15507	2321	2937	598	3643	1780	1086	695	1559	488	5	378	15	2
72	(二)交通运输、仓储及邮政业	26336	2509	2115		2925	933	1120	209	1438		14917	96	71	3
73	1. 交通运输业	24473	1823	2009		2661	839	759	158	1208		14917	96		3
74	2. 仓储业	422	52	38		8	49	60	43	101				71	
75	3. 邮政业	1441	634	68		256	45	301	8	129					
76	(三)住宿和餐饮业	14120	9410	1481		1241	659	887	12	430					
77	1. 住宿业	4231	2628	338		100	184	694	5	282					
78	2. 餐饮业	9889	6782	1143		1141	475	193	7	148					
79	(四)信息传输、软件和信息技术服务业	20706	14172	407		2093	1059	2225	179	488	82		1		
80	1. 电信、广播电视和卫星传输服务业	18843	13459	32		1625	946	2092	156	450	82		1		
81	其中:电信	18646	13342	29		1565	932	2092	154	449	82		1		
82	2. 互联网和相关服务	490	340	88		23	28	5	3	3					
83	3. 软件和信息技术服务业	1373	373	287		445	85	128	20	35					
84	(五)金融业	64335	38400	1902	68	17389	2743	2169	790	862			12		
85	1. 货币金融服务	42901	31552	132		6869	2208	1357	545	226			12		
86	其中:银行	42811	31496	107		6868	2204	1355	544	225			12		
87	金融租赁	37	31	4			2								

续表

序号	项目	合计	营业税	企业所得税		个人所得税	城市维护建设税	房产税	印花税	城镇土地使用税	土地增值税	车船税	契税	耕地占用税	其他各税
				内资企业	外资企业										
88	2. 资本市场服务	8218	1840	135	68	5757	197	83	33	105					
89	3. 保险业	7925	3208	1		4111	234	200	152	19					
90	4. 其他金融	5291	1800	1634		652	104	529	60	512					
91	(六)房地产业	249819	68359	34696	4962	11173	4767	3083	1555	6098	49726		64723	566	111
92	(七)租赁和商务服务业	27494	5833	7526	2311	3542	1238	1024	350	1257	520	3792	96		5
93	1. 租赁业	278	83	22		2	16	117	3	49			-14		
94	2. 商务服务业	27216	5750	7504	2311	3540	1222	907	347	1208	520	3792	110		5
95	(八)科学研究和技术服务业	2236	802	553	1	283	154	116	39	179			99		10
96	(九)居民服务、修理和其他服务业	57627	20073	6161	8	11012	1915	6549	473	2000	3600	146	697	4931	62
97	其中:居民服务业	8627	3150	1095		742	248	1206	121	548	886	138	325	131	37
98	机动车、电子产品和日用产品修理业	301	72	55		111	28	10	3	22					
99	(十)教育	2593	233	108		2129	16	82	10	15					
100	(十一)卫生和社会工作	3151	24	33		2957	2	42	33	60					
101	其中:卫生	2531	23	32		2344	2	38	33	59					
102	(十二)文化、体育和娱乐业	6175	2492	505		1617	276	263	16	873	80			53	
103	其中:新闻和出版业	164	58			23	36	39	2	6					
104	广播、电视、电影和影视录音制作业	649	217	33		279	82	14	8	16					
105	体育	647	83	26		502	6	18	1	11					
106	娱乐业	4583	2074	415		796	145	184	5	831	80			53	
107	(十三)公共管理、社会保障和社会组织	14079	2047	225	1	1282	150	184	82	54	1717	11	449	7877	
108	(十四)其他行业	2353	766	416		394	169	165	9	397			35		2

2013年佛山市地方税务局税收收入分行业分税种统计年报表

编报机关:佛山市地方税务局　　　　单位:万元

序号	项　目	合　计	营业税	企业所得税		个人所得税	城市维护建设税	房产税	印花税	城镇土地使用税	土地增值税	车船税	契税	耕地占用税	其他各税
				内资企业	外资企业										
1	税收收入合计	2777330	935885	334067	11410	397243	205122	136690	50374	101853	247762	51082	275082	30565	195
2	一、第一产业	2507	493	150		1481	51	147	59	113				13	
3	二、第二产业	779478	218415	155190	7605	160666	125128	42984	21685	34031	5159	-2	8539	23	55
4	(一)采矿业	277	118	4		58	44		8	2	3				40
5	1. 煤炭开采和洗选业														
6	2. 石油和天然气开采业														
7	其中:原油														
8	3. 黑色金属矿采选业														
9	4. 有色金属矿采选业	43				40			3						
10	5. 非金属矿采选业	147	70	3		13	27		4	1	3				26
11	6. 其他采矿业	87	48	1		5	17		1	1					14
12	(二)制造业	430416	12921	92777	7506	117687	102244	37257	18337	29906	3996	-2	7784		3
13	1. 农副食品加工业	4276	124	2322		540	283	298	236	354	107		12		
14	2. 食品制造业	34396	1123	2900		22383	4073	778	671	731	1329		408		
15	3. 酒、饮料和精制茶制造业	13730	283	1162		1494	7687	1478	526	727	3		370		
16	①酒的制造	8940	92	1123		716	5343	809	206	403			248		
17	其中:酒精														
18	②饮料制造	4790	191	39		778	2344	669	320	324	3		122		
19	③精制茶制造														
20	4. 烟草制品业														
21	其中:卷烟制造														

续表

序号	项　目	合　计	营业税	企业所得税		个人所得税	城市维护建设税	房产税	印花税	城镇土地使用税	土地增值税	车船税	契税	耕地占用税	其他各税
				内资企业	外资企业										
22	5. 纺织业	22574	754	3168		5724	6161	3278	835	1760	245		649		
23	6. 纺织服装、服饰业	6655	168	1018		1672	1967	659	279	444	78		370		
24	7. 皮革、毛皮、羽毛及其制品和制鞋业	9087	137	1136		3068	3233	518	483	377	37		98		
25	8. 木材加工及木竹藤棕草制品业	2786	134	453		513	735	459	88	404					
26	9. 家具制造业	9099	262	2140		1909	2596	770	363	789			270		
27	10. 造纸及纸制品业	4836	192	1057		1212	1216	462	268	348			81		
28	11. 印刷和记录媒介复制业	6325	96	1773		2110	1284	509	208	323	6		16		
29	12. 文教、工美、体育和娱乐用品制造业	5406	163	981		1635	992	799	326	433	23		54		
30	13. 石油加工、炼焦及核燃料加工业	8934	3	4194		584	3737	51	74	291					
31	其中:成品油	8417	2	4194		113	3715	40	68	285					
32	14. 化学原料及化学制品制造业	13909	143	3993	13	2756	3040	1194	791	1533	10		436		
33	15. 医药制造业	10281	177	4770		2727	1542	537	157	243	25		103		
34	16. 化学纤维制造业	1425	165	88		298	454	301	61	58					
35	17. 橡胶和塑料制品业	31932	1155	8400		10042	6569	2350	1076	1716	447		177		
36	18. 非金属矿物制品业	45736	2028	12997		6572	11429	3937	1560	5266	1404	-2	542		3
37	19. 黑色金属冶炼及压延加工业	1910	32	260		489	492	127	130	379			1		
38	20. 有色金属冶炼及压延加工业	22584	496	8580		3054	4741	1986	1756	1971					
39	21. 金属制品业	40041	1036	6970	13	12626	10002	3251	2094	3325	42		682		
40	22. 通用设备制造业	16601	661	3779		4242	3980	2010	685	1020	97		127		
41	23. 专用设备制造业	13766	322	4614	32	3389	3016	1107	487	747	15		37		
42	24. 汽车制造业	20831	200	2661		7592	4620	2036	891	1406			1425		
43	25. 铁路、船舶、航空航天和其他运输设备制造业	2039	27	368		487	582	141	80	343	11				

续表

序号	项目	合计	营业税	企业所得税		个人所得税	城市维护建设税	房产税	印花税	城镇土地使用税	土地增值税	车船税	契税	耕地占用税	其他各税
				内资企业	外资企业										
44	其中:铁路运输设备制造	191		1		190									
45	船舶及相关装置制造	64	13	3		6	11	8	2	21					
46	航空、航天及设备制造	1				1									
47	摩托车制造	1705	14	341		280	533	132	73	321	11				
48	26. 电气机械及器材制造业	49373	2011	6703	7448	11566	10680	4243	2140	3163	10		1409		
49	27. 计算机、通信和其他电子设备制造业	16791	320	4253		4408	3333	2395	1153	819	105		5		
50	28. 仪表仪器制造业	3525	45	533		804	1097	647	162	231	2		4		
51	29. 其他制造业	11568	664	1504		3791	2703	936	757	705			508		
52	(三)电力、热力、燃气及水的生产和供应业	35059	1973	6073	10	11408	8005	4369	678	2089			431	23	
53	1. 电力、热力的生产和供应业	21853	750	34		9512	6151	3437	490	1039			417	23	
54	①电力生产	3154	67			631	864	519	308	406			359		
55	②电力供应	18165	655	34		8787	5028	2824	160	612			42	23	
56	③热力生产和供应业	534	28			94	259	94	22	21			16		
57	2. 燃气生产和供应业	2757	319	773		273	1079	74	146	93					
58	3. 水的生产和供应业	10449	904	5266	10	1623	775	858	42	957			14		
59	(四)建筑业	313726	203403	56336	89	31513	14835	1358	2662	2034	1160		324		12
60	1. 房屋建筑业	99577	62928	23199		7808	4417	304	803	42	10		66		
61	2. 土木工程建筑业	40712	28342	5855	1	3398	2013	346	505	124	58		70		
62	3. 建筑安装业	126752	85694	17972	86	15452	6150	359	924	67	13		23		12
63	4. 建筑装饰和其他建筑业	46685	26439	9310	2	4855	2255	349	430	1801	1079		165		
64	三、第三产业	1995345	716977	178727	3805	235096	79943	93559	28630	67709	242603	51084	266543	30529	140
65	(一)批发和零售业	143471	20375	40272	2724	27235	24825	7706	11258	3278	2985	-1	2730		84

续表

序号	项　　目	合　计	营业税	企业所得税		个人所得税	城市维护建设税	房产税	印花税	城镇土地使用税	土地增值税	车船税	契税	耕地占用税	其他各税
				内资企业	外资企业										
66	1. 批发业	104057	12234	29961	2722	18235	19447	5428	9507	2181	2211		2055		76
67	其中:烟草制品批发	6473	5	105		1795	4067	134	329	20			18		
68	煤炭及制品批发	447	21	190		52	68	20	33	53			10		
69	石油及其制品批发	3070	169	285		375	1381	192	431	207			30		
70	汽车及零配件批发	3101	689	183		1019	531	267	374	38					
71	2. 零售业	39414	8141	10311	2	9000	5378	2278	1751	1097	774	-1	675		8
72	(二)交通运输、仓储及邮政业	73187	7433	5565		6481	1722	2855	312	1654	-126	45832	1436	23	
73	1. 交通运输业	68668	5912	5394		5812	1544	1839	277	1296	-126	45832	865	23	
74	2. 仓储业	2490	493	142		278	98	627	28	286			538		
75	3. 邮政业	2029	1028	29		391	80	389	7	72			33		
76	(三)住宿和餐饮业	58569	40685	3086	3	6239	2878	3042	127	823	142		1544		
77	1. 住宿业	18532	11784	859		1150	840	1657	72	572	108		1490		
78	2. 餐饮业	40037	28901	2227	3	5089	2038	1385	55	251	34		54		
79	(四)信息传输、软件和信息技术服务业	42424	28682	1035		6085	2406	2707	245	669	3		592		
80	1. 电信、广播电视和卫星传输服务业	36189	26012	41		4454	1843	2478	181	587	3		590		
81	其中:电信	34999	25598	23		4347	1808	2446	178	577	3		19		
82	2. 互联网和相关服务	904	536	194		86	47	25	4	12					
83	3. 软件和信息技术服务业	5331	2134	800		1545	516	204	60	70			2		
84	(五)金融业	267766	167356	6024	899	64685	12970	5675	2606	2096	333		5122		
85	1. 货币金融服务	217260	147180	1434		44810	10305	5343	1805	2047	99		4237		
86	其中:银行	214092	146358			44062	10247	5338	1705	2046	99		4237		
87	金融租赁	278	128	136		5	8		1						

续表

序号	项　目	合　计	营业税	企业所得税		个人所得税	城市维护建设税	房产税	印花税	城镇土地使用税	土地增值税	车船税	契税	耕地占用税	其他各税
				内资企业	外资企业										
88	2. 资本市场服务	7978	3675	137		3577	257	60	41	21	200		10		
89	3. 保险业	26957	12831	62		11282	2144	161	467	8	2				
90	4. 其他金融	15571	3670	4391	899	5016	264	111	293	20	32		875		
91	(六)房地产业	1090406	362879	90486	24	57944	25495	47222	9115	40239	224061		230961	1980	
92	(七)租赁和商务服务业	121162	34614	10185	6	30640	3578	8932	1810	5153	3910	28	21797	509	
93	1. 租赁业	3054	2330	200		144	230	87	17	46					
94	2. 商务服务业	118108	32284	9985	6	30496	3348	8845	1793	5107	3910	28	21797	509	
95	(八)科学研究和技术服务业	25620	8498	6374		6520	2134	588	319	387	7	307	432		54
96	(九)居民服务、修理和其他服务业	40244	16788	3697	129	7960	1647	3646	741	3147	2292	16	170	9	2
97	其中:居民服务业	12659	4955	1014	5	3042	384	1584	162	830	665	23	-14	9	
98	机动车、电子产品和日用产品修理业	2143	495	159		1004	244	89	88	54			10		
99	(十)教育	9675	2534	2504		4061	180	286	33	41	10		26		
100	(十一)卫生和社会工作	7745	318	1180		5851	28	192	12	17	91		56		
101	其中:卫生	7675	286	1170		5845	25	175	10	17	91		56		
102	(十二)文化、体育和娱乐业	20819	7072	605		6142	672	464	97	3714	1953		100		
103	其中:新闻和出版业	2024	225	15		1367	159	95	47	16			100		
104	广播、电视、电影和影视录音制作业	2634	1510	65		847	128	27	15	41	1				
105	体育	8481	2399	93		518	172	197	22	3631	1449				
106	娱乐业	7172	2725	345		3307	191	77	9	15	503				
107	(十三)公共管理、社会保障和社会组织	83733	12862	6704		4040	921	9997	1869	6080	6894	4927	1431	28008	
108	(十四)其他行业	10524	6881	1010	20	1213	487	247	86	411	48	-25	146		

2013 年韶关市地方税务局税收收入分行业分税种统计年报表

编报机关:韶关市地方税务局

单位:万元

序号	项目	合计	营业税	企业所得税		个人所得税	城市维护建设税	房产税	印花税	城镇土地使用税	土地增值税	车船税	契税	耕地占用税	其他各税
				内资企业	外资企业										
1	税收收入合计	570451	192762	59377	21	62230	55495	21339	8451	33387	40402	6369	49081	16074	25463
2	一、第一产业	1995	853	28		543	102	75	47	244			7	96	
3	二、第二产业	214802	60727	33956	10	26490	42257	9140	4528	17029	3858	2	2251	1357	13197
4	(一)采矿业	17487	1115	1704		1942	2514	437	183	890	11		154	4	8533
5	1. 煤炭开采和洗选业	27	4				15	2		6					
6	2. 石油和天然气开采业														
7	其中:原油														
8	3. 黑色金属矿采选业	5385	665	826		689	715	133	44	410			136		1767
9	4. 有色金属矿采选业	7586	20	877		1055	1576	299	98	450					3211
10	5. 非金属矿采选业	2467	273	1		149	125	1	31	14			18	4	1851
11	6. 其他采矿业	2022	153			49	83	2	10	10	11				1704
12	(二)制造业	77008	3842	5470		6929	30551	6820	3066	14232	1569	2	997	791	2739
13	1. 农副食品加工业	413	31	4		53	58	91	11	156			9		
14	2. 食品制造业	533	191			159	12	28	7	107	29				
15	3. 酒、饮料和精制茶制造业	709	5	92		20	165	162	19	244	2				
16	①酒的制造	578	5	92		14	76	152	10	227	2				
17	其中:酒精														
18	②饮料制造	77				4	40	9	7	17					
19	③精制茶制造	54				2	49	1	2						
20	4. 烟草制品业	23345	10			2041	20573	460	29	228	2	2			
21	其中:卷烟制造	22713	9			1762	20405	382	10	143		2			

续表

序号	项目	合计	营业税	企业所得税		个人所得税	城市维护建设税	房产税	印花税	城镇土地使用税	土地增值税	车船税	契税	耕地占用税	其他各税
				内资企业	外资企业										
22	5. 纺织业	688		1		37	286	37	28	132			167		
23	6. 纺织服装、服饰业	765	13			20	77	110	12	236			37	260	
24	7. 皮革、毛皮、羽毛及其制品和制鞋业	225	14			24	32	65	2	85	3				
25	8. 木材加工及木竹藤棕草制品业	2431	621	51		58	159	124	38	872	350		150	8	
26	9. 家具制造业	212	55			21	34	10	3	48	3		38		
27	10. 造纸及纸制品业	621	8	2		40	112	121	22	287			9	20	
28	11. 印刷和记录媒介复制业	161	9	4		14	33	43	5	53					
29	12. 文教、工美、体育和娱乐用品制造业	1988	30	5		138	1184	217	49	319			21	25	
30	13. 石油加工、炼焦及核燃料加工业	1		1											
31	其中:成品油	1		1											
32	14. 化学原料及化学制品制造业	5162	536	34		108	705	357	330	2189	724		166	2	11
33	15. 医药制造业	1905	804			64	358	284	23	370			2		
34	16. 化学纤维制造业														
35	17. 橡胶和塑料制品业	707	5	33		27	156	43	29	401			13		
36	18. 非金属矿物制品业	5871	62	646		458	696	445	71	602			92	280	2519
37	19. 黑色金属冶炼及压延加工业	12016	810	289		1112	3159	1631	1232	3671	109		3		
38	20. 有色金属冶炼及压延加工业	5206	44	622		1159	359	981	536	1223			29	65	188
39	21. 金属制品业	1129	103	17		292	169	109	72	329			38		
40	22. 通用设备制造业	3015	117	555		182	555	508	99	791	76		94	38	
41	23. 专用设备制造业	1453	73	201		26	189	257	20	512	75		11	89	
42	24. 汽车制造业	421	3	117		39	105	31	26	48			52		
43	25. 铁路、船舶、航空航天和其他运输设备制造业	293	36	41		55	56	11	8	31	54				1

续表

序号	项　目	合　计	营业税	企业所得税		个人所得税	城市维护建设税	房产税	印花税	城镇土地使用税	土地增值税	车船税	契税	耕地占用税	其他各税
				内资企业	外资企业										
44	其中:铁路运输设备制造	151				55	52	8	8	27					1
45	船舶及相关装置制造	2					1			1					
46	航空、航天及设备制造														
47	摩托车制造														
48	26. 电气机械及器材制造业	1579	34	180		139	289	275	72	510	23		57		
49	27. 计算机、通信和其他电子设备制造业	1836	27			466	568	208	183	377			7		
50	28. 仪表仪器制造业	175	105			18	15	7	1	29					
51	29. 其他制造业	4148	96	2575		159	447	205	139	382	119		2	4	20
52	(三)电力、热力、燃气及水的生产和供应业	24600	664	6660		8573	4876	1618	577	1333	38		141	117	3
53	1. 电力、热力的生产和供应业	23451	345	6603		8438	4581	1572	541	1127	22		141	80	1
54	①电力生产	16282	312	5675		4887	3005	917	401	852	22		136	74	1
55	②电力供应	7165	33	928		3551	1573	655	139	275			5	6	
56	③热力生产和供应业	4					3		1						
57	2. 燃气生产和供应业	597	205	1		50	220	11	35	38				37	
58	3. 水的生产和供应业	552	114	56		85	75	35	1	168	16				2
59	(四)建筑业	95707	55106	20122	10	9046	4316	265	702	574	2240		959	445	1922
60	1. 房屋建筑业	30163	14861	9205	2	2315	1101	89	269	286	1472		38		525
61	2. 土木工程建筑业	12564	9117	1210		981	613	36	41	26	11			400	129
62	3. 建筑安装业	40631	24500	8184	5	3892	1953	84	269	147	612		29	37	919
63	4. 建筑装饰和其他建筑业	12349	6628	1523	3	1858	649	56	123	115	145		892	8	349
64	三、第三产业	353654	131182	25393	11	35197	13136	12124	3876	16114	36544	6367	46823	14621	12266
65	(一)批发和零售业	38812	2643	5687		4006	4216	2119	1310	3405	205		1272	1915	12034

续表

序号	项目	合计	营业税	企业所得税		个人所得税	城市维护建设税	房产税	印花税	城镇土地使用税	土地增值税	车船税	契税	耕地占用税	其他各税
				内资企业	外资企业										
66	1. 批发业	28403	1073	5124		2595	2761	773	1012	1809	187		690	597	11782
67	其中:烟草制品批发	17881	42	4167		1694	1485	192	221	219	10				9851
68	煤炭及制品批发	591	70	321		2	142	15	13	3			25		
69	石油及其制品批发	403	32			103	131	41	40	12			44		
70	汽车及零配件批发	358				52	3	24	1	278					
71	2. 零售业	10409	1570	563		1411	1455	1346	298	1596	18		582	1318	252
72	(二)交通运输、仓储及邮政业	7696	2201	1629		1888	725	500	274	366	16	25	72		
73	1. 交通运输业	6501	1737	1597		1680	677	262	256	185	10	25	72		
74	2. 仓储业	226	20	30		17	21	47	18	67	6				
75	3. 邮政业	969	444	2		191	27	191		114					
76	(三)住宿和餐饮业	13611	8278	457		1741	539	1307	60	692	424		112	1	
77	1. 住宿业	4857	2523	89		293	173	904	39	378	381		77		
78	2. 餐饮业	8754	5755	368		1448	366	403	21	314	43		35	1	
79	(四)信息传输、软件和信息技术服务业	8491	6235	11		656	424	821	30	310			3	1	
80	1. 电信、广播电视和卫星传输服务业	7872	5765	6		598	381	794	26	299			2	1	
81	其中:电信	7497	5458	6		559	357	790	26	299			2		
82	2. 互联网和相关服务	99	66			15	5	5		8					
83	3. 软件和信息技术服务业	520	404	5		43	38	22	4	3			1		
84	(五)金融业	30435	19187	353		7474	1283	773	306	217	-308	1014	136		
85	1. 货币金融服务	24889	17503	181		5130	1161	711	221	156	-310		136		
86	其中:银行	24584	17399			5126	1153	707	219	156	-312		136		
87	金融租赁														

续表

序号	项目	合计	营业税	企业所得税		个人所得税	城市维护建设税	房产税	印花税	城镇土地使用税	土地增值税	车船税	契税	耕地占用税	其他各税
				内资企业	外资企业										
88	2. 资本市场服务	851	509	1		262	36	1	8	34					
89	3. 保险业	3864	822			1825	62	53	71	17		1014			
90	4. 其他金融	831	353	171		257	24	8	6	10	2				
91	(六)房地产业	167089	56349	13179	10	6126	3936	2645	1316	5684	34063		43439	307	35
92	(七)租赁和商务服务业	15195	6025	810		736	381	681	246	1980	303	1	1404	2611	17
93	1. 租赁业	783	530	-48		4	42	125	3	127					
94	2. 商务服务业	14412	5495	858		732	339	556	243	1853	303	1	1404	2611	17
95	(八)科学研究和技术服务业	3256	1675	594		528	171	63	18	76			126	2	3
96	(九)居民服务、修理和其他服务业	44658	21376	1799	1	7587	1015	2688	278	1873	1101	5268	211	1306	155
97	其中:居民服务业	4111	1575	239		709	148	251	42	213	19	960	-48	3	
98	机动车、电子产品和日用产品修理业	411	101	12		66	35	111	3	81	1		1		
99	(十)教育	666	204	34		328	13	71	1	15					
100	(十一)卫生和社会工作	1862	47	10		1748	8	40	3	4			2		
101	其中:卫生	1850	42	10		1747	7	36	2	4			2		
102	(十二)文化、体育和娱乐业	2795	1356	170		746	102	88	16	40	270		4		3
103	其中:新闻和出版业	6	1			5									
104	广播、电视、电影和影视录音制作业	648	356	9		55	39	48	10	19	108		4		
105	体育	780	421	125		20	22	15	4	9	162				2
106	娱乐业	1165	439	34		639	29	12		12					
107	(十三)公共管理、社会保障和社会组织	13874	991	509		1531	99	290	7	1405	467	59	37	8478	1
108	(十四)其他行业	5214	4615	151		102	224	38	11	47	3		5		18

2013年河源市地方税务局税收收入分行业分税种统计年报表

编报机关:河源市地方税务局　　　　单位:万元

序号	项　目	合　计	营业税	企业所得税		个人所得税	城市维护建设税	房产税	印花税	城镇土地使用税	土地增值税	车船税	契税	耕地占用税	其他各税
				内资企业	外资企业										
1	税收收入合计	467850	164824	92434		32938	25169	13034	5012	17601	31517	4357	40675	29143	11146
2	一、第一产业	2321	1036	145		303	82	97	256	217	38	23		119	5
3	二、第二产业	180648	47800	64615		12521	15025	5283	2286	8239	1860	6	1292	13463	8258
4	(一)采矿业	59519	371	46221		3448	2211	250	142	261	33		81	215	6286
5	1. 煤炭开采和洗选业														
6	2. 石油和天然气开采业	23							1	3			19		
7	其中:原油	1								1					
8	3. 黑色金属矿采选业	46446	13	44548		128	215	91	36	71			54		1290
9	4. 有色金属矿采选业	310	99	91		10	51	6	5	20			7		21
10	5. 非金属矿采选业	1234	258	96		135	60	12	8	72	33		1	203	356
11	6. 其他采矿业	11506	1	1486		3175	1885	141	92	95				12	4619
12	(二)制造业	27468	1005	576		3880	6952	3501	1429	6408	274	4	1168	1826	445
13	1. 农副食品加工业	175	12	2		47	15	21	8	60	10				
14	2. 食品制造业	78	7			12	29	10	7	13					
15	3. 酒、饮料和精制茶制造业	50		12		2	15	7	4	10					
16	①酒的制造	21				2	10	5	3	1					
17	其中:酒精														
18	②饮料制造	29		12			5	2	1	9					
19	③精制茶制造														
20	4. 烟草制品业														
21	其中:卷烟制造														

续表

序号	项　目	合　计	营业税	企业所得税		个人所得税	城市维护建设税	房产税	印花税	城镇土地使用税	土地增值税	车船税	契税	耕地占用税	其他各税
				内资企业	外资企业										
22	5. 纺织业	410	1	1		27	181	75	39	86					
23	6. 纺织服装、服饰业	1278	6			164	378	240	70	419	1				
24	7. 皮革、毛皮、羽毛及其制品和制鞋业	853	2			41	431	144	45	190					
25	8. 木材加工及木竹藤棕草制品业	631	22			171	140	68	27	202				1	
26	9. 家具制造业	209	3			11	49	31	7	108					
27	10. 造纸及纸制品业	309	3			8	47	35	11	205					
28	11. 印刷和记录媒介复制业	265	10	6		48	54	75	12	60					
29	12. 文教、工美、体育和娱乐用品制造业	3580	13	1		188	960	530	240	695			953		
30	13. 石油加工、炼焦及核燃料加工业	13				10			3						
31	其中:成品油	3							3						
32	14. 化学原料及化学制品制造业	92				19	24	12	11	26					
33	15. 医药制造业	971	10	28		53	333	170	47	330					
34	16. 化学纤维制造业	2				2									
35	17. 橡胶和塑料制品业	2034	180			178	455	411	98	556	156				
36	18. 非金属矿物制品业	5167	45	63		295	657	469	131	1273			66	1812	356
37	19. 黑色金属冶炼及压延加工业	488	1	225		47	139	10	6	44					16
38	20. 有色金属冶炼及压延加工业	673	121	44		22	122	76	20	203					65
39	21. 金属制品业	962	58	135		169	192	98	29	281					
40	22. 通用设备制造业	271	18	46		38	38	21	12	77		4	3	13	1
41	23. 专用设备制造业	2596	24			816	815	353	80	507					1
42	24. 汽车制造业	14	3			3	2	3	3						
43	25. 铁路、船舶、航空航天和其他运输设备制造业	14	8			4	1		1						

续表

序号	项　　目	合　计	营业税	企业所得税		个人所得税	城市维护建设税	房产税	印花税	城镇土地使用税	土地增值税	车船税	契税	耕地占用税	其他各税
				内资企业	外资企业										
44	其中:铁路运输设备制造														
45	船舶及相关装置制造														
46	航空、航天及设备制造	1							1						
47	摩托车制造														
48	26. 电气机械及器材制造业	3129	42	1		1136	837	374	247	377			115		
49	27. 计算机、通信和其他电子设备制造业	2109	241	11		316	816	112	245	345	15		7		1
50	28. 仪表仪器制造业	619	71			36	146	81	9	251			20		5
51	29. 其他制造业	476	104	1		17	76	75	17	90	92		4		
52	(三)电力、热力、燃气及水的生产和供应业	16035	751	6169		3375	3127	1299	271	1040			1	1	1
53	1. 电力、热力的生产和供应业	14249	530	5707		3079	2816	1119	226	770			1	1	
54	①电力生产	5677	185	1139		1144	1633	856	166	553				1	
55	②电力供应	8572	345	4568		1935	1183	263	60	217			1		
56	③热力生产和供应业														
57	2. 燃气生产和供应业	701	168	193		237	-3	23	14	69					
58	3. 水的生产和供应业	1085	53	269		59	314	157	31	201					1
59	(四)建筑业	77626	45673	11649		1818	2735	233	444	530	1553	2	42	11421	1526
60	1. 房屋建筑业	10799	7287	1920		247	453	58	73	50	296	2	30	5	378
61	2. 土木工程建筑业	8450	7025	533		189	377	26	50	132					118
62	3. 建筑安装业	28239	20588	4384		671	1233	53	180	101	330			5	694
63	4. 建筑装饰和其他建筑业	30138	10773	4812		711	672	96	141	247	927		12	11411	336
64	三、第三产业	284881	115988	27674		20114	10062	7654	2470	9145	29619	4328	39383	15561	2883
65	(一)批发和零售业	15386	2119	2869		3321	2630	961	509	1511	237	110	194	309	616

续表

序号	项目	合计	营业税	企业所得税		个人所得税	城市维护建设税	房产税	印花税	城镇土地使用税	土地增值税	车船税	契税	耕地占用税	其他各税
				内资企业	外资企业										
66	1. 批发业	4940	450	1011		1137	938	158	239	171	111	110	51	14	550
67	其中:烟草制品批发	766	14	404		123	170	38	10	7					
68	煤炭及制品批发	3					2		1						
69	石油及其制品批发	4				1	2			1					
70	汽车及零配件批发	170	12			9	4		35			110			
71	2. 零售业	10446	1669	1858		2184	1692	803	270	1340	126		143	295	66
72	(二)交通运输、仓储及邮政业	5689	1972	2150		733	317	196	72	74		48	1	126	
73	1. 交通运输业	5122	1793	2148		609	305	120	58	40		48	1		
74	2. 仓储业	158	2	1		7		7	14	1				126	
75	3. 邮政业	409	177	1		117	12	69		33					
76	(三)住宿和餐饮业	11937	8669	449		1405	533	584	20	183	94				
77	1. 住宿业	3332	2307	261		202	135	276	1	97	53				
78	2. 餐饮业	8605	6362	188		1203	398	308	19	86	41				
79	(四)信息传输、软件和信息技术服务业	7715	5546	48		573	362	676	140	313	34		10	12	1
80	1. 电信、广播电视和卫星传输服务业	5985	4445			475	279	517	25	219	14		10	1	
81	其中:电信	5948	4412			474	278	515	25	219	14		10	1	
82	2. 互联网和相关服务	1249	857	5		87	62	159	7	72					
83	3. 软件和信息技术服务业	481	244	43		11	21		108	22	20			11	1
84	(五)金融业	29109	20547	1227		3527	1304	609	268	121	2	833	574	97	
85	1. 货币金融服务	20310	16412	586		1598	1043	442	158	70			1		
86	其中:银行	19615	16167	257		1508	1028	442	142	70			1		
87	金融租赁	74	61	4		1	3		5						

续表

序号	项　目	合　计	营业税	企业所得税		个人所得税	城市维护建设税	房产税	印花税	城镇土地使用税	土地增值税	车船税	契税	耕地占用税	其他各税
				内资企业	外资企业										
88	2. 资本市场服务	298	175			77	12	16	3	15					
89	3. 保险业	3097	1394	1		942	95	41	50	10	1	563			
90	4. 其他金融	5404	2566	640		910	154	110	57	26	1	270	573	97	
91	（六）房地产业	125176	46955	11573		3189	3078	1258	825	5734	22166	9	26935	2083	1371
92	（七）租赁和商务服务业	15900	2805	498		1086	223	1511	193	409	213	84	3807	5040	31
93	1. 租赁业	94	69	5		2	5		1						12
94	2. 商务服务业	15806	2736	493		1084	218	1511	192	409	213	84	3807	5040	19
95	（八）科学研究和技术服务业	2349	1381	264		218	146	63	39	124	6		21	84	3
96	（九）居民服务、修理和其他服务业	32068	9866	3608		2823	599	1308	200	370	1934	3031	5059	3070	200
97	其中：居民服务业	12898	4139	632		1131	243	581	81	117	855	416	3746	920	37
98	机动车、电子产品和日用产品修理业	518	328	7		92	37	13	4	31			4		2
99	（十）教育	390	75	1		298	5	6	1	4					
100	（十一）卫生和社会工作	661	13	3		605	1	15	19	5					
101	其中：卫生	661	13	3		605	1	15	19	5					
102	（十二）文化、体育和娱乐业	928	497	71		240	59	50	2	9					
103	其中：新闻和出版业	151	15	45		75	15	1							
104	广播、电视、电影和影视录音制作业	354	171	16		129	22	13	1	2					
105	体育	39	13	1		18	1	4		2					
106	娱乐业	362	287	6		16	19	30		4					
107	（十三）公共管理、社会保障和社会组织	35753	14336	4867		1988	733	339	178	58	4922	213	2744	4740	635
108	（十四）其他行业	1820	1207	46		108	72	78	4	230	11		38		26

2013年梅州市地方税务局税收收入分行业分税种统计年报表

编报机关：梅州市地方税务局　　　　单位：万元

序号	项　目	合　计	营业税	企业所得税		个人所得税	城市维护建设税	房产税	印花税	城镇土地使用税	土地增值税	车船税	契税	耕地占用税	其他各税
				内资企业	外资企业										
1	税收收入合计	658688	175756	121488	10	51402	54004	13220	7796	17987	70961	7349	41953	65891	30871
2	一、第一产业	1907	606	269		368	112	99	111	119	103	25	91		4
3	二、第二产业	232627	47903	77921		14714	40910	6461	3004	9316	4143	2403	1686	744	23422
4	（一）采矿业	11235	524	1196		300	722	167	71	1145	233	8	260	3	6606
5	1. 煤炭开采和洗选业	601	319				28		8	13	233				
6	2. 石油和天然气开采业														
7	其中：原油														
8	3. 黑色金属矿采选业	1128		106		12	161	30	8	59					752
9	4. 有色金属矿采选业	5471	38	1006		160	364	74	13	27					3789
10	5. 非金属矿采选业	1113	100	26		67	91	3	8	18					800
11	6. 其他采矿业	2922	67	58		61	78	60	34	1028		8	260	3	1265
12	（二）制造业	79978	2711	7767		5675	33459	3514	1367	5500	743	2394	831	679	15338
13	1. 农副食品加工业	948	57	8		105	21	93	6	655			3		
14	2. 食品制造业	150	2	22		66	14	8	10	21			7		
15	3. 酒、饮料和精制茶制造业	1969	272	1172		14	172	142	13	183		1			
16	①酒的制造	1951	272	1172		14	166	136	13	178					
17	其中：酒精	10						3		7					
18	②饮料制造	11					4	4		3					
19	③精制茶制造	7					2	2		2		1			
20	4. 烟草制品业	31996	19	1045		2512	26348	378	12	145		2	12		1523
21	其中：卷烟制造	28483				1989	26119	254	3	117		1			

续表

序号	项目	合计	营业税	企业所得税		个人所得税	城市维护建设税	房产税	印花税	城镇土地使用税	土地增值税	车船税	契税	耕地占用税	其他各税
				内资企业	外资企业										
22	5. 纺织业	104				3	49	9	11	32					
23	6. 纺织服装、服饰业	495	33	15		69	181	74	31	72	20				
24	7. 皮革、毛皮、羽毛及其制品和制鞋业	183				2	144	13	7	17					
25	8. 木材加工及木竹藤棕草制品业	755	28	7		104	396	47	65	69			38		1
26	9. 家具制造业	417	1	59		36	202	26	26	57			10		
27	10. 造纸及纸制品业	82		2		5	15	6	3	34			17		
28	11. 印刷和记录媒介复制业	877	177	47		28	43	6	11	54	149		5		357
29	12. 文教、工美、体育和娱乐用品制造业	646	45	28		5	171	57	36	304					
30	13. 石油加工、炼焦及核燃料加工业														
31	其中:成品油														
32	14. 化学原料及化学制品制造业	177		62		43	38	10	4	14			6		
33	15. 医药制造业	865	1	197		25	166	174	18	279			5		
34	16. 化学纤维制造业	10					1	1	1	7					
35	17. 橡胶和塑料制品业	980	1	4		186	291	123	71	304					
36	18. 非金属矿物制品业	17715	256	2401		679	1428	1295	303	1039	225		163	679	9247
37	19. 黑色金属冶炼及压延加工业	176		22			99	9	8	38					
38	20. 有色金属冶炼及压延加工业	6008		1229		114	619	35	125	89					3797
39	21. 金属制品业	1053	185	120		156	182	127	44	176	2		31		30
40	22. 通用设备制造业	2147	712	370		113	240	131	34	146	342		59		
41	23. 专用设备制造业	514	65	17		17	129	61	35	172	5		8		5
42	24. 汽车制造业	909	14	7		132	337	135	50	207		2	25		
43	25. 铁路、船舶、航空航天和其他运输设备制造业	75	22			2	32	3	1	15					

续表

序号	项目	合计	营业税	企业所得税		个人所得税	城市维护建设税	房产税	印花税	城镇土地使用税	土地增值税	车船税	契税	耕地占用税	其他各税
				内资企业	外资企业										
44	其中:铁路运输设备制造	26					23	1		2					
45	船舶及相关装置制造														
46	航空、航天及设备制造														
47	摩托车制造	23					7	2	1	13					
48	26. 电气机械及器材制造业	1084	42	38		282	388	62	66	123			83		
49	27. 计算机、通信和其他电子设备制造业	5642	736	561		860	1566	447	341	772			359		
50	28. 仪表仪器制造业	652	5	151		6	48	16	10	416					
51	29. 其他制造业	3349	38	183		111	139	26	25	60		2389			378
52	(三)电力、热力、燃气及水的生产和供应业	49382	1189	34042		3620	4094	2569	427	1307	1669		456	7	2
53	1. 电力、热力的生产和供应业	48786	1056	33867		3550	4011	2504	420	1244	1669		456	7	2
54	①电力生产	44135	683	34417		1353	2721	1755	292	784	1669		452	7	2
55	②电力供应	4648	372	-550		2196	1290	748	128	460			4		
56	③热力生产和供应业	3	1			1		1							
57	2. 燃气生产和供应业	84	64			8	7		2	3					
58	3. 水的生产和供应业	512	69	175		62	76	65	5	60					
59	(四)建筑业	92032	43479	34916		5119	2635	211	1139	1364	1498	1	139	55	1476
60	1. 房屋建筑业	14250	7111	4803		775	516	14	118	83	490		93		247
61	2. 土木工程建筑业	11251	5476	3923		743	359	27	139	42				55	487
62	3. 建筑安装业	54989	23789	24442		2910	1481	85	801	231	549	1	38		662
63	4. 建筑装饰和其他建筑业	11542	7103	1748		691	279	85	81	1008	459		8		80
64	三、第三产业	424154	127247	43298	10	36320	12982	6660	4681	8552	66715	4921	40176	65147	7445
65	(一)批发和零售业	50826	5392	14347		5394	4320	1233	1639	2168	10546	14	1648	119	4006

续表

序号	项　目	合　计	营业税	企业所得税		个人所得税	城市维护建设税	房产税	印花税	城镇土地使用税	土地增值税	车船税	契税	耕地占用税	其他各税
				内资企业	外资企业										
66	1. 批发业	19428	960	9918		2133	2257	168	747	337	49	3	100		2756
67	其中:烟草制品批发	12241		8290		1388	1531	12	228	49					743
68	煤炭及制品批发	48				2	23		18	4		1			
69	石油及其制品批发	49				1	10	7		31					
70	汽车及零配件批发	96	16			8	23	7	26	16					
71	2. 零售业	31398	4432	4429		3261	2063	1065	892	1831	10497	11	1548	119	1250
72	(二)交通运输、仓储及邮政业	7350	1996	1415		688	335	353	68	217	28	2150	80	1	19
73	1. 交通运输业	6396	1641	1400		495	295	149	64	103	6	2150	73	1	19
74	2. 仓储业	105	29	13		5	2	2		25	22		7		
75	3. 邮政业	849	326	2		188	38	202	4	89					
76	(三)住宿和餐饮业	9403	5884	187		1205	366	945	7	726			83		
77	1. 住宿业	2557	1437	48		181	86	565	5	159			76		
78	2. 餐饮业	6846	4447	139		1024	280	380	2	567			7		
79	(四)信息传输、软件和信息技术服务业	8294	5867	144		685	425	652	57	292	64		108		
80	1. 电信、广播电视和卫星传输服务业	7350	5338	15		632	349	632	35	246	12		91		
81	其中:电信	7147	5165	15		621	334	632	32	245	12		91		
82	2. 互联网和相关服务	422	366	2		20	19	12		3					
83	3. 软件和信息技术服务业	522	163	127		33	57	8	22	43	52		17		
84	(五)金融业	35713	22341	146		10018	1396	954	293	209	50		306		
85	1. 货币金融服务	25879	17915	2		5518	1110	852	205	175	50		52		
86	其中:银行	25665	17707	1		5517	1109	850	204	175	50		52		
87	金融租赁														

续表

序号	项　　目	合　计	营业税	企业所得税		个人所得税	城市维护建设税	房产税	印花税	城镇土地使用税	土地增值税	车船税	契税	耕地占用税	其他各税
				内资企业	外资企业										
88	2. 资本市场服务	4047	763	2		3059	50	31	3	14			125		
89	3. 保险业	5428	3535	5		1376	228	70	75	19			120		
90	4. 其他金融	359	128	137		65	8	1	10	1			9		
91	（六）房地产业	185356	62921	19864		7107	4105	604	1922	4055	45076	61	33998	5625	18
92	（七）租赁和商务服务业	8575	1867	883		544	189	194	120	184	19	2	2309	254	2010
93	1. 租赁业	133	103	18		5	3	3	1						
94	2. 商务服务业	8442	1764	865		539	186	191	119	184	19	2	2309	254	2010
95	（八）科学研究和技术服务业	11990	1152	802		249	142	35	33	47	11		17	9494	8
96	（九）居民服务、修理和其他服务业	56415	15183	4563	10	5656	1290	1083	439	434	5851	1526	986	19192	202
97	其中：居民服务业	27526	6996	1979	10	2345	620	305	142	141	3236	525	166	10959	102
98	机动车、电子产品和日用产品修理业	157	52	7		45	14	13	2	21	2				1
99	（十）教育	917	266	71		355	18	68	5	6	119	7	2		
100	（十一）卫生和社会工作	1582	17	74		1450	9	13	10	6	3				
101	其中：卫生	1574	17	69		1450	8	11	10	6	3				
102	（十二）文化、体育和娱乐业	1095	386	19		577	54	36	2	18	1		2		
103	其中：新闻和出版业	32	15			2	12	1		2					
104	广播、电视、电影和影视录音制作业	286	168			62	29	18	1	8					
105	体育	100	80			6	4	3		5			2		
106	娱乐业	600	79	12		500	4	4		1					
107	（十三）公共管理、社会保障和社会组织	42228	3801	248		2257	281	444	78	106	4947	1161	519	27469	917
108	（十四）其他行业	4410	174	535		135	52	46	8	84			118	2993	265

2013 年惠州市地方税务局税收收入分行业分税种统计年报表

编报机关:惠州市地方税务局　　单位:万元

序号	项目	合计	营业税	企业所得税		个人所得税	城市维护建设税	房产税	印花税	城镇土地使用税	土地增值税	车船税	契税	耕地占用税	其他各税
				内资企业	外资企业										
1	税收收入合计	2060602	767799	115554	363	184461	247993	78117	43469	134348	209966	19170	233361	12905	13096
2	一、第一产业	6046	2551	801	1	1149	165	892	96	199	46		114		32
3	二、第二产业	687792	224636	46561	97	82589	194039	37697	27054	46373	6651		5787	4660	11648
4	(一)采矿业	3144	746	489		383	229	117	52	124					1004
5	1. 煤炭开采和洗选业	1													1
6	2. 石油和天然气开采业														
7	其中:原油														
8	3. 黑色金属矿采选业	201		130		7	19	1	9						35
9	4. 有色金属矿采选业	35				1	9			3					22
10	5. 非金属矿采选业	2029	746	358		266	119	104	26	88					322
11	6. 其他采矿业	878		1		109	82	12	17	33					624
12	(二)制造业	346154	11287	7793	21	47546	171431	31626	23353	39637	3346		3735	876	5503
13	1. 农副食品加工业	1022	39	105		89	89	104	86	281			121	108	
14	2. 食品制造业	1542	42	280		93	405	86	128	136			87	285	
15	3. 酒、饮料和精制茶制造业	1366	74	5		131	668	198	77	205					8
16	①酒的制造	813	70	3		54	529	21	41	95					
17	其中:酒精														
18	②饮料制造	553	4	2		77	139	177	36	110					8
19	③精制茶制造														
20	4. 烟草制品业														
21	其中:卷烟制造														

续表

序号	项　　目	合　计	营业税	企业所得税		个人所得税	城市维护建设税	房产税	印花税	城镇土地使用税	土地增值税	车船税	契税	耕地占用税	其他各税
				内资企业	外资企业										
22	5. 纺织业	2190	154	104		209	775	248	141	495	64				
23	6. 纺织服装、服饰业	9396	339	118	1	690	2730	2215	581	2554	65		103		
24	7. 皮革、毛皮、羽毛及其制品和制鞋业	8556	212	258		1654	2950	1183	442	1666	21		170		
25	8. 木材加工及木竹藤棕草制品业	821	19	15		115	257	131	69	214			1		
26	9. 家具制造业	8863	352	18		714	2193	1658	555	2747	562		64		
27	10. 造纸及纸制品业	2655	46	36		401	626	594	146	739	67				
28	11. 印刷和记录媒介复制业	2468	119	170		327	813	368	157	444	17		16	37	
29	12. 文教、工美、体育和娱乐用品制造业	7217	182	293		744	1854	1541	391	2043	3		166		
30	13. 石油加工、炼焦及核燃料加工业	110062	681	61		5184	96953	998	2283	3885			17		
31	其中:成品油	109970	681	61		5093	96953	997	2283	3885			17		
32	14. 化学原料及化学制品制造业	9963	44	137		2440	2682	1210	763	2208			398	81	
33	15. 医药制造业	1630	6	513		115	382	159	75	379			1		
34	16. 化学纤维制造业	461	105			18	38	109	13	95	83				
35	17. 橡胶和塑料制品业	13211	514	350		1521	3378	2794	843	3113	477		108	113	
36	18. 非金属矿物制品业	17540	124	3812		1336	1949	1562	932	1746	3		519	94	5463
37	19. 黑色金属冶炼及压延加工业	1145	186			61	148	41	39	441	214		15		
38	20. 有色金属冶炼及压延加工业	698	35	12		105	116	151	32	200			32	15	
39	21. 金属制品业	11806	639	208	1	1964	3412	1736	927	2706	35		129	40	9
40	22. 通用设备制造业	3169	698	505		254	575	271	87	365	369		45		
41	23. 专用设备制造业	10579	295	156		2486	3403	1405	914	1676	98		145		1
42	24. 汽车制造业	3635	15	41		1165	1481	340	329	264					
43	25. 铁路、船舶、航空航天和其他运输设备制造业	462	70			18	43	86	7	238					

续表

序号	项　目	合 计	营业税	企业所得税		个人所得税	城市维护建设税	房产税	印花税	城镇土地使用税	土地增值税	车船税	契税	耕地占用税	其他各税
				内资企业	外资企业										
44	其中:铁路运输设备制造	69	63			1	5								
45	船舶及相关装置制造	62	7			7	9	24	1	14					
46	航空、航天及设备制造														
47	摩托车制造	1				1									
48	26. 电气机械及器材制造业	21529	351	92	19	6177	6666	3074	1471	3532	112		35		
49	27. 计算机、通信和其他电子设备制造业	81105	2923	388		17899	33800	7604	11315	5268	523		1385		
50	28. 仪表仪器制造业	965	31	14		347	233	95	48	193	4				
51	29. 其他制造业	12098	2992	102		1289	2812	1665	502	1804	629		178	103	22
52	(三)电力、热力、燃气及水的生产和供应业	35804	5965	1632		8124	8537	3662	1308	3042	2		316	3215	1
53	1. 电力、热力的生产和供应业	31497	4885	983		7775	7872	3332	1222	2160	2		50	3215	1
54	①电力生产	20886	4745	245		3260	4872	2205	958	1598	2			3000	1
55	②电力供应	5115	111	472		2245	1377	421	140	337			12		
56	③热力生产和供应业	5496	29	266		2270	1623	706	124	225			38	215	
57	2. 燃气生产和供应业	1982	700	417		193	301	96	60	122			93		
58	3. 水的生产和供应业	2325	380	232		156	364	234	26	760			173		
59	(四)建筑业	302690	206638	36647	76	26536	13842	2292	2341	3570	3303		1736	569	5140
60	1. 房屋建筑业	83049	60460	7216		6453	3926	447	838	636	836		465	35	1737
61	2. 土木工程建筑业	24069	17934	2080		1403	1179	110	228	333	467		17		318
62	3. 建筑安装业	153787	105675	17051	71	14714	7058	1219	954	1607	1429		837	534	2638
63	4. 建筑装饰和其他建筑业	41785	22569	10300	5	3966	1679	516	321	994	571		417		447
64	三、第三产业	1366764	540612	68192	265	100723	53789	39528	16319	87776	203269	19170	227460	8245	1416
65	(一)批发和零售业	91147	19698	3519	4	13295	15353	7924	4721	13494	7085		4779	463	812

续表

序号	项　　目	合　计	营业税	企业所得税		个人所得税	城市维护建设税	房产税	印花税	城镇土地使用税	土地增值税	车船税	契税	耕地占用税	其他各税
				内资企业	外资企业										
66	1. 批发业	35371	8890	1759	4	4845	5683	2086	1873	4140	3605		2173	122	191
67	其中:烟草制品批发	975	11	5		422	372	17	47	2	10		69	20	
68	煤炭及制品批发	6					1		1				4		
69	石油及其制品批发	305	15	96		50	21	27	4	88			4		
70	汽车及零配件批发	17	5			1	3	2	1	5					
71	2. 零售业	55776	10808	1760		8450	9670	5838	2848	9354	3480		2606	341	621
72	(二)交通运输、仓储及邮政业	27613	6292	2542		2855	1502	959	610	2557	136	9859	146	153	2
73	1. 交通运输业	23595	5369	2527		2081	1314	458	215	1413	109	9859	95	153	2
74	2. 仓储业	2807	440	11		598	152	129	392	1007	27		51		
75	3. 邮政业	1211	483	4		176	36	372	3	137					
76	(三)住宿和餐饮业	40866	28069	1612	2	5133	1815	2248	88	1479	209		186		25
77	1. 住宿业	12244	7532	540		1204	465	1155	57	879	206		181		25
78	2. 餐饮业	28622	20537	1072	2	3929	1350	1093	31	600	3		5		
79	(四)信息传输、软件和信息技术服务业	27278	21008	441		3000	1493	872	148	245			71		
80	1. 电信、广播电视和卫星传输服务业	23541	18116	258		2778	1213	813	93	215			55		
81	其中:电信	23477	18086	257		2766	1207	807	93	211			50		
82	2. 互联网和相关服务	2162	1987	7		34	106	21	2	5					
83	3. 软件和信息技术服务业	1575	905	176		188	174	38	53	25			16		
84	(五)金融业	107375	75571	897		22072	5027	1670	986	241	35		873		3
85	1. 货币金融服务	82449	63523	371		11623	4238	1442	618	112	35		487		
86	其中:银行	81434	63019			11560	4201	1439	581	112	35		487		
87	金融租赁	30	8			10	1		11						

续表

序号	项目	合计	营业税	企业所得税		个人所得税	城市维护建设税	房产税	印花税	城镇土地使用税	土地增值税	车船税	契税	耕地占用税	其他各税
				内资企业	外资企业										
88	2. 资本市场服务	3106	1655			1047	100	48	34	55			167		
89	3. 保险业	15281	8193	5		6235	542	78	222	6					
90	4. 其他金融	6539	2200	521		3167	147	102	112	68			219		3
91	（六）房地产业	879594	319292	38432	21	18200	20922	14054	7314	59249	184890		214337	2661	222
92	（七）租赁和商务服务业	30457	10803	3092		4501	1590	2400	883	2736	1650	679	2010	77	36
93	1. 租赁业	220	100	14		46	46	2	10	1					1
94	2. 商务服务业	30237	10703	3078		4455	1544	2398	873	2735	1650	679	2010	77	35
95	（八）科学研究和技术服务业	7203	3514	1576	1	970	433	177	64	323	46		73		26
96	（九）居民服务、修理和其他服务业	114665	42943	14312	237	17830	4864	8008	1153	4651	9196	2351	4185	4680	255
97	其中：居民服务业	21643	8024	1349	203	3611	1550	1151	132	1011	1519	1702	1253	100	38
98	机动车、电子产品和日用产品修理业	398	135	34		114	32	47	4	32					
99	（十）教育	1827	297	180		1235	21	57	4	8	5		12	8	
100	（十一）卫生和社会工作	3711	96	359		3119	6	127	1	3					
101	其中：卫生	3673	86	359		3104	6	114	1	3					
102	（十二）文化、体育和娱乐业	5573	2913	153		400	189	298	9	1521			36	54	
103	其中：新闻和出版业	15	2					1					12		
104	广播、电视、电影和影视录音制作业	913	613	19		138	63	62	7	10			1		
105	体育	509	143	5		15	8	80		258					
106	娱乐业	3565	1715	77		228	107	126	1	1253			23	35	
107	（十三）公共管理、社会保障和社会组织	15644	1578	247		6082	146	500	275	147	7	6281	285	94	2
108	（十四）其他行业	13811	8538	830		2031	428	234	63	1122	10		467	55	33

2013 年汕尾市地方税务局税收收入分行业分税种统计年报表

编报机关:汕尾市地方税务局　　　　单位:万元

序号	项目	合计	营业税	企业所得税		个人所得税	城市维护建设税	房产税	印花税	城镇土地使用税	土地增值税	车船税	契税	耕地占用税	其他各税
				内资企业	外资企业										
1	税收收入合计	354781	79607	27609	1	20658	15571	8145	3984	30715	28154	2835	56348	79523	1631
2	一、第一产业	6949	206	27		35	36	30	11	2060	1	4		4537	2
3	二、第二产业	85718	28962	10670	-3	9742	10500	4147	3181	8972	3508	3	1680	2954	1402
4	(一)采矿业	474	164	132		62	52	15	7	11	5				26
5	1. 煤炭开采和洗选业														
6	2. 石油和天然气开采业	94	3			25	36	13	6	11					
7	其中:原油	92	3			25	35	13	6	10					
8	3. 黑色金属矿采选业														
9	4. 有色金属矿采选业	5	4			1									
10	5. 非金属矿采选业	370	153	132		35	16	2	1		5				26
11	6. 其他采矿业	5	4			1									
12	(二)制造业	19172	2145	824	-30	2721	4467	2216	1275	3055	1741		716	34	8
13	1. 农副食品加工业	578	46	9		43	44	135	13	256	32				
14	2. 食品制造业	123	19	5		10	22	31	4	32					
15	3. 酒、饮料和精制茶制造业	124	7	46		5	10	20	3	33					
16	①酒的制造	118	7	44		4	9	19	3	32					
17	其中:酒精														
18	②饮料制造	6		2		1	1	1		1					
19	③精制茶制造														
20	4. 烟草制品业														
21	其中:卷烟制造														

续表

序号	项目	合计	营业税	企业所得税		个人所得税	城市维护建设税	房产税	印花税	城镇土地使用税	土地增值税	车船税	契税	耕地占用税	其他各税
				内资企业	外资企业										
22	5. 纺织业	1556	12	11	1	180	307	434	179	412			20		
23	6. 纺织服装、服饰业	1440	172	475		104	275	105	54	151	90		14		
24	7. 皮革、毛皮、羽毛及其制品和制鞋业	203		3		49	11	28	8	104					
25	8. 木材加工及木竹藤棕草制品业	133	31	2	-31	13	21	6	3	26			25	34	3
26	9. 家具制造业	39	8	2		12	5	3	1	8					
27	10. 造纸及纸制品业	177	6	6		11	25	32	5	92					
28	11. 印刷和记录媒介复制业	39	2	2		8	15	5	2	5					
29	12. 文教、工美、体育和娱乐用品制造业	1902	176	174		250	269	191	105	379	232		126		
30	13. 石油加工、炼焦及核燃料加工业														
31	其中:成品油														
32	14. 化学原料及化学制品制造业	83		4		15	47	3	4	10					
33	15. 医药制造业														
34	16. 化学纤维制造业														
35	17. 橡胶和塑料制品业	725		3		16	90	96	22	498					
36	18. 非金属矿物制品业	3795	488	7		718	1042	107	467	146	312		503		5
37	19. 黑色金属冶炼及压延加工业	1				1									
38	20. 有色金属冶炼及压延加工业	717	6	6		8	1	395		301					
39	21. 金属制品业	403	150	23		15	35	16	11	45	86		22		
40	22. 通用设备制造业	128	32	6		29	44	5	3	9					
41	23. 专用设备制造业	277	7	3		51	56	58	18	84					
42	24. 汽车制造业														
43	25. 铁路、船舶、航空航天和其他运输设备制造业	53	1	5		1	6	1	1	38					

续表

序号	项　　目	合　计	营业税	企业所得税		个人所得税	城市维护建设税	房产税	印花税	城镇土地使用税	土地增值税	车船税	契税	耕地占用税	其他各税
				内资企业	外资企业										
44	其中:铁路运输设备制造														
45	船舶及相关装置制造	52	1	5			6	1	1	38					
46	航空、航天及设备制造														
47	摩托车制造														
48	26. 电气机械及器材制造业	195	66	2		14	47	12	2	52					
49	27. 计算机、通信和其他电子设备制造业	5957	896	27		1079	1967	409	353	237	989				
50	28. 仪表仪器制造业	445	16	1		83	118	108	16	103					
51	29. 其他制造业	79	4	2		6	10	16	1	34			6		
52	(三)电力、热力、燃气及水的生产和供应业	21546	1083	1167		2615	4398	1411	1600	5342			1010	2920	
53	1. 电力、热力的生产和供应业	21004	976	988		2590	4320	1370	1599	5231			1010	2920	
54	①电力生产	18253	948	16		1750	3708	1176	1572	5153			1010	2920	
55	②电力供应	2751	28	972		840	612	194	27	78					
56	③热力生产和供应业														
57	2. 燃气生产和供应业	156	12	21		18	17	20	1	67					
58	3. 水的生产和供应业	386	95	158		7	61	21		44					
59	(四)建筑业	44526	25570	8547	27	4344	1583	505	299	564	1762	3	-46		1368
60	1. 房屋建筑业	7920	4727	1729		539	250	3	51	5	332		1		283
61	2. 土木工程建筑业	2945	2222	239		240	113	1	17	12					101
62	3. 建筑安装业	20378	12489	4016	1	1653	842	130	156	278	100	1	-47		759
63	4. 建筑装饰和其他建筑业	13283	6132	2563	26	1912	378	371	75	269	1330	2			225
64	三、第三产业	262114	50439	16912	4	10881	5035	3968	792	19683	24645	2828	54668	72032	227
65	(一)批发和零售业	16028	2278	6630		2701	1800	735	264	451	646		519		4

续表

序号	项　目	合　计	营业税	企业所得税		个人所得税	城市维护建设税	房产税	印花税	城镇土地使用税	土地增值税	车船税	契税	耕地占用税	其他各税
				内资企业	外资企业										
66	1. 批发业	10246	851	6092		980	1417	114	214	197	374		7		
67	其中:烟草制品批发	7953		5632		878	1268	13	145	17					
68	煤炭及制品批发														
69	石油及其制品批发	118	7	5		1	13	28		64					
70	汽车及零配件批发	58	4			14	13	13	11	3					
71	2. 零售业	5782	1427	538		1721	383	621	50	254	272		512		4
72	(二)交通运输、仓储及邮政业	2155	238	239		222	72	142	3	91		1147			1
73	1. 交通运输业	1759	151	239		69	66	47	3	36		1147			1
74	2. 仓储业	44				11		10		23					
75	3. 邮政业	352	87			142	6	85		32					
76	(三)住宿和餐饮业	7456	5075	175		791	300	332	18	364	517		-116		
77	1. 住宿业	2641	1590	87		104	100	165	12	265	434		-116		
78	2. 餐饮业	4815	3485	88		687	200	167	6	99	83				
79	(四)信息传输、软件和信息技术服务业	7453	5287	9		923	338	605	38	207	37		9		
80	1. 电信、广播电视和卫星传输服务业	7236	5163	1		890	327	601	28	180	37		9		
81	其中:电信	7132	5096	1		868	316	597	28	180	37		9		
82	2. 互联网和相关服务	78	32	1		8	2	1	7	27					
83	3. 软件和信息技术服务业	139	92	7		25	9	3	3						
84	(五)金融业	12277	8796	179		1544	596	293	94	432	49	279	15		
85	1. 货币金融服务	9657	7446	21		888	480	272	65	423	49		13		
86	其中:银行	9656	7446	21		888	480	272	64	423	49		13		
87	金融租赁														

续表

序号	项　目	合　计	营业税	企业所得税		个人所得税	城市维护建设税	房产税	印花税	城镇土地使用税	土地增值税	车船税	契税	耕地占用税	其他各税
				内资企业	外资企业										
88	2. 资本市场服务	238	164			64	10								
89	3. 保险业	2123	1122			563	102	21	27	9		279			
90	4. 其他金融	259	64	158		29	4		2				2		
91	（六）房地产业	95463	17183	7195	3	1578	952	565	245	3695	14218		18429	31305	95
92	（七）租赁和商务服务业	4648	1551	433		134	120	19	25	1858	500	1			7
93	1. 租赁业	3	1			2									
94	2. 商务服务业	4645	1550	433		132	120	19	25	1858	500	1			7
95	（八）科学研究和技术服务业	932	591	146		78	60	21	9	25					2
96	（九）居民服务、修理和其他服务业	29410	7626	1814	1	1875	689	778	80	1861	1423	145	7	13000	111
97	其中：居民服务业	336	161	56		72	10	24	1	10		1	1		
98	机动车、电子产品和日用产品修理业	745	80			33	7	4	1	4	616				
99	（十）教育	1861	205	1		31	10	9	2	5	1598				
100	（十一）卫生和社会工作	208	21	7		158	4	16	2						
101	其中：卫生	201	21			158	4	16	2						
102	（十二）文化、体育和娱乐业	473	240	12		32	20	14	2	152			1		
103	其中：新闻和出版业	4				1	2			1					
104	广播、电视、电影和影视录音制作业	74	62	1			8	2					1		
105	体育	158	14			3	1	1		139					
106	娱乐业	219	153	10		25	8	10	1	12					
107	（十三）公共管理、社会保障和社会组织	83376	1116	48		742	61	436	9	10515	5657	1256	35804	27727	5
108	（十四）其他行业	374	232	24		72	13	3	1	27					2

2013年东莞市地方税务局税收收入分行业分税种统计年报表

编报机关:东莞市地方税务局 单位:万元

序号	项目	合计	营业税	企业所得税		个人所得税	城市维护建设税	房产税	印花税	城镇土地使用税	土地增值税	车船税	契税	耕地占用税	其他各税
				内资企业	外资企业										
1	税收收入合计	4012411	1267911	288599	442028	517420	364650	155422	87481	128469	318537	61766	330370	49707	51
2	一、第一产业	3320	1274	207	117	949	89	78	60	48	228		-21	291	
3	二、第二产业	1406495	243725	119629	350419	249082	257709	68563	54391	49471	4474	1	8030	950	51
4	(一)采矿业	1331	86	45		284	322	108	79	171			185		51
5	1. 煤炭开采和洗选业														
6	2. 石油和天然气开采业	55						39		16					
7	其中:原油	55						39		16					
8	3. 黑色金属矿采选业	21	12	6		2	1								
9	4. 有色金属矿采选业	3					1	1		1					
10	5. 非金属矿采选业	211	60	7		35	37	3	3	15					51
11	6. 其他采矿业	1041	14	32		247	283	65	76	139			185		
12	(二)制造业	1054973	22740	75883	349784	206950	230747	61948	51177	44642	2720	1	7620	761	
13	1. 农副食品加工业	9801	959	479	236	4052	516	768	2083	703	5				
14	2. 食品制造业	68316	1519	1240	53298	2142	5760	2147	806	1219			157	28	
15	3. 酒、饮料和精制茶制造业	15881	757	43	8615	2001	2742	733	545	371		1	73		
16	①酒的制造	2313	33			500	1197	270	63	249		1			
17	其中:酒精	1669	28			472	942	102	36	89					
18	②饮料制造	13568	724	43	8615	1501	1545	463	482	122			73		
19	③精制茶制造														
20	4. 烟草制品业														
21	其中:卷烟制造														

续表

序号	项　　目	合　计	营业税	企业所得税		个人所得税	城市维护建设税	房产税	印花税	城镇土地使用税	土地增值税	车船税	契税	耕地占用税	其他各税
				内资企业	外资企业										
22	5. 纺织业	19141	279	860	4116	3924	6019	1371	991	1194	58		52	277	
23	6. 纺织服装、服饰业	41955	1005	3349	6736	10051	13384	2691	1976	2066	191		484	22	
24	7. 皮革、毛皮、羽毛及其制品和制鞋业	32253	844	1837	4035	6787	11245	2543	2131	2438	346		47		
25	8. 木材加工及木竹藤棕草制品业	4012	156	508	285	993	1014	464	171	386	12		16	7	
26	9. 家具制造业	24612	1141	1944	2352	3933	6503	3191	1237	3655	435		221		
27	10. 造纸及纸制品业	35254	355	2495	2566	5582	10148	7017	2946	3522	10		612	1	
28	11. 印刷和记录媒介复制业	16020	464	592	3511	3934	4132	1363	842	1060			115	7	
29	12. 文教、工美、体育和娱乐用品制造业	25171	519	1889	6325	5368	6583	1912	860	1626	13		76		
30	13. 石油加工、炼焦及核燃料加工业	1601	12	42	81	1064	209	37	85	71					
31	其中:成品油	589	12	42	81	120	190	28	48	68					
32	14. 化学原料及化学制品制造业	22892	223	1796	9034	4250	3172	1692	722	1482	34		487		
33	15. 医药制造业	7612	69	4260	96	1695	949	222	130	189	2				
34	16. 化学纤维制造业	409	1	4	6	141	124	33	39	61					
35	17. 橡胶和塑料制品业	65428	1478	4681	10551	16438	19418	4334	3372	4177	457		324	198	
36	18. 非金属矿物制品业	13879	602	1168	2055	2743	3817	1642	439	1011	32		370		
37	19. 黑色金属冶炼及压延加工业	1562	79	51	155	781	263	74	63	87			9		
38	20. 有色金属冶炼及压延加工业	3648	95	63	436	1853	548	171	216	217				49	
39	21. 金属制品业	58324	2390	7503	8937	14561	14473	3377	2623	3462	115		805	78	
40	22. 通用设备制造业	21664	1083	2090	4444	5368	4932	1371	949	1202	18		207		
41	23. 专用设备制造业	29450	620	2275	2822	11105	8151	1446	1470	1275			279	7	
42	24. 汽车制造业	8604	41	57	1381	3870	2140	422	434	259					
43	25. 铁路、船舶、航空航天和其他运输设备制造业	7963	136	1	4092	1153	1566	567	213	262	3		-30		

续表

序号	项　目	合　计	营业税	企业所得税		个人所得税	城市维护建设税	房产税	印花税	城镇土地使用税	土地增值税	车船税	契税	耕地占用税	其他各税
				内资企业	外资企业										
44	其中:铁路运输设备制造	119	11	1	61	7	7	22	2	5	3				
45	船舶及相关装置制造	3888	49		1505	791	949	363	127	134			-30		
46	航空、航天及设备制造	2416			1895	254	251		16						
47	摩托车制造	82			1	9	26	27	3	16					
48	26. 电气机械及器材制造业	84149	1956	7496	24974	18435	19529	4604	3894	2819	125		317		
49	27. 计算机、通信和其他电子设备制造业	353251	3769	20633	170621	56641	64224	13499	15945	6217	577		1069	56	
50	28. 仪表仪器制造业	12783	291	377	3041	4451	2579	780	631	331	20		275	7	
51	29. 其他制造业	69338	1897	8150	14983	13634	16607	3477	5364	3280	267		1655	24	
52	(三)电力、热力、燃气及水的生产和供应业	40191	2040	4758		11184	13505	4993	688	2799			50	174	
53	1. 电力、热力的生产和供应业	29822	981	965		10258	11595	4260	560	1112			3	88	
54	①电力生产	12642	733	963		5018	2839	1828	453	808					
55	②电力供应	16849	248	2		5220	8467	2428	94	299			3	88	
56	③热力生产和供应业	331				20	289	4	13	5					
57	2. 燃气生产和供应业	3438	673	1185		473	586	89	106	193			47	86	
58	3. 水的生产和供应业	6931	386	2608		453	1324	644	22	1494					
59	(四)建筑业	310000	218859	38943	635	30664	13135	1514	2447	1859	1754		175	15	
60	1. 房屋建筑业	64938	45180	8660	387	5470	2531	421	646	591	1029		23		
61	2. 土木工程建筑业	17437	13308	1416		1741	784	20	135	33					
62	3. 建筑安装业	162735	115115	20818	168	16352	6841	763	1078	815	722		48	15	
63	4. 建筑装饰和其他建筑业	64890	45256	8049	80	7101	2979	310	588	420	3		104		
64	三、第三产业	2602596	1022912	168763	91492	267389	106852	86781	33030	78950	313835	61765	322361	48466	
65	(一)批发和零售业	173082	33325	24087	3363	40447	36036	9072	10849	9083	3527	-1	3009	285	

续表

序号	项目	合计	营业税	企业所得税		个人所得税	城市维护建设税	房产税	印花税	城镇土地使用税	土地增值税	车船税	契税	耕地占用税	其他各税
				内资企业	外资企业										
66	1. 批发业	58401	9283	7201	1701	15186	12917	2289	4402	2052	1668		1613	89	
67	其中:烟草制品批发														
68	煤炭及制品批发	256		1		17	44		183	11					
69	石油及其制品批发	3321	64	278	1501	255	875	63	186	99					
70	汽车及零配件批发	580	106	75		89	98	72	90	50					
71	2. 零售业	114681	24042	16886	1662	25261	23119	6783	6447	7031	1859	-1	1396	196	
72	(二)交通运输、仓储及邮政业	84887	12607	27204	5215	5816	2647	2375	465	1991		25251	926	390	
73	1. 交通运输业	75166	8788	26524	4121	4388	2238	1155	373	1373		25251	565	390	
74	2. 仓储业	3351	338	656	9	415	181	856	61	478			357		
75	3. 邮政业	6370	3481	24	1085	1013	228	364	31	140			4		
76	(三)住宿和餐饮业	89510	67314	2257	1671	8282	3834	3660	237	1702	507		46		
77	1. 住宿业	25947	18412	791	296	1813	1018	1924	96	1090	507				
78	2. 餐饮业	63563	48902	1466	1375	6469	2816	1736	141	612			46		
79	(四)信息传输、软件和信息技术服务业	72580	53500	813	81	8237	4655	1998	1590	1037			654	15	
80	1. 电信、广播电视和卫星传输服务业	59125	46669	23		5929	3334	1722	855	592			1		
81	其中:电信	57539	45416	13		5734	3247	1698	849	581			1		
82	2. 互联网和相关服务	3458	1576	12	1	684	453	77	515	120			14	6	
83	3. 软件和信息技术服务业	9997	5255	778	80	1624	868	199	220	325			639	9	
84	(五)金融业	377147	252467	5871		89320	17675	5490	3423	1397	183	58	1241	22	
85	1. 货币金融服务	294644	210174			62042	14713	4657	1971	777	77		233		
86	其中:银行	293430	209346			61727	14659	4651	1960	777	77		233		
87	金融租赁	123	88			28	7								

续表

序号	项目	合计	营业税	企业所得税		个人所得税	城市维护建设税	房产税	印花税	城镇土地使用税	土地增值税	车船税	契税	耕地占用税	其他各税
				内资企业	外资企业										
88	2. 资本市场服务	9038	4154			3519	309	408	70	179	104		273	22	
89	3. 保险业	52204	28055			20494	1969	241	721	322			402		
90	4. 其他金融	21261	10084	5871		3265	684	184	661	119	2	58	333		
91	(六)房地产业	1253404	433824	67416	25642	36241	25513	28482	6843	33050	288638		307056	699	
92	(七)租赁和商务服务业	216435	78243	19796	12732	31386	6954	23999	3815	17603	7413	6505	6862	1127	
93	1. 租赁业	1057	533	134		225	92	11	25	37					
94	2. 商务服务业	215378	77710	19662	12732	31161	6862	23988	3790	17566	7413	6505	6862	1127	
95	(八)科学研究和技术服务业	25719	7554	3429	261	7724	2286	1703	991	1477			294		
96	(九)居民服务、修理和其他服务业	206596	64720	8970	37079	19645	5940	6991	4408	2987	13565	25686	1872	14733	
97	其中:居民服务业	18730	8274	615	312	2170	615	591	146	308	1422	4176	101		
98	机动车、电子产品和日用产品修理业	2714	874	125		996	407	98	97	106			11		
99	(十)教育	6246	1054	1716	14	2909	72	104	48	14			303	12	
100	(十一)卫生和社会工作	6037	256	1128	68	3542	15	852	25	149	2				
101	其中:卫生	5983	226	1122	68	3533	14	847	25	146	2				
102	(十二)文化、体育和娱乐业	22374	9396	674	1552	1902	591	766	103	7294			96		
103	其中:新闻和出版业	376	9	89		241	33	2	2						
104	广播、电视、电影和影视录音制作业	1265	848	54	2	167	89	36	61	8					
105	体育	4501	1178	44	591	951	79	127	3	1528					
106	娱乐业	15831	7167	387	959	479	360	598	32	5753			96		
107	(十三)公共管理、社会保障和社会组织	49241	1419	830		9691	93	1018	49	693		4266		31182	
108	(十四)其他行业	19338	7233	4572	3814	2247	541	271	184	473			2	1	

2013 年中山市地方税务局税收收入分行业分税种统计年报表

编报机关：中山市地方税务局　　　　单位：万元

序号	项　目	合　计	营业税	企业所得税		个人所得税	城市维护建设税	房产税	印花税	城镇土地使用税	土地增值税	车船税	契税	耕地占用税	其他各税
				内资企业	外资企业										
1	税收收入合计	1915878	671106	186745	1773	253562	135739	102378	34144	67692	257411	22396	175419	7500	13
2	一、第一产业	3737	485	320		2786	31	78	30	17			-10		
3	二、第二产业	557671	158881	92685	529	112520	93103	44745	19708	21715	5807		4232	3735	11
4	（一）采矿业	999	18	5		49	359	230	28	301					9
5	1. 煤炭开采和洗选业														
6	2. 石油和天然气开采业														
7	其中：原油														
8	3. 黑色金属矿采选业														
9	4. 有色金属矿采选业														
10	5. 非金属矿采选业	33	12	5		3	2	1		1					9
11	6. 其他采矿业	966	6			46	357	229	28	300					
12	（二）制造业	324181	7386	50009	507	99485	79370	41069	16753	19166	4091		3663	2680	2
13	1. 农副食品加工业	3588	62	1432		965	341	465	114	209					
14	2. 食品制造业	5427	178	475		2324	1150	783	220	297					
15	3. 酒、饮料和精制茶制造业	6145	9	335		3112	2029	176	366	118					
16	①酒的制造	425	4	211		7	44	79	9	71					
17	其中：酒精														
18	②饮料制造	5720	5	124		3105	1985	97	357	47					
19	③精制茶制造														
20	4. 烟草制品业														
21	其中：卷烟制造														

续表

序号	项　目	合　计	营业税	企业所得税		个人所得税	城市维护建设税	房产税	印花税	城镇土地使用税	土地增值税	车船税	契税	耕地占用税	其他各税
				内资企业	外资企业										
22	5. 纺织业	10204	183	2243		2244	1785	2130	444	1087	88				
23	6. 纺织服装、服饰业	20871	132	2776	-111	6664	5881	3290	894	1259	8		78		
24	7. 皮革、毛皮、羽毛及其制品和制鞋业	7385	111	735		1353	2178	1828	453	698	4		25		
25	8. 木材加工及木竹藤棕草制品业	1897	30	268		705	440	211	88	155					
26	9. 家具制造业	7787	164	465		2346	1858	1188	258	785	430		116	177	
27	10. 造纸及纸制品业	7025	48	1044		2737	1163	1072	314	456	79		112		
28	11. 印刷和记录媒介复制业	6799	33	1287	144	2827	1349	646	192	321					
29	12. 文教、工美、体育和娱乐用品制造业	5163	63	752		847	1641	971	281	501	32		43	32	
30	13. 石油加工、炼焦及核燃料加工业	1292				1198	52	17	9	16					
31	其中:成品油	100				6	52	17	9	16					
32	14. 化学原料及化学制品制造业	21086	444	2589		4342	9559	1863	705	1035	304		245		
33	15. 医药制造业	4710	61	461		1286	1826	499	420	157					
34	16. 化学纤维制造业	623		4		76	163	260	25	95					
35	17. 橡胶和塑料制品业	22567	195	1976	1	8057	5501	3567	1053	1759	408		50		
36	18. 非金属矿物制品业	6940	370	1439		1452	1636	959	250	604			228		2
37	19. 黑色金属冶炼及压延加工业	2071	101	185		421	466	564	126	207			1		
38	20. 有色金属冶炼及压延加工业	2022	17			612	630	412	137	214					
39	21. 金属制品业	30521	1191	2756	11	11500	7037	3682	1286	2078			437	543	
40	22. 通用设备制造业	9026	126	2074		2539	2237	1093	466	406			85		
41	23. 专用设备制造业	17488	1247	1242		4977	3789	1338	1046	709	1762		586	792	
42	24. 汽车制造业	4323	37	43		1863	1421	383	363	213					
43	25. 铁路、船舶、航空航天和其他运输设备制造业	2266	89	54		814	582	278	162	287					

续表

序号	项　　目	合　计	营业税	企业所得税		个人所得税	城市维护建设税	房产税	印花税	城镇土地使用税	土地增值税	车船税	契税	耕地占用税	其他各税
				内资企业	外资企业										
44	其中:铁路运输设备制造														
45	船舶及相关装置制造	1123	29	46		259	183	246	92	268					
46	航空、航天及设备制造	3				3									
47	摩托车制造	36		7		11	3	8	1	6					
48	26. 电气机械及器材制造业	78304	1139	21004	461	22608	15276	8810	3461	3700	215		1204	426	
49	27. 计算机、通信和其他电子设备制造业	25402	792	3335		7192	5586	3059	2873	1029	761		275	500	
50	28. 仪表仪器制造业	3120	16	460		1469	667	298	105	105					
51	29. 其他制造业	10129	548	575	1	2955	3127	1227	642	666			178	210	
52	(三)电力、热力、燃气及水的生产和供应业	19468	1090	4231		4523	4941	2070	919	1308			198	188	
53	1. 电力、热力的生产和供应业	11515	315	1158		3802	3679	1550	362	645			4		
54	①电力生产	1849	239	1111		252	76	116	3	48			4		
55	②电力供应	8123	72	44		3393	2907	1173	122	412					
56	③热力生产和供应业	1543	4	3		157	696	261	237	185					
57	2. 燃气生产和供应业	2932	417	503		400	834	113	529	136					
58	3. 水的生产和供应业	5021	358	2570		321	428	407	28	527			194	188	
59	(四)建筑业	213023	150387	38440	22	8463	8433	1376	2008	940	1716		371	867	
60	1. 房屋建筑业	71816	48734	16410		1248	2613	342	561	331	1611		-34		
61	2. 土木工程建筑业	12448	9705	1237		575	509	103	125	83			111		
62	3. 建筑安装业	86045	62352	14320	17	3403	3598	681	904	315	32		89	334	
63	4. 建筑装饰和其他建筑业	42714	29596	6473	5	3237	1713	250	418	211	73		205	533	
64	三、第三产业	1354470	511740	93740	1244	138256	42605	57555	14406	45960	251604	22396	171197	3765	2
65	(一)批发和零售业	64397	7479	10059	11	20831	10204	4782	4252	3202	272		2484	819	2

续表

序号	项目	合计	营业税	企业所得税		个人所得税	城市维护建设税	房产税	印花税	城镇土地使用税	土地增值税	车船税	契税	耕地占用税	其他各税
				内资企业	外资企业										
66	1. 批发业	29603	3162	6150		7827	5353	1821	2384	1358	253		1268	26	1
67	其中:烟草制品批发	2556	1			500	1721	45	271	18					
68	煤炭及制品批发	4				1	3								
69	石油及其制品批发	729	9	14		145	125	47	43	97			223	26	
70	汽车及零配件批发	166	38	4		35	29	31	25				4		
71	2. 零售业	34794	4317	3909	11	13004	4851	2961	1868	1844	19		1216	793	1
72	(二)交通运输、仓储及邮政业	19344	7820	3641	1	3364	1119	1842	260	1150	83	-1	8	57	
73	1. 交通运输业	15716	6566	3488	1	2829	995	956	234	739	34	-1	-125		
74	2. 仓储业	1448	195	40		83	54	500	21	316	49		133	57	
75	3. 邮政业	2180	1059	113		452	70	386	5	95					
76	(三)住宿和餐饮业	39613	27860	1229	1	5881	1658	2307	80	519	78				
77	1. 住宿业	13603	9837	438		804	606	1464	29	347	78				
78	2. 餐饮业	26010	18023	791	1	5077	1052	843	51	172					
79	(四)信息传输、软件和信息技术服务业	29442	21319	546		4173	1655	1209	152	317	-1		72		
80	1. 电信、广播电视和卫星传输服务业	20530	16028	16		2166	1124	829	101	195			71		
81	其中:电信	20489	16011	5		2163	1120	825	100	194			71		
82	2. 互联网和相关服务	4792	3757	110		486	278	118	13	30	-1		1		
83	3. 软件和信息技术服务业	4120	1534	420		1521	253	262	38	92					
84	(五)金融业	132447	84511	3705	18	32147	5872	2704	1630	553	533		148	626	
85	1. 货币金融服务	108746	74549	1839		22462	5199	2475	1113	446	520		143		
86	其中:银行	105477	73989			21642	5167	2470	1106	440	520		143		
87	金融租赁	2	2												

续表

序号	项　　目	合　计	营业税	企业所得税		个人所得税	城市维护建设税	房产税	印花税	城镇土地使用税	土地增值税	车船税	契税	耕地占用税	其他各税
				内资企业	外资企业										
88	2. 资本市场服务	2824	1600	3		1112	105	1	3						
89	3. 保险业	14819	5763			7436	482	196	288	28				626	
90	4. 其他金融	6058	2599	1863	18	1137	86	32	226	79	13		5		
91	(六)房地产业	825144	294061	53688	768	23469	16282	14868	5711	24301	223773		166767	1456	
92	(七)租赁和商务服务业	107425	36490	12353		11837	2814	16210	1131	7791	16717		1435	647	
93	1. 租赁业	1781	757	133		243	89	474	14	80			-9		
94	2. 商务服务业	105644	35733	12220		11594	2725	15736	1117	7711	16717		1444	647	
95	(八)科学研究和技术服务业	8036	3654	1027		1287	599	495	94	300	338		82	160	
96	(九)居民服务、修理和其他服务业	87460	20790	3450	436	12950	1774	10854	901	5581	9723	21080	-79		
97	其中:居民服务业	42064	11192	1838	429	7923	637	9502	461	4235	5853		-6		
98	机动车、电子产品和日用产品修理业	2334	437	14		1139	285	242	113	104					
99	(十)教育	4773	741	529		3314	47	110	3	29					
100	(十一)卫生和社会工作	5706	156	192		5031	10	32	8	8			269		
101	其中:卫生	5702	156	192		5027	10	32	8	8			269		
102	(十二)文化、体育和娱乐业	18200	5496	1556	9	8358	448	725	55	1553					
103	其中:新闻和出版业	337	10	5		273	24	10	13	2					
104	广播、电视、电影和影视录音制作业	4200	1029	1015	9	1871	159	79	21	17					
105	体育	2162	815	24		134	55	112	2	1020					
106	娱乐业	10674	3320	287		5902	183	458	18	506					
107	(十三)公共管理、社会保障和社会组织	7399	-297	1305		3088		1305	96	486	88	1317	11		
108	(十四)其他行业	5084	1660	460		2526	123	112	33	170					

2013 年江门市地方税务局税收收入分行业分税种统计年报表

编报机关:江门市地方税务局

单位:万元

序号	项　目	合　计	营业税	企业所得税		个人所得税	城市维护建设税	房产税	印花税	城镇土地使用税	土地增值税	车船税	契税	耕地占用税	其他各税
				内资企业	外资企业										
1	税收收入合计	1389038	440396	165614	586	159607	110986	68400	25580	96681	132872	19464	111532	51767	5553
2	一、第一产业	2994	597	115	5	1157	63	132	157	236	184	66	73	208	1
3	二、第二产业	447524	116100	68357	260	76123	75401	31083	14563	46627	2089	205	4964	7550	4202
4	(一)采矿业	4066	4	1		160	137	18	18	114					3614
5	1. 煤炭开采和洗选业														
6	2. 石油和天然气开采业														
7	其中:原油														
8	3. 黑色金属矿采选业														
9	4. 有色金属矿采选业	15				2	6	1	3	3					
10	5. 非金属矿采选业	3420	2	1		118	113	4	13	105					3064
11	6. 其他采矿业	631	2			40	18	13	2	6					550
12	(二)制造业	237437	7324	26161	228	50272	61900	27270	11364	42268	1313	205	4062	4483	587
13	1. 农副食品加工业	5676	73	467		1710	1253	902	298	968		5			
14	2. 食品制造业	22888	1329	1448		9028	8903	810	292	592	68		356	62	
15	3. 酒、饮料和精制茶制造业	4309	12	86		2741	939	138	81	123	1		188		
16	①酒的制造	3652	2	2		2638	663	51	53	54	1		188		
17	其中:酒精	3617	1	2		2635	649	49	53	48	1		179		
18	②饮料制造	657	10	84		103	276	87	28	69					
19	③精制茶制造														
20	4. 烟草制品业	860		1		328	370	72	22	67					
21	其中:卷烟制造	243				93	137			13					

续表

序号	项　　目	合　计	营业税	企业所得税		个人所得税	城市维护建设税	房产税	印花税	城镇土地使用税	土地增值税	车船税	契税	耕地占用税	其他各税
				内资企业	外资企业										
22	5. 纺织业	9552	414	700	2	1477	2091	1812	429	2460	164		3		
23	6. 纺织服装、服饰业	9028	140	454		1026	3709	1327	539	1802			31		
24	7. 皮革、毛皮、羽毛及其制品和制鞋业	6570	406	722		1242	1493	639	329	1305	199		235		
25	8. 木材加工及木竹藤棕草制品业	2770	50	24	1	427	607	419	90	1051			63		38
26	9. 家具制造业	5319	100	333		1311	1057	775	177	1492	16		58		
27	10. 造纸及纸制品业	8849	447	749		1468	1454	1756	595	1756			30	594	
28	11. 印刷和记录媒介复制业	5352	65	427		1223	1436	1227	231	731			12		
29	12. 文教、工美、体育和娱乐用品制造业	1765	49	217		186	468	239	58	513	13		22		
30	13. 石油加工、炼焦及核燃料加工业	381				94	96	5	148	38					
31	其中:成品油	375				92	94	5	147	37					
32	14. 化学原料及化学制品制造业	13354	169	3062	221	3108	3057	899	825	1772	40		198		3
33	15. 医药制造业	5747	34	2708		1650	749	240	68	279			19		
34	16. 化学纤维制造业	1482	153	3		286	446	306	109	174			5		
35	17. 橡胶和塑料制品业	12366	101	1288		1742	2918	1655	566	3883	19		194		
36	18. 非金属矿物制品业	12769	142	1027		1224	2477	1793	445	3835	1		307	1080	438
37	19. 黑色金属冶炼及压延加工业	1369	35	267		115	356	133	102	359	2				
38	20. 有色金属冶炼及压延加工业	1318	32	396		129	281	122	107	251					
39	21. 金属制品业	38041	1663	4890	2	6696	9179	4792	1891	7194	672		776	181	105
40	22. 通用设备制造业	5388	336	1205		824	880	661	166	753	1		200	362	
41	23. 专用设备制造业	4983	204	239		1200	1222	484	190	883			185	376	
42	24. 汽车制造业	3674	61	201		662	713	552	203	1120		162			
43	25. 铁路、船舶、航空航天和其他运输设备制造业	13562	276	541		3243	4092	895	1168	2240	9	38	216	844	

续表

序号	项　目	合　计	营业税	企业所得税		个人所得税	城市维护建设税	房产税	印花税	城镇土地使用税	土地增值税	车船税	契税	耕地占用税	其他各税
				内资企业	外资企业										
44	其中:铁路运输设备制造	1408				144			6	414				844	
45	船舶及相关装置制造	2665	25	315		684	224	240	156	1012	9				
46	航空、航天及设备制造														
47	摩托车制造	9437	248	221		2409	3852	648	1003	802		38	216		
48	26. 电气机械及器材制造业	21701	497	3023		3614	5406	3076	1405	3909	71		578	122	
49	27. 计算机、通信和其他电子设备制造业	9874	376	854	2	1685	4249	832	470	1253	19		117	17	
50	28. 仪表仪器制造业	751	14	28		135	319	59	32	66			64	34	
51	29. 其他制造业	7739	146	801		1698	1680	650	328	1399	18		205	811	3
52	(三)电力、热力、燃气及水的生产和供应业	25609	919	1845		7386	6379	3049	1650	3113			404	864	
53	1. 电力、热力的生产和供应业	20749	118	326		6767	5916	2794	1594	2372			30	832	
54	①电力生产	11161	60	93		3112	3819	1472	641	1964					
55	②电力供应	8670	51	231		3655	2095	1322	46	408			30	832	
56	③热力生产和供应业	918	7	2			2		907						
57	2. 燃气生产和供应业	1030	147	480		85	87	18	39	107			67		
58	3. 水的生产和供应业	3830	654	1039		534	376	237	17	634			307	32	
59	(四)建筑业	180412	107853	40350	32	18305	6985	746	1531	1132	776		498	2203	1
60	1. 房屋建筑业	59074	35430	16121		4196	2319	121	474	190	235		-12		
61	2. 土木工程建筑业	11745	7723	1398		1435	480	96	79	124			387	22	1
62	3. 建筑安装业	85975	51534	19150	20	9519	3326	448	823	578	471		106		
63	4. 建筑装饰和其他建筑业	23618	13166	3681	12	3155	860	81	155	240	70		17	2181	
64	三、第三产业	938520	323699	97142	321	82327	35522	37185	10860	49818	130599	19193	106495	44009	1350
65	(一)批发和零售业	58991	7405	7775	9	10872	11543	4220	4172	5692	1377		1266	3365	1295

续表

序号	项　目	合　计	营业税	企业所得税		个人所得税	城市维护建设税	房产税	印花税	城镇土地使用税	土地增值税	车船税	契税	耕地占用税	其他各税
				内资企业	外资企业										
66	1. 批发业	19902	1791	2804	9	2833	5297	1059	1780	1434	331		424	1569	571
67	其中:烟草制品批发	2936	13			767	1933	43	108	72					
68	煤炭及制品批发	112	6	17		11	44	1	30	3					
69	石油及其制品批发	734	8			55	303	114	85	161			8		
70	汽车及零配件批发	301	60			62	80	14	84	1					
71	2. 零售业	39089	5614	4971		8039	6246	3161	2392	4258	1046		842	1796	724
72	(二)交通运输、仓储及邮政业	31289	3727	15289		2299	872	1020	335	1539	3	6161	44		
73	1. 交通运输业	29480	3052	15254		1918	800	649	318	1284		6161	44		
74	2. 仓储业	331	15	17		61	23	64	12	139					
75	3. 邮政业	1478	660	18		320	49	307	5	116	3				
76	(三)住宿和餐饮业	31161	21945	588	4	3192	1476	2019	41	1391	129		216	160	
77	1. 住宿业	11207	7196	384		423	486	1422	24	843	72		197	160	
78	2. 餐饮业	19954	14749	204	4	2769	990	597	17	548	57		19		
79	(四)信息传输、软件和信息技术服务业	19998	14396	221		1823	1085	1664	102	604			103		
80	1. 电信、广播电视和卫星传输服务业	18766	13754	101		1602	966	1587	76	577			103		
81	其中:电信	18615	13641	92		1590	958	1581	75	575			103		
82	2. 互联网和相关服务	278	189	32		33	13	8	1	2					
83	3. 软件和信息技术服务业	954	453	88		188	106	69	25	25					
84	(五)金融业	88891	55656	1874		20113	3894	3022	1194	1282	301		1555		
85	1. 货币金融服务	59787	39250	261		12007	2745	2112	877	1119	253		1163		
86	其中:银行	59251	39092	1		11954	2734	2112	823	1119	253		1163		
87	金融租赁	3							3						

续表

序号	项　　目	合　计	营业税	企业所得税		个人所得税	城市维护建设税	房产税	印花税	城镇土地使用税	土地增值税	车船税	契税	耕地占用税	其他各税
				内资企业	外资企业										
88	2. 资本市场服务	2481	1435			776	101	96	6	67					
89	3. 保险业	4686	-719	2		5056	-50	176	193	25			3		
90	4. 其他金融	21937	15690	1611		2274	1098	638	118	71	48		389		
91	(六)房地产业	543590	185309	59610	72	15120	12589	9543	3689	23837	124423	14	101023	8361	
92	(七)租赁和商务服务业	35009	8349	4015	11	9514	870	3011	509	3731	1941	31	1865	1162	
93	1. 租赁业	2769	664	149		81	58	891	14	908	3		1		
94	2. 商务服务业	32240	7685	3866	11	9433	812	2120	495	2823	1938	31	1864	1162	
95	(八)科学研究和技术服务业	15707	2877	2496		1634	716	242	90	566		2432	162	4492	
96	(九)居民服务、修理和其他服务业	58415	16082	3491	216	7149	1874	7513	531	6324	2169	5715	159	7137	55
97	其中:居民服务业	4755	2154	411		1062	171	346	25	375	44	37	83	47	
98	机动车、电子产品和日用产品修理业	1129	391	91		411	119	43	10	64					
99	(十)教育	2798	575	226	34	1636	38	160	6	122			1		
100	(十一)卫生和社会工作	3472	107	102		3150	7	46	1	7			5	47	
101	其中:卫生	3467	106	101		3149	7	44	1	7			5	47	
102	(十二)文化、体育和娱乐业	6457	1897	375		847	184	207	24	2923					
103	其中:新闻和出版业	166	14	25		98	11	14	1	3					
104	广播、电视、电影和影视录音制作业	1291	457	185		484	69	81	3	12					
105	体育	529	134	18		56	9	12		300					
106	娱乐业	4128	1148	61		183	75	74	1	2586					
107	(十三)公共管理、社会保障和社会组织	35448	2384	820	-25	3520	168	3667	146	1232	244	4840	93	18359	
108	(十四)其他行业	7294	2990	260		1458	206	851	20	568	12		3	926	

2013年阳江市地方税务局税收收入分行业分税种统计年报表

编报机关:阳江市地方税务局　　　　单位:万元

序号	项目	合计	营业税	企业所得税		个人所得税	城市维护建设税	房产税	印花税	城镇土地使用税	土地增值税	车船税	契税	耕地占用税	其他各税
				内资企业	外资企业										
1	税收收入合计	483866	176052	66118	25	42462	23685	11129	6458	27309	54232	5939	29203	37929	3325
2	一、第一产业	949	188	18		353	34	173	37	113		34	-1		
3	二、第二产业	146024	55539	30959	1	17891	13211	4553	3924	8108	3920	7	1889	3198	2824
4	(一)采矿业	866	25	13		65	32	25	11	53	2				640
5	1. 煤炭开采和洗选业														
6	2. 石油和天然气开采业	18					1		6	11					
7	其中:原油	18					1		6	11					
8	3. 黑色金属矿采选业	3				1	2								
9	4. 有色金属矿采选业	15	1				1	1	1	3					8
10	5. 非金属矿采选业	797	22	12		62	28	18	4	31					620
11	6. 其他采矿业	33	2	1		2		6		8	2				12
12	(二)制造业	37616	1261	5768		5441	7466	3335	2147	5744	1861	1	1624	2335	633
13	1. 农副食品加工业	4846	495	129		658	533	362	333	539	1703		94		
14	2. 食品制造业	925	44	202		92	154	41	25	222			145		
15	3. 酒、饮料和精制茶制造业	1422	8	310		79	639	145	58	119			64		
16	①酒的制造	381	1	309		1	37	17	7	9					
17	其中:酒精														
18	②饮料制造	1041	7	1		78	602	128	51	110			64		
19	③精制茶制造														
20	4. 烟草制品业	21		5			12	2		2					
21	其中:卷烟制造														

续表

序号	项　目	合　计	营业税	企业所得税		个人所得税	城市维护建设税	房产税	印花税	城镇土地使用税	土地增值税	车船税	契税	耕地占用税	其他各税
				内资企业	外资企业										
22	5. 纺织业	207				12	91	31	5	49			7	12	
23	6. 纺织服装、服饰业	737	113	124		53	199	60	18	95	17			58	
24	7. 皮革、毛皮、羽毛及其制品和制鞋业	539		11		32	94	69	13	113			207		
25	8. 木材加工及木竹藤棕草制品业	1191	64	78		334	365	116	40	154	10		30		
26	9. 家具制造业	283	17	27		26	39	15	4	138	16		1		
27	10. 造纸及纸制品业	624	1	229		185	81	48	12	68					
28	11. 印刷和记录媒介复制业	564		203		109	124	35	13	74			6		
29	12. 文教、工美、体育和娱乐用品制造业	121	5	11		10	19	42	7	27					
30	13. 石油加工、炼焦及核燃料加工业														
31	其中:成品油														
32	14. 化学原料及化学制品制造业	651		99		23	52	42	10	404			21		
33	15. 医药制造业	144		8		1	41	27	6	20			6	35	
34	16. 化学纤维制造业														
35	17. 橡胶和塑料制品业	1381	1	253		168	430	101	56	341			31		
36	18. 非金属矿物制品业	2406	39	71		261	419	179	55	517			194	47	624
37	19. 黑色金属冶炼及压延加工业	4634	9	61		499	937	529	350	542				1707	
38	20. 有色金属冶炼及压延加工业	1121	21	1		227	73	203	127	73			145	251	
39	21. 金属制品业	12021	254	2145		2054	2681	1095	913	1925	111	1	625	209	8
40	22. 通用设备制造业	2543	59	1557		509	230	37	39	86	4		6	16	
41	23. 专用设备制造业	494	69	204		28	82	28	15	68					
42	24. 汽车制造业	52	1			2	7	5	21	16					
43	25. 铁路、船舶、航空航天和其他运输设备制造业	31	1	7		4	8		2	9					

续表

序号	项　目	合　计	营业税	企业所得税		个人所得税	城市维护建设税	房产税	印花税	城镇土地使用税	土地增值税	车船税	契税	耕地占用税	其他各税
				内资企业	外资企业										
44	其中:铁路运输设备制造														
45	船舶及相关装置制造	23	1	7		3	2		1	9					
46	航空、航天及设备制造														
47	摩托车制造														
48	26. 电气机械及器材制造业	219	15	1		18	36	72	6	61			10		
49	27. 计算机、通信和其他电子设备制造业	111	9	8		24	39	12	3	16					
50	28. 仪表仪器制造业	42	2	11			4	17	1	7					
51	29. 其他制造业	286	34	13		33	77	22	15	59			32		1
52	(三)电力、热力、燃气及水的生产和供应业	12646	761	2187		4032	2615	911	1239	742		3	104	42	10
53	1. 电力、热力的生产和供应业	12040	582	1999		3987	2512	890	1228	698		3	89	42	10
54	①电力生产	7579	436	652		2521	1618	620	1177	545					10
55	②电力供应	4461	146	1347		1466	894	270	51	153		3	89	42	
56	③热力生产和供应业														
57	2. 燃气生产和供应业	333	81	156		31	28	6	9	7			15		
58	3. 水的生产和供应业	273	98	32		14	75	15	2	37					
59	(四)建筑业	94896	53492	22991	1	8353	3098	282	527	1569	2057	3	161	821	1541
60	1. 房屋建筑业	23192	12373	7047		1995	759	9	143	160	235		1		470
61	2. 土木工程建筑业	12335	6783	3162		987	394	8	102	35	8			600	256
62	3. 建筑安装业	50715	29425	11542	1	4471	1647	250	228	1118	1313	1	5		714
63	4. 建筑装饰和其他建筑业	8654	4911	1240		900	298	15	54	256	501	2	155	221	101
64	三、第三产业	336893	120325	35141	24	24218	10440	6403	2497	19088	50312	5898	27315	34731	501
65	(一)批发和零售业	18721	2233	6297		3099	2633	943	560	1196	1074	1	281	95	309

续表

序号	项　　目	合　计	营业税	企业所得税		个人所得税	城市维护建设税	房产税	印花税	城镇土地使用税	土地增值税	车船税	契税	耕地占用税	其他各税
				内资企业	外资企业										
66	1. 批发业	8900	637	3226		1080	1685	435	374	501	599	1	106		256
67	其中:烟草制品批发	3820		2496		343	895	12	45	29					
68	煤炭及制品批发	5	2				2		1						
69	石油及其制品批发	348	41	1		28	149	36	43	23	16		11		
70	汽车及零配件批发	82	19			13	4	10	11	25					
71	2. 零售业	9821	1596	3071		2019	948	508	186	695	475		175	95	53
72	(二)交通运输、仓储及邮政业	6797	1048	2669		827	316	272	74	394	29	798	350	20	
73	1. 交通运输业	5306	900	2554		463	276	130	56	70	3	798	36	20	
74	2. 仓储业	878	38	114		54	32	10	17	273	26		314		
75	3. 邮政业	613	110	1		310	8	132	1	51					
76	(三)住宿和餐饮业	14508	9589	879		1959	591	640	9	469	73		125	170	4
77	1. 住宿业	2972	1542	145		268	84	405	4	231	7		116	170	
78	2. 餐饮业	11536	8047	734		1691	507	235	5	238	66		9		4
79	(四)信息传输、软件和信息技术服务业	7952	5684	72		718	392	713	32	272	67		2		
80	1. 电信、广播电视和卫星传输服务业	7601	5455	4		690	371	710	31	271	67		2		
81	其中:电信	7586	5441	4		690	370	710	31	271	67		2		
82	2. 互联网和相关服务	53	44	3		3	2	1							
83	3. 软件和信息技术服务业	298	185	65		25	19	2	1	1					
84	(五)金融业	33293	19109	273		7419	1271	454	208	430	41	4086	2		
85	1. 货币金融服务	23683	16335	23		5254	1091	390	135	413	41		1		
86	其中:银行	23646	16324			5253	1090	390	135	413	41				
87	金融租赁														

续表

序号	项　　目	合　计	营业税	企业所得税		个人所得税	城市维护建设税	房产税	印花税	城镇土地使用税	土地增值税	车船税	契税	耕地占用税	其他各税
				内资企业	外资企业										
88	2. 资本市场服务	404	232			156	15		1						
89	3. 保险业	8531	2280			1881	149	62	69	11		4079			
90	4. 其他金融	675	262	250		128	16	2	3	6		7	1		
91	(六)房地产业	178084	60414	19744	24	3100	3703	1481	976	14339	45009	2	24788	4470	34
92	(七)租赁和商务服务业	17606	5806	2441		800	450	318	157	713	2335	19	1505	3058	4
93	1. 租赁业	98	28	16		25	14	8	1	1	1	4			
94	2. 商务服务业	17508	5778	2425		775	436	310	156	712	2334	15	1505	3058	4
95	(八)科学研究和技术服务业	9292	5331	687		1190	328	33	325	11			42	1249	96
96	(九)居民服务、修理和其他服务业	18580	8909	1224		2588	469	1182	114	686	1097	882	134	1261	34
97	其中:居民服务业	1346	527	67		263	33	182	4	82	1	183	2		2
98	机动车、电子产品和日用产品修理业	193	44	12		106	17	5	1	8					
99	(十)教育	831	360	82		223	21	93	2	10	40				
100	(十一)卫生和社会工作	757	30	73		598	4	3	3	29			17		
101	其中:卫生	757	30	73		598	4	3	3	29			17		
102	(十二)文化、体育和娱乐业	1884	564	157		958	50	58	1	96					
103	其中:新闻和出版业	30		1		26	3								
104	广播、电视、电影和影视录音制作业	310	190	53		43	21	2		1					
105	体育	23	10	6		1	1	5							
106	娱乐业	1499	357	88		885	24	50		95					
107	(十三)公共管理、社会保障和社会组织	26828	818	368		526	127	200	11	35	148	110	67	24408	10
108	(十四)其他行业	1760	430	175		213	85	13	25	408	399		2		10

2013年湛江市地方税务局税收收入分行业分税种统计年报表

编报机关:湛江市地方税务局　　　　单位:万元

序号	项　目	合　计	营业税	企业所得税		个人所得税	城市维护建设税	房产税	印花税	城镇土地使用税	土地增值税	车船税	契税	耕地占用税	其他各税
				内资企业	外资企业										
1	税收收入合计	768880	281785	60811	9944	89033	83074	23330	12804	25700	63052	9258	81936	27245	908
2	一、第一产业	5950	1291	216		1008	279	952	585	1014	432	88	69	11	5
3	二、第二产业	226575	82193	26497	6	32473	58702	5658	5145	9780	2666	20	2029	605	801
4	(一)采矿业	562	40	17		83	75	8	9	58			3	35	234
5	1. 煤炭开采和洗选业	1				1									
6	2. 石油和天然气开采业	11					5								6
7	其中:原油	11					5								6
8	3. 黑色金属矿采选业	7				1				6					
9	4. 有色金属矿采选业	11				1	3	1		4				1	1
10	5. 非金属矿采选业	440	40	11		75	48	7	5	35			3	33	183
11	6. 其他采矿业	92		6		5	19		4	13				1	44
12	(二)制造业	86022	1902	7323		8446	51186	4209	2792	7715	242		1630	155	422
13	1. 农副食品加工业	9827	371	1618		2041	1682	1481	450	1659	126		369	30	
14	2. 食品制造业	727	76	45		38	144	151	20	229			24		
15	3. 酒、饮料和精制茶制造业	1328	19	41		155	514	264	67	283			-15		
16	①酒的制造	898	1	40		50	438	162	26	196			-15		
17	其中:酒精	335	1	35		43	128	30	18	95			-15		
18	②饮料制造	428	18	1		105	75	102	41	86					
19	③精制茶制造	2					1			1					
20	4. 烟草制品业	7360	1	1		978	6114	227	2	37					
21	其中:卷烟制造														

续表

序号	项目	合计	营业税	企业所得税		个人所得税	城市维护建设税	房产税	印花税	城镇土地使用税	土地增值税	车船税	契税	耕地占用税	其他各税
				内资企业	外资企业										
22	5. 纺织业	176	9	4		21	71	27	9	28	2			5	
23	6. 纺织服装、服饰业	685	7	5		195	196	141	55	86					
24	7. 皮革、毛皮、羽毛及其制品和制鞋业	1237	8	131		579	331	63	27	90	8				
25	8. 木材加工及木竹藤棕草制品业	1879	51	3		60	529	199	41	709			218	69	
26	9. 家具制造业	1106	4	8		31	701	95	82	150			35		
27	10. 造纸及纸制品业	4611	30	3013		571	368	171	63	370			24	1	
28	11. 印刷和记录媒介复制业	553	35	61		56	127	61	10	170			33		
29	12. 文教、工美、体育和娱乐用品制造业	88	2	3		6	53	9	6	9					
30	13. 石油加工、炼焦及核燃料加工业	40581	188	44		592	37181	184	1022	1051			318		1
31	其中:成品油	40160	187	3		590	37131	153	1009	987			100		
32	14. 化学原料及化学制品制造业	1027	1	43		712	68	53	30	120					
33	15. 医药制造业	2008	8	106		851	474	167	64	319			19		
34	16. 化学纤维制造业	26	14				7	3	1	1					
35	17. 橡胶和塑料制品业	1264	61	112		124	353	206	42	278	18		63		7
36	18. 非金属矿物制品业	3274	40	27		566	767	213	85	891			265	37	383
37	19. 黑色金属冶炼及压延加工业	655	10	41		103	6	2	493						
38	20. 有色金属冶炼及压延加工业	46	4	3		6	13	4		10				2	4
39	21. 金属制品业	928	59	130		41	210	62	36	307			82	1	
40	22. 通用设备制造业	305	60	5		34	50	62	18	76					
41	23. 专用设备制造业	654	84	66		200	83	71	66	80				4	
42	24. 汽车制造业	645	1	24		134	313	53	17	103					
43	25. 铁路、船舶、航空航天和其他运输设备制造业	215	59	19		24	45	5	4	59					

续表

序号	项目	合计	营业税	企业所得税		个人所得税	城市维护建设税	房产税	印花税	城镇土地使用税	土地增值税	车船税	契税	耕地占用税	其他各税
				内资企业	外资企业										
44	其中:铁路运输设备制造														
45	船舶及相关装置制造	205	59	19		23	38	5	2	59					
46	航空、航天及设备制造														
47	摩托车制造	9					7		2						
48	26. 电气机械及器材制造业	2400	551	123		181	603	182	62	417	88		188	5	
49	27. 计算机、通信和其他电子设备制造业	284	105	8		33	60	31	9	31			7		
50	28. 仪表仪器制造业	17	6	3		1	4	3							
51	29. 其他制造业	2116	38	1636		113	119	19	11	152				1	27
52	(三)电力、热力、燃气及水的生产和供应业	9536	744	1402		2351	2182	1063	296	1320	16		142	19	1
53	1. 电力、热力的生产和供应业	7540	436	994		2300	1963	857	277	565	16		112	19	1
54	①电力生产	748	180	27		219	25	100	50	94			33	19	1
55	②电力供应	6336	34	967		2031	1903	735	222	433			11		
56	③热力生产和供应业	456	222			50	35	22	5	38	16		68		
57	2. 燃气生产和供应业	216	5	8		5	88	28	11	53			18		
58	3. 水的生产和供应业	1780	303	400		46	131	178	8	702			12		
59	(四)建筑业	130455	79507	17755	6	21593	5259	378	2048	687	2408	20	254	396	144
60	1. 房屋建筑业	23337	12014	6288	2	3309	787	31	428	94	358	2	11		13
61	2. 土木工程建筑业	12253	8826	1014		1241	596	21	140	38	59			309	9
62	3. 建筑安装业	69808	42874	8821	3	13024	2799	147	1213	468	146	10	201		102
63	4. 建筑装饰和其他建筑业	25057	15793	1632	1	4019	1077	179	267	87	1845	8	42	87	20
64	三、第三产业	536355	198301	34098	9938	55552	24093	16720	7074	14906	59954	9150	79838	26629	102
65	(一)批发和零售业	54049	11981	5052	4890	9368	9517	3334	2702	3757	1731	65	1539	52	61

续表

序号	项　　目	合　计	营业税	企业所得税		个人所得税	城市维护建设税	房产税	印花税	城镇土地使用税	土地增值税	车船税	契税	耕地占用税	其他各税
				内资企业	外资企业										
66	1. 批发业	23100	3300	2973	4890	2634	4255	1095	939	1695	951	12	302	36	18
67	其中:烟草制品批发	1356	5			388	945	11		7					
68	煤炭及制品批发	5		4		1									
69	石油及其制品批发	1341	141	5		103	319	112	126	486			49		
70	汽车及零配件批发	32	5	5		7	5	3	3	4					
71	2. 零售业	30949	8681	2079		6734	5262	2239	1763	2062	780	53	1237	16	43
72	(二)交通运输、仓储及邮政业	19263	3475	1443	5044	3405	870	1569	186	1844	77	1288	60		2
73	1. 交通运输业	16857	3044	1421	5044	2251	809	1222	174	1546	8	1288	48		2
74	2. 仓储业	1013	146	20		454	40	88	11	185	69				
75	3. 邮政业	1393	285	2		700	21	259	1	113			12		
76	(三)住宿和餐饮业	19850	13591	1364		2357	916	696	18	629	52		227		
77	1. 住宿业	4609	3145	411		282	211	267	7	175	48		63		
78	2. 餐饮业	15241	10446	953		2075	705	429	11	454	4		164		
79	(四)信息传输、软件和信息技术服务业	11045	8788	99		668	621	657	31	178			3		
80	1. 电信、广播电视和卫星传输服务业	8911	7235	7		450	477	564	18	155			5		
81	其中:电信	8634	7012	7		423	454	562	17	154			5		
82	2. 互联网和相关服务	1507	1143	26		138	83	89	5	23					
83	3. 软件和信息技术服务业	627	410	66		80	61	4	8				-2		
84	(五)金融业	75279	50326	509		10791	3451	1470	803	362	90	5952	1525		
85	1. 货币金融服务	61630	47084			7419	3227	1326	665	335	90		1484		
86	其中:银行	61553	47045			7416	3225	1305	665	327	90		1480		
87	金融租赁														

续表

序号	项目	合计	营业税	企业所得税		个人所得税	城市维护建设税	房产税	印花税	城镇土地使用税	土地增值税	车船税	契税	耕地占用税	其他各税
				内资企业	外资企业										
88	2. 资本市场服务	1072	733			286	51		2						
89	3. 保险业	10970	1896			2768	132	84	104	25		5923	38		
90	4. 其他金融	1607	613	509		318	41	60	32	2		29	3		
91	(六)房地产业	256528	79217	19028	1	6056	5405	4935	2154	5750	50522	30	82114	1316	
92	(七)租赁和商务服务业	20120	6662	1926		2789	764	1502	246	651	601	24	-5608	10546	17
93	1. 租赁业	513	189	149		25	19	99	9	21			2		
94	2. 商务服务业	19607	6473	1777		2764	745	1403	237	630	601	24	-5610	10546	17
95	(八)科学研究和技术服务业	8286	2547	854		2708	863	535	73	249		1	235	221	
96	(九)居民服务、修理和其他服务业	36643	16604	2619	3	4738	1301	1176	801	1207	5485	1730	-835	1793	21
97	其中:居民服务业	9973	3404	238	1	1227	249	348	268	102	1540	859	1049	688	
98	机动车、电子产品和日用产品修理业	255	81	9		101	28	6	2	28					
99	(十)教育	3933	399	92		3139	34	244	8	14	2		1		
100	(十一)卫生和社会工作	3659	96	185		3191	6	60	16	4	75		26		
101	其中:卫生	3651	94	185		3190	6	55	16	4	75		26		
102	(十二)文化、体育和娱乐业	6213	1489	482		3762	133	230	8	62	46		1		
103	其中:新闻和出版业	518	62	222		163	13	26	4	28					
104	广播、电视、电影和影视录音制作业	401	192	8		121	33	40	2	5					
105	体育	278	122	1		29	9	104	1	11			1		
106	娱乐业	4965	1093	235		3446	77	50	1	17	46				
107	(十三)公共管理、社会保障和社会组织	19173	1619	196		2435	104	272	21	78	1180	60	509	12698	1
108	(十四)其他行业	2314	1507	249		145	108	40	7	121	93		41	3	

2013年茂名市地方税务局税收收入分行业分税种统计年报表

编报机关:茂名市地方税务局　　单位:万元

序号	项　目	合　计	营业税	企业所得税		个人所得税	城市维护建设税	房产税	印花税	城镇土地使用税	土地增值税	车船税	契税	耕地占用税	其他各税
				内资企业	外资企业										
1	税收收入合计	707714	184873	99188	8	49605	116322	34746	7896	46930	59198	9278	57684	34670	7316
2	一、第一产业	5702	233	91		223	172	327	23	120	6	52	4345	93	17
3	二、第二产业	264643	49353	56155		11774	95207	10754	4036	20884	6660	487	4627	1847	2859
4	(一)采矿业	1665	8	27		166	164	201	82	263				4	750
5	1. 煤炭开采和洗选业														
6	2. 石油和天然气开采业	4					2			2					
7	其中:原油	4					2			2					
8	3. 黑色金属矿采选业	73				3		9		61					
9	4. 有色金属矿采选业	112				28	3	2	24	36					19
10	5. 非金属矿采选业	1406	8	26		123	141	185	56	158				4	705
11	6. 其他采矿业	70		1		12	18	5	2	6					26
12	(二)制造业	122500	2014	2403		6593	89207	4444	1398	15126	36	6	690	60	523
13	1. 农副食品加工业	2391	79	55		1718	166	167	38	120	16		32		
14	2. 食品制造业	518	21	12		168	120	108	1	88					
15	3. 酒、饮料和精制茶制造业	35		2		5	5	6	1	16					
16	①酒的制造	19				3	1	3	1	11					
17	其中:酒精														
18	②饮料制造	16		2		2	4	3		5					
19	③精制茶制造														
20	4. 烟草制品业	22				1	9	5		7					
21	其中:卷烟制造														

续表

序号	项目	合计	营业税	企业所得税		个人所得税	城市维护建设税	房产税	印花税	城镇土地使用税	土地增值税	车船税	契税	耕地占用税	其他各税
				内资企业	外资企业										
22	5. 纺织业	124	2	1		8	51	16	2	42			1		1
23	6. 纺织服装、服饰业	131	1			49	55	9	4	13					
24	7. 皮革、毛皮、羽毛及其制品和制鞋业	323	2	2		45	161	31	24	58					
25	8. 木材加工及木竹藤棕草制品业	483	4	1		52	255	78	9	70		6			8
26	9. 家具制造业	57	2			26	8	9		11				1	
27	10. 造纸及纸制品业	291		7		7	222	12	8	25					10
28	11. 印刷和记录媒介复制业	202	11	18		57	88	12	2	14					
29	12. 文教、工美、体育和娱乐用品制造业	395		49		115	148	8	16	19					40
30	13. 石油加工、炼焦及核燃料加工业	109048	1733	23		3109	85572	3568	1140	13901			2		
31	其中:成品油	89500	232	22		2272	84996	822	1047	109					
32	14. 化学原料及化学制品制造业	403	7	68		19	119	40	15	81			49	5	
33	15. 医药制造业	771	5	351		21	264	64	5	41			20		
34	16. 化学纤维制造业	2					2								
35	17. 橡胶和塑料制品业	607	13	9		73	224	82	3	187	13			3	
36	18. 非金属矿物制品业	2874	27	1100		467	453	67	29	214			17	45	455
37	19. 黑色金属冶炼及压延加工业	7				4	2			1					
38	20. 有色金属冶炼及压延加工业	375		75		11	28	3	5	8			245		
39	21. 金属制品业	184	23	9		36	34	18	5	36	7		11	5	
40	22. 通用设备制造业	78	9	5		18	24	8	2	12					
41	23. 专用设备制造业	2391	17	593		474	1011	96	80	82			37		1
42	24. 汽车制造业														
43	25. 铁路、船舶、航空航天和其他运输设备制造业	6		1			3	1		1					

续表

序号	项　目	合　计	营业税	企业所得税		个人所得税	城市维护建设税	房产税	印花税	城镇土地使用税	土地增值税	车船税	契税	耕地占用税	其他各税
				内资企业	外资企业										
44	其中:铁路运输设备制造														
45	船舶及相关装置制造	5		1			3			1					
46	航空、航天及设备制造														
47	摩托车制造														
48	26. 电气机械及器材制造业	146	27	2		12	63	7	1	34					
49	27. 计算机、通信和其他电子设备制造业	144	19	11		21	62	10	7	14					
50	28. 仪表仪器制造业	284				2	4			2			276		
51	29. 其他制造业	208	12	9		75	54	19	1	29				1	8
52	(三)电力、热力、燃气及水的生产和供应业	6301	456	737		2113	984	748	297	819			121	24	2
53	1. 电力、热力的生产和供应业	5495	222	683		2053	860	616	292	622			121	24	2
54	①电力生产	3770	141	603		1258	558	394	121	548			121	24	2
55	②电力供应	1381	30	75		663	298	219	22	74					
56	③热力生产和供应业	344	51	5		132	4	3	149						
57	2. 燃气生产和供应业	254	123			7	19	17	3	85					
58	3. 水的生产和供应业	552	111	54		53	105	115	2	112					
59	(四)建筑业	134177	46875	52988		2902	4852	5361	2259	4676	6624	481	3816	1759	1584
60	1. 房屋建筑业	58712	18506	24957		1281	1947	2351	1083	1794	3294	61	1745	1473	220
61	2. 土木工程建筑业	9029	2748	5342		130	185	21	74	34			446	7	42
62	3. 建筑安装业	47342	18892	17153		1108	1753	2242	805	1908	1800	420	98	242	921
63	4. 建筑装饰和其他建筑业	19094	6729	5536		383	967	747	297	940	1530		1527	37	401
64	三、第三产业	437369	135287	42942	8	37608	20943	23665	3837	25926	52532	8739	48712	32730	4440
65	(一)批发和零售业	35942	2283	10981		5788	6997	1854	1184	2665	1393	10	2313	98	376

续表

序号	项目	合计	营业税	企业所得税		个人所得税	城市维护建设税	房产税	印花税	城镇土地使用税	土地增值税	车船税	契税	耕地占用税	其他各税
				内资企业	外资企业										
66	1. 批发业	16482	479	5994		2145	3901	605	584	1309	1145	2	303	9	6
67	其中:烟草制品批发	5350	2	3409		534	1310		67	20			8		
68	煤炭及制品批发														
69	石油及其制品批发	2821	36	535		31	907	18	50	107	1120		8	9	
70	汽车及零配件批发	58	16	6		14	13	8		1					
71	2. 零售业	19460	1804	4987		3643	3096	1249	600	1356	248	8	2010	89	370
72	(二)交通运输、仓储及邮政业	5254	1163	824		1167	682	611	74	687		10	36		
73	1. 交通运输业	2949	427	587		531	599	213	69	513		10			
74	2. 仓储业	413	8	218		10	30	13	3	95			36		
75	3. 邮政业	1892	728	19		626	53	385	2	79					
76	(三)住宿和餐饮业	9591	6531	269	1	1688	436	476	3	161	1		25		
77	1. 住宿业	1516	970	81		188	64	135	1	52			25		
78	2. 餐饮业	8075	5561	188	1	1500	372	341	2	109	1				
79	(四)信息传输、软件和信息技术服务业	11723	9289	79		709	631	754	71	190					
80	1. 电信、广播电视和卫星传输服务业	11009	8768			680	582	731	63	185					
81	其中:电信	10862	8649			662	574	731	61	185					
82	2. 互联网和相关服务	66	37	9		9	7	3		1					
83	3. 软件和信息技术服务业	648	484	70		20	42	20	8	4					
84	(五)金融业	39948	22960	322		7749	1539	1101	351	270	51	2905	562	2138	
85	1. 货币金融服务	26419	18661	78		4928	1245	993	239	246			29		
86	其中:银行	26282	18612			4927	1242	993	233	246			29		
87	金融租赁	52	7	42			2		1						

续表

序号	项目	合计	营业税	企业所得税		个人所得税	城市维护建设税	房产税	印花税	城镇土地使用税	土地增值税	车船税	契税	耕地占用税	其他各税
				内资企业	外资企业										
88	2. 资本市场服务	1097	683			308	48	38	6	5		3	6		
89	3. 保险业	9367	3059	4		2495	212	58	97	17		2901	524		
90	4. 其他金融	3065	557	240		18	34	12	9	2	51	1	3	2138	
91	(六)房地产业	162355	49273	16246		1704	3450	2404	956	6827	41208		40162	125	
92	(七)租赁和商务服务业	11056	5633	1559		822	430	260	89	336	48	3	1818		58
93	1. 租赁业	67	16	7		23	4	11	1	2			3		
94	2. 商务服务业	10989	5617	1552		799	426	249	88	334	48	3	1815		58
95	(八)科学研究和技术服务业	719	471	110		50	38	19	19	12					
96	(九)居民服务、修理和其他服务业	128226	32838	11247	7	13663	6196	15536	959	14563	9782	5779	3749	10734	3173
97	其中:居民服务业	79569	22926	5631	7	5820	2896	13342	411	6121	7487	4879	127	7125	2797
98	机动车、电子产品和日用产品修理业	265	53	19		122	17	37		15	2				
99	(十)教育	1419	153	110		1022	11	83		37			2	1	
100	(十一)卫生和社会工作	1493	25	35		1333	2	42	11	37		7	1		
101	其中:卫生	1485	25	35		1332	2	42	11	37			1		
102	(十二)文化、体育和娱乐业	2670	2190	53		302	52	65	1	7					
103	其中:新闻和出版业	2					1	1							
104	广播、电视、电影和影视录音制作业	381	210	40		49	36	41	1	4					
105	体育	218	9			208	1								
106	娱乐业	276	197	12		43	13	10		1					
107	(十三)公共管理、社会保障和社会组织	25921	2114	445		1610	449	459	118	134	55	25	46	19633	833
108	(十四)其他行业	1052	364	662		1	30	1	1		-6		-2	1	

2013年肇庆市地方税务局税收收入分行业分税种统计年报表

编报机关:肇庆市地方税务局　　　　单位:万元

序号	项　目	合　计	营业税	企业所得税		个人所得税	城市维护建设税	房产税	印花税	城镇土地使用税	土地增值税	车船税	契税	耕地占用税	其他各税
				内资企业	外资企业										
1	税收收入合计	1000503	301395	83591	228	76889	47051	29984	9508	59211	141629	12054	98505	128156	12302
2	一、第一产业	2534	469	157		403	179	121	48	192	522		443		
3	二、第二产业	266737	91997	35057	5	30822	27416	13975	4342	18371	15949	50	6244	10518	11991
4	(一)采矿业	18101	631	403		1384	798	152	70	631	79		258	6237	7458
5	1. 煤炭开采和洗选业														
6	2. 石油和天然气开采业	13	1					2		10					
7	其中:原油	13	1					2		10					
8	3. 黑色金属矿采选业	3074				588	405	21	33	27				237	1763
9	4. 有色金属矿采选业	879	48	232		436	7	16	3	20					117
10	5. 非金属矿采选业	13392	574	171		346	292	52	30	488	79		258	5878	5224
11	6. 其他采矿业	743	8			14	94	61	4	86				122	354
12	(二)制造业	91605	4968	7547	1	10912	18323	11690	3330	13967	8524	47	3726	4040	4530
13	1. 农副食品加工业	1149	102	82		316	154	158	63	133	133		8		
14	2. 食品制造业	1397	6	104		146	278	308	50	353	43		109		
15	3. 酒、饮料和精制茶制造业	1431	60	33		46	508	97	16	105	552		14		
16	①酒的制造	775		33		44	495	89	15	85			14		
17	其中:酒精	21					8	3	1	9					
18	②饮料制造	652	60			1	11	7	1	20	552				
19	③精制茶制造	4				1	2	1							
20	4. 烟草制品业	1					1								
21	其中:卷烟制造														

续表

序号	项 目	合 计	营业税	企业所得税		个人所得税	城市维护建设税	房产税	印花税	城镇土地使用税	土地增值税	车船税	契税	耕地占用税	其他各税
				内资企业	外资企业										
22	5. 纺织业	2628	253	39		129	536	398	78	498	584		1	112	
23	6. 纺织服装、服饰业	2666	390	32		104	336	299	60	231	992	2	220		
24	7. 皮革、毛皮、羽毛及其制品和制鞋业	4499	568	68		173	813	343	112	384	2022	2	11	3	
25	8. 木材加工及木竹藤棕草制品业	1136	148	17		186	304	117	38	244	4		37	41	
26	9. 家具制造业	1637	74	4		226	156	282	49	319	152	1	374		
27	10. 造纸及纸制品业	1521	48	38		83	341	214	66	432	1	2	17	279	
28	11. 印刷和记录媒介复制业	498	10	207		87	99	46	12	37					
29	12. 文教、工美、体育和娱乐用品制造业	1482	8	47		63	277	318	30	367			372		
30	13. 石油加工、炼焦及核燃料加工业	107		1		34	28	11	9	24					
31	其中:成品油	7		1		1	1	3		1					
32	14. 化学原料及化学制品制造业	5822	515	273		1059	1182	776	261	721	757	4	274		
33	15. 医药制造业	1498	67	-360		375	373	546	59	262		1	175		
34	16. 化学纤维制造业	99				2	11	16	2	68					
35	17. 橡胶和塑料制品业	2859	45	149		348	883	475	151	637	44	4	123		
36	18. 非金属矿物制品业	22118	785	141		1072	4014	2178	524	3454	1477	8	568	3373	4524
37	19. 黑色金属冶炼及压延加工业	596	7	2		153	228	131	30	45					
38	20. 有色金属冶炼及压延加工业	8820	75	2348		1689	1623	1027	628	1170	132	6	122		
39	21. 金属制品业	7972	331	373	1	1466	1976	1149	408	1646	28	8	537	45	4
40	22. 通用设备制造业	5706	271	1323		536	711	378	80	982	1295	1	129		
41	23. 专用设备制造业	1357	60	63		335	388	179	51	200	11	2	68		
42	24. 汽车制造业	1442	57	474		286	281	104	63	136			41		
43	25. 铁路、船舶、航空航天和其他运输设备制造业	269	12	10		55	46	75	27	43		1			

续表

序号	项目	合计	营业税	企业所得税		个人所得税	城市维护建设税	房产税	印花税	城镇土地使用税	土地增值税	车船税	契税	耕地占用税	其他各税
				内资企业	外资企业										
44	其中:铁路运输设备制造	39				33			6						
45	船舶及相关装置制造	157	12	10		21	45	25	20	23		1			
46	航空、航天及设备制造														
47	摩托车制造	71				1	1	50		19					
48	26. 电气机械及器材制造业	2913	246	442		387	709	325	101	326		3	306	68	
49	27. 计算机、通信和其他电子设备制造业	5344	401	889		894	1198	1235	119	375	131	1	101		
50	28. 仪表仪器制造业	873	15	477		196	105	41	18	19	2				
51	29. 其他制造业	3765	414	271		466	764	464	225	756	164	1	119	119	2
52	(三)电力、热力、燃气及水的生产和供应业	17958	551	5157		6010	2793	1622	190	1094	18	1	281	241	
53	1. 电力、热力的生产和供应业	15520	219	4226		5861	2607	1440	120	725	18	1	62	241	
54	①电力生产	5335	139	2478		968	897	278	64	236	18	1	56	200	
55	②电力供应	10168	80	1748		4884	1709	1162	55	489				41	
56	③热力生产和供应业	17				9	1		1				6		
57	2. 燃气生产和供应业	525	142	89		33	49	8	29	47			128		
58	3. 水的生产和供应业	1913	190	842		116	137	174	41	322			91		
59	(四)建筑业	139073	85847	21950	4	12516	5502	511	752	2679	7328	2	1979		3
60	1. 房屋建筑业	28856	17538	6811		2876	1121	40	126	121	56		167		
61	2. 土木工程建筑业	18671	15772	930		878	977	42	42	30					
62	3. 建筑安装业	58302	36074	12143	2	5576	2202	121	373	266	421	1	1123		
63	4. 建筑装饰和其他建筑业	33244	16463	2066	2	3186	1202	308	211	2262	6851	1	689		3
64	三、第三产业	731232	208929	48377	223	45664	19456	15888	5118	40648	125158	12004	91818	117638	311
65	(一)批发和零售业	31166	1915	8503		5481	5108	2699	1098	2388	1854	2	1416	395	307

续表

序号	项　　目	合　计	营业税	企业所得税		个人所得税	城市维护建设税	房产税	印花税	城镇土地使用税	土地增值税	车船税	契税	耕地占用税	其他各税
				内资企业	外资企业										
66	1. 批发业	13117	450	6247		1279	1583	907	455	742	320		691	335	108
67	其中:烟草制品批发	4884		4269		269	346								
68	煤炭及制品批发	15				1	13			1					
69	石油及其制品批发	157	14	1		27	52	27	13	23					
70	汽车及零配件批发	38	5			8	5	1	7	12					
71	2. 零售业	18049	1465	2256		4202	3525	1792	643	1646	1534	2	725	60	199
72	(二)交通运输、仓储及邮政业	22096	4504	2737		1946	618	686	44	359	157	9517	336	1190	2
73	1. 交通运输业	20676	4190	2717		1621	589	332	40	243	117	9517	118	1190	2
74	2. 仓储业	480	74	16		48	12	44	2	46	38		200		
75	3. 邮政业	940	240	4		277	17	310	2	70	2		18		
76	(三)住宿和餐饮业	18790	12832	540		2721	845	1089	25	670	12	1	55		
77	1. 住宿业	5242	3101	280		290	210	779	14	501	12		55		
78	2. 餐饮业	13548	9731	260		2431	635	310	11	169		1			
79	(四)信息传输、软件和信息技术服务业	14163	9055	108		1076	650	872	84	239			2079		
80	1. 电信、广播电视和卫星传输服务业	9267	7328	21		642	501	593	30	142			10		
81	其中:电信	9164	7262	2		632	496	592	30	142			8		
82	2. 互联网和相关服务	265	136	4		53	8	51		13					
83	3. 软件和信息技术服务业	4631	1591	83		381	141	228	54	84			2069		
84	(五)金融业	52685	36698	1515		9016	2450	1279	531	501	355		340		
85	1. 货币金融服务	42698	31883	209		6004	2160	1093	291	461	259		338		
86	其中:银行	42351	31808			5994	2155	1088	288	451	259		308		
87	金融租赁	206	43	161			2								

续表

序号	项目	合计	营业税	企业所得税		个人所得税	城市维护建设税	房产税	印花税	城镇土地使用税	土地增值税	车船税	契税	耕地占用税	其他各税
				内资企业	外资企业										
88	2. 资本市场服务	990	623			310	43	9	3	2					
89	3. 保险业	5091	2614	2		2074	173	115	97	16					
90	4. 其他金融	3906	1578	1304		628	74	62	140	22	96		2		
91	(六)房地产业	347741	97877	25538	44	10217	6994	4519	2266	21218	90332	6	80822	7908	
92	(七)租赁和商务服务业	48477	7767	2045		1649	588	901	170	4769	5059	4	1750	23774	1
93	1. 租赁业	463	235	51		32	17		2	125		1			
94	2. 商务服务业	48014	7532	1994		1617	571	901	168	4644	5059	3	1750	23774	1
95	(八)科学研究和技术服务业	3816	1056	759	22	620	202	80	40	196	180	1	660		
96	(九)居民服务、修理和其他服务业	92840	31093	5123	157	7110	1281	1832	448	4020	20762	2435	1647	16931	1
97	其中:居民服务业	7361	3168	180	5	1407	168	356	52	197	176	331	269	1052	
98	机动车、电子产品和日用产品修理业	885	231	7		346	115	76	12	60	38				
99	(十)教育	2496	121	172		1576	21	137	11	43	128	1	286		
100	(十一)卫生和社会工作	1829	46	38		1598	9	98	18	10	11	1			
101	其中:卫生	1783	39	32		1588	8	79	18	7	11	1			
102	(十二)文化、体育和娱乐业	8830	4033	199		337	171	322	20	2983	313		452		
103	其中:新闻和出版业	33	9	2		13	8		1						
104	广播、电视、电影和影视录音制作业	821	435	47		140	55	97	5	16	26				
105	体育	5780	2260	121		28	28	60	5	2939	287		52		
106	娱乐业	1703	1286	20		148	76	144	2	27					
107	(十三)公共管理、社会保障和社会组织	72284	988	475		1788	286	1152	314	1244	5736	34	1974	58293	
108	(十四)其他行业	14019	944	625		529	233	222	49	2008	259	2	1	9147	

2013 年清远市地方税务局税收收入分行业分税种统计年报表

编报机关:清远市地方税务局

单位:万元

序号	项　目	合　计	营业税	企业所得税		个人所得税	城市维护建设税	房产税	印花税	城镇土地使用税	土地增值税	车船税	契税	耕地占用税	其他各税
				内资企业	外资企业										
1	税收收入合计	819799	309180	87257	166	65035	41987	25989	9822	44377	92457	8528	96141	19447	19413
2	一、第一产业	2003	447	137		654	102	194	44	212	43		21		149
3	二、第二产业	240093	97086	31754	20	27731	23641	11864	4643	18609	2747	18	3521	2109	16350
4	(一)采矿业	6864	7	184		559	577	133	104	291			235	14	4760
5	1. 煤炭开采和洗选业														
6	2. 石油和天然气开采业	58				7	32	3	4	12					
7	其中:原油	58				7	32	3	4	12					
8	3. 黑色金属矿采选业	1289	2			48	142	3	2	51					1041
9	4. 有色金属矿采选业	1682		179		291	173	67	73	62					837
10	5. 非金属矿采选业	2302	5	3		123	145	31	15	104			154	14	1708
11	6. 其他采矿业	1533		2		90	85	29	10	62			81		1174
12	(二)制造业	70306	2280	2540		6190	14169	10280	3283	16850	628	2	2059	801	11224
13	1. 农副食品加工业	1048	22	11		187	281	197	98	248	1		3		
14	2. 食品制造业	776	1	270		82	92	188	56	84			3		
15	3. 酒、饮料和精制茶制造业	2022	20	376		420	404	464	80	257				1	
16	①酒的制造	783		326		274	137	19	2	25					
17	其中:酒精														
18	②饮料制造	1150	19	1		119	262	442	77	229				1	
19	③精制茶制造	89	1	49		27	5	3	1	3					
20	4. 烟草制品业	12						4		8					
21	其中:卷烟制造														

续表

序号	项　目	合　计	营业税	企业所得税		个人所得税	城市维护建设税	房产税	印花税	城镇土地使用税	土地增值税	车船税	契税	耕地占用税	其他各税
				内资企业	外资企业										
22	5. 纺织业	1549	104	2		82	407	340	80	386	50		98		
23	6. 纺织服装、服饰业	1021	159	48		56	277	173	30	182	73		23		
24	7. 皮革、毛皮、羽毛及其制品和制鞋业	5001	221			629	1826	989	320	858	62		96		
25	8. 木材加工及木竹藤棕草制品业	873	42			256	151	99	19	306					
26	9. 家具制造业	358	37			22	65	66	12	149			7		
27	10. 造纸及纸制品业	1014		1		67	304	299	89	245			9		
28	11. 印刷和记录媒介复制业	1264	46	37		67	284	345	44	441					
29	12. 文教、工美、体育和娱乐用品制造业	961	19			125	246	233	33	249			56		
30	13. 石油加工、炼焦及核燃料加工业	63				54	1	2		6					
31	其中:成品油	8					1	1		6					
32	14. 化学原料及化学制品制造业	2179	6	23		275	340	212	115	719	1		482		6
33	15. 医药制造业	1110	11	322		172	261	185	21	138					
34	16. 化学纤维制造业	5				1	4								
35	17. 橡胶和塑料制品业	2256	240	10		239	537	248	163	571	248				
36	18. 非金属矿物制品业	29405	445	101		1015	4669	3474	659	6908	25	2	650	246	11211
37	19. 黑色金属冶炼及压延加工业	1610	159	78		36	161	67	71	871	161				6
38	20. 有色金属冶炼及压延加工业	4191	54			463	867	879	497	1144			287		
39	21. 金属制品业	2293	252	115		172	435	290	236	697			96		
40	22. 通用设备制造业	1265	23	7		375	480	88	114	144			34		
41	23. 专用设备制造业	490	51	1		52	83	73	26	204					
42	24. 汽车制造业	538		1		168	118	84	29	138					
43	25. 铁路、船舶、航空航天和其他运输设备制造业	196	9	4		60	43	40	3	21	7		9		

续表

序号	项　目	合　计	营业税	企业所得税		个人所得税	城市维护建设税	房产税	印花税	城镇土地使用税	土地增值税	车船税	契税	耕地占用税	其他各税
				内资企业	外资企业										
44	其中:铁路运输设备制造	11				3	7		1						
45	船舶及相关装置制造	97	1	4		55	26			2			9		
46	航空、航天及设备制造														
47	摩托车制造	87	8			2	10	39	2	19	7				
48	26. 电气机械及器材制造业	3093	158	1046		625	335	384	126	378			41		
49	27. 计算机、通信和其他电子设备制造业	2343	64	11		296	644	396	71	576			155	130	
50	28. 仪表仪器制造业	48	1			2	11	10	2	12			10		
51	29. 其他制造业	3322	136	76		192	843	451	289	910				424	1
52	(三)电力、热力、燃气及水的生产和供应业	23797	1130	9126		5877	3357	1295	245	1057	5		411	1283	11
53	1. 电力、热力的生产和供应业	20594	700	7127		5654	3193	1165	213	832	5		411	1283	11
54	①电力生产	14375	116	6986		3396	1432	519	95	512	5		33	1270	11
55	②电力供应	6215	584	141		2255	1760	646	118	320			378	13	
56	③热力生产和供应业	4				3	1								
57	2. 燃气生产和供应业	1493	236	1053		102	37	11	11	43					
58	3. 水的生产和供应业	1710	194	946		121	127	119	21	182					
59	(四)建筑业	139126	93669	19904	20	15105	5538	156	1011	411	2114	16	816	11	355
60	1. 房屋建筑业	28306	18331	3919	11	2481	1118	14	194	152	1667		388		31
61	2. 土木工程建筑业	18418	14833	1215		1248	805	1	74		2		164	11	65
62	3. 建筑安装业	79841	52245	13427	9	9512	3131	125	553	167	333	15	77		247
63	4. 建筑装饰和其他建筑业	12561	8260	1343		1864	484	16	190	92	112	1	187		12
64	三、第三产业	577703	211647	55366	146	36650	18244	13931	5135	25556	89667	8510	92599	17338	2914
65	(一)批发和零售业	29649	2867	9821		4543	4105	1845	798	2003	385	2	1103	35	2142

续表

序号	项目	合计	营业税	企业所得税		个人所得税	城市维护建设税	房产税	印花税	城镇土地使用税	土地增值税	车船税	契税	耕地占用税	其他各税
				内资企业	外资企业										
66	1. 批发业	15994	637	7266		1678	2170	565	393	604	167		796		1718
67	其中:烟草制品批发	9711	1	6145		1188	1552	77	113	25					610
68	煤炭及制品批发	5					1		4						
69	石油及其制品批发	39		1		1	23	4	8	2					
70	汽车及零配件批发	78	19			14	19	6	13	7					
71	2. 零售业	13655	2230	2555		2865	1935	1280	405	1399	218	2	307	35	424
72	(二)交通运输、仓储及邮政业	4884	1433	1629		723	438	359	43	158	38	19	41		3
73	1. 交通运输业	4249	1228	1618		562	424	198	41	80	38	19	38		3
74	2. 仓储业	45	7	3		7	1	18	1	8					
75	3. 邮政业	590	198	8		154	13	143	1	70			3		
76	(三)住宿和餐饮业	19940	13067	909		2460	796	1864	36	411	326		70		1
77	1. 住宿业	7184	4625	336		602	279	773	11	197	309		52		
78	2. 餐饮业	12756	8442	573		1858	517	1091	25	214	17		18		1
79	(四)信息传输、软件和信息技术服务业	11296	8601	41		1079	565	753	63	173	1		20		
80	1. 电信、广播电视和卫星传输服务业	10777	8244	21		1000	529	749	59	157	1		17		
81	其中:电信	10275	7891	21		903	498	735	57	152	1		17		
82	2. 互联网和相关服务	126	95			21	7	2		1					
83	3. 软件和信息技术服务业	393	262	20		58	29	2	4	15			3		
84	(五)金融业	45496	29794	723		5370	2028	964	396	1135	62	4408	616		
85	1. 货币金融服务	34661	26988	46		3274	1830	903	259	1121	60		180		
86	其中:银行	34545	26935			3267	1826	902	257	1118	60		180		
87	金融租赁	5	1			4									

续表

序号	项　　目	合　计	营业税	企业所得税		个人所得税	城市维护建设税	房产税	印花税	城镇土地使用税	土地增值税	车船税	契税	耕地占用税	其他各税
				内资企业	外资企业										
88	2. 资本市场服务	821	365	1		196	30		19				210		
89	3. 保险业	8831	2100			1831	148	58	87	9		4408	190		
90	4. 其他金融	1183	341	676		69	20	3	31	5	2		36		
91	（六）房地产业	350808	120291	30618		9044	7449	2421	2504	14795	79349	4	83027	1301	5
92	（七）租赁和商务服务业	46103	17320	7209	9	3028	1169	510	592	2472	6364	65	6599	385	381
93	1. 租赁业	115	28	60		19	5		2			1			
94	2. 商务服务业	45988	17292	7149	9	3009	1164	510	590	2472	6364	64	6599	385	381
95	（八）科学研究和技术服务业	4028	1249	1584		539	202	72	31	59	15	1	109	167	
96	（九）居民服务、修理和其他服务业	34142	12421	2209	137	4251	837	3225	556	2333	2541	3716	794	752	370
97	其中：居民服务业	3157	1109	346		490	84	61	132	207	116	148		464	
98	机动车、电子产品和日用产品修理业	397	85	22		175	58	17	11	20		8	1		
99	（十）教育	1308	106	17		684	7	44	11	116	2	295	26		
100	（十一）卫生和社会工作	3204	36			3102	3	52	1	8	2				
101	其中：卫生	1695	35			1599	2	48	1	8	2				
102	（十二）文化、体育和娱乐业	2876	1677	108		346	119	71	15	469	67		4		
103	其中：新闻和出版业	94	2	51		33	8								
104	广播、电视、电影和影视录音制作业	258	167			53	23	1	10				4		
105	体育	511	231	37		12	12	28		191					
106	娱乐业	1759	1057	16		242	72	39	5	277	51				
107	（十三）公共管理、社会保障和社会组织	19788	878	479		1237	76	1607	66	1051	461		190	13731	12
108	（十四）其他行业	4181	1907	19		244	450	144	23	373	54			967	

2013年潮州市地方税务局税收收入分行业分税种统计年报表

编报机关:潮州市地方税务局　　　　单位:万元

序号	项目	合计	营业税	企业所得税		个人所得税	城市维护建设税	房产税	印花税	城镇土地使用税	土地增值税	车船税	契税	耕地占用税	其他各税
				内资企业	外资企业										
1	税收收入合计	308816	76914	56183	10	47371	26963	16483	7620	21803	15654	5373	15254	9815	9373
2	一、第一产业	358	92	16		45	32	22	74	55	22				
3	二、第二产业	159865	22875	39377	10	30557	20334	11314	4747	17658	472		1269	1973	9279
4	(一)采矿业	684		4		130	53	61	15	158				19	244
5	1. 煤炭开采和洗选业														
6	2. 石油和天然气开采业	5							5						
7	其中:原油														
8	3. 黑色金属矿采选业	16												16	
9	4. 有色金属矿采选业														
10	5. 非金属矿采选业	647		4		126	50	59	7	154				3	244
11	6. 其他采矿业	16				4	3	2	3	4					
12	(二)制造业	98559	417	23415	10	22918	14976	9390	3588	15980	105		1269	112	6379
13	1. 农副食品加工业	710	7	25		79	163	141	38	251			6		
14	2. 食品制造业	12755	2	1198		5698	2532	842	321	1585			567	6	4
15	3. 酒、饮料和精制茶制造业	97		11		21	8	20	2	34					1
16	①酒的制造	5		1		2		1		1					
17	其中:酒精														
18	②饮料制造	54		6		15	6	9	1	16					1
19	③精制茶制造	38		4		4	2	10	1	17					
20	4. 烟草制品业														
21	其中:卷烟制造														

续表

序号	项　目	合　计	营业税	企业所得税		个人所得税	城市维护建设税	房产税	印花税	城镇土地使用税	土地增值税	车船税	契税	耕地占用税	其他各税
				内资企业	外资企业										
22	5. 纺织业	374		43		123	50	46	9	103					
23	6. 纺织服装、服饰业	4277	215	785		874	1075	468	170	554	109		18	9	
24	7. 皮革、毛皮、羽毛及其制品和制鞋业	3991	27	714		981	745	492	160	863				8	1
25	8. 木材加工及木竹藤棕草制品业	95		1		17	9	14	1	34					19
26	9. 家具制造业	508	2	110		104	86	59	31	111					5
27	10. 造纸及纸制品业	2352	1	374		813	289	235	120	510			5		5
28	11. 印刷和记录媒介复制业	5382	2	1359		1136	735	535	176	1412			26	1	
29	12. 文教、工美、体育和娱乐用品制造业	646	4	53		79	160	93	42	203				7	5
30	13. 石油加工、炼焦及核燃料加工业	8											8		
31	其中:成品油	8											8		
32	14. 化学原料及化学制品制造业	1779	15	363		631	180	134	86	247			7	10	106
33	15. 医药制造业	663	2	55		80	155	80	26	112			153		
34	16. 化学纤维制造业	1		1											
35	17. 橡胶和塑料制品业	3918	3	1307		727	481	479	152	760				6	3
36	18. 非金属矿物制品业	33698	67	4766	10	6090	5044	3928	796	6600	-4		172	53	6176
37	19. 黑色金属冶炼及压延加工业	41				15	5	4	4	13					
38	20. 有色金属冶炼及压延加工业	1490		1003		135	158	34	86	74					
39	21. 金属制品业	8290	3	1541		1876	967	1147	767	1815			140	6	28
40	22. 通用设备制造业	160	4	7		65	29	18	9	28					
41	23. 专用设备制造业	565	1	122		154	80	75	19	110			2		2
42	24. 汽车制造业	55		25		14	6	4	1	5					
43	25. 铁路、船舶、航空航天和其他运输设备制造业	11	3	1		2	1	1	2	1					

续表

序号	项目	合计	营业税	企业所得税		个人所得税	城市维护建设税	房产税	印花税	城镇土地使用税	土地增值税	车船税	契税	耕地占用税	其他各税
				内资企业	外资企业										
44	其中:铁路运输设备制造														
45	船舶及相关装置制造	11	3	1		2	1	1	2	1					
46	航空、航天及设备制造														
47	摩托车制造														
48	26. 电气机械及器材制造业	2528	24	589		419	523	266	404	297				6	
49	27. 计算机、通信和其他电子设备制造业	13651	30	8943		2762	1272	198	125	156			165		
50	28. 仪表仪器制造业	82		1		2	38	17	5	19					
51	29. 其他制造业	432	5	18		21	185	60	36	83					24
52	(三)电力、热力、燃气及水的生产和供应业	21024	678	7186		3411	3909	1787	828	1380				1842	3
53	1. 电力、热力的生产和供应业	18374	485	6930		3233	3686	1670	732	931				706	1
54	①电力生产	6450	222	97		605	2398	1047	669	737				674	1
55	②电力供应	11924	263	6833		2628	1288	623	63	194				32	
56	③热力生产和供应业														
57	2. 燃气生产和供应业	1857	83	39		122	157	28	92	200				1136	
58	3. 水的生产和供应业	793	110	217		56	66	89	4	249					2
59	(四)建筑业	39598	21780	8772		4098	1396	76	316	140	367				2653
60	1. 房屋建筑业	22313	11562	5875		1834	741	32	156	72	318				1723
61	2. 土木工程建筑业	2699	1460	693		207	110	7	31	19					172
62	3. 建筑安装业	11063	6730	1704		1410	416	14	69	43	49				628
63	4. 建筑装饰和其他建筑业	3523	2028	500		647	129	23	60	6					130
64	三、第三产业	148593	53947	16790		16769	6597	5147	2799	4090	15160	5373	13985	7842	94
65	(一)批发和零售业	15418	1221	1331		4150	2367	1614	1459	1248	808		1054	128	38

续表

序号	项　　目	合　计	营业税	企业所得税		个人所得税	城市维护建设税	房产税	印花税	城镇土地使用税	土地增值税	车船税	契税	耕地占用税	其他各税
				内资企业	外资企业										
66	1. 批发业	7924	567	884		1340	1705	446	1169	504	176		1033	77	23
67	其中:烟草制品批发	2586				852	1312		415	7					
68	煤炭及制品批发														
69	石油及其制品批发	568	83	58		59	109	86	46	127					
70	汽车及零配件批发	142	15			24	15	49	21	18					
71	2. 零售业	7494	654	447		2810	662	1168	290	744	632		21	51	15
72	(二)交通运输、仓储及邮政业	2952	704	639		454	265	253	248	348	1	35	4		1
73	1. 交通运输业	2126	501	571		298	225	120	143	227	1	35	4		1
74	2. 仓储业	277				57	27	11	103	79					
75	3. 邮政业	549	203	68		99	13	122	2	42					
76	(三)住宿和餐饮业	5382	3083	601		622	197	507	11	176	185				
77	1. 住宿业	2385	1344	350		166	82	185	10	63	185				
78	2. 餐饮业	2997	1739	251		456	115	322	1	113					
79	(四)信息传输、软件和信息技术服务业	8665	6229	20		932	403	722	88	245			26		
80	1. 电信、广播电视和卫星传输服务业	8155	5958	1		848	378	687	44	236			3		
81	其中:电信	7823	5698	1		804	357	684	43	234			2		
82	2. 互联网和相关服务	83	32	9		17	4	13	1	7					
83	3. 软件和信息技术服务业	427	239	10		67	21	22	43	2			23		
84	(五)金融业	22010	10474	533		3132	922	657	359	156	1	4934	840	2	
85	1. 货币金融服务	12781	9481	135		1305	634	599	176	140			309	2	
86	其中:银行	12502	9403			1268	629	596	156	139			309	2	
87	金融租赁	2							2						

续表

序号	项目	合计	营业税	企业所得税		个人所得税	城市维护建设税	房产税	印花税	城镇土地使用税	土地增值税	车船税	契税	耕地占用税	其他各税
				内资企业	外资企业										
88	2. 资本市场服务	1195	400			214	27	15	17	8			514		
89	3. 保险业	6046	-583			1358	194	41	95	7		4934			
90	4. 其他金融	1988	1176	398		255	67	2	71	1	1		17		
91	(六)房地产业	71244	26472	11981		3301	1810	302	442	1481	13627		11248	578	2
92	(七)租赁和商务服务业	3919	1789	742		482	134	158	82	-73	294		300		11
93	1. 租赁业	77	21	15		14	5	2	1	19					
94	2. 商务服务业	3842	1768	727		468	129	156	81	-92	294		300		11
95	(八)科学研究和技术服务业	1002	402	314		122	63	38	15	31			10		7
96	(九)居民服务、修理和其他服务业	5936	2163	328		1898	158	678	56	262	244	98	25	16	10
97	其中:居民服务业	782	286	80		117	18	131	10	72	59		-1	4	6
98	机动车、电子产品和日用产品修理业	316	103	15		114	15	31	4	34					
99	(十)教育	1133	265	155		628	27	40		18					
100	(十一)卫生和社会工作	153	17	7		109	1	13	5	1					
101	其中:卫生	151	16	7		109	1	12	5	1					
102	(十二)文化、体育和娱乐业	986	631	47		146	58	39	6	59					
103	其中:新闻和出版业	41	3			22	11	3	1	1					
104	广播、电视、电影和影视录音制作业	273	166	6		60	29	4	4	4					
105	体育	145	78	2		22	5	6		32					
106	娱乐业	333	198	33		41	13	25	1	22					
107	(十三)公共管理、社会保障和社会组织	9077	257	33		654	34	100	19	77		306	465	7118	14
108	(十四)其他行业	716	240	59		139	158	26	9	61			13		11

2013年揭阳市地方税务局税收收入分行业分税种统计年报表

编报机关:揭阳市地方税务局

单位:万元

序号	项目	合计	营业税	企业所得税		个人所得税	城市维护建设税	房产税	印花税	城镇土地使用税	土地增值税	车船税	契税	耕地占用税	其他各税
				内资企业	外资企业										
1	税收收入合计	533273	147263	99350	334	68549	40826	22201	11009	31832	37173	10740	22387	38302	3307
2	一、第一产业	541	160	37		167	18	33	71	52					3
3	二、第二产业	232010	51990	73518	48	34525	27902	9365	5600	19543	5029		1332	3	3155
4	(一)采矿业	791	20	3		420	17	1	35	205					90
5	1. 煤炭开采和洗选业														
6	2. 石油和天然气开采业	358				329			29						
7	其中:原油	358				329			29						
8	3. 黑色金属矿采选业														
9	4. 有色金属矿采选业	1					1								
10	5. 非金属矿采选业	394	17	1		90	13	1	5	185					82
11	6. 其他采矿业	38	3	2		1	3		1	20					8
12	(二)制造业	108690	1205	41079	44	14342	20790	7019	4342	17093	1421		1198		157
13	1. 农副食品加工业	1652	17	394		217	180	202	112	516	10		4		
14	2. 食品制造业	3062	12	905		761	516	339	86	414			29		
15	3. 酒、饮料和精制茶制造业	647	2	1		50	250	149	41	154					
16	①酒的制造	443	2			21	168	112	19	121					
17	其中:酒精														
18	②饮料制造	203		1		29	81	37	22	33					
19	③精制茶制造	1					1								
20	4. 烟草制品业														
21	其中:卷烟制造														

续表

序号	项目	合计	营业税	企业所得税		个人所得税	城市维护建设税	房产税	印花税	城镇土地使用税	土地增值税	车船税	契税	耕地占用税	其他各税
				内资企业	外资企业										
22	5. 纺织业	4445	144	584		1016	1207	323	203	699	249		20		
23	6. 纺织服装、服饰业	10666	45	2006		2345	3159	1218	549	1110	85		149		
24	7. 皮革、毛皮、羽毛及其制品和制鞋业	4946		110		1113	2412	283	409	619					
25	8. 木材加工及木竹藤棕草制品业	445		30		29	84	9	19	244			30		
26	9. 家具制造业	323	2	8		72	71	22	13	135					
27	10. 造纸及纸制品业	745		133		98	97	65	26	326					
28	11. 印刷和记录媒介复制业	1311	20	241		168	237	159	46	232	19		189		
29	12. 文教、工美、体育和娱乐用品制造业	5166	507	1276		511	913	181	164	503	993		118		
30	13. 石油加工、炼焦及核燃料加工业	303				265			38						
31	其中:成品油	303				265			38						
32	14. 化学原料及化学制品制造业	4184	25	1894		239	519	314	178	826	11		178		
33	15. 医药制造业	34426	20	27537		1968	2715	736	286	766	33		365		
34	16. 化学纤维制造业	498	1	55		84	123	89	49	97					
35	17. 橡胶和塑料制品业	7497	6	953		1215	2433	798	513	1544			35		
36	18. 非金属矿物制品业	3411	3	175		580	475	172	79	1752			34		141
37	19. 黑色金属冶炼及压延加工业	3453		850		84	454	144	348	1573					
38	20. 有色金属冶炼及压延加工业	1230	4	214		112	245	129	89	435			2		
39	21. 金属制品业	8541	51	893		1504	2208	723	452	2703					7
40	22. 通用设备制造业	796	8	15		91	70	204	24	370			14		
41	23. 专用设备制造业	5418	180	2349	44	805	790	301	184	748			8		9
42	24. 汽车制造业	47		9		9	10	3	2	14					
43	25. 铁路、船舶、航空航天和其他运输设备制造业	33		5		2	3	5	1	17					

续表

序号	项　　目	合　计	营业税	企业所得税		个人所得税	城市维护建设税	房产税	印花税	城镇土地使用税	土地增值税	车船税	契税	耕地占用税	其他各税
				内资企业	外资企业										
44	其中:铁路运输设备制造														
45	船舶及相关装置制造	10					1	1		8					
46	航空、航天及设备制造														
47	摩托车制造	15		3			1	4		7					
48	26. 电气机械及器材制造业	2760	21	269		589	791	243	161	666	20				
49	27. 计算机、通信和其他电子设备制造业	809	24	44		196	169	102	34	217			23		
50	28. 仪表仪器制造业	228	1	51		27	71	34	10	34					
51	29. 其他制造业	1648	112	78		192	588	72	226	379	1				
52	(三)电力、热力、燃气及水的生产和供应业	20840	161	7481		5243	3841	2114	434	1429			134	3	
53	1. 电力、热力的生产和供应业	19583	19	7245		5007	3675	2021	371	1132			110	3	
54	①电力生产	5397	8	65		1408	1598	1213	306	799					
55	②电力供应	14168	11	7174		3591	2075	808	65	331			110	3	
56	③热力生产和供应业	18		6		8	2			2					
57	2. 燃气生产和供应业	443	54	9		206	49	4	57	40			24		
58	3. 水的生产和供应业	814	88	227		30	117	89	6	257					
59	(四)建筑业	101689	50604	24955	4	14520	3254	231	789	816	3608				2908
60	1. 房屋建筑业	24683	14147	3547		3894	926	4	175	38	1047				905
61	2. 土木工程建筑业	6713	3962	1065		1022	235	13	72	73					271
62	3. 建筑安装业	54522	25309	16904	4	7091	1600	81	384	75	1640				1434
63	4. 建筑装饰和其他建筑业	15771	7186	3439		2513	493	133	158	630	921				298
64	三、第三产业	300722	95113	25795	286	33857	12906	12803	5338	12237	32144	10740	21055	38299	149
65	(一)批发和零售业	35810	3468	6966	174	8136	6430	2176	2920	3050	1231		1208		51

续表

序号	项　目	合　计	营业税	企业所得税		个人所得税	城市维护建设税	房产税	印花税	城镇土地使用税	土地增值税	车船税	契税	耕地占用税	其他各税
				内资企业	外资企业										
66	1. 批发业	25402	2116	6212	46	4208	5583	1415	2449	1785	976		563		49
67	其中:烟草制品批发	5124	3			1365	3291	120	278	67					
68	煤炭及制品批发	121		14		9	35	1	61	1					
69	石油及其制品批发	212	4	5		7	43	61	17	75					
70	汽车及零配件批发	118	22			27	21	8	21	19					
71	2. 零售业	10408	1352	754	128	3928	847	761	471	1265	255		645		2
72	(二)交通运输、仓储及邮政业	19857	3072	923		1279	341	1839	39	1491	17	10740	115		1
73	1. 交通运输业	18489	2709	920		1010	290	1511	25	1168		10740	115		1
74	2. 仓储业	301	14			25	28	38	12	167	17				
75	3. 邮政业	1067	349	3		244	23	290	2	156					
76	(三)住宿和餐饮业	11482	6884	968		1889	441	862	15	341			82		
77	1. 住宿业	5357	3314	434		468	201	696	11	151			82		
78	2. 餐饮业	6125	3570	534		1421	240	166	4	190					
79	(四)信息传输、软件和信息技术服务业	13135	9977	102		1226	685	708	72	325	8		32		
80	1. 电信、广播电视和卫星传输服务业	12476	9610	1		1121	632	698	60	314	8		32		
81	其中:电信	12471	9608			1120	632	698	59	314	8		32		
82	2. 互联网和相关服务	198	124	16		42	8	2		6					
83	3. 软件和信息技术服务业	461	243	85		63	45	8	12	5					
84	(五)金融业	45490	30867	343	112	9717	2056	1123	559	324	88		301		
85	1. 货币金融服务	38757	27556	125		7119	1824	1054	432	288	83		276		
86	其中:银行	38450	27407	13		7110	1814	1052	427	286	75		266		
87	金融租赁	15	7					1			7				

续表

序号	项　目	合　计	营业税	企业所得税		个人所得税	城市维护建设税	房产税	印花税	城镇土地使用税	土地增值税	车船税	契税	耕地占用税	其他各税
				内资企业	外资企业										
88	2. 资本市场服务	1177	701	3		383	48	3	12	7	1		19		
89	3. 保险业	4869	2365			2164	168	62	94	16					
90	4. 其他金融	687	245	215	112	51	16	4	21	13	4		6		
91	(六)房地产业	98983	27924	12857		3243	1839	3858	789	3833	27311		17314		15
92	(七)租赁和商务服务业	14415	4446	2216		660	351	721	460	1509	2435		1610		7
93	1. 租赁业	86	56	1		18	4	4	2	1					
94	2. 商务服务业	14329	4390	2215		642	347	717	458	1508	2435		1610		7
95	(八)科学研究和技术服务业	1911	540	335		602	172	36	43	68			109		6
96	(九)居民服务、修理和其他服务业	17316	3538	668		2941	271	814	144	914	955		196	6837	38
97	其中:居民服务业	1762	637	110		503	45	181	44	197	5		33		7
98	机动车、电子产品和日用产品修理业	409	133	9		140	24	10	2	91					
99	(十)教育	520	305	29		146	20	10	3	7					
100	(十一)卫生和社会工作	2698	44	30		2575	3	8	24	3			9		2
101	其中:卫生	2260	44	30		2137	3	8	24	3			9		2
102	(十二)文化、体育和娱乐业	1476	797	38		229	71	64	11	199			67		
103	其中:新闻和出版业	6	4			1	1								
104	广播、电视、电影和影视录音制作业	479	370	3		53	42	1	3	7					
105	体育	130	33			16	2	18	1	60					
106	娱乐业	830	384	31		159	26	42	6	125			57		
107	(十三)公共管理、社会保障和社会组织	28137	2661	289		1080	183	564	252	134	99		12	22863	
108	(十四)其他行业	9492	590	31		134	43	20	7	39				8599	29

2013年云浮市地方税务局税收收入分行业分税种统计年报表

编报机关:云浮市地方税务局

单位:万元

序号	项目	合计	营业税	企业所得税		个人所得税	城市维护建设税	房产税	印花税	城镇土地使用税	土地增值税	车船税	契税	耕地占用税	其他各税
				内资企业	外资企业										
1	税收收入合计	399399	117177	37441		72114	17281	10727	4136	15574	35207	4590	29992	49404	5756
2	一、第一产业	29889	599	1145		26421	50	259	309	342	540	2	196	26	
3	二、第二产业	114358	41024	20051		17938	9609	3480	1658	5906	5943	9	1920	1138	5682
4	(一)采矿业	10940	352	6416		603	685	46	155	68	1		5		2609
5	1. 煤炭开采和洗选业														
6	2. 石油和天然气开采业														
7	其中:原油														
8	3. 黑色金属矿采选业	146	2	1		9	25	1	3	1					104
9	4. 有色金属矿采选业	190	21			91	4	1	3	16					54
10	5. 非金属矿采选业	10588	329	6415		497	653	44	149	47	1		5		2448
11	6. 其他采矿业	16				6	3			4					3
12	(二)制造业	35284	1644	3321		8521	5185	2500	1031	5320	2786	1	1441	461	3073
13	1. 农副食品加工业	1078	17	151		537	112	83	58	119	1				
14	2. 食品制造业	162	3	39		22	34	23	5	36					
15	3. 酒、饮料和精制茶制造业	52		1		22	5	11	1	12					
16	①酒的制造	42		1		21	2	8	1	9					
17	其中:酒精														
18	②饮料制造	10				1	3	3		3					
19	③精制茶制造														
20	4. 烟草制品业	2						1		1					
21	其中:卷烟制造	2						1		1					

续表

序号	项目	合计	营业税	企业所得税		个人所得税	城市维护建设税	房产税	印花税	城镇土地使用税	土地增值税	车船税	契税	耕地占用税	其他各税
				内资企业	外资企业										
22	5. 纺织业	399	44			58	82	43	19	97	52		4		
23	6. 纺织服装、服饰业	1115	12	23		154	436	211	69	174	21		15		
24	7. 皮革、毛皮、羽毛及其制品和制鞋业	108				78	7	7	2	14					
25	8. 木材加工及木竹藤棕草制品业	305	82			30	47	22	11	68	45				
26	9. 家具制造业	95	12			9	4	4	1	10			55		
27	10. 造纸及纸制品业	476	1	90		13	54	17	36	66			199		
28	11. 印刷和记录媒介复制业	70	1	13		6	11	5	3	24			7		
29	12. 文教、工美、体育和娱乐用品制造业	47				11	4	7	17	8					
30	13. 石油加工、炼焦及核燃料加工业														
31	其中:成品油														
32	14. 化学原料及化学制品制造业	1865	17	242		190	451	257	72	340			219	77	
33	15. 医药制造业	2462	11	219		1678	315	86	17	105			31		
34	16. 化学纤维制造业														
35	17. 橡胶和塑料制品业	223		12		21	55	33	21	65			16		
36	18. 非金属矿物制品业	17921	967	603		3195	2022	1030	391	3196	2537	1	637	276	3066
37	19. 黑色金属冶炼及压延加工业	2				1	1								
38	20. 有色金属冶炼及压延加工业	144	12	48		10	11	9	3	51					
39	21. 金属制品业	3739	185	466		957	744	342	169	526	79		163	108	
40	22. 通用设备制造业	795	21	104		306	111	111	13	96			33		
41	23. 专用设备制造业	275	30			105	21	27	11	66			15		
42	24. 汽车制造业	270				237	1		17	15					
43	25. 铁路、船舶、航空航天和其他运输设备制造业	39	3	5			3	7	1	20					

续表

序号	项目	合计	营业税	企业所得税		个人所得税	城市维护建设税	房产税	印花税	城镇土地使用税	土地增值税	车船税	契税	耕地占用税	其他各税
				内资企业	外资企业										
44	其中:铁路运输设备制造														
45	船舶及相关装置制造	39	3	5			3	7	1	20					
46	航空、航天及设备制造														
47	摩托车制造														
48	26. 电气机械及器材制造业	2173	191	766		506	391	76	46	146	51				
49	27. 计算机、通信和其他电子设备制造业	295	14			23	140	48	34	25			11		
50	28. 仪表仪器制造业	40				1				3			36		
51	29. 其他制造业	1132	21	539		351	123	40	14	37					7
52	(三)电力、热力、燃气及水的生产和供应业	6308	328	1324		1509	1491	762	152	422	70	6	13	231	
53	1. 电力、热力的生产和供应业	5695	183	1139		1467	1424	711	144	321	65	6	4	231	
54	①电力生产	2492	97	480		586	703	321	90	150	65				
55	②电力供应	3203	86	659		881	721	390	54	171		6	4	231	
56	③热力生产和供应业														
57	2. 燃气生产和供应业	302	42	163		19	14	11	5	39			9		
58	3. 水的生产和供应业	311	103	22		23	53	40	3	62	5				
59	(四)建筑业	61826	38700	8990		7305	2248	172	320	96	3086	2	461	446	
60	1. 房屋建筑业	19281	10861	3347		2965	671	121	133	45	1000		137	1	
61	2. 土木工程建筑业	9697	7288	475		446	417	23	31	14	1003				
62	3. 建筑安装业	27329	17558	4545		3259	986	17	130	22	783	1	27	1	
63	4. 建筑装饰和其他建筑业	5519	2993	623		635	174	11	26	15	300	1	297	444	
64	三、第三产业	255152	75554	16245		27755	7622	6988	2169	9326	28724	4579	27876	48240	74
65	(一)批发和零售业	18733	2250	6427		3427	2193	900	468	1084	1043	117	728	30	66

续表

序号	项目	合计	营业税	企业所得税		个人所得税	城市维护建设税	房产税	印花税	城镇土地使用税	土地增值税	车船税	契税	耕地占用税	其他各税
				内资企业	外资企业										
66	1. 批发业	12596	1135	6105		1746	1651	282	279	389	676	1	290		42
67	其中:烟草制品批发	7212	1	5395		663	1042	6	95	10					
68	煤炭及制品批发	171	34	6			36		2	51	40				2
69	石油及其制品批发	765	87	298		48	113	33	13	51	122				
70	汽车及零配件批发	11	2			2	4	1	1	1					
71	2. 零售业	6137	1115	322		1681	542	618	189	695	367	116	438	30	24
72	(二)交通运输、仓储及邮政业	4955	618	1287		1153	158	232	22	146	87	1210	42		
73	1. 交通运输业	4466	439	1281		1055	146	119	21	76	83	1210	36		
74	2. 仓储业	147	35	6		12	3	36	1	44	4		6		
75	3. 邮政业	342	144			86	9	77		26					
76	(三)住宿和餐饮业	8738	5921	182		1248	358	358	30	199		1	441		
77	1. 住宿业	2385	1416	23		141	78	187	18	90		1	431		
78	2. 餐饮业	6353	4505	159		1107	280	171	12	109			10		
79	(四)信息传输、软件和信息技术服务业	6695	4554	65		799	310	760	29	157			5	16	
80	1. 电信、广播电视和卫星传输服务业	6402	4350	52		749	291	756	27	156			5	16	
81	其中:电信	6149	4209	4		707	278	751	24	155			5	16	
82	2. 互联网和相关服务	27	18			6	1	2							
83	3. 软件和信息技术服务业	266	186	13		44	18	2	2	1					
84	(五)金融业	33747	17119	945		9095	1097	638	198	186	2813	864	792		
85	1. 货币金融服务	23339	14432	172		4276	935	489	103	73	2729		130		
86	其中:银行	23175	14389	58		4274	932	489	102	72	2729		130		
87	金融租赁														

续表

序号	项目	合计	营业税	企业所得税		个人所得税	城市维护建设税	房产税	印花税	城镇土地使用税	土地增值税	车船税	契税	耕地占用税	其他各税
				内资企业	外资企业										
88	2. 资本市场服务	3962	335			3099	21		10				497		
89	3. 保险业	3541	1319			1070	88	55	50	48	47	864			
90	4. 其他金融	2905	1033	773		650	53	94	35	65	37		165		
91	(六)房地产业	101900	34988	6066		3515	2161	1671	951	5104	22126	34	25008	276	
92	(七)租赁和商务服务业	9427	3198	314		1797	803	655	258	549	282	1	757	813	
93	1. 租赁业	98	66	13		9	4	2	3	1					
94	2. 商务服务业	9329	3132	301		1788	799	653	255	548	282	1	757	813	
95	(八)科学研究和技术服务业	1435	678	436		166	85	40	9	21					
96	(九)居民服务、修理和其他服务业	20931	4410	326		4487	328	1269	173	940	1951	2352	38	4649	8
97	其中:居民服务业	5407	915	42		2703	57	394	63	287	734	204	6	2	
98	机动车、电子产品和日用产品修理业	262	50	10		132	13	27	4	26					
99	(十)教育	1174	322	67		648	21	50	1	33	31			1	
100	(十一)卫生和社会工作	655	12	13		607	7	11	3	2					
101	其中:卫生	652	10	12		607	7	11	3	2					
102	(十二)文化、体育和娱乐业	457	266	18		74	24	35	3	22	15				
103	其中:新闻和出版业	38	6	2		25	5								
104	广播、电视、电影和影视录音制作业	111	63	6		10	6	12	1	11	2				
105	体育	49	18	5		3	1	8		1	13				
106	娱乐业	248	176	3		35	12	11	1	10					
107	(十三)公共管理、社会保障和社会组织	44453	504	74		698	36	322	19	81	356		39	42324	
108	(十四)其他行业	1852	714	25		41	41	47	5	802	20		26	131	

2013年顺德区地方税务局税收收入分行业分税种统计年报表

编报机关:顺德区地方税务局　　　　单位:万元

序号	项　　目	合　计	营业税	企业所得税		个人所得税	城市维护建设税	房产税	印花税	城镇土地使用税	土地增值税	车船税	契税	耕地占用税	其他各税
				内资企业	外资企业										
1	税收收入合计	1429296	457736	152264	43827	199879	117464	77653	22703	37067	137231	21325	140199	21843	105
2	一、第一产业	1498	367	119		820	67	91	19	15					
3	二、第二产业	435906	96581	68145	35772	97241	80474	29334	11028	15606	1652	1			72
4	(一)采矿业	140	112	2		15	8		3						
5	1. 煤炭开采和洗选业														
6	2. 石油和天然气开采业														
7	其中:原油														
8	3. 黑色金属矿采选业														
9	4. 有色金属矿采选业														
10	5. 非金属矿采选业	124	100	2		13	7		2						
11	6. 其他采矿业	16	12			2	1		1						
12	(二)制造业	267116	7685	50069	1743	82860	71033	27939	10006	14206	1566	1			8
13	1. 农副食品加工业	2521	10	1071		416	396	257	154	217					
14	2. 食品制造业	1846	78	135		466	770	213	52	132					
15	3. 酒、饮料和精制茶制造业	3929	11	190	91	1578	1825	89	12	133					
16	①酒的制造	3694	10	164	91	1564	1797	30	10	28					
17	其中:酒精														
18	②饮料制造	161	1	4		9	20	35		92					
19	③精制茶制造	74		22		5	8	24	2	13					
20	4. 烟草制品业														
21	其中:卷烟制造														

续表

序号	项　目	合　计	营业税	企业所得税		个人所得税	城市维护建设税	房产税	印花税	城镇土地使用税	土地增值税	车船税	契税	耕地占用税	其他各税
				内资企业	外资企业										
22	5. 纺织业	4058	229	376		707	1266	768	128	429	155				
23	6. 纺织服装、服饰业	8406	216	1513		1365	3177	1130	314	552	139				
24	7. 皮革、毛皮、羽毛及其制品和制鞋业	1573	42	114		324	642	242	61	148					
25	8. 木材加工及木竹藤棕草制品业	1091	48	20		432	312	155	35	89					
26	9. 家具制造业	8288	70	1859		2420	2374	872	209	468	16				
27	10. 造纸及纸制品业	2677	52	726		557	705	354	59	224					
28	11. 印刷和记录媒介复制业	5483	66	1705		1564	1190	549	99	310					
29	12. 文教、工美、体育和娱乐用品制造业	3017	159	147		720	1214	315	256	206					
30	13. 石油加工、炼焦及核燃料加工业	157	1	24		99	22	5	1	5					
31	其中:成品油	65	1	24		7	22	5	1	5					
32	14. 化学原料及化学制品制造业	11201	142	2631		3645	2793	1002	258	730					
33	15. 医药制造业	2426	16	1064		417	490	322	24	93					
34	16. 化学纤维制造业	55		2		15	12	11	1	14					
35	17. 橡胶和塑料制品业	22095	543	2795		7955	6338	2202	894	1266	102				
36	18. 非金属矿物制品业	7752	125	2036	567	2583	1633	415	128	257					8
37	19. 黑色金属冶炼及压延加工业	2086	-64	298		667	523	333	209	120					
38	20. 有色金属冶炼及压延加工业	2532	161	318		566	579	609	104	195					
39	21. 金属制品业	19731	938	1794	1078	5369	5495	2296	924	1648	188	1			
40	22. 通用设备制造业	10278	266	2019		3221	2355	1209	439	614	155				
41	23. 专用设备制造业	11909	329	2074		4319	2804	1150	422	680	131				
42	24. 汽车制造业	5007	71	63		1766	1716	762	245	384					
43	25. 铁路、船舶、航空航天和其他运输设备制造业	1689	156	203		254	524	355	63	134					

续表

序号	项　目	合　计	营业税	企业所得税		个人所得税	城市维护建设税	房产税	印花税	城镇土地使用税	土地增值税	车船税	契税	耕地占用税	其他各税
				内资企业	外资企业										
44	其中:铁路运输设备制造														
45	船舶及相关装置制造	305	12	13		61	97	82	8	32					
46	航空、航天及设备制造														
47	摩托车制造	462	31	163		14	93	93	24	44					
48	26. 电气机械及器材制造业	115480	3351	25174		37728	29393	10410	4486	4449	489				
49	27. 计算机、通信和其他电子设备制造业	9955	547	1569	7	3164	1942	1616	365	554	191				
50	28. 仪表仪器制造业	657	14	71		91	220	184	22	55					
51	29. 其他制造业	1217	108	78		452	323	114	42	100					
52	(三)电力、热力、燃气及水的生产和供应业	11583	613	4946		658	3163	923	108	1172					
53	1. 电力、热力的生产和供应业	4794	178			451	2669	610	48	838					
54	①电力生产	209	17			102	38	28	1	23					
55	②电力供应	4544	161			341	2621	575	43	803					
56	③热力生产和供应业	41				8	10	7	4	12					
57	2. 燃气生产和供应业	590	178			100	225	36	30	21					
58	3. 水的生产和供应业	6199	257	4946		107	269	277	30	313					
59	(四)建筑业	157067	88171	13128	34029	13708	6270	472	911	228	86				64
60	1. 房屋建筑业	29878	22541	3314		1994	1583	106	169	77	74				20
61	2. 土木工程建筑业	15608	11104	2203		1174	780	162	124	28					33
62	3. 建筑安装业	89418	40113	4452	34026	7298	2878	99	487	45	12				8
63	4. 建筑装饰和其他建筑业	22163	14413	3159	3	3242	1029	105	131	78					3
64	三、第三产业	991892	360788	84000	8055	101818	36923	48228	11656	21446	135579	21324	140199	21843	33
65	(一)批发和零售业	52813	9190	12538	21	11668	10008	4057	2661	1499	1153				18

续表

序号	项目	合计	营业税	企业所得税		个人所得税	城市维护建设税	房产税	印花税	城镇土地使用税	土地增值税	车船税	契税	耕地占用税	其他各税
				内资企业	外资企业										
66	1. 批发业	34901	5481	9055	21	6544	6759	2930	1922	1032	1153				4
67	其中:烟草制品批发	17						11		6					
68	煤炭及制品批发	73				2	65		3	3					
69	石油及其制品批发	852	18	538	1	77	118	38	17	45					
70	汽车及零配件批发	56	7	21		6	18	1	3						
71	2. 零售业	17912	3709	3483		5124	3249	1127	739	467					14
72	(二)交通运输、仓储及邮政业	11039	3310	3527		1357	1048	1182	107	471	34	3			
73	1. 交通运输业	9013	2503	3466		1147	904	554	90	312	34	3			
74	2. 仓储业	1196	274	40		106	101	518	17	140					
75	3. 邮政业	830	533	21		104	43	110		19					
76	(三)住宿和餐饮业	23897	16834	1411	2	2675	1189	1569	9	208					
77	1. 住宿业	4914	3655	175		358	259	389	6	72					
78	2. 餐饮业	18983	13179	1236	2	2317	930	1180	3	136					
79	(四)信息传输、软件和信息技术服务业	17279	13453	246		1624	1060	764	15	117					
80	1. 电信、广播电视和卫星传输服务业	15422	12621	9		1018	895	761	1	117					
81	其中:电信	15302	12628	9		925	885	742		113					
82	2. 互联网和相关服务	102	71	6		19	6								
83	3. 软件和信息技术服务业	1755	761	231		587	159	3	14						
84	(五)金融业	137874	91214	6640	1308	26857	6394	2262	1944	171	1084				
85	1. 货币金融服务	116515	78715	6194		21493	5511	2150	1372	151	929				
86	其中:银行	107469	76592			21217	5362	2149	1069	151	929				
87	金融租赁	1							1						

续表

序号	项　　目	合　计	营业税	企业所得税		个人所得税	城市维护建设税	房产税	印花税	城镇土地使用税	土地增值税	车船税	契税	耕地占用税	其他各税
				内资企业	外资企业										
88	2. 资本市场服务	3559	1944	11		1366	137	42	53	5	1				
89	3. 保险业	14280	9632	28		3680	679	42	216	3					
90	4. 其他金融	3520	923	407	1308	318	67	28	303	12	154				
91	（六）房地产业	444693	183430	36039	4523	28240	12879	34425	3220	15003	117863	2	580	8476	13
92	（七）租赁和商务服务业	48966	13685	8446	1266	11507	1456	1954	1850	1284	2914	2514		2088	2
93	1. 租赁业	341	122	82		95	30	7	3	2					
94	2. 商务服务业	48625	13563	8364	1266	11412	1426	1947	1847	1282	2914	2514		2088	2
95	（八）科学研究和技术服务业	14752	2754	4852		6183	709	84	145	48		-23			
96	（九）居民服务、修理和其他服务业	14829	5026	860	935	2136	544	243	486	63	2	4534			
97	其中：居民服务业	7923	1620	347	365	860	117	72	29	11		4502			
98	机动车、电子产品和日用产品修理业	1343	316	182		571	134	65	45	32		-2			
99	（十）教育	5783	1070	751		3823	80	32	4	6	17				
100	（十一）卫生和社会工作	3824	71	349		1283	5	23	1	9		2083			
101	其中：卫生	3725	17	333		1258	1	23	1	9		2083			
102	（十二）文化、体育和娱乐业	4860	2521	305		1402	216	72	5	339					
103	其中：新闻和出版业	158				147	11								
104	广播、电视、电影和影视录音制作业	1084	637	75		301	65	3	3						
105	体育	880	401	10		83	36	23	1	326					
106	娱乐业	2635	1443	200		859	101	21		11					
107	（十三）公共管理、社会保障和社会组织	56353	14495	7422		1927	1023	1515	914	2058	12512	3432	-224	11279	
108	（十四）其他行业	154930	3735	614		1136	312	46	295	170		8779	139843		

2013年广东省地方税务局直属分局税收收入分行业分税种统计年报表

编报机关:广东省地方税务局直属分局

单位:万元

序号	项目	合计	营业税	企业所得税		个人所得税	城市维护建设税	房产税	印花税	城镇土地使用税	土地增值税	车船税	契税	耕地占用税	其他各税
				内资企业	外资企业										
1	税收收入合计	1676664	1228639	444595	3430										
2	一、第一产业	100	9	91											
3	二、第二产业	277219	9436	267783											
4	(一)采矿业	6	6												
5	1. 煤炭开采和洗选业														
6	2. 石油和天然气开采业	6	6												
7	其中:原油	6	6												
8	3. 黑色金属矿采选业														
9	4. 有色金属矿采选业														
10	5. 非金属矿采选业														
11	6. 其他采矿业														
12	(二)制造业	9325	5311	4014											
13	1. 农副食品加工业	171	72	99											
14	2. 食品制造业	530	530												
15	3. 酒、饮料和精制茶制造业	186	186												
16	①酒的制造	11	11												
17	其中:酒精														
18	②饮料制造	175	175												
19	③精制茶制造														
20	4. 烟草制品业														
21	其中:卷烟制造														

续表

序号	项　目	合　计	营业税	企业所得税		个人所得税	城市维护建设税	房产税	印花税	城镇土地使用税	土地增值税	车船税	契税	耕地占用税	其他各税
				内资企业	外资企业										
22	5. 纺织业	182	182												
23	6. 纺织服装、服饰业	13	6	7											
24	7. 皮革、毛皮、羽毛及其制品和制鞋业	26	26												
25	8. 木材加工及木竹藤棕草制品业														
26	9. 家具制造业	19	19												
27	10. 造纸及纸制品业	20	20												
28	11. 印刷和记录媒介复制业	58	10	48											
29	12. 文教、工美、体育和娱乐用品制造业	22	22												
30	13. 石油加工、炼焦及核燃料加工业	3	3												
31	其中:成品油														
32	14. 化学原料及化学制品制造业	1606	1392	214											
33	15. 医药制造业	143	143												
34	16. 化学纤维制造业														
35	17. 橡胶和塑料制品业	1198	254	944											
36	18. 非金属矿物制品业	261	94	167											
37	19. 黑色金属冶炼及压延加工业	254	254												
38	20. 有色金属冶炼及压延加工业	1056	4	1052											
39	21. 金属制品业	324	121	203											
40	22. 通用设备制造业	1280	398	882											
41	23. 专用设备制造业	367	189	178											
42	24. 汽车制造业	505	505												
43	25. 铁路、船舶、航空航天和其他运输设备制造业	60	9	51											

续表

序号	项目	合计	营业税	企业所得税		个人所得税	城市维护建设税	房产税	印花税	城镇土地使用税	土地增值税	车船税	契税	耕地占用税	其他各税
				内资企业	外资企业										
44	其中:铁路运输设备制造														
45	船舶及相关装置制造	58	7	51											
46	航空、航天及设备制造														
47	摩托车制造	2	2												
48	26. 电气机械及器材制造业	136	136												
49	27. 计算机、通信和其他电子设备制造业	523	464	59											
50	28. 仪表仪器制造业	9	9												
51	29. 其他制造业	373	263	110											
52	(三)电力、热力、燃气及水的生产和供应业	230382	2213	228169											
53	1. 电力、热力的生产和供应业	230252	2083	228169											
54	①电力生产	421	399	22											
55	②电力供应	229823	1676	228147											
56	③热力生产和供应业	8	8												
57	2. 燃气生产和供应业	42	42												
58	3. 水的生产和供应业	88	88												
59	(四)建筑业	37506	1906	35600											
60	1. 房屋建筑业	7844	1027	6817											
61	2. 土木工程建筑业	21795	510	21285											
62	3. 建筑安装业	3838	152	3686											
63	4. 建筑装饰和其他建筑业	4029	217	3812											
64	三、第三产业	1399345	1219194	176721	3430										
65	(一)批发和零售业	28773	5224	21926	1623										

续表

序号	项　　目	合　计	营业税	企业所得税		个人所得税	城市维护建设税	房产税	印花税	城镇土地使用税	土地增值税	车船税	契税	耕地占用税	其他各税
				内资企业	外资企业										
66	1. 批发业	25704	3703	20378	1623										
67	其中:烟草制品批发														
68	煤炭及制品批发	5254	352	4902											
69	石油及其制品批发	91	91												
70	汽车及零配件批发	441	29	412											
71	2. 零售业	3069	1521	1548											
72	(二)交通运输、仓储及邮政业	25626	20371	4843	412										
73	1. 交通运输业	24449	20226	4223											
74	2. 仓储业	1177	145	620	412										
75	3. 邮政业														
76	(三)住宿和餐饮业	1668	604	1064											
77	1. 住宿业	1390	401	989											
78	2. 餐饮业	278	203	75											
79	(四)信息传输、软件和信息技术服务业	1469	655	814											
80	1. 电信、广播电视和卫星传输服务业	184	44	140											
81	其中:电信	160	44	116											
82	2. 互联网和相关服务	7	2	5											
83	3. 软件和信息技术服务业	1278	609	669											
84	(五)金融业	1177278	1158840	17516	922										
85	1. 货币金融服务	1042596	1042596												
86	其中:银行	1028448	1028448												
87	金融租赁	2202	2202												

续表

序号	项目	合计	营业税	企业所得税		个人所得税	城市维护建设税	房产税	印花税	城镇土地使用税	土地增值税	车船税	契税	耕地占用税	其他各税
				内资企业	外资企业										
88	2. 资本市场服务	36209	36209												
89	3. 保险业	48740	48740												
90	4. 其他金融	49733	31295	17516	922										
91	(六)房地产业	14390	11743	2621	26										
92	(七)租赁和商务服务业	110922	20347	90128	447										
93	1. 租赁业	667	550	117											
94	2. 商务服务业	110255	19797	90011	447										
95	(八)科学研究和技术服务业	15294	443	14851											
96	(九)居民服务、修理和其他服务业	3037	556	2481											
97	其中:居民服务业	93	32	61											
98	机动车、电子产品和日用产品修理业	26	24	2											
99	(十)教育	158	19	139											
100	(十一)卫生和社会工作	116	12	104											
101	其中:卫生	93	12	81											
102	(十二)文化、体育和娱乐业	4508	158	4350											
103	其中:新闻和出版业	218	56	162											
104	广播、电视、电影和影视录音制作业	3998	21	3977											
105	体育	37	30	7											
106	娱乐业	151	50	101											
107	(十三)公共管理、社会保障和社会组织	1702	126	1576											
108	(十四)其他行业	14404	96	14308											

2013年广东省地方税务局税收收入分企业类型统计年报表

编报机关:广东省地方税务局　　　　单位:万元

序号	项目	合计	内资企业									港澳台投资企业	外商投资企业	个体经营	附列资料:乡(镇)企业
			小计	国有企业	集体企业	股份合作企业	联营企业	有限责任公司	股份有限公司	私营企业	其他企业				
1	国内税收收入合计	50846938	36584989	1789184	895511	240126	198550	12979333	11546453	4926366	4009466	5154586	4727820	4379543	2726720
2	1. 营业税	16253569	13484079	677577	367568	115939	84668	4825868	4822905	1869354	720200	1061254	890770	817466	728754
3	2. 企业所得税	8393887	6122147	359045	235162	33863	49546	2516214	1879308	845452	203557	1133076	1138664		561019
4	3. 个人所得税	8640589	5820832	296565	54497	39679	29672	1105949	2751569	726610	816291	878032	1145660	796065	291210
5	4. 资源税	139625	108058	5128	5396	300	376	64153	9888	19461	3356	18216	1433	11918	17742
6	5. 固定资产投资方向调节税														
7	6. 城市维护建设税	3993425	2537873	136615	29533	11335	8553	1042611	782226	469377	57623	664893	703032	87627	266120
8	7. 房产税	1984821	1245873	83577	54743	17330	7186	442758	256836	158644	224799	325886	234746	178316	185371
9	8. 印花税	882136	578739	20874	7137	1831	1285	266317	136049	116582	28664	126049	156214	21134	63742
10	9. 城镇土地使用税	1292204	894650	70937	37165	10139	2526	522964	71579	130755	48585	210262	110787	76505	191318
11	10. 土地增值税	4175053	3082400	73822	72150	5783	14382	1575750	658715	461398	220400	665354	306506	120793	277098
12	11. 车船税	571569	340764	12382	13135	1495	203	53470	157954	18599	83526	1638	2963	226204	1892
13	12. 车辆购置税														
14	13. 屠宰税	30	30	30											
15	14. 契税	3724654	1599982	19193	8531	1793	153	444369	17830	91839	1016274	60284	35737	2028651	49075
16	15. 耕地占用税	778912	753098	33439	10494	639		102446	1594	18295	586191	9642	1308	14864	93379
17	16. 烟叶税	16464	16464					16464							

2013年广州市地方税务局税收收入分企业类型统计年报表

编报机关:广州市地方税务局

单位:万元

序号	项目	合计	内资企业									港澳台投资企业	外商投资企业	个体经营	附列资料:乡(镇)企业
			小计	国有企业	集体企业	股份合作企业	联营企业	有限责任公司	股份有限公司	私营企业	其他企业				
1	国内税收收入合计	10890829	7312299	449586	171384	33374	35391	3048593	1024373	1466277	1083321	1018105	1490494	1069931	625136
2	1. 营业税	3243164	2448074	131583	76218	10165	21573	1155578	196322	568167	288468	298273	318327	178490	219659
3	2. 企业所得税	1118085	1020441	67595	38958	8050	5054	454917	114496	288356	43015	7099	90545		113164
4	3. 个人所得税	2442270	1636023	149466	9578	7291	4230	497738	405808	203472	358440	202567	449814	153866	53339
5	4. 资源税	3167	1395					260	470	665		1065	707		170
6	5. 固定资产投资方向调节税														
7	6. 城市维护建设税	1058212	638104	22234	6448	3613	1681	282821	152976	144808	23523	109768	292654	17686	37625
8	7. 房产税	647047	418639	34176	21656	2256	1472	158133	52368	54321	94257	97113	103864	27431	62664
9	8. 印花税	260828	178343	9381	1301	549	259	91904	16936	45470	12543	25140	52904	4441	12482
10	9. 城镇土地使用税	178725	124676	13321	6789	642	1102	55917	7875	26424	12606	22229	27856	3964	23389
11	10. 土地增值税	947334	558847	5189	6966	363	9	323637	55530	97598	69555	244048	133478	10961	90704
12	11. 车船税	140225	102315	3295	1588	334	11	17939	17921	17368	43859	1291	1375	35244	1521
13	12. 车辆购置税														
14	13. 屠宰税														
15	14. 契税	797183	131300	11685	546	111			3670	19523	95765	9146	18906	637831	
16	15. 耕地占用税	54589	54142	1661	1336			9749	1	105	41290	366	64	17	10419
17	16. 烟叶税														

2013 年深圳市地方税务局税收收入分企业类型统计年报表

编报机关:深圳市地方税务局　　　　单位:万元

序号	项目	合计	内资企业									港澳台投资企业	外商投资企业	个体经营	附列资料:乡(镇)企业
			小计	国有企业	集体企业	股份合作企业	联营企业	有限责任公司	股份有限公司	私营企业	其他企业				
1	国内税收收入合计	14627219	10754828	467913	54603	76716	120299		6907099	1507729	1620469	2110716	1638090	123585	145795
2	1. 营业税	4190745	3532886	176070	19264	41670	38402		2415805	565689	275986	348400	255814	53645	39690
3	2. 企业所得税	3359728	1870882	122200	19447	16463	35797		1328496	267100	81379	819934	668912		31538
4	3. 个人所得税	3419426	2529539	61303	9188	3558	22132		1843737	292482	297139	412158	426683	51046	40749
5	4. 资源税														
6	5. 固定资产投资方向调节税														
7	6. 城市维护建设税	980113	624169	45924	1679	2942	4524		378284	170108	20708	208741	141451	5752	9412
8	7. 房产税	384441	281551	11726	2724	8416	5233		137470	34530	81452	62563	34939	5388	13856
9	8. 印花税	208401	134534	3894	271	186	766		90138	31256	8023	38614	34763	490	1200
10	9. 城镇土地使用税	89538	53565	4084	1514	2497	962		31289	10923	2296	22553	11913	1507	5005
11	10. 土地增值税	1070605	809384	37053	483	983	12483		573521	134380	50481	197123	62664	1434	4326
12	11. 车船税	116163	112821	5656	33	1			106779	336	16	121	950	2271	19
13	12. 车辆购置税														
14	13. 屠宰税														
15	14. 契税	808059	805497	3					1580	925	802989	509	1	2052	
16	15. 耕地占用税														
17	16. 烟叶税														

2013年珠海市地方税务局税收收入分企业类型统计年报表

编报机关:珠海市地方税务局　　单位:万元

序号	项目	合计	内资企业									港澳台投资企业	外商投资企业	个体经营	附列资料:乡(镇)企业
			小计	国有企业	集体企业	股份合作企业	联营企业	有限责任公司	股份有限公司	私营企业	其他企业				
1	国内税收收入合计	2067787	1523738	53040	17771	5789	3506	777301	437967	101479	126885	174194	239029	130826	252089
2	1. 营业税	597841	499663	28100	7968	1860	2502	307302	97562	48662	5707	34059	25020	39099	52725
3	2. 企业所得税	587220	432019	9094	4840	1079	97	181026	213842	18080	3961	57595	97606		58459
4	3. 个人所得税	272163	163076	3927	394	38	2	73525	63037	6907	15246	25983	43266	39838	27177
5	4. 资源税	12	12							12					
6	5. 固定资产投资方向调节税														
7	6. 城市维护建设税	158788	106827	2567	687	146	178	52373	40812	9482	582	20312	28350	3299	30493
8	7. 房产税	65371	35906	2286	1589	1509	37	18462	5614	3972	2437	13955	10387	5123	17488
9	8. 印花税	38760	24437	1131	122	14	10	17184	4192	1632	152	4406	9522	395	11841
10	9. 城镇土地使用税	47008	35131	1769	522	153	2	28655	1474	2430	126	6114	5278	485	31425
11	10. 土地增值税	121524	91976	2700	1575	151	669	75923	1535	9261	162	9057	18469	2022	16896
12	11. 车船税	14426	12236	44	2	839	1	1757	9556	28	9	1	510	1679	4
13	12. 车辆购置税														
14	13. 屠宰税	30	30	30											
15	14. 契税	164644	122425	1392	72		8	21094	343	1013	98503	2712	621	38886	5581
16	15. 耕地占用税														
17	16. 烟叶税														

2013年汕头市地方税务局税收收入分企业类型统计年报表

编报机关:汕头市地方税务局　　　　单位:万元

序号	项　目	合　计	内资企业								港澳台投资企业	外商投资企业	个体经营	附列资料:乡(镇)企业
			小　计	国有企业	集体企业	股份合作企业	联营企业	有限责任公司	股份有限公司	私营企业	其他企业				
1	国内税收收入合计	925864	712832	116622	20072	8189	1060	342233	96102	73611	54943	61759	38209	113064	128208
2	1. 营业税	244759	204966	29873	7873	3907	440	100315	36916	17517	8125	18444	7807	13542	22041
3	2. 企业所得税	236405	220520	53429	7300	1621	285	109635	22266	23805	2179	9086	6799		44811
4	3. 个人所得税	116272	80574	11427	544	1214	74	27375	20727	6100	13113	5541	6118	24039	9341
5	4. 资源税	3086	2910	867	279	1	7	1517	62	177		2		174	302
6	5. 固定资产投资方向调节税														
7	6. 城市维护建设税	66930	46484	4380	791	546	136	25914	6774	7232	711	8429	10207	1810	13934
8	7. 房产税	38975	25510	3952	729	349	42	11392	4442	3906	698	4871	3012	5582	7341
9	8. 印花税	15900	12581	1265	151	95	19	7615	1712	1496	228	1666	1309	344	2839
10	9. 城镇土地使用税	38397	27738	2465	439	344	36	16017	2166	6008	263	4267	2794	3598	10506
11	10. 土地增值税	62175	52263	8481	616	42		31745	841	4771	5767	8887	121	904	9597
12	11. 车船税	18882	11273	2				21	30		11220			7609	
13	12. 车辆购置税														
14	13. 屠宰税														
15	14. 契税	69646	13645	441	2	58	21	10459	166	2367	131	566	42	55393	2759
16	15. 耕地占用税	14437	14368	40	1348	12		228		232	12508			69	4737
17	16. 烟叶税														

2013 年佛山市地方税务局税收收入分企业类型统计年报表

编报机关:佛山市地方税务局　　　　单位:万元

序号	项目	合计	内资企业									港澳台投资企业	外商投资企业	个体经营	附列资料:乡(镇)企业
			小计	国有企业	集体企业	股份合作企业	联营企业	有限责任公司	股份有限公司	私营企业	其他企业				
1	国内税收收入合计	2777330	2081983	42813	65890	9695	7587	1235868	329867	272151	118112	180242	138493	376612	183362
2	1. 营业税	935885	794344	25018	31402	995	5530	447398	177670	87043	19288	55624	28345	57572	45801
3	2. 企业所得税	345477	334067	3909	12040	4702	683	231124	22492	46886	12231	105	11305		28786
4	3. 个人所得税	397243	256869	3698	4420	3241	698	80540	88773	57078	18421	18605	32448	89321	15118
5	4. 资源税	195	103				14	86		3				92	1
6	5. 固定资产投资方向调节税														
7	6. 城市维护建设税	205122	141790	2686	2765	255	440	87945	19953	26239	1507	26855	29368	7109	21335
8	7. 房产税	136690	87692	3651	2664	222	80	42203	9696	14905	14271	14882	12943	21173	15497
9	8. 印花税	50374	37302	287	361	68	38	21939	3313	9334	1962	5028	5333	2711	4636
10	9. 城镇土地使用税	101853	67743	1997	2844	175	52	44485	3987	8141	6062	17832	7662	8616	21910
11	10. 土地增值税	247762	188802	906	4781	34	7	158249	1753	14866	8206	36118	9424	13418	17758
12	11. 车船税	51082	20429	55	60			15999		30	4285			30653	240
13	12. 车辆购置税														
14	13. 屠宰税														
15	14. 契税	275082	122290	606	4553	3	45	105345	2230	7626	1882	5180	1665	145947	7201
16	15. 耕地占用税	30565	30552					555			29997	13			5079
17	16. 烟叶税														

2013年韶关市地方税务局税收收入分企业类型统计年报表

编报机关：韶关市地方税务局　　　　单位：万元

序号	项　　目	合　计	内资企业									港澳台投资企业	外商投资企业	个体经营	附列资料：乡（镇）企业
			小　计	国有企业	集体企业	股份合作企业	联营企业	有限责任公司	股份有限公司	私营企业	其他企业				
1	国内税收收入合计	570451	458475	59786	23076	6863	822	270586	46285	25708	25349	13871	25396	72709	6032
2	1. 营业税	192762	156124	13288	11322	3147	427	94431	18066	11274	4169	4308	13977	18353	1597
3	2. 企业所得税	59398	59377	5826	6762	64	193	39783	3183	1898	1668	17	4		558
4	3. 个人所得税	62230	43414	6093	1331	2506	109	19156	6994	3051	4174	685	1522	16609	701
5	4. 资源税	13769	13094	328	479	1	29	6025	3148	714	2370	11	184	480	308
6	5. 固定资产投资方向调节税														
7	6. 城市维护建设税	55495	48895	22955	968	209	49	16114	6332	1769	499	2036	2810	1754	811
8	7. 房产税	21339	16513	2032	488	172	7	7848	3590	847	1529	1676	789	2361	432
9	8. 印花税	8451	7055	275	139	50	1	4333	1807	363	87	532	601	263	103
10	9. 城镇土地使用税	33387	28353	3117	246	181	7	19523	2186	1581	1512	2663	1973	398	568
11	10. 土地增值税	40402	33161	708	1178	424		26649	-254	3616	840	1499	3499	2243	100
12	11. 车船税	6369	2043	867	17	20		213	911	11	4			4326	
13	12. 车辆购置税														
14	13. 屠宰税														
15	14. 契税	49081	23052	164	51	89		22030	242	460	16	177	36	25816	260
16	15. 耕地占用税	16074	15700	4133	95			2787	80	124	8481	267	1	106	594
17	16. 烟叶税	11694	11694					11694							

2013年河源市地方税务局税收收入分企业类型统计年报表

编报机关:河源市地方税务局　　　　单位:万元

序号	项目	合计	内资企业									港澳台投资企业	外商投资企业	个体经营	附列资料:乡(镇)企业
			小计	国有企业	集体企业	股份合作企业	联营企业	有限责任公司	股份有限公司	私营企业	其他企业				
1	国内税收收入合计	467850	374586	21314	9196	3718	154	208625	71150	10427	50002	37012	3499	52753	19621
2	1. 营业税	164824	136088	11033	4896	2476	134	83364	14483	5480	14222	11568	553	16615	4583
3	2. 企业所得税	92434	92434	1638	2463	3	10	40654	45017	520	2129				1264
4	3. 个人所得税	32938	18864	2780	280	865		7796	2441	1255	3447	3341	385	10348	650
5	4. 资源税	11146	10639	349	229	2		4692	3874	1410	83	86		421	1270
6	5. 固定资产投资方向调节税														
7	6. 城市维护建设税	25169	16855	1633	378	138	10	10284	2720	748	944	5782	1298	1234	1128
8	7. 房产税	13034	7439	790	100	156		5045	734	240	374	3709	362	1524	703
9	8. 印花税	5012	3271	145	56	43		2469	226	107	225	1195	296	250	379
10	9. 城镇土地使用税	17601	10238	531	80	34		8770	328	428	67	6448	530	385	1120
11	10. 土地增值税	31517	25241	651	617			18769	79	130	4995	3821	15	2440	1190
12	11. 车船税	4357	2672	158	1			1194	1231	2	86			1685	
13	12. 车辆购置税														
14	13. 屠宰税														
15	14. 契税	40675	22215	775	6	1		13515	16	80	7822	1001	17	17442	351
16	15. 耕地占用税	29143	28630	831	90			12073	1	27	15608	61	43	409	6983
17	16. 烟叶税														

2013 年梅州市地方税务局税收收入分企业类型统计年报表

编报机关：梅州市地方税务局　　　　单位：万元

序号	项目	合计	内资企业									港澳台投资企业	外商投资企业	个体经营	附列资料：乡(镇)企业
			小计	国有企业	集体企业	股份合作企业	联营企业	有限责任公司	股份有限公司	私营企业	其他企业				
1	国内税收收入合计	658688	557895	26639	12891	4438	486	367425	54995	17147	73874	10960	7777	82056	10046
2	1. 营业税	175756	147578	7242	4879	2169	302	104096	20493	4156	4241	3676	2899	21603	1250
3	2. 企业所得税	121498	121488	2989	3039	167	57	108830	3953	1438	1015	10			626
4	3. 个人所得税	51402	33722	2999	2183	1404	23	13089	9665	1377	2982	954	883	15843	390
5	4. 资源税	26711	25209	981	613	175	6	15305	1699	5713	717	777	27	698	5876
6	5. 固定资产投资方向调节税														
7	6. 城市维护建设税	54004	49021	1968	404	182	20	42502	2588	1038	319	1932	1322	1729	774
8	7. 房产税	13220	10477	1922	500	227		5260	1805	253	510	761	421	1561	299
9	8. 印花税	7796	6557	264	88	54	3	5328	448	235	137	755	155	329	279
10	9. 城镇土地使用税	17987	15214	2677	249	36		10195	1485	393	179	1189	684	900	279
11	10. 土地增值税	70961	60417	3877	846	21	75	39604	11217	875	3902	17	1192	9335	89
12	11. 车船税	7349	215	22	5			185		1	2	2	5	7127	1
13	12. 车辆购置税														
14	13. 屠宰税														
15	14. 契税	41953	18713	422	85	3		14705	1388	1668	442	364	189	22687	183
16	15. 耕地占用税	65891	65124	1276				4166	254		59428	523		244	
17	16. 烟叶税	4160	4160					4160							

2013年惠州市地方税务局税收收入分企业类型统计年报表

编报机关:惠州市地方税务局　　　　单位:万元

序号	项　目	合　计	内资企业									港澳台投资企业	外商投资企业	个体经营	附列资料:乡(镇)企业
			小　计	国有企业	集体企业	股份合作企业	联营企业	有限责任公司	股份有限公司	私营企业	其他企业				
1	国内税收收入合计	2060602	1440226	80155	38811	6296	4013	901096	135631	243837	30387	161425	147012	311939	106023
2	1. 营业税	767799	654330	43046	17655	3636	2096	384579	81659	113907	7752	44528	21115	47826	42851
3	2. 企业所得税	115917	115554	10480	7754	11	185	56727	7167	30351	2879	121	242		6720
4	3. 个人所得税	184461	104225	10380	1905	1798	760	39664	25578	13113	11027	16907	28134	35195	6103
5	4. 资源税	13096	11873	1004	417	6	51	8316	418	1660	1	573	23	627	1808
6	5. 固定资产投资方向调节税														
7	6. 城市维护建设税	247993	168298	6514	1309	203	590	133829	10385	14791	677	28398	46581	4716	9055
8	7. 房产税	78117	38827	3008	2162	291	183	18886	4045	8424	1828	17464	12278	9548	4978
9	8. 印花税	43469	21381	1273	269	47	23	12757	1880	4761	371	6732	14548	808	2376
10	9. 城镇土地使用税	134348	92869	2407	2230	103	116	69053	3189	15341	430	23337	14013	4129	12565
11	10. 土地增值税	209966	176134	1134	5000	35	8	134790	287	33680	1200	19351	4955	9526	13055
12	11. 车船税	19170	689					8			681			18481	4
13	12. 车辆购置税														
14	13. 屠宰税														
15	14. 契税	233361	44003	649	110	166	1	34419	1023	7435	200	3545	4789	181024	4940
16	15. 耕地占用税	12905	12043	260				8068		374	3341	469	334	59	1568
17	16. 烟叶税														

2013年汕尾市地方税务局税收收入分企业类型统计年报表

编报机关：汕尾市地方税务局　　　　单位：万元

序号	项　目	合　计	内资企业									港澳台投资企业	外商投资企业	个体经营	附列资料：乡(镇)企业
			小　计	国有企业	集体企业	股份合作企业	联营企业	有限责任公司	股份有限公司	私营企业	其他企业				
1	国内税收收入合计	354781	253970	38002	10883	4669	631	71561	11493	35952	80779	23852	4740	72219	1970
2	1. 营业税	79607	61726	8105	4938	1062	70	26109	7111	11253	3078	6523	2565	8793	820
3	2. 企业所得税	27610	27609	1738	3064	26	17	14564	230	7747	223	28	-27		219
4	3. 个人所得税	20658	11408	1895	669	92	5	4474	1648	1170	1455	1864	654	6732	134
5	4. 资源税	1631	1577	222	318			804	47	171	15		2	52	51
6	5. 固定资产投资方向调节税														
7	6. 城市维护建设税	15571	10938	3469	306	69	4	4662	992	1062	374	3635	398	600	105
8	7. 房产税	8145	4771	836	57	91	8	1705	483	583	1008	2498	296	580	23
9	8. 印花税	3984	2781	92	53	16	3	2025	354	206	32	1067	64	72	53
10	9. 城镇土地使用税	30715	25831	5653	1374	2628	58	5151	267	1020	9680	4298	349	237	551
11	10. 土地增值税	28154	23710	1720	104	52	461	4686		7208	9479	2044	439	1961	14
12	11. 车船税	2835	2721	125		6		895	293		1402			114	
13	12. 车辆购置税														
14	13. 屠宰税														
15	14. 契税	56348	8090	28		13	5	2506	68	719	4751	1895		46363	
16	15. 耕地占用税	79523	72808	14119		614		3980		4813	49282			6715	
17	16. 烟叶税														

2013年东莞市地方税务局税收收入分企业类型统计年报表

编报机关：东莞市地方税务局　　　　单位：万元

序号	项　目	合　计	内资企业									港澳台投资企业	外商投资企业	个体经营	附列资料：乡（镇）企业
			小　计	国有企业	集体企业	股份合作企业	联营企业	有限责任公司	股份有限公司	私营企业	其他企业				
1	国内税收收入合计	4012411	2365099	35071	194006	3343	1352	1235484	421700	393070	81073	619874	509169	518269	736284
2	1. 营业税	1267911	1055216	22823	72333	1564	947	513962	270247	164244	9096	67994	62479	82222	168446
3	2. 企业所得税	730627	288599	3067	51660	383	179	168107	17921	42005	5277	224119	217909		192094
4	3. 个人所得税	517420	244966	4462	11014	829	130	87994	91301	33714	15522	102991	78454	91009	83450
5	4. 资源税	51	49	18				24		7				2	18
6	5. 固定资产投资方向调节税														
7	6. 城市维护建设税	364650	171226	1572	5334	96	77	106638	23850	33005	654	100822	81184	11418	88313
8	7. 房产税	155422	74531	1507	13165	303	2	40662	7100	9821	1971	37556	21946	21389	32420
9	8. 印花税	87481	43377	212	2078	81	14	27948	3816	8412	816	20228	20718	3158	15469
10	9. 城镇土地使用税	128469	72904	1090	10834	87	2	43571	2497	13483	1340	31856	13502	10207	32966
11	10. 土地增值税	318537	287974	260	24694			195673	3921	63232	194	21869	6563	2131	76582
12	11. 车船税	61766	4328		1381			2061		754	132			57438	-6
13	12. 车辆购置税														
14	13. 屠宰税														
15	14. 契税	330370	73127	60	658		1	46621	1040	24244	503	12076	6358	238809	14317
16	15. 耕地占用税	49707	48802		855			2223	7	149	45568	363	56	486	32215
17	16. 烟叶税														

2013年中山市地方税务局税收收入分企业类型统计年报表

编报机关：中山市地方税务局　　　　单位：万元

序号	项目	合计	内资企业									港澳台投资企业	外商投资企业	个体经营	附列资料：乡（镇）企业
			小计	国有企业	集体企业	股份合作企业	联营企业	有限责任公司	股份有限公司	私营企业	其他企业				
1	国内税收收入合计	1915878	1263834	18430	54491	8279	3297	830139	170065	128309	50824	221155	138629	292260	90726
2	1. 营业税	671106	544389	11813	20166	3862	2048	359557	95457	39913	11573	58590	22540	45587	30106
3	2. 企业所得税	188518	186745	2986	13634	1	497	130769	15458	19756	3644	1142	631		17992
4	3. 个人所得税	253562	145379	1046	740	2540	14	48122	37838	36920	18159	25443	27911	54829	8436
5	4. 资源税	13	11					9		2				2	
6	5. 固定资产投资方向调节税														
7	6. 城市维护建设税	135739	77455	723	1314	263	120	53943	9365	10978	749	26683	26939	4662	7337
8	7. 房产税	102378	56284	579	3814	991	31	34840	5085	4184	6760	21691	11352	13051	6830
9	8. 印花税	34144	20096	146	502	55	13	14311	1876	2431	762	5359	6886	1803	1622
10	9. 城镇土地使用税	67692	41023	413	2145	313	32	29085	1733	4849	2453	13516	4964	8189	4014
11	10. 土地增值税	257411	155698	714	10436	240	541	130318	2199	5226	6024	50850	36298	14565	12898
12	11. 车船税	22396	1317					1317						21079	
13	12. 车辆购置税														
14	13. 屠宰税														
15	14. 契税	175419	29878	10	1070	14	1	24128	825	3393	437	16209	872	128460	1055
16	15. 耕地占用税	7500	5559		670			3740	229	657	263	1672	236	33	436
17	16. 烟叶税														

2013年江门市地方税务局税收收入分企业类型统计年报表

编报机关:江门市地方税务局　　　　单位:万元

序号	项目	合计	内资企业									港澳台投资企业	外商投资企业	个体经营	附列资料:乡(镇)企业
			小计	国有企业	集体企业	股份合作企业	联营企业	有限责任公司	股份有限公司	私营企业	其他企业				
1	国内税收收入合计	1389038	982861	27307	68418	9015	2499	568150	96462	150414	60596	120863	76910	208404	177353
2	1. 营业税	440396	351895	14377	20783	5074	1692	201190	53241	48300	7238	20369	22556	45576	37618
3	2. 企业所得税	166200	165614	2140	16707	20	319	112831	3524	26125	3948	520	66		24005
4	3. 个人所得税	159607	90727	3409	1180	1473	225	36622	23094	15356	9368	13839	14608	40433	18540
5	4. 资源税	5553	5234					3273		1932	29	182	2	135	2178
6	5. 固定资产投资方向调节税														
7	6. 城市维护建设税	110986	60888	2493	1651	350	137	36293	6731	12641	592	31668	13194	5236	23481
8	7. 房产税	68400	34739	2313	1987	411	27	16122	4465	6004	3410	15858	6664	11139	10934
9	8. 印花税	25580	16915	304	469	129	18	10432	1448	3536	579	4818	2814	1033	4796
10	9. 城镇土地使用税	96681	59732	1394	2952	493	59	38041	2299	12045	2449	20918	7158	8873	22692
11	10. 土地增值税	132872	108221	559	8511	294	4	77652	482	19353	1366	8292	8886	7473	17356
12	11. 车船税	19464	10009	61	8008			-3		39	1904			9455	1
13	12. 车辆购置税														
14	13. 屠宰税														
15	14. 契税	111532	29035	55	751	771	18	21599	1072	4555	214	2847	802	78848	4106
16	15. 耕地占用税	51767	49852	202	5419			14098	106	528	29499	1552	160	203	11646
17	16. 烟叶税														

2013年阳江市地方税务局税收收入分企业类型统计年报表

编报机关：阳江市地方税务局　　　　单位：万元

序号	项目	合计	内资企业									港澳台投资企业	外商投资企业	个体经营	附列资料：乡(镇)企业
			小计	国有企业	集体企业	股份合作企业	联营企业	有限责任公司	股份有限公司	私营企业	其他企业				
1	国内税收收入合计	483866	405693	23955	17721	2978	737	188779	39041	94443	38039	12769	10915	54489	5621
2	1. 营业税	176052	152580	9219	8084	1338	193	74956	19001	35777	4012	4323	5720	13429	2165
3	2. 企业所得税	66143	66118	4604	6617	23	76	33853	3574	16307	1064	11	14		957
4	3. 个人所得税	42462	30347	2744	1001	1054	125	11306	7265	4553	2299	751	1157	10207	476
5	4. 资源税	3325	2819	177	275		202	1404	33	712	16	381		125	172
6	5. 固定资产投资方向调节税														
7	6. 城市维护建设税	23685	19996	1628	537	106	18	9815	1961	5636	295	1941	725	1023	296
8	7. 房产税	11129	7549	845	47	79	24	3443	1000	1658	453	799	939	1842	86
9	8. 印花税	6458	5558	161	78	6	2	3892	290	1112	17	298	415	187	48
10	9. 城镇土地使用税	27309	23516	983	43	292	41	12789	700	8552	116	1558	662	1573	324
11	10. 土地增值税	54232	48448	1180	892		56	28557	764	16702	297	2195	928	2661	68
12	11. 车船税	5939	5015	53	80	80		63	4373	11	355		45	879	16
13	12. 车辆购置税														
14	13. 屠宰税														
15	14. 契税	29203	8086	232	46			4472	64	3238	34	512	298	20307	512
16	15. 耕地占用税	37929	35661	2129	21			4229	16	185	29081		12	2256	501
17	16. 烟叶税														

2013年湛江市地方税务局税收收入分企业类型统计年报表

编报机关:湛江市地方税务局

单位:万元

序号	项目	合计	内资企业									港澳台投资企业	外商投资企业	个体经营	附列资料:乡(镇)企业
			小计	国有企业	集体企业	股份合作企业	联营企业	有限责任公司	股份有限公司	私营企业	其他企业				
1	国内税收收入合计	768880	592275	55939	26107	8299	163	287743	77353	83571	53100	65104	7422	104079	5238
2	1. 营业税	281785	244800	22739	13734	4883	28	112047	48999	36300	6070	8161	2640	26184	1494
3	2. 企业所得税	70755	60811	10094	5152	4	27	29044	5615	9397	1478	9761	183		166
4	3. 个人所得税	89033	65196	8983	3089	2253	44	20628	9598	6955	13646	3346	912	19579	858
5	4. 资源税	908	488	38	54			245	7	144		75		345	103
6	5. 固定资产投资方向调节税														
7	6. 城市维护建设税	83074	43498	2964	1036	321	16	29998	3941	4717	505	36012	1355	2209	779
8	7. 房产税	23330	18082	1911	254	259	1	10468	1657	2013	1519	2139	926	2183	371
9	8. 印花税	12804	10693	743	332	64	22	7027	864	1445	196	1289	526	296	149
10	9. 城镇土地使用税	25700	21357	2770	293	154	11	13533	884	2782	930	2704	749	890	519
11	10. 土地增值税	63052	55811	4274	2134	97	2	32807	388	13744	2365	1514	41	5686	120
12	11. 车船税	9258	6082	1196	15	86		249	4044	4	488		22	3154	9
13	12. 车辆购置税														
14	13. 屠宰税														
15	14. 契税	81936	38417	169	10	178	12	30371	1356	6045	276	103	68	43348	298
16	15. 耕地占用税	27245	27040	58	4			1326		25	25627			205	372
17	16. 烟叶税														

2013 年茂名市地方税务局税收收入分企业类型统计年报表

编报机关：茂名市地方税务局

单位：万元

序号	项　　目	合　计	内　资　企　业									港澳台投资企业	外商投资企业	个体经营	附列资料：乡（镇）企业
			小　计	国有企业	集体企业	股份合作企业	联营企业	有限责任公司	股份有限公司	私营企业	其他企业				
1	国内税收收入合计	707714	584368	51381	16666	7468	4992	326858	122750	5141	49112	7114	4397	111835	9762
2	1. 营业税	184873	154556	15602	6621	4163	1027	106017	14301	2702	4123	5065	2260	22992	1468
3	2. 企业所得税	99196	99188	3762	6331	229	3752	81688	1381	241	1804	7	1		5250
4	3. 个人所得税	49605	33977	6515	66	2099	69	12327	6951	711	5239	608	344	14676	546
5	4. 资源税	7316	2546	76	351	41		1683	19	273	103	15		4755	166
6	5. 固定资产投资方向调节税														
7	6. 城市维护建设税	116322	110358	2850	685	342	58	16845	88081	334	1163	671	639	4654	591
8	7. 房产税	34746	19792	4569	908	300	8	7636	2606	116	3649	239	76	14639	342
9	8. 印花税	7896	6992	473	293	42	35	4021	1635	35	458	100	63	741	69
10	9. 城镇土地使用税	46930	40502	15729	541	152	17	20811	1727	150	1375	216	463	5749	348
11	10. 土地增值税	59198	52679	178	267	4	1	47968	2053	380	1828	19	541	5959	182
12	11. 车船税	9278	9002	2	517	90		5796	2463		134	1	10	265	36
13	12. 车辆购置税														
14	13. 屠宰税														
15	14. 契税	57684	20839	112	50	6	25	19740	633	199	74	173		36672	294
16	15. 耕地占用税	34670	33937	1513	36			2326	900		29162			733	470
17	16. 烟叶税														

2013年肇庆市地方税务局税收收入分企业类型统计年报表

编报机关:肇庆市地方税务局

单位:万元

序号	项目	合计	内资企业									港澳台投资企业	外商投资企业	个体经营	附列资料:乡(镇)企业
			小计	国有企业	集体企业	股份合作企业	联营企业	有限责任公司	股份有限公司	私营企业	其他企业				
1	国内税收收入合计	1000503	785543	39108	21773	8606	731	396632	54197	115038	149458	58701	31053	125206	34373
2	1. 营业税	301395	252116	13455	8696	5197	313	136976	32228	43111	12140	12867	8709	27703	7412
3	2. 企业所得税	83819	83591	5600	4474	24	116	50536	2877	13973	5991	23	205		2961
4	3. 个人所得税	76889	49535	2446	1565	2238	45	20839	9595	6138	6669	2491	3494	21369	1539
5	4. 资源税	12302	6906		556			4536		1814		4780	7	609	252
6	5. 固定资产投资方向调节税														
7	6. 城市维护建设税	47051	34220	2174	686	309	25	20930	3935	5284	877	5897	4672	2262	2110
8	7. 房产税	29984	19479	2006	346	290	17	9921	2633	2298	1968	3744	4213	2548	771
9	8. 印花税	9508	7061	165	94	46	8	4592	719	984	453	987	989	471	377
10	9. 城镇土地使用税	59211	46180	2432	2548	296	15	34323	760	3855	1951	8350	3255	1426	1981
11	10. 土地增值税	141629	114313	2675	1091	146	1	54409	1054	22974	31963	15882	4816	6618	2666
12	11. 车船税	12054	10241	469	1421		191	2003	1	10	6146	18	13	1782	3
13	12. 车辆购置税														
14	13. 屠宰税														
15	14. 契税	98505	37211	2253	281	60		28340	395	4422	1460	1630	680	58984	946
16	15. 耕地占用税	128156	124690	5433	15			29227		10175	79840	2032		1434	13355
17	16. 烟叶税														

2013 年清远市地方税务局税收收入分企业类型统计年报表

编报机关:清远市地方税务局　　　　单位:万元

序号	项目	合计	内资企业									港澳台投资企业	外商投资企业	个体经营	附列资料:乡(镇)企业
			小计	国有企业	集体企业	股份合作企业	联营企业	有限责任公司	股份有限公司	私营企业	其他企业				
1	国内税收收入合计	819799	611429	30068	10861	4646	6376	444124	46129	27102	42123	44133	29297	134940	18526
2	1. 营业税	309180	258701	12523	5769	2694	4139	185253	28362	13075	6886	7800	15053	27626	6857
3	2. 企业所得税	87423	87257	5044	2542	188	1271	72155	991	1579	3487	20	146		1449
4	3. 个人所得税	65035	38548	3841	807	567	549	17816	5746	3718	5504	2887	2408	21192	1510
5	4. 资源税	18803	9221	109	43			7393	36	1638	2	7938	65	1579	418
6	5. 固定资产投资方向调节税														
7	6. 城市维护建设税	41987	29689	3065	526	154	300	20763	2515	1646	720	7094	3027	2177	1784
8	7. 房产税	25989	15727	1421	371	108	10	9620	1503	486	2208	5605	1723	2934	869
9	8. 印花税	9822	7331	192	89	29	17	6083	370	311	240	1243	515	733	381
10	9. 城镇土地使用税	44377	33513	3280	331	872	11	24850	772	1809	1588	7842	1960	1062	2459
11	10. 土地增值税	92457	82481	283	175	28	64	74651	62	2532	4686	2068	3614	4294	318
12	11. 车船税	8528	6537	65	6	5		754	5596	2	109	1	34	1956	1
13	12. 车辆购置税														
14	13. 屠宰税														
15	14. 契税	96141	23694	23	179	1	15	22722	176	290	288	714	367	71366	985
16	15. 耕地占用税	19447	18120	222	23			1454		16	16405	921	385	21	1495
17	16. 烟叶税	610	610					610							

2013年潮州市地方税务局税收收入分企业类型统计年报表

编报机关：潮州市地方税务局　　　　单位：万元

序号	项目	合计	内资企业									港澳台投资企业	外商投资企业	个体经营	附列资料：乡（镇）企业
			小计	国有企业	集体企业	股份合作企业	联营企业	有限责任公司	股份有限公司	私营企业	其他企业				
1	国内税收收入合计	308816	254024	15721	14382	4482	92	150579	36409	19727	12632	17057	6376	31359	72896
2	1. 营业税	76914	67682	3595	6605	1510	26	42352	10522	1572	1500	1219	2830	5183	7541
3	2. 企业所得税	56193	56183	7299	4842	707	40	29406	12501	402	986	10			14353
4	3. 个人所得税	47371	32072	1356	1118	524	5	16004	4600	6989	1476	6089	915	8295	15395
5	4. 资源税	9373	7472	268	832	74	2	4377	36	1867	16	740	302	859	3580
6	5. 固定资产投资方向调节税														
7	6. 城市维护建设税	26963	21233	1177	523	324	6	13925	3227	1815	236	3958	874	898	9213
8	7. 房产税	16483	11886	936	99	294	3	6830	1511	1901	312	1175	601	2821	5627
9	8. 印花税	7620	5998	82	104	76	7	4266	637	783	43	859	235	528	2487
10	9. 城镇土地使用税	21803	16671	649	130	480	2	10821	800	3643	146	1763	613	2756	10551
11	10. 土地增值税	15654	14797	26	96	252	1	13407	56	726	233	34	5	818	1692
12	11. 车船税	5373	5163	289				2713	2161					210	43
13	12. 车辆购置税														
14	13. 屠宰税														
15	14. 契税	15254	6440	12	31	241		5416	358	11	371	4		8810	926
16	15. 耕地占用税	9815	8427	32	2			1062		18	7313	1206	1	181	1488
17	16. 烟叶税														

2013年揭阳市地方税务局税收收入分企业类型统计年报表

编报机关:揭阳市地方税务局　　　　单位:万元

序号	项　目	合　计	内资企业								港澳台投资企业	外商投资企业	个体经营	附列资料:乡(镇)企业
			小　计	国有企业	集体企业	股份合作企业	联营企业	有限责任公司	股份有限公司	私营企业	其他企业				
1	国内税收收入合计	533273	446397	37017	26159	11117	1445	208244	83783	31541	47091	17146	5526	64204	55923
2	1. 营业税	147263	128283	12585	9559	7943	627	60167	24051	9279	4072	5241	2706	11033	12644
3	2. 企业所得税	99684	99350	11041	11412	1	531	37327	31929	5908	1201	94	240		10414
4	3. 个人所得税	68549	48818	5220	2391	2042	166	19767	13061	3120	3051	1511	826	17394	4682
5	4. 资源税	3307	3057	676	566		60	1478	39	234	4	4		246	354
6	5. 固定资产投资方向调节税														
7	6. 城市维护建设税	40826	35028	2314	739	524	44	23107	5797	2185	318	3714	783	1301	5891
8	7. 房产税	22201	18295	1958	356	365		9921	2905	2083	707	1688	293	1925	2909
9	8. 印花税	11009	9771	276	219	107	16	7037	1248	619	249	780	165	293	1882
10	9. 城镇土地使用税	31832	24263	1240	415	105		15776	3720	2821	186	2524	437	4608	7074
11	10. 土地增值税	37173	32541	167	490	1		26610	194	4903	176	1425	55	3152	5698
12	11. 车船税	10740	320	-1							321			10420	
13	12. 车辆购置税														
14	13. 屠宰税														
15	14. 契税	22387	8369	12		29	1	7052	839	389	47	165	21	13832	3192
16	15. 耕地占用税	38302	38302	1529	12			2			36759				1183
17	16. 烟叶税														

2013 年云浮市地方税务局税收收入分企业类型统计年报表

编报机关:云浮市地方税务局　　　　单位:万元

序号	项目	合计	内资企业									港澳台投资企业	外商投资企业	个体经营	附列资料:乡(镇)企业
			小计	国有企业	集体企业	股份合作企业	联营企业	有限责任公司	股份有限公司	私营企业	其他企业				
1	国内税收收入合计	399399	320240	14297	10451	9079	1180	152243	57641	20297	55052	12965	5948	60246	12068
2	1. 营业税	117177	95852	5817	4343	3633	958	56809	14353	7814	2125	2613	3285	15427	3532
3	2. 企业所得税	37441	37441	1337	3569	90		28445	1393	1879	728				886
4	3. 个人所得税	72114	55433	1638	522	2045	153	13478	33872	1524	2201	1343	949	14389	1601
5	4. 资源税	5756	3361	15	384			2660		302		1587	114	694	708
6	5. 固定资产投资方向调节税														
7	6. 城市维护建设税	17281	12990	864	376	230	60	8926	1264	1022	248	2149	676	1466	900
8	7. 房产税	10727	7029	619	146	237		3354	874	420	1379	1089	354	2255	532
9	8. 印花税	4136	3046	77	48	45	8	2083	478	271	36	484	134	472	193
10	9. 城镇土地使用税	15574	11417	2768	177	100	1	6674	520	913	264	1784	393	1980	904
11	10. 土地增值税	35207	27805	1047	712	2616		18638	1946	1962	884	966	23	6413	1223
12	11. 车船税	4590	3084	24	1	34		300	2595	1	129		-1	1507	
13	12. 车辆购置税														
14	13. 屠宰税														
15	14. 契税	29992	13741	90	30	49		9835	346	3322	69	756	5	15490	1169
16	15. 耕地占用税	49404	49041	1	143			1041		867	46989	194	16	153	420
17	16. 烟叶税														

2013年顺德区地方税务局税收收入分企业类型统计年报表

编报机关:顺德区地方税务局　　　　单位:万元

序号	项目	合计	内资企业								港澳台投资企业	外商投资企业	个体经营	附列资料:乡(镇)企业
			小计	国有企业	集体企业	股份合作企业	联营企业	有限责任公司	股份有限公司	私营企业	其他企业				
1	国内税收收入合计	1429296	883726	8583	9476	129	1080	504113	169586	97982	92777	143756	133673	268141	17700
2	1. 营业税	457736	368157	6186	4397	58	850	206847	98821	31059	19939	22454	28576	38549	6978
3	2. 企业所得税	196091	152264	221	2195	2	47	108399	11862	19346	10192	716	43111		3855
4	3. 个人所得税	199879	108120	937	512	8	114	37689	40240	20907	7713	28128	23775	39856	475
5	4. 资源税	105	82				5	66		11				23	7
6	5. 固定资产投资方向调节税														
7	6. 城市维护建设税	117464	69911	461	391	13	60	44984	9743	12837	1422	28396	14525	4632	753
8	7. 房产税	77653	35155	534	581	4	1	21007	5250	5679	2099	14811	6368	21319	399
9	8. 印花税	22703	13659	36	20	29	3	9071	1662	1783	1055	4469	3259	1316	81
10	9. 城镇土地使用税	37067	22214	168	469	2		14924	921	3164	2566	6301	3579	4973	168
11	10. 土地增值税	137231	81697	40	486			61008	1087	3279	15797	38275	10480	6779	4566
12	11. 车船税	21325	12252					6		2	12244	203		8870	
13	12. 车辆购置税														
14	13. 屠宰税														
15	14. 契税	140199	-85							-85				140284	
16	15. 耕地占用税	21843	20300		425	13		112			19750	3		1540	418
17	16. 烟叶税														

2013年广东省地方税务局直属分局税收收入分企业类型统计年报表

编报机关：广东省地方税务局直属分局　　单位：万元

序号	项目	合计	内资企业									港澳台投资企业	外商投资企业	个体经营	附列资料：乡(镇)企业
			小计	国有企业	集体企业	股份合作企业	联营企业	有限责任公司	股份有限公司	私营企业	其他企业				
1	国内税收收入合计	1676664	1618668	76437	423	2938	657	462957	1056375	5413	13468	21813	35766	417	11968
2	1. 营业税	1228639	1174073	53485	63	2933	344	66563	1047235	3060	390	19155	34994	417	11476
3	2. 企业所得税	448025	444595	22952	360	5	313	396394	9140	2353	13078	2658	772		492
4	3. 个人所得税														
5	4. 资源税														
6	5. 固定资产投资方向调节税														
7	6. 城市维护建设税														
8	7. 房产税														
9	8. 印花税														
10	9. 城镇土地使用税														
11	10. 土地增值税														
12	11. 车船税														
13	12. 车辆购置税														
14	13. 屠宰税														
15	14. 契税														
16	15. 耕地占用税														
17	16. 烟叶税														

2013年广东省地方税务局营业税分税目分企业类型统计年报表

编报机关:广东省地方税务局　　　　单位:万元

序号	项目	合计	内资企业												港澳台投资企业	国有控股	外商投资企业	国有控股	个体经营	附列:应税营业收入
			小计	国有企业	集体企业	股份合作企业	联营企业	国有控股	有限责任公司	国有控股	股份有限公司	国有控股	私营企业	其他企业						
1	合计	16253569	13484079	677577	367568	115939	84668	7871	4825868	245424	4822905	1288193	1869354	720200	1061254	57285	890770	41487	817466	688177427
2	一、建筑业	3186841	2982085	347242	197243	5271	53906	1115	1464628	86959	376892	21807	520245	16658	21252	2351	38605	1182	144899	223460212
3	其中:建筑	1761451	1698068	229251	140785	1987	31339	504	820049	50481	252983	15670	212437	9237	4489	1018	17967	409	40927	120352223
4	安装	385247	345821	23655	10044	1117	2549	60	157438	8223	41933	1702	107919	1166	6932	436	10009	476	22485	26755588
5	二、交通运输业	57474	51782	773	58	11			15835	2478	34599	3862	100	406	751	539	3908	-1	1033	2394126
6	1. 陆路运输	51619	50401	443	42	11			14918	2269	34499	3747	118	370	359	321	-1	-1	860	1872517
7	2. 水路运输	526	522	2					519	-7	115	115	-120	6	1				3	51812
8	3. 航空运输	3367	7								7				1		3359			248417
9	4. 管道运输	36	37		15				22								-1			2479
10	5. 装卸搬运	1926	815	328	1				376	216	-22		102	30	390	218	551		170	218901
11	三、邮电通信业	586252	368572	11019	9		1469	12	147436	13647	149323	36703	59052	264	85336	15981	132297	8699	47	38349857
12	1. 邮政	48894	40238	4364	1		6		15131	195	9488	1144	11193	55	3884	121	4734	1029	38	3267640
13	2. 电信	537358	328334	6655	8		1463	12	132305	13452	139835	35559	47859	209	81452	15860	127563	7670	9	35082217
14	四、金融保险业	3709100	3520713	156703	8324	56455	2525	2303	130944	32246	3146063	1130657	18866	833	82021	1479	104244	6523	2122	66859610
15	1. 金融	3511327	3327715	139957	8324	56455	2525	2303	126745	31473	2974010	1077283	18866	833	81624	1483	99870	8924	2118	57542011
16	2. 保险	197773	192998	16746					4199	773	172053	53374			397	-4	4374	-2401	4	9317599
17	五、娱乐业	78016	54660	603	865	370	123	22	21236	55	2739	498	28692	32	10521	4	5287	11	7548	1527368
18	1. 按5%税率征收	3345	2432	24	3	19	8		742	3	110	1	1511	15	91		87		735	140791

续表

序号	项目	合计	内资企业												港澳台投资企业	国有控股	外商投资企业	国有控股	个体经营	附列：应税营业收入
			小计	国有企业	集体企业	股份合作企业	联营企业	国有控股	有限责任公司	国有控股	股份有限公司	国有控股	私营企业	其他企业						
19	2. 按10%税率征收	19676	8584	171	9	30	18		3097	10	1044	496	4215		6776		4180		136	610691
20	3. 按15%税率征收	54771	43629	408	852	321	97	22	17396	42	1585	1	22954	16	3450	4	1020	11	6672	773803
21	4. 按20%税率征收	220	12						1				11		204				4	2082
22	六、服务业	3187518	2257848	104582	76415	48186	18673	4336	733559	74494	466624	57445	611112	198697	347256	17041	277605	14955	304809	132414037
23	1. 代理业	94352	66273	2398	881	104	361	259	26893	2302	14147	2952	20860	629	10129	-36	7340	-39	10610	4090882
24	2. 旅店业	167539	120969	8082	1626	325	793	185	51389	2623	19969	1484	36071	2714	21596	907	15549	8	9425	6962064
25	3. 饮食业	572478	277074	6618	2819	3908	940	154	88302	2406	33536	1763	139402	1549	61929	965	70776	157	162699	24048279
26	4. 旅游业	17103	16545	915	67	12	100	23	7271	552	4215	836	3759	206	328	64	196		34	764058
27	5. 仓储业	1151	1018	182	344	24	1	1	340	7	16		72	39	38		20		75	65538
28	6. 租赁业	822713	635703	32820	45876	35227	5998	1674	170704	23622	113293	15679	127738	104047	85100	2543	45465	952	56445	33091402
29	其中：房屋租赁	354469	248673	15393	23111	2447	457	52	97371	14304	6690	1798	38569	64635	40556	530	22579	380	42661	16604974
30	7. 广告业	989	1007	29		-1			304	46	370	146	107	198	-24		-39		45	46544
31	8. 其他服务业	1511193	1139259	53538	24802	8587	10480	2040	388356	42936	281078	34585	283103	89315	168160	12598	138298	13877	65476	63345358
32	七、转让无形资产	177243	127739	7553	22329	1035	462	26	41637	3534	11318	1359	4067	39338	13098	151	8496	162	27910	7329123
33	其中：转让土地使用权	167710	122845	7325	22153	960	462	26	40090	3457	9574	1334	3652	38629	11368	139	6385	35	27112	6913209
34	八、销售不动产	5147188	4014640	46147	59548	4041	7299	28	2243603	29911	616830	33599	607343	429829	493229	19619	314294	9473	325025	207440491
35	九、文化体育业	90780	79589	1277	1255	209	59	3	15847	1540	15725	1774	12994	32223	4800	78	4567	453	1824	6556325
36	十、税款滞纳金罚款收入	33157	26451	1678	1522	361	152	26	11143	560	2792	489	6883	1920	2990	42	1467	30	2249	1846278

2013年广州市地方税务局营业税分税目分企业类型统计年报表

编报机关:广州市地方税务局　　　　单位:万元

序号	项　目	合计	内资企业												港澳台投资企业	国有控股	外商投资企业	国有控股	个体经营	附列:应税营业收入
			小计	国有企业	集体企业	股份合作企业	联营企业	国有控股	有限责任公司	国有控股	股份有限公司	国有控股	私营企业	其他企业						
1	合　计	3243164	2448074	131583	76218	10165	21573	1571	1155578	93732	196322	18380	568167	288468	298273	2691	318327	7932	178490	210696374
2	一、建筑业	642159	610656	66750	36179	2219	19531	206	319912	22592	33470	112	128870	3725	4920	563	13755	340	12828	59821203
3	其中:建筑	251069	245587	33084	15844	745	7076	18	133965	10614	15654	60	36691	2528	521	3	3669	49	1292	23782887
4	安装	74872	67019	3569	2160	500	378	14	29962	2196	2374		27848	228	1701	37	4034	114	2118	7221026
5	二、交通运输业	4982	2706	286		11			2330	1997	6	8	58	15	-38	-40	2285	-1	29	554855
6	1. 陆路运输	2213	2238	-18		11			2217	1973	8	8	16	4	-42	-40	-1	-1	18	256812
7	2. 水路运输	8	8	2										6						794
8	3. 航空运输	1736													1		1735			194004
9	4. 管道运输																			
10	5. 装卸搬运	1025	460	302					113	24	-2		42	5	3		551		11	103245
11	三、邮电通信业	151089	125482	4472			6		67840	4602	33944	31	19073	147	5869	1485	19735	974	3	14945850
12	1. 邮政	14594	12896	1438			6		8119	39	22	22	3288	23	682		1013		3	1454942
13	2. 电信	136495	112586	3034					59721	4563	33922	9	15785	124	5187	1485	18722	974		13490908
14	四、金融保险业																			74
15	1. 金融																			
16	2. 保险																			74
17	五、娱乐业	14468	11255	141	201	253	1	1	2749	16			7904	6	2062		303		848	404038
18	1. 按5%税率征收	928	831	1	1	12			358				455	4	25		18		54	54768

续表

序号	项目	合计	内资企业												港澳台投资企业	国有控股	外商投资企业	国有控股	个体经营	附列：应税营业收入
			小计	国有企业	集体企业	股份合作企业	联营企业	国有控股	有限责任公司	国有控股	股份有限公司	国有控股	私营企业	其他企业						
19	2. 按10%税率征收	2973	1471			10			819	3			643	-1	1225		216		61	147295
20	3. 按15%税率征收	10564	8951	140	200	231	1	1	1572	13			6805	2	812		69		732	201973
21	4. 按20%税率征收																			2
22	六、服务业	1010565	732319	52431	26966	7093	1961	1361	282552	48776	33229	10256	242751	85336	114825	534	98977	6470	64444	59337040
23	1. 代理业	34004	24938	808	578	55	4	3	12569	2074	1982	445	8639	303	6284	-56	2193	-53	589	2044314
24	2. 旅店业	52124	39439	5249	612	90	22	13	18412	1936	753	546	12699	1602	4590	17	6828		1267	3048349
25	3. 饮食业	168020	86376	3867	860	3399	9		25314	1486	2793	1048	49223	911	18067	23	24746	54	38831	9898070
26	4. 旅游业	7086	7036	648	4		3	3	2598	337	2448	471	1168	167	50					421899
27	5. 仓储业	808	755	110	341	18	1	1	206	1			43	36	8		16		29	48579
28	6. 租赁业	291810	228021	19934	14212	2239	1307	846	78002	15933	8418	3113	55957	47952	31906	145	20756	289	11127	15580796
29	其中：房屋租赁	173940	123303	10828	7444	729	370	39	44547	10043	3117	1004	24285	31983	24399	114	16452	280	9786	8713948
30	7. 广告业	-132	-56	13		-1			-15	-1	-12		15	-56	-28		-50		2	11972
31	8. 其他服务业	456845	345810	21802	10359	1293	615	495	145466	27010	16847	4633	115007	34421	53948	405	44488	6180	12599	28283061
32	七、转让无形资产	13899	5570	722	641	129			1676	438	464	53	517	1421	2961		5292	123	76	820037
33	其中：转让土地使用权	10910	4888	714	649	129			1444	433	448	49	402	1102	1403		4565		54	617166
34	八、销售不动产	1361760	921611	5922	11752	173	12		467700	14586	94893	7846	159876	181283	165544	107	175088		99517	70992640
35	九、文化体育业	35755	31954	396	118	122	9	3	7597	664	21	2	7265	16426	1111	42	2228	12	462	3532446
36	十、税款滞纳金罚款收入	8487	6521	463	361	165	53		3222	61	295	72	1853	109	1019		664	14	283	288191

2013年深圳市地方税务局营业税分税目分企业类型统计年报表

编报机关：深圳市地方税务局　　　　单位：万元

序号	项目	合计	内资企业												港澳台投资企业		外商投资企业		个体经营	附列：应税营业收入
			小计	国有企业	集体企业	股份合作企业	联营企业	国有控股	有限责任公司	国有控股	股份有限公司	国有控股	私营企业	其他企业		国有控股		国有控股		
1	合计	4190745	3532886	176070	19264	41670	38402	5604			2415805	333561	565689	275986	348400	18959	255814	14150	53645	95636021
2	一、建筑业	522957	499736	63588	13470	414	12163	725			257198	18476	152241	662	4763	1149	2813	624	15645	17434440
3	其中：建筑	346430	339697	53768	11519	48	10134	458			188456	14323	75283	489	984	531	630	340	5119	11547604
4	安装	73277	67446	4130	476	46	993	44			29928	1246	31859	14	1673	376	1466	275	2692	2443406
5	二、交通运输业	32513	30491								30392		97	2	399	361	1623			1084839
6	1. 陆路运输	30888	30489								30410		78	1	399	361				1030552
7	2. 水路运输																			8
8	3. 航空运输	1631	7								7						1624			54377
9	4. 管道运输	-1															-1			-11
10	5. 装卸搬运	-5	-5								-25		19	1						-87
11	三、邮电通信业	168928	90094	1312			1463	12			52346	3907	34953	20	22159		56671	1074	4	5631207
12	1. 邮政	16287	13589	651							9457	1122	3463	18	1666		1029	1029	3	529539
13	2. 电信	152641	76505	661			1463	12			42889	2785	31490	2	20493		55642	45	1	5101668
14	四、金融保险业	1312758	1215051	62722	18		2182	2104			1139089	242072	10889	151	43738	614	53865	6583	104	27792293
15	1. 金融	1246183	1148848	58853	18		2182	2104			1076755	215361	10889	151	43738	614	53493	6583	104	24969906
16	2. 保险	66575	66203	3869							62334	26711					372			2822387
17	五、娱乐业	16556	10518	196	13	43	106	5			2720	498	7424	16	1525	4	3912		601	201320
18	1. 按5%税率征收	850	654	14			8				97	1	532	3	19				177	16802

续表

序号	项目	合计	内资企业												港澳台投资企业	国有控股	外商投资企业	国有控股	个体经营	附列：应税营业收入
			小计	国有企业	集体企业	股份合作企业	联营企业	国有控股	有限责任公司	国有控股	股份有限公司	国有控股	私营企业	其他企业						
19	2. 按10%税率征收	6284	1681	171		11	18				1043	496	437	1	1235		3368			122872
20	3. 按15%税率征收	9416	8177	11	13	32	80	5			1580	1	6449	12	271	4	544		424	61535
21	4. 按20%税率征收	6	6										6							111
22	六、服务业	1050208	772501	25716	5441	38037	15894	2737			413120	40791	229127	45166	137618	5337	104080	4253	36009	21521248
23	1. 代理业	24631	17385	214	1	3	357	256			9746	1489	7041	23	2552	3	4145	12	549	493711
24	2. 旅店业	46238	30941	1522	113	212	618	116			19148	937	9023	305	9067	582	5367		863	924015
25	3. 饮食业	149124	80576	1317	241	179	887	119			30524	641	47153	275	26706	549	20350		21492	2979144
26	4. 旅游业	3894	3883	32		12	93	20			1701	363	2045		4		4		3	81477
27	5. 仓储业	19	15								6		9		4					387
28	6. 租赁业	262067	213821	4952	3236	31065	4339	742			99859	11336	49419	20951	31970	1780	15081	489	1195	5655166
29	其中:房屋租赁	17680	16470	129	48	131	22	4			398	8	1048	14694	740	1	50		420	764727
30	7. 广告业	482	467								215		46	206	4		11			9676
31	8. 其他服务业	563753	425413	17679	1850	6566	9600	1484			251921	26025	114391	23406	67311	2423	59122	3752	11907	11377672
32	七、转让无形资产	9603	8675	2146		14	51	20			5836	785	523	105	310	225	611		7	193289
33	其中:转让土地使用权	7376	6951	2146		14	51	20			4124	764	511	105	310	225	108		7	147539
34	八、销售不动产	1044661	878109	20069	319	2981	6436				502480	25277	123717	222107	134737	11194	30926	1177	889	20892076
35	九、文化体育业	26399	22217	310	1	60	50				10695	1371	3720	7381	2734	35	1237	439	211	885309
36	十、税款滞纳金罚款收入	6162	5494	11	2	121	57	1			1929	384	2998	376	417	40	76		175	

2013 年珠海市地方税务局营业税分税目分企业类型统计年报表

编报机关:珠海市地方税务局　　　　单位:万元

序号	项　目	合 计	内资企业												港澳台投资企业		外商投资企业		个体经营	附列:应税营业收入
			小计	国有企业	集体企业	股份合作企业	联营企业	国有控股	有限责任公司	国有控股	股份有限公司	国有控股	私营企业	其他企业		国有控股		国有控股		
1	合　计	597841	499663	28100	7968	1860	2502	12	307302	8887	97562	16004	48662	5707	34059	58	25020	103	39099	27057386
2	一、建筑业	175768	168939	20066	4169	22	2406	9	102606	7402	15852	218	21581	2237	2052		1407	96	3370	11721979
3	其中:建筑	63826	63318	7462	1768		1167	2	40278	2280	5407		6891	345	156		69	19	283	4255007
4	安装	10439	9289	516	258	8	19	2	6000	128	870		1567	51	219		290	28	641	698034
5	二、交通运输业	51	49	5					36				8						2	3569
6	1. 陆路运输	25	26	3					16				7						-1	1751
7	2. 水路运输																			24
8	3. 航空运输																			
9	4. 管道运输																			
10	5. 装卸搬运	26	23	2					20				1						3	1794
11	三、邮电通信业	11911	9284	127					6419	5	2671		65	2	2422		204		1	793979
12	1. 邮政	1110	906	127					751	5			28				203		1	73969
13	2. 电信	10801	8378						5668		2671		37	2	2422		1			720010
14	四、金融保险业	109604	99185	2358	2	62			22322	99	74044	15259	397		4767	16	5642		10	2355210
15	1. 金融	104542	94123	2358	2	62			21795	99	69509	18076	397		4767	16	5642		10	2098202
16	2. 保险	5062	5062						527		4535	-2817								257008
17	五、娱乐业	1882	1058	28	11				832				185	2	453		180		191	45315
18	1. 按5%税率征收	90	66						59				6	1	4		2		18	3602

续表

序号	项目	合计	内资企业												港澳台投资企业	国有控股	外商投资企业	国有控股	个体经营	附列：应税营业收入
			小计	国有企业	集体企业	股份合作企业	联营企业	国有控股	有限责任公司	国有控股	股份有限公司	国有控股	私营企业	其他企业						
19	2. 按10%税率征收	702	268						227				41		363		71			27158
20	3. 按15%税率征收	1090	724	28	11				546				138	1	86		107		173	14555
21	4. 按20%税率征收																			
22	六、服务业	86181	58245	2719	1594	1388	16	3	39279	1270	1887	526	8994	2368	12872	42	5528	7	9536	3504026
23	1. 代理业	5584	4812	417	24	1			3295		406	342	659	10	237		192		343	223418
24	2. 旅店业	7547	4834	301	79				3301		4		796	353	2066		306		341	301953
25	3. 饮食业	17654	6187	123	123				4482	24			1325	134	3427		1536		6504	708959
26	4. 旅游业	848	842	14	6				692		12		118		1		1		4	33391
27	5. 仓储业	17	13	13											3		1			1820
28	6. 租赁业	18663	13028	837	593	904	15	3	7510	822	739	85	1583	847	2942	38	1662	6	1031	769444
29	其中：房屋租赁	13801	9310	643	480	735	14	3	4934	298	691	84	1215	598	2575	37	1107	3	809	572083
30	7. 广告业	4	4						1				3							197
31	8. 其他服务业	35864	28525	1014	769	483	1		19998	424	726	99	4510	1024	4196	4	1830	1	1313	1464844
32	七、转让无形资产	1133	514	1	150				282	48	81				68		360		191	45256
33	其中：转让土地使用权	508	304	1	149				87	48	67				14				190	20348
34	八、销售不动产	206852	159217	2614	1920	388	80		134394	17	2529	1	17007	285	11146		10820		25669	8317274
35	九、文化体育业	3848	2638	46	52				883	46	445		399	813	254		851		105	255766
36	十、税款滞纳金罚款收入	611	534	136	70				249		53		26		25		28		24	15012

2013年汕头市地方税务局营业税分税目分企业类型统计年报表

编报机关：汕头市地方税务局　　　　单位：万元

序号	项目	合计	内资企业													港澳台投资企业		外商投资企业		个体经营	附列：应税营业收入
			小计	国有企业	集体企业	股份合作企业	联营企业	国有控股	有限责任公司	国有控股	股份有限公司	国有控股	私营企业	其他企业		国有控股		国有控股		
1	合　计	244759	204966	29873	7873	3907	440	120	100315	4751	36916	18486	17517	8125	18444	5725	7807	1923	13542	14528825
2	一、建筑业	65326	61110	17018	4969	42	317	8	32952	2059	1613	99	4003	196	129		83		4004	5665910
3	其中：建筑	49050	46825	14777	4370	19	227	7	23880	1416	1101	19	2285	166	7		2		2216	4278383
4	安装	6619	6119	1242	336	5	54		3750	372	168	23	557	7	84		41		375	569897
5	二、交通运输业	711	300	1	24				12					263	219	218			192	37568
6	1. 陆路运输	488	296	1	23				11					261					192	15277
7	2. 水路运输	1	1		1															76
8	3. 航空运输																			
9	4. 管道运输																			
10	5. 装卸搬运	222	3						1					2	219	218				22215
11	三、邮电通信业	16571	6298	125					2754	1780	3410		5	4	6395	4958	3878	1808		1362388
12	1. 邮政	749	632	70					557				5				117			65202
13	2. 电信	15822	5666	55					2197	1780	3410			4	6395	4958	3761	1808		1297186
14	四、金融保险业	38733	37643	3000	498	3753			2542	352	27832	18066	17	1	725		339		26	980489
15	1. 金融	36010	34924	3006	498	3753			2166	351	25483	17622	17	1	721		339		26	779955
16	2. 保险	2723	2719	-6					376	1	2349	444			4					200534
17	五、娱乐业	2420	2069	98	64	2	16	16	1478				411		330		7		14	51495
18	1. 按5%税率征收	89	79						53				26		5		1		4	5200

续表

序号	项目	合计	内资企业												港澳台投资企业	国有控股	外商投资企业	国有控股	个体经营	附列：应税营业收入
			小计	国有企业	集体企业	股份合作企业	联营企业	国有控股	有限责任公司	国有控股	股份有限公司	国有控股	私营企业	其他企业						
19	2. 按10%税率征收	150	150			2			111				37							6573
20	3. 按15%税率征收	2181	1840	98	64		16	16	1314				348		325		6		10	39716
21	4. 按20%税率征收																			6
22	六、服务业	33235	22084	2553	700	71	107	96	12853	420	1129	321	2506	2165	2163	393	2948	115	6040	1886799
23	1. 代理业	521	372	22	3				276	69	8		49	14	48		3		98	26812
24	2. 旅店业	2889	1908	32	30	1	56	56	1245	19	1		460	83	642	199	293	8	46	155330
25	3. 饮食业	8195	4062	5	56	27	35	35	2743	22			1169	27	630	156	1268	3	2235	445619
26	4. 旅游业	143	143	19					113	24	2		9							8496
27	5. 仓储业	44	25	11	3				8				3		9				10	2137
28	6. 租赁业	6542	4075	994	343	7	7	4	1662	141	308	257	156	598	338	18	176	3	1953	366852
29	其中:房屋租赁	3948	2310	602	195	5	3		1014	121	217	181	89	185	205	14	128		1305	226797
30	7. 广告业	15	5						4	1	1								10	703
31	8. 其他服务业	14886	11494	1470	265	36	9	1	6802	144	809	64	660	1443	496	20	1208	101	1688	880850
32	七、转让无形资产	1362	1005	46	276	14			436		5		42	186	208	11	2		147	66110
33	其中:转让土地使用权	1293	952		276	14			429		5		42	186	197				144	62948
34	八、销售不动产	84286	72889	6951	1145	24			46569	139	2812		10375	5013	7870	145	453		3074	4364187
35	九、文化体育业	1051	939	75	59	1			347		114		72	271	6		97		9	99704
36	十、税款滞纳金罚款收入	1064	629	6	138				372	1	1		86	26	399				36	14175

2013年佛山市地方税务局营业税分税目分企业类型统计年报表

编报机关:佛山市地方税务局　　　　单位:万元

序号	项目	合计	内资企业												港澳台投资企业		外商投资企业		个体经营	附列:应税营业收入
			小计	国有企业	集体企业	股份合作企业	联营企业	国有控股	有限责任公司	国有控股	股份有限公司	国有控股	私营企业	其他企业		国有控股		国有控股		
1	合计	935885	794344	25018	31402	995	5530	177	447398	14967	177670	62311	87043	19288	55624	5097	28345	8215	57572	47218339
2	一、建筑业	226972	213484	16695	21005	437	5116	22	125515	7545	12950	536	31305	461	2192	530	2264	59	9032	17034844
3	其中:建筑	108918	105268	9367	14032	163	3231		64261	4235	5520	23	8760	-66	787	484	888		1975	8228052
4	安装	44345	40410	1825	1542	163	349		23497	1124	2014	320	10896	124	719	6	835	10	2381	3329023
5	二、交通运输业	143	4	1					6	1	1		-4						139	11454
6	1. 陆路运输	136	10						4		1		5						126	9433
7	2. 水路运输	-9	-9										-9							
8	3. 航空运输																			
9	4. 管道运输																			
10	5. 装卸搬运	16	3	1					2	1									13	2021
11	三、邮电通信业	27821	23289	237					14513	934	8260	3076	279		4407	403	119		6	2178718
12	1. 邮政	1588	1453	231					1130	37			92		10		119		6	127844
13	2. 电信	26233	21836	6					13383	897	8260	3076	187		4397	403				2050874
14	四、金融保险业	168967	165918	3176	2088				8003	510	150923	57110	1708	20	2318	2	440	-258	291	4054899
15	1. 金融	158190	154465	2085	2088				5760	510	142804	56643	1708	20	2318	2	1116	108	291	3439956
16	2. 保险	10777	11453	1091					2243		8119	467					-676	-366		614943
17	五、娱乐业	5132	4034	63	126	57			1714	18			2072	2	586		14		498	101789
18	1. 按5%税率征收	292	234			7			35	3			190	2			13		45	13902

续表

序号	项目	合计	内资企业												港澳台投资企业	国有控股	外商投资企业	国有控股	个体经营	附列：应税营业收入
			小计	国有企业	集体企业	股份合作企业	联营企业	国有控股	有限责任公司	国有控股	股份有限公司	国有控股	私营企业	其他企业						
19	2. 按10%税率征收	1080	789		3	7			285				494		289				2	31883
20	3. 按15%税率征收	3760	3011	63	123	43			1394	15			1388		297		1		451	55999
21	4. 按20%税率征收																			4
22	六、服务业	159178	117667	3296	3646	447	361	103	66101	4204	3082	1311	28758	11976	11047	68	10202	428	20262	7942961
23	1. 代理业	4559	2937	26	1	2			1783	70	76		1028	21	121		113		1388	230235
24	2. 旅店业	6698	5667	88	74	1	68		3261	25	22	1	2106	47	450		184		397	309067
25	3. 饮食业	32380	17013	209	227	208	9		7325	45	1		9019	15	1837	23	3569		9961	1527167
26	4. 旅游业	738	738	8	1				537		5		166	21						36347
27	5. 仓储业	38	16						2	1			14				1		21	1885
28	6. 租赁业	46088	36983	862	2352	173	234	58	19298	1383	835	274	4680	8549	2518	45	1479	22	5108	2147940
29	其中：房屋租赁	22397	16302	347	824	101	16	3	9101	861	441	105	3040	2432	1662	31	1149	7	3284	1039072
30	7. 广告业	139	137						6		117	117	13	1					2	8371
31	8. 其他服务业	68538	54176	2103	991	63	50	45	33889	2680	2026	919	11732	3322	6121		4856	406	3385	3681948
32	七、转让无形资产	5534	3724	19	255	4			356		14		135	2941	1041		33		736	279240
33	其中：转让土地使用权	5342	3720	19	255	4			355		14		133	2940	1048		15		559	270255
34	八、销售不动产	335542	260273	1243	4090	25	28	27	229347	1348	1360	114	22503	1677	33806	4094	15230	7985	26233	15202923
35	九、文化体育业	4467	4086	52	64	25			1074	386	1050	148	165	1656	162		20	1	199	372294
36	十、税款滞纳金罚款收入	2129	1865	236	128		25	25	769	21	30	16	122	555	65		23		176	39217

2013年韶关市地方税务局营业税分税目分企业类型统计年报表

编报机关：韶关市地方税务局　　　　单位：万元

序号	项目	合计	内资企业												港澳台投资企业		外商投资企业		个体经营	附列：应税营业收入
			小计	国有企业	集体企业	股份合作企业	联营企业	国有控股	有限责任公司	国有控股	股份有限公司	国有控股	私营企业	其他企业		国有控股		国有控股		
1	合计	192762	156124	13288	11322	3147	427	18	94431	9014	18066	13337	11274	4169	4308	747	13977	1198	18353	12444939
2	一、建筑业	71082	62773	8905	9634	19	336	18	37109	3619	1898	61	4178	694	117		3201		4991	6533136
3	其中：建筑	47646	43395	6190	8674	2	257	11	25969	2708	577		1409	317	6		2948		1297	4527397
4	安装	4884	4041	479	296		4		2353	160	113		749	47	93		61		689	444447
5	二、交通运输业	370	367	212	4				41	4	109	109	1						3	29256
6	1. 陆路运输	359	359	212	4				34	4	109	109								16425
7	2. 水路运输																			7325
8	3. 航空运输																			
9	4. 管道运输																			
10	5. 装卸搬运	11	8						7				1						3	5506
11	三、邮电通信业	5957	2390	195					2100	1085	83	75	1	11	1826	664	1741	1351		431872
12	1. 邮政	319	319	189					121	3	8		1							46544
13	2. 电信	5638	2071	6					1979	1082	75	75		11	1826	664	1741	1351		385328
14	四、金融保险业	19811	19773	1447	3	2845			594	150	14853	12385	15	16	70		-92	-187	60	522745
15	1. 金融	19014	18824	1275	3	2845			914	537	13756	12446	15	16	70		60	32	60	416107
16	2. 保险	797	949	172					-320	-387	1097	-61					-152	-219		106638
17	五、娱乐业	947	443	10		15			267	6			151		68		24	11	412	19171
18	1. 按5%税率征收	14	3										3						11	797

续表

序号	项目	合计	内资企业												港澳台投资企业	国有控股	外商投资企业	国有控股	个体经营	附列：应税营业收入
			小计	国有企业	集体企业	股份合作企业	联营企业	国有控股	有限责任公司	国有控股	股份有限公司	国有控股	私营企业	其他企业						
19	2. 按10%税率征收	66	66						37				29							2766
20	3. 按15%税率征收	867	374	10		15			230	6			119		68		24	11	401	15606
21	4. 按20%税率征收																			2
22	六、服务业	29489	21489	1493	489	147	91		12884	2311	862	676	3232	2291	1162	83	1232	23	5606	1519550
23	1. 代理业	557	461	238		1			125	12	12	11	80	5	19	17			77	26419
24	2. 旅店业	2123	1588	107	41	17			1083	61			324	16	65		218		252	105314
25	3. 饮食业	6082	2603	126	22	81			1428	70	5		932	9	85		570	21	2824	308943
26	4. 旅游业	322	256	6	1				244	170	2		3		66	64				15537
27	5. 仓储业	36	36			2			32	2	2									2046
28	6. 租赁业	4375	3361	291	242	33			1703	544	96	44	298	698	253	2	51		710	224576
29	其中：房屋租赁	2408	1720	219	164	15			718	178	45	31	199	360	234	1	15		439	121778
30	7. 广告业	19	20						6	3			11	3					-1	1370
31	8. 其他服务业	15975	13164	725	183	13	91		8263	1449	745	621	1584	1560	674		393	2	1744	835436
32	七、转让无形资产	1733	1377	56	4	121			1017	62	4		71	104					356	90977
33	其中：转让土地使用权	1567	1254	55	2	47			1010	60	4		33	103	-1	-1			314	82880
34	八、销售不动产	62264	46484	878	1167				40107	1632	47	29	3515	770	1048		7856		6876	3220799
35	九、文化体育业	815	786	29	2				215	140	208		76	256			15		14	70588
36	十、税款滞纳金罚款收入	294	242	63	19				97	5	2	2	34	27	17				35	6845

2013年河源市地方税务局营业税分税目分企业类型统计年报表

编报机关：河源市地方税务局　　　　单位：万元

序号	项目	合计	内资企业												港澳台投资企业		外商投资企业		个体经营	附列：应税营业收入
			小计	国有企业	集体企业	股份合作企业	联营企业	国有控股	有限责任公司	国有控股	股份有限公司	国有控股	私营企业	其他企业		国有控股		国有控股		
1	合计	164824	136088	11033	4896	2476	134		83364	2614	14483	5835	5480	14222	11568	2504	553	-31	16615	8955979
2	一、建筑业	58479	52480	5037	3273	27	123		36721	672	1609		4080	1610	426		26		5547	4490973
3	其中：建筑	35432	34082	3779	2344	6			23766	226	889		1990	1308	31				1319	2672369
4	安装	3670	2899	158	104		2		2059	66	155	-1	378	43	185		20		566	282391
5	二、交通运输业	104	104	21	2				81	10										8510
6	1. 陆路运输	94	94	21	2				71	2										7821
7	2. 水路运输	8	8						8	8										550
8	3. 航空运输																			
9	4. 管道运输																			
10	5. 装卸搬运	2	2						2											139
11	三、邮电通信业	5189	1984	544					861	765	575	306	1	3	3203	2502			2	437125
12	1. 邮政	422	373	329					44						49					29939
13	2. 电信	4767	1611	215					817	765	575	306	1	3	3154	2502			2	407186
14	四、金融保险业	20340	20082	3655	389	2449			1676	900	11913	5520			175		80	-32	3	486538
15	1. 金融	18933	18663	3067	389	2449			1363	732	11395	5349			158		109		3	424028
16	2. 保险	1407	1419	588					313	168	518	171			17		-29	-32		62510
17	五、娱乐业	932	782	2					642				138		11				139	16940
18	1. 按5%税率征收	11	4						4										7	625

续表

序号	项目	合计	内资企业												港澳台投资企业		外商投资企业		个体经营	附列：应税营业收入
			小计	国有企业	集体企业	股份合作企业	联营企业	国有控股	有限责任公司	国有控股	股份有限公司	国有控股	私营企业	其他企业		国有控股		国有控股		
19	2. 按10%税率征收	44	43						5				38						1	1127
20	3. 按15%税率征收	877	735	2					633				100		11				131	15186
21	4. 按20%税率征收																			2
22	六、服务业	20345	13628	1120	527		11		9802	206	101	9	854	1213	963	2	430	1	5324	1020324
23	1. 代理业	345	185	81	2				34		62		5	1					160	16513
24	2. 旅店业	1710	1356	15					1118				223		150		7		197	84802
25	3. 饮食业	5826	1738	74					1125				539		128		300		3660	278058
26	4. 旅游业	495	495	31	1		4		458	1			1							20759
27	5. 仓储业	14	14						13					1						570
28	6. 租赁业	1717	1439	93	30				1086	64	20	3	9	201	80	2	4	1	194	60621
29	其中：房屋租赁	1064	1003	67	13				788	18	11	1	3	121	32	1	2		27	26613
30	7. 广告业	47	47	2					42	41	3	2								2705
31	8. 其他服务业	10191	8354	824	494		7		5926	100	16	4	77	1010	605		119		1113	556296
32	七、转让无形资产	9135	7101	378	319				2377	17			34	3993	302		15		1717	345616
33	其中：转让土地使用权	8758	6903	347	250				2352	16			34	3920	302		15		1538	330500
34	八、销售不动产	49479	39181	269	216				30870	18	199		369	7258	6463				3835	2087896
35	九、文化体育业	712	653	2	169				253	24	86		2	141	17		2		40	57665
36	十、税款滞纳金罚款收入	109	93	5	1				81	2			2	4	8				8	4392

2013 年梅州市地方税务局营业税分税目分企业类型统计年报表

编报机关:梅州市地方税务局　　　　单位:万元

序号	项目	合计	内资企业												港澳台投资企业	国有控股	外商投资企业	国有控股	个体经营	附列:应税营业收入
			小计	国有企业	集体企业	股份合作企业	联营企业	国有控股	有限责任公司	国有控股	股份有限公司	国有控股	私营企业	其他企业						
1	合计	175756	147578	7242	4879	2169	302	1	104096	5315	20493	13354	4156	4241	3676	44	2899	44	21603	8438811
2	一、建筑业	53395	48834	3724	2769	18	229	1	37887	643	734	5	2269	1204	173		442	6	3946	3561794
3	其中:建筑	34306	32661	2213	2307	11	112	1	25948	241	85		989	996	32		184		1429	2291153
4	安装	4283	3318	572	92		33		2243	225	25	1	336	17	19		16		930	283303
5	二、交通运输业	64	19						19										45	947
6	1. 陆路运输	64	19						19										45	943
7	2. 水路运输																			3
8	3. 航空运输																			
9	4. 管道运输																			
10	5. 装卸搬运																			1
11	三、邮电通信业	6474	2370	275					941	413	1147	894	1	6	3156	129	944	21	4	431461
12	1. 邮政	192	188	53					134				1						4	12787
13	2. 电信	6282	2182	222					807	413	1147	894		6	3156	129	944	21		418674
14	四、金融保险业	22410	22370	1528	1482	2128			2132	504	15088	12319	12		7		33	17		538184
15	1. 金融	19142	19122	1322	1482	2128			1841	411	12337	10430	12		7		13			432244
16	2. 保险	3268	3248	206					291	93	2751	1889					20	17		105940
17	五、娱乐业	246	126						89				35	2	27		22		71	4343
18	1. 按5%税率征收	12	6						1				3	2					6	529

续表

序号	项目	合计	内资企业												港澳台投资企业		外商投资企业		个体经营	附列：应税营业收入
			小计	国有企业	集体企业	股份合作企业	联营企业	国有控股	有限责任公司	国有控股	股份有限公司	国有控股	私营企业	其他企业		国有控股		国有控股		
19	2. 按10%税率征收	27	5						5								22			1086
20	3. 按15%税率征收	207	115						83				32		27				65	2728
21	4. 按20%税率征收																			
22	六、服务业	16829	11337	817	268	4	2		7650	466	459	84	523	1614	373		478		4641	720240
23	1. 代理业	344	209	55					124				17	13			10		125	14971
24	2. 旅店业	1539	1191	31	7		2		983	1	8		84	76	18		17		313	61548
25	3. 饮食业	4853	1403	53	15				1087		8		237	3	188		335		2927	194906
26	4. 旅游业	127	127	3	2				110		1		10	1						5141
27	5. 仓储业																			40
28	6. 租赁业	2002	1455	252	54	3			575	71	82	20	35	454	62		5		480	80484
29	其中：房屋租赁	792	452	142	11				198	10	11	6	17	73	31				309	31974
30	7. 广告业	14	14	1					5		2		1	5						507
31	8. 其他服务业	7950	6938	422	190	1			4766	394	358	64	139	1062	105		111		796	362643
32	七、转让无形资产	6983	5421	68	43	2	42		1553		2681	-2	85	947	-85	-85	94		1553	388529
33	其中：转让土地使用权	6692	5132	49	43	2	42		1390		2680	-2		926	-85	-85	94		1551	377057
34	八、销售不动产	67918	55791	804	271	17	29		53022	3287	337	54	1176	135	24		876		11227	2723986
35	九、文化体育业	678	611	23	44				220				48	276	1				66	45292
36	十、税款滞纳金罚款收入	759	699	3	2				583	2	47		7	57			10		50	24035

2013 年惠州市地方税务局营业税分税目分企业类型统计年报表

编报机关：惠州市地方税务局　　　　单位：万元

序号	项目	合计	内资企业												港澳台投资企业	国有控股	外商投资企业	国有控股	个体经营	附列：应税营业收入
			小计	国有企业	集体企业	股份合作企业	联营企业	国有控股	有限责任公司	国有控股	股份有限公司	国有控股	私营企业	其他企业						
1	合　计	767799	654330	43046	17655	3636	2096	42	384579	11823	81659	43738	113907	7752	44528	2810	21115	270	47826	43644706
2	一、建筑业	225379	214301	37477	12495	340	2014	21	115706	7406	8302	1187	37770	197	1611		1460	9	8007	18255864
3	其中：建筑	150754	147236	29095	9809	274	1506		81858	6422	6732	1173	17936	26	230		718		2570	12575827
4	安装	23763	21388	1518	675	45	131		10449	557	639	14	7834	97	779		560	7	1036	1877938
5	二、交通运输业	565	547	9					194	1	334		7	3	1				17	42555
6	1. 陆路运输	548	530						188		334		6	2	1				17	41420
7	2. 水路运输	1	1						1											52
8	3. 航空运输																			
9	4. 管道运输																			
10	5. 装卸搬运	16	16	9					5	1			1	1						1083
11	三、邮电通信业	19154	7479	260					2523	313	4554	3595	136	6	4324	409	7345		6	1587428
12	1. 邮政	634	372	98					267				7		137		119		6	61622
13	2. 电信	18520	7107	162					2256	313	4554	3595	129	6	4187	409	7226			1525806
14	四、金融保险业	78127	74500	2104		3230			2547	546	66339	38584	280		1913		1624	-33	90	1774862
15	1. 金融	70539	67342	2068		3230			1982	326	59782	38533	280		1913		1194	231	90	1460755
16	2. 保险	7588	7158	36					565	220	6557	51					430	-264		314107
17	五、娱乐业	3709	1877	8	4				993	1			872		944		57		831	81186
18	1. 按5%税率征收	96	18	3					3				12		24		3		51	5187

续表

序号	项目	合计	内资企业												港澳台投资企业	国有控股	外商投资企业	国有控股	个体经营	附列：应税营业收入
			小计	国有企业	集体企业	股份合作企业	联营企业	国有控股	有限责任公司	国有控股	股份有限公司	国有控股	私营企业	其他企业						
19	2. 按10%税率征收	715	265		1				81	1			183		448				2	28456
20	3. 按15%税率征收	2892	1590	5	3				908				674		472		54		776	47377
21	4. 按20%税率征收	6	4						1				3						2	166
22	六、服务业	93060	62354	1765	1633	37	74	14	36451	2294	1156	370	15341	5897	7450	393	5684	247	17572	4926859
23	1. 代理业	2538	2044	35					1020	8	447	77	542		207		45		242	137695
24	2. 旅店业	6681	4604	14	17		1		3009	284			1553	10	1148	107	78		851	321903
25	3. 饮食业	20329	7068	30	15				3405	93			3612	6	1648	212	2012	24	9601	1041852
26	4. 旅游业	476	402	15	20				340				27		70				4	20316
27	5. 仓储业	9	4						1				3		5					504
28	6. 租赁业	15579	9507	579	932	34	34	2	4280	200	229	56	2677	742	1828	56	881	82	3363	829248
29	其中：房屋租赁	8426	4834	426	440	30	20	2	2069	90	135	45	1282	432	860	8	527	81	2205	445821
30	7. 广告业	10	9						3		2		4						1	595
31	8. 其他服务业	47438	38716	1092	649	3	39	12	24393	1709	478	237	6923	5139	2544	18	2668	141	3510	2574746
32	七、转让无形资产	13638	7670	577	2781		6	6	3175		7		545	579	2718		811		2439	602778
33	其中：转让土地使用权	13085	7514	577	2781		6	6	3148		7		545	450	2677		471		2423	579188
34	八、销售不动产	331725	283337	650	365	29	1	1	222204	1218	616	2	58754	718	25539	2008	4112	47	18737	16132551
35	九、文化体育业	1603	1536	68	372				312	44	351		82	351	14		6		47	148397
36	十、税款滞纳金罚款收入	839	729	128	5		1		474				120	1	14		16		80	92226

2013 年汕尾市地方税务局营业税分税目分企业类型统计年报表

编报机关:汕尾市地方税务局　　　　单位:万元

序号	项目	合计	内资企业												港澳台投资企业		外商投资企业		个体经营	附列:应税营业收入
			小计	国有企业	集体企业	股份合作企业	联营企业	国有控股	有限责任公司	国有控股	股份有限公司	国有控股	私营企业	其他企业		国有控股		国有控股		
1	合计	79607	61726	8105	4938	1062	70		26109	3173	7111	5554	11253	3078	6523	236	2565	31	8793	4456512
2	一、建筑业	28844	26933	4319	4004	21	23		14309	1961	735		3314	208	49	30	48		1814	2149481
3	其中:建筑	16989	16559	2609	2939	2			8897	981	407		1565	140	2		19		409	1233556
4	安装	4703	4336	1293	147	5	14		1946	84	176		696	59	9	1	15		343	378635
5	二、交通运输业	369	368		15				350					3					1	35096
6	1. 陆路运输	328	327						327										1	32271
7	2. 水路运输																			
8	3. 航空运输																			
9	4. 管道运输	37	37		15				22											2489
10	5. 装卸搬运	4	4						1					3						336
11	三、邮电通信业	5086	1842	1074					131	14	635	635	2		2356	205	888			390500
12	1. 邮政	201	126	7					117				2		75	75				17277
13	2. 电信	4885	1716	1067					14	14	635	635			2281	130	888			373223
14	四、金融保险业	8695	8707	1962		973			258		5513	4887		1	7		-20	-20	1	199190
15	1. 金融	7637	7629	1680		973			257		4718	4567		1	7				1	165689
16	2. 保险	1058	1078	282					1		795	320					-20	-20		33501
17	五、娱乐业	465	314						119				195		87		4		60	7427
18	1. 按5%税率征收	11	10										10						1	491

续表

序号	项　目	合　计	内资企业												港澳台投资企业	国有控股	外商投资企业	国有控股	个体经营	附列：应税营业收入
			小计	国有企业	集体企业	股份合作企业	联营企业	国有控股	有限责任公司	国有控股	股份有限公司	国有控股	私营企业	其他企业						
19	2. 按10%税率征收	62	39						1				38		2				21	1333
20	3. 按15%税率征收	392	265						118				147		85		4		38	5603
21	4. 按20%税率征收																			
22	六、服务业	10827	6108	295	309	21			3181	366	180	32	1525	597	848	1	1260	51	2611	548963
23	1. 代理业	336	126	52	1				16		50	21	1	6					210	14728
24	2. 旅店业	953	497	33	18	4			258				171	13	258		13		185	45205
25	3. 饮食业	3417	939	12	2	14			293		5		602	11	344		548	50	1586	158808
26	4. 旅游业	39	39	4	25				7	4			3							1703
27	5. 仓储业																			6
28	6. 租赁业	961	612	75	166	2			111	13	11	4	157	90	185	1	5	1	159	45252
29	其中：房屋租赁	419	175	18	8	2			54	1	2	1	53	38	174	1	4		66	20319
30	7. 广告业	6	6						1				5							365
31	8. 其他服务业	5115	3889	119	97	1			2495	349	114	7	586	477	61		694		471	282896
32	七、转让无形资产	3007	2587	101	33	5	45		231		1		8	2163	1		5		414	121386
33	其中：转让土地使用权	3003	2586	101	33	5	45		231		1		8	2162	1		5		411	121223
34	八、销售不动产	22100	14691	336	572	42	2		7459	827	46		6196	38	3157		380		3872	990363
35	九、文化体育业	130	103	15	5				9	5			6	68	13				14	9916
36	十、税款滞纳金罚款收入	84	73	3					62		1		7		5				6	4190

2013年东莞市地方税务局营业税分税目分企业类型统计年报表

编报机关：东莞市地方税务局　　　　单位：万元

序号	项目	合计	内资企业												港澳台投资企业		外商投资企业		个体经营	附列：应税营业收入
			小计	国有企业	集体企业	股份合作企业	联营企业	国有控股	有限责任公司	国有控股	股份有限公司	国有控股	私营企业	其他企业		国有控股		国有控股		
1	合计	1267911	1055216	22823	72333	1564	947	3	513962	7521	270247	140632	164244	9096	67994	7047	62479	88	82222	45609094
2	一、建筑业	244553	232737	19767	19189	980	939	1	146255	4105	11548	2	33676	383	1069	8	1455	1	9292	16158579
3	其中：建筑	149664	145867	15963	15207	494	504		91686	3025	8615	1	13158	240	332		608	1	2857	9846273
4	安装	39634	36239	1002	1168	211	204		23736	634	1203	1	8686	29	457		692		2246	2627946
5	二、交通运输业	75	-14		4				-21	-34			3						89	40142
6	1. 陆路运输	98	18		4				11				3						80	669
7	2. 水路运输	2	2						2											140
8	3. 航空运输																			
9	4. 管道运输																			
10	5. 装卸搬运	-25	-34						-34	-34									9	39333
11	三、邮电通信业	55943	23581	457					3309	216	15626	15622	4176	13	7945		24414		3	2188440
12	1. 邮政	7066	5543	457					1104				3982		14		1506		3	430824
13	2. 电信	48877	18038						2205	216	15626	15622	194	13	7931		22908			1757616
14	四、金融保险业	257219	250102	1138	226				15001	68	232563	124670	1174		3351	232	3666	68	100	2420273
15	1. 金融	232815	226640	1138	226				14236	68	209866	105668	1174		3302	232	2773	68	100	1819008
16	2. 保险	24404	23462						765		22697	19002			49		893			601265
17	五、娱乐业	11952	8478		184				4412	2			3882		2499		687		288	243172
18	1. 按5%税率征收	243	157						102				55		5		46		35	9724

续表

序号	项目	合计	内资企业												港澳台投资企业	国有控股	外商投资企业	国有控股	个体经营	附列：应税营业收入
			小计	国有企业	集体企业	股份合作企业	联营企业	国有控股	有限责任公司	国有控股	股份有限公司	国有控股	私营企业	其他企业						
19	2. 按10%税率征收	4531	2043		5				603	2			1435		1949		503		36	140737
20	3. 按15%税率征收	6971	6275		178				3707				2390		341		138		217	90950
21	4. 按20%税率征收	206	2										2		204					1761
22	六、服务业	260426	167681	1111	25134	574	8	2	98929	1892	3066	329	31279	7580	26755	6798	21841	18	44149	10602736
23	1. 代理业	5858	3895	93	9				2488		82		1219	4	315		273		1375	227954
24	2. 旅店业	13358	11313	7	307				7006	21	18		3958	17	781		419		845	518077
25	3. 饮食业	49679	22794		540				15408	1			6846		3781	2	5384		17720	1951333
26	4. 旅游业	827	826		1				774		3		48						1	27746
27	5. 仓储业	12	11						11						1					451
28	6. 租赁业	81742	59664	567	19416	571	4		25416	463	750	69	6957	5983	5607	177	2769		13702	3360088
29	其中：房屋租赁	50496	33202	156	10899	550			13538	42	86	9	3711	4262	3940	87	1406		11948	2110870
30	7. 广告业	193	192						188				4						1	1198
31	8. 其他服务业	108757	68986	444	4861	3	4	2	47638	1407	2213	260	12247	1576	16270	6619	12996	18	10505	4515889
32	七、转让无形资产	19695	19310	323	9226				9584				139	38	172		164		49	463028
33	其中：转让土地使用权	19383	19036	252	9115				9575				56	38	166		144		37	450070
34	八、销售不动产	411353	348236	14	18010				234225	1261	6423	2	89398	166	25452	9	9804		27861	13178282
35	九、文化体育业	3948	3704	9	51	1			1382	11	1019	7	360	882	82		35	1	127	262161
36	十、税款滞纳金罚款收入	2747	1401	4	309	9			886		2		157	34	669		413		264	52281

2013 年中山市地方税务局营业税分税目分企业类型统计年报表

编报机关:中山市地方税务局　　　　单位:万元

序号	项目	合计	内资企业												港澳台投资企业	国有控股	外商投资企业	国有控股	个体经营	附列:应税营业收入
			小计	国有企业	集体企业	股份合作企业	联营企业	国有控股	有限责任公司	国有控股	股份有限公司	国有控股	私营企业	其他企业						
1	合计	671106	544389	11813	20166	3862	2048	3	359557	13199	95457	52174	39913	11573	58590	2985	22540	-731	45587	31899869
2	一、建筑业	158168	146998	9916	5603	63	1143	3	104697	3837	9240	65	15952	384	583	6	938	15	9649	11191430
3	其中:建筑	77631	76940	5300	4216	11	710		56041	1929	5618		5037	7	35		18		638	5413106
4	安装	20723	18031	443	592	34	52		11810	500	2261	7	2729	110	127		551	12	2014	1532135
5	二、交通运输业	16	12						12										4	1281
6	1. 陆路运输	8	6						6										2	632
7	2. 水路运输																			
8	3. 航空运输																			
9	4. 管道运输																			
10	5. 装卸搬运	8	6						6										2	649
11	三、邮电通信业	19902	16678	142					10464		5951		121		2973		249		2	1334295
12	1. 邮政	1796	1393	142					1130				121		152		249		2	127264
13	2. 电信	18106	15285						9334		5951				2821					1207031
14	四、金融保险业	86533	83091	645	173	3474			1373	779	77199	51553	154	73	2006		1136	-746	300	2116170
15	1. 金融	80890	77251	645	173	3474			1768	621	70964	44831	154	73	1999		1340		300	1687002
16	2. 保险	5643	5840						-395	158	6235	6722			7		-204	-746		429168
17	五、娱乐业	5073	4095		78				2444				1572	1	847				131	96799
18	1. 按5%税率征收	229	185						52				133						44	9178

续表

序号	项　目	合 计	内资企业													港澳台投资企业	国有控股	外商投资企业	国有控股	个体经营	附列：应税营业收入
			小计	国有企业	集体企业	股份合作企业	联营企业	国有控股	有限责任公司	国有控股	股份有限公司	国有控股	私营企业	其他企业							
19	2. 按10%税率征收	1069	381						123				258		688					36045
20	3. 按15%税率征收	3775	3529		78				2269				1181	1	159				87	51576
21	4. 按20%税率征收																			
22	六、服务业	98306	65710	457	3618	106	39		42725	3130	848	381	10125	7792	11076	2979	5230		16290	4339913
23	1. 代理业	5929	2963	28	133				1860	2	2	－18	792	148	96		258		2612	248936
24	2. 旅店业	4281	3414	6	52				2796	1	5		546	9	473		257		137	175495
25	3. 饮食业	23289	14417	1	304				8308	1			5763	41	1298		2402		5172	971446
26	4. 旅游业	309	307	22	2				248		22		13						2	12374
27	5. 仓储业	2															2			117
28	6. 租赁业	30293	20320	179	2188	102	21		9769	2465	563	201	498	7000	2691	32	763		6519	1283689
29	其中：房屋租赁	25457	16674	162	1482	94	9		8379	2144	506	192	432	5610	2166		687		5930	1076624
30	7. 广告业	18	12						12										6	807
31	8. 其他服务业	34185	24277	221	939	4	18		19732	661	256	198	2513	594	6518	2947	1548		1842	1647049
32	七、转让无形资产	21680	15175	525	3570		275		7829	3538	663	175	740	1573	1451		390		4664	928015
33	其中：转让土地使用权	21585	15110	525	3570		275		7764	3538	663	175	740	1573	1448		363		4664	924175
34	八、销售不动产	278118	209604	127	7109	219	591		188357	1885	1008		11081	1112	39538		14562		14414	11721909
35	九、文化体育业	2213	2028		2				726	8	546		128	626	80		7		98	150935
36	十、税款滞纳金罚款收入	1097	998	1	13				930	22	2		40	12	36		28		35	19122

2013年江门市地方税务局营业税分税目分企业类型统计年报表

编报机关:江门市地方税务局　　　　单位:万元

序号	项目	合计	内资企业												港澳台投资企业	国有控股	外商投资企业	国有控股	个体经营	附列:应税营业收入
			小计	国有企业	集体企业	股份合作企业	联营企业	国有控股	有限责任公司	国有控股	股份有限公司	国有控股	私营企业	其他企业						
1	合计	440396	351895	14377	20783	5074	1692	92	201190	7770	53241	20932	48300	7238	20369	427	22556	-198	45576	20674194
2	一、建筑业	117742	105408	10884	7642	138	1672	88	64402	5439	2086	81	17296	1288	506	26	2306	10	9522	7853245
3	其中:建筑	64933	61181	5629	5815	43	961		38832	2897	1180	15	8150	571	163		1863		1726	4329713
4	安装	13216	11514	1358	568	13	43		5830	637	364	66	3285	53	239		294	9	1169	881261
5	二、交通运输业	228	181		6				166	155	2		3	4					47	14439
6	1. 陆路运输	64	20		6				8				2	4					44	3572
7	2. 水路运输	3	1										1						2	181
8	3. 航空运输																			
9	4. 管道运输																			
10	5. 装卸搬运	161	160						158	155	2								1	10686
11	三、邮电通信业	13978	11748	120	8				7655	765	3929		27	9	1513		717			932103
12	1. 邮政	578	436	115					298	36	1		22		58		84			38604
13	2. 电信	13400	11312	5	8				7357	729	3928		5	9	1455		633			893499
14	四、金融保险业	55084	53090	1079		4547			2960	318	44446	20488	56	2	587	47	1380	-533	27	1606355
15	1. 金融	56779	54496	820		4547			2370	318	46701	22875	56	2	590	51	1670	3	23	1300274
16	2. 保险	-1695	-1406	259					590		-2255	-2387			-3	-4	-290	-536	4	306081
17	五、娱乐业	2586	1742	20					1198	6	13		508	3	363		55		426	43370
18	1. 按5%税率征收	130	55	6					13		13		20	3	3				72	5193

续表

序号	项目	合计	内资企业												港澳台投资企业		外商投资企业		个体经营	附列：应税营业收入
			小计	国有企业	集体企业	股份合作企业	联营企业	国有控股	有限责任公司	国有控股	股份有限公司	国有控股	私营企业	其他企业		国有控股		国有控股		
19	2. 按10%税率征收	313	137						26				111		173				3	9629
20	3. 按15%税率征收	2141	1550	14					1159	6			377		187		55		349	28525
21	4. 按20%税率征收	2																	2	23
22	六、服务业	63387	38016	1432	2464	44	14	4	20431	955	2212	180	7293	4126	6076	101	4468	29	14827	2669210
23	1. 代理业	1214	932	64	21				278	4	335	23	187	47	101		31		150	44970
24	2. 旅店业	3781	2096	116	22				1526		6		404	22	283		680		722	151079
25	3. 饮食业	15703	4555	6	18				3023		11		1497		1345		1861		7942	627864
26	4. 旅游业	428	411	18	1				320	5	7		60	5	1		12		4	17095
27	5. 仓储业	7	3						3										4	320
28	6. 租赁业	11951	7481	516	1074	25	4	4	2739	191	217	38	1114	1792	1624	24	367	2	2479	485291
29	其中：房屋租赁	5115	2833	188	526	7			1086	52	40	9	479	507	890	22	132		1260	204406
30	7. 广告业	12	4						3		1								8	482
31	8. 其他服务业	30291	22534	712	1328	19	10		12539	755	1635	119	4031	2260	2722	77	1517	27	3518	1342109
32	七、转让无形资产	7908	5026	136	2012	260			1633	37	61	1	242	682	525		165	35	2192	316466
33	其中：转让土地使用权	7570	4832	92	1998	260			1516	37	61	1	235	670	514		145	35	2079	302877
34	八、销售不动产	177596	135145	594	8573	85	6		102227	60	374	181	22686	600	10723	253	13431	261	18297	7099559
35	九、文化体育业	1527	1325	107	68				385	35	117		141	507	56		25		121	108272
36	十、税款滞纳金罚款收入	360	214	5	10				133		1	1	48	17	20		9		117	31175

2013年阳江市地方税务局营业税分税目分企业类型统计年报表

编报机关：阳江市地方税务局　　　　单位：万元

序号	项目	合计	内资企业												港澳台投资企业		外商投资企业		个体经营	附列：应税营业收入
			小计	国有企业	集体企业	股份合作企业	联营企业	国有控股	有限责任公司	国有控股	股份有限公司	国有控股	私营企业	其他企业		国有控股		国有控股		
1	合计	176052	152580	9219	8084	1338	193	10	74956	2431	19001	7583	35777	4012	4323	37	5720		13429	10085619
2	一、建筑业	59044	56025	5241	7049	35	131		34416	1490	823		7691	639	125		106		2788	4611035
3	其中：建筑	43862	42818	3884	6549	1	100		26779	1265	551		4448	506	11		65		968	3419115
4	安装	4364	3973	411	131	17	20		2294	39	14		1074	12	34	-3	34		323	312658
5	二、交通运输业	419	418	100					311	275	3		4						1	38381
6	1. 陆路运输	411	411	100					311	275										37768
7	2. 水路运输																			
8	3. 航空运输																			
9	4. 管道运输																			
10	5. 装卸搬运	8	7								3		4						1	613
11	三、邮电通信业	5589	1932	64					130	36	1584	1584	148	6	878	37	2778		1	517289
12	1. 邮政	188	188	10					29				148	1						20656
13	2. 电信	5401	1744	54					101	36	1584	1584		5	878	37	2778		1	496633
14	四、金融保险业	19063	18809	2113		1302			41	-317	15314	5823	39		35		205		14	461182
15	1. 金融	16922	16719	2040		1302			319	7	13019	4742	39		35		154		14	379446
16	2. 保险	2141	2090	73					-278	-324	2295	1081					51			81736
17	五、娱乐业	747	445						117		1		327		153				149	16924
18	1. 按5%税率征收	17	7						3				4						10	758

续表

序号	项目	合计	内资企业												港澳台投资企业		外商投资企业		个体经营	附列:应税营业收入
			小计	国有企业	集体企业	股份合作企业	联营企业	国有控股	有限责任公司	国有控股	股份有限公司	国有控股	私营企业	其他企业		国有控股		国有控股		
19	2. 按10%税率征收	187	36						4		1		31		151					6941
20	3. 按15%税率征收	543	402						110				292		2				139	9225
21	4. 按20%税率征收																			
22	六、服务业	20572	14370	412	162		10	10	5501	848	431	130	5181	2673	762		706		4734	1074839
23	1. 代理业	129	126	19					28	11	41		38						3	7229
24	2. 旅店业	1562	1072	6	20				660		4		380	2	40		120		330	69425
25	3. 饮食业	7945	4209	8	46				995	1	111		3049		303		429		3004	386280
26	4. 旅游业	40	39	4					14		1		20						1	1992
27	5. 仓储业	7	6								6								1	285
28	6. 租赁业	1655	1047	98	18		10	10	394	73	35	17	202	290	115		26		467	83451
29	其中:房屋租赁	590	420	45	4				164	15	11	6	66	130	30		6		134	28225
30	7. 广告业	8	8										3	5						407
31	8. 其他服务业	9226	7863	277	78				3410	763	233	113	1489	2376	304		131		928	525769
32	七、转让无形资产	5736	3988	234	772		41		1887	2	333		547	174	57		72		1619	254451
33	其中:转让土地使用权	5588	3956	232	762		41		1887	2	333		527	174	57		72		1503	248066
34	八、销售不动产	63296	55076	886	23	1	11		32030		482	42	21437	206	2309		1841		4070	3011133
35	九、文化体育业	792	764	6	31				343	96			118	266			8		20	68260
36	十、税款滞纳金罚款收入	794	753	163	47				180	1	30	4	285	48	4		4		33	32125

2013 年湛江市地方税务局营业税分税目分企业类型统计年报表

编报机关:湛江市地方税务局　　　　单位:万元

序号	项目	合计	内资企业												港澳台投资企业	国有控股	外商投资企业	国有控股	个体经营	附列:应税营业收入
			小计	国有企业	集体企业	股份合作企业	联营企业	国有控股	有限责任公司	国有控股	股份有限公司	国有控股	私营企业	其他企业						
1	合计	281785	244800	22739	13734	4883	28	1	112047	4899	48999	28666	36300	6070	8161	68	2640	177	26184	13085257
2	一、建筑业	86191	74445	15543	9387	29	23		36461	3013	2198	135	10142	662	272		220		11254	5702046
3	其中:建筑	56775	50723	10363	7018	2	9		25216	1898	1518		6126	471	28		8		6016	3738559
4	安装	6771	5874	1177	120	10	4		2973	84	69		1503	18	70		210		617	451974
5	二、交通运输业	746	563	9	2				521	-15			31		168				15	52085
6	1. 陆路运输	24	15		2				13										9	2128
7	2. 水路运输	508	508						508	-15										34883
8	3. 航空运输																			36
9	4. 管道运输																			
10	5. 装卸搬运	214	40	9									31		168				6	15038
11	三、邮电通信业	12642	8330	40					5910	379	2361	1961	19		3573	46	735		4	849982
12	1. 邮政	1143	136	37					89	64			10		995		12			83451
13	2. 电信	11499	8194	3					5821	315	2361	1961	9		2578	46	723		4	766531
14	四、金融保险业	53737	52982	1170	738	4747			2776	-248	42820	25849	695	36	425		263	135	67	1261492
15	1. 金融	51871	51299	1713	738	4747			3219	648	40151	24167	695	36	417		88		67	1109982
16	2. 保险	1866	1683	-543					-443	-896	2669	1682			8		175	135		151510
17	五、娱乐业	1187	843	2					87	2			754		141				203	17022
18	1. 按5%税率征收	19	9										9						10	771

续表

序号	项目	合计	内资企业												港澳台投资企业	国有控股	外商投资企业	国有控股	个体经营	附列：应税营业收入
			小计	国有企业	集体企业	股份合作企业	联营企业	国有控股	有限责任公司	国有控股	股份有限公司	国有控股	私营企业	其他企业						
19	2. 按10%税率征收	96	93						5	2			88						3	1929
20	3. 按15%税率征收	1072	741	2					82				657		141				190	14321
21	4. 按20%税率征收																			1
22	六、服务业	37979	26615	1468	732	102	3	1	13293	1513	1063	721	6744	3210	1212	21	1360	42	8792	1581631
23	1. 代理业	174	105	1					58	1			40	6	5		4		60	7309
24	2. 旅店业	2805	1988	72	35				880	89			974	27	240	2			577	112185
25	3. 饮食业	11304	5675	90	79				2345	438			3137	24	383		841		4405	451992
26	4. 旅游业	118	110	13					71		2	2	14	10	5				3	4725
27	5. 仓储业	69	59	24					34					1	8				2	2733
28	6. 租赁业	6748	5202	533	181	6			2656	292	73	22	469	1284	111	6	246	36	1189	276200
29	其中：房屋租赁	2768	2184	261	67	3			1003	93	46	19	238	566	25		12	5	547	112382
30	7. 广告业	39	38	7					3	1	27	25	1						1	1700
31	8. 其他服务业	16722	13438	728	437	96	3	1	7246	692	961	672	2109	1858	460	13	269	6	2555	724787
32	七、转让无形资产	6881	4271	903	695		2		1215		14		13	1429			45		2565	286072
33	其中：转让土地使用权	6845	4258	903	695		2		1203		14		12	1429			33		2554	284666
34	八、销售不动产	80462	74908	3450	1962	1			51151	213	361		17802	181	2368		9		3177	3224289
35	九、文化体育业	983	936	18	14				242	18	180		40	442					47	65588
36	十、税款滞纳金罚款收入	977	907	136	204	4			391	24	2		60	110	2	1	8		60	45050

2013 年茂名市地方税务局营业税分税目分企业类型统计年报表

编报机关:茂名市地方税务局　　　　单位:万元

序号	项目	合计	内资企业												港澳台投资企业	国有控股	外商投资企业	国有控股	个体经营	附列:应税营业收入
			小计	国有企业	集体企业	股份合作企业	联营企业	国有控股	有限责任公司	国有控股	股份有限公司	国有控股	私营企业	其他企业						
1	合　计	184873	154556	15602	6621	4163	1027	3	106017	3218	14301	6454	2702	4123	5065	2765	2260	-97	22992	9093222
2	一、建筑业	52892	47584	6033	5775	29	979		29082	728	3369	695	1319	998	135		670		4503	3096286
3	其中:建筑	29014	27696	3382	4198	17	946		15761	439	2209		407	776			310		1008	1606023
4	安装	7136	6773	1123	342	1	23		4804	31	41		329	110	94		9		260	474319
5	二、交通运输业	409	286	137	2				132		7		1	7					123	30333
6	1. 陆路运输	313	260	133	1				119		7								53	24087
7	2. 水路运输	1																	1	60
8	3. 航空运输																			
9	4. 管道运输																			1
10	5. 装卸搬运	95	26	4	1				13				1	7					69	6185
11	三、邮电通信业	9498	4451	530					3579	904	322	317		20	4741	2763	305		1	623922
12	1. 邮政	318	271	139					125					7	46	46			1	22169
13	2. 电信	9180	4180	391					3454	904	322	317		13	4695	2717	305			601753
14	四、金融保险业	22509	22409	6373	220	4103			2524	1313	9153	4938	35	1			86	-97	14	508842
15	1. 金融	19709	19625	6260	220	4103			1256	564	7750	4481	35	1			70		14	391639
16	2. 保险	2800	2784	113					1268	749	1403	457					16	-97		117203
17	五、娱乐业	580	277	1					231				45						303	10345
18	1. 按 5% 税率征收	48	10						6				4						38	2041

续表

序号	项目	合计	内资企业												港澳台投资企业	国有控股	外商投资企业	国有控股	个体经营	附列：应税营业收入
			小计	国有企业	集体企业	股份合作企业	联营企业	国有控股	有限责任公司	国有控股	股份有限公司	国有控股	私营企业	其他企业						
19	2. 按10%税率征收	51	51						26				25							981
20	3. 按15%税率征收	481	216	1					199				16						265	7323
21	4. 按20%税率征收																			
22	六、服务业	24760	17231	2360	420	19	32	3	11353	266	845	504	832	1370	100	2	433		6996	1116132
23	1. 代理业	1095	626	73	93	-2			435	3	11	6	8	8			14		455	37586
24	2. 旅店业	1191	747	48	14		26		594				64	1					444	52580
25	3. 饮食业	6108	1938	141	34				1118	1	1		643	1			385		3785	252386
26	4. 旅游业	152	142	13	1				128										10	6078
27	5. 仓储业	41	34	5					26	3	2			1					7	2232
28	6. 租赁业	4803	4175	667	51	10	4	3	2750	63	73	20	37	583	25		11		592	241347
29	其中:房屋租赁	1612	1504	523	17	8	2		708	19	40	7		206	2		5		101	73320
30	7. 广告业	46	44	5					37	1	2	2							2	1599
31	8. 其他服务业	11324	9525	1408	227	11	2		6265	195	756	476	80	776	75	2	23		1701	522324
32	七、转让无形资产	7096	4991	99	165				3464		232		35	996	16		8		2081	263955
33	其中:转让土地使用权	6903	4872	99	164				3361		232		20	996	16				2015	256808
34	八、销售不动产	64769	55615	40	32	11	3		54478	4	347		435	269	2		758		8394	2437132
35	九、文化体育业	724	626	10	1				384	3	1			230	71				27	45811
36	十、税款滞纳金罚款收入	1636	1086	19	6	1	13		790		25			232					550	960464

2013年肇庆市地方税务局营业税分税目分企业类型统计年报表

编报机关：肇庆市地方税务局　　　　单位：万元

序号	项目	合计	内资企业												港澳台投资企业	国有控股	外商投资企业	国有控股	个体经营	附列：应税营业收入
			小计	国有企业	集体企业	股份合作企业	联营企业	国有控股	有限责任公司	国有控股	股份有限公司	国有控股	私营企业	其他企业						
1	合计	301395	252116	13455	8696	5197	313	15	136976	10020	32228	16806	43111	12140	12867	2244	8709	-152	27703	17221687
2	一、建筑业	90584	83228	6691	7098	25	300	13	54392	6903	1836	53	12661	225	186		1367	8	5803	7184975
3	其中：建筑	59132	55597	3837	5354	3	204	7	37689	5618	545	1	7920	45	133		1152		2250	4543810
4	安装	4656	3970	128	192	8	1		2450	473	68		1102	21	22		150	7	514	325695
5	二、交通运输业	27	23	2					18	16	115	115	-112						4	10207
6	1. 陆路运输	22	19	1					18	16									3	2372
7	2. 水路运输	3	3								115	115	-112							7668
8	3. 航空运输																			
9	4. 管道运输																			
10	5. 装卸搬运	2	1	1															1	167
11	三、邮电通信业	8722	7537	66	1				6668	182	799	356	3		394	227	791	25		794416
12	1. 邮政	153	137	57	1				76				3				16			12957
13	2. 电信	8569	7400	9					6592	182	799	356			394	227	775	25		781459
14	四、金融保险业	33521	37646	2810	86	5067			1411	337	28154	15664	117	1	624		220	-192	31	952609
15	1. 金融	35174	35229	2895	86	5067			828	92	26235	15612	117	1	624		290	11	31	817893
16	2. 保险	2347	2417	-85					583	245	1919	52					-70	-203		134716
17	五、娱乐业	1498	597		1				195				401		93				808	29024
18	1. 按5%税率征收	30	3						1				2		1				26	1400

续表

序号	项目	合计	内资企业												港澳台投资企业		外商投资企业		个体经营	附列：应税营业收入
			小计	国有企业	集体企业	股份合作企业	联营企业	国有控股	有限责任公司	国有控股	股份有限公司	国有控股	私营企业	其他企业		国有控股		国有控股		
19	2. 按10%税率征收	172	81						1				80		91					5532
20	3. 按15%税率征收	1296	513		1				193				319		1				782	22088
21	4. 按20%税率征收																			4
22	六、服务业	36860	22866	2288	578	49	12	2	10428	1481	480	274	5655	3376	2052	208	2461	4	9481	2045928
23	1. 代理业	1189	798	32	10	42			356	30	153	110	202	3			10		381	65187
24	2. 旅店业	2603	1859	210	10				717	105			905	17	83		217		444	134365
25	3. 饮食业	10449	2957	319	75				1509	158	77	74	961	16	305		861		6326	522139
26	4. 旅游业	253	252	56	1				158	5			35	2					1	14650
27	5. 仓储业	15	14	14															1	622
28	6. 租赁业	7846	6065	681	172	6	4	2	1727	241	129	58	1324	2022	440	208	329	4	1012	418182
29	其中：房屋租赁	3932	2882	278	79	4	1	1	1077	138	111	44	545	787	357	207	237	4	456	215124
30	7. 广告业	7	6	1					5										1	268
31	8. 其他服务业	14498	10915	975	310	1	8		5956	942	121	32	2228	1316	1224		1044		1315	890515
32	七、转让无形资产	13458	8163	990	729	38			957	-932	753	343	225	4471	2670		309		2316	656978
33	其中：转让土地使用权	13388	8113	984	720	38			928	-933	753	343	219	4471	2669		297		2309	653719
34	八、销售不动产	109744	90379	547	143	18	1		62288	1981	30	1	23811	3541	6683	1809	3555	3	9127	5328092
35	九、文化体育业	1212	1067	23	16				431	39	58		61	478	100		6		39	98867
36	十、税款滞纳金罚款收入	769	610	38	44				188	13	3		289	48	65				94	120591

2013 年清远市地方税务局营业税分税目分企业类型统计年报表

编报机关:清远市地方税务局　　　　单位:万元

序号	项目	合计	内资企业												港澳台投资企业		外商投资企业		个体经营	附列:应税营业收入
			小计	国有企业	集体企业	股份合作企业	联营企业	国有控股	有限责任公司	国有控股	股份有限公司	国有控股	私营企业	其他企业		国有控股		国有控股		
1	合　计	309180	258701	12523	5769	2694	4139		185253	3609	28362	20851	13075	6886	7800	674	15053	3524	27626	14923168
2	一、建筑业	101825	88372	9548	3027	295	4006		60125	2093	2898	35	8225	248	1315	1	4273	1	7865	6766420
3	其中:建筑	57680	50617	5173	2064	110	2793		34946	968	2001	14	3444	86	1021		3705		2337	3819285
4	安装	8825	7536	549	264	4	73		5043	207	221	19	1340	42	52		313	1	924	588644
5	二、交通运输业	71	20	1	-1				19	-1			1		2				49	4801
6	1. 陆路运输	10	9	1					8	-1					1					705
7	2. 水路运输		-1		-1										1					48
8	3. 航空运输																			
9	4. 管道运输																			
10	5. 装卸搬运	61	12						11				1						49	4048
11	三、邮电通信业	8522	2922	344					856	625	1698	1262	18	6	695	602	4903	1448	2	568280
12	1. 邮政	194	193	51					135				1	6					1	13101
13	2. 电信	8328	2729	293					721	625	1698	1262	17		695	602	4903	1448	1	555179
14	四、金融保险业	30217	29896	687	2190	2374			1453	67	23192	19210			230		-47	-68	138	744216
15	1. 金融	28381	27992	687	2190	2374			1305	67	21436	17454			230		21		138	628611
16	2. 保险	1836	1904						148		1756	1756					-68	-68		115605
17	五、娱乐业	2333	1475	1					1151	2	5		318		15		19		824	41290
18	1. 按5%税率征收	44	18						11				7				2		24	1734

续表

序号	项目	合计	内资企业												港澳台投资企业		外商投资企业		个体经营	附列：应税营业收入
			小计	国有企业	集体企业	股份合作企业	联营企业	国有控股	有限责任公司	国有控股	股份有限公司	国有控股	私营企业	其他企业		国有控股		国有控股		
19	2. 按10%税率征收	396	394						337	2			57						2	14313
20	3. 按15%税率征收	1893	1063	1					803		5		254		15		17		798	25243
21	4. 按20%税率征收																			
22	六、服务业	34645	22056	1499	296	6	35		15827	414	382	287	946	3065	1783	70	3594	2127	7212	1526939
23	1. 代理业	728	433	2	1	1			230	4	180	169	13	6	1		8	2	286	29489
24	2. 旅店业	3572	2241	73	11				1768	27			298	91	625		256		450	142983
25	3. 饮食业	8298	2715	60	36				2352	13			208	59	297		681	5	4605	332005
26	4. 旅游业	368	96	1					81		2		12		131		140		1	14747
27	5. 仓储业	2	2						2											101
28	6. 租赁业	3619	2677	266	117	5	15		1490	40	76	33	91	617	190	1	73	17	679	123292
29	其中：房屋租赁	2212	1730	110	95	4			955	15	44	26	25	497	173	1	22		287	73012
30	7. 广告业	6	6						1					5						267
31	8. 其他服务业	18052	13886	1097	131		20		9903	330	124	85	324	2287	539	69	2436	2103	1191	884054
32	七、转让无形资产	5931	4546	38	189	18			1623	120	3		8	2667	120		13		1252	229117
33	其中：转让土地使用权	5366	4040	38	158	18			1300	120	3		8	2515	74		13		1239	220996
34	八、销售不动产	124632	108545	386	50	1	96		103862	270	49	49	3535	566	3583		2272		10232	4989054
35	九、文化体育业	630	560	11	4				165		127		23	230	46	1	9		15	42424
36	十、税款滞纳金罚款收入	374	309	8	14		2		172	19	8	8	1	104	11		17	16	37	10627

2013年潮州市地方税务局营业税分税目分企业类型统计年报表

编报机关:潮州市地方税务局　　　　单位:万元

序号	项目	合计	内资企业												港澳台投资企业		外商投资企业		个体经营	附列:应税营业收入
			小计	国有企业	集体企业	股份合作企业	联营企业	国有控股	有限责任公司	国有控股	股份有限公司	国有控股	私营企业	其他企业		国有控股		国有控股		
1	合计	76914	67682	3595	6605	1510	26		42352	1455	10522	7627	1572	1500	1219	563	2830	1291	5183	4994114
2	一、建筑业	22063	20810	2398	6088	19	23		10987	277	544		693	58	24		22		1207	1918275
3	其中:建筑	15912	15398	1754	5621	9	13		7254	138	417		316	14					514	1404947
4	安装	2980	2645	440	72	10	10		1850	130	74		163	26	11		22		302	239916
5	二、交通运输业	62	22						9				2	11					40	1914
6	1. 陆路运输	49	9						8				1						40	1015
7	2. 水路运输																			
8	3. 航空运输																			
9	4. 管道运输																			
10	5. 装卸搬运	13	13						1				1	11						899
11	三、邮电通信业	5880	2878	43					891	605	1939	1141		5	652	560	2350	1291		552112
12	1. 邮政	265	239	43					196								26			25363
13	2. 电信	5615	2639						695	605	1939	1141		5	652	560	2324	1291		526749
14	四、金融保险业	11148	10888	662	121	1305			873	176	7927	6451			99				161	327389
15	1. 金融	11735	11475	332	121	1305			544	67	9173	7697			99				161	251225
16	2. 保险	-587	-587	330					329	109	-1246	-1246								76164
17	五、娱乐业	638	514	27	5				377	2			105		64				60	13862
18	1. 按5%税率征收	5	1										1						4	308

续表

序号	项目	合计	内资企业												港澳台投资企业		外商投资企业		个体经营	附列：应税营业收入
			小计	国有企业	集体企业	股份合作企业	联营企业	国有控股	有限责任公司	国有控股	股份有限公司	国有控股	私营企业	其他企业		国有控股		国有控股		
19	2. 按10%税率征收	71	36						20				16		30				5	2403
20	3. 按15%税率征收	562	477	27	5				357	2			88		34				51	11151
21	4. 按20%税率征收																			
22	六、服务业	8563	5920	405	178	17			3774	393	101	35	508	937	311	3	447		1885	511617
23	1. 代理业	261	256	5					77	2	157	127	17						5	15631
24	2. 旅店业	634	564	101	13				380				61	9	10		32		28	36050
25	3. 饮食业	1760	999	128	28				553	5			282	8	45		290		426	100606
26	4. 旅游业	84	63	5	1				56	1	1						21			4909
27	5. 仓储业	9	9	5		4														557
28	6. 租赁业	1388	758	59	23	19			442		36	18	34	145	50	3	46		534	82290
29	其中：房屋租赁	430	245	19	13	18			102		20	12	11	62	5		1		179	25672
30	7. 广告业	12	12								12									783
31	8. 其他服务业	4415	3259	102	113	-6			2266	385	-105	-110	114	775	206		58		892	270791
32	七、转让无形资产	511	344		15	156			58		10		44	61	26				141	30188
33	其中：转让土地使用权	478	312		15	155			58		9		14	61	26				140	27652
34	八、销售不动产	27481	25778	27	196	13	3		25189		1		214	135	14		11		1678	1583801
35	九、文化体育业	539	508	31					182	1			5	290	26				5	52841
36	十、税款滞纳金罚款收入	29	20	2	2				12	1			1	3	3				6	2115

2013 年揭阳市地方税务局营业税分税目分企业类型统计年报表

编报机关:揭阳市地方税务局　　　　单位:万元

序号	项目	合计	内资企业												港澳台投资企业	国有控股	外商投资企业	国有控股	个体经营	附列:应税营业收入
			小计	国有企业	集体企业	股份合作企业	联营企业	国有控股	有限责任公司	国有控股	股份有限公司	国有控股	私营企业	其他企业						
1	合　计	147263	128283	12585	9559	7943	627		60167	1243	24051	4672	9279	4072	5241	893	2706	1845	11033	6581894
2	一、建筑业	49530	47015	10307	8260	6	624		24604	947	503	47	2635	76	11	3	21		2483	3057913
3	其中:建筑	34272	32677	8475	6991		600		15110	589	364	41	1090	47	1				1594	2106479
4	安装	3708	3496	348	97	1	2		2507	64	48	6	481	12	6		21		185	244033
5	二、交通运输业	319	88	-11										99					231	4301
6	1. 陆路运输	319	88	-11										99					231	4293
7	2. 水路运输																			
8	3. 航空运输																			
9	4. 管道运输																			
10	5. 装卸搬运																			8
11	三、邮电通信业	9889	5237	347					3289		1595	1140		6	3613	890	1039	707		567689
12	1. 邮政	253	253	26					227											16642
13	2. 电信	9636	4984	321					3062		1595	1140		6	3613	890	1039	707		551047
14	四、金融保险业	30617	30578	1092		7870			311	1	21305	3083			30		-2	-2	11	613960
15	1. 金融	28519	28478	1059		7870			278	1	19271	3588			30				11	534251
16	2. 保险	2098	2100	33					33		2034	-505					-2	-2		79709
17	五、娱乐业	1693	1293	6	146				540				601		68				332	26534
18	1. 按5%税率征收	66	28		2				16				10		5				33	2947

续表

序号	项目	合计	内资企业												港澳台投资企业		外商投资企业		个体经营	附列:应税营业收入
			小计	国有企业	集体企业	股份合作企业	联营企业	国有控股	有限责任公司	国有控股	股份有限公司	国有控股	私营企业	其他企业		国有控股		国有控股		
19	2. 按10%税率征收	26	10										10		16					918
20	3. 按15%税率征收	1601	1255	6	144				524				581		47				299	22669
21	4. 按20%税率征收																			
22	六、服务业	15548	10030	421	558	7	3		6680	295	287	151	1515	559	393		1612	1140	3513	696290
23	1. 代理业	841	466	54	1	1			157	1	230	144	22	1			30		345	29634
24	2. 旅店业	1693	1347	18	112				844				372	1	152		4		190	64812
25	3. 饮食业	3587	1444	38	75				860				471		191		371		1581	151033
26	4. 旅游业	57	57	3					47		6		1							2145
27	5. 仓储业																			16
28	6. 租赁业	3018	2247	158	88	6			1211	17	42	1	490	252	15		4		752	130084
29	其中:房屋租赁	1470	1095	39	67	4			484		26	1	397	78	3		3		369	60581
30	7. 广告业	11	11						1				1	9						450
31	8. 其他服务业	6341	4458	150	282		3		3560	277	9	6	158	296	35		1203	1140	645	318116
32	七、转让无形资产	1550	380		-36				323		21	4	50	22	520		26		624	66923
33	其中:转让土地使用权	1613	443		28				322		21	4	50	22	520		26		624	66920
34	八、销售不动产	36037	31694	219	554	1			23984		87		3771	3078	587		10		3746	1447220
35	九、文化体育业	676	657	8	11				192		250	246	37	159					19	43042
36	十、税款滞纳金罚款收入	1404	1311	196	66	59			244		3	1	670	73	19				74	58022

2013 年云浮市地方税务局营业税分税目分企业类型统计年报表

编报机关:云浮市地方税务局　　　　单位:万元

序号	项目	合计	内资企业												港澳台投资企业	国有控股	外商投资企业	国有控股	个体经营	附列:应税营业收入
			小计	国有企业	集体企业	股份合作企业	联营企业	国有控股	有限责任公司	国有控股	股份有限公司	国有控股	私营企业	其他企业						
1	合计	117177	95852	5817	4343	3633	958		56809	4509	14353	7886	7814	2125	2613	109	3285		15427	6375334
2	一、建筑业	39106	34612	2291	3327	35	958		22894	2043	1677		3047	383	35	8	435		4024	2921270
3	其中:建筑	24118	22301	1312	2434	1	461		15305	1712	1385		1178	225	4		287		1526	1792353
4	安装	3808	3204	278	223	9	3		1858	106	66		756	11	29	8	55		520	310045
5	二、交通运输业	70	70						70	69										4912
6	1. 陆路运输																			19
7	2. 水路运输																			
8	3. 航空运输																			
9	4. 管道运输																			
10	5. 装卸搬运	70	70						70	69										4893
11	三、邮电通信业	4257	1577	179					348	24	1050	801			430	101	2250			347365
12	1. 邮政	71	71	28					43	11										5410
13	2. 电信	4186	1506	151					305	13	1050	801			430	101	2250			341955
14	四、金融保险业	17070	16748	2624		3293			999	453	9772	7011	58	2	169		97		56	428257
15	1. 金融	15914	15646	2972		3293			931	453	8390	6768	58	2	169		43		56	375206
16	2. 保险	1156	1102	-348					68		1382	243					54			53051
17	五、娱乐业	530	301						97				204				1		228	9318
18	1. 按5%税率征收	20	2						1				1						18	816

续表

序号	项目	合计	内资企业												港澳台投资企业	国有控股	外商投资企业	国有控股	个体经营	附列：应税营业收入
			小计	国有企业	集体企业	股份合作企业	联营企业	国有控股	有限责任公司	国有控股	股份有限公司	国有控股	私营企业	其他企业						
19	2. 按10%税率征收	58	58						2				56							1226
20	3. 按15%税率征收	452	241						94				147				1		210	7276
21	4. 按20%税率征收																			
22	六、服务业	13471	8443	364	230	17			5628	724	162	74	1006	1036	374		437		4217	694652
23	1. 代理业	397	271	28	1				184	4	22	6	31	5	21				105	18522
24	2. 旅店业	1142	624	32	16				384	54			192		16		162		340	50880
25	3. 饮食业	4129	963	7	23				537	48			396		196		158		2812	185826
26	4. 旅游业	40	22						21	5			1				18			1932
27	5. 仓储业																			6
28	6. 租赁业	2088	1776	136	100	17			906	429	14	7	90	513	56		8		248	99058
29	其中：房屋租赁	879	711	102	25	7			317	62	10	4	50	200	36		6		126	41086
30	7. 广告业	32	21						1					20					11	1305
31	8. 其他服务业	5643	4766	161	90				3595	184	126	61	296	498	85		91		701	337123
32	七、转让无形资产	5916	3142	191	490	274			1863	204	64		63	197	16		19		2739	286517
33	其中：转让土地使用权	5765	3004	191	490	274			1726	136	64		62	197	12		19		2730	280440
34	八、销售不动产	35910	30235	99	156	12			24610	986	1539		3404	415	1588		4		4083	1645033
35	九、文化体育业	417	387	22	65				158	4	70		5	67			2		28	28344
36	十、税款滞纳金罚款收入	430	337	47	75	2			142	2	19		27	25	1		40		52	9666

2013年顺德区地方税务局营业税分税目分企业类型统计年报表

编报机关:顺德区地方税务局　　　　单位:万元

序号	项目	合计	内资企业												港澳台投资企业	国有控股	外商投资企业	国有控股	个体经营	附列:应税营业收入
			小计	国有企业	集体企业	股份合作企业	联营企业	国有控股	有限责任公司	国有控股	股份有限公司	国有控股	私营企业	其他企业						
1	合计	457736	368157	6186	4397	58	850		206847	4974	98821	18254	31059	19939	22454	33	28576	17	38549	19683182
2	一、建筑业	94782	85605	5044	2831	58	850		53596	2185	5809		17297	120	559	27	1293	13	7325	6329114
3	其中:建筑	44038	41625	1835	1712	26	328		26608	880	3752		7364		5		824		1584	2940325
4	安装	18571	16301	1096	189	27	137		10024	406	1042		3751	35	310	11	320	13	1640	1238862
5	二、交通运输业	-2	-4						-3					-1					2	196
6	1. 陆路运输	-4	-4						-3					-1						67
7	2. 水路运输																			
8	3. 航空运输																			
9	4. 管道运输																			
10	5. 装卸搬运	2																	2	129
11	三、邮电通信业	13250	11189	66					6255		4844		24		1812		241		8	883436
12	1. 邮政	773	524	66					439				19				241		8	51534
13	2. 电信	12477	10665						5816		4844		5		1812					831902
14	四、金融保险业	95364	93067	877	28				6779	291	85028	18250	204	151	1668		422		207	2230077
15	1. 金融	86346	84202	877	28				6640	160	76302	15490	204	151	1542		395		207	1974307
16	2. 保险	9018	8865						139	131	8726	2760			126		27			255770
17	五、娱乐业	2442	2124		32				1504				588		185		2		131	46684
18	1. 按5%税率征收	101	52						24				28				2		47	4018

续表

序号	项目	合计	内资企业												港澳台投资企业	国有控股	外商投资企业	国有控股	个体经营	附列：应税营业收入
			小计	国有企业	集体企业	股份合作企业	联营企业	国有控股	有限责任公司	国有控股	股份有限公司	国有控股	私营企业	其他企业						
19	2. 按10%税率征收	603	487						379				108		116					19488
20	3. 按15%税率征收	1738	1585		32				1101				452		69				84	23178
21	4. 按20%税率征收																			
22	六、服务业	63084	41178	160	472				28237	2270	1542	3	6417	4350	7041	6	4197		10668	2626140
23	1. 代理业	3118	1933	51	2				1500	7	145		230	5	122		11		1052	129619
24	2. 旅店业	2415	1679	1	23				1164				478	13	439		91		206	96647
25	3. 饮食业	14347	6443	4					4092				2338	9	725		1879		5300	573843
26	4. 旅游业	259	259						254				5							10599
27	5. 仓储业	2	2						2											124
28	6. 租赁业	17758	11989	91	288				6977	177	688	3	1461	2484	2094	5	723		2952	748051
29	其中：房屋租赁	14633	9314	89	210				6135	104	682	3	1384	814	2017	5	628		2674	620540
30	7. 广告业	1																	1	817
31	8. 其他服务业	25184	18873	13	159				14248	2086	709		1905	1839	3661	1	1493		1157	1066440
32	七、转让无形资产	14854	14759						98		71		1	14589	1		62	4	32	594195
33	其中：转让土地使用权	14692	14665						4		71		1	14589					27	587716
34	八、销售不动产	171203	117842	22	923				109530	179	810	1	6281	276	11048		22296		20017	6850292
35	九、文化体育业	1661	1504	16	106				347	16	387		241	407	27		19		111	112403
36	十、税款滞纳金罚款收入	1098	893	1	5				504	33	330		6	47	113		44		48	10645

2013年广东省地方税务局直属分局营业税分税目分企业类型统计年报表

编报机关:广东省地方税务局直属分局　　　　单位:万元

序号	项目	合计	内资企业												港澳台投资企业		外商投资企业		个体经营	附列:应税营业收入
			小计	国有企业	集体企业	股份合作企业	联营企业	国有控股	有限责任公司	国有控股	股份有限公司	国有控股	私营企业	其他企业		国有控股		国有控股		
1	合　计	1223639	1174073	53485	63	2933	344	199	66563	26300	1047235	425096	3060	390	19155	569	34994	1888	417	14872901
2	一、建筑业																			
3	其中:建筑																			
4	安装																			
5	二、交通运输业	15162	15162						11532		3630	3630								382485
6	1. 陆路运输	15162	15162						11532		3630	3630								382485
7	2. 水路运输																			
8	3. 航空运输																			
9	4. 管道运输																			
10	5. 装卸搬运																			
11	三、邮电通信业																			
12	1. 邮政																			
13	2. 电信																			
14	四、金融保险业	1212573	1158178	53481	62	2933	343	199	54369	25947	1043596	421465	3016	378	19077	568	34907	1888	411	14484304
15	1. 金融	1165082	1114723	42805	62	2933	343	199	56973	25441	1008213	424883	3016	378	18888	568	31060	1888	411	12086325
16	2. 保险	47491	43455	10676					-2604	506	35383	-3418			189		3847			2397979
17	五、娱乐业																			
18	1. 按5%税率征收																			

续表

序号	项目	合计	内资企业												港澳台投资企业	国有控股	外商投资企业	国有控股	个体经营	附列：应税营业收入
			小计	国有企业	集体企业	股份合作企业	联营企业	国有控股	有限责任公司	国有控股	股份有限公司	国有控股	私营企业	其他企业						
19	2. 按10%税率征收																			
20	3. 按15%税率征收																			
21	4. 按20%税率征收																			
22	六、服务业																			
23	1. 代理业																			
24	2. 旅店业																			
25	3. 饮食业																			
26	4. 旅游业																			
27	5. 仓储业																			
28	6. 租赁业																			
29	其中：房屋租赁																			
30	7. 广告业																			
31	8. 其他服务业																			
32	七、转让无形资产																			
33	其中：转让土地使用权																			
34	八、销售不动产																			
35	九、文化体育业																			
36	十、税款滞纳金罚款收入	904	733	4	1		1		662	353	9	1	44	12	78	1	87		6	6112

2013年广东省地方税务局企业所得税分行业分企业类型统计年报表

编报机关：广东省地方税务局　　　　单位：万元

序号	项目	合计	内资企业									港澳台投资企业	外商投资企业
			小计	国有企业	集体企业	股份合作企业	联营企业	有限责任公司	股份有限公司	私营企业	其他企业		
1	合计	8393887	6122147	359045	235162	33863	49546	2516214	1879308	845452	203557	1133076	1138664
2	(一)采矿业	60482	60416	1263	241	4	348	10274	47966	310	10	18	48
3	1. 煤炭开采和洗选业	-77	-77					-77					
4	2. 石油和天然气开采业	16										16	
5	其中:原油	15										15	
6	3. 黑色金属矿采选业	45954	45954	121	19		337	1017	44422	38			
7	4. 有色金属矿采选业	5436	5436	1006	2			881	3540	7			
8	5. 非金属矿采选业	7479	7477	79	216	4	11	7000	4	155	8	2	
9	6. 其他采矿业	1674	1626	57	4			1453		110	2		48
10	(二)制造业	2088263	1105563	32208	39488	9342	2833	300536	558119	162720	317	457729	524971
11	1. 农副食品加工业	23792	13507	1839	144	25	5	7025	1949	2518	2	1353	8932
12	2. 食品制造业	86996	23575	3644	107	99	1	13030	5048	1646		44806	18615
13	3. 酒、饮料和精制茶制造业	21154	5112	290	10	324		4067	165	214	42	9277	6765
14	①酒的制造	7195	4260	289	6			3760	164	41		91	2844
15	其中:酒精	39	39	1	1			37					
16	②饮料制造	13559	452		4			276	1	171		9186	3921
17	③精制茶制造	400	400	1		324		31		2	42		
18	4. 烟草制品业	23223	23223	21431				1791	1				
19	卷烟制造												
20	烟叶复烤	1062	1062					1062					
21	其他烟草制品加工	22161	22161	21431				729	1				
22	5. 纺织业	27065	20355	45	473	226	5	7551	8238	3817		6524	186
23	6. 纺织服装、服饰业	66374	48151	59	2365	369	16	11739	19868	13735		13912	4311

续表

序号	项目	合计	内资企业									港澳台投资企业	外商投资企业
			小计	国有企业	集体企业	股份合作企业	联营企业	有限责任公司	股份有限公司	私营企业	其他企业		
24	其中:纺织服装	59830	44338	59	2308	369	14	10315	19867	11406		13839	1653
25	7. 皮革、毛皮、羽毛及其制品和制鞋业	13504	7836	38	2488	23		3767	17	1469	34	3338	2330
26	其中:皮革、毛皮	7503	4122	36	1507	18		1688	7	866		1789	1592
27	8. 木材加工和木竹藤棕草制品业	2523	2052	123	90	13	2	645	299	880		297	174
28	9. 家具制造业	13819	9363	6	230	251		5266	796	2814		3458	998
29	10. 造纸和纸制品业	20747	15333	1	938	190	2	6995	4366	2841		3870	1544
30	①纸浆制造	6515	4380	1	311	5		1152	2825	86		2080	55
31	②造纸	7032	5043		321	103	2	3693	10	914		696	1293
32	其中:机制纸及纸板制造	5868	4266		260	48	2	3170	4	782		309	1293
33	③纸制品制造	7200	5910		306	82		2150	1531	1841		1094	196
34	11. 印刷和记录媒介复制业	43013	24844	588	631	503	5	7722	12495	2862	38	11096	7073
35	12. 文教、工美、体育和娱乐用品制造业	35267	22873	1171	2954	136	1	5652	9810	3149		5535	6859
36	13. 石油加工、炼焦和核燃料加工业	22052	4555		2	3		4349	103	98		176	17321
37	其中:成品油	21906	4410		1	3		4308		98		175	17321
38	14. 化学原料和化学制品制造业	63159	43725	99	372	664	291	13675	8047	20577		11407	8027
39	①肥料制造	632	623	62	6		3	536		16			9
40	②农药制造	1000	1000		1	3		53	94	849			
41	③专用化学产品制造	9904	6713	1	101	191	105	3550	964	1801		3148	43
42	④日用化学产品制造	22422	19254	31	60	395	1	1786	1884	15097		1357	1811
43	其中:化妆品制造	3148	2095	31	7			1013	917	127		708	345
44	⑤其他	29201	16135	5	204	75	182	7750	5105	2814		6902	6164
45	15. 医药制造业	119753	76912	3	158	68	118	15854	57068	3562	81	13211	29630
46	16. 化学纤维制造业	11655	178		4	1		152		21		11476	1
47	17. 橡胶和塑料制品业	78055	48081	500	7219	4066	1100	18938	9330	6928		23646	6328

续表

序号	项　目	合　计	内资企业									港澳台投资企业	外商投资企业
			小　计	国有企业	集体企业	股份合作企业	联营企业	有限责任公司	股份有限公司	私营企业	其他企业		
48	其中:轮胎制造	5616	768	458	4			303		3		4848	
49	18. 非金属矿物制品业	49407	42283	469	508	604	226	25256	10026	5192	2	4429	2695
50	①水泥、石灰和石膏制造	9148	9142	458	101	1		6439	1385	758		4	2
51	其中:水泥制造	8595	8591	458	100			6367	1062	604		4	
52	②水泥及石膏制品制造	3578	3062		52	6		1936	420	648		15	501
53	③玻璃及玻璃制品制造	8462	5428		80	12		1058	3232	1046		1566	1468
54	④其他	28219	24651	11	275	585	226	15823	4989	2740	2	2844	724
55	19. 黑色金属冶炼和压延加工业	3477	3205	8	96	1	2	2225	197	676		108	164
56	其中:钢压延加工	1537	1321		36	1		872	6	406		52	164
57	20. 有色金属冶炼和压延加工业	19010	18230	102	183	11	3	10018	4648	3265		356	424
58	21. 金属制品业	78014	42733	189	3479	426	429	18902	4419	14886	3	27790	7491
59	22. 通用设备制造业	78036	29637	38	1455	92	27	12613	10122	5290		4435	43964
60	23. 专用设备制造业	78348	45201	246	1100	49	4	11112	29107	3582	1	19479	13668
61	24. 汽车制造业	9152	5238	180	42	2	9	3638	1112	255		1560	2354
62	25. 铁路、船舶、航空航天和其他运输设备制造业	25536	7454	5	64	2		5124	768	1491		6001	12081
63	其中:铁路运输设备制造	92	31	1				19		11		61	
64	船舶及相关装置制造	6220	2144	4	63			1171	768	138		2567	1509
65	航空、航天及设备制造	9354	6							6		9	9339
66	摩托车制造	4648	4647		1	2		3901		743		1	
67	26. 电气机械及器材制造业	380206	305664	685	1838	430	241	49843	235465	17162		28176	46366
68	①电机制造	7962	5980	6	5	8		1982	3276	703		1793	189
69	②电线电缆光缆及电工器材制造	15728	11413	642	306	66		3330	4284	2785		2708	1607
70	③家用电力器具制造	248361	232501		211	24		24931	204859	2476		6065	9795

续表

序号	项目	合计	内资企业									港澳台投资企业	外商投资企业
			小计	国有企业	集体企业	股份合作企业	联营企业	有限责任公司	股份有限公司	私营企业	其他企业		
71	④其他	108155	55770	37	1316	332	241	19600	23046	11198		17610	34775
72	27. 计算机、通信和其他电子设备制造业	543739	163605	161	9366	221	192	16875	101577	35104	109	129724	250410
73	①计算机制造	101859	5462		41			86	3732	1603		17741	78656
74	②通信设备制造	126057	58851	10	111	10		9295	44570	4855		8774	58432
75	③广播电视设备制造	4509	2429		4			67	315	2043		845	1235
76	④视听设备制造	14988	1135	2	254	23		487	1	368		12788	1065
77	⑤其他	296326	95728	149	8956	188	192	6940	52959	26235	109	89576	111022
78	28. 仪表仪器制造业	26685	8914	-171	404	32	34	1795	5986	834		7144	10627
79	29. 其他制造业	124502	43724	459	2768	511	120	14917	17092	7852	5	65145	15633
80	(三)电力、燃气及水的生产和供应业	526523	423382	37887	8644	135	593	310980	63217	1791	135	38641	64500
81	1. 电力、热力的生产和供应业	449649	383109	36207	2207	135	578	288052	55356	445	129	33210	33330
82	①电力生产	130768	78958	4544	1941	28	514	54475	17022	306	128	32985	18825
83	其中:火力发电	62158	43333	1639	15	9	1	40426	1235	8			18825
84	水力发电	21352	21352	2904	1920	17	487	13666	1968	262	128		
85	核力发电	45659	12745					2	12743			32914	
86	风力发电												
87	太阳能发电	1	1							1			
88	②电力供应	316378	301648	31400	257	107	64	233249	36431	139	1	225	14505
89	③热力生产和供应业	2503	2503	263	9			328	1903				
90	2. 燃气生产和供应业	14030	12533	590	64		1	11597	9	272		672	825
91	3. 水的生产和供应业	62844	27740	1090	6373		14	11331	7852	1074	6	4759	30345
92	(四)建筑业	1011023	966606	114260	81972	1210	12735	446915	159410	147235	2869	4721	39696
93	1. 房屋建筑业	289800	286136	57966	38922	245	3839	150679	8234	25939	312	685	2979
94	2. 土木工程建筑业	106857	106756	9732	4961	243	4138	50482	16375	20673	152		101

续表

序号	项　目	合　计	内资企业									港澳台投资企业	外商投资企业
			小　计	国有企业	集体企业	股份合作企业	联营企业	有限责任公司	股份有限公司	私营企业	其他企业		
95	3. 建筑安装业	403150	365450	37196	31597	421	3336	180921	57575	52657	1747	2216	35484
96	4. 建筑装饰和其他建筑业	211216	208264	9366	6492	301	1422	64833	77226	47966	658	1820	1132
97	(五)批发和零售业	844145	660849	78002	13069	7535	12598	251634	167160	129849	1002	27390	155906
98	1. 批发业	632876	502772	75163	5420	5505	10345	174209	130298	100928	904	20827	109277
99	其中:烟草制品批发	124248	124248	49883	1		2110	70937	1317				
100	煤炭及制品批发	13345	10165	904	7			5358	2865	1031			3180
101	石油及其制品批发	15330	9297	54	520	99	209	3275	2533	2607		1547	4486
102	汽车及零配件批发	3689	3685	527	6	17	574	917	173	1471		4	
103	2. 零售业	211269	158077	2839	7649	2030	2253	77425	36862	28921	98	6563	46629
104	(六)交通运输、仓储及邮政业	360392	262178	19387	3104	400	3970	86124	123350	16679	9164	69999	28215
105	1. 交通运输业	329663	238199	9217	2061	315	3521	82871	115889	15193	9132	66360	25104
106	2. 仓储业	28202	22540	10124	1043	85	449	2823	6815	1169	32	3639	2023
107	3. 邮政业	2527	1439	46				430	646	317			1088
108	(七)住宿和餐饮业	51787	40800	2227	1671	1383	222	16290	6679	12142	186	7172	3815
109	1. 住宿业	20655	16181	1832	928	70	138	6565	4220	2283	145	3597	877
110	2. 餐饮业	31132	24619	395	743	1313	84	9725	2459	9859	41	3575	2938
111	(八)信息传输、软件和信息技术服务业	224583	75016	1131	208	43	3539	12368	26881	30430	416	52813	96754
112	1. 电信、广播电视和卫星传输服务业	50449	11554	107	2	1	3507	638	6428	817	54		38895
113	其中:电信	46771	8186	37	1	1	556	539	6274	769	9		38585
114	2. 互联网和相关服务	733	732	2	1			352	1	366	10	1	
115	3. 软件和信息技术服务业	173401	62730	1022	205	42	32	11378	20452	29247	352	52812	57859
116	(九)金融业	129565	124001	939	43			56739	51225	15018	37	389	5175
117	1. 货币金融服务	44285	44071		1			11331	22195	10544		101	113
118	其中:银行	763	761					444	317			2	

续表

序号	项目	合计	内资企业									港澳台投资企业	外商投资企业
			小计	国有企业	集体企业	股份合作企业	联营企业	有限责任公司	股份有限公司	私营企业	其他企业		
119	金融租赁	460	347					305		42			113
120	2. 资本市场服务	6350	6096	24				5591	457	23	1		254
121	3. 保险业	425	425					270	5	126	24		
122	4. 其他金融业	78505	73409	915	42			39547	28568	4325	12	288	4808
123	(十)房地产业	1629269	1326895	28691	49485	7958	5454	692223	330994	192352	19738	207478	94896
124	(十一)租赁和商务服务业	721021	623615	12548	17358	3002	1489	200786	260540	66492	61400	40838	56568
125	1. 租赁业	20733	20675	180	571	1576	77	1630	14532	2059	50	3	55
126	2. 商务服务业	700288	602940	12368	16787	1426	1412	199156	246008	64433	61350	40835	56513
127	(十二)科学研究和技术服务业	267841	166692	14837	3784	475	1983	31765	43112	45741	24995	98036	3113
128	(十三)居民服务、修理和其他服务业	320752	148937	9722	11730	2007	1235	60082	26064	15293	22804	111668	60147
129	其中:居民服务业	35968	33926	1248	4845	632	690	13337	2089	2232	8853	541	1501
130	机动车、电子产品和日用产品修理业	3886	3153	44	175	227	58	715	1393	537	4	720	13
131	(十四)教育	17949	17789	121	417	41	32	879	1000	465	14834	88	72
132	(十五)卫生和社会工作	9325	9257	97	248	106		2984	2069	1932	1821		68
133	其中:卫生	9065	8997	97	247	81		2982	2069	1921	1600		68
134	(十六)文化、体育和娱乐业	37168	25123	1052	437	160	2432	4667	2205	2903	11267	11400	645
135	其中:新闻和出版业	2906	2905	650	102		4	172	617	1	1359		1
136	广播、电视、电影和影视录音制作业	11570	11523	48	124	1		2423	140	544	8243	10	37
137	体育	5058	4376	18	15	14	2387	450	599	140	753	655	27
138	娱乐业	15528	4261	282	186	143	6	1319	529	1772	24	10734	533
139	(十七)公共管理、社会保障和社会组织	36318	36326	864	2512	40	13	3598	8	380	28911	-23	15
140	(十八)其他行业	57481	48702	3809	751	22	70	27370	9309	3720	3651	4719	4060

2013年广州市地方税务局企业所得税分行业分企业类型统计年报表

编报机关:广州市地方税务局　　　　单位:万元

序号	项　　目	合　计	内资企业									港澳台投资企业	外商投资企业
			小　计	国有企业	集体企业	股份合作企业	联营企业	有限责任公司	股份有限公司	私营企业	其他企业		
1	合　　计	1118085	1020441	67595	38958	8050	5054	454917	114496	288356	43015	7099	90545
2	(一)采矿业	175	127		3			9		115			48
3	1. 煤炭开采和洗选业	-77	-77					-77					
4	2. 石油和天然气开采业												
5	其中:原油												
6	3. 黑色金属矿采选业												
7	4. 有色金属矿采选业	9	9		2					7			
8	5. 非金属矿采选业	195	195		1			86		108			
9	6. 其他采矿业	48											48
10	(二)制造业	119397	114498	5918	2567	2316	68	34487	28839	40269	34	388	4511
11	1. 农副食品加工业	3808	3634	362	21	6		448	1553	1244			174
12	2. 食品制造业	10036	10036	3408	9	6		6218	4	391			
13	3. 酒、饮料和精制茶制造业	743	743	287				410		46			
14	①酒的制造	724	724	287				410		27			
15	其中:酒精												
16	②饮料制造	18	18							18			
17	③精制茶制造	1	1							1			
18	4. 烟草制品业												
19	卷烟制造												
20	烟叶复烤												
21	其他烟草制品加工												
22	5. 纺织业	1479	1474	28	57	6		848		535		5	
23	6. 纺织服装、服饰业	2426	2426		135	60		711	9	1511			

续表

序号	项目	合计	内资企业									港澳台投资企业	外商投资企业
			小计	国有企业	集体企业	股份合作企业	联营企业	有限责任公司	股份有限公司	私营企业	其他企业		
24	其中:纺织服装	1702	1702		131	60		206	9	1296			
25	7. 皮革、毛皮、羽毛及其制品和制鞋业	1001	1001		119	7		98		777			
26	其中:皮革、毛皮	812	812		111	4		92		605			
27	8. 木材加工和木竹藤棕草制品业	240	240		5	2		20		213			
28	9. 家具制造业	835	835	5	62	228		81		459			
29	10. 造纸和纸制品业	281	281		16	70		35		160			
30	①纸浆制造	40	40		6	1		-1		34			
31	②造纸	117	117		1	13		32		71			
32	其中:机制纸及纸板制造	78	78		1	6		32		39			
33	③纸制品制造	124	124		9	56		4		55			
34	11. 印刷和记录媒介复制业	1015	1015	121	26	106		232	42	459	29		
35	12. 文教、工美、体育和娱乐用品制造业	3995	3991	157	577	107	1	65	2860	224			4
36	13. 石油加工、炼焦和核燃料加工业	155	155			1		1	102	51			
37	其中:成品油	53	53			1		1		51			
38	14. 化学原料和化学制品制造业	19954	19954	2	40	568	6	1354	1719	16265			
39	①肥料制造	40	40					32		8			
40	②农药制造	6	6			3				3			
41	③专用化学产品制造	1693	1693		4	174		154	255	1106			
42	④日用化学产品制造	16299	16299		5	391	1	33	1464	14405			
43	其中:化妆品制造	775	775					1	744	30			
44	⑤其他	1916	1916	2	31		5	1135		743			
45	15. 医药制造业	13344	9061	1	2	24		3968	4074	992			4283
46	16. 化学纤维制造业	6	6							6			
47	17. 橡胶和塑料制品业	10456	10401	491	72	52	33	1442	6985	1326		11	44

续表

序号	项目	合计	内资企业									港澳台投资企业	外商投资企业
			小计	国有企业	集体企业	股份合作企业	联营企业	有限责任公司	股份有限公司	私营企业	其他企业		
48	其中:轮胎制造	696	696	458				238					
49	18. 非金属矿物制品业	3574	3574		127	450	6	1608		1383			
50	①水泥、石灰和石膏制造	401	401		74					327			
51	其中:水泥制造	401	401		74					327			
52	②水泥及石膏制品制造	649	649		1			307		341			
53	③玻璃及玻璃制品制造	585	585			11				574			
54	④其他	1939	1939		52	439	6	1301		141			
55	19. 黑色金属冶炼和压延加工业	468	468	8	6			147		307			
56	其中:钢压延加工	226	226							226			
57	20. 有色金属冶炼和压延加工业	991	991		3			904		84			
58	21. 金属制品业	6163	6132	25	144	183	5	308	1597	3870		27	4
59	22. 通用设备制造业	9192	9192	1	122	34		1408	4575	3052			
60	23. 专用设备制造业	4561	4216	246	1	14		3143	102	710		345	
61	24. 汽车制造业	800	800	178	2	1	9	409		201			
62	25. 铁路、船舶、航空航天和其他运输设备制造业	5034	5034	1	1	2		4083	257	690			
63	其中:铁路运输设备制造	12	12	1						11			
64	船舶及相关装置制造	1128	1128					754	257	117			
65	航空、航天及设备制造												
66	摩托车制造	3892	3892		1	2		3328		561			
67	26. 电气机械及器材制造业	10189	10187	642	10	254		2585	4355	2341			2
68	①电机制造	49	49			8		23		18			
69	②电线电缆光缆及电工器材制造	2377	2377	642	5	51		180		1499			
70	③家用电力器具制造	1475	1475		1			1116		358			

续表

序号	项目	合计	内资企业									港澳台投资企业	外商投资企业
			小计	国有企业	集体企业	股份合作企业	联营企业	有限责任公司	股份有限公司	私营企业	其他企业		
71	④其他	6288	6286		4	195		1266	4355	466			2
72	27. 计算机、通信和其他电子设备制造业	3580	3580		605	35	5	858	604	1473			
73	①计算机制造	101	101		19				1	81			
74	②通信设备制造	418	418		12	10		285	18	93			
75	③广播电视设备制造	18	18							18			
76	④视听设备制造	379	379		237			40		102			
77	⑤其他	2664	2664		337	25	5	533	585	1179			
78	28. 仪表仪器制造业	-42	-42	-174	15	3		15		99			
79	29. 其他制造业	5113	5113	129	390	97	3	3088	1	1400	5		
80	(三)电力、燃气及水的生产和供应业	19073	19073	114	687		14	15814	1585	859			
81	1. 电力、热力的生产和供应业	9502	9502	46	83			7993	1363	17			
82	①电力生产	9129	9129	21	82			7660	1363	3			
83	其中:火力发电	8775	8775	21	7			7381	1363	3			
84	水力发电	86	86		74			12					
85	核力发电												
86	风力发电												
87	太阳能发电												
88	②电力供应	55	55	25	1			15		14			
89	③热力生产和供应业	318	318					318					
90	2. 燃气生产和供应业	7422	7422		20			7327		75			
91	3. 水的生产和供应业	2149	2149	68	584		14	494	222	767			
92	(四)建筑业	130392	129916	4994	7598	538	105	58690	8821	49008	162	60	416
93	1. 房屋建筑业	44895	44728	1212	5896	236	1	25423	999	10961		2	165
94	2. 土木工程建筑业	10117	10060	1133	113		2	3549	87	5171	5		57

续表

序号	项　　目	合　计	内　资　企　业									港澳台投资企业	外商投资企业
			小　计	国有企业	集体企业	股份合作企业	联营企业	有限责任公司	股份有限公司	私营企业	其他企业		
95	3. 建筑安装业	42875	42686	2312	1152	113	60	20145	1403	17395	106	35	154
96	4. 建筑装饰和其他建筑业	32505	32442	337	437	189	42	9573	6332	15481	51	23	40
97	(五)批发和零售业	113511	108757	7442	4336	1652	715	40000	17992	36598	22	294	4460
98	1. 批发业	63551	59217	6545	1165	321	23	24071	1704	25376	12	72	4262
99	其中:烟草制品批发	1	1					1					
100	煤炭及制品批发	5007	1827	857	7			23		940			3180
101	石油及其制品批发	4207	3212	50	62	98		881		2121			995
102	汽车及零配件批发	1708	1708	9	5	15		289	27	1363			
103	2. 零售业	49960	49540	897	3171	1331	692	15929	16288	11222	10	222	198
104	(六)交通运输、仓储及邮政业	37811	37784	14205	1526	365	293	11314	2031	6264	1786	28	-1
105	1. 交通运输业	25375	25348	5081	512	285	21	9803	2028	5840	1778	28	-1
106	2. 仓储业	12042	12042	9124	1014	80	272	1268	3	273	8		
107	3. 邮政业	394	394					243		151			
108	(七)住宿和餐饮业	13074	13073	864	735	1238	4	3038	1647	5515	32		1
109	1. 住宿业	5293	5293	699	517	31	4	1378	1646	990	28		
110	2. 餐饮业	7781	7780	165	218	1207		1660	1	4525	4		1
111	(八)信息传输、软件和信息技术服务业	21186	20492	70	122	2		7784	5681	6734	99	23	671
112	1. 电信、广播电视和卫星传输服务业	2538	2538	69				79	1710	675	5		
113	其中:电信	2444	2444					67	1710	667			
114	2. 互联网和相关服务	162	162					123		39			
115	3. 软件和信息技术服务业	18486	17792	1	122	2		7582	3971	6020	94	23	671
116	(九)金融业	32253	30489	2				13812	4783	11867	25	1	1763
117	1. 货币金融服务	14774	14774					1411	3306	10057			
118	其中:银行	303	303						303				

续表

序号	项目	合计	内资企业									港澳台投资企业	外商投资企业
			小计	国有企业	集体企业	股份合作企业	联营企业	有限责任公司	股份有限公司	私营企业	其他企业		
119	金融租赁												
120	2. 资本市场服务	5543	5359					5302	54	2	1		184
121	3. 保险业	309	309					192		93	24		
122	4. 其他金融业	11627	10047	2				6907	1423	1715		1	1579
123	(十)房地产业	374609	310869	19936	12364	252	901	182920	25075	66077	3344	1014	62726
124	(十一)租赁和商务服务业	113578	102942	7242	4261	342	385	53931	13201	21015	2565	4898	5738
125	1. 租赁业	1806	1806		210	6		876	210	499	5		
126	2. 商务服务业	111772	101136	7242	4051	336	385	53055	12991	20516	2560	4898	5738
127	(十二)科学研究和技术服务业	71963	71958	4575	1049	437	158	18130	4269	35251	8089	4	1
128	(十三)居民服务、修理和其他服务业	32277	23170	363	3064	627	20	6379	570	4977	7170	322	8785
129	其中:居民服务业	11154	11146	23	1882	372	10	2176		503	6180	7	1
130	机动车、电子产品和日用产品修理业	773	773	21	63	138	1	256		294			
131	(十四)教育	7777	7746	9	196	22		404		214	6901	31	
132	(十五)卫生和社会工作	1260	1260	55	11	105		476		273	340		
133	其中:卫生	1080	1080	55	10	80		476		262	197		
134	(十六)文化、体育和娱乐业	11199	11195	357	84	148	2391	2679		1680	3856		4
135	其中:新闻和出版业	406	406	243	9		4	86			64		
136	广播、电视、电影和影视录音制作业	5766	5766	13				2217		432	3104		
137	体育	3249	3249	8	2	12	2387	197		111	532		
138	娱乐业	1245	1245	83	66	134		87		863	12		
139	(十七)公共管理、社会保障和社会组织	7015	7013	3	171		1	37	1	303	6497	2	
140	(十八)其他行业	11535	10079	1446	184	6	-1	5013	1	1337	2093	34	1422

2013年深圳市地方税务局企业所得税分行业分企业类型统计年报表

编报机关:深圳市地方税务局　　　　单位:万元

序号	项目	合计	内资企业									港澳台投资企业	外商投资企业
			小计	国有企业	集体企业	股份合作企业	联营企业	有限责任公司	股份有限公司	私营企业	其他企业		
1	合计	3359728	1870882	122200	19447	16463	35797		1328496	267100	81379	819934	668912
2	(一)采矿业	3396	3380				337		3042	1		16	
3	1. 煤炭开采和洗选业												
4	2. 石油和天然气开采业	16										16	
5	其中:原油	15										15	
6	3. 黑色金属矿采选业	337	337				337						
7	4. 有色金属矿采选业	3042	3042						3042				
8	5. 非金属矿采选业												
9	6. 其他采矿业	1	1							1			
10	(二)制造业	815707	299105	22192	11377	818	2271		211091	51172	184	259641	256961
11	1. 农副食品加工业	10229	758		6	5			190	557		1261	8210
12	2. 食品制造业	10312	2811						2356	455		1744	5757
13	3. 酒、饮料和精制茶制造业	7444	108						1	107		3738	3598
14	①酒的制造	2844											2844
15	其中:酒精												
16	②饮料制造	4600	108						1	107		3738	754
17	③精制茶制造												
18	4. 烟草制品业	21431	21431	21431									
19	卷烟制造												
20	烟叶复烤												
21	其他烟草制品加工	21431	21431	21431									
22	5. 纺织业	10406	7840	16	38		-2		7759	29		2552	14
23	6. 纺织服装、服饰业	29567	18870		290	10			16050	2520		10190	507

续表

序号	项　目	合　计	内资企业								港澳台投资企业	外商投资企业
			小　计	国有企业	集体企业	股份合作企业	联营企业	有限责任公司	股份有限公司	私营企业	其他企业		
24	其中:纺织服装	27674	16990		290	10			16050	640		10179	505
25	7. 皮革、毛皮、羽毛及其制品和制鞋业	2133	605		264	6			17	318		1186	342
26	其中:皮革、毛皮	977	290		263	6			7	14		434	253
27	8. 木材加工和木竹藤棕草制品业	537	326		61	1			239	25		21	190
28	9. 家具制造业	2878	1479		73	21			557	828		1368	31
29	10. 造纸和纸制品业	5101	3542		206	7			1517	1812		1393	166
30	①纸浆制造	13	13		13								
31	②造纸	516	135		6	3			6	120		381	
32	其中:机制纸及纸板制造	99	99							99			
33	③纸制品制造	4572	3394		187	4			1511	1692		1012	166
34	11. 印刷和记录媒介复制业	19538	13365	341	253	2	4		11676	1089		5812	361
35	12. 文教、工美、体育和娱乐用品制造业	13421	7510		158				5586	1766		2789	3122
36	13. 石油加工、炼焦和核燃料加工业	17417	1						1			95	17321
37	其中:成品油	17415										94	17321
38	14. 化学原料和化学制品制造业	14292	4350		44		177		3134	995		5493	4449
39	①肥料制造	1	1							1			
40	②农药制造												
41	③专用化学产品制造	514	496						247	249		18	
42	④日用化学产品制造	2982	564		2				247	315		701	1717
43	其中:化妆品制造	439	54		1					53		134	251
44	⑤其他	10795	3289		42		177		2640	430		4774	2732
45	15. 医药制造业	50062	21334						19289	1964	81	4654	24074
46	16. 化学纤维制造业	371	15							15		356	
47	17. 橡胶和塑料制品业	25981	7888		2988	216	1065		1847	1772		16098	1995

续表

序号	项目	合计	内资企业									港澳台投资企业	外商投资企业
			小计	国有企业	集体企业	股份合作企业	联营企业	有限责任公司	股份有限公司	私营企业	其他企业		
48	其中:轮胎制造	4851	3							3		4848	
49	18. 非金属矿物制品业	9033	4694		19				3895	780		1924	2415
50	①水泥、石灰和石膏制造	580	576						390	186		4	
51	其中:水泥制造	257	253						67	186		4	
52	②水泥及石膏制品制造	925	424						420	4			501
53	③玻璃及玻璃制品制造	4338	1454						1404	50		1533	1351
54	④其他	3190	2240		19				1681	540		387	563
55	19. 黑色金属冶炼和压延加工业	52	19							19			33
56	其中:钢压延加工	52	19							19			33
57	20. 有色金属冶炼和压延加工业	1525	1214	84	22				1106	2		305	6
58	21. 金属制品业	29225	5429		1468	46	423		2410	1082		19493	4303
59	22. 通用设备制造业	47062	3325	17	53	1	27		1682	1545		2183	41554
60	23. 专用设备制造业	47739	23617		101		4		21687	1825		16525	7597
61	24. 汽车制造业	812	607						606	1		1	204
62	25. 铁路、船舶、航空航天和其他运输设备制造业	7421	1042						511	531		5776	603
63	其中:铁路运输设备制造												
64	船舶及相关装置制造	2924	511						511			2413	
65	航空、航天及设备制造	6	6							6			
66	摩托车制造												
67	26. 电气机械及器材制造业	41928	11933	22	597	96	240		9068	1910		14680	15315
68	①电机制造	162	55						40	15		72	35
69	②电线电缆光缆及电工器材制造	3199	1751		50				1180	521		1001	447
70	③家用电力器具制造	4293	113		29				12	72		3031	1149

续表

序号	项目	合计	内资企业									港澳台投资企业	外商投资企业
			小计	国有企业	集体企业	股份合作企业	联营企业	有限责任公司	股份有限公司	私营企业	其他企业		
71	④其他	34274	10014	22	518	96	240		7836	1302		10576	13684
72	27. 计算机、通信和其他电子设备制造业	296756	116471	87	3630	153	185		85759	26554	103	80161	100124
73	①计算机制造	48295	5202		4				3731	1467		17100	25993
74	②通信设备制造	79211	44323	10	45				43958	310		5988	28900
75	③广播电视设备制造	4410	2330						315	2015		845	1235
76	④视听设备制造	12511	231						1	230		11589	691
77	⑤其他	152329	64385	77	3581	153	185		37754	22532	103	44639	43305
78	28. 仪表仪器制造业	15306	4875		32		34		4460	349		5026	5405
79	29. 其他制造业	77728	13646	194	1074	254	114		9688	2322		54817	9265
80	(三)电力、燃气及水的生产和供应业	144174	56405	519	131	9	1		55524	220	1	38609	49160
81	1. 电力、热力的生产和供应业	104625	52590	519	111	9	1		51948	1	1	33210	18825
82	①电力生产	65964	14154	507		9	1		13636	1		32985	18825
83	其中:火力发电	19215	390	507		9	1		-128	1			18825
84	水力发电												
85	核力发电	45657	12743						12743			32914	
86	风力发电												
87	太阳能发电												
88	②电力供应	36758	36533	12	111				36409		1	225	
89	③热力生产和供应业	1903	1903						1903				
90	2. 燃气生产和供应业	672										672	
91	3. 水的生产和供应业	38877	3815		20				3576	219		4727	30335
92	(四)建筑业	225726	218542	27012	4240	313	6352		138349	42256	20	2387	4797
93	1. 房屋建筑业	12196	9197	1032	226	9			4863	3067		274	2725
94	2. 土木工程建筑业	38593	38596	6597	882	243	4108		15904	10862			-3

续表

序号	项目	合计	内资企业									港澳台投资企业	外商投资企业
			小计	国有企业	集体企业	股份合作企业	联营企业	有限责任公司	股份有限公司	私营企业	其他企业		
95	3. 建筑安装业	77069	75509	13685	2517	44	1866		48606	8785	6	466	1094
96	4. 建筑装饰和其他建筑业	97868	95240	5698	615	17	378		68976	19542	14	1647	981
97	(五)批发和零售业	429299	266296	58780	1270	4889	11485		127367	62436	69	16265	146738
98	1. 批发业	349546	235524	58015	498	4750	10237		109987	51978	59	12344	101678
99	其中:烟草制品批发	53278	53278	49851			2110		1317				
100	煤炭及制品批发	2883	2883						2865	18			
101	石油及其制品批发	6327	2792				205		2533	54		44	3491
102	汽车及零配件批发	1267	1263	518			574		146	25		4	
103	2. 零售业	79753	30772	765	772	139	1248		17380	10458	10	3921	45060
104	(六)交通运输、仓储及邮政业	219061	138610	2333	5	21	3627		119246	6445	6933	57136	23315
105	1. 交通运输业	208082	130467	2168	5	21	3455		111791	6094	6933	55395	22220
106	2. 仓储业	10322	7486	165			172		6809	340		1741	1095
107	3. 邮政业	657	657						646	11			
108	(七)住宿和餐饮业	14812	6835	293	14	15	210		5030	1254	19	5422	2555
109	1. 住宿业	6352	3145	261	8	15	126		2572	144	19	2330	877
110	2. 餐饮业	8460	3690	32	6		84		2458	1110		3092	1678
111	(八)信息传输、软件和信息技术服务业	194451	46298	576		34	3539		19814	22109	226	52645	95508
112	1. 电信、广播电视和卫星传输服务业	46978	8083	10			3507		4537	29			38895
113	其中:电信	43543	4958	10			556		4384	8			38585
114	2. 互联网和相关服务	39	39						2	37			
115	3. 软件和信息技术服务业	147434	38176	566		34	32		15275	22043	226	52645	56613
116	(九)金融业	41469	41240	913					38891	1436		112	117
117	1. 货币金融服务	17396	17283						17047	236			113
118	其中:银行												

续表

序号	项目	合计	内资企业									港澳台投资企业	外商投资企业
			小计	国有企业	集体企业	股份合作企业	联营企业	有限责任公司	股份有限公司	私营企业	其他企业		
119	金融租赁	113											113
120	2. 资本市场服务	423	421						402	19			2
121	3. 保险业	5	5						5				
122	4. 其他金融业	23645	23531	913					21437	1181		112	2
123	(十)房地产业	551728	361085	1401	839	7034	4336		303998	37513	5964	167782	22861
124	(十一)租赁和商务服务业	401438	331796	2934	574	2595	1094		236753	32830	55016	24993	44649
125	1. 租赁业	17554	17496	175	199	1567	77		14247	1228	3	3	55
126	2. 商务服务业	383884	314300	2759	375	1028	1017		222506	31602	55013	24990	44594
127	(十二)科学研究和技术服务业	150311	49455	1572	22	22	1772		38083	4486	3498	98013	2843
128	(十三)居民服务、修理和其他服务业	133864	30713	2184	953	703	666		19940	2418	3849	84104	19047
129	其中:居民服务业	3503	3312	9		25	305		1736	207	1030	98	93
130	机动车、电子产品和日用产品修理业	2213	1493	3			29		1393	68		720	
131	(十四)教育	2995	2914	63	1				1000	183	1667	46	35
132	(十五)卫生和社会工作	3843	3843	7	21				2069	1472	274		
133	其中:卫生	3840	3840	7	21				2069	1472	271		
134	(十六)文化、体育和娱乐业	14006	3853	194			40		2158	105	1356	9835	318
135	其中:新闻和出版业	1762	1761	105					617		1039		1
136	广播、电视、电影和影视录音制作业	181	145	2					140	3			36
137	体育	644	600						599	1		17	27
138	娱乐业	10681	609	46			5		483	74	1	9818	254
139	(十七)公共管理、社会保障和社会组织	2082	2076						3		2073		6
140	(十八)其他行业	11366	8436	1227		10	67		6138	764	230	2928	2

2013年珠海市地方税务局企业所得税分行业分企业类型统计年报表

编报机关:珠海市地方税务局　　　　单位:万元

序号	项　目	合　计	内资企业								港澳台投资企业	外商投资企业
			小　计	国有企业	集体企业	股份合作企业	联营企业	有限责任公司	股份有限公司	私营企业	其他企业		
1	合　计	587220	432019	9094	4840	1079	97	181026	213842	18080	3961	57595	97606
2	(一)采矿业	43	41		1			35		5		2	
3	1. 煤炭开采和洗选业												
4	2. 石油和天然气开采业												
5	其中:原油												
6	3. 黑色金属矿采选业												
7	4. 有色金属矿采选业												
8	5. 非金属矿采选业	8	6		1					5		2	
9	6. 其他采矿业	35	35					35					
10	(二)制造业	321080	227509	47	213		3	16312	209495	1439		37320	56251
11	1. 农副食品加工业	459	55	18				19		18		56	348
12	2. 食品制造业	3548	926	1					922	3		1899	723
13	3. 酒、饮料和精制茶制造业	2	2					2					
14	①酒的制造	2	2					2					
15	其中:酒精												
16	②饮料制造												
17	③精制茶制造												
18	4. 烟草制品业												
19	卷烟制造												
20	烟叶复烤												
21	其他烟草制品加工												
22	5. 纺织业	22	2							2		10	10
23	6. 纺织服装、服饰业	1523	685		3			6	674	2		831	7

续表

序号	项　目	合　计	内资企业									港澳台投资企业	外商投资企业
			小　计	国有企业	集体企业	股份合作企业	联营企业	有限责任公司	股份有限公司	私营企业	其他企业		
24	其中:纺织服装	1516	685		3			6	674	2		831	
25	7. 皮革、毛皮、羽毛及其制品和制鞋业	207	102		101					1		64	41
26	其中:皮革、毛皮	69	1							1		27	41
27	8. 木材加工和木竹藤棕草制品业	5											5
28	9. 家具制造业	735	30	1				29				73	632
29	10. 造纸和纸制品业	1473	184					172		12		9	1280
30	①纸浆制造	31											31
31	②造纸	1267	40					29		11		8	1219
32	其中:机制纸及纸板制造	1267	40					29		11		8	1219
33	③纸制品制造	175	144					143		1		1	30
34	11. 印刷和记录媒介复制业	919	193	3			1	166		23		726	
35	12. 文教、工美、体育和娱乐用品制造业	143	7							7		136	
36	13. 石油加工、炼焦和核燃料加工业												
37	其中:成品油												
38	14. 化学原料和化学制品制造业	751	527					148	324	55		762	-538
39	①肥料制造												
40	②农药制造	13	13					13					
41	③专用化学产品制造	-458	89					81		8		132	-679
42	④日用化学产品制造	99	18					2		16		81	
43	其中:化妆品制造	3	1							1		2	
44	⑤其他	1097	407					52	324	31		549	141
45	15. 医药制造业	12124	2390					116	2268	6		8545	1189
46	16. 化学纤维制造业	11115										11114	1
47	17. 橡胶和塑料制品业	1577	303	7	4		1	277		14		517	757

续表

序号	项　目	合　计	内资企业								港澳台投资企业	外商投资企业
			小　计	国有企业	集体企业	股份合作企业	联营企业	有限责任公司	股份有限公司	私营企业	其他企业		
48	其中:轮胎制造												
49	18. 非金属矿物制品业	1144	991					384	5	602		151	2
50	①水泥、石灰和石膏制造												
51	其中:水泥制造												
52	②水泥及石膏制品制造	49	35					7		28		14	
53	③玻璃及玻璃制品制造	24	22					22					2
54	④其他	1071	934					355	5	574		137	
55	19. 黑色金属冶炼和压延加工业	99	15					15					84
56	其中:钢压延加工	84											84
57	20. 有色金属冶炼和压延加工业	33										33	
58	21. 金属制品业	2002	692	4	84		1	503		100		352	958
59	22. 通用设备制造业	337	119					69	1	49		36	182
60	23. 专用设备制造业	8355	2573					54	2270	249		961	4821
61	24. 汽车制造业	2310										179	2131
62	25. 铁路、船舶、航空航天和其他运输设备制造业	7628	17		1			16				163	7448
63	其中:铁路运输设备制造												
64	船舶及相关装置制造	175	17		1			16				154	4
65	航空、航天及设备制造	7453										9	7444
66	摩托车制造												
67	26. 电气机械及器材制造业	225452	213809	1	4			12520	201245	39		181	11462
68	①电机制造	100	23		2			21					77
69	②电线电缆光缆及电工器材制造	2865	2781					4	2777			77	7
70	③家用电力器具制造	209200	201222					5115	196107			13	7965

续表

序号	项目	合计	内资企业								港澳台投资企业	外商投资企业
			小计	国有企业	集体企业	股份合作企业	联营企业	有限责任公司	股份有限公司	私营企业	其他企业		
71	④其他	13287	9783	1	2			7380	2361	39		91	3413
72	27. 计算机、通信和其他电子设备制造业	30563	1344		7			215	932	190		9258	19961
73	①计算机制造	277	10		5			5				267	
74	②通信设备制造	3077	332					1	331			2076	669
75	③广播电视设备制造	4	4					4					
76	④视听设备制造	180	90					90				90	
77	⑤其他	27025	908		2			115	601	190		6825	19292
78	28. 仪表仪器制造业	6183	1884					1019	854	11		67	4232
79	29. 其他制造业	2371	659	12	9			582		56		1197	515
80	(三)电力、燃气及水的生产和供应业	17531	2169	11	1484			615		59		32	15330
81	1. 电力、热力的生产和供应业	15082	577					577					14505
82	①电力生产	577	577					577					
83	其中:火力发电	577	577					577					
84	水力发电												
85	核力发电												
86	风力发电												
87	太阳能发电												
88	②电力供应	14505											14505
89	③热力生产和供应业												
90	2. 燃气生产和供应业	836	11	11									825
91	3. 水的生产和供应业	1613	1581		1484			38		59		32	
92	(四)建筑业	39465	37681	3959	982	3	35	25687	1287	5175	553	1560	224
93	1. 房屋建筑业	10515	10419	667	220		1	7034	9	2370	118	56	40
94	2. 土木工程建筑业	1893	1847	436	196			1064	13	138			46

续表

序号	项目	合计	内资企业									港澳台投资企业	外商投资企业
			小计	国有企业	集体企业	股份合作企业	联营企业	有限责任公司	股份有限公司	私营企业	其他企业		
95	3. 建筑安装业	20393	18873	2714	539	1	31	12587	1153	1428	420	1408	112
96	4. 建筑装饰和其他建筑业	6664	6542	142	27	2	3	5002	112	1239	15	96	26
97	(五)批发和零售业	47237	45219	2172	726	399	7	37857	570	3488		1306	712
98	1. 批发业	37746	37118	2146	613	6		31216		3137		162	466
99	其中:烟草制品批发	19913	19913					19913					
100	煤炭及制品批发												
101	石油及其制品批发	1146	1145	4				841		300		1	
102	汽车及零配件批发	2	2							2			
103	2. 零售业	9491	8101	26	113	393	7	6641	570	351		1144	246
104	(六)交通运输、仓储及邮政业	10538	3474	834	1			2131	485	22	1	3432	3632
105	1. 交通运输业	7102	2446	82	1			1858	485	19	1	1955	2701
106	2. 仓储业	3432	1027	752				273		2		1477	928
107	3. 邮政业	4	1							1			3
108	(七)住宿和餐饮业	2509	1184	126	40			845		171	2	1281	44
109	1. 住宿业	1655	684	126	7			535		14	2	971	
110	2. 餐饮业	854	500		33			310		157		310	44
111	(八)信息传输、软件和信息技术服务业	3544	2905		6			1452	1114	326	7	90	549
112	1. 电信、广播电视和卫星传输服务业	184	184						179		5		
113	其中:电信	179	179						179				
114	2. 互联网和相关服务	2	2							2			
115	3. 软件和信息技术服务业	3358	2719		6			1452	935	324	2	90	549
116	(九)金融业	1019	775	23	8			738		6		101	143
117	1. 货币金融服务	306	205					205				101	
118	其中:银行	2										2	

续表

序号	项目	合计	内资企业									港澳台投资企业	外商投资企业
			小计	国有企业	集体企业	股份合作企业	联营企业	有限责任公司	股份有限公司	私营企业	其他企业		
119	金融租赁												
120	2. 资本市场服务	23	23	23									
121	3. 保险业	1	1					1					
122	4. 其他金融业	689	546		8			532		6			143
123	(十)房地产业	89935	78064	365	542	577	32	71685	138	4693	32	7947	3924
124	(十一)租赁和商务服务业	12606	12260	57	271	7		11330	68	492	35	92	254
125	1. 租赁业	235	235		126	3		81	24	1			
126	2. 商务服务业	12371	12025	57	145	4		11249	44	491	35	92	254
127	(十二)科学研究和技术服务业	3239	3236	150	129			1408		83	1466		3
128	(十三)居民服务、修理和其他服务业	36305	16104	1328	408	93	20	10211	631	2047	1366	4379	15822
129	其中:居民服务业	3644	3138	113	122	3	14	2653	2	222	9	11	495
130	机动车、电子产品和日用产品修理业	109	96	10	1	68		15		2			13
131	(十四)教育	145	145					44		2	99		
132	(十五)卫生和社会工作	232	232	17	1			39			175		
133	其中:卫生	232	232	17	1			39			175		
134	(十六)文化、体育和娱乐业	505	178	4	1			43		7	123	48	279
135	其中:新闻和出版业	119	119								119		
136	广播、电视、电影和影视录音制作业												
137	体育	49	2					1			1	47	
138	娱乐业	270	34	4				24		6			236
139	(十七)公共管理、社会保障和社会组织	85	77		1						76		8
140	(十八)其他行业	1202	766	1	26			594	54	65	26	5	431

2013年汕头市地方税务局企业所得税分行业分企业类型统计年报表

编报机关:汕头市地方税务局　　　　单位:万元

序号	项　目	合　计	内资企业									港澳台投资企业	外商投资企业
			小　计	国有企业	集体企业	股份合作企业	联营企业	有限责任公司	股份有限公司	私营企业	其他企业		
1	合　计	236405	220520	53429	7300	1621	285	109635	22266	23805	2179	9086	6799
2	(一)采矿业	2	2					1		1			
3	1. 煤炭开采和洗选业												
4	2. 石油和天然气开采业												
5	其中:原油												
6	3. 黑色金属矿采选业												
7	4. 有色金属矿采选业												
8	5. 非金属矿采选业	2	2					1		1			
9	6. 其他采矿业												
10	(二)制造业	57526	49712	72	528	1252	95	24708	9943	13114		1307	6507
11	1. 农副食品加工业	597	597	8	2	13		520		54			
12	2. 食品制造业	522	522	13	1			508					
13	3. 酒、饮料和精制茶制造业	341	341		1	323		7	7	3			
14	①酒的制造	13	13		1			3	7	2			
15	其中:酒精	2	2					2					
16	②饮料制造	4	4					4					
17	③精制茶制造	324	324			323				1			
18	4. 烟草制品业	740	740					740					
19	卷烟制造												
20	烟叶复烤	507	507					507					
21	其他烟草制品加工	233	233					233					
22	5. 纺织业	2902	2902		4	115		447		2336			
23	6. 纺织服装、服饰业	13484	13422		15	257		4319	2366	6465		62	

续表

序号	项目	合计	内资企业								港澳台投资企业	外商投资企业
			小计	国有企业	集体企业	股份合作企业	联营企业	有限责任公司	股份有限公司	私营企业	其他企业		
24	其中:纺织服装	13407	13345		15	257		4280	2365	6428		62	
25	7. 皮革、毛皮、羽毛及其制品和制鞋业	287	287	3	3	1		96		184			
26	其中:皮革、毛皮	269	269	1	2			89		177			
27	8. 木材加工和木竹藤棕草制品业	8	8		1		2	4		1			
28	9. 家具制造业	42	42		1			41					
29	10. 造纸和纸制品业	1324	1324	1	107	16		1028	107	65			
30	①纸浆制造	867	867	1	106	4		646	107	3			
31	②造纸	289	289			4		224		61			
32	其中:机制纸及纸板制造	207	207			2		145		60			
33	③纸制品制造	168	168		1	8		158		1			
34	11. 印刷和记录媒介复制业	9686	2071		6	162		966	749	188		1144	6471
35	12. 文教、工美、体育和娱乐用品制造业	5457	5439		65	25		3413	1364	572			18
36	13. 石油加工、炼焦和核燃料加工业	9	9			1		8					
37	其中:成品油	9	9			1		8					
38	14. 化学原料和化学制品制造业	1367	1367		2	75		950		340			
39	①肥料制造	7	7							7			
40	②农药制造	1	1							1			
41	③专用化学产品制造	166	166			6		152		8			
42	④日用化学产品制造	909	909		1	4		586		318			
43	其中:化妆品制造	516	516		1			495		20			
44	⑤其他	284	284		1	65		212		6			
45	15. 医药制造业	1888	1888		143	42	92	1314		297			
46	16. 化学纤维制造业												
47	17. 橡胶和塑料制品业	6210	6210		39	110	1	4094	497	1469			

续表

序号	项目	合计	内资企业									港澳台投资企业	外商投资企业
			小计	国有企业	集体企业	股份合作企业	联营企业	有限责任公司	股份有限公司	私营企业	其他企业		
48	其中:轮胎制造	14	14		1			13					
49	18. 非金属矿物制品业	277	277		3	15		195		64			
50	①水泥、石灰和石膏制造	23	23					23					
51	其中:水泥制造	4	4					4					
52	②水泥及石膏制品制造												
53	③玻璃及玻璃制品制造	104	104					47		57			
54	④其他	150	150		3	15		125		7			
55	19. 黑色金属冶炼和压延加工业	74	74			1				73			
56	其中:钢压延加工	2	2			1				1			
57	20. 有色金属冶炼和压延加工业	11	11			11							
58	21. 金属制品业	290	189		12	7		145		25		101	
59	22. 通用设备制造业	447	447		18	22		378		29			
60	23. 专用设备制造业	398	398		17	20		289		72			
61	24. 汽车制造业	126	108					108					18
62	25. 铁路、船舶、航空航天和其他运输设备制造业	45	45	3				42					
63	其中:铁路运输设备制造	17	17					17					
64	船舶及相关装置制造	8	8	3				5					
65	航空、航天及设备制造												
66	摩托车制造	20	20					20					
67	26. 电气机械及器材制造业	2784	2784	14	24	3		1493	915	335			
68	①电机制造	6	6					6					
69	②电线电缆光缆及电工器材制造	183	183					67	115	1			
70	③家用电力器具制造	36	36			1		11		24			

续表

序号	项目	合计	内资企业								港澳台投资企业	外商投资企业
			小计	国有企业	集体企业	股份合作企业	联营企业	有限责任公司	股份有限公司	私营企业	其他企业		
71	④其他	2559	2559	14	24	2		1409	800	310			
72	27. 计算机、通信和其他电子设备制造业	606	606					192	50	364			
73	①计算机制造	18	18							18			
74	②通信设备制造	84	84					42		42			
75	③广播电视设备制造	1	1					1					
76	④视听设备制造												
77	⑤其他	503	503					149	50	304			
78	28. 仪表仪器制造业	19	19		7			12					
79	29. 其他制造业	7585	7585	30	57	33		3399	3888	178			
80	(三)电力、燃气及水的生产和供应业	11443	11443	11336	48	2	25	13	12	6	1		
81	1. 电力、热力的生产和供应业	11297	11297	11252		2	25	6	12				
82	①电力生产	29	29	2		2	25						
83	其中:火力发电												
84	水力发电	1	1	1									
85	核力发电												
86	风力发电												
87	太阳能发电												
88	②电力供应	11268	11268	11250				6	12				
89	③热力生产和供应业												
90	2. 燃气生产和供应业	10	10					4		6			
91	3. 水的生产和供应业	136	136	84	48			3			1		
92	(四)建筑业	67502	67484	38461	5066	8	47	22596	77	1173	56	14	4
93	1. 房屋建筑业	60607	60607	37613	4734		6	17518	1	735			
94	2. 土木工程建筑业	978	978	68	81		4	800		25			

续表

序号	项　　目	合　计	内　资　企　业									港澳台投资企业	外商投资企业
			小　计	国有企业	集体企业	股份合作企业	联营企业	有限责任公司	股份有限公司	私营企业	其他企业		
95	3. 建筑安装业	3686	3668	334	180	8	37	2753	34	312	10	14	4
96	4. 建筑装饰和其他建筑业	2231	2231	446	71			1525	42	101	46		
97	(五)批发和零售业	36192	35490	762	418	259	17	23785	8303	1938	8	505	197
98	1. 批发业	32657	32553	685	294	159	16	21401	8303	1689	6		104
99	其中:烟草制品批发	10739	10739					10739					
100	煤炭及制品批发												
101	石油及其制品批发	28	28					28					
102	汽车及零配件批发	6	6					5		1			
103	2. 零售业	3535	2937	77	124	100	1	2384		249	2	505	93
104	(六)交通运输、仓储及邮政业	2115	2115	124	193	10		1491	2	62	233		
105	1. 交通运输业	2009	2009	123	176	5		1411	2	59	233		
106	2. 仓储业	38	38	1	17	5		15					
107	3. 邮政业	68	68					65		3			
108	(七)住宿和餐饮业	1481	1481	9	34	14		1293		125	6		
109	1. 住宿业	338	338	9	15			210		102	2		
110	2. 餐饮业	1143	1143		19	14		1083		23	4		
111	(八)信息传输、软件和信息技术服务业	407	407	20	1	2		293	1	73	17		
112	1. 电信、广播电视和卫星传输服务业	32	32	20	1			1			10		
113	其中:电信	29	29	20				1			8		
114	2. 互联网和相关服务	88	88					28		60			
115	3. 软件和信息技术服务业	287	287			2		264	1	13	7		
116	(九)金融业	1970	1902	1				1831	70				68
117	1. 货币金融服务	132	132					132					
118	其中:银行	107	107					107					

续表

序号	项目	合计	内资企业								港澳台投资企业	外商投资企业
			小计	国有企业	集体企业	股份合作企业	联营企业	有限责任公司	股份有限公司	私营企业	其他企业		
119	金融租赁	4	4					4					
120	2. 资本市场服务	203	135	1				134					68
121	3. 保险业	1	1					1					
122	4. 其他金融业	1634	1634					1564	70				
123	(十)房地产业	39658	34696	1508	550	1	1	26912	963	4698	63	4940	22
124	(十一)租赁和商务服务业	9837	7526	263	9	32		1918	2873	2243	188	2311	
125	1. 租赁业	22	22	5				17					
126	2. 商务服务业	9815	7504	258	9	32		1901	2873	2243	188	2311	
127	(十二)科学研究和技术服务业	554	553	38	6	3		345		89	72	1	
128	(十三)居民服务、修理和其他服务业	6169	6161	771	420	36	100	3510	22	185	1117	8	
129	其中:居民服务业	1095	1095	36	65			733	3	39	219		
130	机动车、电子产品和日用产品修理业	55	55	3	14	2		36					
131	(十四)教育	108	108	1							107		
132	(十五)卫生和社会工作	33	33					2			31		
133	其中:卫生	32	32					2			30		
134	(十六)文化、体育和娱乐业	505	505	35	16	2		350		74	28		
135	其中:新闻和出版业												
136	广播、电视、电影和影视录音制作业	33	33		12	1		7		2	11		
137	体育	26	26					13			13		
138	娱乐业	415	415	34	3	1		303		71	3		
139	(十七)公共管理、社会保障和社会组织	226	225	4	8						213		1
140	(十八)其他行业	677	677	24	3			587		24	39		

2013年佛山市地方税务局企业所得税分行业分企业类型统计年报表

编报机关:佛山市地方税务局　　　　单位:万元

序号	项目	合计	内资企业									港澳台投资企业	外商投资企业
			小计	国有企业	集体企业	股份合作企业	联营企业	有限责任公司	股份有限公司	私营企业	其他企业		
1	合计	345477	334067	3909	12040	4702	683	231124	22492	46886	12231	105	11305
2	(一)采矿业	4	4					2		2			
3	1. 煤炭开采和洗选业												
4	2. 石油和天然气开采业												
5	其中:原油												
6	3. 黑色金属矿采选业												
7	4. 有色金属矿采选业												
8	5. 非金属矿采选业	3	3					1		2			
9	6. 其他采矿业	1	1					1					
10	(二)制造业	100283	92777	360	1301	4133	165	66303	9921	10594		26	7480
11	1. 农副食品加工业	2322	2322	175	5			2135		7			
12	2. 食品制造业	2900	2900	113	3			1517	1219	48			
13	3. 酒、饮料和精制茶制造业	1162	1162					1129		33			
14	①酒的制造	1123	1123					1123					
15	其中:酒精												
16	②饮料制造	39	39					6		33			
17	③精制茶制造												
18	4. 烟草制品业												
19	卷烟制造												
20	烟叶复烤												
21	其他烟草制品加工												
22	5. 纺织业	3168	3168		25	93	7	2663		380			
23	6. 纺织服装、服饰业	1018	1018		129	19	16	748		106			

续表

序号	项目	合计	内资企业									港澳台投资企业	外商投资企业
			小计	国有企业	集体企业	股份合作企业	联营企业	有限责任公司	股份有限公司	私营企业	其他企业		
24	其中:纺织服装	787	787		104	19	14	556		94			
25	7. 皮革、毛皮、羽毛及其制品和制鞋业	1136	1136		63	8		999		66			
26	其中:皮革、毛皮	560	560		35	7		496		22			
27	8. 木材加工和木竹藤棕草制品业	453	453	48		9		274	60	62			
28	9. 家具制造业	2140	2140		9	2		1870		259			
29	10. 造纸和纸制品业	1057	1057		54	16		710		277			
30	①纸浆制造												
31	②造纸	829	829		40	7		537		245			
32	其中:机制纸及纸板制造	829	829		40	7		537		245			
33	③纸制品制造	228	228		14	9		173		32			
34	11. 印刷和记录媒介复制业	1773	1773		12	85		1366		310			
35	12. 文教、工美、体育和娱乐用品制造业	981	981		142	3		649		187			
36	13. 石油加工、炼焦和核燃料加工业	4194	4194					4194					
37	其中:成品油	4194	4194					4194					
38	14. 化学原料和化学制品制造业	4006	3993	2	118	11	105	3530	22	205		13	
39	①肥料制造	1	1					1					
40	②农药制造	100	100					17		83			
41	③专用化学产品制造	1092	1092	1	37	11	105	910		28			
42	④日用化学产品制造	156	156	1	1			152		2			
43	其中:化妆品制造	4	4	1				2		1			
44	⑤其他	2657	2644		80			2450	22	92		13	
45	15. 医药制造业	4770	4770		6		26	4702		36			
46	16. 化学纤维制造业	88	88					88					
47	17. 橡胶和塑料制品业	8400	8400		59	3662		4244		435			

续表

序号	项目	合计	内资企业								港澳台投资企业	外商投资企业
			小计	国有企业	集体企业	股份合作企业	联营企业	有限责任公司	股份有限公司	私营企业	其他企业		
48	其中:轮胎制造												
49	18. 非金属矿物制品业	12997	12997	1	127	3	9	8750	2331	1776			
50	①水泥、石灰和石膏制造	734	734	1				493		240			
51	其中:水泥制造	577	577	1				488		88			
52	②水泥及石膏制品制造	594	594					518		76			
53	③玻璃及玻璃制品制造	2342	2342		7	1		403	1828	103			
54	④其他	9327	9327		120	2	9	7336	503	1357			
55	19. 黑色金属冶炼和压延加工业	260	260		9		2	195		54			
56	其中:钢压延加工	246	246		8			186		52			
57	20. 有色金属冶炼和压延加工业	8580	8580		123			5549		2908			
58	21. 金属制品业	6983	6970		265	76		5727		902		13	
59	22. 通用设备制造业	3779	3779	13	13	29		2036	1347	341			
60	23. 专用设备制造业	4646	4614		64	13		3441	973	123			32
61	24. 汽车制造业	2661	2661	1		1		2657		2			
62	25. 铁路、船舶、航空航天和其他运输设备制造业	368	368					279		89			
63	其中:铁路运输设备制造	1	1					1					
64	船舶及相关装置制造	3	3					3					
65	航空、航天及设备制造												
66	摩托车制造	341	341					252		89			
67	26. 电气机械及器材制造业	14151	6703	5	63	43		4686	560	1346			7448
68	①电机制造	78	78	5				73					
69	②电线电缆光缆及电工器材制造	1002	1002		1			933		68			
70	③家用电力器具制造	1785	1785		50	9		1513	157	56			

续表

序号	项目	合计	内资企业									港澳台投资企业	外商投资企业
			小计	国有企业	集体企业	股份合作企业	联营企业	有限责任公司	股份有限公司	私营企业	其他企业		
71	④其他	11286	3838		12	34		2167	403	1222			7448
72	27. 计算机、通信和其他电子设备制造业	4253	4253	2		31		991	3020	209			
73	①计算机制造	10	10					10					
74	②通信设备制造	307	307					30	263	14			
75	③广播电视设备制造	10	10							10			
76	④视听设备制造	198	198	2		23		173					
77	⑤其他	3728	3728			8		778	2757	185			
78	28. 仪表仪器制造业	533	533		1	29		51	166	286			
79	29. 其他制造业	1504	1504		11			1123	223	147			
80	(三)电力、燃气及水的生产和供应业	6083	6073	1	692			1696	3679	5			10
81	1. 电力、热力的生产和供应业	34	34					24	10				
82	①电力生产												
83	其中:火力发电												
84	水力发电												
85	核力发电												
86	风力发电												
87	太阳能发电												
88	②电力供应	34	34					24	10				
89	③热力生产和供应业												
90	2. 燃气生产和供应业	773	773					768		5			
91	3. 水的生产和供应业	5276	5266	1	692			904	3669				10
92	(四)建筑业	56425	56336	2418	4360	43	59	41101	565	7746	44	43	46
93	1. 房屋建筑业	23199	23199	1964	2884			16953	34	1364			
94	2. 土木工程建筑业	5856	5855	33	587			4329	7	899			1

续表

序号	项目	合计	内资企业									港澳台投资企业	外商投资企业
			小计	国有企业	集体企业	股份合作企业	联营企业	有限责任公司	股份有限公司	私营企业	其他企业		
95	3. 建筑安装业	18058	17972	277	874	34	14	12559	506	3666	42	43	43
96	4. 建筑装饰和其他建筑业	9312	9310	144	15	9	45	7260	18	1817	2		2
97	(五)批发和零售业	42996	40272	345	836	266	13	18381	7702	12712	17	2	2722
98	1. 批发业	32683	29961	197	379	247	12	9844	7702	11578	2		2722
99	其中:烟草制品批发	105	105	24				81					
100	煤炭及制品批发	190	190					119		71			
101	石油及其制品批发	285	285		13	1	4	221		46			
102	汽车及零配件批发	183	183		1	2		109		71			
103	2. 零售业	10313	10311	148	457	19	1	8537		1134	15	2	
104	(六)交通运输、仓储及邮政业	5565	5565	27	14	2	5	5028	19	365	105		
105	1. 交通运输业	5394	5394		12	2		4930	16	332	102		
106	2. 仓储业	142	142	27	2		5	98	3	4	3		
107	3. 邮政业	29	29							29			
108	(七)住宿和餐饮业	3089	3086	29	149	107		1677		1094	30		3
109	1. 住宿业	859	859	5	58	15		538		230	13		
110	2. 餐饮业	2230	2227	24	91	92		1139		864	17		3
111	(八)信息传输、软件和信息技术服务业	1035	1035	7		4		427	234	363			
112	1. 电信、广播电视和卫星传输服务业	41	41	7				4		30			
113	其中:电信	23	23	7				3		13			
114	2. 互联网和相关服务	194	194					36		158			
115	3. 软件和信息技术服务业	800	800			4		387	234	175			
116	(九)金融业	6923	6024		1			5844		179			899
117	1. 货币金融服务	1434	1434		1			1412		21			
118	其中:银行												

续表

序号	项目	合计	内资企业								港澳台投资企业	外商投资企业
			小计	国有企业	集体企业	股份合作企业	联营企业	有限责任公司	股份有限公司	私营企业	其他企业		
119	金融租赁	136	136					136					
120	2. 资本市场服务	137	137					136		1			
121	3. 保险业	62	62					47		15			
122	4. 其他金融业	5290	4391					4249		142			899
123	(十)房地产业	90510	90486	300	3723	36	41	76478	23	8963	922	15	9
124	(十一)租赁和商务服务业	10191	10185	39	161	3		7819	1	2038	124	1	5
125	1. 租赁业	200	200		1			146		30	23		
126	2. 商务服务业	9991	9985	39	160	3		7673	1	2008	101	1	5
127	(十二)科学研究和技术服务业	6374	6374	255	52	10	15	2290	92	1919	1741		
128	(十三)居民服务、修理和其他服务业	3826	3697	29	387	32	380	1894	256	368	351	18	111
129	其中:居民服务业	1019	1014	14	253	11	358	204		46	128	2	3
130	机动车、电子产品和日用产品修理业	159	159		10	19	1	54		72	3		
131	(十四)教育	2504	2504		46	19		269		3	2167		
132	(十五)卫生和社会工作	1180	1180		1			928			251		
133	其中:卫生	1170	1170		1			928			241		
134	(十六)文化、体育和娱乐业	605	605	4	39	10		233		210	109		
135	其中:新闻和出版业	15	15					15					
136	广播、电视、电影和影视录音制作业	65	65	2	11			23		26	3		
137	体育	93	93	2	1	2		45		3	40		
138	娱乐业	345	345		27	8		137		173			
139	(十七)公共管理、社会保障和社会组织	6704	6704		259	37	5	124		3	6276		
140	(十八)其他行业	1180	1160	95	19			630		322	94		20

2013年韶关市地方税务局企业所得税分行业分企业类型统计年报表

编报机关:韶关市地方税务局　　　　单位:万元

序号	项目	合计	内资企业									港澳台投资企业	外商投资企业
			小计	国有企业	集体企业	股份合作企业	联营企业	有限责任公司	股份有限公司	私营企业	其他企业		
1	合计	59398	59377	5826	6762	64	193	39783	3183	1898	1668	17	4
2	(一)采矿业	1704	1704		20			1178	474	32			
3	1. 煤炭开采和洗选业												
4	2. 石油和天然气开采业												
5	其中:原油												
6	3. 黑色金属矿采选业	826	826		19			775		32			
7	4. 有色金属矿采选业	877	877					403	474				
8	5. 非金属矿采选业	1	1		1								
9	6. 其他采矿业												
10	(二)制造业	5470	5470	483	6	4	3	4320	591	63			
11	1. 农副食品加工业	4	4	1	2			1					
12	2. 食品制造业												
13	3. 酒、饮料和精制茶制造业	92	92					92					
14	①酒的制造	92	92					92					
15	其中:酒精												
16	②饮料制造												
17	③精制茶制造												
18	4. 烟草制品业												
19	卷烟制造												
20	烟叶复烤												
21	其他烟草制品加工												
22	5. 纺织业	1	1					1					
23	6. 纺织服装、服饰业												

续表

序号	项　　目	合　计	内　资　企　业									港澳台投资企业	外商投资企业
			小　计	国有企业	集体企业	股份合作企业	联营企业	有限责任公司	股份有限公司	私营企业	其他企业		
24	其中:纺织服装												
25	7. 皮革、毛皮、羽毛及其制品和制鞋业												
26	其中:皮革、毛皮												
27	8. 木材加工和木竹藤棕草制品业	51	51	51									
28	9. 家具制造业												
29	10. 造纸和纸制品业	2	2					2					
30	①纸浆制造												
31	②造纸	1	1					1					
32	其中:机制纸及纸板制造												
33	③纸制品制造	1	1					1					
34	11. 印刷和记录媒介复制业	4	4		3			1					
35	12. 文教、工美、体育和娱乐用品制造业	5	5					5					
36	13. 石油加工、炼焦和核燃料加工业	1	1			1							
37	其中:成品油	1	1			1							
38	14. 化学原料和化学制品制造业	34	34					32		2			
39	①肥料制造	23	23					23					
40	②农药制造												
41	③专用化学产品制造												
42	④日用化学产品制造	2	2					2					
43	其中:化妆品制造												
44	⑤其他	9	9					7		2			
45	15. 医药制造业												
46	16. 化学纤维制造业												
47	17. 橡胶和塑料制品业	33	33					33					

续表

序号	项　目	合　计	内资企业								港澳台投资企业	外商投资企业
			小　计	国有企业	集体企业	股份合作企业	联营企业	有限责任公司	股份有限公司	私营企业	其他企业		
48	其中:轮胎制造												
49	18. 非金属矿物制品业	646	646	414	1	1		230					
50	①水泥、石灰和石膏制造	642	642	414		1		227					
51	其中:水泥制造	641	641	414				227					
52	②水泥及石膏制品制造												
53	③玻璃及玻璃制品制造												
54	④其他	4	4		1			3					
55	19. 黑色金属冶炼和压延加工业	289	289					289					
56	其中:钢压延加工	289	289					289					
57	20. 有色金属冶炼和压延加工业	622	622	15			3	13	591				
58	21. 金属制品业	17	17					17					
59	22. 通用设备制造业	555	555	1		2		539		13			
60	23. 专用设备制造业	201	201					194		7			
61	24. 汽车制造业	117	117					117					
62	25. 铁路、船舶、航空航天和其他运输设备制造业	41	41							41			
63	其中:铁路运输设备制造												
64	船舶及相关装置制造												
65	航空、航天及设备制造												
66	摩托车制造												
67	26. 电气机械及器材制造业	180	180	1				179					
68	①电机制造	173	173	1				172					
69	②电线电缆光缆及电工器材制造												
70	③家用电力器具制造												

续表

序号	项目	合计	内资企业									港澳台投资企业	外商投资企业
			小计	国有企业	集体企业	股份合作企业	联营企业	有限责任公司	股份有限公司	私营企业	其他企业		
71	④其他	7	7					7					
72	27. 计算机、通信和其他电子设备制造业												
73	①计算机制造												
74	②通信设备制造												
75	③广播电视设备制造												
76	④视听设备制造												
77	⑤其他												
78	28. 仪表仪器制造业												
79	29. 其他制造业	2575	2575					2575					
80	(三)电力、燃气及水的生产和供应业	6660	6660	1361	511	30	178	2664	1850	45	21		
81	1. 电力、热力的生产和供应业	6603	6603	1334	511	30	178	2634	1850	45	21		
82	①电力生产	5675	5675	546	473	12	178	2550	1850	45	21		
83	其中:火力发电	11	11		7					4			
84	水力发电	5609	5609	546	466	12	178	2550	1795	41	21		
85	核力发电												
86	风力发电												
87	太阳能发电												
88	②电力供应	928	928	788	38	18		84					
89	③热力生产和供应业												
90	2. 燃气生产和供应业	1	1	1									
91	3. 水的生产和供应业	56	56	26				30					
92	(四)建筑业	20132	20122	3117	5680		4	10431	132	640	118	7	3
93	1. 房屋建筑业	9207	9205	2645	2150		1	4355	2		52		2
94	2. 土木工程建筑业	1210	1210	25	301			624	1	250	9		

续表

序号	项　目	合计	内资企业									港澳台投资企业	外商投资企业
			小计	国有企业	集体企业	股份合作企业	联营企业	有限责任公司	股份有限公司	私营企业	其他企业		
95	3. 建筑安装业	8189	8184	386	3084		3	4320	107	261	23	4	1
96	4. 建筑装饰和其他建筑业	1526	1523	61	145			1132	22	129	34	3	
97	(五)批发和零售业	5687	5687	327	173	11		5103	17	52	4		
98	1. 批发业	5124	5124	293	42			4775		14			
99	其中:烟草制品批发	4167	4167					4167					
100	煤炭及制品批发	321	321					321					
101	石油及其制品批发												
102	汽车及零配件批发												
103	2. 零售业	563	563	34	131	11		328	17	38	4		
104	(六)交通运输、仓储及邮政业	1629	1629	16	24			1526	3	33	27		
105	1. 交通运输业	1597	1597	16	24			1509	3	33	12		
106	2. 仓储业	30	30					15			15		
107	3. 邮政业	2	2					2					
108	(七)住宿和餐饮业	457	457	5	12			287		153			
109	1. 住宿业	89	89	5	11			73					
110	2. 餐饮业	368	368		1			214		153			
111	(八)信息传输、软件和信息技术服务业	11	11					9		2			
112	1. 电信、广播电视和卫星传输服务业	6	6					6					
113	其中:电信	6	6					6					
114	2. 互联网和相关服务												
115	3. 软件和信息技术服务业	5	5					3		2			
116	(九)金融业	353	353					281		72			
117	1. 货币金融服务	181	181					109		72			
118	其中:银行												

续表

序号	项目	合计	内资企业									港澳台投资企业	外商投资企业
			小计	国有企业	集体企业	股份合作企业	联营企业	有限责任公司	股份有限公司	私营企业	其他企业		
119	金融租赁												
120	2. 资本市场服务	1	1					1					
121	3. 保险业												
122	4. 其他金融业	171	171					171					
123	(十)房地产业	13189	13179	93	199	18	4	11999	21	648	197	10	
124	(十一)租赁和商务服务业	810	810	26	21			689		46	28		
125	1. 租赁业	-48	-48					-51		2	1		
126	2. 商务服务业	858	858	26	21			740		44	27		
127	(十二)科学研究和技术服务业	594	594	209	13		4	129	5	8	226		
128	(十三)居民服务、修理和其他服务业	1800	1799	166	98	1		976	42	102	414		1
129	其中:居民服务业	239	239	16	7			202	1	4	9		
130	机动车、电子产品和日用产品修理业	12	12		3			9					
131	(十四)教育	34	34					4			30		
132	(十五)卫生和社会工作	10	10					2			8		
133	其中:卫生	10	10					2			8		
134	(十六)文化、体育和娱乐业	170	170	12				140			18		
135	其中:新闻和出版业												
136	广播、电视、电影和影视录音制作业	9	9	8				1					
137	体育	125	125					111			14		
138	娱乐业	34	34	3				28			3		
139	(十七)公共管理、社会保障和社会组织	509	509					1			508		
140	(十八)其他行业	179	179	11	5			44	48	2	69		

2013年河源市地方税务局企业所得税分行业分企业类型统计年报表

编报机关:河源市地方税务局

单位:万元

序号	项目	合计	内资企业									港澳台投资企业	外商投资企业
			小计	国有企业	集体企业	股份合作企业	联营企业	有限责任公司	股份有限公司	私营企业	其他企业		
1	合计	92434	92434	1638	2463	3	10	40654	45017	520	2129		
2	(一)采矿业	46221	46221	121	80			1701	44319				
3	1. 煤炭开采和洗选业												
4	2. 石油和天然气开采业												
5	其中:原油												
6	3. 黑色金属矿采选业	44548	44548	121				135	44292				
7	4. 有色金属矿采选业	91	91					67	24				
8	5. 非金属矿采选业	96	96		80			13	3				
9	6. 其他采矿业	1486	1486					1486					
10	(二)制造业	576	576	3	37			196	324	13	3		
11	1. 农副食品加工业	2	2					1		1			
12	2. 食品制造业												
13	3. 酒、饮料和精制茶制造业	12	12					12					
14	①酒的制造												
15	其中:酒精												
16	②饮料制造	12	12					12					
17	③精制茶制造												
18	4. 烟草制品业												
19	卷烟制造												
20	烟叶复烤												
21	其他烟草制品加工												
22	5. 纺织业	1	1					1					
23	6. 纺织服装、服饰业												

续表

序号	项目	合计	内资企业									港澳台投资企业	外商投资企业
			小计	国有企业	集体企业	股份合作企业	联营企业	有限责任公司	股份有限公司	私营企业	其他企业		
24	其中:纺织服装												
25	7. 皮革、毛皮、羽毛及其制品和制鞋业												
26	其中:皮革、毛皮												
27	8. 木材加工和木竹藤棕草制品业												
28	9. 家具制造业												
29	10. 造纸和纸制品业												
30	①纸浆制造												
31	②造纸												
32	其中:机制纸及纸板制造												
33	③纸制品制造												
34	11. 印刷和记录媒介复制业	6	6	3				2		1			
35	12. 文教、工美、体育和娱乐用品制造业	1	1					1					
36	13. 石油加工、炼焦和核燃料加工业												
37	其中:成品油												
38	14. 化学原料和化学制品制造业												
39	①肥料制造												
40	②农药制造												
41	③专用化学产品制造												
42	④日用化学产品制造												
43	其中:化妆品制造												
44	⑤其他												
45	15. 医药制造业	28	28						28				
46	16. 化学纤维制造业												
47	17. 橡胶和塑料制品业												

续表

序号	项　　目	合　计	内　资　企　业									港澳台投资企业	外商投资企业
			小　计	国有企业	集体企业	股份合作企业	联营企业	有限责任公司	股份有限公司	私营企业	其他企业		
48	其中:轮胎制造												
49	18. 非金属矿物制品业	63	63		37			26					
50	①水泥、石灰和石膏制造	4	4					4					
51	其中:水泥制造	4	4					4					
52	②水泥及石膏制品制造	40	40		37			3					
53	③玻璃及玻璃制品制造												
54	④其他	19	19					19					
55	19. 黑色金属冶炼和压延加工业	225	225					24	191	10			
56	其中:钢压延加工	5	5					5					
57	20. 有色金属冶炼和压延加工业	44	44					44					
58	21. 金属制品业	135	135					27	105		3		
59	22. 通用设备制造业	46	46					46					
60	23. 专用设备制造业												
61	24. 汽车制造业												
62	25. 铁路、船舶、航空航天和其他运输设备制造业												
63	其中:铁路运输设备制造												
64	船舶及相关装置制造												
65	航空、航天及设备制造												
66	摩托车制造												
67	26. 电气机械及器材制造业	1	1							1			
68	①电机制造												
69	②电线电缆光缆及电工器材制造												
70	③家用电力器具制造												

续表

序号	项目	合计	内资企业								港澳台投资企业	外商投资企业
			小计	国有企业	集体企业	股份合作企业	联营企业	有限责任公司	股份有限公司	私营企业	其他企业		
71	④其他	1	1							1			
72	27. 计算机、通信和其他电子设备制造业	11	11					11					
73	①计算机制造												
74	②通信设备制造	11	11					11					
75	③广播电视设备制造												
76	④视听设备制造												
77	⑤其他												
78	28. 仪表仪器制造业												
79	29. 其他制造业	1	1					1					
80	(三)电力、燃气及水的生产和供应业	6169	6169	311	183			5665	1	2	7		
81	1. 电力、热力的生产和供应业	5707	5707	311	177			5210	1	1	7		
82	①电力生产	1139	1139	53	170			907	1	1	7		
83	其中:火力发电	1	1					1					
84	水力发电	1136	1136	53	170			904	1	1	7		
85	核力发电												
86	风力发电												
87	太阳能发电												
88	②电力供应	4568	4568	258	7			4303					
89	③热力生产和供应业												
90	2. 燃气生产和供应业	193	193					192		1			
91	3. 水的生产和供应业	269	269		6			263					
92	(四)建筑业	11649	11649	259	1643		1	8786	297	396	267		
93	1. 房屋建筑业	1920	1920	20	1242			625		28	5		
94	2. 土木工程建筑业	533	533	104	26			354	38	9	2		

续表

序号	项目	合计	内资企业									港澳台投资企业	外商投资企业
			小计	国有企业	集体企业	股份合作企业	联营企业	有限责任公司	股份有限公司	私营企业	其他企业		
95	3. 建筑安装业	4384	4384	36	242		1	3707	25	239	134		
96	4. 建筑装饰和其他建筑业	4812	4812	99	133			4100	234	120	126		
97	(五)批发和零售业	2869	2869	52	25		1	2776		15			
98	1. 批发业	1011	1011	15	7			988		1			
99	其中:烟草制品批发	404	404					404					
100	煤炭及制品批发												
101	石油及其制品批发												
102	汽车及零配件批发												
103	2. 零售业	1858	1858	37	18		1	1788		14			
104	(六)交通运输、仓储及邮政业	2150	2150	49	13		8	2067	1	1	11		
105	1. 交通运输业	2148	2148	49	13		8	2066	1		11		
106	2. 仓储业	1	1							1			
107	3. 邮政业	1	1					1					
108	(七)住宿和餐饮业	449	449	9				440					
109	1. 住宿业	261	261	8				253					
110	2. 餐饮业	188	188	1				187					
111	(八)信息传输、软件和信息技术服务业	48	48		1			46		1			
112	1. 电信、广播电视和卫星传输服务业												
113	其中:电信												
114	2. 互联网和相关服务	5	5					5					
115	3. 软件和信息技术服务业	43	43		1			41		1			
116	(九)金融业	1227	1227					1227					
117	1. 货币金融服务	586	586					586					
118	其中:银行	257	257					257					

续表

序号	项目	合计	内资企业									港澳台投资企业	外商投资企业
			小计	国有企业	集体企业	股份合作企业	联营企业	有限责任公司	股份有限公司	私营企业	其他企业		
119	金融租赁	4	4					4					
120	2. 资本市场服务												
121	3. 保险业	1	1					1					
122	4. 其他金融业	640	640					640					
123	(十)房地产业	11573	11573	74	91			11156	72	13	167		
124	(十一)租赁和商务服务业	498	498	10	6			451			31		
125	1. 租赁业	5	5					5					
126	2. 商务服务业	493	493	10	6			446			31		
127	(十二)科学研究和技术服务业	264	264	40	16			93			115		
128	(十三)居民服务、修理和其他服务业	3608	3608	57	80	2		2932	3	43	491		
129	其中:居民服务业	632	632	22	22			549	1	6	32		
130	机动车、电子产品和日用产品修理业	7	7		1			6					
131	(十四)教育	1	1								1		
132	(十五)卫生和社会工作	3	3								3		
133	其中:卫生	3	3								3		
134	(十六)文化、体育和娱乐业	71	71					22			49		
135	其中:新闻和出版业	45	45								45		
136	广播、电视、电影和影视录音制作业	16	16					12			4		
137	体育	1	1							1			
138	娱乐业	6	6					6					
139	(十七)公共管理、社会保障和社会组织	4867	4867	652	270	1		2953		34	957		
140	(十八)其他行业	191	191	1	18			143		2	27		

2013 年梅州市地方税务局企业所得税分行业分企业类型统计年报表

编报机关:梅州市地方税务局　　　　单位:万元

序号	项　目	合　计	内资企业									港澳台投资企业	外商投资企业
			小　计	国有企业	集体企业	股份合作企业	联营企业	有限责任公司	股份有限公司	私营企业	其他企业		
1	合　计	121498	121488	2989	3039	167	57	108830	3953	1438	1015	10	
2	(一)采矿业	1196	1196	1061	2			129		2	2		
3	1. 煤炭开采和洗选业												
4	2. 石油和天然气开采业												
5	其中:原油												
6	3. 黑色金属矿采选业	106	106					106					
7	4. 有色金属矿采选业	1006	1006	1006									
8	5. 非金属矿采选业	26	26		2			23		1			
9	6. 其他采矿业	58	58	55						1	2		
10	(二)制造业	7767	7767	44	43	148	2	5494	1924	112			
11	1. 农副食品加工业	8	8	3				4		1			
12	2. 食品制造业	22	22					22					
13	3. 酒、饮料和精制茶制造业	1172	1172					1015	157				
14	①酒的制造	1172	1172					1015	157				
15	其中:酒精												
16	②饮料制造												
17	③精制茶制造												
18	4. 烟草制品业	1045	1045					1045					
19	卷烟制造												
20	烟叶复烤	554	554					554					
21	其他烟草制品加工	491	491					491					
22	5. 纺织业												
23	6. 纺织服装、服饰业	15	15					15					

续表

序号	项　目	合　计	内资企业									港澳台投资企业	外商投资企业
			小　计	国有企业	集体企业	股份合作企业	联营企业	有限责任公司	股份有限公司	私营企业	其他企业		
24	其中:纺织服装	15	15					15					
25	7. 皮革、毛皮、羽毛及其制品和制鞋业												
26	其中:皮革、毛皮												
27	8. 木材加工和木竹藤棕草制品业	7	7					7					
28	9. 家具制造业	59	59					59					
29	10. 造纸和纸制品业	2	2				1	1					
30	①纸浆制造												
31	②造纸	1	1				1						
32	其中:机制纸及纸板制造	1	1				1						
33	③纸制品制造	1	1					1					
34	11. 印刷和记录媒介复制业	47	47	38	6			3					
35	12. 文教、工美、体育和娱乐用品制造业	28	28		5			14		9			
36	13. 石油加工、炼焦和核燃料加工业												
37	其中:成品油												
38	14. 化学原料和化学制品制造业	62	62					62					
39	①肥料制造												
40	②农药制造												
41	③专用化学产品制造												
42	④日用化学产品制造												
43	其中:化妆品制造												
44	⑤其他	62	62					62					
45	15. 医药制造业	197	197	1				53	143				
46	16. 化学纤维制造业												
47	17. 橡胶和塑料制品业	4	4					4					

续表

序号	项　　目	合　计	内资企业								港澳台投资企业	外商投资企业
			小　计	国有企业	集体企业	股份合作企业	联营企业	有限责任公司	股份有限公司	私营企业	其他企业		
48	其中:轮胎制造												
49	18. 非金属矿物制品业	2401	2401		18	22	1	1996	356	8			
50	①水泥、石灰和石膏制造	2311	2311		18			1951	339	3			
51	其中:水泥制造	2309	2309		17			1951	339	2			
52	②水泥及石膏制品制造	3	3							3			
53	③玻璃及玻璃制品制造												
54	④其他	87	87			22	1	45	17	2			
55	19. 黑色金属冶炼和压延加工业	22	22		12			10					
56	其中:钢压延加工	12	12		12								
57	20. 有色金属冶炼和压延加工业	1229	1229					706	523				
58	21. 金属制品业	120	120	2				49	69				
59	22. 通用设备制造业	370	370		1			15	354				
60	23. 专用设备制造业	17	17					17					
61	24. 汽车制造业	7	7					6		1			
62	25. 铁路、船舶、航空航天和其他运输设备制造业												
63	其中:铁路运输设备制造												
64	船舶及相关装置制造												
65	航空、航天及设备制造												
66	摩托车制造												
67	26. 电气机械及器材制造业	38	38					4	34				
68	①电机制造	34	34						34				
69	②电线电缆光缆及电工器材制造	3	3					3					
70	③家用电力器具制造												

续表

序号	项目	合计	内资企业								港澳台投资企业	外商投资企业
			小计	国有企业	集体企业	股份合作企业	联营企业	有限责任公司	股份有限公司	私营企业	其他企业		
71	④其他	1	1					1					
72	27. 计算机、通信和其他电子设备制造业	561	561					180	288	93			
73	①计算机制造												
74	②通信设备制造												
75	③广播电视设备制造	26	26					26					
76	④视听设备制造												
77	⑤其他	535	535					154	288	93			
78	28. 仪表仪器制造业	151	151		1			150					
79	29. 其他制造业	183	183			126		57					
80	(三)电力、燃气及水的生产和供应业	34042	34042	-588	38			34591		1			
81	1. 电力、热力的生产和供应业	33867	33867	-588	36			34418		1			
82	①电力生产	34417	34417		32			34384		1			
83	其中:火力发电	31484	31484					31484					
84	水力发电	2927	2927		31			2896					
85	核力发电												
86	风力发电												
87	太阳能发电	1	1							1			
88	②电力供应	-550	-550	-588	4			34					
89	③热力生产和供应业												
90	2. 燃气生产和供应业												
91	3. 水的生产和供应业	175	175		2			173					
92	(四)建筑业	34916	34916	1315	1943		1	31076	39	321	221		
93	1. 房屋建筑业	4803	4803	187	811			3638		161	6		
94	2. 土木工程建筑业	3923	3923	5	6			3802		7	103		

续表

序号	项　　目	合　计	内资企业									港澳台投资企业	外商投资企业
			小　计	国有企业	集体企业	股份合作企业	联营企业	有限责任公司	股份有限公司	私营企业	其他企业		
95	3. 建筑安装业	24442	24442	1076	1097			22036	33	89	111		
96	4. 建筑装饰和其他建筑业	1748	1748	47	29		1	1600	6	64	1		
97	(五)批发和零售业	14347	14347	191	9	10		12489	1586	62			
98	1. 批发业	9918	9918	180	1	9		9714		14			
99	其中:烟草制品批发	8290	8290					8290					
100	煤炭及制品批发												
101	石油及其制品批发												
102	汽车及零配件批发												
103	2. 零售业	4429	4429	11	8	1		2775	1586	48			
104	(六)交通运输、仓储及邮政业	1415	1415	108	19			1242		46			
105	1. 交通运输业	1400	1400	96	19			1241		44			
106	2. 仓储业	13	13	12				1					
107	3. 邮政业	2	2							2			
108	(七)住宿和餐饮业	187	187	22	3			107	1	51	3		
109	1. 住宿业	48	48		1			39	1	7			
110	2. 餐饮业	139	139	22	2			68		44	3		
111	(八)信息传输、软件和信息技术服务业	144	144					126		18			
112	1. 电信、广播电视和卫星传输服务业	15	15					15					
113	其中:电信	15	15					15					
114	2. 互联网和相关服务	2	2					1		1			
115	3. 软件和信息技术服务业	127	127					110		17			
116	(九)金融业	146	146					144	1	1			
117	1. 货币金融服务	2	2					1	1				
118	其中:银行	1	1						1				

续表

序号	项目	合计	内资企业								港澳台投资企业	外商投资企业
			小计	国有企业	集体企业	股份合作企业	联营企业	有限责任公司	股份有限公司	私营企业	其他企业		
119	金融租赁												
120	2. 资本市场服务	2	2					2					
121	3. 保险业	5	5					5					
122	4. 其他金融业	137	137					136		1			
123	(十)房地产业	19864	19864	631	584		53	17780	12	754	50		
124	(十一)租赁和商务服务业	883	883	16	14			569	266	14	4		
125	1. 租赁业	18	18					9		9			
126	2. 商务服务业	865	865	16	14			560	266	5	4		
127	(十二)科学研究和技术服务业	802	802	73	31			264		8	426		
128	(十三)居民服务、修理和其他服务业	4573	4563	106	336	7		3938	4	36	136	10	
129	其中:居民服务业	1989	1979	86	276	6		1518	3	25	65	10	
130	机动车、电子产品和日用产品修理业	7	7		1			5		1			
131	(十四)教育	71	71					1		3	67		
132	(十五)卫生和社会工作	74	74	1				69			4		
133	其中:卫生	69	69	1				68					
134	(十六)文化、体育和娱乐业	19	19		1		1	15		2			
135	其中:新闻和出版业												
136	广播、电视、电影和影视录音制作业												
137	体育												
138	娱乐业	12	12				1	10		1			
139	(十七)公共管理、社会保障和社会组织	248	248	8	5	2		157		1	75		
140	(十八)其他行业	804	804	1	11			639	120	6	27		

2013 年惠州市地方税务局企业所得税分行业分企业类型统计年报表

编报机关:惠州市地方税务局　　　　单位:万元

序号	项　目	合　计	内资企业									港澳台投资企业	外商投资企业
			小　计	国有企业	集体企业	股份合作企业	联营企业	有限责任公司	股份有限公司	私营企业	其他企业		
1	合　计	115917	115554	10480	7754	11	185	56727	7167	30351	2879	121	242
2	(一)采矿业	489	489	34	22			279	131	15	8		
3	1. 煤炭开采和洗选业												
4	2. 石油和天然气开采业												
5	其中:原油												
6	3. 黑色金属矿采选业	130	130						130				
7	4. 有色金属矿采选业												
8	5. 非金属矿采选业	358	358	34	22			278	1	15	8		
9	6. 其他采矿业	1	1					1					
10	(二)制造业	7814	7793	159	954	4	3	4819	1171	683		20	1
11	1. 农副食品加工业	105	105	32	9		1	62		1			
12	2. 食品制造业	280	280	30				249		1			
13	3. 酒、饮料和精制茶制造业	5	5		3					2			
14	①酒的制造	3	3		3								
15	其中:酒精												
16	②饮料制造	2	2							2			
17	③精制茶制造												
18	4. 烟草制品业												
19	卷烟制造												
20	烟叶复烤												
21	其他烟草制品加工												
22	5. 纺织业	104	104		2			4		98			
23	6. 纺织服装、服饰业	119	118		76	2		2		38		1	

续表

序号	项　目	合　计	内资企业									港澳台投资企业	外商投资企业
			小　计	国有企业	集体企业	股份合作企业	联营企业	有限责任公司	股份有限公司	私营企业	其他企业		
24	其中:纺织服装	118	117		76	2		2		37		1	
25	7. 皮革、毛皮、羽毛及其制品和制鞋业	258	258		23			206		29			
26	其中:皮革、毛皮	34	34		22			9		3			
27	8. 木材加工和木竹藤棕草制品业	15	15	13	1			1					
28	9. 家具制造业	18	18		9			6		3			
29	10. 造纸和纸制品业	36	36		18			10		8			
30	①纸浆制造	5	5					5					
31	②造纸	30	30		18			5		7			
32	其中:机制纸及纸板制造	26	26		16			3		7			
33	③纸制品制造	1	1							1			
34	11. 印刷和记录媒介复制业	170	170		2			145		23			
35	12. 文教、工美、体育和娱乐用品制造业	293	293	3	188			64		38			
36	13. 石油加工、炼焦和核燃料加工业	61	61					61					
37	其中:成品油	61	61					61					
38	14. 化学原料和化学制品制造业	137	137	62	2			24		49			
39	①肥料制造	62	62	62									
40	②农药制造												
41	③专用化学产品制造	5	5					5					
42	④日用化学产品制造	26	26					16		10			
43	其中:化妆品制造	10	10							10			
44	⑤其他	44	44		2			3		39			
45	15. 医药制造业	513	513					3	510				
46	16. 化学纤维制造业												
47	17. 橡胶和塑料制品业	350	350		207	2		19		122			

续表

序号	项目	合计	内资企业								港澳台投资企业	外商投资企业
			小计	国有企业	集体企业	股份合作企业	联营企业	有限责任公司	股份有限公司	私营企业	其他企业		
48	其中:轮胎制造												
49	18. 非金属矿物制品业	3812	3812	1	2			3142	656	11			
50	①水泥、石灰和石膏制造	3782	3782	1				3124	656	1			
51	其中:水泥制造	3781	3781	1				3124	656				
52	②水泥及石膏制品制造												
53	③玻璃及玻璃制品制造	1	1					1					
54	④其他	29	29		2			17		10			
55	19. 黑色金属冶炼和压延加工业												
56	其中:钢压延加工												
57	20. 有色金属冶炼和压延加工业	12	12					5		7			
58	21. 金属制品业	209	208		155			41	5	7			1
59	22. 通用设备制造业	505	505	5	22			478					
60	23. 专用设备制造业	156	156		26			24		106			
61	24. 汽车制造业	41	41							41			
62	25. 铁路、船舶、航空航天和其他运输设备制造业												
63	其中:铁路运输设备制造												
64	船舶及相关装置制造												
65	航空、航天及设备制造												
66	摩托车制造												
67	26. 电气机械及器材制造业	111	92		44			20		28		19	
68	①电机制造												
69	②电线电缆光缆及电工器材制造	46	27		10					17		19	
70	③家用电力器具制造	8	8		8								

续表

序号	项目	合计	内资企业									港澳台投资企业	外商投资企业
			小计	国有企业	集体企业	股份合作企业	联营企业	有限责任公司	股份有限公司	私营企业	其他企业		
71	④其他	57	57		26			20		11			
72	27. 计算机、通信和其他电子设备制造业	388	388	13	78			243		54			
73	①计算机制造	29	29							29			
74	②通信设备制造	5	5							5			
75	③广播电视设备制造												
76	④视听设备制造												
77	⑤其他	354	354	13	78			243		20			
78	28. 仪表仪器制造业	14	14		11			1		2			
79	29. 其他制造业	102	102		76		2	9		15			
80	(三)电力、燃气及水的生产和供应业	1632	1632	914	103			607		8			
81	1. 电力、热力的生产和供应业	983	983	789	86			101		7			
82	①电力生产	245	245	55	83			100		7			
83	其中:火力发电												
84	水力发电	245	245	55	83			100		7			
85	核力发电												
86	风力发电												
87	太阳能发电												
88	②电力供应	472	472	471				1					
89	③热力生产和供应业	266	266	263	3								
90	2. 燃气生产和供应业	417	417	4				413					
91	3. 水的生产和供应业	232	232	121	17			93		1			
92	(四)建筑业	36723	36647	5899	2332	6	124	19396	1401	7061	428	48	28
93	1. 房屋建筑业	7216	7216	1361	531		76	3600	510	1072	66		
94	2. 土木工程建筑业	2080	2080	698	25			887	233	237			

续表

序号	项　　目	合　计	内资企业									港澳台投资企业	外商投资企业
			小　计	国有企业	集体企业	股份合作企业	联营企业	有限责任公司	股份有限公司	私营企业	其他企业		
95	3. 建筑安装业	17122	17051	3349	1501	4	46	7698	594	3564	295	48	23
96	4. 建筑装饰和其他建筑业	10305	10300	491	275	2	2	7211	64	2188	67		5
97	(五)批发和零售业	3523	3519	130	136		2	2014	16	1220	1	4	
98	1. 批发业	1763	1759	77	40			1137	13	492		4	
99	其中:烟草制品批发	5	5	5									
100	煤炭及制品批发												
101	石油及其制品批发	96	96		1			95					
102	汽车及零配件批发												
103	2. 零售业	1760	1760	53	96		2	877	3	728	1		
104	(六)交通运输、仓储及邮政业	2542	2542	26	9		18	2280	2	198	9		
105	1. 交通运输业	2527	2527	26	5		18	2278	2	189	9		
106	2. 仓储业	11	11		4			1		6			
107	3. 邮政业	4	4					1		3			
108	(七)住宿和餐饮业	1614	1612	9	38		8	559		974	24		2
109	1. 住宿业	540	540	2	27		8	186		295	22		
110	2. 餐饮业	1074	1072	7	11			373		679	2		2
111	(八)信息传输、软件和信息技术服务业	441	441		14			308	3	115	1		
112	1. 电信、广播电视和卫星传输服务业	258	258					257			1		
113	其中:电信	257	257					257					
114	2. 互联网和相关服务	7	7					1		6			
115	3. 软件和信息技术服务业	176	176		14			50	3	109			
116	(九)金融业	897	897					26	647	224			
117	1. 货币金融服务	371	371					2	274	95			
118	其中:银行												

续表

序号	项目	合计	内资企业									港澳台投资企业	外商投资企业
			小计	国有企业	集体企业	股份合作企业	联营企业	有限责任公司	股份有限公司	私营企业	其他企业		
119	金融租赁												
120	2. 资本市场服务												
121	3. 保险业	5	5							5			
122	4. 其他金融业	521	521					24	373	124			
123	(十)房地产业	38453	38432	587	2478	1	3	18706	20	15625	1012	20	1
124	(十一)租赁和商务服务业	3092	3092	94	108		10	1214	27	1581	58		
125	1. 租赁业	14	14					1		12	1		
126	2. 商务服务业	3078	3078	94	108		10	1213	27	1569	57		
127	(十二)科学研究和技术服务业	1577	1576	314	27		1	290		489	455	1	
128	(十三)居民服务、修理和其他服务业	14549	14312	2122	1389		14	5159	3644	1775	209	27	210
129	其中:居民服务业	1552	1349	73	318			515	252	166	25		203
130	机动车、电子产品和日用产品修理业	34	34	1	2			1		30			
131	(十四)教育	180	180	2				5		3	170		
132	(十五)卫生和社会工作	359	359		2			194		140	23		
133	其中:卫生	359	359		2			194		140	23		
134	(十六)文化、体育和娱乐业	153	153	16				64		69	4		
135	其中:新闻和出版业												
136	广播、电视、电影和影视录音制作业	19	19	16				2		1			
137	体育	5	5							4	1		
138	娱乐业	77	77					37		40			
139	(十七)公共管理、社会保障和社会组织	247	247	5	15						227		
140	(十八)其他行业	1632	1631	169	127		2	807	105	171	250	1	

2013年汕尾市地方税务局企业所得税分行业分企业类型统计年报表

编报机关:汕尾市地方税务局　　单位:万元

序号	项目	合计	内资企业									港澳台投资企业	外商投资企业
			小计	国有企业	集体企业	股份合作企业	联营企业	有限责任公司	股份有限公司	私营企业	其他企业		
1	合计	27610	27609	1738	3064	26	17	14564	230	7747	223	28	-27
2	(一)采矿业	132	132	2	85			36		9			
3	1. 煤炭开采和洗选业												
4	2. 石油和天然气开采业												
5	其中:原油												
6	3. 黑色金属矿采选业												
7	4. 有色金属矿采选业												
8	5. 非金属矿采选业	132	132	2	85			36		9			
9	6. 其他采矿业												
10	(二)制造业	794	824	7	20			469		328		1	-31
11	1. 农副食品加工业	9	9	5	4								
12	2. 食品制造业	5	5					4		1			
13	3. 酒、饮料和精制茶制造业	46	46	1				43		2			
14	①酒的制造	44	44	1				43					
15	其中:酒精												
16	②饮料制造	2	2							2			
17	③精制茶制造												
18	4. 烟草制品业												
19	卷烟制造												
20	烟叶复烤												
21	其他烟草制品加工												
22	5. 纺织业	12	11							11		1	
23	6. 纺织服装、服饰业	475	475					213		262			

续表

序号	项目	合计	内资企业									港澳台投资企业	外商投资企业
			小计	国有企业	集体企业	股份合作企业	联营企业	有限责任公司	股份有限公司	私营企业	其他企业		
24	其中:纺织服装	475	475					213		262			
25	7. 皮革、毛皮、羽毛及其制品和制鞋业	3	3		2					1			
26	其中:皮革、毛皮	1	1		1								
27	8. 木材加工和木竹藤棕草制品业	-29	2					2					-31
28	9. 家具制造业	2	2							2			
29	10. 造纸和纸制品业	6	6							6			
30	①纸浆制造												
31	②造纸	3	3							3			
32	其中:机制纸及纸板制造	2	2							2			
33	③纸制品制造	3	3							3			
34	11. 印刷和记录媒介复制业	2	2		1					1			
35	12. 文教、工美、体育和娱乐用品制造业	174	174		7			165		2			
36	13. 石油加工、炼焦和核燃料加工业												
37	其中:成品油												
38	14. 化学原料和化学制品制造业	4	4					2		2			
39	①肥料制造												
40	②农药制造												
41	③专用化学产品制造												
42	④日用化学产品制造												
43	其中:化妆品制造												
44	⑤其他	4	4					2		2			
45	15. 医药制造业												
46	16. 化学纤维制造业												
47	17. 橡胶和塑料制品业	3	3		1			1		1			

续表

序号	项目	合计	内资企业									港澳台投资企业	外商投资企业
			小计	国有企业	集体企业	股份合作企业	联营企业	有限责任公司	股份有限公司	私营企业	其他企业		
48	其中:轮胎制造												
49	18. 非金属矿物制品业	7	7		3			3		1			
50	①水泥、石灰和石膏制造												
51	其中:水泥制造												
52	②水泥及石膏制品制造	1	1							1			
53	③玻璃及玻璃制品制造	1	1					1					
54	④其他	5	5		3			2					
55	19. 黑色金属冶炼和压延加工业												
56	其中:钢压延加工												
57	20. 有色金属冶炼和压延加工业	6	6					6					
58	21. 金属制品业	23	23					4		19			
59	22. 通用设备制造业	6	6							6			
60	23. 专用设备制造业	3	3					1		2			
61	24. 汽车制造业												
62	25. 铁路、船舶、航空航天和其他运输设备制造业	5	5					5					
63	其中:铁路运输设备制造												
64	船舶及相关装置制造	5	5					5					
65	航空、航天及设备制造												
66	摩托车制造												
67	26. 电气机械及器材制造业	2	2					2					
68	①电机制造												
69	②电线电缆光缆及电工器材制造												
70	③家用电力器具制造												

续表

序号	项目	合计	内资企业									港澳台投资企业	外商投资企业
			小计	国有企业	集体企业	股份合作企业	联营企业	有限责任公司	股份有限公司	私营企业	其他企业		
71	④其他	2	2					2					
72	27. 计算机、通信和其他电子设备制造业	27	27		2			17		8			
73	①计算机制造												
74	②通信设备制造	17	17					17					
75	③广播电视设备制造												
76	④视听设备制造												
77	⑤其他	10	10		2					8			
78	28. 仪表仪器制造业	1	1							1			
79	29. 其他制造业	2	2	1				1					
80	(三)电力、燃气及水的生产和供应业	1167	1167	910	108			134	1	14			
81	1. 电力、热力的生产和供应业	988	988	844	12			130	1	1			
82	①电力生产	16	16		11			3	1	1			
83	其中:火力发电												
84	水力发电	14	14		11			1	1	1			
85	核力发电	2	2					2					
86	风力发电												
87	太阳能发电												
88	②电力供应	972	972	844	1			127					
89	③热力生产和供应业												
90	2. 燃气生产和供应业	21	21		4			4		13			
91	3. 水的生产和供应业	158	158	66	92								
92	(四)建筑业	8574	8547	678	2436	14	16	4232	160	972	39	26	1
93	1. 房屋建筑业	1729	1729		722			975		32			
94	2. 土木工程建筑业	239	239	4	75			117	1	26	16		

续表

序号	项目	合计	内资企业									港澳台投资企业	外商投资企业
			小计	国有企业	集体企业	股份合作企业	联营企业	有限责任公司	股份有限公司	私营企业	其他企业		
95	3. 建筑安装业	4017	4016	622	1002	11	10	1669	135	552	15	1	
96	4. 建筑装饰和其他建筑业	2589	2563	52	637	3	6	1471	24	362	8	25	1
97	(五)批发和零售业	6630	6630	60	7			6429		134			
98	1. 批发业	6092	6092	46	1			6031		14			
99	其中:烟草制品批发	5632	5632					5632					
100	煤炭及制品批发												
101	石油及其制品批发	5	5					5					
102	汽车及零配件批发												
103	2. 零售业	538	538	14	6			398		120			
104	(六)交通运输、仓储及邮政业	239	239	5				200		34			
105	1. 交通运输业	239	239	5				200		34			
106	2. 仓储业												
107	3. 邮政业												
108	(七)住宿和餐饮业	175	175	3		9		112		51			
109	1. 住宿业	87	87	1		9		66		11			
110	2. 餐饮业	88	88	2				46		40			
111	(八)信息传输、软件和信息技术服务业	9	9					2		7			
112	1. 电信、广播电视和卫星传输服务业	1	1					1					
113	其中:电信	1	1					1					
114	2. 互联网和相关服务	1	1					1					
115	3. 软件和信息技术服务业	7	7							7			
116	(九)金融业	179	179					179					
117	1. 货币金融服务	21	21					21					
118	其中:银行	21	21					21					

续表

序号	项目	合计	内资企业								港澳台投资企业	外商投资企业
			小计	国有企业	集体企业	股份合作企业	联营企业	有限责任公司	股份有限公司	私营企业	其他企业		
119	金融租赁												
120	2. 资本市场服务												
121	3. 保险业												
122	4. 其他金融业	158	158					158					
123	(十)房地产业	7198	7195	3	97			1127	1	5879	88		3
124	(十一)租赁和商务服务业	433	433		6			399		27	1		
125	1. 租赁业												
126	2. 商务服务业	433	433		6			399		27	1		
127	(十二)科学研究和技术服务业	146	146	1	6			74		49	16		
128	(十三)居民服务、修理和其他服务业	1815	1814	68	274	3	1	1133	68	226	41	1	
129	其中:居民服务业	56	56					1	54	1			
130	机动车、电子产品和日用产品修理业												
131	(十四)教育	1	1					1					
132	(十五)卫生和社会工作	7	7								7		
133	其中:卫生												
134	(十六)文化、体育和娱乐业	12	12		1			2		9			
135	其中:新闻和出版业												
136	广播、电视、电影和影视录音制作业	1	1		1								
137	体育												
138	娱乐业	10	10					1		9			
139	(十七)公共管理、社会保障和社会组织	48	48	1	1			15			31		
140	(十八)其他行业	51	51		23			20		8			

2013 年东莞市地方税务局企业所得税分行业分企业类型统计年报表

编报机关:东莞市地方税务局　　　　单位:万元

序号	项目	合计	内资企业									港澳台投资企业	外商投资企业
			小计	国有企业	集体企业	股份合作企业	联营企业	有限责任公司	股份有限公司	私营企业	其他企业		
1	合计	730627	288599	3067	51660	383	179	168107	17921	42005	5277	224119	217909
2	(一)采矿业	45	45		4			-78		119			
3	1. 煤炭开采和洗选业												
4	2. 石油和天然气开采业												
5	其中:原油												
6	3. 黑色金属矿采选业	6	6							6			
7	4. 有色金属矿采选业												
8	5. 非金属矿采选业	7	7							7			
9	6. 其他采矿业	32	32		4			-78		106			
10	(二)制造业	425667	75883	108	19358	17	2	28357	9916	18091	34	157719	192065
11	1. 农副食品加工业	715	479	27	17			399		35	1	36	200
12	2. 食品制造业	54538	1240		51			1002		187		41163	12135
13	3. 酒、饮料和精制茶制造业	8658	43		1			41		1		5448	3167
14	①酒的制造												
15	其中:酒精												
16	②饮料制造	8658	43		1			41		1		5448	3167
17	③精制茶制造												
18	4. 烟草制品业												
19	卷烟制造												
20	烟叶复烤												
21	其他烟草制品加工												
22	5. 纺织业	4976	860		303			466		91		3954	162
23	6. 纺织服装、服饰业	10085	3349	59	1418			924		948		2939	3797

续表

序号	项目	合计	内资企业									港澳台投资企业	外商投资企业
			小计	国有企业	集体企业	股份合作企业	联营企业	有限责任公司	股份有限公司	私营企业	其他企业		
24	其中:纺织服装	7320	3294	59	1390			898		947		2878	1148
25	7. 皮革、毛皮、羽毛及其制品和制鞋业	5872	1837		1358			410		36	33	2088	1947
26	其中:皮革、毛皮	3658	1032		673			327		32		1328	1298
27	8. 木材加工和木竹藤棕草制品业	793	508	8	11			33		456		275	10
28	9. 家具制造业	4296	1944		60			1242	236	406		2017	335
29	10. 造纸和纸制品业	5061	2495		474			1883		138		2468	98
30	①纸浆制造	2753	649		186			419		44		2080	24
31	②造纸	2002	1621		201			1341		79		307	74
32	其中:机制纸及纸板制造	1929	1554		148			1328		78		301	74
33	③纸制品制造	306	225		87			123		15		81	
34	11. 印刷和记录媒介复制业	4103	592		147			338	1	106		3414	97
35	12. 文教、工美、体育和娱乐用品制造业	8214	1889	4	1699			162		24		2610	3715
36	13. 石油加工、炼焦和核燃料加工业	123	42					14		28		81	
37	其中:成品油	123	42					14		28		81	
38	14. 化学原料和化学制品制造业	10830	1796		37			737	21	1001		4918	4116
39	①肥料制造	353	344					344					9
40	②农药制造	784	784		1				21	762			
41	③专用化学产品制造	3990	270		9			115		146		2998	722
42	④日用化学产品制造	494	46		6			38		2		354	94
43	其中:化妆品制造	462	17					17				351	94
44	⑤其他	5209	352		21			240		91		1566	3291
45	15. 医药制造业	4356	4260		3			870	3326	61		12	84
46	16. 化学纤维制造业	10	4		4							6	
47	17. 橡胶和塑料制品业	15232	4681		3064	17		1105		495		7019	3532

续表

序号	项目	合计	内资企业									港澳台投资企业	外商投资企业
			小计	国有企业	集体企业	股份合作企业	联营企业	有限责任公司	股份有限公司	私营企业	其他企业		
48	其中:轮胎制造	50	50					50					
49	18. 非金属矿物制品业	3223	1168		110			1018		40		1777	278
50	①水泥、石灰和石膏制造	215	213		7			206					2
51	其中:水泥制造	213	213		7			206					
52	②水泥及石膏制品制造	21	20		12			8				1	
53	③玻璃及玻璃制品制造	381	233		72			160		1		33	115
54	④其他	2606	702		19			644		39		1743	161
55	19. 黑色金属冶炼和压延加工业	206	51		27			3	6	15		108	47
56	其中:钢压延加工	139	40		16			3	6	15		52	47
57	20. 有色金属冶炼和压延加工业	499	63		9			48		6		18	418
58	21. 金属制品业	16440	7503		1206			1367	155	4775		7793	1144
59	22. 通用设备制造业	6534	2090		1071			705	264	50		2216	2228
60	23. 专用设备制造业	5097	2275		830			537	893	15		1604	1218
61	24. 汽车制造业	1438	57		40			17				1380	1
62	25. 铁路、船舶、航空航天和其他运输设备制造业	4093	1					1				62	4030
63	其中:铁路运输设备制造	62	1					1				61	
64	船舶及相关装置制造	1505											1505
65	航空、航天及设备制造	1895											1895
66	摩托车制造	1										1	
67	26. 电气机械及器材制造业	32470	7496		1025			2609	2749	1113		12835	12139
68	①电机制造	2657	859		2			636		221		1721	77
69	②电线电缆光缆及电工器材制造	4006	1242		236			424	209	373		1611	1153
70	③家用电力器具制造	3793	167		120			39		8		2945	681

续表

序号	项目	合计	内资企业								港澳台投资企业	外商投资企业
			小计	国有企业	集体企业	股份合作企业	联营企业	有限责任公司	股份有限公司	私营企业	其他企业		
71	④其他	22014	5228		667			1510	2540	511		6558	10228
72	27. 计算机、通信和其他电子设备制造业	191254	20633		5019		2	10482	508	4622		40296	130325
73	①计算机制造	53096	66		13			49		4		367	52663
74	②通信设备制造	42897	13324		54			8887		4383		710	28863
75	③广播电视设备制造	1	1					1					
76	④视听设备制造	1537	54		16			3		35		1109	374
77	⑤其他	93723	7188		4936		2	1542	508	200		38110	48425
78	28. 仪表仪器制造业	3418	377		333			44				2051	990
79	29. 其他制造业	23133	8150	10	1041			1900	1757	3442		9131	5852
80	(三)电力、燃气及水的生产和供应业	4758	4758	438	2520			1749		51			
81	1. 电力、热力的生产和供应业	965	965					964		1			
82	①电力生产	963	963					963					
83	其中:火力发电	963	963					963					
84	水力发电												
85	核力发电												
86	风力发电												
87	太阳能发电												
88	②电力供应	2	2					1		1			
89	③热力生产和供应业												
90	2. 燃气生产和供应业	1185	1185	438	4			694		49			
91	3. 水的生产和供应业	2608	2608		2516			91		1			
92	(四)建筑业	39578	38943	1133	4168	55	159	24289	1556	7492	91	512	123
93	1. 房屋建筑业	9047	8660	61	1669			6029	93	808		340	47
94	2. 土木工程建筑业	1416	1416	56	25			769		565	1		

续表

序号	项　　目	合　计	内　资　企　业									港澳台投资企业	外商投资企业
			小　计	国有企业	集体企业	股份合作企业	联营企业	有限责任公司	股份有限公司	私营企业	其他企业		
95	3. 建筑安装业	20986	20818	876	697		107	13271	1348	4465	54	154	14
96	4. 建筑装饰和其他建筑业	8129	8049	140	1777	55	52	4220	115	1654	36	18	62
97	（五）批发和零售业	27450	24087	218	2134		4	16980	1335	3114	302	2441	922
98	1. 批发业	8902	7201	195	1004		2	3727	469	1531	273	1676	25
99	其中：烟草制品批发												
100	煤炭及制品批发	1	1					1					
101	石油及其制品批发	1779	278		23			255				1501	
102	汽车及零配件批发	75	75					75					
103	2. 零售业	18548	16886	23	1130		2	13253	866	1583	29	765	897
104	（六）交通运输、仓储及邮政业	32419	27204	29	62			26057		1056		4126	1089
105	1. 交通运输业	30645	26524	29	61			25857		577		4117	4
106	2. 仓储业	665	656		1			176		479		9	
107	3. 邮政业	1109	24					24					1085
108	（七）住宿和餐饮业	3928	2257		132			1798		319	8	468	1203
109	1. 住宿业	1087	791		54			673		56	8	296	
110	2. 餐饮业	2841	1466		78			1125		263		172	1203
111	（八）信息传输、软件和信息技术服务业	894	813			1		535	28	218	31	55	26
112	1. 电信、广播电视和卫星传输服务业	23	23			1		12			10		
113	其中：电信	13	13			1		12					
114	2. 互联网和相关服务	13	12					11		1		1	
115	3. 软件和信息技术服务业	858	778					512	28	217	21	54	26
116	（九）金融业	5871	5871		22			2849	2367	623	10		
117	1. 货币金融服务												
118	其中：银行												

续表

序号	项目	合计	内资企业									港澳台投资企业	外商投资企业
			小计	国有企业	集体企业	股份合作企业	联营企业	有限责任公司	股份有限公司	私营企业	其他企业		
119	金融租赁												
120	2. 资本市场服务												
121	3. 保险业												
122	4. 其他金融业	5871	5871		22			2849	2367	623	10		
123	(十)房地产业	93058	67416	16	12954	32		46001	256	7580	577	25278	364
124	(十一)租赁和商务服务业	32528	19796	195	7511	19		9138	356	1527	1050	8085	4647
125	1. 租赁业	134	134					99	9	26			
126	2. 商务服务业	32394	19662	195	7511	19		9039	347	1501	1050	8085	4647
127	(十二)科学研究和技术服务业	3690	3429	344	1025		13	976	18	638	415	16	245
128	(十三)居民服务、修理和其他服务业	46049	8970	132	1167	255	1	6064	337	735	279	22154	14925
129	其中:居民服务业	927	615	1	90	1		330		82	111	1	311
130	机动车、电子产品和日用产品修理业	125	125		11			89		25			
131	(十四)教育	1730	1716		16			8		4	1688	11	3
132	(十五)卫生和社会工作	1196	1128		179	1		761		40	147		68
133	其中:卫生	1190	1122		179	1		761		40	141		68
134	(十六)文化、体育和娱乐业	2226	674		153			355		123	43	1508	44
135	其中:新闻和出版业	89	89		89								
136	广播、电视、电影和影视录音制作业	56	54		7			24		10	13	1	1
137	体育	635	44					21		6	17	591	
138	娱乐业	1346	387		57			261		68	1	916	43
139	(十七)公共管理、社会保障和社会组织	830	830		238			7			585		
140	(十八)其他行业	8710	4779	454	17	3		2261	1752	275	17	1746	2185

2013 年中山市地方税务局企业所得税分行业分企业类型统计年报表

编报机关:中山市地方税务局　　　　单位:万元

序号	项目	合计	内资企业									港澳台投资企业	外商投资企业
			小计	国有企业	集体企业	股份合作企业	联营企业	有限责任公司	股份有限公司	私营企业	其他企业		
1	合计	188518	186745	2986	13634	1	497	130769	15458	19756	3644	1142	631
2	(一)采矿业	5	5					3		2			
3	1. 煤炭开采和洗选业												
4	2. 石油和天然气开采业												
5	其中:原油												
6	3. 黑色金属矿采选业												
7	4. 有色金属矿采选业												
8	5. 非金属矿采选业	5	5					3		2			
9	6. 其他采矿业												
10	(二)制造业	50516	50009		1782		3	29730	9235	9259		361	146
11	1. 农副食品加工业	1432	1432		4		2	1380		46			
12	2. 食品制造业	475	475		38			425		12			
13	3. 酒、饮料和精制茶制造业	335	335					329		6			
14	①酒的制造	211	211					211					
15	其中:酒精												
16	②饮料制造	124	124					118		6			
17	③精制茶制造												
18	4. 烟草制品业												
19	卷烟制造												
20	烟叶复烤												
21	其他烟草制品加工												
22	5. 纺织业	2243	2243		8			2227		8			
23	6. 纺织服装、服饰业	2665	2776		256			2339		181		-111	

续表

序号	项目	合计	内资企业									港澳台投资企业	外商投资企业
			小计	国有企业	集体企业	股份合作企业	联营企业	有限责任公司	股份有限公司	私营企业	其他企业		
24	其中:纺织服装	2657	2769		256			2333		180		-112	
25	7. 皮革、毛皮、羽毛及其制品和制鞋业	735	735		535			198		2			
26	其中:皮革、毛皮	428	428		384			44					
27	8. 木材加工和木竹藤棕草制品业	268	268					267		1			
28	9. 家具制造业	465	465		3			367		95			
29	10. 造纸和纸制品业	1044	1044		48		1	989		6			
30	①纸浆制造	14	14					14					
31	②造纸	373	373		47		1	319		6			
32	其中:机制纸及纸板制造	357	357		47		1	303		6			
33	③纸制品制造	657	657		1			656					
34	11. 印刷和记录媒介复制业	1431	1287		55			1192		40			144
35	12. 文教、工美、体育和娱乐用品制造业	752	752		76			676					
36	13. 石油加工、炼焦和核燃料加工业												
37	其中:成品油												
38	14. 化学原料和化学制品制造业	2589	2589		7			2174	245	163			
39	①肥料制造												
40	②农药制造	73	73						73				
41	③专用化学产品制造	379	379		2			377					
42	④日用化学产品制造	763	763		1			590	172				
43	其中:化妆品制造	434	434		1			261	172				
44	⑤其他	1374	1374		4			1207		163			
45	15. 医药制造业	461	461					461					
46	16. 化学纤维制造业	4	4					4					
47	17. 橡胶和塑料制品业	1977	1976		434			1384		158		1	

续表

序号	项　　目	合　计	内　资　企　业									港澳台投资企业	外商投资企业
			小　计	国有企业	集体企业	股份合作企业	联营企业	有限责任公司	股份有限公司	私营企业	其他企业		
48	其中:轮胎制造												
49	18. 非金属矿物制品业	1439	1439		1			1274		164			
50	①水泥、石灰和石膏制造	5	5					5					
51	其中:水泥制造	5	5					5					
52	②水泥及石膏制品制造	859	859					695		164			
53	③玻璃及玻璃制品制造	73	73					73					
54	④其他	502	502		1			501					
55	19. 黑色金属冶炼和压延加工业	185	185		38			62		85			
56	其中:钢压延加工												
57	20. 有色金属冶炼和压延加工业												
58	21. 金属制品业	2767	2756		65			2428		263		10	1
59	22. 通用设备制造业	2074	2074		122			1584	368				
60	23. 专用设备制造业	1242	1242		13			1227		2			
61	24. 汽车制造业	43	43					41		2			
62	25. 铁路、船舶、航空航天和其他运输设备制造业	54	54		44			9		1			
63	其中:铁路运输设备制造												
64	船舶及相关装置制造	46	46		44			2					
65	航空、航天及设备制造												
66	摩托车制造	7	7					7					
67	26. 电气机械及器材制造业	21465	21004		14			6482	7417	7091		461	
68	①电机制造	3267	3267		1			96	3170				
69	②电线电缆光缆及电工器材制造	261	261		1			205		55			
70	③家用电力器具制造	4782	4706		1			4479		226		76	

续表

序号	项目	合计	内资企业									港澳台投资企业	外商投资企业
			小计	国有企业	集体企业	股份合作企业	联营企业	有限责任公司	股份有限公司	私营企业	其他企业		
71	④其他	13155	12770		11			1702	4247	6810		385	
72	27. 计算机、通信和其他电子设备制造业	3335	3335		20			1603	805	907			
73	①计算机制造	1	1					1					
74	②通信设备制造	10	10					10					
75	③广播电视设备制造	33	33		4			29					
76	④视听设备制造	25	25		1			23		1			
77	⑤其他	3266	3266		15			1540	805	906			
78	28. 仪表仪器制造业	460	460		1			51	400	8			
79	29. 其他制造业	576	575					557		18			1
80	(三)电力、燃气及水的生产和供应业	4231	4231	1111	665			2442	10	3			
81	1. 电力、热力的生产和供应业	1158	1158	1111	44			3					
82	①电力生产	1111	1111	1111									
83	其中:火力发电	1111	1111	1111									
84	水力发电												
85	核力发电												
86	风力发电												
87	太阳能发电												
88	②电力供应	44	44		44								
89	③热力生产和供应业	3	3					3					
90	2. 燃气生产和供应业	503	503		3			499		1			
91	3. 水的生产和供应业	2570	2570		618			1940	10	2			
92	(四)建筑业	38462	38440	1425	1443		279	29431	3044	2816	2	15	7
93	1. 房屋建筑业	16410	16410	193	1002		1	14522	80	612			
94	2. 土木工程建筑业	1237	1237	18				1166		53			

续表

序号	项　　目	合　计	内　资　企　业									港澳台投资企业	外商投资企业
			小　计	国有企业	集体企业	股份合作企业	联营企业	有限责任公司	股份有限公司	私营企业	其他企业		
95	3. 建筑安装业	14337	14320	1116	321		244	8474	2880	1285		15	2
96	4. 建筑装饰和其他建筑业	6478	6473	98	120		34	5269	84	866	2		5
97	(五)批发和零售业	10070	10059	52	496		207	8975	3	326		4	7
98	1. 批发业	6150	6150	12	67		15	5981		75			
99	其中:烟草制品批发												
100	煤炭及制品批发												
101	石油及其制品批发	14	14					11		3			
102	汽车及零配件批发	4	4					2		2			
103	2. 零售业	3920	3909	40	429		192	2994	3	251		4	7
104	(六)交通运输、仓储及邮政业	3642	3641		241			2800		598	2	1	
105	1. 交通运输业	3489	3488		241			2745		500	2	1	
106	2. 仓储业	40	40					30		10			
107	3. 邮政业	113	113					25		88			
108	(七)住宿和餐饮业	1230	1229		111			870		248		1	
109	1. 住宿业	438	438		13			379		46			
110	2. 餐饮业	792	791		98			491		202		1	
111	(八)信息传输、软件和信息技术服务业	546	546	2	17			433	5	80	9		
112	1. 电信、广播电视和卫星传输服务业	16	16					5	2		9		
113	其中:电信	5	5					4	1				
114	2. 互联网和相关服务	110	110	2				104		4			
115	3. 软件和信息技术服务业	420	420		17			324	3	76			
116	(九)金融业	3723	3705					485	2973	247		5	13
117	1. 货币金融服务	1839	1839					388	1451				
118	其中:银行												

续表

序号	项目	合计	内资企业									港澳台投资企业	外商投资企业
			小计	国有企业	集体企业	股份合作企业	联营企业	有限责任公司	股份有限公司	私营企业	其他企业		
119	金融租赁												
120	2. 资本市场服务	3	3					3					
121	3. 保险业												
122	4. 其他金融业	1881	1863					94	1522	247		5	13
123	(十)房地产业	54456	53688	229	4161	1	8	43934	5	4087	1263	339	429
124	(十一)租赁和商务服务业	12353	12353	154	2404			8782	178	767	68		
125	1. 租赁业	133	133					95	23	15			
126	2. 商务服务业	12220	12220	154	2404			8687	155	752	68		
127	(十二)科学研究和技术服务业	1027	1027	6	26			703	3	56	233		
128	(十三)居民服务、修理和其他服务业	3886	3450	6	1032			1422	2	841	147	407	29
129	其中:居民服务业	2267	1838	4	775			352	1	621	85	404	25
130	机动车、电子产品和日用产品修理业	14	14		2			9		3			
131	(十四)教育	529	529	1	10			61		14	443		
132	(十五)卫生和社会工作	192	192		3			3		7	179		
133	其中:卫生	192	192		3			3		7	179		
134	(十六)文化、体育和娱乐业	1565	1556		9			226		120	1201	9	
135	其中:新闻和出版业	5	5					5					
136	广播、电视、电影和影视录音制作业	1024	1015		3			3		4	1005	9	
137	体育	24	24					8			16		
138	娱乐业	287	287		6			175		106			
139	(十七)公共管理、社会保障和社会组织	1305	1305		1213			4			88		
140	(十八)其他行业	780	780		21			465		285	9		

2013年江门市地方税务局企业所得税分行业分企业类型统计年报表

编报机关:江门市地方税务局　　　　单位:万元

序号	项目	合计	内资企业									港澳台投资企业	外商投资企业
			小计	国有企业	集体企业	股份合作企业	联营企业	有限责任公司	股份有限公司	私营企业	其他企业		
1	合计	166200	165614	2140	16707	20	319	112831	3524	26125	3948	520	66
2	(一)采矿业	1	1		1								
3	1. 煤炭开采和洗选业												
4	2. 石油和天然气开采业												
5	其中:原油												
6	3. 黑色金属矿采选业												
7	4. 有色金属矿采选业												
8	5. 非金属矿采选业	1	1		1								
9	6. 其他采矿业												
10	(二)制造业	26389	26161	25	258		211	18808	2444	4413	2	227	1
11	1. 农副食品加工业	467	467	10	9			442		6			
12	2. 食品制造业	1448	1448		1			1402	3	42			
13	3. 酒、饮料和精制茶制造业	86	86	1	3			82					
14	①酒的制造	2	2	1	1								
15	其中:酒精	2	2	1	1								
16	②饮料制造	84	84		2			82					
17	③精制茶制造												
18	4. 烟草制品业	1	1					1					
19	卷烟制造												
20	烟叶复烤	1	1					1					
21	其他烟草制品加工												
22	5. 纺织业	702	700		6			405	222	67		2	
23	6. 纺织服装、服饰业	454	454		13			244		197			

续表

序号	项目	合计	内资企业								港澳台投资企业	外商投资企业
			小计	国有企业	集体企业	股份合作企业	联营企业	有限责任公司	股份有限公司	私营企业	其他企业		
24	其中:纺织服装	358	358		13			224		121			
25	7. 皮革、毛皮、羽毛及其制品和制鞋业	722	722	10	4			685		23			
26	其中:皮革、毛皮	550	550	10	4			527		9			
27	8. 木材加工和木竹藤棕草制品业	25	24		1			10		13		1	
28	9. 家具制造业	333	333		10			160		163			
29	10. 造纸和纸制品业	749	749					490		259			
30	①纸浆制造	56	56					54		2			
31	②造纸	682	682					434		248			
32	其中:机制纸及纸板制造	606	606					434		172			
33	③纸制品制造	11	11					2		9			
34	11. 印刷和记录媒介复制业	427	427		18			307		102			
35	12. 文教、工美、体育和娱乐用品制造业	217	217		2			110		105			
36	13. 石油加工、炼焦和核燃料加工业												
37	其中:成品油												
38	14. 化学原料和化学制品制造业	3283	3062		47			2496	365	154		221	
39	①肥料制造	16	16					16					
40	②农药制造												
41	③专用化学产品制造	1125	1125		32			1066		27			
42	④日用化学产品制造	466	245					241		4		221	
43	其中:化妆品制造	459	238					236		2		221	
44	⑤其他	1676	1676		15			1173	365	123			
45	15. 医药制造业	2708	2708		4			1326	1374	4			
46	16. 化学纤维制造业	3	3					3					
47	17. 橡胶和塑料制品业	1288	1288		18			1097		173			

续表

序号	项　目	合　计	内资企业									港澳台投资企业	外商投资企业
			小　计	国有企业	集体企业	股份合作企业	联营企业	有限责任公司	股份有限公司	私营企业	其他企业		
48	其中:轮胎制造	3	3		3								
49	18. 非金属矿物制品业	1027	1027		2		210	585		228	2		
50	①水泥、石灰和石膏制造	77	77					76		1			
51	其中:水泥制造	77	77					76		1			
52	②水泥及石膏制品制造	71	71					44		27			
53	③玻璃及玻璃制品制造	222	222					30		192			
54	④其他	657	657		2		210	435		8	2		
55	19. 黑色金属冶炼和压延加工业	267	267		1			254		12			
56	其中:钢压延加工	202	202					193		9			
57	20. 有色金属冶炼和压延加工业	396	396					365		31			
58	21. 金属制品业	4892	4890		39			3269		1582		1	1
59	22. 通用设备制造业	1205	1205	1	26			1131		47			
60	23. 专用设备制造业	239	239					156	48	35			
61	24. 汽车制造业	201	201					200		1			
62	25. 铁路、船舶、航空航天和其他运输设备制造业	541	541		3			445		93			
63	其中:铁路运输设备制造												
64	船舶及相关装置制造	315	315		3			312					
65	航空、航天及设备制造												
66	摩托车制造	221	221					128		93			
67	26. 电气机械及器材制造业	3023	3023		48		1	1941	426	607			
68	①电机制造	760	760					442	31	287			
69	②电线电缆光缆及电工器材制造	23	23					23					
70	③家用电力器具制造	283	283					48		235			

续表

序号	项目	合计	内资企业									港澳台投资企业	外商投资企业
			小计	国有企业	集体企业	股份合作企业	联营企业	有限责任公司	股份有限公司	私营企业	其他企业		
71	④其他	1957	1957		48		1	1428	395	85			
72	27. 计算机、通信和其他电子设备制造业	856	854					586		268		2	
73	①计算机制造	17	17					14		3			
74	②通信设备制造	6	6					6					
75	③广播电视设备制造												
76	④视听设备制造	63	63					63					
77	⑤其他	770	768					503		265		2	
78	28. 仪表仪器制造业	28	28	3				13		12			
79	29. 其他制造业	801	801		3			603	6	189			
80	(三)电力、燃气及水的生产和供应业	1845	1845	15	132		64	1274	330	27	3		
81	1. 电力、热力的生产和供应业	326	326	12	34		64	206		10			
82	①电力生产	93	93	12	33			38		10			
83	其中:火力发电	20	20					20					
84	水力发电	73	73	12	33			18		10			
85	核力发电												
86	风力发电												
87	太阳能发电												
88	②电力供应	231	231		1		64	166					
89	③热力生产和供应业	2	2					2					
90	2. 燃气生产和供应业	480	480	3				468	9				
91	3. 水的生产和供应业	1039	1039		98			600	321	17	3		
92	(四)建筑业	40382	40350	677	6269	14	18	25897	377	6752	346	6	26
93	1. 房屋建筑业	16121	16121	33	2415		4	11077	235	2356	1		
94	2. 土木工程建筑业	1398	1398	50	37			1099	1	200	11		

续表

序号	项　　目	合　计	内资企业									港澳台投资企业	外商投资企业
			小　计	国有企业	集体企业	股份合作企业	联营企业	有限责任公司	股份有限公司	私营企业	其他企业		
95	3. 建筑安装业	19170	19150	498	3120	11	10	12066	115	3014	316	4	16
96	4. 建筑装饰和其他建筑业	3693	3681	96	697	3	4	1655	26	1182	18	2	10
97	(五)批发和零售业	7784	7775	161	345		21	5117	53	2075	3	9	
98	1. 批发业	2813	2804	65	59			2040		638	2	9	
99	其中:烟草制品批发												
100	煤炭及制品批发	17	17					15		2			
101	石油及其制品批发												
102	汽车及零配件批发												
103	2. 零售业	4971	4971	96	286		21	3077	53	1437	1		
104	(六)交通运输、仓储及邮政业	15289	15289	12	187			14689		394	7		
105	1. 交通运输业	15254	15254	8	187			14672		380	7		
106	2. 仓储业	17	17	4				4		9			
107	3. 邮政业	18	18					13		5			
108	(七)住宿和餐饮业	592	588	10	172			273		133			4
109	1. 住宿业	384	384	8	168			173		35			
110	2. 餐饮业	208	204	2	4			100		98			4
111	(八)信息传输、软件和信息技术服务业	221	221		1			77	1	133	9		
112	1. 电信、广播电视和卫星传输服务业	101	101					31		62	8		
113	其中:电信	92	92					31		61			
114	2. 互联网和相关服务	32	32		1			4		26	1		
115	3. 软件和信息技术服务业	88	88					42	1	45			
116	(九)金融业	1874	1874		11			1644	214	4	1		
117	1. 货币金融服务	261	261					261					
118	其中:银行	1	1					1					

续表

序号	项目	合计	内资企业								港澳台投资企业	外商投资企业
			小计	国有企业	集体企业	股份合作企业	联营企业	有限责任公司	股份有限公司	私营企业	其他企业		
119	金融租赁												
120	2. 资本市场服务												
121	3. 保险业	2	2					2					
122	4. 其他金融业	1611	1611		11			1381	214	4	1		
123	（十）房地产业	59682	59610	486	7020	1	5	41228	69	10195	606	72	
124	（十一）租赁和商务服务业	4026	4015	32	1456	3		1485	33	876	130	11	
125	1. 租赁业	149	149		35			69	7	26	12		
126	2. 商务服务业	3877	3866	32	1421	3		1416	26	850	118	11	
127	（十二）科学研究和技术服务业	2496	2496	433	270			602		427	764		
128	（十三）居民服务、修理和其他服务业	3707	3491	252	456			1465	2	498	818	215	1
129	其中：居民服务业	411	411	17	51			160		107	76		
130	机动车、电子产品和日用产品修理业	91	91		39			45		7			
131	（十四）教育	260	226	6				26		2	192		34
132	（十五）卫生和社会工作	102	102		27			5			70		
133	其中：卫生	101	101		27			5			69		
134	（十六）文化、体育和娱乐业	375	375	7	67			64	1	70	166		
135	其中：新闻和出版业	25	25					2			23		
136	广播、电视、电影和影视录音制作业	185	185		65			1		13	106		
137	体育	18	18	1				6		4	7		
138	娱乐业	61	61	5	2			41		10	3		
139	（十七）公共管理、社会保障和社会组织	795	820	12	11			51		13	733	-25	
140	（十八）其他行业	380	375	12	24	2		126		113	98	5	

2013年阳江市地方税务局企业所得税分行业分企业类型统计年报表

编报机关：阳江市地方税务局　　单位：万元

序号	项目	合计	内资企业									港澳台投资企业	外商投资企业
			小计	国有企业	集体企业	股份合作企业	联营企业	有限责任公司	股份有限公司	私营企业	其他企业		
1	合计	66143	66118	4604	6617	23	76	33853	3574	16307	1064	11	14
2	(一)采矿业	13	13	1			11			1			
3	1. 煤炭开采和洗选业												
4	2. 石油和天然气开采业												
5	其中:原油												
6	3. 黑色金属矿采选业												
7	4. 有色金属矿采选业												
8	5. 非金属矿采选业	12	12				11			1			
9	6. 其他采矿业	1	1	1									
10	(二)制造业	5768	5768	79	123			1634	1530	2402			
11	1. 农副食品加工业	129	129	1	40			66		22			
12	2. 食品制造业	202	202	39				107		56			
13	3. 酒、饮料和精制茶制造业	310	310					301		9			
14	①酒的制造	309	309					301		8			
15	其中:酒精												
16	②饮料制造	1	1							1			
17	③精制茶制造												
18	4. 烟草制品业	5	5					5					
19	卷烟制造												
20	烟叶复烤												
21	其他烟草制品加工	5	5					5					
22	5. 纺织业												
23	6. 纺织服装、服饰业	124	124					1		123			

续表

序号	项目	合计	内资企业									港澳台投资企业	外商投资企业
			小计	国有企业	集体企业	股份合作企业	联营企业	有限责任公司	股份有限公司	私营企业	其他企业		
24	其中:纺织服装	124	124					1		123			
25	7. 皮革、毛皮、羽毛及其制品和制鞋业	11	11					4		7			
26	其中:皮革、毛皮	7	7					4		3			
27	8. 木材加工和木竹藤棕草制品业	78	78							78			
28	9. 家具制造业	27	27							27			
29	10. 造纸和纸制品业	229	229		1			195		33			
30	①纸浆制造	15	15					15					
31	②造纸	27	27					1		26			
32	其中:机制纸及纸板制造	27	27					1		26			
33	③纸制品制造	187	187		1			179		7			
34	11. 印刷和记录媒介复制业	203	203	36	21			81		65			
35	12. 文教、工美、体育和娱乐用品制造业	11	11		6					5			
36	13. 石油加工、炼焦和核燃料加工业												
37	其中:成品油												
38	14. 化学原料和化学制品制造业	99	99		39			59		1			
39	①肥料制造	59	59					59					
40	②农药制造												
41	③专用化学产品制造												
42	④日用化学产品制造	40	40		39					1			
43	其中:化妆品制造												
44	⑤其他												
45	15. 医药制造业	8	8					8					
46	16. 化学纤维制造业												
47	17. 橡胶和塑料制品业	253	253					25		228			

续表

序号	项　目	合　计	内资企业								港澳台投资企业	外商投资企业
			小　计	国有企业	集体企业	股份合作企业	联营企业	有限责任公司	股份有限公司	私营企业	其他企业		
48	其中:轮胎制造												
49	18. 非金属矿物制品业	71	71		2			3		66			
50	①水泥、石灰和石膏制造												
51	其中:水泥制造												
52	②水泥及石膏制品制造	6	6		2					4			
53	③玻璃及玻璃制品制造	62	62							62			
54	④其他	3	3					3					
55	19. 黑色金属冶炼和压延加工业	61	61					61					
56	其中:钢压延加工	61	61					61					
57	20. 有色金属冶炼和玉延加工业	1	1					1					
58	21. 金属制品业	2145	2145	3	6			663		1473			
59	22. 通用设备制造业	1557	1557					7	1530	20			
60	23. 专用设备制造业	204	204		1			47		156			
61	24. 汽车制造业												
62	25. 铁路、船舶、航空航天和其他运输设备制造业	7	7		7								
63	其中:铁路运输设备制造												
64	船舶及相关装置制造	7	7		7								
65	航空、航天及设备制造												
66	摩托车制造												
67	26. 电气机械及器材制造业	1	1							1			
68	①电机制造												
69	②电线电缆光缆及电工器材制造												
70	③家用电力器具制造												

续表

序号	项目	合计	内资企业								港澳台投资企业	外商投资企业
			小计	国有企业	集体企业	股份合作企业	联营企业	有限责任公司	股份有限公司	私营企业	其他企业		
71	④其他	1	1							1			
72	27. 计算机、通信和其他电子设备制造业	8	8							8			
73	①计算机制造												
74	②通信设备制造	6	6							6			
75	③广播电视设备制造												
76	④视听设备制造												
77	⑤其他	2	2							2			
78	28. 仪表仪器制造业	11	11							11			
79	29. 其他制造业	13	13							13			
80	(三)电力、燃气及水的生产和供应业	2187	2187	1347	49	2		551	17	221			
81	1. 电力、热力的生产和供应业	1999	1999	1347	25	2		437	17	171			
82	①电力生产	652	652	6	22	2		434	17	171			
83	其中:火力发电												
84	水力发电	563	563	6	22	2		345	17	171			
85	核力发电												
86	风力发电												
87	太阳能发电												
88	②电力供应	1347	1347	1341	3			3					
89	③热力生产和供应业												
90	2. 燃气生产和供应业	156	156					113		43			
91	3. 水的生产和供应业	32	32		24			1		7			
92	(四)建筑业	22992	22991	2202	5766	21	15	10896	133	3906	52	1	
93	1. 房屋建筑业	7047	7047	19	2073			4124		806	25		
94	2. 土木工程建筑业	3162	3162	32	1599			396		1135			

续表

序号	项　　目	合　计	内资企业									港澳台投资企业	外商投资企业
			小　计	国有企业	集体企业	股份合作企业	联营企业	有限责任公司	股份有限公司	私营企业	其他企业		
95	3. 建筑安装业	11543	11542	2033	1992	10	15	5934	110	1423	25	1	
96	4. 建筑装饰和其他建筑业	1240	1240	118	102	11		442	23	542	2		
97	(五)批发和零售业	6297	6297	34	33		17	5531		681	1		
98	1. 批发业	3226	3226	26	5		10	2798		386	1		
99	其中:烟草制品批发	2496	2496					2496					
100	煤炭及制品批发												
101	石油及其制品批发	1	1					1					
102	汽车及零配件批发												
103	2. 零售业	3071	3071	8	28		7	2733		295			
104	(六)交通运输、仓储及邮政业	2669	2669	15	114			848	1561	129	2		
105	1. 交通运输业	2554	2554		114			749	1561	128	2		
106	2. 仓储业	114	114	15				98		1			
107	3. 邮政业	1	1					1					
108	(七)住宿和餐饮业	879	879	8	14			197	1	654	5		
109	1. 住宿业	145	145	8	2			68	1	61	5		
110	2. 餐饮业	734	734		12			129		593			
111	(八)信息传输、软件和信息技术服务业	72	72					17		55			
112	1. 电信、广播电视和卫星传输服务业	4	4							4			
113	其中:电信	4	4							4			
114	2. 互联网和相关服务	3	3					1		2			
115	3. 软件和信息技术服务业	65	65					16		49			
116	(九)金融业	273	273					191		82			
117	1. 货币金融服务	23	23					2		21			
118	其中:银行												

续表

序号	项目	合计	内资企业									港澳台投资企业	外商投资企业
			小计	国有企业	集体企业	股份合作企业	联营企业	有限责任公司	股份有限公司	私营企业	其他企业		
119	金融租赁												
120	2. 资本市场服务												
121	3. 保险业												
122	4. 其他金融业	250	250					189		61			
123	(十)房地产业	19768	19744	713	408		16	11474	120	6933	80	10	14
124	(十一)租赁和商务服务业	2441	2441	10	8			1345	159	847	72		
125	1. 租赁业	16	16					1		11	4		
126	2. 商务服务业	2425	2425	10	8			1344	159	836	68		
127	(十二)科学研究和技术服务业	687	687	9	77		11	227	3	140	220		
128	(十三)居民服务、修理和其他服务业	1224	1224	49	19			865	2	96	193		
129	其中:居民服务业	67	67	1				20		16	30		
130	机动车、电子产品和日用产品修理业	12	12	1	1			10					
131	(十四)教育	82	82		1					31	50		
132	(十五)卫生和社会工作	73	73	9							64		
133	其中:卫生	73	73	9							64		
134	(十六)文化、体育和娱乐业	157	157	1				12	46	88	10		
135	其中:新闻和出版业	1	1								1		
136	广播、电视、电影和影视录音制作业	53	53	1						52			
137	体育	6	6								6		
138	娱乐业	88	88					12	46	30			
139	(十七)公共管理、社会保障和社会组织	368	368	117	4		6	33	2	9	197		
140	(十八)其他行业	193	193	10	1			32		32	118		

2013 年湛江市地方税务局企业所得税分行业分企业类型统计年报表

编报机关:湛江市地方税务局

单位:万元

序号	项目	合计	内资企业									港澳台投资企业	外商投资企业
			小计	国有企业	集体企业	股份合作企业	联营企业	有限责任公司	股份有限公司	私营企业	其他企业		
1	合计	70755	60811	10094	5152	4	27	29044	5615	9397	1478	9761	183
2	(一)采矿业	17	17	6				11					
3	1. 煤炭开采和洗选业												
4	2. 石油和天然气开采业												
5	其中:原油												
6	3. 黑色金属矿采选业												
7	4. 有色金属矿采选业												
8	5. 非金属矿采选业	11	11	6				5					
9	6. 其他采矿业	6	6					6					
10	(二)制造业	7323	7323	1259	101			1202	4456	297	8		
11	1. 农副食品加工业	1618	1618	1145				117	199	156	1		
12	2. 食品制造业	45	45		1			12	3	29			
13	3. 酒、饮料和精制茶制造业	41	41		1			39		1			
14	①酒的制造	40	40					39		1			
15	其中:酒精	35	35					35					
16	②饮料制造	1	1		1								
17	③精制茶制造												
18	4. 烟草制品业	1	1						1				
19	卷烟制造												
20	烟叶复烤												
21	其他烟草制品加工	1	1						1				
22	5. 纺织业	4	4	1	1			2					
23	6. 纺织服装、服饰业	5	5		5								

续表

序号	项目	合计	内资企业								港澳台投资企业	外商投资企业
			小计	国有企业	集体企业	股份合作企业	联营企业	有限责任公司	股份有限公司	私营企业	其他企业		
24	其中:纺织服装	5	5		5								
25	7. 皮革、毛皮、羽毛及其制品和制鞋业	131	131					131					
26	其中:皮革、毛皮												
27	8. 木材加工和木竹藤棕草制品业	3	3					3					
28	9. 家具制造业	8	8		1			7					
29	10. 造纸和纸制品业	3013	3013					295	2718				
30	①纸浆制造	2718	2718						2718				
31	②造纸	289	289					289					
32	其中:机制纸及纸板制造	10	10					10					
33	③纸制品制造	6	6					6					
34	11. 印刷和记录媒介复制业	61	61		10			47		4			
35	12. 文教、工美、体育和娱乐用品制造业	3	3		2			1					
36	13. 石油加工、炼焦和核燃料加工业	44	44					44					
37	其中:成品油	3	3					3					
38	14. 化学原料和化学制品制造业	43	43	30	3			8	1	1			
39	①肥料制造												
40	②农药制造	1	1					1					
41	③专用化学产品制造	4	4		1			3					
42	④日用化学产品制造	35	35	30	2			1	1	1			
43	其中:化妆品制造	32	32	30	1				1				
44	⑤其他	3	3					3					
45	15. 医药制造业	106	106					101	5				
46	16. 化学纤维制造业												
47	17. 橡胶和塑料制品业	112	112	1				100		11			

续表

序号	项　　目	合　计	内　资　企　业								港澳台投资企业	外商投资企业
			小　计	国有企业	集体企业	股份合作企业	联营企业	有限责任公司	股份有限公司	私营企业	其他企业		
48	其中:轮胎制造	2	2					2					
49	18. 非金属矿物制品业	27	27		10			16		1			
50	①水泥、石灰和石膏制造	15	15		2			13					
51	其中:水泥制造	15	15		2			13					
52	②水泥及石膏制品制造	2	2					2					
53	③玻璃及玻璃制品制造	1	1		1								
54	④其他	9	9		7			1		1			
55	19. 黑色金属冶炼和压延加工业	41	41					41					
56	其中:钢压延加工												
57	20. 有色金属冶炼和压延加工业	3	3	3									
58	21. 金属制品业	130	130	1				92		37			
59	22. 通用设备制造业	5	5		2			3					
60	23. 专用设备制造业	66	66		44			15		6	1		
61	24. 汽车制造业	24	24	1				17		6			
62	25. 铁路、船舶、航空航天和其他运输设备制造业	19	19					1		18			
63	其中:铁路运输设备制造												
64	船舶及相关装置制造	19	19					1		18			
65	航空、航天及设备制造												
66	摩托车制造												
67	26. 电气机械及器材制造业	123	123					98		25			
68	①电机制造												
69	②电线电缆光缆及电工器材制造	14	14					12		2			
70	③家用电力器具制造	102	102					85		17			

续表

序号	项目	合计	内资企业									港澳台投资企业	外商投资企业
			小计	国有企业	集体企业	股份合作企业	联营企业	有限责任公司	股份有限公司	私营企业	其他企业		
71	④其他	7	7					1		6			
72	27. 计算机、通信和其他电子设备制造业	8	8					2			6		
73	①计算机制造												
74	②通信设备制造												
75	③广播电视设备制造												
76	④视听设备制造												
77	⑤其他	8	8					2			6		
78	28. 仪表仪器制造业	3	3					3					
79	29. 其他制造业	1636	1636	77	21			7	1529	2			
80	(三)电力、燃气及水的生产和供应业	1402	1402	1349	7		1	18		27			
81	1. 电力、热力的生产和供应业	994	994	967						27			
82	①电力生产	27	27							27			
83	其中:火力发电												
84	水力发电												
85	核力发电												
86	风力发电												
87	太阳能发电												
88	②电力供应	967	967	967									
89	③热力生产和供应业												
90	2. 燃气生产和供应业	8	8				1	7					
91	3. 水的生产和供应业	400	400	382	7			11					
92	(四)建筑业	17761	17755	5992	3282	1	4	7332	102	980	62	6	
93	1. 房屋建筑业	6290	6288	5144	239		1	826	1	76	1	2	
94	2. 土木工程建筑业	1014	1014	172	195			614		32	1		

续表

序号	项目	合计	内资企业									港澳台投资企业	外商投资企业
			小计	国有企业	集体企业	股份合作企业	联营企业	有限责任公司	股份有限公司	私营企业	其他企业		
95	3. 建筑安装业	8824	8821	543	2582		2	5127	67	460	40	3	
96	4. 建筑装饰和其他建筑业	1633	1632	133	266	1	1	765	34	412	20	1	
97	(五)批发和零售业	9942	5052	430	431		2	3514	33	642		4890	
98	1. 批发业	7863	2973	401	384			1946		242		4890	
99	其中:烟草制品批发												
100	煤炭及制品批发	4	4					4					
101	石油及其制品批发	5	5		1			2		2			
102	汽车及零配件批发	5	5					2		3			
103	2. 零售业	2079	2079	29	47		2	1568	33	400			
104	(六)交通运输、仓储及邮政业	6487	1443	5	365		19	652		402		4864	180
105	1. 交通运输业	6465	1421	2	365		19	651		384		4864	180
106	2. 仓储业	20	20	3				1		16			
107	3. 邮政业	2	2							2			
108	(七)住宿和餐饮业	1364	1364	41	40			705		577	1		
109	1. 住宿业	411	411	40	2			290		78	1		
110	2. 餐饮业	953	953	1	38			415		499			
111	(八)信息传输、软件和信息技术服务业	99	99	3				12		83	1		
112	1. 电信、广播电视和卫星传输服务业	7	7							7			
113	其中:电信	7	7							7			
114	2. 互联网和相关服务	26	26					1		25			
115	3. 软件和信息技术服务业	66	66	3				11		51	1		
116	(九)金融业	509	509					152	351	5	1		
117	1. 货币金融服务												
118	其中:银行												

续表

序号	项目	合计	内资企业								港澳台投资企业	外商投资企业
			小计	国有企业	集体企业	股份合作企业	联营企业	有限责任公司	股份有限公司	私营企业	其他企业		
119	金融租赁												
120	2. 资本市场服务												
121	3. 保险业												
122	4. 其他金融业	509	509					152	351	5	1		
123	(十)房地产业	19029	19028	431	515		1	12779	107	5112	83		1
124	(十一)租赁和商务服务业	1926	1926	125	76			632	546	497	50		
125	1. 租赁业	149	149							149			
126	2. 商务服务业	1777	1777	125	76			632	546	348	50		
127	(十二)科学研究和技术服务业	854	854	117	73			250		167	247		
128	(十三)居民服务、修理和其他服务业	2622	2619	81	184	3		1258	17	344	732	1	2
129	其中:居民服务业	239	238	21	45	2		109	1	39	21		1
130	机动车、电子产品和日用产品修理业	9	9	3	2			1		3			
131	(十四)教育	92	92		1					3	88		
132	(十五)卫生和社会工作	185	185	7				169			9		
133	其中:卫生	185	185	7				169			9		
134	(十六)文化、体育和娱乐业	482	482	226	21			12		220	3		
135	其中:新闻和出版业	222	222	221						1			
136	广播、电视、电影和影视录音制作业	8	8					6			2		
137	体育	1	1							1			
138	娱乐业	235	235	5	21			1		208			
139	(十七)公共管理、社会保障和社会组织	196	196		46			31		14	105		
140	(十八)其他行业	465	465	22	10			315	3	27	88		

2013年茂名市地方税务局企业所得税分行业分企业类型统计年报表

编报机关:茂名市地方税务局　　　　单位:万元

序号	项　目	合计	内资企业									港澳台投资企业	外商投资企业
			小计	国有企业	集体企业	股份合作企业	联营企业	有限责任公司	股份有限公司	私营企业	其他企业		
1	合　计	99196	99188	3762	6331	229	3752	81688	1381	241	1804	7	1
2	(一)采矿业	27	27	1	6			20					
3	1. 煤炭开采和洗选业												
4	2. 石油和天然气开采业												
5	其中:原油												
6	3. 黑色金属矿采选业												
7	4. 有色金属矿采选业												
8	5. 非金属矿采选业	26	26		6			20					
9	6. 其他采矿业	1	1	1									
10	(二)制造业	2403	2403	50	73	6		2261	11	2			
11	1. 农副食品加工业	55	55	38	2			14	1				
12	2. 食品制造业	12	12	5				7					
13	3. 酒、饮料和精制茶制造业	2	2					2					
14	①酒的制造												
15	其中:酒精												
16	②饮料制造	2	2					2					
17	③精制茶制造												
18	4. 烟草制品业												
19	卷烟制造												
20	烟叶复烤												
21	其他烟草制品加工												
22	5. 纺织业	1	1					1					
23	6. 纺织服装、服饰业												

续表

序号	项目	合计	内资企业								港澳台投资企业	外商投资企业
			小计	国有企业	集体企业	股份合作企业	联营企业	有限责任公司	股份有限公司	私营企业	其他企业		
24	其中:纺织服装												
25	7. 皮革、毛皮、羽毛及其制品和制鞋业	2	2					2					
26	其中:皮革、毛皮	2	2					2					
27	8. 木材加工和木竹藤棕草制品业	1	1					1					
28	9. 家具制造业												
29	10. 造纸和纸制品业	7	7		4			3					
30	①纸浆制造												
31	②造纸	1	1					1					
32	其中:机制纸及纸板制造	1	1					1					
33	③纸制品制造	6	6		4			2					
34	11. 印刷和记录媒介复制业	18	18		16			2					
35	12. 文教、工美、体育和娱乐用品制造业	49	49		14			35					
36	13. 石油加工、炼焦和核燃料加工业	23	23		1			22					
37	其中:成品油	22	22					22					
38	14. 化学原料和化学制品制造业	68	68		3			65					
39	①肥料制造	23	23		2			21					
40	②农药制造	22	22					22					
41	③专用化学产品制造	10	10		1			9					
42	④日用化学产品制造	9	9					9					
43	其中:化妆品制造												
44	⑤其他	4	4					4					
45	15. 医药制造业	351	351					341	10				
46	16. 化学纤维制造业												
47	17. 橡胶和塑料制品业	9	9		3			6					

续表

序号	项目	合计	内资企业								港澳台投资企业	外商投资企业
			小计	国有企业	集体企业	股份合作企业	联营企业	有限责任公司	股份有限公司	私营企业	其他企业		
48	其中:轮胎制造												
49	18. 非金属矿物制品业	1100	1100	7	27	6		1060					
50	①水泥、石灰和石膏制造	193	193					193					
51	其中:水泥制造	193	193					193					
52	②水泥及石膏制品制造	104	104			6		98					
53	③玻璃及玻璃制品制造												
54	④其他	803	803	7	27			769					
55	19. 黑色金属冶炼和压延加工业												
56	其中:钢压延加工												
57	20. 有色金属冶炼和压延加工业	75	75					75					
58	21. 金属制品业	9	9		1			8					
59	22. 通用设备制造业	5	5					5					
60	23. 专用设备制造业	593	593		1			592					
61	24. 汽车制造业												
62	25. 铁路、船舶、航空航天和其他运输设备制造业	1	1		1								
63	其中:铁路运输设备制造												
64	船舶及相关装置制造	1	1		1								
65	航空、航天及设备制造												
66	摩托车制造												
67	26. 电气机械及器材制造业	2	2					1		1			
68	①电机制造												
69	②电线电缆光缆及电工器材制造												
70	③家用电力器具制造	1	1							1			

续表

序号	项目	合计	内资企业									港澳台投资企业	外商投资企业
			小计	国有企业	集体企业	股份合作企业	联营企业	有限责任公司	股份有限公司	私营企业	其他企业		
71	④其他	1	1					1					
72	27. 计算机、通信和其他电子设备制造业	11	11					11					
73	①计算机制造												
74	②通信设备制造												
75	③广播电视设备制造												
76	④视听设备制造												
77	⑤其他	11	11					11					
78	28. 仪表仪器制造业												
79	29. 其他制造业	9	9					8		1			
80	(三)电力、燃气及水的生产和供应业	737	737	2	31	2	2	646	54				
81	1. 电力、热力的生产和供应业	683	683	2	31	2	2	646					
82	①电力生产	603	603	2	25	2	2	572					
83	其中:火力发电												
84	水力发电	602	602	2	24	2	2	572					
85	核力发电												
86	风力发电												
87	太阳能发电												
88	②电力供应	75	75		6			69					
89	③热力生产和供应业	5	5					5					
90	2. 燃气生产和供应业												
91	3. 水的生产和供应业	54	54						54				
92	(四)建筑业	52988	52988	2589	4142	4	3708	41712	618	159	56		
93	1. 房屋建筑业	24957	24957	1349	2911		3674	16478	504	20	21		
94	2. 土木工程建筑业	5342	5342	65	116			5108	49	3	1		

续表

序号	项目	合计	内资企业									港澳台投资企业	外商投资企业
			小计	国有企业	集体企业	股份合作企业	联营企业	有限责任公司	股份有限公司	私营企业	其他企业		
95	3. 建筑安装业	17153	17153	1019	775	4	32	15248	18	39	18		
96	4. 建筑装饰和其他建筑业	5536	5536	156	340		2	4878	47	97	16		
97	(五)批发和零售业	10981	10981	51	310		3	10549	7	6	55		
98	1. 批发业	5994	5994	16	22			5906	1	4	45		
99	其中:烟草制品批发	3409	3409		1			3408					
100	煤炭及制品批发												
101	石油及其制品批发	535	535					535					
102	汽车及零配件批发	6	6					6					
103	2. 零售业	4987	4987	35	288		3	4643	6	2	10		
104	(六)交通运输、仓储及邮政业	824	824	118	16			690					
105	1. 交通运输业	587	587	118	16			453					
106	2. 仓储业	218	218					218					
107	3. 邮政业	19	19					19					
108	(七)住宿和餐饮业	270	269	20	13			236					1
109	1. 住宿业	81	81	9	9			63					
110	2. 餐饮业	189	188	11	4			173					1
111	(八)信息传输、软件和信息技术服务业	79	79					79					
112	1. 电信、广播电视和卫星传输服务业												
113	其中:电信												
114	2. 互联网和相关服务	9	9					9					
115	3. 软件和信息技术服务业	70	70					70					
116	(九)金融业	322	322		1			279		42			
117	1. 货币金融服务	78	78					36		42			
118	其中:银行												

续表

序号	项目	合计	内资企业									港澳台投资企业	外商投资企业
			小计	国有企业	集体企业	股份合作企业	联营企业	有限责任公司	股份有限公司	私营企业	其他企业		
119	金融租赁	42	42							42			
120	2. 资本市场服务												
121	3. 保险业	4	4					4					
122	4. 其他金融业	240	240		1			239					
123	(十)房地产业	16246	16246	36	12	4		16127	50		17		
124	(十一)租赁和商务服务业	1559	1559	3	202			1340	4	1	9		
125	1. 租赁业	7	7					3	3	1			
126	2. 商务服务业	1552	1552	3	202			1337	1		9		
127	(十二)科学研究和技术服务业	110	110	1	10		2	50		5	42		
128	(十三)居民服务、修理和其他服务业	11254	11247	826	1165	212	2	7139	458	22	1423	7	
129	其中:居民服务业	5638	5631	765	913	210	2	3353	17	20	351	7	
130	机动车、电子产品和日用产品修理业	19	19	1				17			1		
131	(十四)教育	110	110				32	2			76		
132	(十五)卫生和社会工作	35	35		1			15			19		
133	其中:卫生	35	35		1			15			19		
134	(十六)文化、体育和娱乐业	53	53					53					
135	其中:新闻和出版业												
136	广播、电视、电影和影视录音制作业	40	40					40					
137	体育												
138	娱乐业	12	12					12					
139	(十七)公共管理、社会保障和社会组织	445	445	53	112		1	177	2	3	97		
140	(十八)其他行业	753	753	12	237	1	2	313	177	1	10		

2013年肇庆市地方税务局企业所得税分行业分企业类型统计年报表

编报机关:肇庆市地方税务局

单位:万元

序号	项目	合计	内资企业									港澳台投资企业	外商投资企业
			小计	国有企业	集体企业	股份合作企业	联营企业	有限责任公司	股份有限公司	私营企业	其他企业		
1	合计	83819	83591	5600	4474	24	116	50536	2877	13973	5991	23	205
2	(一)采矿业	403	403	34	6			361		2			
3	1. 煤炭开采和洗选业												
4	2. 石油和天然气开采业												
5	其中:原油												
6	3. 黑色金属矿采选业												
7	4. 有色金属矿采选业	232	232					232					
8	5. 非金属矿采选业	171	171	34	6			129		2			
9	6. 其他采矿业												
10	(二)制造业	7548	7547	37	129		5	4942	2114	319	1		1
11	1. 农副食品加工业	82	82		1		2	75		4			
12	2. 食品制造业	104	104		2			102					
13	3. 酒、饮料和精制茶制造业	33	33					32		1			
14	①酒的制造	33	33					32		1			
15	其中:酒精												
16	②饮料制造												
17	③精制茶制造												
18	4. 烟草制品业												
19	卷烟制造												
20	烟叶复烤												
21	其他烟草制品加工												
22	5. 纺织业	39	39					16	29	-6			
23	6. 纺织服装、服饰业	32	32		14			10		8			

续表

序号	项目	合计	内资企业									港澳台投资企业	外商投资企业
			小计	国有企业	集体企业	股份合作企业	联营企业	有限责任公司	股份有限公司	私营企业	其他企业		
24	其中:纺织服装	31	31		14			10		7			
25	7. 皮革、毛皮、羽毛及其制品和制鞋业	68	68	25				42			1		
26	其中:皮革、毛皮	48	48	25				23					
27	8. 木材加工和木竹藤棕草制品业	17	17	3	5			3		6			
28	9. 家具制造业	4	4					4					
29	10. 造纸和纸制品业	38	38		6			12	4	16			
30	①纸浆制造												
31	②造纸	34	34		6			9	4	15			
32	其中:机制纸及纸板制造	31	31		6			6	4	15			
33	③纸制品制造	4	4					3		1			
34	11. 印刷和记录媒介复制业	207	207	2	1			201		3			
35	12. 文教、工美、体育和娱乐用品制造业	47	47		1			46					
36	13. 石油加工、炼焦和核燃料加工业	1	1		1								
37	其中:成品油	1	1		1								
38	14. 化学原料和化学制品制造业	273	273		7		3	22	229	12			
39	①肥料制造	8	8		4		3	1					
40	②农药制造												
41	③专用化学产品制造	8	8					6		2			
42	④日用化学产品制造	13	13		3					10			
43	其中:化妆品制造	13	13		3					10			
44	⑤其他	244	244					15	229				
45	15. 医药制造业	-360	-360	1				631	-998	6			
46	16. 化学纤维制造业												
47	17. 橡胶和塑料制品业	149	149		3			133	1	12			

续表

序号	项　目	合　计	内资企业									港澳台投资企业	外商投资企业
			小　计	国有企业	集体企业	股份合作企业	联营企业	有限责任公司	股份有限公司	私营企业	其他企业		
48	其中:轮胎制造												
49	18. 非金属矿物制品业	141	141		1			120		20			
50	①水泥、石灰和石膏制造	86	86					86					
51	其中:水泥制造	38	38					38					
52	②水泥及石膏制品制造												
53	③玻璃及玻璃制品制造												
54	④其他	55	55		1			34		20			
55	19. 黑色金属冶炼和压延加工业	2	2		2								
56	其中:钢压延加工												
57	20. 有色金属冶炼和压延加工业	2348	2348					849	1499				
58	21. 金属制品业	374	373	1				298		74			1
59	22. 通用设备制造业	1323	1323					1256		67			
60	23. 专用设备制造业	63	63					21		42			
61	24. 汽车制造业	474	474						474				
62	25. 铁路、船舶、航空航天和其他运输设备制造业	10	10					10					
63	其中:铁路运输设备制造												
64	船舶及相关装置制造	10	10					10					
65	航空、航天及设备制造												
66	摩托车制造												
67	26. 电气机械及器材制造业	442	442					358	43	41			
68	①电机制造	27	27					3		24			
69	②电线电缆光缆及电工器材制造	2	2							2			
70	③家用电力器具制造	18	18					18					

续表

序号	项目	合计	内资企业								港澳台投资企业	外商投资企业
			小计	国有企业	集体企业	股份合作企业	联营企业	有限责任公司	股份有限公司	私营企业	其他企业		
71	④其他	395	395					337	43	15			
72	27. 计算机、通信和其他电子设备制造业	889	889					155	727	7			
73	①计算机制造												
74	②通信设备制造												
75	③广播电视设备制造												
76	④视听设备制造												
77	⑤其他	889	889					155	727	7			
78	28. 仪表仪器制造业	477	477		2			368	106	1			
79	29. 其他制造业	271	271	5	83			178		5			
80	(三)电力、燃气及水的生产和供应业	5157	5157	2083	153	1	1	2550	149	220			
81	1. 电力、热力的生产和供应业	4226	4226	2071	116	1	1	1746	149	142			
82	①电力生产	2478	2478	468	114	1	1	1727	149	18			
83	其中:火力发电	1	1		1								
84	水力发电	2468	2468	468	113	1		1727	149	10			
85	核力发电												
86	风力发电												
87	太阳能发电												
88	②电力供应	1748	1748	1603	2			19		124			
89	③热力生产和供应业												
90	2. 燃气生产和供应业	89	89	8				4		77			
91	3. 水的生产和供应业	842	842	4	37			800		1			
92	(四)建筑业	21954	21950	1024	3253	1	4	13471	96	3922	179	4	
93	1. 房屋建筑业	6811	6811	238	2237			3765	31	530	10		
94	2. 土木工程建筑业	930	930	8	454			268		200			

续表

序号	项　目	合　计	内资企业									港澳台投资企业	外商投资企业
			小　计	国有企业	集体企业	股份合作企业	联营企业	有限责任公司	股份有限公司	私营企业	其他企业		
95	3. 建筑安装业	12145	12143	408	335	1	3	8523	59	2802	12	2	
96	4. 建筑装饰和其他建筑业	2068	2066	370	227		1	915	6	390	157	2	
97	(五)批发和零售业	8503	8503	477	153		52	7519	44	246	12		
98	1. 批发业	6247	6247	465	36			5683		51	12		
99	其中:烟草制品批发	4269	4269					4269					
100	煤炭及制品批发												
101	石油及其制品批发	1	1							1			
102	汽车及零配件批发												
103	2. 零售业	2256	2256	12	117		52	1836	44	195			
104	(六)交通运输、仓储及邮政业	2737	2737	57	11			2528		102	39		
105	1. 交通运输业	2717	2717	42	11			2525		101	38		
106	2. 仓储业	16	16	15							1		
107	3. 邮政业	4	4					3		1			
108	(七)住宿和餐饮业	540	540	125	36			241		132	6		
109	1. 住宿业	280	280	124	3			138		15			
110	2. 餐饮业	260	260	1	33			103		117	6		
111	(八)信息传输、软件和信息技术服务业	108	108					89		13	6		
112	1. 电信、广播电视和卫星传输服务业	21	21					16			5		
113	其中:电信	2	2					2					
114	2. 互联网和相关服务	4	4					1	-1	3	1		
115	3. 软件和信息技术服务业	83	83					72	1	10			
116	(九)金融业	1515	1515					924	429	162			
117	1. 货币金融服务	209	209					209					
118	其中:银行												

续表

序号	项目	合计	内资企业									港澳台投资企业	外商投资企业
			小计	国有企业	集体企业	股份合作企业	联营企业	有限责任公司	股份有限公司	私营企业	其他企业		
119	金融租赁	161	161					161					
120	2. 资本市场服务												
121	3. 保险业	2	2					2					
122	4. 其他金融业	1304	1304					713	429	162			
123	(十)房地产业	25582	25538	994	454	1	48	14126	8	8286	1621	17	27
124	(十一)租赁和商务服务业	2045	2045	158	122			1069	28	270	398		
125	1. 租赁业	51	51					41	9	1			
126	2. 商务服务业	1994	1994	158	122			1028	19	269	398		
127	(十二)科学研究和技术服务业	781	759	163	26		4	189		133	244	1	21
128	(十三)居民服务、修理和其他服务业	5280	5123	272	90	21	2	2224	9	150	2355	1	156
129	其中:居民服务业	185	180	30	17	2		100		17	14	1	4
130	机动车、电子产品和日用产品修理业	7	7		3			1		3			
131	(十四)教育	172	172		1			8			163		
132	(十五)卫生和社会工作	38	38					1			37		
133	其中:卫生	31	31								31		
134	(十六)文化、体育和娱乐业	199	199	5	34			30		13	117		
135	其中:新闻和出版业	2	2								2		
136	广播、电视、电影和影视录音制作业	47	47	5	25			4			13		
137	体育	121	121		9			10		6	96		
138	娱乐业	20	20					13		7			
139	(十七)公共管理、社会保障和社会组织	475	475	5	2						468		
140	(十八)其他行业	782	782	166	4			264		3	345		

2013年清远市地方税务局企业所得税分行业分企业类型统计年报表

编报机关:清远市地方税务局　　单位:万元

序号	项目	合计	内资企业									港澳台投资企业	外商投资企业
			小计	国有企业	集体企业	股份合作企业	联营企业	有限责任公司	股份有限公司	私营企业	其他企业		
1	合计	87423	87257	5044	2542	188	1271	72155	991	1579	3487	20	146
2	(一)采矿业	184	184	3				179		2			
3	1. 煤炭开采和洗选业												
4	2. 石油和天然气开采业												
5	其中:原油												
6	3. 黑色金属矿采选业												
7	4. 有色金属矿采选业	179	179					179					
8	5. 非金属矿采选业	3	3	3									
9	6. 其他采矿业	2	2							2			
10	(二)制造业	2540	2540	35	42			2063	323	35	42		
11	1. 农副食品加工业	11	11					8		3			
12	2. 食品制造业	270	270	33				237					
13	3. 酒、饮料和精制茶制造业	376	376	1				333			42		
14	①酒的制造	326	326					326					
15	其中:酒精												
16	②饮料制造	1	1					1					
17	③精制茶制造	49	49	1				6			42		
18	4. 烟草制品业												
19	卷烟制造												
20	烟叶复烤												
21	其他烟草制品加工												
22	5. 纺织业	2	2					2					
23	6. 纺织服装、服饰业	48	48		1			25		22			

续表

序号	项目	合计	内资企业								港澳台投资企业	外商投资企业
			小计	国有企业	集体企业	股份合作企业	联营企业	有限责任公司	股份有限公司	私营企业	其他企业		
24	其中:纺织服装	2	2		1			1					
25	7. 皮革、毛皮、羽毛及其制品和制鞋业												
26	其中:皮革、毛皮												
27	8. 木材加工和木竹藤棕草制品业												
28	9. 家具制造业												
29	10. 造纸和纸制品业	1	1							1			
30	①纸浆制造												
31	②造纸												
32	其中:机制纸及纸板制造												
33	③纸制品制造	1	1							1			
34	11. 印刷和记录媒介复制业	37	37		34			3					
35	12. 文教、工美、体育和娱乐用品制造业												
36	13. 石油加工、炼焦和核燃料加工业												
37	其中:成品油												
38	14. 化学原料和化学制品制造业	23	23	1				22					
39	①肥料制造												
40	②农药制造												
41	③专用化学产品制造	20	20					20					
42	④日用化学产品制造												
43	其中:化妆品制造												
44	⑤其他	3	3	1				2					
45	15. 医药制造业	322	322						322				
46	16. 化学纤维制造业												
47	17. 橡胶和塑料制品业	10	10					10					

续表

序号	项　　目	合　计	内　资　企　业									港澳台投资企业	外商投资企业
			小　计	国有企业	集体企业	股份合作企业	联营企业	有限责任公司	股份有限公司	私营企业	其他企业		
48	其中:轮胎制造												
49	18. 非金属矿物制品业	101	101		2			91		8			
50	①水泥、石灰和石膏制造	14	14					14					
51	其中:水泥制造	14	14					14					
52	②水泥及石膏制品制造												
53	③玻璃及玻璃制品制造												
54	④其他	87	87		2			77		8			
55	19. 黑色金属冶炼和压延加工业	78	78					78					
56	其中:钢压延加工												
57	20. 有色金属冶炼和压延加工业												
58	21. 金属制品业	115	115					115					
59	22. 通用设备制造业	7	7					7					
60	23. 专用设备制造业	1	1							1			
61	24. 汽车制造业	1	1					1					
62	25. 铁路、船舶、航空航天和其他运输设备制造业	4	4		4								
63	其中:铁路运输设备制造												
64	船舶及相关装置制造	4	4		4								
65	航空、航天及设备制造												
66	摩托车制造												
67	26. 电气机械及器材制造业	1046	1046					1045	1				
68	①电机制造	1	1						1				
69	②电线电缆光缆及电工器材制造	883	883					883					
70	③家用电力器具制造												

续表

序号	项目	合计	内资企业									港澳台投资企业	外商投资企业
			小计	国有企业	集体企业	股份合作企业	联营企业	有限责任公司	股份有限公司	私营企业	其他企业		
71	④其他	162	162					162					
72	27. 计算机、通信和其他电子设备制造业	11	11					11					
73	①计算机制造												
74	②通信设备制造												
75	③广播电视设备制造												
76	④视听设备制造												
77	⑤其他	11	11					11					
78	28. 仪表仪器制造业												
79	29. 其他制造业	76	76		1			75					
80	(三)电力、燃气及水的生产和供应业	9126	9126	1759	736		306	6286	5	16	18		
81	1. 电力、热力的生产和供应业	7127	7127	1759	732		306	4293	5	16	16		
82	①电力生产	6986	6986	1759	732		306	4152	5	16	16		
83	其中:火力发电												
84	水力发电	6982	6982	1759	729		306	4151	5	16	16		
85	核力发电												
86	风力发电												
87	太阳能发电												
88	②电力供应	141	141					141					
89	③热力生产和供应业												
90	2. 燃气生产和供应业	1053	1053		2			1051					
91	3. 水的生产和供应业	946	946		2			942			2		
92	(四)建筑业	19924	19904	1304	1276	177	951	14861	625	593	117	20	
93	1. 房屋建筑业	3930	3919	14	995		74	2500	326	4	6	11	
94	2. 土木工程建筑业	1215	1215	8			24	1130	21	29	3		

续表

序号	项　目	合　计	内资企业									港澳台投资企业	外商投资企业
			小　计	国有企业	集体企业	股份合作企业	联营企业	有限责任公司	股份有限公司	私营企业	其他企业		
95	3. 建筑安装业	13436	13427	1212	269	172	838	10170	196	493	77	9	
96	4. 建筑装饰和其他建筑业	1343	1343	70	12	5	15	1061	82	67	31		
97	(五)批发和零售业	9821	9821	7	34	10	8	9750	2	10			
98	1. 批发业	7266	7266	3	12			7249		2			
99	其中:烟草制品批发	6145	6145					6145					
100	煤炭及制品批发												
101	石油及其制品批发	1	1		1								
102	汽车及零配件批发												
103	2. 零售业	2555	2555	4	22	10	8	2501	2	8			
104	(六)交通运输、仓储及邮政业	1629	1629	1209	114			305		1			
105	1. 交通运输业	1618	1618	1209	114			294		1			
106	2. 仓储业	3	3					3					
107	3. 邮政业	8	8					8					
108	(七)住宿和餐饮业	909	909	24	5			875		1	4		
109	1. 住宿业	336	336	24	3			305			4		
110	2. 餐饮业	573	573		2			570		1			
111	(八)信息传输、软件和信息技术服务业	41	41		1			40					
112	1. 电信、广播电视和卫星传输服务业	21	21		1			20					
113	其中:电信	21	21		1			20					
114	2. 互联网和相关服务												
115	3. 软件和信息技术服务业	20	20					20					
116	(九)金融业	723	723					723					
117	1. 货币金融服务	46	46					46					
118	其中:银行												

续表

序号	项目	合计	内资企业								港澳台投资企业	外商投资企业
			小计	国有企业	集体企业	股份合作企业	联营企业	有限责任公司	股份有限公司	私营企业	其他企业		
119	金融租赁												
120	2. 资本市场服务	1	1					1					
121	3. 保险业												
122	4. 其他金融业	676	676					676					
123	(十)房地产业	30618	30618	301	40		4	28726		668	879		
124	(十一)租赁和商务服务业	7218	7209	39	17			6801	1	88	263		9
125	1. 租赁业	60	60					60					
126	2. 商务服务业	7158	7149	39	17			6741	1	88	263		9
127	(十二)科学研究和技术服务业	1584	1584	126	212	1		156		32	1057		
128	(十三)居民服务、修理和其他服务业	2346	2209	180	60		2	1313	29	109	516		137
129	其中:居民服务业	346	346	2			1	177			166		
130	机动车、电子产品和日用产品修理业	22	22					22					
131	(十四)教育	17	17					17					
132	(十五)卫生和社会工作												
133	其中:卫生												
134	(十六)文化、体育和娱乐业	108	108					41		13	54		
135	其中:新闻和出版业	51	51								51		
136	广播、电视、电影和影视录音制作业												
137	体育	37	37					37					
138	娱乐业	16	16					3		13			
139	(十七)公共管理、社会保障和社会组织	479	479								479		
140	(十八)其他行业	156	156	57	5			19	6	11	58		

2013年潮州市地方税务局企业所得税分行业分企业类型统计年报表

编报机关：潮州市地方税务局　　　　单位：万元

序号	项目	合计	内资企业								港澳台投资企业	外商投资企业
			小计	国有企业	集体企业	股份合作企业	联营企业	有限责任公司	股份有限公司	私营企业	其他企业		
1	合计	56193	56183	7299	4842	707	40	29406	12501	402	986	10	
2	(一)采矿业	4	4			4							
3	1. 煤炭开采和洗选业												
4	2. 石油和天然气开采业												
5	其中:原油												
6	3. 黑色金属矿采选业												
7	4. 有色金属矿采选业												
8	5. 非金属矿采选业	4	4			4							
9	6. 其他采矿业												
10	(二)制造业	23425	23415	12	37	643	1	10539	12054	129		10	
11	1. 农副食品加工业	25	25		1	1		23					
12	2. 食品制造业	1198	1198	2		93	1	963	139				
13	3. 酒、饮料和精制茶制造业	11	11		1	1		9					
14	①酒的制造	1	1		1								
15	其中:酒精												
16	②饮料制造	6	6					6					
17	③精制茶制造	4	4			1		3					
18	4. 烟草制品业												
19	卷烟制造												
20	烟叶复烤												
21	其他烟草制品加工												
22	5. 纺织业	43	43			11		32					
23	6. 纺织服装、服饰业	785	785		7	21		644	112	1			

续表

序号	项目	合计	内资企业									港澳台投资企业	外商投资企业
			小计	国有企业	集体企业	股份合作企业	联营企业	有限责任公司	股份有限公司	私营企业	其他企业		
24	其中:纺织服装	757	757		7	21		617	112				
25	7. 皮革、毛皮、羽毛及其制品和制鞋业	714	714		1	1		688		24			
26	其中:皮革、毛皮	61	61			1		60					
27	8. 木材加工和木竹藤棕草制品业	1	1			1							
28	9. 家具制造业	110	110					110					
29	10. 造纸和纸制品业	374	374			81		293					
30	①纸浆制造												
31	②造纸	341	341			76		265					
32	其中:机制纸及纸板制造	168	168			33		135					
33	③纸制品制造	33	33			5		28					
34	11. 印刷和记录媒介复制业	1359	1359	5	8	148		1185	4	9			
35	12. 文教、工美、体育和娱乐用品制造业	53	53		1	1		45		6			
36	13. 石油加工、炼焦和核燃料加工业												
37	其中:成品油												
38	14. 化学原料和化学制品制造业	363	363		8	10		344		1			
39	①肥料制造												
40	②农药制造												
41	③专用化学产品制造	4	4					4					
42	④日用化学产品制造	63	63					63					
43	其中:化妆品制造	1	1					1					
44	⑤其他	296	296		8	10		277		1			
45	15. 医药制造业	55	55			2		53					
46	16. 化学纤维制造业	1	1			1							
47	17. 橡胶和塑料制品业	1307	1307			7		1300					

续表

序号	项　　目	合　计	内资企业								港澳台投资企业	外商投资企业
			小　计	国有企业	集体企业	股份合作企业	联营企业	有限责任公司	股份有限公司	私营企业	其他企业		
48	其中:轮胎制造												
49	18. 非金属矿物制品业	4776	4766	4	9	107		2717	1916	13		10	
50	①水泥、石灰和石膏制造	22	22					22					
51	其中:水泥制造	22	22					22					
52	②水泥及石膏制品制造												
53	③玻璃及玻璃制品制造	152	152					152					
54	④其他	4602	4592	4	9	107		2543	1916	13		10	
55	19. 黑色金属冶炼和压延加工业												
56	其中:钢压延加工												
57	20. 有色金属冶炼和压延加工业	1003	1003					74	929				
58	21. 金属制品业	1541	1541			114		1352		75			
59	22. 通用设备制造业	7	7			4		2	1				
60	23. 专用设备制造业	122	122			2		120					
61	24. 汽车制造业	25	25					25					
62	25. 铁路、船舶、航空航天和其他运输设备制造业	1	1	1									
63	其中:铁路运输设备制造												
64	船舶及相关装置制造	1	1	1									
65	航空、航天及设备制造												
66	摩托车制造												
67	26. 电气机械及器材制造业	589	589			34		486	69				
68	①电机制造	62	62					62					
69	②电线电缆光缆及电工器材制造	62	62			15		44	3				
70	③家用电力器具制造	185	185			14		171					

续表

序号	项目	合计	内资企业								港澳台投资企业	外商投资企业
			小计	国有企业	集体企业	股份合作企业	联营企业	有限责任公司	股份有限公司	私营企业	其他企业		
71	④其他	280	280			5		209	66				
72	27. 计算机、通信和其他电子设备制造业	8943	8943			2		57	8884				
73	①计算机制造												
74	②通信设备制造												
75	③广播电视设备制造	6	6					6					
76	④视听设备制造												
77	⑤其他	8937	8937			2		51	8884				
78	28. 仪表仪器制造业	1	1		1								
79	29. 其他制造业	18	18			1		17					
80	(三)电力、燃气及水的生产和供应业	7186	7186	6925	111		1	149					
81	1. 电力、热力的生产和供应业	6930	6930	6722	97		1	110					
82	①电力生产	97	97	2	60		1	34					
83	其中:火力发电												
84	水力发电	97	97	2	60		1	34					
85	核力发电												
86	风力发电												
87	太阳能发电												
88	②电力供应	6833	6833	6720	37			76					
89	③热力生产和供应业												
90	2. 燃气生产和供应业	39	39					39					
91	3. 水的生产和供应业	217	217	203	14								
92	(四)建筑业	8772	8772	88	4266	6	7	4115	90	198	2		
93	1. 房屋建筑业	5875	5875	30	4036			1652		157			
94	2. 土木工程建筑业	693	693	4	175			488	20	6			

续表

序号	项　　目	合　计	内资企业								港澳台投资企业	外商投资企业
			小　计	国有企业	集体企业	股份合作企业	联营企业	有限责任公司	股份有限公司	私营企业	其他企业		
95	3. 建筑安装业	1704	1704	52	54	6	7	1533	22	29	1		
96	4. 建筑装饰和其他建筑业	500	500	2	1			442	48	6	1		
97	(五)批发和零售业	1331	1331	23	94	39	30	681	12	26	426		
98	1. 批发业	884	884	5	72	13	30	333	1	4	426		
99	其中:烟草制品批发												
100	煤炭及制品批发												
101	石油及其制品批发	58	58		4			54					
102	汽车及零配件批发												
103	2. 零售业	447	447	18	22	26		348	11	22			
104	(六)交通运输、仓储及邮政业	639	639	58	20	2		559					
105	1. 交通运输业	571	571	10	20	2		539					
106	2. 仓储业												
107	3. 邮政业	68	68	48				20					
108	(七)住宿和餐饮业	601	601	79	19			482		21			
109	1. 住宿业	350	350	23	2			325					
110	2. 餐饮业	251	251	56	17			157		21			
111	(八)信息传输、软件和信息技术服务业	20	20					19			1		
112	1. 电信、广播电视和卫星传输服务业	1	1								1		
113	其中:电信	1	1								1		
114	2. 互联网和相关服务	9	9					9					
115	3. 软件和信息技术服务业	10	10					10					
116	(九)金融业	533	533					216	317				
117	1. 货币金融服务	135	135					131	4				
118	其中:银行												

续表

序号	项目	合计	内资企业								港澳台投资企业	外商投资企业
			小计	国有企业	集体企业	股份合作企业	联营企业	有限责任公司	股份有限公司	私营企业	其他企业		
119	金融租赁												
120	2. 资本市场服务												
121	3. 保险业												
122	4. 其他金融业	398	398					85	313				
123	(十)房地产业	11981	11981	19	229		1	11603	7		122		
124	(十一)租赁和商务服务业	742	742	5	33			673	1	16	14		
125	1. 租赁业	15	15					15					
126	2. 商务服务业	727	727	5	33			658	1	16	14		
127	(十二)科学研究和技术服务业	314	314	59	1	2		90		2	160		
128	(十三)居民服务、修理和其他服务业	328	328	12	18	11		192	20	10	65		
129	其中:居民服务业	80	80	1	2			43	18		16		
130	机动车、电子产品和日用产品修理业	15	15	1				6		8			
131	(十四)教育	155	155	19				1			135		
132	(十五)卫生和社会工作	7	7					6			1		
133	其中:卫生	7	7					6			1		
134	(十六)文化、体育和娱乐业	47	47					41			6		
135	其中:新闻和出版业												
136	广播、电视、电影和影视录音制作业	6	6					3			3		
137	体育	2	2								2		
138	娱乐业	33	33					33					
139	(十七)公共管理、社会保障和社会组织	33	33								33		
140	(十八)其他行业	75	75		14			40			21		

2013 年揭阳市地方税务局企业所得税分行业分企业类型统计年报表

编报机关:揭阳市地方税务局　　　　单位:万元

序号	项　目	合　计	内资企业									港澳台投资企业	外商投资企业
			小　计	国有企业	集体企业	股份合作企业	联营企业	有限责任公司	股份有限公司	私营企业	其他企业		
1	合　计	99684	99350	11041	11412	1	531	37327	31929	5908	1201	94	240
2	(一)采矿业	3	3					3					
3	1. 煤炭开采和洗选业												
4	2. 石油和天然气开采业												
5	其中:原油												
6	3. 黑色金属矿采选业												
7	4. 有色金属矿采选业												
8	5. 非金属矿采选业	1	1					1					
9	6. 其他采矿业	2	2					2					
10	(二)制造业	41123	41079	1024	421	1		5580	31676	2377		44	
11	1. 农副食品加工业	394	394	14	13			307	6	54			
12	2. 食品制造业	905	905		1			82	402	420			
13	3. 酒、饮料和精制茶制造业	1	1							1			
14	①酒的制造												
15	其中:酒精												
16	②饮料制造	1	1							1			
17	③精制茶制造												
18	4. 烟草制品业												
19	卷烟制造												
20	烟叶复烤												
21	其他烟草制品加工												
22	5. 纺织业	584	584		25	1		164	228	166			
23	6. 纺织服装、服饰业	2006	2006		2			469	656	879			

续表

序号	项目	合计	内资企业								港澳台投资企业	外商投资企业
			小计	国有企业	集体企业	股份合作企业	联营企业	有限责任公司	股份有限公司	私营企业	其他企业		
24	其中:纺织服装	1994	1994		2			469	656	867			
25	7. 皮革、毛皮、羽毛及其制品和制鞋业	110	110		15			95					
26	其中:皮革、毛皮	12	12		12								
27	8. 木材加工和木竹藤棕草制品业	30	30		5					25			
28	9. 家具制造业	8	8		1			1		6			
29	10. 造纸和纸制品业	133	133		2			102	20	9			
30	①纸浆制造												
31	②造纸	56	56		1			46		9			
32	其中:机制纸及纸板制造	56	56		1			46		9			
33	③纸制品制造	77	77		1			56	20				
34	11. 印刷和记录媒介复制业	241	241		5			147		89			
35	12. 文教、工美、体育和娱乐用品制造业	1276	1276	1007	11			58		200			
36	13. 石油加工、炼焦和核燃料加工业												
37	其中:成品油												
38	14. 化学原料和化学制品制造业	1894	1894	2				336	1525	31			
39	①肥料制造	3	3					3					
40	②农药制造												
41	③专用化学产品制造	330	330					330					
42	④日用化学产品制造	10	10					2		8			
43	其中:化妆品制造												
44	⑤其他	1551	1551	2				1	1525	23			
45	15. 医药制造业	27537	27537					806	26717	14			
46	16. 化学纤维制造业	55	55					55					
47	17. 橡胶和塑料制品业	953	953	1	326			478		148			

续表

序号	项目	合计	内资企业									港澳台投资企业	外商投资企业
			小计	国有企业	集体企业	股份合作企业	联营企业	有限责任公司	股份有限公司	私营企业	其他企业		
48	其中:轮胎制造												
49	18. 非金属矿物制品业	175	175		1			174					
50	①水泥、石灰和石膏制造												
51	其中:水泥制造												
52	②水泥及石膏制品制造	1	1					1					
53	③玻璃及玻璃制品制造	86	86					86					
54	④其他	88	88		1			87					
55	19. 黑色金属冶炼和压延加工业	850	850		1			849					
56	其中:钢压延加工	107	107					107					
57	20. 有色金属冶炼和压延加工业	214	214					122		92			
58	21. 金属制品业	893	893		4			743		146			
59	22. 通用设备制造业	15	15					10		5			
60	23. 专用设备制造业	2393	2349		2			217	2122	8		44	
61	24. 汽车制造业	9	9					9					
62	25. 铁路、船舶、航空航天和其他运输设备制造业	5	5					3		2			
63	其中:铁路运输设备制造												
64	船舶及相关装置制造												
65	航空、航天及设备制造												
66	摩托车制造	3	3					3					
67	26. 电气机械及器材制造业	269	269		5			219		45			
68	①电机制造	22	22					22					
69	②电线电缆光缆及电工器材制造	102	102		1			56		45			
70	③家用电力器具制造	138	138					138					

续表

序号	项目	合计	内资企业									港澳台投资企业	外商投资企业
			小计	国有企业	集体企业	股份合作企业	联营企业	有限责任公司	股份有限公司	私营企业	其他企业		
71	④其他	7	7		4			3					
72	27. 计算机、通信和其他电子设备制造业	44	44					8		36			
73	①计算机制造												
74	②通信设备制造												
75	③广播电视设备制造												
76	④视听设备制造												
77	⑤其他	44	44					8		36			
78	28. 仪表仪器制造业	51	51					51					
79	29. 其他制造业	78	78		2			75		1			
80	(三)电力、燃气及水的生产和供应业	7481	7481	7260	156			62		3			
81	1. 电力、热力的生产和供应业	7245	7245	7139	51			52		3			
82	①电力生产	65	65		43			19		3			
83	其中:火力发电												
84	水力发电	48	48		43			2		3			
85	核力发电												
86	风力发电												
87	太阳能发电												
88	②电力供应	7174	7174	7139	2			33					
89	③热力生产和供应业	6	6		6								
90	2. 燃气生产和供应业	9	9					9					
91	3. 水的生产和供应业	227	227	121	105			1					
92	(四)建筑业	24959	24955	2314	9882		531	11605	21	591	11	4	
93	1. 房屋建筑业	3547	3547	1087	1105			1316	2	36	1		
94	2. 土木工程建筑业	1065	1065	115	30			776		144			

续表

序号	项目	合计	内资企业									港澳台投资企业	外商投资企业
			小计	国有企业	集体企业	股份合作企业	联营企业	有限责任公司	股份有限公司	私营企业	其他企业		
95	3. 建筑安装业	16908	16904	1068	8201			7248	19	366	2	4	
96	4. 建筑装饰和其他建筑业	3439	3439	44	546		531	2265		45	8		
97	(五)批发和零售业	7140	6966	281	140			6415	2	91	37	46	128
98	1. 批发业	6258	6212	268	25			5834	2	50	33	46	
99	其中:烟草制品批发												
100	煤炭及制品批发	14	14	1				13					
101	石油及其制品批发	5	5		3			2					
102	汽车及零配件批发												
103	2. 零售业	882	754	13	115			581		41	4		128
104	(六)交通运输、仓储及邮政业	923	923	70	126			716		11			
105	1. 交通运输业	920	920	70	126			714		10			
106	2. 仓储业												
107	3. 邮政业	3	3					2		1			
108	(七)住宿和餐饮业	968	968	3	88			798		79			
109	1. 住宿业	434	434		12			348		74			
110	2. 餐饮业	534	534	3	76			450		5			
111	(八)信息传输、软件和信息技术服务业	102	102	1				100		1			
112	1. 电信、广播电视和卫星传输服务业	1	1	1									
113	其中:电信												
114	2. 互联网和相关服务	16	16					16					
115	3. 软件和信息技术服务业	85	85					84		1			
116	(九)金融业	455	343					163	179	1			112
117	1. 货币金融服务	125	125					13	112				
118	其中:银行	13	13						13				

续表

序号	项目	合计	内资企业									港澳台投资企业	外商投资企业
			小计	国有企业	集体企业	股份合作企业	联营企业	有限责任公司	股份有限公司	私营企业	其他企业		
119	金融租赁												
120	2. 资本市场服务	3	3					1	1	1			
121	3. 保险业												
122	4. 其他金融业	327	215					149	66				112
123	(十)房地产业	12857	12857	5	337			9046	49	2637	783		
124	(十一)租赁和商务服务业	2216	2216	13	62			2095	1	41	4		
125	1. 租赁业	1	1								1		
126	2. 商务服务业	2215	2215	13	62			2095	1	41	3		
127	(十二)科学研究和技术服务业	335	335	1	44			169		21	100		
128	(十三)居民服务、修理和其他服务业	668	668	68	16			463	1	49	71		
129	其中:居民服务业	110	110		5			85		14	6		
130	机动车、电子产品和日用产品修理业	9	9		2			3		4			
131	(十四)教育	29	29		9			12		1	7		
132	(十五)卫生和社会工作	30	30	1							29		
133	其中:卫生	30	30	1							29		
134	(十六)文化、体育和娱乐业	38	38		2			31		3	2		
135	其中:新闻和出版业												
136	广播、电视、电影和影视录音制作业	3	3	1				1			1		
137	体育												
138	娱乐业	31	31		2			29					
139	(十七)公共管理、社会保障和社会组织	289	289		129			7			153		
140	(十八)其他行业	68	68					62		2	4		

2013年云浮市地方税务局企业所得税分行业分企业类型统计年报表

编报机关:云浮市地方税务局　　单位:万元

序号	项目	合计	内资企业									港澳台投资企业	外商投资企业
			小计	国有企业	集体企业	股份合作企业	联营企业	有限责任公司	股份有限公司	私营企业	其他企业		
1	合计	37441	37441	1337	3569	90		28445	1393	1879	728		
2	(一)采矿业	6416	6416		11			6405					
3	1. 煤炭开采和洗选业												
4	2. 石油和天然气开采业												
5	其中:原油												
6	3. 黑色金属矿采选业	1	1					1					
7	4. 有色金属矿采选业												
8	5. 非金属矿采选业	6415	6415		11			6404					
9	6. 其他采矿业												
10	(二)制造业	3321	3321	42	31			2325	408	515			
11	1. 农副食品加工业	151	151					150		1			
12	2. 食品制造业	39	39					39					
13	3. 酒、饮料和精制茶制造业	1	1					1					
14	①酒的制造	1	1					1					
15	其中:酒精												
16	②饮料制造												
17	③精制茶制造												
18	4. 烟草制品业												
19	卷烟制造												
20	烟叶复烤												
21	其他烟草制品加工												
22	5. 纺织业												
23	6. 纺织服装、服饰业	23	23					23					

续表

序号	项目	合计	内资企业									港澳台投资企业	外商投资企业
			小计	国有企业	集体企业	股份合作企业	联营企业	有限责任公司	股份有限公司	私营企业	其他企业		
24	其中:纺织服装	23	23					23					
25	7. 皮革、毛皮、羽毛及其制品和制鞋业												
26	其中:皮革、毛皮												
27	8. 木材加工和木竹藤棕草制品业												
28	9. 家具制造业												
29	10. 造纸和纸制品业	90	90		1			73		16			
30	①纸浆制造	3	3							3			
31	②造纸	81	81		1			67		13			
32	其中:机制纸及纸板制造	81	81		1			67		13			
33	③纸制品制造	6	6					6					
34	11. 印刷和记录媒介复制业	13	13		7			6					
35	12. 文教、工美、体育和娱乐用品制造业												
36	13. 石油加工、炼焦和核燃料加工业												
37	其中:成品油												
38	14. 化学原料和化学制品制造业	242	242		14			41		187			
39	①肥料制造	36	36					36					
40	②农药制造												
41	③专用化学产品制造	200	200		14					186			
42	④日用化学产品制造	1	1							1			
43	其中:化妆品制造												
44	⑤其他	5	5					5					
45	15. 医药制造业	219	219					37		182			
46	16. 化学纤维制造业												
47	17. 橡胶和塑料制品业	12	12					11		1			

续表

序号	项　目	合　计	内资企业								港澳台投资企业	外商投资企业
			小　计	国有企业	集体企业	股份合作企业	联营企业	有限责任公司	股份有限公司	私营企业	其他企业		
48	其中:轮胎制造												
49	18. 非金属矿物制品业	603	603	42	6			542		13			
50	①水泥、石灰和石膏制造	44	44	42				2					
51	其中:水泥制造	44	44	42				2					
52	②水泥及石膏制品制造												
53	③玻璃及玻璃制品制造	1	1					1					
54	④其他	558	558		6			539		13			
55	19. 黑色金属冶炼和压延加工业												
56	其中:钢压延加工												
57	20. 有色金属冶炼和压延加工业	48	48					2		46			
58	21. 金属制品业	466	466					58	408				
59	22. 通用设备制造业	104	104					102		2			
60	23. 专用设备制造业												
61	24. 汽车制造业												
62	25. 铁路、船舶、航空航天和其他运输设备制造业	5	5		3			2					
63	其中:铁路运输设备制造												
64	船舶及相关装置制造	5	5		3			2					
65	航空、航天及设备制造												
66	摩托车制造												
67	26. 电气机械及器材制造业	766	766					700		66			
68	①电机制造												
69	②电线电缆光缆及电工器材制造												
70	③家用电力器具制造												

续表

序号	项目	合计	内资企业								港澳台投资企业	外商投资企业
			小计	国有企业	集体企业	股份合作企业	联营企业	有限责任公司	股份有限公司	私营企业	其他企业		
71	④其他	766	766					700		66			
72	27. 计算机、通信和其他电子设备制造业												
73	①计算机制造												
74	②通信设备制造												
75	③广播电视设备制造												
76	④视听设备制造												
77	⑤其他												
78	28. 仪表仪器制造业												
79	29. 其他制造业	539	539					538		1			
80	(三)电力、燃气及水的生产和供应业	1324	1324	709	98	89		340		4	84		
81	1. 电力、热力的生产和供应业	1139	1139	570	61	89		333		2	84		
82	①电力生产	480	480		61			333		2	84		
83	其中:火力发电												
84	水力发电	479	479		61			332		2	84		
85	核力发电												
86	风力发电												
87	太阳能发电												
88	②电力供应	659	659	570		89							
89	③热力生产和供应业												
90	2. 燃气生产和供应业	163	163	125	31			5		2			
91	3. 水的生产和供应业	22	22	14	6			2					
92	(四)建筑业	8990	8990	227	1933			5728	75	991	36		
93	1. 房屋建筑业	3347	3347	-3	821			2323		206			
94	2. 土木工程建筑业	475	475	98	37			315		25			

续表

序号	项目	合计	内资企业									港澳台投资企业	外商投资企业
			小计	国有企业	集体企业	股份合作企业	联营企业	有限责任公司	股份有限公司	私营企业	其他企业		
95	3. 建筑安装业	4545	4545	127	1062			2651	72	599	34		
96	4. 建筑装饰和其他建筑业	623	623	5	13			439	3	161	2		
97	(五)批发和零售业	6427	6427	260	344			5732	2	44	45		
98	1. 批发业	6105	6105	212	324			5507	2	27	33		
99	其中:烟草制品批发	5395	5395	3				5392					
100	煤炭及制品批发	6	6					6					
101	石油及其制品批发	298	298		297			1					
102	汽车及零配件批发												
103	2. 零售业	322	322	48	20			225		17	12		
104	(六)交通运输、仓储及邮政业	1287	1287	2	15			1130		132	8		
105	1. 交通运输业	1281	1281		15			1130		132	4		
106	2. 仓储业	6	6	2							4		
107	3. 邮政业												
108	(七)住宿和餐饮业	182	182	4				174		3	1		
109	1. 住宿业	23	23	4				18			1		
110	2. 餐饮业	159	159					156		3			
111	(八)信息传输、软件和信息技术服务业	65	65					64		1			
112	1. 电信、广播电视和卫星传输服务业	52	52					51		1			
113	其中:电信	4	4					4					
114	2. 互联网和相关服务												
115	3. 软件和信息技术服务业	13	13					13					
116	(九)金融业	945	945					945					
117	1. 货币金融服务	172	172					172					
118	其中:银行	58	58					58					

续表

序号	项目	合计	内资企业									港澳台投资企业	外商投资企业
			小计	国有企业	集体企业	股份合作企业	联营企业	有限责任公司	股份有限公司	私营企业	其他企业		
119	金融租赁												
120	2. 资本市场服务												
121	3. 保险业												
122	4. 其他金融业	773	773					773					
123	(十)房地产业	6066	6066	36	981			4794		127	128		
124	(十一)租赁和商务服务业	314	314					285		18	11		
125	1. 租赁业	13	13					13					
126	2. 商务服务业	301	301					272		18	11		
127	(十二)科学研究和技术服务业	436	436	48	71			139		16	162		
128	(十三)居民服务、修理和其他服务业	326	326	4	60	1		103	3	24	131		
129	其中:居民服务业	42	42	1	1			22		1	17		
130	机动车、电子产品和日用产品修理业	10	10		1			9					
131	(十四)教育	67	67	2	24			12			29		
132	(十五)卫生和社会工作	13	13					11			2		
133	其中:卫生	12	12					11			1		
134	(十六)文化、体育和娱乐业	18	18	1				8			9		
135	其中:新闻和出版业	2	2								2		
136	广播、电视、电影和影视录音制作业	6	6					5			1		
137	体育	5	5								5		
138	娱乐业	3	3	1				2					
139	(十七)公共管理、社会保障和社会组织	74	74					1			73		
140	(十八)其他行业	1170	1170	2	1			249	905	4	9		

2013年顺德区地方税务局企业所得税分行业分企业类型统计年报表

编报机关:顺德区地方税务局　　　　单位:万元

序号	项目	合计	内资企业									港澳台投资企业	外商投资企业
			小计	国有企业	集体企业	股份合作企业	联营企业	有限责任公司	股份有限公司	私营企业	其他企业		
1	合计	196091	152264	221	2195	2	47	108399	11862	19346	10192	716	43111
2	(一)采矿业	2	2							2			
3	1. 煤炭开采和洗选业												
4	2. 石油和天然气开采业												
5	其中:原油												
6	3. 黑色金属矿采选业												
7	4. 有色金属矿采选业												
8	5. 非金属矿采选业	2	2							2			
9	6. 其他采矿业												
10	(二)制造业	51812	50069		87			32453	10653	6876		665	1078
11	1. 农副食品加工业	1071	1071		8			755		308			
12	2. 食品制造业	135	135					134		1			
13	3. 酒、饮料和精制茶制造业	281	190					188		2		91	
14	①酒的制造	255	164					162		2		91	
15	其中:酒精												
16	②饮料制造	4	4					4					
17	③精制茶制造	22	22					22					
18	4. 烟草制品业												
19	卷烟制造												
20	烟叶复烤												
21	其他烟草制品加工												
22	5. 纺织业	376	376		4			272		100			
23	6. 纺织服装、服饰业	1513	1513		1			1039	1	472			

续表

序号	项目	合计	内资企业									港澳台投资企业	外商投资企业
			小计	国有企业	集体企业	股份合作企业	联营企业	有限责任公司	股份有限公司	私营企业	其他企业		
24	其中:纺织服装	858	858		1			454	1	402			
25	7. 皮革、毛皮、羽毛及其制品和制鞋业	114	114					113		1			
26	其中:皮革、毛皮	15	15					15					
27	8. 木材加工和木竹藤棕草制品业	20	20					20					
28	9. 家具制造业	1859	1859		1			1289	3	566			
29	10. 造纸和纸制品业	726	726		1			702		23			
30	①纸浆制造												
31	②造纸	93	93					93					
32	其中:机制纸及纸板制造	93	93					93					
33	③纸制品制造	633	633		1			609		23			
34	11. 印刷和记录媒介复制业	1705	1705					1332	23	350			
35	12. 文教、工美、体育和娱乐用品制造业	147	147					143		4			
36	13. 石油加工、炼焦和核燃料加工业	24	24					5		19			
37	其中:成品油	24	24					5		19			
38	14. 化学原料和化学制品制造业	2631	2631		1			1269	462	899			
39	①肥料制造												
40	②农药制造												
41	③专用化学产品制造	822	822		1			318	462	41			
42	④日用化学产品制造	55	55					51		4			
43	其中:化妆品制造												
44	⑤其他	1754	1754					900		854			
45	15. 医药制造业	1064	1064					1064					
46	16. 化学纤维制造业	2	2					2					
47	17. 橡胶和塑料制品业	2795	2795		1			2231		563			

续表

序号	项　目	合　计	内资企业									港澳台投资企业	外商投资企业
			小　计	国有企业	集体企业	股份合作企业	联营企业	有限责任公司	股份有限公司	私营企业	其他企业		
48	其中:轮胎制造												
49	18. 非金属矿物制品业	2603	2036					1155	867	14		567	
50	①水泥、石灰和石膏制造												
51	其中:水泥制造												
52	②水泥及石膏制品制造	86	86					86					
53	③玻璃及玻璃制品制造	89	89					82		7			
54	④其他	2428	1861					987	867	7		567	
55	19. 黑色金属冶炼和压延加工业	298	298					197		101			
56	其中:钢压延加工	112	112					28		84			
57	20. 有色金属冶炼和压延加工业	318	318		26			203		89			
58	21. 金属制品业	2872	1794		30			1638	-330	456			1078
59	22. 通用设备制造业	2019	2019		5			1950		64			
60	23. 专用设备制造业	2074	2074					839	1012	223			
61	24. 汽车制造业	63	63					31	32				
62	25. 铁路、船舶、航空航天和其他运输设备制造业	203	203					177		26			
63	其中:铁路运输设备制造												
64	船舶及相关装置制造	13	13					10		3			
65	航空、航天及设备制造												
66	摩托车制造	163	163					163					
67	26. 电气机械及器材制造业	25174	25174		4			14415	8583	2172			
68	①电机制造	564	564					426		138			
69	②电线电缆光缆及电工器材制造	700	700		2			496		202			
70	③家用电力器具制造	22262	22262		2			12198	8583	1479			

续表

序号	项目	合计	内资企业								港澳台投资企业	外商投资企业
			小计	国有企业	集体企业	股份合作企业	联营企业	有限责任公司	股份有限公司	私营企业	其他企业		
71	④其他	1648	1648					1295		353			
72	27. 计算机、通信和其他电子设备制造业	1576	1569		5			1253		311		7	
73	①计算机制造	15	8					7		1		7	
74	②通信设备制造	8	8					6		2			
75	③广播电视设备制造												
76	④视听设备制造	95	95					95					
77	⑤其他	1458	1458		5			1145		308			
78	28. 仪表仪器制造业	71	71					17		54			
79	29. 其他制造业	78	78					20		58			
80	(三)电力、燃气及水的生产和供应业	4946	4946		1			4945					
81	1. 电力、热力的生产和供应业												
82	①电力生产												
83	其中:火力发电												
84	水力发电												
85	核力发电												
86	风力发电												
87	太阳能发电												
88	②电力供应												
89	③热力生产和供应业												
90	2. 燃气生产和供应业												
91	3. 水的生产和供应业	4946	4946		1			4945					
92	(四)建筑业	47157	13128	126	12	2	19	9023	83	3857	6	8	34021
93	1. 房屋建筑业	3314	3314	4	3			2802	1	504			
94	2. 土木工程建筑业	2203	2203	3	1			1542		657			

续表

序号	项目	合计	内资企业								港澳台投资企业	外商投资企业
			小计	国有企业	集体企业	股份合作企业	联营企业	有限责任公司	股份有限公司	私营企业	其他企业		
95	3. 建筑安装业	38478	4452	71	1	2	10	3091	73	1198	6	5	34021
96	4. 建筑装饰和其他建筑业	3162	3159	48	7		9	1588	9	1498		3	
97	(五)批发和零售业	12559	12538	53	324			8493		3668		21	
98	1. 批发业	9076	9055	53	152			5419		3431		21	
99	其中:烟草制品批发												
100	煤炭及制品批发												
101	石油及其制品批发	539	538		115			343		80		1	
102	汽车及零配件批发	21	21					17		4			
103	2. 零售业	3483	3483		172			3074		237			
104	(六)交通运输、仓储及邮政业	3527	3527	2	29			3114		382			
105	1. 交通运输业	3466	3466		24			3108		334			
106	2. 仓储业	40	40	4	5			3		28			
107	3. 邮政业	21	21	-2				3		20			
108	(七)住宿和餐饮业	1413	1411	2	2			815		587	5		2
109	1. 住宿业	175	175		2			48		125			
110	2. 餐饮业	1238	1236	2				767		462	5		2
111	(八)信息传输、软件和信息技术服务业	246	246		45			100		97	4		
112	1. 电信、广播电视和卫星传输服务业	9	9							9			
113	其中:电信	9	9							9			
114	2. 互联网和相关服务	6	6					1		2	3		
115	3. 软件和信息技术服务业	231	231		45			99		86	1		
116	(九)金融业	7948	6640					6573		67			1308
117	1. 货币金融服务	6194	6194					6194					
118	其中:银行												

续表

序号	项目	合计	内资企业									港澳台投资企业	外商投资企业
			小计	国有企业	集体企业	股份合作企业	联营企业	有限责任公司	股份有限公司	私营企业	其他企业		
119	金融租赁												
120	2. 资本市场服务	11	11					11					
121	3. 保险业	28	28					15		13			
122	4. 其他金融业	1715	407					353		54			1308
123	(十)房地产业	40562	36039	1	889			31670		1739	1740	8	4515
124	(十一)租赁和商务服务业	9712	8446	9	9			6271	1122	1002	33		1266
125	1. 租赁业	82	82					39		43			
126	2. 商务服务业	9630	8364	9	9			6232	1122	959	33		1266
127	(十二)科学研究和技术服务业	4852	4852	9	597		1	3684		523	38		
128	(十三)居民服务、修理和其他服务业	1795	860	7	54		27	317	4	181	270	14	921
129	其中:居民服务业	712	347		1			35		50	261		365
130	机动车、电子产品和日用产品修理业	182	182		19		27	119		17			
131	(十四)教育	751	751		112			1		2	636		
132	(十五)卫生和社会工作	349	349		2			303			44		
133	其中:卫生	333	333		2			303			28		
134	(十六)文化、体育和娱乐业	305	305		5			182		97	21		
135	其中:新闻和出版业												
136	广播、电视、电影和影视录音制作业	75	75					74		1			
137	体育	10	10		3			1		3	3		
138	娱乐业	200	200		2			104		93	1		
139	(十七)公共管理、社会保障和社会组织	7422	7422		27						7395		
140	(十八)其他行业	733	733	12				455		266			

2013 年广东省地方税务局直属分局企业所得税分行业分企业类型统计年报表

编报机关：广东省地方税务局直属分局　　　　单位：万元

序号	项目	合计	内资企业									港澳台投资企业	外商投资企业
			小计	国有企业	集体企业	股份合作企业	联营企业	有限责任公司	股份有限公司	私营企业	其他企业		
1	合计	448025	444595	22952	360	5	313	396394	9140	2353	13078	2658	772
2	(一)采矿业												
3	1. 煤炭开采和洗选业												
4	2. 石油和天然气开采业												
5	其中:原油												
6	3. 黑色金属矿采选业												
7	4. 有色金属矿采选业												
8	5. 非金属矿采选业												
9	6. 其他采矿业												
10	(二)制造业	4014	4014	252			1	3534		218	9		
11	1. 农副食品加工业	99	99					99					
12	2. 食品制造业												
13	3. 酒、饮料和精制茶制造业												
14	①酒的制造												
15	其中:酒精												
16	②饮料制造												
17	③精制茶制造												
18	4. 烟草制品业												
19	卷烟制造												
20	烟叶复烤												
21	其他烟草制品加工												
22	5. 纺织业												
23	6. 纺织服装、服饰业	7	7					7					

续表

序号	项　目	合　计	内　资　企　业									港澳台投资企业	外商投资企业
			小　计	国有企业	集体企业	股份合作企业	联营企业	有限责任公司	股份有限公司	私营企业	其他企业		
24	其中:纺织服装	7	7					7					
25	7. 皮革、毛皮、羽毛及其制品和制鞋业												
26	其中:皮革、毛皮												
27	8. 木材加工和木竹藤棕草制品业												
28	9. 家具制造业												
29	10. 造纸和纸制品业												
30	①纸浆制造												
31	②造纸												
32	其中:机制纸及纸板制造												
33	③纸制品制造												
34	11. 印刷和记录媒介复制业	48	48	39							9		
35	12. 文教、工美、体育和娱乐用品制造业												
36	13. 石油加工、炼焦和核燃料加工业												
37	其中:成品油												
38	14. 化学原料和化学制品制造业	214	214							214			
39	①肥料制造												
40	②农药制造												
41	③专用化学产品制造												
42	④日用化学产品制造												
43	其中:化妆品制造												
44	⑤其他	214	214							214			
45	15. 医药制造业												
46	16. 化学纤维制造业												
47	17. 橡胶和塑料制品业	944	944					944					

续表

序号	项　目	合　计	内　资　企　业									港澳台投资企业	外商投资企业
			小　计	国有企业	集体企业	股份合作企业	联营企业	有限责任公司	股份有限公司	私营企业	其他企业		
48	其中:轮胎制造												
49	18. 非金属矿物制品业	167	167					167					
50	①水泥、石灰和石膏制造												
51	其中:水泥制造												
52	②水泥及石膏制品制造	167	167					167					
53	③玻璃及玻璃制品制造												
54	④其他												
55	19. 黑色金属冶炼和压延加工业												
56	其中:钢压延加工												
57	20. 有色金属冶炼和压延加工业	1052	1052					1052					
58	21. 金属制品业	203	203	153				50					
59	22. 通用设备制造业	882	882					882					
60	23. 专用设备制造业	178	178					178					
61	24. 汽车制造业												
62	25. 铁路、船舶、航空航天和其他运输设备制造业	51	51					51					
63	其中:铁路运输设备制造												
64	船舶及相关装置制造	51	51					51					
65	航空、航天及设备制造												
66	摩托车制造												
67	26. 电气机械及器材制造业												
68	①电机制造												
69	②电线电缆光缆及电工器材制造												
70	③家用电力器具制造												

续表

序号	项目	合计	内资企业								港澳台投资企业	外商投资企业
			小计	国有企业	集体企业	股份合作企业	联营企业	有限责任公司	股份有限公司	私营企业	其他企业		
71	④其他												
72	27. 计算机、通信和其他电子设备制造业	59	59	59									
73	①计算机制造												
74	②通信设备制造												
75	③广播电视设备制造												
76	④视听设备制造												
77	⑤其他	59	59	59									
78	28. 仪表仪器制造业												
79	29. 其他制造业	110	110	1			1	104		4			
80	(三)电力、燃气及水的生产和供应业	228169	228169					228169					
81	1. 电力、热力的生产和供应业	228169	228169					228169					
82	①电力生产	22	22					22					
83	其中:火力发电												
84	水力发电	22	22					22					
85	核力发电												
86	风力发电												
87	太阳能发电												
88	②电力供应	228147	228147					228147					
89	③热力生产和供应业												
90	2. 燃气生产和供应业												
91	3. 水的生产和供应业												
92	(四)建筑业	35600	35600	7047		4	296	26560	1462	230	1		
93	1. 房屋建筑业	6817	6817	3096				3144	543	34			
94	2. 土木工程建筑业	21285	21285					21285					

续表

序号	项目	合计	内资企业									港澳台投资企业	外商投资企业
			小计	国有企业	集体企业	股份合作企业	联营企业	有限责任公司	股份有限公司	私营企业	其他企业		
95	3. 建筑安装业	3686	3686	3382				111		193			
96	4. 建筑装饰和其他建筑业	3812	3812	569		4	296	2020	919	3	1		
97	(五)批发和零售业	23549	21926	5694	295		14	13544	2114	265		1603	20
98	1. 批发业	22001	20378	5243	218			12609	2114	194		1603	20
99	其中:烟草制品批发												
100	煤炭及制品批发	4902	4902	46				4856					
101	石油及其制品批发												
102	汽车及零配件批发	412	412					412					
103	2. 零售业	1548	1548	451	77		14	935		71			
104	(六)交通运输、仓储及邮政业	5255	4843	83				4757		2	1	412	
105	1. 交通运输业	4223	4223	83				4138		2			
106	2. 仓储业	1032	620					619			1	412	
107	3. 邮政业												
108	(七)住宿和餐饮业	1064	1064	542	14			468			40		
109	1. 住宿业	989	989	476	14			459			40		
110	2. 餐饮业	75	75	66				9					
111	(八)信息传输、软件和信息技术服务业	814	814	452				356		1	5		
112	1. 电信、广播电视和卫星传输服务业	140	140					140					
113	其中:电信	116	116					116					
114	2. 互联网和相关服务	5	5								5		
115	3. 软件和信息技术服务业	669	669	452				216		1			
116	(九)金融业	18438	17516					17513	3			170	752
117	1. 货币金融服务												
118	其中:银行												

续表

序号	项目	合计	内资企业								港澳台投资企业	外商投资企业
			小计	国有企业	集体企业	股份合作企业	联营企业	有限责任公司	股份有限公司	私营企业	其他企业		
119	金融租赁												
120	2. 资本市场服务												
121	3. 保险业												
122	4. 其他金融业	18438	17516					17513	3			170	752
123	(十)房地产业	2647	2621	526	18			1952		125		26	
124	(十一)租赁和商务服务业	90575	90128	1124	27	1		82550	4922	256	1248	447	
125	1. 租赁业	117	117					111		6			
126	2. 商务服务业	90458	90011	1124	27	1		82439	4922	250	1248	447	
127	(十二)科学研究和技术服务业	14851	14851	6294	1		2	1507	639	1199	5209		
128	(十三)居民服务、修理和其他服务业	2481	2481	639				1125		57	660		
129	其中:居民服务业	61	61	13						46	2		
130	机动车、电子产品和日用产品修理业	2	2					2					
131	(十四)教育	139	139	18				3			118		
132	(十五)卫生和社会工作	104	104								104		
133	其中:卫生	81	81								81		
134	(十六)文化、体育和娱乐业	4350	4350	190	4			64			4092		
135	其中:新闻和出版业	162	162	81	4			64			13		
136	广播、电视、电影和影视录音制作业	3977	3977								3977		
137	体育	7	7	7									
138	娱乐业	101	101	101									
139	(十七)公共管理、社会保障和社会组织	1576	1576	4							1572		
140	(十八)其他行业	14399	14399	87	1			14292			19		

2013年广东省地方税务局个人所得税分项目统计年报表

编报机关:广东省地方税务局　　　　单位:万元

序号	项目	合计	内地	港澳台同胞	外国人
1	合计	8640589	7861094	324296	455199
2	1. 工资、薪金所得	5904437	5149677	305058	449702
3	按3%税率征收	378256	373983	2026	2247
4	按10%税率征收	646512	633683	10677	2152
5	按20%税率征收	856991	814833	33281	8877
6	按25%税率征收	2135398	1980777	84746	69875
7	按30%税率征收	591047	496234	38807	56006
8	按35%税率征收	450508	338902	35707	75899
9	按45%税率征收	845725	511265	99814	234646
10	2. 个体工商户生产、经营所得	542407	539050	3149	208
11	按5%税率征收	3715	3671		44
12	按10%税率征收	1616	1613	3	
13	按20%税率征收	5295	5286	9	
14	按30%税率征收	8517	8497	10	10
15	按35%税率征收	55908	55431	478	-1
16	核定征收	467356	464552	2649	155
17	3. 企事业单位承包、承租经营所得	40365	40365		
18	按5%税率征收	53	53		

续表

序号	项　目	合　计	内　地	港澳台同胞	外　国　人
19	按10%税率征收	4	4		
20	按20%税率征收	13	13		
21	按30%税率征收	8	8		
22	按35%税率征收	135	135		
23	核定征收	40152	40152		
24	4. 劳务报酬所得	230734	217850	10901	1983
25	按20%税率征收	186568	177166	8905	497
26	按30%税率征收	21134	20312	484	338
27	按40%税率征收	23032	20372	1512	1148
28	5. 稿酬所得	1731	1692	30	9
29	6. 特许权使用费所得	2561	2218	309	34
30	7. 利息、股息、红利所得	1007672	1003372	3097	1203
31	8. 财产租赁所得	69339	68756	540	43
32	9. 财产转让所得	620957	621004	-167	120
33	其中:限售股转让所得	26584	26755		-171
34	房屋转让所得	288929	288948	-23	4
35	10. 偶然所得	78005	77450	330	225
36	11. 其他所得	127086	126477	280	329
37	12. 税款滞纳金、罚款收入	15295	13183	769	1343

2013 年广州市地方税务局个人所得税分项目统计年报表

编报机关:广州市地方税务局　　单位:万元

序号	项　　目	合　　计	内　　地	港澳台同胞	外　国　人
1	合　　计	2442270	2202393	61719	178158
2	1. 工资、薪金所得	1890080	1652494	61377	176209
3	按 3% 税率征收	121929	120483	280	1166
4	按 10% 税率征收	230263	228840	722	701
5	按 20% 税率征收	298500	293520	2329	2651
6	按 25% 税率征收	718886	687775	12189	18922
7	按 30% 税率征收	163816	140901	7495	15420
8	按 35% 税率征收	103802	71810	8145	23847
9	按 45% 税率征收	252884	109165	30217	113502
10	2. 个体工商户生产、经营所得	92169	91199	932	38
11	按 5% 税率征收	285	285		
12	按 10% 税率征收	396	396		
13	按 20% 税率征收	1148	1145	3	
14	按 30% 税率征收	1990	1987	3	
15	按 35% 税率征收	13671	13211	460	
16	核定征收	74679	74175	466	38
17	3. 企事业单位承包、承租经营所得	1241	1241		
18	按 5% 税率征收				

续表

序号	项　目	合　计	内　地	港澳台同胞	外国人
19	按10%税率征收				
20	按20%税率征收	1	1		
21	按30%税率征收				
22	按35%税率征收				
23	核定征收	1240	1240		
24	4. 劳务报酬所得	77086	75341	796	949
25	按20%税率征收	65455	64859	352	244
26	按30%税率征收	5278	5050	92	136
27	按40%税率征收	6353	5432	352	569
28	5. 稿酬所得	1226	1210	11	5
29	6. 特许权使用费所得	621	483	128	10
30	7. 利息、股息、红利所得	160730	160146	285	299
31	8. 财产租赁所得	34724	34729	-5	
32	9. 财产转让所得	148643	150836	-2212	19
33	其中:限售股转让所得	7511	7511		
34	房屋转让所得	81553	81576	-24	1
35	10. 偶然所得	22905	22733	105	67
36	11. 其他所得	9287	9088	87	112
37	12. 税款滞纳金、罚款收入	3558	2893	215	450

2013年深圳市地方税务局个人所得税分项目统计年报表

编报机关：深圳市地方税务局　　　　单位：万元

序号	项　目	合　计	内　地	港澳台同胞	外国人
1	合　计	3419426	3183047	115907	120472
2	1. 工资、薪金所得	2508957	2278845	111156	118956
3	按3%税率征收	46650	46310	300	40
4	按10%税率征收	184567	181770	2338	459
5	按20%税率征收	312486	304374	6216	1896
6	按25%税率征收	930599	884560	25468	20571
7	按30%税率征收	323699	292789	14756	16154
8	按35%税率征收	266032	231804	14136	20092
9	按45%税率征收	444924	337238	47942	59744
10	2. 个体工商户生产、经营所得	56433	56103	176	154
11	按5%税率征收	1402	1358		44
12	按10%税率征收	178	177	1	
13	按20%税率征收	411	409	2	
14	按30%税率征收	607	596	2	9
15	按35%税率征收	6417	6418		-1
16	核定征收	47418	47145	171	102
17	3. 企事业单位承包、承租经营所得	301	301		
18	按5%税率征收	52	52		

续表

序号	项　目	合　计	内　地	港澳台同胞	外 国 人
19	按10%税率征收				
20	按20%税率征收	6	6		
21	按30%税率征收				
22	按35%税率征收	3	3		
23	核定征收	240	240		
24	4. 劳务报酬所得	49991	47698	1806	487
25	按20%税率征收	31525	30966	382	177
26	按30%税率征收	8413	7997	318	98
27	按40%税率征收	10053	8735	1106	212
28	5. 稿酬所得	401	381	19	1
29	6. 特许权使用费所得	1242	1042	176	24
30	7. 利息、股息、红利所得	506162	504364	1385	413
31	8. 财产租赁所得	6495	6486	7	2
32	9. 财产转让所得	170307	169381	852	74
33	其中:限售股转让所得	153	324		-171
34	房屋转让所得	57270	57270		
35	10. 偶然所得	13515	13437	10	68
36	11. 其他所得	102135	102070	49	16
37	12. 税款滞纳金、罚款收入	3487	2939	271	277

2013 年珠海市地方税务局个人所得税分项目统计年报表

编报机关:珠海市地方税务局 单位:万元

序号	项目	合计	内地	港澳台同胞	外国人
1	合计	272163	244111	8791	19261
2	1. 工资、薪金所得	195465	168153	8346	18966
3	按 3% 税率征收	5796	6053	154	-411
4	按 10% 税率征收	25362	25030	201	131
5	按 20% 税率征收	28188	27328	431	429
6	按 25% 税率征收	67050	61973	2024	3053
7	按 30% 税率征收	16451	12203	1427	2821
8	按 35% 税率征收	13997	9515	1200	3282
9	按 45% 税率征收	38621	26051	2909	9661
10	2. 个体工商户生产、经营所得	9429	9324	103	2
11	按 5% 税率征收	34	34		
12	按 10% 税率征收	29	29		
13	按 20% 税率征收	109	109		
14	按 30% 税率征收	199	199		
15	按 35% 税率征收	1078	1078		
16	核定征收	7980	7875	103	2
17	3. 企事业单位承包、承租经营所得	14	14		
18	按 5% 税率征收				

续表

序号	项　目	合　计	内　地	港澳台同胞	外　国　人
19	按10%税率征收				
20	按20%税率征收				
21	按30%税率征收				
22	按35%税率征收				
23	核定征收	14	14		
24	4. 劳务报酬所得	5880	5640	33	207
25	按20%税率征收	4077	4054	21	2
26	按30%税率征收	457	443	12	2
27	按40%税率征收	1346	1143		203
28	5. 稿酬所得	8	8		
29	6. 特许权使用费所得				
30	7. 利息、股息、红利所得	26489	26538	58	-107
31	8. 财产租赁所得	1661	1523	128	10
32	9. 财产转让所得	30564	30530	26	8
33	其中:限售股转让所得	135	135		
34	房屋转让所得	23804	23804		
35	10. 偶然所得	1579	1562	13	4
36	11. 其他所得	746	665	81	
37	12. 税款滞纳金、罚款收入	328	154	3	171

2013年汕头市地方税务局个人所得税分项目统计年报表

编报机关：汕头市地方税务局　　　　单位：万元

序号	项目	合计	内地	港澳台同胞	外国人
1	合计	116272	114062	710	1500
2	1. 工资、薪金所得	46367	44195	686	1486
3	按3%税率征收	4356	4339	3	14
4	按10%税率征收	9935	9905	19	11
5	按20%税率征收	10126	10001	57	68
6	按25%税率征收	17329	16744	283	302
7	按30%税率征收	2122	1781	164	177
8	按35%税率征收	1395	878	125	392
9	按45%税率征收	1104	547	35	522
10	2. 个体工商户生产、经营所得	12731	12720	11	
11	按5%税率征收	20	20		
12	按10%税率征收	76	76		
13	按20%税率征收	341	341		
14	按30%税率征收	607	607		
15	按35%税率征收	2163	2163		
16	核定征收	9524	9513	11	
17	3. 企事业单位承包、承租经营所得	3780	3780		
18	按5%税率征收	1	1		

续表

序号	项目	合计	内地	港澳台同胞	外国人
19	按10%税率征收	3	3		
20	按20%税率征收	6	6		
21	按30%税率征收	5	5		
22	按35%税率征收				
23	核定征收	3765	3765		
24	4. 劳务报酬所得	4135	4117	7	11
25	按20%税率征收	3332	3319	7	6
26	按30%税率征收	401	398		3
27	按40%税率征收	402	400		2
28	5. 稿酬所得	5	5		
29	6. 特许权使用费所得	16	16		
30	7. 利息、股息、红利所得	15678	15672	5	1
31	8. 财产租赁所得	813	813		
32	9. 财产转让所得	30027	30027		
33	其中:限售股转让所得	13237	13237		
34	房屋转让所得	11768	11768		
35	10. 偶然所得	1297	1297		
36	11. 其他所得	1269	1266	1	2
37	12. 税款滞纳金、罚款收入	154	154		

2013 年佛山市地方税务局个人所得税分项目统计年报表

编报机关:佛山市地方税务局　　　　单位:万元

序号	项　目	合　计	内　地	港澳台同胞	外 国 人
1	合　计	397243	378885	4945	13413
2	1. 工资、薪金所得	190593	172811	4564	13218
3	按 3% 税率征收	33516	33351	97	68
4	按 10% 税率征收	30282	30057	146	79
5	按 20% 税率征收	28912	28254	335	323
6	按 25% 税率征收	64124	60314	1557	2253
7	按 30% 税率征收	11860	9399	691	1770
8	按 35% 税率征收	8210	4847	555	2808
9	按 45% 税率征收	13689	6589	1183	5917
10	2. 个体工商户生产、经营所得	58237	58141	95	1
11	按 5% 税率征收	336	336		
12	按 10% 税率征收	136	136		
13	按 20% 税率征收	472	471	1	
14	按 30% 税率征收	766	763	3	
15	按 35% 税率征收	6086	6080	6	
16	核定征收	50441	50355	85	1
17	3. 企事业单位承包、承租经营所得	18	18		
18	按 5% 税率征收				

续表

序号	项　　目	合　　计	内　　地	港澳台同胞	外　国　人
19	按10%税率征收				
20	按20%税率征收				
21	按30%税率征收				
22	按35%税率征收	17	17		
23	核定征收	1	1		
24	4. 劳务报酬所得	9104	9058	29	17
25	按20%税率征收	6609	6581	20	8
26	按30%税率征收	1174	1166	5	3
27	按40%税率征收	1321	1311	4	6
28	5. 稿酬所得	10	10		
29	6. 特许权使用费所得	506	506		
30	7. 利息、股息、红利所得	64263	64116	30	117
31	8. 财产租赁所得	2586	2533	45	8
32	9. 财产转让所得	66943	66766	177	
33	其中:限售股转让所得	-35	-35		
34	房屋转让所得	31113	31113		
35	10. 偶然所得	3562	3519	2	41
36	11. 其他所得	545	545		
37	12. 税款滞纳金、罚款收入	876	862	3	11

2013 年韶关市地方税务局个人所得税分项目统计年报表

编报机关:韶关市地方税务局　　　　单位:万元

序号	项　目	合　计	内　地	港澳台同胞	外 国 人
1	合　计	62230	61527	178	525
2	1. 工资、薪金所得	30846	30231	90	525
3	按 3% 税率征收	6689	6628	3	58
4	按 10% 税率征收	5949	5940	7	2
5	按 20% 税率征收	5561	5548	10	3
6	按 25% 税率征收	10467	10367	69	31
7	按 30% 税率征收	1096	1079	1	16
8	按 35% 税率征收	584	429		155
9	按 45% 税率征收	500	240		260
10	2. 个体工商户生产、经营所得	9612	9525	87	
11	按 5% 税率征收	7	7		
12	按 10% 税率征收	9	9		
13	按 20% 税率征收	29	29		
14	按 30% 税率征收	41	41		
15	按 35% 税率征收	109	109		
16	核定征收	9417	9330	87	
17	3. 企事业单位承包、承租经营所得	1602	1602		
18	按 5% 税率征收				

续表

序号	项　　目	合　　计	内　　地	港澳台同胞	外　国　人
19	按10%税率征收				
20	按20%税率征收				
21	按30%税率征收				
22	按35%税率征收				
23	核定征收	1602	1602		
24	4. 劳务报酬所得	2140	2140		
25	按20%税率征收	1910	1910		
26	按30%税率征收	124	124		
27	按40%税率征收	106	106		
28	5. 稿酬所得				
29	6. 特许权使用费所得	13	13		
30	7. 利息、股息、红利所得	5727	5727		
31	8. 财产租赁所得	147	147		
32	9. 财产转让所得	10295	10295		
33	其中:限售股转让所得	43	43		
34	房屋转让所得	3560	3560		
35	10. 偶然所得	1524	1524		
36	11. 其他所得	224	224		
37	12. 税款滞纳金、罚款收入	100	99	1	

2013年河源市地方税务局个人所得税分项目统计年报表

编报机关:河源市地方税务局　　　　单位:万元

序号	项　　目	合　　计	内　　地	港澳台同胞	外　国　人
1	合　　计	32938	32067	688	183
2	1. 工资、薪金所得	13195	12345	668	182
3	按3%税率征收	1761	1781	-20	
4	按10%税率征收	3370	3333	34	3
5	按20%税率征收	2927	2868	51	8
6	按25%税率征收	4446	4031	320	95
7	按30%税率征收	461	250	178	33
8	按35%税率征收	140	57	50	33
9	按45%税率征攵	90	25	55	10
10	2. 个体工商户生产、经营所得	6433	6428	5	
11	按5%税率征收	6	6		
12	按10%税率征收	9	9		
13	按20%税率征收	22	22		
14	按30%税率征收	33	33		
15	按35%税率征收	60	60		
16	核定征收	6303	6298	5	
17	3. 企事业单位承包、承租经营所得	344	344		
18	按5%税率征收				

续表

序号	项目	合计	内地	港澳台同胞	外国人
19	按10%税率征收				
20	按20%税率征收				
21	按30%税率征收				
22	按35%税率征收				
23	核定征收	344	344		
24	4. 劳务报酬所得	1486	1472	13	1
25	按20%税率征收	1393	1380	13	
26	按30%税率征收	60	59		1
27	按40%税率征收	33	33		
28	5. 稿酬所得	3	3		
29	6. 特许权使用费所得				
30	7. 利息、股息、红利所得	3552	3552		
31	8. 财产租赁所得	1014	1014		
32	9. 财产转让所得	5486	5484	2	
33	其中:限售股转让所得				
34	房屋转让所得	2066	2066		
35	10. 偶然所得	438	438		
36	11. 其他所得	971	971		
37	12. 税款滞纳金、罚款收入	16	16		

2013 年梅州市地方税务局个人所得税分项目统计年报表

编报机关:梅州市地方税务局　　　　单位:万元

序号	项　目	合　计	内　地	港澳台同胞	外　国　人
1	合　计	51402	51191	138	73
2	1. 工资、薪金所得	24842	24632	138	72
3	按 3% 税率征收	6202	6195	6	1
4	按 10% 税率征收	4240	4236	3	1
5	按 20% 税率征收	4226	4214	11	1
6	按 25% 税率征收	8504	8436	55	13
7	按 30% 税率征收	748	711	35	2
8	按 35% 税率征收	370	359	7	4
9	按 45% 税率征收	552	481	21	50
10	2. 个体工商户生产、经营所得	7404	7403		1
11	按 5% 税率征收	3	3		
12	按 10% 税率征收	5	5		
13	按 20% 税率征收	14	14		
14	按 30% 税率征收	15	14		1
15	按 35% 税率征收	153	153		
16	核定征收	7214	7214		
17	3. 企事业单位承包、承租经营所得	81	81		
18	按 5% 税率征收				

续表

序号	项　　目	合　　计	内　　地	港澳台同胞	外　国　人
19	按10%税率征收	1	1		
20	按20%税率征收				
21	按30%税率征收				
22	按35%税率征收				
23	核定征收	80	80		
24	4. 劳务报酬所得	1680	1680		
25	按20%税率征收	1502	1502		
26	按30%税率征收	114	114		
27	按40%税率征收	64	64		
28	5. 稿酬所得				
29	6. 特许权使用费所得				
30	7. 利息、股息、红利所得	4885	4885		
31	8. 财产租赁所得	94	94		
32	9. 财产转让所得	10567	10567		
33	其中:限售股转让所得	2797	2797		
34	房屋转让所得	6122	6122		
35	10. 偶然所得	588	588		
36	11. 其他所得	1002	1002		
37	12. 税款滞纳金、罚款收入	259	259		

2013 年惠州市地方税务局个人所得税分项目统计年报表

编报机关:惠州市地方税务局　　　　单位:万元

序号	项　　目	合　　计	内　　地	港澳台同胞	外　国　人
1	合　　计	184461	168024	4042	12395
2	1. 工资、薪金所得	128358	112248	3911	12199
3	按 3% 税率征收	31509	31387	99	23
4	按 10% 税率征收	18861	18628	164	69
5	按 20% 税率征收	21152	19761	1013	378
6	按 25% 税率征收	37226	33948	1040	2238
7	按 30% 税率征收	5805	3804	421	1580
8	按 35% 税率征收	5390	2261	394	2735
9	按 45% 税率征收	8415	2459	780	5176
10	2. 个体工商户生产、经营所得	19115	19062	51	2
11	按 5% 税率征收	58	58		
12	按 10% 税率征收	84	83	1	
13	按 20% 税率征收	290	289	1	
14	按 30% 税率征收	293	293		
15	按 35% 税率征收	683	683		
16	核定征收	17707	17656	49	2
17	3. 企事业单位承包、承租经营所得	109	109		
18	按 5% 税率征收				

续表

序号	项　　目	合　　计	内　　地	港澳台同胞	外　国　人
19	按10%税率征收				
20	按20%税率征收				
21	按30%税率征收				
22	按35%税率征收				
23	核定征收	109	109		
24	4. 劳务报酬所得	6815	6710	48	57
25	按20%税率征收	6024	5968	48	8
26	按30%税率征收	612	579		33
27	按40%税率征收	179	163		16
28	5. 稿酬所得	30	30		
29	6. 特许权使用费所得				
30	7. 利息、股息、红利所得	11711	11591		120
31	8. 财产租赁所得	902	886	15	1
32	9. 财产转让所得	8805	8797	8	
33	其中:限售股转让所得	1	1		
34	房屋转让所得	3606	3607	-1	
35	10. 偶然所得	2894	2886	5	3
36	11. 其他所得	5359	5357		2
37	12. 税款滞纳金、罚款收入	363	348	4	11

2013 年汕尾市地方税务局个人所得税分项目统计年报表

编报机关:汕尾市地方税务局　　　　单位:万元

序号	项　　目	合　　计	内　　地	港澳台同胞	外　国　人
1	合　　计	20658	20546	94	18
2	1. 工资、薪金所得	11500	11405	77	18
3	按 3% 税率征收	3673	3672	1	
4	按 10% 税率征收	1724	1720	2	2
5	按 20% 税率征收	1873	1853	16	4
6	按 25% 税率征收	3461	3416	33	12
7	按 30% 税率征收	452	452		
8	按 35% 税率征收	215	190	25	
9	按 45% 税率征收	102	102		
10	2. 个体工商户生产、经营所得	4725	4711	14	
11	按 5% 税率征收	10	10		
12	按 10% 税率征收	17	17		
13	按 20% 税率征收	43	43		
14	按 30% 税率征收	36	36		
15	按 35% 税率征收	148	148		
16	核定征收	4471	4457	14	
17	3. 企事业单位承包、承租经营所得	20	20		
18	按 5% 税率征收				

续表

序号	项　目	合　计	内　地	港澳台同胞	外　国　人
19	按10%税率征收				
20	按20%税率征收				
21	按30%税率征收				
22	按35%税率征收				
23	核定征收	20	20		
24	4. 劳务报酬所得	925	925		
25	按20%税率征收	592	592		
26	按30%税率征收	35	35		
27	按40%税率征收	298	298		
28	5. 稿酬所得				
29	6. 特许权使用费所得				
30	7. 利息、股息、红利所得	500	500		
31	8. 财产租赁所得	401	401		
32	9. 财产转让所得	1633	1630	3	
33	其中:限售股转让所得				
34	房屋转让所得	1287	1284	3	
35	10. 偶然所得	712	712		
36	11. 其他所得	190	190		
37	12. 税款滞纳金、罚款收入	52	52		

2013年东莞市地方税务局个人所得税分项目统计年报表

编报机关：东莞市地方税务局　　　　单位：万元

序号	项　目	合　计	内　地	港澳台同胞	外国人
1	合　计	517420	335975	102991	78454
2	1. 工资、薪金所得	341155	162700	100689	77766
3	按3%税率征收	32465	30500	937	1028
4	按10%税率征收	36744	29901	6340	503
5	按20%税率征收	53003	29472	21080	2451
6	按25%税率征收	108655	53446	37309	17900
7	按30%税率征收	35816	9784	11950	14082
8	按35%税率征收	28955	4356	9523	15076
9	按45%税率征收	45517	5241	13550	26726
10	2. 个体工商户生产、经营所得	66312	65164	1145	3
11	按5%税率征收	87	87		
12	按10%税率征收	193	192	1	
13	按20%税率征收	669	667	2	
14	按30%税率征收	971	969	2	
15	按35%税率征收	5501	5497	4	
16	核定征收	58891	57752	1136	3
17	3. 企事业单位承包、承租经营所得	96	96		
18	按5%税率征收				

续表

序号	项　　目	合　　计	内　　地	港澳台同胞	外　国　人
19	按10%税率征收				
20	按20%税率征收				
21	按30%税率征收				
22	按35%税率征收				
23	核定征收	96	96		
24	4. 劳务报酬所得	17957	17794	60	103
25	按20%税率征收	15326	15259	40	27
26	按30%税率征收	1627	1598	3	26
27	按40%税率征收	1004	937	17	50
28	5. 稿酬所得	16	16		
29	6. 特许权使用费所得	34	29	5	
30	7. 利息、股息、红利所得	45303	45273	29	1
31	8. 财产租赁所得	5806	5589	208	9
32	9. 财产转让所得	27908	27320	585	3
33	其中:限售股转让所得	-12	-12		
34	房屋转让所得	15225	15224	-2	3
35	10. 偶然所得	8284	8270	14	
36	11. 其他所得	1942	1701	45	196
37	12. 税款滞纳金、罚款收入	2607	2023	211	373

2013 年中山市地方税务局个人所得税分项目统计年报表

编报机关:中山市地方税务局

单位:万元

序号	项　目	合　计	内　地	港澳台同胞	外　国　人
1	合　计	253562	233248	7705	12609
2	1. 工资、薪金所得	120948	102603	6165	12180
3	按3%税率征收	9851	9739	57	55
4	按10%税率征收	25095	24671	350	74
5	按20%税率征收	22974	21579	1103	292
6	按25%税率征收	37511	33435	2217	1859
7	按30%税率征收	7903	5569	710	1624
8	按35%税率征收	6338	2767	662	2909
9	按45%税率征收	11276	4843	1066	5367
10	2. 个体工商户生产、经营所得	50993	50907	86	
11	按5%税率征收	54	54		
12	按10%税率征收	141	141		
13	按20%税率征收	582	582		
14	按30%税率征收	1178	1178		
15	按35%税率征收	9168	9168		
16	核定征收	39870	39784	86	
17	3. 企事业单位承包、承租经营所得	1	1		
18	按5%税率征收				

续表

序号	项　　目	合　　计	内　　地	港澳台同胞	外　国　人
19	按10%税率征收				
20	按20%税率征收				
21	按30%税率征收				
22	按35%税率征收				
23	核定征收	1	1		
24	4. 劳务报酬所得	6282	6144	69	69
25	按20%税率征收	4790	4763	20	7
26	按30%税率征收	855	815	31	9
27	按40%税率征收	637	566	18	53
28	5. 稿酬所得	10	10		
29	6. 特许权使用费所得	47	47		
30	7. 利息、股息、红利所得	34144	32744	1082	318
31	8. 财产租赁所得	7792	7764	22	6
32	9. 财产转让所得	26703	26509	194	
33	其中:限售股转让所得	66	66		
34	房屋转让所得	9428	9428		
35	10. 偶然所得	5927	5842	52	33
36	11. 其他所得	116	101	15	
37	12. 税款滞纳金、罚款收入	599	576	20	3

2013年江门市地方税务局个人所得税分项目统计年报表

编报机关:江门市地方税务局 单位:万元

序号	项目	合计	内地	港澳台同胞	外国人
1	合计	159607	143075	10593	5939
2	1. 工资、薪金所得	79816	71777	2203	5836
3	按3%税率征收	13460	13380	28	52
4	按10%税率征收	13355	13215	108	32
5	按20%税率征收	13366	13085	167	114
6	按25%税率征收	27192	25596	664	932
7	按30%税率征收	4768	3506	275	987
8	按35%税率征收	3613	1517	266	1830
9	按45%税率征收	4062	1478	695	1889
10	2. 个体工商户生产、经营所得	25419	25108	311	
11	按5%税率征收	153	153		
12	按10%税率征收	168	168		
13	按20%税率征收	480	480		
14	按30%税率征收	695	695		
15	按35%税率征收	2358	2358		
16	核定征收	21565	21254	311	
17	3. 企事业单位承包、承租经营所得	144	144		
18	按5%税率征收				

续表

序号	项　　目	合　　计	内　　地	港澳台同胞	外　国　人
19	按10%税率征收				
20	按20%税率征收				
21	按30%税率征收				
22	按35%税率征收				
23	核定征收	144	144		
24	4. 劳务报酬所得	19286	11296	7957	33
25	按20%税率征收	18595	10636	7953	6
26	按30%税率征收	456	453	1	2
27	按40%税率征收	235	207	3	25
28	5. 稿酬所得	3	3		
29	6. 特许权使用费所得	1	1		
30	7. 利息、股息、红利所得	16528	16419	73	36
31	8. 财产租赁所得	798	796	2	
32	9. 财产转让所得	15100	15058	42	
33	其中:限售股转让所得	8	8		
34	房屋转让所得	6509	6509		
35	10. 偶然所得	1983	1980	3	
36	11. 其他所得	262	262		
37	12. 税款滞纳金、罚款收入	267	231	2	34

2013年阳江市地方税务局个人所得税分项目统计年报表

编报机关:阳江市地方税务局　　　　单位:万元

序号	项　目	合　计	内　地	港澳台同胞	外国人
1	合　计	42462	41965	73	424
2	1. 工资、薪金所得	23136	22654	71	411
3	按3%税率征收	7834	7829	1	4
4	按10%税率征收	3450	3446	2	2
5	按20%税率征收	3586	3578	5	3
6	按25%税率征收	6815	6729	17	69
7	按30%税率征收	675	641		34
8	按35%税率征收	337	254	24	59
9	按45%税率征收	439	177	22	240
10	2. 个体工商户生产、经营所得	8112	8111	1	
11	按5%税率征收	9	9		
12	按10%税率征收	18	18		
13	按20%税率征收	72	72		
14	按30%税率征收	121	121		
15	按35%税率征收	338	338		
16	核定征收	7554	7553	1	
17	3. 企事业单位承包、承租经营所得	3	3		
18	按5%税率征收				

续表

序号	项　目	合　计	内　地	港澳台同胞	外国人
19	按10%税率征收				
20	按20%税率征收				
21	按30%税率征收				
22	按35%税率征收				
23	核定征收	3	3		
24	4. 劳务报酬所得	1799	1799		
25	按20%税率征收	1672	1672		
26	按30%税率征收	111	111		
27	按40%税率征收	16	16		
28	5. 稿酬所得	5	5		
29	6. 特许权使用费所得				
30	7. 利息、股息、红利所得	4564	4564		
31	8. 财产租赁所得	271	271		
32	9. 财产转让所得	3356	3356		
33	其中:限售股转让所得	4	4		
34	房屋转让所得	2064	2064		
35	10. 偶然所得	1043	1039	1	3
36	11. 其他所得	64	64		
37	12. 税款滞纳金、罚款收入	109	99		10

2013年湛江市地方税务局个人所得税分项目统计年报表

编报机关:湛江市地方税务局　　　　单位:万元

序号	项目	合计	内地	港澳台同胞	外国人
1	合计	89033	88635	224	174
2	1. 工资、薪金所得	42191	41806	211	174
3	按3%税率征收	6467	6464	2	1
4	按10%税率征收	10291	10282	4	5
5	按20%税率征收	9199	9176	15	8
6	按25%税率征收	13083	12949	104	30
7	按30%税率征收	1648	1584	57	7
8	按35%税率征收	777	695	29	53
9	按45%税率征收	726	656		70
10	2. 个体工商户生产、经营所得	15412	15408	4	
11	按5%税率征收	30	30		
12	按10%税率征收	10	10		
13	按20%税率征收	34	34		
14	按30%税率征收	58	58		
15	按35%税率征收	316	316		
16	核定征收	14964	14960	4	
17	3. 企事业单位承包、承租经营所得	15304	15304		
18	按5%税率征收				

续表

序号	项　目	合　计	内　地	港澳台同胞	外　国　人
19	按10%税率征收				
20	按20%税率征收				
21	按30%税率征收				
22	按35%税率征收				
23	核定征收	15304	15304		
24	4. 劳务报酬所得	2364	2364		
25	按20%税率征收	2128	2128		
26	按30%税率征收	177	177		
27	按40%税率征收	59	59		
28	5. 稿酬所得				
29	6. 特许权使用费所得	17	17		
30	7. 利息、股息、红利所得	3890	3881	9	
31	8. 财产租赁所得	267	267		
32	9. 财产转让所得	4642	4642		
33	其中:限售股转让所得				
34	房屋转让所得	1051	1051		
35	10. 偶然所得	4144	4144		
36	11. 其他所得	665	665		
37	12. 税款滞纳金、罚款收入	137	137		

2013 年茂名市地方税务局个人所得税分项目统计年报表

编报机关:茂名市地方税务局　　　　单位:万元

序号	项　目	合　计	内　地	港澳台同胞	外　国　人
1	合　计	49605	49537	2	66
2	1. 工资、薪金所得	22847	22779	2	66
3	按 3% 税率征收	2588	2569		19
4	按 10% 税率征收	5948	5947	1	
5	按 20% 税率征收	5086	5085		1
6	按 25% 税率征收	7774	7761	1	12
7	按 30% 税率征收	673	639		34
8	按 35% 税率征收	259	259		
9	按 45% 税率征收	519	519		
10	2. 个体工商户生产、经营所得	10554	10554		
11	按 5% 税率征收	6	6		
12	按 10% 税率征收	8	8		
13	按 20% 税率征收	26	26		
14	按 30% 税率征收	19	19		
15	按 35% 税率征收	12	12		
16	核定征收	10483	10483		
17	3. 企事业单位承包、承租经营所得	136	136		
18	按 5% 税率征收				

续表

序号	项　目	合　计	内　地	港澳台同胞	外国人
19	按10%税率征收				
20	按20%税率征收				
21	按30%税率征收				
22	按35%税率征收				
23	核定征收	136	136		
24	4. 劳务报酬所得	2098	2098		
25	按20%税率征收	1853	1853		
26	按30%税率征收	128	128		
27	按40%税率征收	117	117		
28	5. 稿酬所得	2	2		
29	6. 特许权使用费所得	1	1		
30	7. 利息、股息、红利所得	5515	5515		
31	8. 财产租赁所得	200	200		
32	9. 财产转让所得	6186	6186		
33	其中:限售股转让所得	26	26		
34	房屋转让所得	2633	2633		
35	10. 偶然所得	992	992		
36	11. 其他所得	909	909		
37	12. 税款滞纳金、罚款收入	165	165		

2013 年肇庆市地方税务局个人所得税分项目统计年报表

编报机关:肇庆市地方税务局　　　　单位:万元

序号	项　目	合　计	内　地	港澳台同胞	外 国 人
1	合　计	76889	74613	1063	1213
2	1. 工资、薪金所得	34903	32839	879	1185
3	按 3% 税率征收	6218	6117	57	44
4	按 10% 税率征收	6608	6468	105	35
5	按 20% 税率征收	5776	5590	129	57
6	按 25% 税率征收	12764	12203	298	263
7	按 30% 税率征收	1501	1381	36	84
8	按 35% 税率征收	938	711	27	200
9	按 45% 税率征收	1098	369	227	502
10	2. 个体工商户生产、经营所得	15120	15061	58	1
11	按 5% 税率征收	52	52		
12	按 10% 税率征收	43	43		
13	按 20% 税率征收	141	141		
14	按 30% 税率征收	232	232		
15	按 35% 税率征收	1554	1546	8	
16	核定征收	13098	13047	50	1
17	3. 企事业单位承包、承租经营所得	5037	5037		
18	按 5% 税率征收				

续表

序号	项　　目	合　　计	内　　地	港澳台同胞	外　国　人
19	按10%税率征收				
20	按20%税率征收				
21	按30%税率征收				
22	按35%税率征收	101	101		
23	核定征收	4936	4936		
24	4. 劳务报酬所得	2379	2352	1	26
25	按20%税率征收	2092	2084	1	7
26	按30%税率征收	183	164		19
27	按40%税率征收	104	104		
28	5. 稿酬所得	2	2		
29	6. 特许权使用费所得	1	1		
30	7. 利息、股息、红利所得	8464	8464		
31	8. 财产租赁所得	518	518		
32	9. 财产转让所得	7302	7302		
33	其中:限售股转让所得	5	5		
34	房屋转让所得	3542	3542		
35	10. 偶然所得	2108	1983	125	
36	11. 其他所得	511	510		1
37	12. 税款滞纳金、罚款收入	544	544		

2013年清远市地方税务局个人所得税分项目统计年报表

编报机关:清远市地方税务局　　　　单位:万元

序号	项　目	合　计	内　地	港澳台同胞	外国人
1	合　计	65035	64296	508	231
2	1. 工资、薪金所得	28571	27914	432	225
3	按3%税率征收	6234	6248	-14	
4	按10%税率征收	6165	6127	32	6
5	按20%税率征收	5522	5400	109	13
6	按25%税率征收	8423	8160	155	108
7	按30%税率征收	1051	950	58	43
8	按35%税率征收	443	352	57	34
9	按45%税率征收	733	677	35	21
10	2. 个体工商户生产、经营所得	13035	13028	7	
11	按5%税率征收	1059	1059		
12	按10%税率征收	19	19		
13	按20%税率征收	54	54		
14	按30%税率征收	101	101		
15	按35%税率征收	301	301		
16	核定征收	11501	11494	7	
17	3. 企事业单位承包、承租经营所得	5	5		
18	按5%税率征收				

续表

序号	项　　目	合　　计	内　　地	港澳台同胞	外　国　人
19	按10%税率征收				
20	按20%税率征收				
21	按30%税率征收				
22	按35%税率征收				
23	核定征收	5	5		
24	4. 劳务报酬所得	10066	10030	35	1
25	按20%税率征收	9902	9868	33	1
26	按30%税率征收	138	138		
27	按40%税率征收	26	24	2	
28	5. 稿酬所得				
29	6. 特许权使用费所得				
30	7. 利息、股息、红利所得	3010	3005		5
31	8. 财产租赁所得	976	976		
32	9. 财产转让所得	7564	7564		
33	其中:限售股转让所得	18	18		
34	房屋转让所得	4906	4906		
35	10. 偶然所得	1561	1561		
36	11. 其他所得	40	40		
37	12. 税款滞纳金、罚款收入	207	173	34	

2013 年潮州市地方税务局个人所得税分项目统计年报表

编报机关:潮州市地方税务局　　　　单位:万元

序号	项　　目	合　　计	内　　地	港澳台同胞	外　国　人
1	合　　计	47371	47243	95	33
2	1. 工资、薪金所得	14369	14245	92	32
3	按 3% 税率征收	843	843		
4	按 10% 税率征收	2194	2184	8	2
5	按 20% 税率征收	2097	2061	36	
6	按 25% 税率征收	5165	5146	15	4
7	按 30% 税率征收	918	901	17	
8	按 35% 税率征收	504	503	1	
9	按 45% 税率征收	2648	2607	15	26
10	2. 个体工商户生产、经营所得	12894	12892	1	1
11	按 5% 税率征收	10	10		
12	按 10% 税率征收	18	18		
13	按 20% 税率征收	98	98		
14	按 30% 税率征收	196	196		
15	按 35% 税率征收	1476	1476		
16	核定征收	11096	11094	1	1
17	3. 企事业单位承包、承租经营所得	5077	5077		
18	按 5% 税率征收				

续表

序号	项目	合计	内地	港澳台同胞	外国人
19	按10%税率征收				
20	按20%税率征收				
21	按30%税率征收				
22	按35%税率征收				
23	核定征收	5077	5077		
24	4. 劳务报酬所得	1477	1476	1	
25	按20%税率征收	1148	1147	1	
26	按30%税率征收	133	133		
27	按40%税率征收	196	196		
28	5. 稿酬所得	3	3		
29	6. 特许权使用费所得	43	43		
30	7. 利息、股息、红利所得	11592	11591	1	
31	8. 财产租赁所得	355	355		
32	9. 财产转让所得	693	693		
33	其中:限售股转让所得				
34	房屋转让所得	356	356		
35	10. 偶然所得	661	661		
36	11. 其他所得	53	53		
37	12. 税款滞纳金、罚款收入	154	154		

2013年揭阳市地方税务局个人所得税分项目统计年报表

编报机关:揭阳市地方税务局　　　　单位:万元

序号	项目	合计	内地	港澳台同胞	外国人
1	合计	68549	68154	39	356
2	1. 工资、薪金所得	25491	25117	25	349
3	按3%税率征收	11529	11526	2	1
4	按10%税率征收	3719	3715	4	
5	按20%税率征收	3656	3646	9	1
6	按25%税率征收	5587	5550	10	27
7	按30%税率征收	499	479		20
8	按35%税率征收	153	110		43
9	按45%税率征收	348	91		257
10	2. 个体工商户生产、经营所得	12342	12331	6	5
11	按5%税率征收	43	43		
12	按10%税率征收	33	33		
13	按20%税率征收	177	177		
14	按30%税率征收	213	213		
15	按35%税率征收	708	708		
16	核定征收	11168	11157	6	5
17	3. 企事业单位承包、承租经营所得	7024	7024		
18	按5%税率征收				

续表

序号	项　　目	合　　计	内　　地	港澳台同胞	外　国　人
19	按10%税率征收				
20	按20%税率征收				
21	按30%税率征收	1	1		
22	按35%税率征收				
23	核定征收	7023	7023		
24	4. 劳务报酬所得	1879	1874	4	1
25	按20%税率征收	1620	1619		1
26	按30%税率征收	175	175		
27	按40%税率征收	84	80	4	
28	5. 稿酬所得				
29	6. 特许权使用费所得				
30	7. 利息、股息、红利所得	14897	14894	3	
31	8. 财产租赁所得	672	672		
32	9. 财产转让所得	4732	4732		
33	其中:限售股转让所得				
34	房屋转让所得	3507	3507		
35	10. 偶然所得	574	574		
36	11. 其他所得	444	444		
37	12. 税款滞纳金、罚款收入	494	492	1	1

2013 年云浮市地方税务局个人所得税分项目统计年报表

编报机关:云浮市地方税务局　　　　单位:万元

序号	项　目	合　计	内　地	港澳台同胞	外 国 人
1	合　计	72114	71528	241	345
2	1. 工资、薪金所得	18149	17653	151	345
3	按 3% 税率征收	4798	4795	3	
4	按 10% 税率征收	3733	3724	7	2
5	按 20% 税率征收	3522	3503	10	9
6	按 25% 税率征收	5054	4914	78	62
7	按 30% 税率征收	497	440	13	44
8	按 35% 税率征收	339	190	31	118
9	按 45% 税率征收	206	87	9	110
10	2. 个体工商户生产、经营所得	7334	7328	6	
11	按 5% 税率征收	39	39		
12	按 10% 税率征收	13	13		
13	按 20% 税率征收	34	34		
14	按 30% 税率征收	19	19		
15	按 35% 税率征收	86	86		
16	核定征收	7143	7137	6	
17	3. 企事业单位承包、承租经营所得	8	8		
18	按 5% 税率征收				

续表

序号	项　　目	合　　计	内　　地	港澳台同胞	外　国　人
19	按10%税率征收				
20	按20%税率征收				
21	按30%税率征收				
22	按35%税率征收				
23	核定征收	8	8		
24	4. 劳务报酬所得	2265	2265		
25	按20%税率征收	2136	2136		
26	按30%税率征收	91	91		
27	按40%税率征收	38	38		
28	5. 稿酬所得				
29	6. 特许权使用费所得				
30	7. 利息、股息、红利所得	33863	33786	77	
31	8. 财产租赁所得	268	267	1	
32	9. 财产转让所得	8935	8931	4	
33	其中:限售股转让所得	2621	2621		
34	房屋转让所得	1367	1366	1	
35	10. 偶然所得	495	495		
36	11. 其他所得	304	302	2	
37	12. 税款滞纳金、罚款收入	493	493		

2013 年顺德区地方税务局个人所得税分项目统计年报表

编报机关:顺德区地方税务局　　　　单位:万元

序号	项　目	合　计	内　地	港澳台同胞	外国人
1	合　计	199879	186972	3550	9357
2	1. 工资、薪金所得	112658	100231	3125	9302
3	按 3% 税率征收	13888	13774	30	84
4	按 10% 税率征收	14657	14544	80	33
5	按 20% 税率征收	15253	14937	149	167
6	按 25% 税率征收	35283	33324	840	1119
7	按 30% 税率征收	8588	6991	523	1074
8	按 35% 税率征收	7717	5038	450	2229
9	按 45% 税率征收	17272	11623	1053	4596
10	2. 个体工商户生产、经营所得	28592	28542	50	
11	按 5% 税率征收	12	12		
12	按 10% 税率征收	13	13		
13	按 20% 税率征收	49	49		
14	按 30% 税率征收	127	127		
15	按 35% 税率征收	3522	3522		
16	核定征收	24869	24819	50	
17	3. 企事业单位承包、承租经营所得	20	20		
18	按 5% 税率征收				

续表

序号	项　　目	合　　计	内　　地	港澳台同胞	外　国　人
19	按10%税率征收				
20	按20%税率征收				
21	按30%税率征收	2	2		
22	按35%税率征收	14	14		
23	核定征收	4	4		
24	4. 劳务报酬所得	3640	3577	42	21
25	按20%税率征收	2887	2870	14	3
26	按30%税率征收	392	364	22	6
27	按40%税率征收	361	343	6	12
28	5. 稿酬所得	7	4		3
29	6. 特许权使用费所得	19	19		
30	7. 利息、股息、红利所得	26205	26145	60	
31	8. 财产租赁所得	2579	2455	117	7
32	9. 财产转让所得	24566	24398	152	16
33	其中:限售股转让所得	6	6		
34	房屋转让所得	16192	16192		
35	10. 偶然所得	1219	1213		6
36	11. 其他所得	48	48		
37	12. 税款滞纳金、罚款收入	326	320	4	2

2013年广东省地方税务局涉外税收分行业分税种统计年报表

编报机关:广东省地方税务局　　单位:万元

序号	项　目	合　计	营业税	企业所得税	个人所得税	城市维护建设税	房产税	城镇土地使用税	车船税	其他各税
1	一、涉外税收收入	9882406	1952024	2271740	2023692	1367925	560632	321049	4601	1380743
2	(一)中外合资经营企业	2488054	440930	509193	490980	436928	156076	86588	1810	365549
3	1. 采矿业	2461	1	48	256	346	183	74		1553
4	2. 制造业	1073056	22129	210302	276281	355621	82553	47807	338	78025
5	3. 电力、热力、燃气和水的生产和供应业	91638	3023	51470	11069	11485	5311	5671	14	3595
6	4. 建筑业	34613	18443	7780	4670	1464	555	310	23	1368
7	5. 批发和零售业	139484	15209	47058	29674	26424	3999	2249	55	14816
8	6. 交通运输、仓储和邮政业	153829	16732	68036	43566	5501	9675	6182	729	3408
9	7. 住宿和餐饮业	53167	38080	1210	4414	2721	4384	1191	9	1158
10	8. 信息传输、软件和信息技术服务业	18312	3649	3053	8132	1362	948	319	6	843
11	9. 金融业	77041	29861	1804	40752	3026	68	100	418	1012
12	10. 房地产业	666289	244381	89511	21006	17078	32609	15164	52	246488
13	11. 租赁和商务服务业	68007	16633	14430	21778	3452	6769	1355	96	3494
14	12. 科学研究和技术服务业	33561	4352	1955	14580	5142	891	899	17	5725
15	13. 文化、体育和娱乐业	21525	8518	5229	1924	688	1212	3668	3	283
16	14. 其他行业	55071	19919	7307	12878	2618	6919	1599	50	3781
17	(二)中外合作经营企业	963164	249982	236202	49095	75575	34883	33894	250	283283
18	1. 采矿业	485	27	2	173	42	26	59		156

续表

序号	项目	合计	营业税	企业所得税	个人所得税	城市维护建设税	房产税	城镇土地使用税	车船税	其他各税
19	2. 制造业	105697	3297	20194	13044	51759	6283	6021	70	5029
20	3. 电力、热力、燃气和水的生产和供应业	54336	839	42001	2286	4452	2464	1426	2	866
21	4. 建筑业	8078	5075	538	358	339	387	59	1	1321
22	5. 批发和零售业	82600	1061	75059	3439	1784	469	308	12	468
23	6. 交通运输、仓储和邮政业	25847	19809	1244	1956	1409	623	670	56	80
24	7. 住宿和餐饮业	21274	12250	2140	1264	986	3899	582	11	142
25	8. 信息传输、软件和信息技术服务业	5629	313	2087	2225	124	678	127	6	69
26	9. 金融业	94	88			6				
27	10. 房地产业	558690	167172	74144	13424	11383	15520	7992	66	268989
28	11. 租赁和商务服务业	21468	6816	3800	6045	1078	1684	1251	10	784
29	12. 科学研究和技术服务业	1161	358	378	334	70	3	2	1	15
30	13. 文化、体育和娱乐业	30418	9757	2197	579	511	1233	14603	3	1535
31	14. 其他行业	47387	23120	12418	3968	1632	1614	794	12	3829
32	（三）外资企业	5760694	1143828	1181886	1366504	839043	346136	194463	2280	686554
33	1. 采矿业	705	2		194	112	90	105	2	200
34	2. 制造业	2554214	64959	691446	609454	648657	217274	133235	735	188454
35	3. 电力、热力、燃气和水的生产和供应业	23983	1349	853	6925	8415	1853	2397	6	2185
36	4. 建筑业	80600	31385	36007	7290	2605	472	552	5	2284

续表

序号	项　目	合　计	营业税	企业所得税	个人所得税	城市维护建设税	房产税	城镇土地使用税	车船税	其他各税
37	5. 批发和零售业	364974	50903	53335	155550	66350	10770	4507	190	23369
38	6. 交通运输、仓储和邮政业	68275	7801	19403	23354	5546	5287	3014	334	3536
39	7. 住宿和餐饮业	140206	107307	5952	9831	7486	6751	1624	24	1231
40	8. 信息传输、软件和信息技术服务业	457058	202034	71547	144471	24655	7799	1337	28	5187
41	9. 金融业	159728	92453	183	50750	7052	887	17	500	7886
42	10. 房地产业	1274441	488149	131622	86799	33868	77146	32324	126	424407
43	11. 租赁和商务服务业	302216	54964	69253	143504	11302	6566	3569	189	12869
44	12. 科学研究和技术服务业	209187	9692	78542	95805	16101	4266	1284	44	3453
45	13. 文化、体育和娱乐业	21071	6692	4196	813	683	708	6839		1140
46	14. 其他行业	104036	26138	19547	31764	6211	6267	3659	97	10353
47	（四）外国企业（非居民企业）	516198	99631	344459	29722	15227	17332	2266	212	7349
48	1. 外国企业常驻代表机构	58430	30207	1725	23173	2454	537	90	2	242
49	2. 提供劳务、承包工程作业	5445	1776	172	672	256	2405	25		139
50	3. 金融和保险	132360	35091	68037	4158	6133	12014	1925	208	4794
51	4. 国际运输收入	50	14	36						
52	5. 支付单位扣缴	304865	24422	273585		5658	30	16		1154
53	6. 其他	15048	8121	904	1719	726	2346	210	2	1020
54	（五）外籍个人	154296	17653		87391	1152	6205	3838	49	38008

2013年广东省地方税务局资源税分企业类型统计年报表

编报机关:广东省地方税务局　　　　单位:万元

序号	项目	合计	内资企业									港澳台投资企业	外商投资企业	个体经营
			小计	国有企业	集体企业	股份合作企业	联营企业	有限责任公司	股份有限公司	私营企业	其他企业			
1	合计	139625	108058	5128	5396	300	376	64153	9888	19461	3356	18216	1433	11918
2	一、原油	49	49					42	7					
3	二、天然气	2	2					2						
4	三、煤炭	3	3					3						
5	四、其他非金属矿原矿	108533	79058	4419	5250	299	361	48188	1652	15536	3353	16664	1380	11431
6	其中:石灰石	40528	23529	165	1188	163	223	18992	173	2605	20	14584	883	1532
7	五、黑色金属矿原矿	23727	21970	229				14443	4544	2754		1388	50	319
8	其中:铁矿石	11246	9621	177				3887	3535	2022		1388		237
9	六、有色金属矿原矿	3603	3602	14	12			453	3118	5				1
10	七、盐	559	559	34	5		14	28	470	8				
11	八、矿泉水、地下水													
12	九、其他													
13	十、税款滞纳金、罚款收入	3149	2815	432	129	1	1	994	97	1158	3	164	3	167

2013年广东省地方税务局应收、实收社会保险基金明细年报表

编报机关:广东省地方税务局

单位:万元

序号	项目	本年基数征缴累计				往年欠费追缴累计			
		合计	省级	市级	县(区)级	合计	省级	市级	县(区)级
1	一、应收合计	19808151	1791584	10573472	7443095	347053	4251	192271	150531
2	1. 养老保险	13051042	1745515	6478165	4827362	262538	5634	136841	120063
3	单位	8020057	1178723	3969070	2872264	165374	4601	83524	77249
4	个人	5030985	566792	2509095	1955098	97164	1033	53317	42814
5	2. 医疗保险	5351078	2394	3244789	2103895	64389		43175	21214
6	单位	4300401	1431	2628389	1670581	55845		38121	17724
7	个人	1050677	963	616400	433314	8544		5054	3490
8	3. 失业保险	698908	882	455825	242201	12607		6577	6030
9	单位	525676	541	350663	174472	9106		4959	4147
10	个人	173232	341	105162	67729	3501		1618	1883
11	4. 工伤保险	427549	27077	258323	142149	5585	-1318	4611	2292
12	5. 生育保险	279574	15716	136370	127488	1934	-65	1067	932
13	二、入库合计	19422959	1965816	10441973	7015170	53326	1359	20733	31234
14	1. 养老保险	12787606	1921013	6375947	4490646	40107	1337	14144	24626
15	单位	7853381	1172837	3948757	2731787	23614	956	7907	14751
16	个人	4920140	563427	2495807	1860906	16401	381	6170	9850
17	滞纳金	9704	595	2574	6535	92		67	25
18	利息	4381	33	448	3900				
19	地市级上划调剂金		71639	-71639					
20	县级上划调剂金		112482		-112482				

续表

序号	项目	本年基数征缴累计				往年欠费追缴累计			
		合计	省级	市级	县(区)级	合计	省级	市级	县(区)级
21	2. 医疗保险	5260971		3219520	2041451	10236		5467	4769
22	单位	4228710		2601342	1627368	8576		4760	3816
23	个人	1030138		617438	412700	1643		691	952
24	滞纳金	1757		600	1157	17		16	1
25	利息	366		140	226				
26	3. 失业保险	678380	1404	453615	223361	1804		588	1216
27	单位	512770		349772	162998	1281		436	845
28	个人	164973		105047	59926	520		151	369
29	滞纳金	545		180	365	3		1	2
30	利息	92		20	72				
31	地市级上划调剂金		1404	-1404					
32	县级上划调剂金								
33	4. 工伤保险	420783	27819	256848	136116	791	12	367	412
34	单位	420496	26881	257672	135943	787	12	363	412
35	滞纳金	245	25	78	142	4		4	
36	利息	42		11	31				
37	地市级上划调剂金		913	-913					
38	县级上划调剂金								
39	5. 生育保险	275219	15580	136043	123596	388	10	167	211
40	单位	275081	15574	136000	123507	388	10	167	211
41	滞纳金	129	6	39	84				
42	利息	9		4	5				

2013年广州市地方税务局应收、实收社会保险基金明细年报表

编报机关:广州市地方税务局　　　　单位:万元

序号	项目	本年基数征缴累计				往年欠费追缴累计			
		合计	省级	市级	县(区)级	合计	省级	市级	县(区)级
1	一、应收合计	6190555		4933820	1256735	158925		135430	23495
2	1. 养老保险	3325468		2588800	736668	113047		96714	16333
3	单位	2044684		1604567	440117	66702		57401	9301
4	个人	1280784		984233	296551	46345		39313	7032
5	2. 医疗保险	2348029		1916025	432004	38690		32286	6404
6	单位	1946159		1590334	355825	34910		29282	5628
7	个人	401870		325691	76179	3780		3004	776
8	3. 失业保险	306603		265505	41098	3755		3480	275
9	单位	229703		195663	34040	2933		2706	227
10	个人	76900		69842	7058	822		774	48
11	4. 工伤保险	87142		65470	21672	2718		2301	417
12	5. 生育保险	123313		98020	25293	715		649	66
13	二、入库合计	6142701		4900364	1242337	14441		10419	4022
14	1. 养老保险	3299965		2576168	723797	9395		6745	2650
15	单位	2029147		1597103	432044	4845		3407	1438
16	个人	1269923		978332	291591	4544		3334	1210
17	滞纳金	895		733	162	6		4	2
18	利息								
19	地市级上划调剂金								
20	县级上划调剂金								

续表

序号	项目	本年基数征缴累计				往年欠费追缴累计			
		合计	省级	市级	县(区)级	合计	省级	市级	县(区)级
21	2. 医疗保险	2326520		1895795	430725	4512		3281	1231
22	单位	1919841		1567713	352128	4081		3013	1068
23	个人	406291		327782	78509	429		266	163
24	滞纳金	388		300	88	2		2	
25	利息								
26	3. 失业保险	306217		265237	40980	327		248	79
27	单位	229320		195394	33926	246		182	64
28	个人	76829		69787	7042	81		66	15
29	滞纳金	68		56	12				
30	利息								
31	地市级上划调剂金								
32	县级上划调剂金								
33	4. 工伤保险	86959		65341	21618	89		54	35
34	单位	86936		65323	21613	89		54	35
35	滞纳金	23		18	5				
36	利息								
37	地市级上划调剂金								
38	县级上划调剂金								
39	5. 生育保险	123040		97823	25217	118		91	27
40	单位	123014		97803	25211	118		91	27
41	滞纳金	26		20	6				
42	利息								

2013年深圳市地方税务局应收、实收社会保险基金明细年报表

编报机关:深圳市地方税务局　　　　单位:万元

序号	项目	本年基数征缴累计				往年欠费追缴累计			
		合计	省级	市级	县(区)级	合计	省级	市级	县(区)级
1	一、应收合计	134296	134296						
2	1. 养老保险	134296	134296						
3	单位	92974	92974						
4	个人	41322	41322						
5	2. 医疗保险								
6	单位								
7	个人								
8	3. 失业保险								
9	单位								
10	个人								
11	4. 工伤保险								
12	5. 生育保险								
13	二、入库合计	134295	134295						
14	1. 养老保险	134295	134295						
15	单位	92973	92973						
16	个人	41322	41322						
17	滞纳金								
18	利息								
19	地市级上划调剂金								
20	县级上划调剂金								

续表

序号	项目	本年基数征缴累计				往年欠费追缴累计			
		合计	省级	市级	县(区)级	合计	省级	市级	县(区)级
21	2. 医疗保险								
22	单位								
23	个人								
24	滞纳金								
25	利息								
26	3. 失业保险								
27	单位								
28	个人								
29	滞纳金								
30	利息								
31	地市级上划调剂金								
32	县级上划调剂金								
33	4. 工伤保险								
34	单位								
35	滞纳金								
36	利息								
37	地市级上划调剂金								
38	县级上划调剂金								
39	5. 生育保险								
40	单位								
41	滞纳金								
42	利息								

2013 年珠海市地方税务局应收、实收社会保险基金明细年报表

编报机关:珠海市地方税务局　　　　单位:万元

序号	项目	本年基数征缴累计				往年欠费追缴累计			
		合计	省级	市级	县(区)级	合计	省级	市级	县(区)级
1	一、应收合计	931374	17715	913659		18513		18513	
2	1. 养老保险	625183	17715	607468		12490		12490	
3	单位	365595	12264	353331		7710		7710	
4	个人	259588	5451	254137		4780		4780	
5	2. 医疗保险	224478		224478		4694		4694	
6	单位	177683		177683		3629		3629	
7	个人	46795		46795		1065		1065	
8	3. 失业保险	46164		46164		843		843	
9	单位	37537		37537		583		583	
10	个人	8627		8627		260		260	
11	4. 工伤保险	18716		18716		353		353	
12	5. 生育保险	16833		16833		133		133	
13	二、入库合计	924654	44943	879711		2629		2629	
14	1. 养老保险	620414	43076	577338		1789		1789	
15	单位	362591	12256	350335		994		994	
16	个人	257443	5447	251996		795		795	
17	滞纳金	299		299					
18	利息	81	4	77					
19	地市级上划调剂金		25369	-25369					
20	县级上划调剂金								

续表

序号	项目	本年基数征缴累计				往年欠费追缴累计			
		合计	省级	市级	县(区)级	合计	省级	市级	县(区)级
21	2. 医疗保险	222758		222758		732		732	
22	单位	176293		176293		553		553	
23	个人	46379		46379		179		179	
24	滞纳金	55		55					
25	利息	31		31					
26	3. 失业保险	46045	1109	44936		63		63	
27	单位	37416		37416		43		43	
28	个人	8612		8612		20		20	
29	滞纳金	11		11					
30	利息	6		6					
31	地市级上划调剂金		1109	-1109					
32	县级上划调剂金								
33	4. 工伤保险	18655	758	17897		21		21	
34	单位	18648		18648		21		21	
35	滞纳金	5		5					
36	利息	2		2					
37	地市级上划调剂金		758	-758					
38	县级上划调剂金								
39	5. 生育保险	16782		16782		24		24	
40	单位	16776		16776		24		24	
41	滞纳金	4		4					
42	利息	2		2					

2013 年汕头市地方税务局应收、实收社会保险基金明细年报表

编报机关:汕头市地方税务局　　　　单位:万元

序号	项　目	本年基数征缴累计				往年欠费追缴累计			
		合　计	省　级	市　级	县(区)级	合　计	省　级	市　级	县(区)级
1	一、应收合计	491002	17160	372908	100934	6851		4795	2056
2	1. 养老保险	348883	17160	257611	74112	4626		2827	1799
3	单位	217626	11880	161617	44129	3449		2342	1107
4	个人	131257	5280	95994	29983	1177		485	692
5	2. 医疗保险	97156		79481	17675	1318		1310	8
6	单位	79486		65337	14149	1265		1259	6
7	个人	17670		14144	3526	53		51	2
8	3. 失业保险	26104		20848	5256	621		457	164
9	单位	17417		13915	3502	426		336	90
10	个人	8687		6933	1754	195		121	74
11	4. 工伤保险	6492		5168	1324	139		104	35
12	5. 生育保险	12367		9800	2567	147		97	50
13	二、入库合计	488453	35258	357220	95975	418		181	237
14	1. 养老保险	346713	35258	242128	69327	354		149	205
15	单位	216079	11880	160613	43586	223		94	129
16	个人	128932	5280	95578	28074	131		55	76
17	滞纳金	246		246					
18	利息	1456			1456				
19	地市级上划调剂金		14309	-14309					
20	县级上划调剂金		3789		-3789				

续表

序号	项目	本年基数征缴累计				往年欠费追缴累计			
		合计	省级	市级	县(区)级	合计	省级	市级	县(区)级
21	2. 医疗保险	97121		79463	17658	9		9	
22	单位	79455		65319	14136	8		8	
23	个人	17662		14140	3522	1		1	
24	滞纳金	4		4					
25	利息								
26	3. 失业保险	25908		20742	5166	32		13	19
27	单位	17237		13820	3417	17		7	10
28	个人	8627		6901	1726	15		6	9
29	滞纳金	21		21					
30	利息	23			23				
31	地市级上划调剂金								
32	县级上划调剂金								
33	4. 工伤保险	6442		5141	1301	7		3	4
34	单位	6432		5136	1296	7		3	4
35	滞纳金	5		5					
36	利息	5			5				
37	地市级上划调剂金								
38	县级上划调剂金								
39	5. 生育保险	12269		9746	2523	16		7	9
40	单位	12256		9736	2520	16		7	9
41	滞纳金	10		10					
42	利息	3			3				

2013 年佛山市地方税务局应收、实收社会保险基金明细年报表

编报机关:佛山市地方税务局　　　　单位:万元

序号	项　目	本年基数征缴累计				往年欠费追缴累计			
		合　计	省　级	市　级	县(区)级	合　计	省　级	市　级	县(区)级
1	一、应收合计	1398489	35904		1362585	10409	179		10230
2	1. 养老保险	900117	35898		864219	7375	179		7196
3	单位	533091	24852		508239	4457	124		4333
4	个人	367026	11046		355980	2918	55		2863
5	2. 医疗保险	386866			386866	2436			2436
6	单位	296132			296132	1862			1862
7	个人	90734			90734	574			574
8	3. 失业保险	37252			37252	282			282
9	单位	21382			21382	159			159
10	个人	15870			15870	123			123
11	4. 工伤保险	33369	4		33365	166			166
12	5. 生育保险	40885	2		40883	150			150
13	二、入库合计	1392176	35904		1356272	3678			3678
14	1. 养老保险	895847	35898		859949	2501			2501
15	单位	529239	24852		504387	1440			1440
16	个人	365381	11046		354335	1060			1060
17	滞纳金	1227			1227	1			1
18	利息								
19	地市级上划调剂金								
20	县级上划调剂金								

续表

序号	项目	本年基数征缴累计				往年欠费追缴累计			
		合计	省级	市级	县(区)级	合计	省级	市级	县(区)级
21	2. 医疗保险	385161			385161	930			930
22	单位	294224			294224	710			710
23	个人	90354			90354	220			220
24	滞纳金	583			583				
25	利息								
26	3. 失业保险	37117			37117	104			104
27	单位	21209			21209	48			48
28	个人	15831			15831	56			56
29	滞纳金	77			77				
30	利息								
31	地市级上划调剂金								
32	县级上划调剂金								
33	4. 工伤保险	33261	4		33257	83			83
34	单位	33206	4		33202	83			83
35	滞纳金	55			55				
36	利息								
37	地市级上划调剂金								
38	县级上划调剂金								
39	5. 生育保险	40790	2		40788	60			60
40	单位	40758	2		40756	60			60
41	滞纳金	32			32				
42	利息								

2013 年韶关市地方税务局应收、实收社会保险基金明细年报表

编报机关:韶关市地方税务局　　　　单位:万元

序号	项目	本年基数征缴累计				往年欠费追缴累计			
		合计	省级	市级	县(区)级	合计	省级	市级	县(区)级
1	一、应收合计	408306	23616	205582	179108	477	256	88	133
2	1. 养老保险	239557	23613	101812	114132	444	256	67	121
3	单位	158114	16300	66962	74852	297	177	42	78
4	个人	81443	7313	34850	39280	147	79	25	43
5	2. 医疗保险	140757		85809	54948	31		19	12
6	单位	124128		75892	48236	30		18	12
7	个人	16629		9917	6712	1		1	
8	3. 失业保险	16861		11462	5399	2		2	
9	单位	11914		8124	3790	1		1	
10	个人	4947		3338	1609	1		1	
11	4. 工伤保险	8709	2	5116	3591				
12	5. 生育保险	2422	1	1383	1038				
13	二、入库合计	405907	36228	198945	170734	371	256	89	26
14	1. 养老保险	237923	36225	95364	106334	347	256	68	23
15	单位	156300	16248	66412	73640	234	177	43	14
16	个人	81302	7313	34839	39150	113	79	25	9
17	滞纳金	257	51	79	127				
18	利息	64	5	14	45				
19	地市级上划调剂金		5980	-5980					
20	县级上划调剂金		6628		-6628				

续表

序号	项目	本年基数征缴累计				往年欠费追缴累计			
		合计	省级	市级	县(区)级	合计	省级	市级	县(区)级
21	2. 医疗保险	139996		85625	54371	22		19	3
22	单位	123305		75671	47634	21		18	3
23	个人	16625		9915	6710	1		1	
24	滞纳金	33		28	5				
25	利息	33		11	22				
26	3. 失业保险	16856		11458	5398	2		2	
27	单位	11888		8110	3778	1		1	
28	个人	4945		3337	1608	1		1	
29	滞纳金	20		9	11				
30	利息	3		2	1				
31	地市级上划调剂金								
32	县级上划调剂金								
33	4. 工伤保险	8710	2	5116	3592				
34	单位	8700	2	5111	3587				
35	滞纳金	7		4	3				
36	利息	3		1	2				
37	地市级上划调剂金								
38	县级上划调剂金								
39	5. 生育保险	2422	1	1382	1039				
40	单位	2419	1	1380	1038				
41	滞纳金	3		2	1				
42	利息								

2013 年河源市地方税务局应收、实收社会保险基金明细年报表

编报机关:河源市地方税务局　　　　单位:万元

序号	项目	本年基数征缴累计				往年欠费追缴累计			
		合计	省级	市级	县(区)级	合计	省级	市级	县(区)级
1	一、应收合计	218959	6224	69383	143352				
2	1. 养老保险	139103	6224	45183	87696				
3	单位	77860	4541	27575	45744				
4	个人	61243	1683	17608	41952				
5	2. 医疗保险	62447		17258	45189				
6	单位	49844		13967	35877				
7	个人	12603		3291	9312				
8	3. 失业保险	8695		3660	5035				
9	单位	6833		3052	3781				
10	个人	1862		608	1254				
11	4. 工伤保险	3642		1577	2065				
12	5. 生育保险	5072		1705	3367				
13	二、入库合计	219215	12602	66919	139694				
14	1. 养老保险	139337	12602	42719	84016				
15	单位	77597	4540	27551	45506				
16	个人	61085	1673	17600	41812				
17	滞纳金	149			149				
18	利息	506	1	32	473				
19	地市级上划调剂金		2464	-2464					
20	县级上划调剂金		3924		-3924				

续表

序号	项目	本年基数征缴累计				往年欠费追缴累计			
		合计	省级	市级	县(区)级	合计	省级	市级	县(区)级
21	2. 医疗保险	62447		17258	45189				
22	单位	49840		13965	35875				
23	个人	12603		3291	9312				
24	滞纳金								
25	利息	4		2	2				
26	3. 失业保险	8710		3660	5050				
27	单位	6826		3052	3774				
28	个人	1862		608	1254				
29	滞纳金								
30	利息	22			22				
31	地市级上划调剂金								
32	县级上划调剂金								
33	4. 工伤保险	3649		1577	2072				
34	单位	3639		1577	2062				
35	滞纳金								
36	利息	10			10				
37	地市级上划调剂金								
38	县级上划调剂金								
39	5. 生育保险	5072		1705	3367				
40	单位	5072		1705	3367				
41	滞纳金								
42	利息								

2013年梅州市地方税务局应收、实收社会保险基金明细年报表

编报机关：梅州市地方税务局　　　　单位：万元

序号	项目	本年基数征缴累计				往年欠费追缴累计			
		合计	省级	市级	县(区)级	合计	省级	市级	县(区)级
1	一、应收合计	306533	10307	73291	222935	2851			2851
2	1. 养老保险	223438	10307	48927	164204	1903			1903
3	单位	133251	7133	30357	95761	905			905
4	个人	90187	3174	18570	68443	998			998
5	2. 医疗保险	70356		20201	50155	233			233
6	单位	54901		15828	39073	201			201
7	个人	15455		4373	11082	32			32
8	3. 失业保险	5733		1986	3747	581			581
9	单位	3588		1250	2338	281			281
10	个人	2145		736	1409	300			300
11	4. 工伤保险	4543		1456	3087	134			134
12	5. 生育保险	2463		721	1742				
13	二、入库合计	306533	10307	73291	222935				
14	1. 养老保险	223438	10307	48927	164204				
15	单位	133251	7133	30357	95761				
16	个人	90187	3174	18570	68443				
17	滞纳金								
18	利息								
19	地市级上划调剂金								
20	县级上划调剂金								

续表

序号	项目	本年基数征缴累计				往年欠费追缴累计			
		合计	省级	市级	县(区)级	合计	省级	市级	县(区)级
21	2. 医疗保险	70356		20201	50155				
22	单位	54901		15828	39073				
23	个人	15455		4373	11082				
24	滞纳金								
25	利息								
26	3. 失业保险	5733		1986	3747				
27	单位	3588		1250	2338				
28	个人	2145		736	1409				
29	滞纳金								
30	利息								
31	地市级上划调剂金								
32	县级上划调剂金								
33	4. 工伤保险	4543		1456	3087				
34	单位	4543		1456	3087				
35	滞纳金								
36	利息								
37	地市级上划调剂金								
38	县级上划调剂金								
39	5. 生育保险	2463		721	1742				
40	单位	2463		721	1742				
41	滞纳金								
42	利息								

2013 年惠州市地方税务局应收、实收社会保险基金明细年报表

编报机关:惠州市地方税务局　　　　单位:万元

序号	项目	本年基数征缴累计				往年欠费追缴累计			
		合计	省级	市级	县(区)级	合计	省级	市级	县(区)级
1	一、应收合计	753259	15111	255329	482819				
2	1. 养老保险	455101	15111	153062	286928				
3	单位	264162	10466	88469	165227				
4	个人	190939	4645	64593	121701				
5	2. 医疗保险	267402		90432	176970				
6	单位	222822		75695	147127				
7	个人	44580		14737	29843				
8	3. 失业保险	13739		5918	7821				
9	单位	9351		3672	5679				
10	个人	4388		2246	2142				
11	4. 工伤保险	16983		5914	11069				
12	5. 生育保险	34		3	31				
13	二、入库合计	750090	37516	247151	465423				
14	1. 养老保险	453243	37516	144883	270844				
15	单位	262597	10452	88327	163818				
16	个人	189960	4645	64593	120722				
17	滞纳金	160		11	149				
18	利息	526	14	130	382				
19	地市级上划调剂金		8178	-8178					
20	县级上划调剂金		14227		-14227				

续表

序号	项目	本年基数征缴累计				往年欠费追缴累计			
		合计	省级	市级	县(区)级	合计	省级	市级	县(区)级
21	2. 医疗保险	266254		90432	175822				
22	单位	221636		75615	146021				
23	个人	44393		14737	29656				
24	滞纳金	27		2	25				
25	利息	198		78	120				
26	3. 失业保险	13679		5918	7761				
27	单位	9289		3666	5623				
28	个人	4369		2246	2123				
29	滞纳金	11		1	10				
30	利息	10		5	5				
31	地市级上划调剂金								
32	县级上划调剂金								
33	4. 工伤保险	16880		5915	10965				
34	单位	16864		5910	10954				
35	滞纳金	4		1	3				
36	利息	12		4	8				
37	地市级上划调剂金								
38	县级上划调剂金								
39	5. 生育保险	34		3	31				
40	单位	32		3	29				
41	滞纳金	2			2				
42	利息								

2013 年汕尾市地方税务局应收、实收社会保险基金明细年报表

编报机关:汕尾市地方税务局

单位:万元

序号	项目	本年基数征缴累计				往年欠费追缴累计			
		合计	省级	市级	县(区)级	合计	省级	市级	县(区)级
1	一、应收合计	127257	4195	38155	84907	21227	312	8342	12573
2	1. 养老保险	88326	4195	25621	58510	16241	312	6009	9920
3	单位	50660	2904	15808	31948	10348	216	4019	6113
4	个人	37666	1291	9813	26562	5893	96	1990	3807
5	2. 医疗保险	31231		9408	21823	2591		1183	1408
6	单位	25953		7970	17983	2092		974	1118
7	个人	5278		1438	3840	499		209	290
8	3. 失业保险	4717		1762	2955	1539		703	836
9	单位	3546		1295	2251	1088		488	600
10	个人	1171		467	704	451		215	236
11	4. 工伤保险	1900		856	1044	558		292	266
12	5. 生育保险	1083		508	575	298		155	143
13	二、入库合计	123722	7758	36056	79908	6947	39	1799	5109
14	1. 养老保险	85486	7758	23657	54071	5814	39	1315	4460
15	单位	48888	2903	15530	30455	3647	27	844	2776
16	个人	36399	1290	9559	25550	2163	12	471	1680
17	滞纳金	69	1	7	61	4			4
18	利息	130		36	94				
19	地市级上划调剂金		1475	-1475					
20	县级上划调剂金		2089		-2089				

续表

序号	项目	本年基数征缴累计				往年欠费追缴累计			
		合计	省级	市级	县(区)级	合计	省级	市级	县(区)级
21	2. 医疗保险	30662		9232	21430	861		317	544
22	单位	25455		7799	17656	712		284	428
23	个人	5192		1432	3760	148		33	115
24	滞纳金	15		1	14	1			1
25	利息								
26	3. 失业保险	4661		1807	2854	167		95	72
27	单位	3492		1321	2171	118		70	48
28	个人	1164		485	679	48		25	23
29	滞纳金	5		1	4	1			1
30	利息								
31	地市级上划调剂金								
32	县级上划调剂金								
33	4. 工伤保险	1841		851	990	64		41	23
34	单位	1839		850	989	64		41	23
35	滞纳金	2		1	1				
36	利息								
37	地市级上划调剂金								
38	县级上划调剂金								
39	5. 生育保险	1072		509	563	41		31	10
40	单位	1071		509	562	41		31	10
41	滞纳金	1			1				
42	利息								

2013 年东莞市地方税务局应收、实收社会保险基金明细年报表

编报机关:东莞市地方税务局　　单位:万元

序号	项目	本年基数征缴累计				往年欠费追缴累计			
		合计	省级	市级	县(区)级	合计	省级	市级	县(区)级
1	一、应收合计	2267919	24164	2243755		8931		8931	
2	1. 养老保险	1680069	24008	1656061		6280		6280	
3	单位	1059960	16621	1043339		3960		3960	
4	个人	620109	7387	612722		2320		2320	
5	2. 医疗保险	436455		436455		1401		1401	
6	单位	352854		352854		1124		1124	
7	个人	83601		83601		277		277	
8	3. 失业保险	39953		39953		141		141	
9	单位	34275		34275		133		133	
10	个人	5678		5678		8		8	
11	4. 工伤保险	111381	95	111286		1109		1109	
12	5. 生育保险	61	61						
13	二、入库合计	2261687	24163	2237524		3225		3225	
14	1. 养老保险	1675187	24008	1651179		2436		2436	
15	单位	1056553	16621	1039932		1512		1512	
16	个人	618183	7387	610796		865		865	
17	滞纳金	451		451		59		59	
18	利息								
19	地市级上划调剂金								
20	县级上划调剂金								

续表

序号	项目	本年基数征缴累计				往年欠费追缴累计			
		合计	省级	市级	县(区)级	合计	省级	市级	县(区)级
21	2. 医疗保险	435383		435383		534		534	
22	单位	351935		351935		412		412	
23	个人	83352		83352		109		109	
24	滞纳金	96		96		13		13	
25	利息								
26	3. 失业保险	39839		39839		53		53	
27	单位	34159		34159		48		48	
28	个人	5671		5671		4		4	
29	滞纳金	9		9		1		1	
30	利息								
31	地市级上划调剂金								
32	县级上划调剂金								
33	4. 工伤保险	111217	94	111123		202		202	
34	单位	111195	94	111101		198		198	
35	滞纳金	22		22		4		4	
36	利息								
37	地市级上划调剂金								
38	县级上划调剂金								
39	5. 生育保险	61	61						
40	单位	61	61						
41	滞纳金								
42	利息								

2013 年中山市地方税务局应收、实收社会保险基金明细年报表

编报机关:中山市地方税务局　　　　单位:万元

序号	项目	本年基数征缴累计				往年欠费追缴累计			
		合计	省级	市级	县(区)级	合计	省级	市级	县(区)级
1	一、应收合计	952682		952682		5670		5670	
2	1. 养老保险	666759		666759		4393		4393	
3	单位	370471		370471		2441		2441	
4	个人	296288		296288		1952		1952	
5	2. 医疗保险	223421		223421		813		813	
6	单位	140348		140348		683		683	
7	个人	83073		83073		130		130	
8	3. 失业保险	30847		30847		232		232	
9	单位	30847		30847		232		232	
10	个人								
11	4. 工伤保险	31655		31655		232		232	
12	5. 生育保险								
13	二、入库合计	949093		949093		673		673	
14	1. 养老保险	663930		663930		516		516	
15	单位	368772		368772		285		285	
16	个人	295024		295024		231		231	
17	滞纳金	134		134					
18	利息								
19	地市级上划调剂金								
20	县级上划调剂金								

续表

序号	项目	本年基数征缴累计				往年欠费追缴累计			
		合计	省级	市级	县(区)级	合计	省级	市级	县(区)级
21	2. 医疗保险	222920		222920		107		107	
22	单位	139934		139934		85		85	
23	个人	82965		82965		22		22	
24	滞纳金	21		21					
25	利息								
26	3. 失业保险	30717		30717		25		25	
27	单位	30712		30712		25		25	
28	个人								
29	滞纳金	5		5					
30	利息								
31	地市级上划调剂金								
32	县级上划调剂金								
33	4. 工伤保险	31526		31526		25		25	
34	单位	31521		31521		25		25	
35	滞纳金	5		5					
36	利息								
37	地市级上划调剂金								
38	县级上划调剂金								
39	5. 生育保险								
40	单位								
41	滞纳金								
42	利息								

2013年江门市地方税务局应收、实收社会保险基金明细年报表

编报机关：江门市地方税务局　　　　单位：万元

序号	项目	本年基数征缴累计				往年欠费追缴累计			
		合计	省级	市级	县(区)级	合计	省级	市级	县(区)级
1	一、应收合计	881184	15448		865736	24344			24344
2	1. 养老保险	580146	15448		564698	18052			18052
3	单位	376294	10694		365600	12548			12548
4	个人	203852	4754		199098	5504			5504
5	2. 医疗保险	254656			254656	5318			5318
6	单位	205874			205874	4553			4553
7	个人	48782			48782	765			765
8	3. 失业保险	28718			28718	669			669
9	单位	23474			23474	581			581
10	个人	5244			5244	88			88
11	4. 工伤保险	11237			11237	229			229
12	5. 生育保险	6427			6427	76			76
13	二、入库合计	868730	44015		824715	3428			3428
14	1. 养老保险	569103	44015		525088	2709			2709
15	单位	368701	10694		358007	1645			1645
16	个人	200168	4754		195414	1063			1063
17	滞纳金	163			163	1			1
18	利息	71	2		69				
19	地市级上划调剂金								
20	县级上划调剂金		28565		−28565				

续表

序号	项目	本年基数征缴累计				往年欠费追缴累计			
		合计	省级	市级	县(区)级	合计	省级	市级	县(区)级
21	2. 医疗保险	253389			253389	577			577
22	单位	204777			204777	440			440
23	个人	48529			48529	137			137
24	滞纳金	50			50				
25	利息	33			33				
26	3. 失业保险	28632			28632	94			94
27	单位	23382			23382	75			75
28	个人	5234			5234	19			19
29	滞纳金	12			12				
30	利息	4			4				
31	地市级上划调剂金								
32	县级上划调剂金								
33	4. 工伤保险	11199			11199	33			33
34	单位	11193			11193	33			33
35	滞纳金	4			4				
36	利息	2			2				
37	地市级上划调剂金								
38	县级上划调剂金								
39	5. 生育保险	6407			6407	15			15
40	单位	6404			6404	15			15
41	滞纳金	2			2				
42	利息	1			1				

2013年阳江市地方税务局应收、实收社会保险基金明细年报表

编报机关：阳江市地方税务局　　　　单位：万元

序号	项目	本年基数征缴累计				往年欠费追缴累计			
		合计	省级	市级	县(区)级	合计	省级	市级	县(区)级
1	一、应收合计	178508	6399	46108	126001	2977		504	2473
2	1. 养老保险	117825	6399	30118	81308	2397		344	2053
3	单位	69481	4430	18248	46803	1599		209	1390
4	个人	48344	1969	11870	34505	798		135	663
5	2. 医疗保险	50962		13147	37815	455		126	329
6	单位	41268		10602	30666	367		104	263
7	个人	9694		2545	7149	88		22	66
8	3. 失业保险	6613		2088	4525	90		24	66
9	单位	5028		1562	3466	63		17	46
10	个人	1585		526	1059	27		7	20
11	4. 工伤保险	1953		451	1502	23		7	16
12	5. 生育保险	1155		304	851	12		3	9
13	二、入库合计	176249	12089	44189	119971	1288		253	1035
14	1. 养老保险	115981	12089	28265	75627	944		172	772
15	单位	68112	4430	18068	45614	551		103	448
16	个人	47573	1969	11779	33825	393		69	324
17	滞纳金	163		35	128				
18	利息	133			133				
19	地市级上划调剂金		1617	-1617					
20	县级上划调剂金		4073		-4073				

续表

序号	项　目	本年基数征缴累计				往年欠费追缴累计			
		合　计	省　级	市　级	县(区)级	合　计	省　级	市　级	县(区)级
21	2. 医疗保险	50595		13089	37506	277		65	212
22	单位	40919		10550	30369	220		52	168
23	个人	9629		2533	7096	57		13	44
24	滞纳金	47		6	41				
25	利息								
26	3. 失业保险	6578		2083	4495	51		13	38
27	单位	4976		1552	3424	35		9	26
28	个人	1578		526	1052	16		4	12
29	滞纳金	21		5	16				
30	利息	3			3				
31	地市级上划调剂金								
32	县级上划调剂金								
33	4. 工伤保险	1945		449	1496	10		2	8
34	单位	1941		449	1492	10		2	8
35	滞纳金	3			3				
36	利息	1			1				
37	地市级上划调剂金								
38	县级上划调剂金								
39	5. 生育保险	1150		303	847	6		1	5
40	单位	1148		302	846	6		1	5
41	滞纳金	2		1	1				
42	利息								

2013 年湛江市地方税务局应收、实收社会保险基金明细年报表

编报机关:湛江市地方税务局　　　　单位:万元

序号	项　目	本年基数征缴累计				往年欠费追缴累计			
		合　计	省　级	市　级	县(区)级	合　计	省　级	市　级	县(区)级
1	一、应收合计	728566	28961		699605	12215			12215
2	1. 养老保险	511699	25405		486294	9911			9911
3	单位	307593	16856		290737	6866			6866
4	个人	204106	8549		195557	3045			3045
5	2. 医疗保险	164220	2394		161826	1202			1202
6	单位	119466	1431		118035	1058			1058
7	个人	44754	963		43791	144			144
8	3. 失业保险	34269	882		33387	724			724
9	单位	22452	541		21911	481			481
10	个人	11817	341		11476	243			243
11	4. 工伤保险	10311	154		10157	210			210
12	5. 生育保险	8067	126		7941	168			168
13	二、入库合计	459754	32294		427460	2721			2721
14	1. 养老保险	326924	32294		294630	2339			2339
15	单位	197177	12221		184956	1548			1548
16	个人	127815	5431		122384	790			790
17	滞纳金	1903			1903	1			1
18	利息	29	2		27				
19	地市级上划调剂金								
20	县级上划调剂金		14640		-14640				

续表

序号	项目	本年基数征缴累计				往年欠费追缴累计			
		合计	省级	市级	县(区)级	合计	省级	市级	县(区)级
21	2. 医疗保险	108258			108258	182			182
22	单位	85863			85863	141			141
23	个人	22284			22284	41			41
24	滞纳金	102			102				
25	利息	9			9				
26	3. 失业保险	15454			15454	149			149
27	单位	11464			11464	101			101
28	个人	3875			3875	48			48
29	滞纳金	114			114				
30	利息	1			1				
31	地市级上划调剂金								
32	县级上划调剂金								
33	4. 工伤保险	4704			4704	35			35
34	单位	4680			4680	35			35
35	滞纳金	23			23				
36	利息	1			1				
37	地市级上划调剂金								
38	县级上划调剂金								
39	5. 生育保险	4414			4414	16			16
40	单位	4398			4398	16			16
41	滞纳金	16			16				
42	利息								

2013 年茂名市地方税务局应收、实收社会保险基金明细年报表

编报机关:茂名市地方税务局　　　　单位:万元

序号	项　目	本年基数征缴累计				往年欠费追缴累计			
		合　计	省　级	市　级	县(区)级	合　计	省　级	市　级	县(区)级
1	一、应收合计	395138	11440	161137	222561	22185		2096	20089
2	1. 养老保险	264303	11440	98163	154700	18256		1343	16913
3	单位	154845	7920	62522	84403	11855		907	10948
4	个人	109458	3520	35641	70297	6401		436	5965
5	2. 医疗保险	98448		47216	51232	2104		524	1580
6	单位	80425		37977	42448	1646		417	1229
7	个人	18023		9239	8784	458		107	351
8	3. 失业保险	17855		8797	9058	1274		164	1110
9	单位	13379		6599	6780	851		96	755
10	个人	4476		2198	2278	423		68	355
11	4. 工伤保险	7971		3771	4200	458		46	412
12	5. 生育保险	6561		3190	3371	93		19	74
13	二、入库合计	387788	24446	153282	210060	6247		911	5336
14	1. 养老保险	258509	24446	91025	143038	5145		593	4552
15	单位	150763	7920	60966	81877	3126		401	2725
16	个人	106335	3520	35025	67790	2000		188	1812
17	滞纳金	1220		539	681	19		4	15
18	利息	191	2	15	174				
19	地市级上划调剂金		5520	-5520					
20	县级上划调剂金		7484		-7484				

续表

序号	项目	本年基数征缴累计				往年欠费追缴累计			
		合计	省级	市级	县(区)级	合计	省级	市级	县(区)级
21	2. 医疗保险	97158		46614	50544	451		252	199
22	单位	79204		37377	41827	391		218	173
23	个人	17826		9155	8671	59		33	26
24	滞纳金	115		74	41	1		1	
25	利息	13		8	5				
26	3. 失业保险	17708		8731	8977	511		44	467
27	单位	13145		6488	6657	361		29	332
28	个人	4453		2184	2269	149		15	134
29	滞纳金	108		58	50	1			1
30	利息	2		1	1				
31	地市级上划调剂金								
32	县级上划调剂金								
33	4. 工伤保险	7864		3736	4128	119		13	106
34	单位	7830		3718	4112	119		13	106
35	滞纳金	33		17	16				
36	利息	1		1					
37	地市级上划调剂金								
38	县级上划调剂金								
39	5. 生育保险	6549		3176	3373	21		9	12
40	单位	6543		3173	3370	21		9	12
41	滞纳金	5		2	3				
42	利息	1		1					

2013 年肇庆市地方税务局应收、实收社会保险基金明细年报表

编报机关：肇庆市地方税务局　　　　单位：万元

序号	项　目	本年基数征缴累计				往年欠费追缴累计			
		合　计	省　级	市　级	县(区)级	合　计	省　级	市　级	县(区)级
1	一、应收合计	395389	13214	114073	268102	3347	115	2032	1200
2	1. 养老保险	262100	13214	71970	176916	2353	115	1393	845
3	单位	160468	9130	46887	104451	1435	80	852	503
4	个人	101632	4084	25083	72465	918	35	541	342
5	2. 医疗保险	102612		32435	70177	897		600	297
6	单位	81320		25104	56216	702		457	245
7	个人	21292		7331	13961	195		143	52
8	3. 失业保险	18647		6442	12205	70		30	40
9	单位	15035		4951	10084	56		22	34
10	个人	3612		1491	2121	14		8	6
11	4. 工伤保险	8049		2047	6002	16		5	11
12	5. 生育保险	3981		1179	2802	11		4	7
13	二、入库合计	393511	25785	109317	258409	852	114	293	445
14	1. 养老保险	261104	25785	67748	167571	573	114	169	290
15	单位	159127	9130	46225	103772	350	79	108	163
16	个人	100835	4084	24659	72092	223	35	61	127
17	滞纳金	158	1	15	142				
18	利息	984		135	849				
19	地市级上划调剂金		3286	-3286					
20	县级上划调剂金		9284		-9284				

续表

序号	项目	本年基数征缴累计				往年欠费追缴累计			
		合计	省级	市级	县(区)级	合计	省级	市级	县(区)级
21	2. 医疗保险	101839		31933	69906	214		93	121
22	单位	80653		24713	55940	167		71	96
23	个人	21111		7209	13902	47		22	25
24	滞纳金	45		5	40				
25	利息	30		6	24				
26	3. 失业保险	18596		6420	12176	47		24	23
27	单位	14965		4928	10037	35		17	18
28	个人	3600		1484	2116	12		7	5
29	滞纳金	17		2	15				
30	利息	14		6	8				
31	地市级上划调剂金								
32	县级上划调剂金								
33	4. 工伤保险	8033		2042	5991	11		4	7
34	单位	8022		2039	5983	11		4	7
35	滞纳金	7			7				
36	利息	4		3	1				
37	地市级上划调剂金								
38	县级上划调剂金								
39	5. 生育保险	3939		1174	2765	7		3	4
40	单位	3936		1173	2763	7		3	4
41	滞纳金	2			2				
42	利息	1		1					

2013 年清远市地方税务局应收、实收社会保险基金明细年报表

编报机关:清远市地方税务局　　　　单位:万元

序号	项目	本年基数征缴累计				往年欠费追缴累计			
		合计	省级	市级	县(区)级	合计	省级	市级	县(区)级
1	一、应收合计	358810	10196	94883	253731	2653		396	2257
2	1. 养老保险	239306	10196	58153	170957	2262		272	1990
3	单位	140383	7059	34649	98675	1333		161	1172
4	个人	98923	3137	23504	72282	929		111	818
5	2. 医疗保险	90053		28088	61965	296		119	177
6	单位	69970		21788	48182	231		93	138
7	个人	20083		6300	13783	65		26	39
8	3. 失业保险	15186		4552	10634	34		3	31
9	单位	12225		3588	8637	33		2	31
10	个人	2961		964	1997	1		1	
11	4. 工伤保险	9208		2525	6683	15		1	14
12	5. 生育保险	5057		1565	3492	46		1	45
13	二、入库合计	356721	18652	92048	246021	1161		161	1000
14	1. 养老保险	237557	18652	55467	163438	953		106	847
15	单位	139014	7058	34465	97491	589		61	528
16	个人	98257	3137	23379	71741	364		45	319
17	滞纳金	112		9	103				
18	利息	174		2	172				
19	地市级上划调剂金		2388	-2388					
20	县级上划调剂金		6069		-6069				

续表

序号	项　目	本年基数征缴累计				往年欠费追缴累计			
		合　计	省　级	市　级	县(区)级	合　计	省　级	市　级	县(区)级
21	2. 医疗保险	89738		27950	61788	149		50	99
22	单位	69719		21676	48043	120		40	80
23	个人	20001		6266	13735	29		10	19
24	滞纳金	13		7	6				
25	利息	5		1	4				
26	3. 失业保险	15173		4547	10626	35		3	32
27	单位	12207		3582	8625	34		2	32
28	个人	2961		964	1997	1		1	
29	滞纳金	4		1	3				
30	利息	1			1				
31	地市级上划调剂金								
32	县级上划调剂金								
33	4. 工伤保险	9199		2521	6678	16		1	15
34	单位	9197		2521	6676	16		1	15
35	滞纳金	2			2				
36	利息								
37	地市级上划调剂金								
38	县级上划调剂金								
39	5. 生育保险	5054		1563	3491	8		1	7
40	单位	5050		1563	3487	8		1	7
41	滞纳金	4			4				
42	利息								

2013年潮州市地方税务局应收、实收社会保险基金明细年报表

编报机关：潮州市地方税务局　　　　单位：万元

序号	项目	本年基数征缴累计				往年欠费追缴累计			
		合计	省级	市级	县(区)级	合计	省级	市级	县(区)级
1	一、应收合计	209393	5956	51296	152141	2234		72	2162
2	1. 养老保险	157198	5956	34224	117018	1803		54	1749
3	单位	99680	4100	22921	72659	1129		35	1094
4	个人	57518	1856	11303	44359	674		19	655
5	2. 医疗保险	36488		12579	23909	107		9	98
6	单位	30539		10508	20031	92		7	85
7	个人	5949		2071	3878	15		2	13
8	3. 失业保险	8862		2618	6244	203		7	196
9	单位	6438		1921	4517	134		4	130
10	个人	2424		697	1727	69		3	66
11	4. 工伤保险	3918		1101	2817	66		1	65
12	5. 生育保险	2927		774	2153	55		1	54
13	二、入库合计	208086	14328	50659	143099	698		10	688
14	1. 养老保险	156125	13878	34042	108205	578		8	570
15	单位	98243	4100	22912	71231	365		5	360
16	个人	57105	1856	11301	43948	213		3	210
17	滞纳金	751		5	746				
18	利息	26	2	5	19				
19	地市级上划调剂金		181	-181					
20	县级上划调剂金		7739		-7739				

续表

序号	项目	本年基数征缴累计				往年欠费追缴累计			
		合计	省级	市级	县(区)级	合计	省级	市级	县(区)级
21	2. 医疗保险	36411		12576	23835	26		1	25
22	单位	30458		10502	19956	23		1	22
23	个人	5940		2071	3869	3			3
24	滞纳金	7		1	6				
25	利息	6		2	4				
26	3. 失业保险	8775	295	2322	6158	60		1	59
27	单位	6365		1920	4445	40		1	39
28	个人	2399		697	1702	20			20
29	滞纳金	9			9				
30	利息	2			2				
31	地市级上划调剂金		295	-295					
32	县级上划调剂金								
33	4. 工伤保险	3878	155	945	2778	19			19
34	单位	3874		1100	2774	19			19
35	滞纳金	3			3				
36	利息	1			1				
37	地市级上划调剂金		155	-155					
38	县级上划调剂金								
39	5. 生育保险	2897		774	2123	15			15
40	单位	2893		774	2119	15			15
41	滞纳金	3			3				
42	利息	1			1				

2013年揭阳市地方税务局应收、实收社会保险基金明细年报表

编报机关：揭阳市地方税务局　　　　单位：万元

序号	项目	本年基数征缴累计				往年欠费追缴累计			
		合计	省级	市级	县(区)级	合计	省级	市级	县(区)级
1	一、应收合计	176732	11861	19064	145807	39495	7345	4418	27732
2	1. 养老保险	167553	11861	16852	138840	37648	7345	3797	26506
3	单位	104782	8210	11134	85438	25867	5085	2714	18068
4	个人	62771	3651	5718	53402	11781	2260	1083	8438
5	2. 医疗保险	1881			1881	135			135
6	单位	1691			1691	134			134
7	个人	190			190	1			1
8	3. 失业保险	5092		1520	3572	1332		467	865
9	单位	3979		1134	2845	934		320	614
10	个人	1113		386	727	398		147	251
11	4. 工伤保险	2206		692	1514	380		154	226
12	5. 生育保险								
13	二、入库合计	175185	11862	19008	144315	899		44	855
14	1. 养老保险	166038	11862	16796	137380	886		41	845
15	单位	103632	8211	11097	84324	561		28	533
16	个人	62184	3651	5696	52837	324		13	311
17	滞纳金	222		3	219	1			1
18	利息								
19	地市级上划调剂金								
20	县级上划调剂金								

续表

序号	项目	本年基数征缴累计				往年欠费追缴累计			
		合计	省级	市级	县(区)级	合计	省级	市级	县(区)级
21	2. 医疗保险	1881			1881				
22	单位	1691			1691				
23	个人	190			190				
24	滞纳金								
25	利息								
26	3. 失业保险	5084		1520	3564	8		2	6
27	单位	3963		1133	2830	6		1	5
28	个人	1114		386	728	2		1	1
29	滞纳金	7		1	6				
30	利息								
31	地市级上划调剂金								
32	县级上划调剂金								
33	4. 工伤保险	2182		692	1490	5		1	4
34	单位	2179		692	1487	5		1	4
35	滞纳金	3			3				
36	利息								
37	地市级上划调剂金								
38	县级上划调剂金								
39	5. 生育保险								
40	单位								
41	滞纳金								
42	利息								

2013 年云浮市地方税务局应收、实收社会保险基金明细年报表

编报机关:云浮市地方税务局　　　　单位:万元

序号	项目	本年基数征缴累计				往年欠费追缴累计			
		合计	省级	市级	县(区)级	合计	省级	市级	县(区)级
1	一、应收合计	150443	6091	28347	116005	3128		984	2144
2	1. 养老保险	103184	6091	17381	79712	2625		858	1767
3	单位	59296	4217	10213	44866	1840		731	1109
4	个人	43888	1874	7168	34846	785		127	658
5	2. 医疗保险	36672		8356	28316	381		91	290
6	单位	28493		6502	21991	301		74	227
7	个人	8179		1854	6325	80		17	63
8	3. 失业保险	6280		1703	4577	79		24	55
9	单位	5156		1278	3878	63		19	44
10	个人	1124		425	699	16		5	11
11	4. 工伤保险	2824		522	2302	28		6	22
12	5. 生育保险	1483		385	1098	15		5	10
13	二、入库合计	148506	10874	27196	110436	1134		46	1088
14	1. 养老保险	101688	10874	16311	74503	860		37	823
15	单位	58355	4175	10092	44088	429		22	407
16	个人	43064	1855	7081	34128	431		15	416
17	滞纳金	259		8	251				
18	利息	10	1	2	7				
19	地市级上划调剂金		872	-872					
20	县级上划调剂金		3971		-3971				

续表

序号	项目	本年基数征缴累计				往年欠费追缴累计			
		合计	省级	市级	县(区)级	合计	省级	市级	县(区)级
21	2. 医疗保险	36331		8291	28040	219		7	212
22	单位	28222		6452	21770	167		5	162
23	个人	8096		1838	6258	52		2	50
24	滞纳金	9			9				
25	利息	4		1	3				
26	3. 失业保险	6219		1692	4527	33		2	31
27	单位	5097		1269	3828	27		1	26
28	个人	1117		423	694	6		1	5
29	滞纳金	4			4				
30	利息	1			1				
31	地市级上划调剂金								
32	县级上划调剂金								
33	4. 工伤保险	2799		520	2279	18			18
34	单位	2798		520	2278	18			18
35	滞纳金	1			1				
36	利息								
37	地市级上划调剂金								
38	县级上划调剂金								
39	5. 生育保险	1469		382	1087	4			4
40	单位	1468		382	1086	4			4
41	滞纳金	1			1				
42	利息								

2013 年顺德区地方税务局应收、实收社会保险基金明细年报表

编报机关:顺德区地方税务局　　　　单位:万元

序号	项目	本年基数征缴累计				往年欠费追缴累计			
		合计	省级	市级	县(区)级	合计	省级	市级	县(区)级
1	一、应收合计	774693	14662		760031	4577			4577
2	1. 养老保险	485111	14661		470450	3005			3005
3	单位	282765	10150		272615	1714			1714
4	个人	202346	4511		197835	1291			1291
5	2. 医疗保险	226488			226488	1287			1287
6	单位	171045			171045	965			965
7	个人	55443			55443	322			322
8	3. 失业保险	20718			20718	136			136
9	单位	12117			12117	74			74
10	个人	8601			8601	62			62
11	4. 工伤保险	18519	1		18518	69			69
12	5. 生育保险	23857			23857	80			80
13	二、入库合计	772067	14661		757406	1566			1566
14	1. 养老保险	483285	14661		468624	1040			1040
15	单位	281380	10150		271230	597			597
16	个人	201581	4511		197070	443			443
17	滞纳金	324			324				
18	利息								
19	地市级上划调剂金								
20	县级上划调剂金								

续表

序号	项目	本年基数征缴累计				往年欠费追缴累计			
		合计	省级	市级	县(区)级	合计	省级	市级	县(区)级
21	2. 医疗保险	225793			225793	434			434
22	单位	170385			170385	325			325
23	个人	55261			55261	109			109
24	滞纳金	147			147				
25	利息								
26	3. 失业保险	20679			20679	43			43
27	单位	12070			12070	21			21
28	个人	8587			8587	22			22
29	滞纳金	22			22				
30	利息								
31	地市级上划调剂金								
32	县级上划调剂金								
33	4. 工伤保险	18491			18491	22			22
34	单位	18478			18478	22			22
35	滞纳金	13			13				
36	利息								
37	地市级上划调剂金								
38	县级上划调剂金								
39	5. 生育保险	23819			23819	27			27
40	单位	23809			23809	27			27
41	滞纳金	10			10				
42	利息								

2013 年广东省地方税务局直属分局应收、实收社会保险基金明细年报表

编报机关:广东省地方税务局直属分局　　　　单位:万元

序号	项　目	本年基数征缴累计				往年欠费追缴累计			
		合　计	省　级	市　级	县(区)级	合　计	省　级	市　级	县(区)级
1	一、应收合计	1378664	1378664			-3956	-3956		
2	1. 养老保险	1336317	1336317			-2573	-2573		
3	单位	896022	896022			-1081	-1081		
4	个人	440295	440295			-1492	-1492		
5	2. 医疗保险								
6	单位								
7	个人								
8	3. 失业保险								
9	单位								
10	个人								
11	4. 工伤保险	26821	26821			-1318	-1318		
12	5. 生育保险	15526	15526			-65	-65		
13	二、入库合计	1377836	1377836			950	950		
14	1. 养老保险	1335514	1335514			928	928		
15	单位	894890	894890			673	673		
16	个人	440082	440082			255	255		
17	滞纳金	542	542						
18	利息								
19	地市级上划调剂金								
20	县级上划调剂金								

续表

序号	项　　目	本年基数征缴累计				往年欠费追缴累计			
		合　计	省　级	市　级	县(区)级	合　计	省　级	市　级	县(区)级
21	2. 医疗保险								
22	单位								
23	个人								
24	滞纳金								
25	利息								
26	3. 失业保险								
27	单位								
28	个人								
29	滞纳金								
30	利息								
31	地市级上划调剂金								
32	县级上划调剂金								
33	4. 工伤保险	26806	26806			12	12		
34	单位	26781	26781			12	12		
35	滞纳金	25	25						
36	利息								
37	地市级上划调剂金								
38	县级上划调剂金								
39	5. 生育保险	15516	15516			10	10		
40	单位	15510	15510			10	10		
41	滞纳金	6	6						
42	利息								

2013年广东省地方税务局纳税登记户数统计年报表

编报机关:广东省地方税务局　　　　单位:户

序号	项目	合计	内资企业									港澳台投资企业	外商投资企业	个体经营
			小计	国有企业	集体企业	股份合作企业	联营企业	有限责任公司	股份有限公司	私营企业	其他企业			
1	1. 营业税	479627	346994	12993	11281	3352	1269	120210	19287	155797	22805	16363	11861	104409
2	2. 企业所得税	214610	206201	6118	14716	5315	858	73944	8739	83724	12787	6124	2285	
3	3. 个人所得税	1816837	428127	9199	8307	2266	536	155492	5501	220346	26480	29099	14236	1345375
4	4. 资源税	16765	11535	891	824	44	41	5291	185	3713	546	215	83	4932
5	5. 固定资产投资方向调节税													
6	6. 城市维护建设税	1528935	1024602	15649	19326	7621	1892	310066	40244	606080	23724	43275	22240	438818
7	7. 房产税	508301	136548	6434	9808	1951	440	54755	6556	47707	8897	19473	5761	346519
8	8. 印花税	993270	685194	8046	12042	4343	888	237093	20841	389149	12792	34374	16285	257417
9	9. 城镇土地使用税	446798	132968	5795	9286	1985	390	59170	6368	42932	7042	17869	5532	290429
10	10. 土地增值税	11535	8024	384	586	47	29	4651	425	1482	420	755	284	2472
11	11. 车船税	75010	59389	1347	1015	891	65	9010	1447	40008	5606	2980	2296	10345
12	12. 车辆购置税													
13	13. 屠宰税	1	1	1										
14	14. 契税	13580	6520	212	187	46	8	3866	287	1610	304	458	237	6365
15	15. 耕地占用税	1678	1214	30	74	2		463	12	200	433	57	19	388
16	16. 烟叶税	11	11					11						
17	附列资料:纳税户数	2817904	1223024	19211	25405	8241	2188	375621	47427	698629	46302	57917	27221	1509742
18	登记户数	4724594	2020636	50645	64950	16621	8194	476917	101110	1202341	99858	95442	48401	2560115

2013年广州市地方税务局纳税登记户数统计年报表

编报机关:广州市地方税务局　　　　单位:户

序号	项目	合计	内资企业									港澳台投资企业	外商投资企业	个体经营
			小计	国有企业	集体企业	股份合作企业	联营企业	有限责任公司	股份有限公司	私营企业	其他企业			
1	1. 营业税	110029	86232	3249	2620	1275	180	18158	1152	53017	6581	4304	3943	15550
2	2. 企业所得税	47960	47622	1102	2776	3159	127	7995	551	28953	2959	131	207	
3	3. 个人所得税	389495	121643	2466	1793	1076	176	20351	1393	86053	8335	6496	5327	256029
4	4. 资源税	486	484					4	1	6	473	1	1	
5	5. 固定资产投资方向调节税													
6	6. 城市维护建设税	353947	256976	3773	4463	4327	243	28710	1839	206437	7184	8121	6658	82192
7	7. 房产税	25935	18879	1693	1587	318	73	4556	672	7549	2431	1874	1405	3777
8	8. 印花税	249541	198481	1887	2679	2431	150	20083	1300	166078	3873	6127	4684	40249
9	9. 城镇土地使用税	27154	19390	1543	1509	311	67	4555	657	9122	1626	1817	1351	4596
10	10. 土地增值税	1414	982	71	40	5	2	465	28	322	49	207	103	122
11	11. 车船税	64656	56767	1283	939	884	53	8711	697	38804	5396	2694	2148	3047
12	12. 车辆购置税													
13	13. 屠宰税													
14	14. 契税	1302	1138	51	37	7	1	369	63	557	53	94	59	11
15	15. 耕地占用税	173	170	4	11			24	1	8	122	1	1	1
16	16. 烟叶税													
17	附列资料:纳税户数	583580	303684	4452	5019	4532	280	34052	2383	241135	11831	9874	8109	261913
18	登记户数	1016927	493735	21920	17636	9942	1497	55904	5343	352167	29326	18092	17748	487352

2013年深圳市地方税务局纳税登记户数统计年报表

编报机关:深圳市地方税务局　　　　单位:户

序号	项目	合计	内资企业								港澳台投资企业	外商投资企业	个体经营
			小计	国有企业	集体企业	股份合作企业	联营企业	有限责任公司	股份有限公司	私营企业	其他企业			
1	1. 营业税	75369	59799	860	302	1348	668		12836	40670	3115	4382	2427	8761
2	2. 企业所得税	39605	35842	486	703	745	407		6617	25884	1000	2955	808	
3	3. 个人所得税	45843	6533	3						6530				39310
4	4. 资源税													
5	5. 固定资产投资方向调节税													
6	6. 城市维护建设税	283254	234487	1106	488	1366	1065		32792	195420	2250	13653	5152	29962
7	7. 房产税	14567	11101	365	291	779	191		3360	5730	385	2295	772	399
8	8. 印花税	108778	94943	482	244	412	340		15253	77523	689	8564	3221	2050
9	9. 城镇土地使用税	14521	7995	321	235	795	173		3187	3105	179	2250	727	3549
10	10. 土地增值税	676	539	16	3	6	14		284	211	5	101	32	4
11	11. 车船税	2222	1749	25	35	4	11		447	1172	55	241	99	133
12	12. 车辆购置税													
13	13. 屠宰税													
14	14. 契税	40	36	1					16	18	1	3		1
15	15. 耕地占用税													
16	16. 烟叶税													
17	附列资料:纳税户数	344016	266659	1241	1071	1457	1168		36917	221135	3670	15844	5914	55599
18	登记户数	1044356	677873	5025	4480	2034	5487		81469	568852	10526	32756	14154	319573

2013 年珠海市地方税务局纳税登记户数统计年报表

编报机关:珠海市地方税务局　　　　单位:户

序号	项　目	合　计	内资企业								港澳台投资企业	外商投资企业	个体经营
			小　计	国有企业	集体企业	股份合作企业	联营企业	有限责任公司	股份有限公司	私营企业	其他企业			
1	1. 营业税	20605	15300	739	520	71	35	8562	340	4395	638	780	528	3997
2	2. 企业所得税	8922	8263	369	329	27	26	5033	186	2064	229	376	283	
3	3. 个人所得税	41256	10457	244	169	32	6	5959	181	2909	957	1713	854	28232
4	4. 资源税	1	1							1				
5	5. 固定资产投资方向调节税													
6	6. 城市维护建设税	42833	30642	829	648	74	45	18687	386	9278	695	1688	1128	9375
7	7. 房产税	10434	3716	269	247	60	8	1933	110	920	169	1053	342	5323
8	8. 印花税	20553	15523	369	315	18	15	10257	215	4132	202	1205	809	3016
9	9. 城镇土地使用税	4826	2708	206	165	46	7	1486	102	641	55	645	291	1182
10	10. 土地增值税	405	363	25	28	3	1	217	12	74	3	28	13	1
11	11. 车船税	30	24	1		2		5	16			2	3	1
12	12. 车辆购置税													
13	13. 屠宰税	1	1	1										
14	14. 契税	222	188	6	1	1		117	8	50	5	16	15	3
15	15. 耕地占用税													
16	16. 烟叶税													
17	附列资料:纳税户数	72269	37796	979	779	82	48	23057	459	10951	1441	2545	1488	30440
18	登记户数	119994	59251	1403	1519	102	74	35914	488	16696	3055	3854	1963	54926

2013年汕头市地方税务局纳税登记户数统计年报表

编报机关:汕头市地方税务局　　　　单位:户

序号	项　目	合　计	内资企业									港澳台投资企业	外商投资企业	个体经营
			小　计	国有企业	集体企业	股份合作企业	联营企业	有限责任公司	股份有限公司	私营企业	其他企业			
1	1. 营业税	8666	6287	549	432	122	14	3511	181	991	487	180	136	2063
2	2. 企业所得税	9897	9874	470	1144	515	15	5592	65	1738	335	13	10	
3	3. 个人所得税	44426	16881	463	435	564	18	9949	176	4475	801	394	219	26932
4	4. 资源税	608	592	100	71	1	5	309	15	91		2	2	12
5	5. 固定资产投资方向调节税													
6	6. 城市维护建设税	35242	21164	825	1271	605	24	12545	234	5114	546	606	266	13206
7	7. 房产税	23470	10103	595	749	312	15	4416	126	3616	274	396	116	12855
8	8. 印花税	31648	17935	527	766	371	24	11360	179	4463	245	559	197	12957
9	9. 城镇土地使用税	24828	11042	559	764	348	16	5163	138	3791	263	432	120	13234
10	10. 土地增值税	174	149	26	14	1		82	3	13	10	22	3	
11	11. 车船税	8	7	1				2	3		1			1
12	12. 车辆购置税													
13	13. 屠宰税													
14	14. 契税	4639	79	10	2		1	48	6	11	1	3	2	4555
15	15. 耕地占用税	82	25		1	1		7		13	3			57
16	16. 烟叶税													
17	附列资料:纳税户数	55220	26342	1134	1511	641	34	15279	279	6261	1203	741	321	27816
18	登记户数	114083	50660	3898	8551	1133	121	24455	752	7910	3840	1798	651	60974

2013年佛山市地方税务局纳税登记户数统计年报表

编报机关:佛山市地方税务局

单位:户

序号	项目	合计	内资企业									港澳台投资企业	外商投资企业	个体经营
			小计	国有企业	集体企业	股份合作企业	联营企业	有限责任公司	股份有限公司	私营企业	其他企业			
1	1. 营业税	32030	22903	653	665	153	45	9124	512	9658	2093	732	551	7844
2	2. 企业所得税	14859	14781	274	790	549	43	6694	165	4524	1742	34	44	
3	3. 个人所得税	182177	40223	560	467	149	49	14302	444	22446	1806	2130	882	138942
4	4. 资源税	34	12				1	4		7				22
5	5. 固定资产投资方向调节税													
6	6. 城市维护建设税	106332	68633	737	983	634	69	26219	558	37256	2177	1693	1013	34993
7	7. 房产税	57888	12835	285	490	40	32	5433	312	5380	863	1514	392	43147
8	8. 印花税	102579	63433	478	846	553	52	24761	489	34973	1281	1713	984	36449
9	9. 城镇土地使用税	37392	6988	230	387	28	19	3167	272	1900	985	1156	336	28912
10	10. 土地增值税	682	604	31	76	2	2	382	19	71	21	45	20	13
11	11. 车船税	80	45		2			16	2	7	18			35
12	12. 车辆购置税													
13	13. 屠宰税													
14	14. 契税	657	604	12	16	1	4	346	22	170	33	25	19	9
15	15. 耕地占用税	84	83					11			72	1		
16	16. 烟叶税													
17	附列资料:纳税户数	236830	83504	950	1373	685	83	30985	881	44416	4131	2880	1360	149086
18	登记户数	306385	99983	1870	4031	1475	148	36390	1944	48057	6068	3806	1761	200835

2013 年韶关市地方税务局纳税登记户数统计年报表

编报机关:韶关市地方税务局

单位:户

序号	项目	合计	内资企业									港澳台投资企业	外商投资企业	个体经营
			小计	国有企业	集体企业	股份合作企业	联营企业	有限责任公司	股份有限公司	私营企业	其他企业			
1	1. 营业税	8554	5556	451	269	28	14	2725	212	1240	617	143	90	2765
2	2. 企业所得税	2398	2387	206	294	24	16	1246	45	231	325	3	8	
3	3. 个人所得税	27119	5228	333	178	20	13	2232	142	1792	518	141	94	21656
4	4. 资源税	897	680	75	75	3	2	365	10	137	13	6	3	208
5	5. 固定资产投资方向调节税													
6	6. 城市维护建设税	16165	9998	552	487	49	30	5087	256	2810	727	240	120	5807
7	7. 房产税	7151	2642	217	247	24	11	1079	118	647	299	122	34	4353
8	8. 印花税	10871	8368	342	340	42	20	4665	193	2245	521	245	75	2183
9	9. 城镇土地使用税	6974	2665	194	209	24	9	1273	112	699	145	137	35	4137
10	10. 土地增值税	296	279	13	10	3		196	5	38	14	9	2	6
11	11. 车船税	42	41	7				2	31		1		1	
12	12. 车辆购置税													
13	13. 屠宰税													
14	14. 契税	269	258	9	6	4		209	7	16	7	6	1	4
15	15. 耕地占用税	100	69	4	7			34	2	14	8	3		28
16	16. 烟叶税	4	4					4						
17	附列资料:纳税户数	35494	12665	632	546	54	34	6573	309	3367	1150	336	138	22355
18	登记户数	49964	16053	813	822	114	45	7562	472	3598	2627	580	175	33156

2013年河源市地方税务局纳税登记户数统计年报表

编报机关:河源市地方税务局　　　　单位:户

序号	项　目	合　计	内资企业								港澳台投资企业	外商投资企业	个体经营
			小　计	国有企业	集体企业	股份合作企业	联营企业	有限责任公司	股份有限公司	私营企业	其他企业			
1	1. 营业税	6807	4568	304	164	13	9	2767	149	810	352	145	45	2049
2	2. 企业所得税	1527	1522	140	155	4	7	1008	14	100	94	4	1	
3	3. 个人所得税	23679	2539	160	42	4		1203	79	676	375	240	39	20861
4	4. 资源税	712	589	52	47	2	1	327	14	131	15	18		105
5	5. 固定资产投资方向调节税													
6	6. 城市维护建设税	12667	7709	430	300	13	17	5049	175	1318	407	349	77	4532
7	7. 房产税	5752	1824	204	164	13	2	897	65	343	136	178	31	3719
8	8. 印花税	5485	4707	198	196	14	7	3432	106	515	239	343	57	378
9	9. 城镇土地使用税	5720	1817	177	146	13	2	939	62	363	115	186	24	3693
10	10. 土地增值税	243	223	20	7			166	3	7	20	16	1	3
11	11. 车船税	79	71	7	1			19	22	4	18	2		6
12	12. 车辆购置税													
13	13. 屠宰税													
14	14. 契税	91	84	4	2	1		58	2	4	13	4		3
15	15. 耕地占用税	45	35	2	1			21	1	4	6	7		3
16	16. 烟叶税													
17	附列资料:纳税户数	32365	9867	486	378	25	18	6514	198	1510	738	446	89	21963
18	登记户数	45511	14496	591	669	54	47	9158	326	1603	2048	590	100	30325

2013 年梅州市地方税务局纳税登记户数统计年报表

编报机关:梅州市地方税务局 单位:户

序号	项 目	合 计	内资企业								港澳台投资企业	外商投资企业	个体经营
			小 计	国有企业	集体企业	股份合作企业	联营企业	有限责任公司	股份有限公司	私营企业	其他企业			
1	1. 营业税	7827	4232	273	240	18	10	2262	190	580	659	80	63	3452
2	2. 企业所得税	2689	2682	168	178	17	5	1712	46	342	214	4	3	
3	3. 个人所得税	16644	5515	238	217	14	9	2670	159	1033	1175	111	54	10964
4	4. 资源税	1881	1272	89	128	4	4	764	15	255	13	11	4	594
5	5. 固定资产投资方向调节税													
6	6. 城市维护建设税	17087	7972	381	331	21	13	5137	214	1350	525	285	99	8731
7	7. 房产税	17124	3993	223	400	26	5	2324	106	675	234	153	51	12927
8	8. 印花税	8603	6898	281	285	22	6	4760	170	1085	289	309	82	1314
9	9. 城镇土地使用税	19564	6304	237	382	25	3	4339	119	999	200	263	65	12932
10	10. 土地增值税	2067	288	24	45	6		169	9	12	23	3	5	1771
11	11. 车船税	7125	54	6	1			40			7		1	7070
12	12. 车辆购置税													
13	13. 屠宰税													
14	14. 契税	2032	340	28	10	7		228	22	23	22	11	6	1675
15	15. 耕地占用税	222	19	1				13	1		4	1		202
16	16. 烟叶税	6	6					6						
17	附列资料:纳税户数	43083	13196	544	651	80	18	8189	343	2260	1111	508	137	29242
18	登记户数	69440	18749	1101	1396	122	33	9875	578	2765	2879	897	193	49601

2013 年惠州市地方税务局纳税登记户数统计年报表

编报机关:惠州市地方税务局　　　　单位:户

序号	项　目	合　计	内资企业									港澳台投资企业	外商投资企业	个体经营
			小　计	国有企业	集体企业	股份合作企业	联营企业	有限责任公司	股份有限公司	私营企业	其他企业			
1	1. 营业税	29353	16653	820	620	26	63	6836	395	7209	684	646	434	11620
2	2. 企业所得税	8123	8037	403	715	12	41	2962	155	3349	400	40	46	
3	3. 个人所得税	69781	18345	679	574	24	54	7346	425	8082	1161	1791	765	48880
4	4. 资源税	3981	3248	288	168	4	19	1365	90	1303	11	18	11	704
5	5. 固定资产投资方向调节税													
6	6. 城市维护建设税	60164	32288	927	1094	30	79	12882	446	16061	769	2087	855	24934
7	7. 房产税	20579	5494	347	501	9	20	2332	147	1880	258	1019	332	13734
8	8. 印花税	30866	21532	509	707	22	38	9346	321	10299	290	2000	738	6596
9	9. 城镇土地使用税	10817	5716	257	400	10	15	3012	134	1819	69	1139	374	3588
10	10. 土地增值税	855	729	28	17		2	457	7	212	6	60	20	46
11	11. 车船税	12	5					1			4			7
12	12. 车辆购置税													
13	13. 屠宰税													
14	14. 契税	702	623	13	9	2		379	21	187	12	39	26	14
15	15. 耕地占用税	68	59	2	1			39		9	8	5	3	1
16	16. 烟叶税													
17	附列资料:纳税户数	94998	40318	1079	1385	35	89	16332	532	19222	1644	2588	1046	51046
18	登记户数	211216	69483	2247	2909	143	131	26559	1053	32860	3581	4106	1388	136239

2013年汕尾市地方税务局纳税登记户数统计年报表

编报机关：汕尾市地方税务局　　单位：户

序号	项目	合计	内资企业									港澳台投资企业	外商投资企业	个体经营
			小计	国有企业	集体企业	股份合作企业	联营企业	有限责任公司	股份有限公司	私营企业	其他企业			
1	1. 营业税	3253	1757	173	105	15	1	658	75	597	133	65	34	1397
2	2. 企业所得税	1048	1039	106	98	3	2	415	11	364	40	4	5	
3	3. 个人所得税	13028	1603	170	131	11	2	479	70	627	113	73	32	11320
4	4. 资源税	296	272	36	36	1		139	5	52	3		3	21
5	5. 固定资产投资方向调节税													
6	6. 城市维护建设税	5985	3157	306	190	17	2	1191	96	1191	164	139	44	2645
7	7. 房产税	2546	1017	114	64	9	2	357	40	377	54	101	19	1409
8	8. 印花税	1956	1346	91	68	11	3	619	51	444	59	99	18	493
9	9. 城镇土地使用税	2665	1085	104	65	9	2	429	42	396	38	120	19	1441
10	10. 土地增值税	149	66	5	3	2		33		17	6	11	1	71
11	11. 车船税	27	27	3					17		7			
12	12. 车辆购置税													
13	13. 屠宰税													
14	14. 契税	31	24			1		13	2	6	2	4	1	2
15	15. 耕地占用税	8	8	1				3		1	3			
16	16. 烟叶税													
17	附列资料：纳税户数	15318	3865	383	290	20	4	1463	104	1340	261	188	52	11213
18	登记户数	23569	6609	567	508	74	7	2425	199	1989	840	381	62	16517

2013年东莞市地方税务局纳税登记户数统计年报表

编报机关:东莞市地方税务局　　　　单位:户

序号	项目	合计	内资企业									港澳台投资企业	外商投资企业	个体经营
			小计	国有企业	集体企业	股份合作企业	联营企业	有限责任公司	股份有限公司	私营企业	其他企业			
1	1. 营业税	62338	46693	962	2469	38	83	28144	667	13205	1125	2193	1667	11785
2	2. 企业所得税	30051	26800	385	3657	27	55	15625	383	5683	985	2467	784	
3	3. 个人所得税	313684	66763	901	2248	37	83	39175	687	21940	1692	8514	3452	234955
4	4. 资源税	6	4	1				2		1				2
5	5. 固定资产投资方向调节税													
6	6. 城市维护建设税	229095	140001	1017	3701	38	90	95086	750	38105	1214	7142	3760	78192
7	7. 房产税	46095	8500	126	1996	8	2	4115	311	1638	304	4086	831	32678
8	8. 印花税	175145	101834	409	2264	37	52	73192	739	24379	762	6532	3093	63686
9	9. 城镇土地使用税	31866	8614	124	1966	9	1	4218	321	1728	247	3420	790	19042
10	10. 土地增值税	725	629	2	147			333	3	100	44	70	22	4
11	11. 车船税	34	33		19					1	13			1
12	12. 车辆购置税													
13	13. 屠宰税													
14	14. 契税	984	779	7	32			503	18	211	8	127	55	23
15	15. 耕地占用税	188	160		31			80	2	37	10	18	4	6
16	16. 烟叶税													
17	附列资料:纳税户数	427987	165539	1168	5370	49	93	111483	1288	43216	2872	10294	4467	247687
18	登记户数	537300	179572	1168	7930	82	93	117988	1673	46711	3927	13181	5194	339353

2013 年中山市地方税务局纳税登记户数统计年报表

编报机关：中山市地方税务局　　　　单位：户

序号	项　目	合计	内资企业								港澳台投资企业	外商投资企业	个体经营
			小计	国有企业	集体企业	股份合作企业	联营企业	有限责任公司	股份有限公司	私营企业	其他企业			
1	1. 营业税	23347	16536	267	455	11	26	8547	270	5784	1176	692	450	5669
2	2. 企业所得税	10672	10627	131	716	4	25	6426	100	2174	1051	21	24	
3	3. 个人所得税	142622	46496	54	376	2	9	15561	164	28631	1699	1942	823	93361
4	4. 资源税	18	11		1			4		6				7
5	5. 固定资产投资方向调节税													
6	6. 城市维护建设税	104744	62600	278	800	11	37	27385	313	32530	1246	2095	961	39088
7	7. 房产税	21959	9600	44	553	2	9	4681	111	3745	455	1051	369	10939
8	8. 印花税	75048	50419	157	604	9	17	22974	261	25693	704	1956	826	21847
9	9. 城镇土地使用税	20792	9037	41	537	2	9	4609	110	3269	460	1038	363	10354
10	10. 土地增值税	645	458		16		1	379	5	24	33	57	18	112
11	11. 车船税	9	3					1			2			6
12	12. 车辆购置税													
13	13. 屠宰税													
14	14. 契税	280	239	1	17			155	15	40	11	23	8	10
15	15. 耕地占用税	40	31		2			23	2	3	1	4	4	1
16	16. 烟叶税													
17	附列资料：纳税户数	174829	72025	316	1122	13	37	31428	420	36024	2665	2498	1126	99180
18	登记户数	242058	84592	323	3150	33	43	37700	994	38370	3979	3002	1364	153100

2013 年江门市地方税务局纳税登记户数统计年报表

编报机关:江门市地方税务局　　　　单位:户

序号	项　目	合计	内资企业									港澳台投资企业	外商投资企业	个体经营
			小计	国有企业	集体企业	股份合作企业	联营企业	有限责任公司	股份有限公司	私营企业	其他企业			
1	1. 营业税	18091	10886	476	573	19	19	4523	307	3962	1007	473	276	6456
2	2. 企业所得税	7497	7450	241	691	8	13	3421	84	2169	823	26	21	
3	3. 个人所得税	115385	17783	375	343	13	23	6118	265	9109	1537	1316	464	95822
4	4. 资源税	214	118		3			47		68		7	2	87
5	5. 固定资产投资方向调节税													
6	6. 城市维护建设税	62079	29156	526	968	23	29	11285	359	14846	1120	1728	607	30588
7	7. 房产税	37348	7085	216	507	9	13	3074	246	2478	542	927	281	29055
8	8. 印花税	57258	28625	366	765	38	68	10931	296	15095	1066	1826	531	26276
9	9. 城镇土地使用税	38334	8308	202	520	8	12	3876	247	2951	492	1029	295	28702
10	10. 土地增值税	510	467	17	76	7		264	8	86	9	28	13	2
11	11. 车船税	33	22	1	3				2	1	15			11
12	12. 车辆购置税													
13	13. 屠宰税													
14	14. 契税	473	411	15	16	1		254	27	76	22	39	9	14
15	15. 耕地占用税	103	94	1	10			50	1	2	30	5	1	3
16	16. 烟叶税													
17	附列资料:纳税户数	152189	36464	644	1200	45	75	13653	527	17768	2552	2121	725	112879
18	登记户数	200198	46708	1251	2764	175	101	16232	1118	20978	4089	3241	911	149338

2013年阳江市地方税务局纳税登记户数统计年报表

编报机关:阳江市地方税务局　　　　单位:户

序号	项目	合计	内资企业								港澳台投资企业	外商投资企业	个体经营
			小计	国有企业	集体企业	股份合作企业	联营企业	有限责任公司	股份有限公司	私营企业	其他企业			
1	1. 营业税	4774	3604	215	148	9	10	1262	105	1597	258	61	54	1055
2	2. 企业所得税	2363	2362	110	216	3	6	734	13	1109	171	1		
3	3. 个人所得税	22807	4668	205	128	11	11	1334	101	2589	289	98	62	17979
4	4. 资源税	669	604	60	60	1	3	273	8	195	4	2		63
5	5. 固定资产投资方向调节税													
6	6. 城市维护建设税	12173	8607	269	301	12	12	2473	117	5114	309	160	80	3326
7	7. 房产税	8274	3003	107	124	4	2	726	54	1877	109	86	39	5146
8	8. 印花税	7362	6562	157	145	10	11	2242	83	3766	148	157	55	588
9	9. 城镇土地使用税	9156	3501	111	123	4	2	1125	57	2003	76	94	39	5522
10	10. 土地增值税	247	228	15	10			116	6	80	1	13	4	2
11	11. 车船税	27	25	1				2	21	1			2	
12	12. 车辆购置税													
13	13. 屠宰税													
14	14. 契税	162	151	6		1		81	5	56	2	3	4	4
15	15. 耕地占用税	47	46	2				32	1	3	8		1	
16	16. 烟叶税													
17	附列资料:纳税户数	28817	10584	328	343	15	14	3259	151	5945	529	199	92	17942
18	登记户数	40519	14505	597	554	24	22	3793	260	7922	1333	355	118	25541

2013年湛江市地方税务局纳税登记户数统计年报表

编报机关:湛江市地方税务局　　　　单位:户

序号	项目	合计	内资企业									港澳台投资企业	外商投资企业	个体经营
			小计	国有企业	集体企业	股份合作企业	联营企业	有限责任公司	股份有限公司	私营企业	其他企业			
1	1. 营业税	10114	6847	754	280	38	8	2645	236	2182	704	90	85	3092
2	2. 企业所得税	3366	3352	334	278	3	9	1425	32	1066	205	9	5	
3	3. 个人所得税	42681	5926	520	138	33	6	1965	185	2186	893	121	103	36531
4	4. 资源税	409	150	16	18			67	3	46		4		255
5	5. 固定资产投资方向调节税													
6	6. 城市维护建设税	21810	13428	1005	515	41	16	5376	312	5367	796	177	144	8061
7	7. 房产税	7384	2709	372	186	26	4	1101	121	631	268	80	52	4543
8	8. 印花税	11794	7707	435	215	25	6	3447	185	3108	286	124	82	3881
9	9. 城镇土地使用税	5225	2679	300	144	27	3	1284	120	667	134	82	49	2415
10	10. 土地增值税	247	231	11	4	1		163	2	35	15	8	2	6
11	11. 车船税	77	75					6	64		5		2	
12	12. 车辆购置税													
13	13. 屠宰税													
14	14. 契税	226	219	6	4	3		138	15	43	10	4	1	2
15	15. 耕地占用税	82	59	1	1			37		11	9			23
16	16. 烟叶税													
17	附列资料:纳税户数	54683	17053	1193	644	43	21	6662	369	6721	1400	219	174	37237
18	登记户数	91949	28195	2221	1410	100	89	10484	872	10002	3017	478	278	62998

2013 年茂名市地方税务局纳税登记户数统计年报表

编报机关:茂名市地方税务局　　　　单位:户

序号	项　目	合　计	内资企业									港澳台投资企业	外商投资企业	个体经营
			小　计	国有企业	集体企业	股份合作企业	联营企业	有限责任公司	股份有限公司	私营企业	其他企业			
1	1. 营业税	5629	3805	347	177	88	10	2163	192	554	274	41	53	1730
2	2. 企业所得税	2503	2499	216	232	26	12	1731	36	93	153	2	2	
3	3. 个人所得税	37323	3005	256	45	40	4	918	63	963	716	49	20	34249
4	4. 资源税	426	206	2	25		1	56		121	1	1		219
5	5. 固定资产投资方向调节税													
6	6. 城市维护建设税	14505	9006	457	434	115	23	6033	227	1384	333	149	76	5274
7	7. 房产税	19690	3853	276	263	100	12	2040	77	756	329	74	18	15745
8	8. 印花税	3844	3569	165	99	56	5	2702	121	296	125	104	26	145
9	9. 城镇土地使用税	12970	3385	230	252	99	12	1861	76	596	259	95	17	9473
10	10. 土地增值税	193	190	9				169	2	4	6			3
11	11. 车船税	59	57	2				19	36				1	1
12	12. 车辆购置税													
13	13. 屠宰税													
14	14. 契税	185	180	11	2	3		138	3	7	16	1		4
15	15. 耕地占用税	32	30	5				11			14			2
16	16. 烟叶税													
17	附列资料:纳税户数	47305	12353	644	551	136	28	7873	241	1698	1182	202	86	34664
18	登记户数	79751	20632	1169	1384	183	62	12517	349	1984	2984	461	124	58534

2013 年肇庆市地方税务局纳税登记户数统计年报表

编报机关:肇庆市地方税务局　　　　单位:户

序号	项目	合计	内资企业									港澳台投资企业	外商投资企业	个体经营
			小计	国有企业	集体企业	股份合作企业	联营企业	有限责任公司	股份有限公司	私营企业	其他企业			
1	1. 营业税	12503	8085	542	357	21	24	3582	280	2388	891	192	173	4053
2	2. 企业所得税	3576	3562	211	427	5	12	1707	53	643	504	4	10	
3	3. 个人所得税	62203	9369	426	249	17	24	3673	241	3273	1466	375	244	52215
4	4. 资源税	369	184	1	7			47		129		4	1	180
5	5. 固定资产投资方向调节税													
6	6. 城市维护建设税	24601	14449	621	665	22	33	7020	312	4804	972	514	290	9348
7	7. 房产税	18948	4022	216	277	11	12	1816	118	1148	424	312	153	14461
8	8. 印花税	15725	10155	287	337	24	25	6022	229	2733	498	491	225	4854
9	9. 城镇土地使用税	21119	4871	200	312	10	10	2592	119	1331	297	363	159	15726
10	10. 土地增值税	558	491	36	33	4		240	7	94	77	34	10	23
11	11. 车船税	274	189	3	7			113	2	13	51	40	37	8
12	12. 车辆购置税													
13	13. 屠宰税													
14	14. 契税	474	438	15	6	4		312	10	64	27	22	11	3
15	15. 耕地占用税	200	147	3	1			35		82	26	2		51
16	16. 烟叶税													
17	附列资料:纳税户数	73354	18548	715	783	27	40	9194	362	5288	2139	647	354	53805
18	登记户数	91016	23222	1055	1066	37	61	10821	461	6225	3496	1164	411	66219

2013年清远市地方税务局纳税登记户数统计年报表

编报机关:清远市地方税务局　　　　单位:户

序号	项目	合计	内资企业									港澳台投资企业	外商投资企业	个体经营
			小计	国有企业	集体企业	股份合作企业	联营企业	有限责任公司	股份有限公司	私营企业	其他企业			
1	1. 营业税	10479	7041	377	169	11	20	4398	144	1545	377	174	91	3173
2	2. 企业所得税	2125	2108	112	236	8	20	1422	40	169	101	11	6	
3	3. 个人所得税	33451	8100	325	121	13	23	4456	163	2308	691	342	129	24880
4	4. 资源税	587	385	9	11		2	226	3	128	6	9	2	191
5	5. 固定资产投资方向调节税													
6	6. 城市维护建设税	18908	11554	480	401	14	39	7359	169	2648	444	400	156	6798
7	7. 房产税	8119	3018	176	255	7	13	1640	95	659	173	224	81	4796
8	8. 印花税	13203	9080	213	311	14	30	6582	127	1440	363	377	110	3636
9	9. 城镇土地使用税	8788	3545	164	243	6	13	2150	99	739	131	250	78	4915
10	10. 土地增值税	619	441	7	12	1	6	366	3	21	25	14	6	158
11	11. 车船税	65	59	2	2	1		16	36	1	1	1	2	3
12	12. 车辆购置税													
13	13. 屠宰税													
14	14. 契税	425	383	3	5		2	335	6	22	10	17	12	13
15	15. 耕地占用税	64	52	2	1			14	1	10	24	5	3	4
16	16. 烟叶税	1	1					1						
17	附列资料:纳税户数	41805	15491	547	507	17	46	10100	258	2905	1111	500	187	25627
18	登记户数	65515	19355	701	717	46	63	12184	274	2998	2372	708	201	45251

2013年潮州市地方税务局纳税登记户数统计年报表

编报机关:潮州市地方税务局 单位:户

序号	项目	合计	内资企业									港澳台投资企业	外商投资企业	个体经营
			小计	国有企业	集体企业	股份合作企业	联营企业	有限责任公司	股份有限公司	私营企业	其他企业			
1	1. 营业税	2579	1966	170	121	16	5	1033	89	304	228	42	23	548
2	2. 企业所得税	2540	2539	127	172	168	4	1847	32	50	139	1		
3	3. 个人所得税	16301	7031	165	162	178	7	3492	100	2620	307	241	96	8933
4	4. 资源税	3198	1660	51	50	28	2	691	9	823	6	115	48	1375
5	5. 固定资产投资方向调节税													
6	6. 城市维护建设税	13044	7348	259	227	181	7	3649	110	2650	265	280	119	5297
7	7. 房产税	17249	6809	172	166	181	3	3470	60	2519	238	275	96	10069
8	8. 印花税	15017	6908	159	167	184	6	3611	100	2499	182	295	108	7706
9	9. 城镇土地使用税	17404	6969	170	169	185	3	3587	64	2558	233	278	88	10069
10	10. 土地增值税	84	76	8	11	2	1	45	2	4	3	3	1	4
11	11. 车船税	64	61	2				40	19					3
12	12. 车辆购置税													
13	13. 屠宰税													
14	14. 契税	55	50	2	6	3		28	6	1	4	2		3
15	15. 耕地占用税	31	26	1	1			16		1	7	3	1	1
16	16. 烟叶税													
17	附列资料:纳税户数	20677	9034	319	268	203	7	4615	145	2839	638	345	131	11167
18	登记户数	45599	14963	840	1075	379	16	6620	330	3898	1805	637	237	29762

2013 年揭阳市地方税务局纳税登记户数统计年报表

编报机关:揭阳市地方税务局　　单位:户

序号	项目	合计	内资企业								港澳台投资企业	外商投资企业	个体经营
			小计	国有企业	集体企业	股份合作企业	联营企业	有限责任公司	股份有限公司	私营企业	其他企业			
1	1. 营业税	4577	3308	298	263	7	1	1883	141	529	186	41	45	1183
2	2. 企业所得税	2890	2880	208	411	1	1	1760	42	353	104	3	7	
3	3. 个人所得税	43881	6413	273	235	7	1	3884	174	1581	258	213	74	37181
4	4. 资源税	1554	929	110	118			525	12	163	1	11	3	611
5	5. 固定资产投资方向调节税													
6	6. 城市维护建设税	16870	9426	401	549	8	1	6126	223	1859	259	302	100	7042
7	7. 房产税	34742	6875	244	375	7	8	4517	125	1357	242	228	49	27590
8	8. 印花税	16361	9049	276	381	32	3	6368	171	1371	447	307	75	6930
9	9. 城镇土地使用税	44386	8479	262	416	18	10	5769	158	1600	246	273	62	35572
10	10. 土地增值税	156	139	3	14			103	4	13	2	2		15
11	11. 车船税	16	9					1			8			7
12	12. 车辆购置税													
13	13. 屠宰税													
14	14. 契税	60	52			2		38	6	5	1	1	2	5
15	15. 耕地占用税	15	13		1			1			11			2
16	16. 烟叶税													
17	附列资料:纳税户数	73963	13891	612	770	46	12	8844	281	2413	913	388	114	59570
18	登记户数	86763	18559	1002	1425	272	15	9134	529	2446	3736	569	136	67499

2013 年云浮市地方税务局纳税登记户数统计年报表

编报机关:云浮市地方税务局 单位:户

序号	项目	合计	内资企业								港澳台投资企业	外商投资企业	个体经营
			小计	国有企业	集体企业	股份合作企业	联营企业	有限责任公司	股份有限公司	私营企业	其他企业			
1	1. 营业税	5892	3611	259	185	11	8	1731	122	883	412	68	44	2169
2	2. 企业所得税	1637	1633	92	336	3		772	23	174	233	1	3	
3	3. 个人所得税	24253	5021	233	155	12	10	1961	128	1517	1005	194	58	18980
4	4. 资源税	192	84	1	4			42		37		6	3	99
5	5. 固定资产投资方向调节税													
6	6. 城市维护建设税	14057	6526	285	308	11	9	3447	145	1840	481	201	74	7256
7	7. 房产税	18987	2434	129	267	5	2	943	60	663	365	174	37	16342
8	8. 印花税	17587	5894	223	265	13	8	3343	135	1437	470	250	61	11382
9	9. 城镇土地使用税	18186	2582	109	243	7	2	1195	58	681	287	189	41	15374
10	10. 土地增值税	293	193	15	10	4		102	4	22	36	2		98
11	11. 车船税	42	42	3				5	32		2			
12	12. 车辆购置税													
13	13. 屠宰税													
14	14. 契税	261	234	12	16	5		117	7	43	34	14	6	7
15	15. 耕地占用税	38	35	1	4	1		10		2	17	2	1	
16	16. 烟叶税													
17	附列资料:纳税户数	38161	9461	356	562	15	15	4565	192	2327	1429	307	95	28298
18	登记户数	52701	10644	394	626	44	15	4758	224	2691	1892	513	100	41444

2013 年顺德区地方税务局纳税登记户数统计年报表

编报机关：顺德区地方税务局

单位：户

序号	项目	合计	内资企业									港澳台投资企业	外商投资企业	个体经营
			小计	国有企业	集体企业	股份合作企业	联营企业	有限责任公司	股份有限公司	私营企业	其他企业			
1	1. 营业税	14644	9794	161	128	8	7	5098	197	3407	788	600	266	3984
2	2. 企业所得税	7624	7607	49	150	2	7	4186	36	2445	732	10	7	
3	3. 个人所得税	108798	18585	150	101	9	8	8464	161	9006	686	2605	445	87163
4	4. 资源税	227	50		2		1	34		13				177
5	5. 固定资产投资方向调节税													
6	6. 城市维护建设税	63373	39475	185	202	9	9	19320	211	18698	841	1266	461	22171
7	7. 房产税	84060	7036	44	99	1	1	3305	122	3119	345	3251	261	73512
8	8. 印花税	14046	12226	35	43	5	2	6396	117	5575	53	791	228	801
9	9. 城镇土地使用税	64111	5288	54	99	1		2541	114	1974	505	2613	209	56001
10	10. 土地增值税	297	259	2	10			204	9	22	12	22	8	8
11	11. 车船税	29	24		6		1	11		4	2			5
12	12. 车辆购置税													
13	13. 屠宰税													
14	14. 契税	10	10								10			
15	15. 耕地占用税	56	53		1			2			50			3
16	16. 烟叶税													
17	附列资料：纳税户数	168062	42427	219	251	13	10	20676	283	19551	1424	4004	632	120999
18	登记户数	186881	50539	219	297	45	10	25619	897	21282	2170	4030	748	131564

2013 年广东省地方税务局直属分局纳税登记户数统计年报表

编报机关:广东省地方税务局直属分局

单位:户

序号	项目	合计	内资企业									港澳台投资企业	外商投资企业	个体经营
			小计	国有企业	集体企业	股份合作企业	联营企业	有限责任公司	股份有限公司	私营企业	其他企业			
1	1. 营业税	2167	1531	94	19	6	9	598	495	290	20	239	383	14
2	2. 企业所得税	738	733	178	12	2	5	231	10	47	248	4	1	
3	3. 个人所得税													
4	4. 资源税													
5	5. 固定资产投资方向调节税													
6	6. 城市维护建设税													
7	7. 房产税													
8	8. 印花税													
9	9. 城镇土地使用税													
10	10. 土地增值税													
11	11. 车船税													
12	12. 车辆购置税													
13	13. 屠宰税													
14	14. 契税													
15	15. 耕地占用税													
16	16. 烟叶税													
17	附列资料:纳税户数	2899	2258	270	31	8	14	825	505	337	268	243	384	14
18	登记户数	2899	2258	270	31	8	14	825	505	337	268	243	384	14

2013 年广东省地方税务局纳税登记户数分行业统计年报表(1)

编报机关:广东省地方税务局　　　　单位:户

序号	项　目	营业税	企业所得税		个人所得税	城市维护建设税	房产税	印花税	城镇土地使用税
			内资企业	外资企业					
1	合　计	479627	206168	8442	1816837	1528935	508301	993270	446798
2	一、第一产业	2995	741	8	5919	4598	5125	6529	4188
3	二、第二产业	129245	69288	6461	420698	504636	115960	369333	111847
4	(一)采矿业	218	193	2	1329	1520	935	1254	1165
5	1. 煤炭开采和洗选业	3	1		19	12	12	5	14
6	2. 石油和天然气开采业	4	2		12	15	11	16	15
7	3. 黑色金属矿采选业	12	24		76	105	87	102	114
8	4. 有色金属矿采选业	18	12	1	86	87	74	103	94
9	5. 非金属矿采选业	145	130	1	884	981	572	721	696
10	6. 其他采矿业	36	24		252	320	179	307	232
11	(二)制造业	25128	25597	5796	339222	384935	101278	297399	96929
12	1. 农副食品加工业	488	768	30	4702	3307	3155	2840	3037
13	2. 食品制造业	419	624	53	4626	4509	2384	3621	2321
14	3. 酒、饮料和精制茶制造业	148	188	11	770	1053	614	767	608
15	4. 烟草制品业	15	14		25	36	33	21	33
16	5. 纺织业	555	788	146	13428	11760	4904	10211	4158
17	6. 纺织服装、服饰业	1207	1867	330	31492	30467	7225	26083	7486
18	7. 皮革、毛皮、羽毛及其制品和制鞋业	536	595	221	22373	20044	4001	16246	3970
19	8. 木材加工及木竹藤棕草制品业	328	187	27	7703	5770	2604	4175	2667

续表

序号	项目	营业税	企业所得税		个人所得税	城市维护建设税	房产税	印花税	城镇土地使用税
			内资企业	外资企业					
20	9. 家具制造业	727	611	137	12371	14601	3588	9975	3060
21	10. 造纸及纸制品业	472	939	182	9522	12568	2868	9578	2810
22	11. 印刷和记录媒介复制业	524	1826	193	8059	11044	3139	7914	2772
23	12. 文教、工美、体育和娱乐用品制造业	790	975	209	9578	9854	3852	7978	4005
24	13. 石油加工、炼焦和核燃料加工业	46	47	6	168	237	131	185	114
25	14. 化学原料和化学制品制造业	824	1274	140	5110	7982	3095	6831	3126
26	15. 医药制造业	223	267	43	741	1160	618	1002	654
27	16. 化学纤维制造业	41	27	14	290	358	118	286	114
28	17. 橡胶和塑料制品业	1570	2628	850	28960	34050	10720	25883	10387
29	18. 非金属矿物制品业	1125	1066	66	15626	14917	8808	12424	8962
30	19. 黑色金属冶炼和压延加工业	152	113	8	2527	2208	849	1277	722
31	20. 有色金属冶炼和压延加工业	278	319	14	2902	2531	1323	2040	1067
32	21. 金属制品业	3477	2826	607	63994	60056	17316	46214	15890
33	22. 通用设备制造业	1329	925	150	12377	13219	2741	9473	2062
34	23. 专用设备制造业	1405	895	191	12949	15724	2254	11443	2108
35	24. 汽车制造业	386	119	19	1470	1810	594	1816	616
36	25. 铁路、船舶、航空航天和其他运输设备制造业	328	147	33	1051	1441	459	1124	455
37	26. 电气机械和器材制造业	2209	1743	397	21972	28104	5129	23983	4788
38	27. 计算机、通信和其他电子设备制造业	3014	1731	942	14410	33694	3108	23219	3317
39	28. 仪表仪器制造业	317	278	105	1489	2639	387	1918	384

续表

序号	项　　目	营业税	企业所得税		个人所得税	城市维护建设税	房产税	印花税	城镇土地使用税
			内资企业	外资企业					
40	29. 其他制造业	2195	1810	672	28537	39792	5261	28872	5236
41	（三）电力、热力、燃气及水的生产和供应业	1447	1629	22	7015	8051	6618	5952	6612
42	1. 电力、热力的生产和供应业	568	1114	7	5339	6276	5513	4699	5454
43	2. 燃气生产和供应业	233	166	11	872	628	345	434	374
44	3. 水的生产和供应业	646	349	4	804	1147	760	819	784
45	（四）建筑业	102452	41869	641	73132	110130	7129	64728	7141
46	1. 房屋建筑业	13355	3327	21	9627	14374	1421	7367	1679
47	2. 土木工程建筑业	6811	2465	3	4984	7050	593	4403	529
48	3. 建筑装饰业	43052	20823	499	32058	45028	2095	25579	2015
49	4. 建筑装饰和其他建筑业	39234	15254	118	26463	43678	3020	27379	2918
50	三、第三产业	347387	136139	1973	1390220	1019701	387216	617408	330763
51	（一）批发和零售业	63938	32616	483	892863	584112	135838	351360	134364
52	1. 批发业	29981	18269	224	193233	281388	21732	175579	20142
53	2. 零售业	33957	14347	259	699630	302724	114106	175781	114222
54	（二）交通运输、仓储和邮政业	7201	10847	216	18758	31788	4698	20898	4303
55	1. 交通运输业	5503	9462	179	17083	28238	3698	18501	3424
56	2. 仓储业	645	1014	36	904	2319	712	1813	570
57	3. 邮政业	1053	371	1	771	1231	288	584	309
58	（三）住宿和餐饮业	62001	5204	92	100118	62079	18587	17226	17201
59	1. 住宿业	10776	1673	26	11028	10665	3415	2866	3044

续表

序号	项　目	营业税	企业所得税		个人所得税	城市维护建设税	房产税	印花税	城镇土地使用税
			内资企业	外资企业					
60	2. 餐饮业	51225	3531	66	89090	51414	15172	14360	14157
61	（四）信息传输、软件和信息技术服务业	13351	4553	99	13717	29139	2420	17063	2414
62	1. 电信、广播电视和卫星传输服务业	1757	238	7	1535	1817	918	909	889
63	2. 互联网和相关服务	3039	443	4	2473	3438	455	1136	429
64	3. 软件和信息技术服务业	8555	3872	88	9709	23884	1047	15018	1096
65	（五）金融业	6933	1158	16	4517	7058	2393	6481	2451
66	1. 货币金融服务	2720	343	4	1434	2526	1610	2578	1598
67	2. 资本市场服务	1061	350	2	797	1249	185	1087	206
68	3. 保险业	2230	67		1555	2184	387	1833	412
69	4. 其他金融	922	398	10	731	1099	211	983	235
70	（六）房地产业	45253	13061	320	117203	46842	150311	42309	112320
71	（七）租赁和商务服务业	54051	33553	368	62160	109914	25310	70878	18732
72	1. 租赁业	1567	1528	12	2900	4248	3938	4719	3053
73	2. 商务服务业	52484	32025	356	59260	105666	21372	66159	15679
74	（八）科学研究和技术服务业	18660	9781	83	27494	51247	3640	36087	3467
75	（九）居民服务、修理和其他服务业	45297	12151	246	115755	65620	35020	38815	28466
76	（十）教育	8582	4838	5	9272	7460	1444	3811	951
77	（十一）卫生和社会工作	2028	860	3	6083	1514	1082	1394	895
78	（十二）文化、体育和娱乐业	9326	2689	28	9513	10572	1772	4464	1527
79	（十三）公共管理、社会保障和社会组织	7228	3599	5	8926	7757	3608	3989	2860
80	（十四）其他行业	3538	1229	9	3841	4599	1093	2633	812

2013 年广东省地方税务局纳税登记户数分行业统计年报表(2)

编报机关:广东省地方税务局　　单位:户

序号	项　目	土地增值税	车辆购置税	车船税	契税	耕地占用税	其他各税	附列资料:纳税户数	登记户数
1	合　计	11535		75010	13580	1678	16777	2817904	4724594
2	一、第一产业	59		328	39	24	130	14280	31489
3	二、第二产业	925		14826	1748	547	13119	648790	905219
4	(一)采矿业	9		13	21	74	1115	2457	4133
5	1. 煤炭开采和洗选业	1		1	1	1	1	29	65
6	2. 石油和天然气开采业				2		1	30	43
7	3. 黑色金属矿采选业			1	2	8	70	180	367
8	4. 有色金属矿采选业			1	1	1	40	180	299
9	5. 非金属矿采选业	6		5	9	56	769	1488	2396
10	6. 其他采矿业	2		5	6	8	234	550	963
11	(二)制造业	506		11929	1390	351	5077	517616	704449
12	1. 农副食品加工业	14		186	18	2	3	7072	10845
13	2. 食品制造业	10		284	32	7	4	7060	10289
14	3. 酒、饮料和精制茶制造业	5		42	12	1	8	1445	2076
15	4. 烟草制品业	1		3	1		3	44	91
16	5. 纺织业	33		291	45	14	1	16957	24044
17	6. 纺织服装、服饰业	40		1091	75	13	1	42936	66640
18	7. 皮革、毛皮、羽毛及其制品和制鞋业	32		806	46	2	13	28277	43008
19	8. 木材加工及木竹藤棕草制品业	8		123	24	47	14	10208	13759

续表

序号	项　　目	土地增值税	车辆购置税	车船税	契税	耕地占用税	其他各税	附列资料：纳税户数	登记户数
20	9. 家具制造业	14		367	39	5	6	18002	21924
21	10. 造纸及纸制品业	11		529	31	8	10	15684	20656
22	11. 印刷和记录媒介复制业	6		379	20	6	1	12625	15351
23	12. 文教、工美、体育和娱乐用品制造业	14		406	45	3	13	14154	24135
24	13. 石油加工、炼焦和核燃料加工业	1		24	7			307	413
25	14. 化学原料和化学制品制造业	28		692	100	9	48	9555	12170
26	15. 医药制造业	6		130	25	3	1	1443	1944
27	16. 化学纤维制造业	1		12	1			450	621
28	17. 橡胶和塑料制品业	57		1013	91	14	11	43538	57167
29	18. 非金属矿物制品业	26		414	85	100	4730	20454	27160
30	19. 黑色金属冶炼和压延加工业	5		71	11	1	4	3014	4254
31	20. 有色金属冶炼和压延加工业	2		102	17	6	14	3751	4881
32	21. 金属制品业	33		1190	187	32	52	85860	107209
33	22. 通用设备制造业	25		554	51	13	11	18464	23799
34	23. 专用设备制造业	14		509	46	10	21	20871	26751
35	24. 汽车制造业	1		332	37			2359	2949
36	25. 铁路、船舶、航空航天和其他运输设备制造业	8		210	13	1	1	1823	2757
37	26. 电气机械和器材制造业	23		730	94	11	1	34773	41057
38	27. 计算机、通信和其他电子设备制造业	46		730	100	11	10	39000	57492
39	28. 仪表仪器制造业	10		113	17	5	5	3328	4809

续表

序号	项　　目	土地增值税	车辆购置税	车船税	契税	耕地占用税	其他各税	附列资料：纳税户数	登记户数
40	29. 其他制造业	32		596	120	27	91	54162	76198
41	（三）电力、热力、燃气及水的生产和供应业	29		197	94	92	38	10372	12816
42	1. 电力、热力的生产和供应业	25		68	48	75	22	7901	9633
43	2. 燃气生产和供应业	1		32	21	12	1	918	1212
44	3. 水的生产和供应业	3		97	25	5	15	1553	1971
45	（四）建筑业	381		2687	243	30	6889	118345	183821
46	1. 房屋建筑业	130		320	74	2	1827	14596	18645
47	2. 土木工程建筑业	21		208	19	8	644	8086	9941
48	3. 建筑装饰业	80		910	64	7	2811	45317	90936
49	4. 建筑装饰和其他建筑业	150		1249	86	13	1607	50346	64299
50	三、第三产业	10551		59856	11793	1107	3528	2154834	3787886
51	（一）批发和零售业	600		18746	4934	107	1468	1291799	2223789
52	1. 批发业	370		13076	705	44	313	418445	734371
53	2. 零售业	230		5670	4229	63	1155	873354	1489418
54	（二）交通运输、仓储和邮政业	57		5244	217	31	50	44371	85845
55	1. 交通运输业	39		4729	172	27	48	39404	76531
56	2. 仓储业	12		437	30	4	2	3289	5108
57	3. 邮政业	6		78	15			1678	4206
58	（三）住宿和餐饮业	28		896	158	7	23	117628	197103
59	1. 住宿业	13		331	36	2	20	14665	19736

续表

序号	项　目	土地增值税	车辆购置税	车船税	契税	耕地占用税	其他各税	附列资料：纳税户数	登记户数
60	2. 餐饮业	15		565	122	5	3	102963	177367
61	（四）信息传输、软件和信息技术服务业	22		1697	126	5	22	35456	60069
62	1. 电信、广播电视和卫星传输服务业	11		70	78	2	3	2948	7026
63	2. 互联网和相关服务			34	12	2	3	4202	5541
64	3. 软件和信息技术服务业	11		1593	36	1	16	28306	47502
65	（五）金融业	114		1100	215	7	68	10997	25823
66	1. 货币金融服务	85		211	139	2	34	4216	12891
67	2. 资本市场服务	6		133	20	3	4	1940	2728
68	3. 保险业	6		630	10		27	3047	5922
69	4. 其他金融	17		126	46	2	3	1794	4282
70	（六）房地产业	8509		2437	3810	209	240	199752	261447
71	（七）租赁和商务服务业	399		6477	1191	86	221	161282	301901
72	1. 租赁业	5		488	5		9	9166	15314
73	2. 商务服务业	394		5989	1186	86	212	152116	286587
74	（八）科学研究和技术服务业	42		5428	143	15	172	67456	117139
75	（九）居民服务、修理和其他服务业	381		1735	535	206	493	161985	391367
76	（十）教育	19		1752	35	13	2	16108	29259
77	（十一）卫生和社会工作	13		501	19	3	4	7713	12697
78	（十二）文化、体育和娱乐业	29		566	37	4	1	15852	26106
79	（十三）公共管理、社会保障和社会组织	266		2203	181	385	92	15714	40615
80	（十四）其他行业	72		11074	192	29	672	8721	14726

2013年广东省地方税务局一般税务登记及扣缴税款登记户数分登记注册类型分国民经济行业统计表(1)

编报机关:广东省地方税务局

单位:户

序号	登记注册类型 \ 一般税务登记及扣缴税款登记户数 \ 项目			期初数	本期数				期末数				
					新开	注销	其他增减数	其中变更	合计	农、林、牧、渔业	采矿业	制造业	电力、燃气及水的生产和供应业
	序号			1	2	3	4	5	6	7	8	9	10
1	合计				441551	182338	2926504	489413	3185717	29171	3855	577661	12065
2	内资企业	国有企业			439	613	27339	4442	27165	520	77	2696	765
3		集体企业			947	1705	53118	6260	52360	1203	164	13094	1502
4		股份合作企业			209	455	14489	1045	14243	346	11	3118	27
5		联营企业			129	44	1607	222	1692	279	7	250	46
6		其中	国有联营企业		10	9	414	20	415	3	3	48	4
7			集体联营企业		15	7	368	71	376	57	1	75	10
8			国有与集体联营企业		2	3	229	17	228	2	1	55	4
9			其他联营企业		102	25	596	114	673	217	2	72	28
10		有限责任公司			68540	13493	399779	119980	454826	7145	1262	112797	2374
11		其中	国有独资企业		116	59	1756	512	1813	15	8	100	81
12			其他有限责任公司		68424	13434	398023	119468	453013	7130	1254	112697	2293
13		股份有限公司			1213	235	17072	6688	18050	152	31	831	107
14		私营企业			96452	19589	536979	99639	613842	4230	1046	137444	2654

续表

序号	登记注册类型			期初数	本期数：新开	本期数：注销	本期数：其他增减数	本期数：其中变更	期末数：合计	期末数：农、林、牧、渔业	期末数：采矿业	期末数：制造业	期末数：电力、燃气及水的生产和供应业
	序号			1	2	3	4	5	6	7	8	9	10
15	内资企业	其中	私营独资企业		10269	2652	39726	5641	47343	435	34	23633	79
16			私营合伙企业		852	292	7447	1499	8007	339	64	2162	355
17			私营有限责任公司		79713	13338	415178	81023	481553	2244	220	70331	352
18			私营股份有限公司		115	26	884	315	973	22	3	188	12
19			个人独资及合伙企业			3	378	4	375	2	1	149	
20			其他私营企业		5503	3278	73366	11157	75591	1188	724	40981	1856
21		其他内资企业			1217	208	4640	1383	5649	2509	8	169	6
22		小计			169146	36342	1055023	239659	1187827	16384	2606	270399	7481
23	港澳台商投资企业	合资经营企业			486	201	7564	2328	7849	119	10	4143	100
24		合作经营企业			93	93	4365	803	4365	49	10	1809	41
25		独资经营企业			2375	923	33681	14133	35133	625	24	21581	86
26		投资股份有限公司			23	22	409	170	410	23		133	2
27		其他港澳台企业			99	181	2952	344	2870	8		54	
28		小计			3076	1420	48971	17778	50627	824	44	27720	229

续表

序号	一般税务登记及扣缴税款登记户数 / 登记注册类型			期初数	本期数				期末数				
					新开	注销	其他增减数	其中变更	合计	农、林、牧、渔业	采矿业	制造业	电力、燃气及水的生产和供应业
	序号			1	2	3	4	5	6	7	8	9	10
29	外商投资企业和外国企业	中外合资经营企业			310	183	5087	1507	5214	44	13	1790	77
30		中外合作经营企业			16	27	1275	226	1264	20	7	476	24
31		外资企业			1167	645	15983	5585	16505	94	7	7432	63
32		外商投资股份有限公司			40	9	308	156	339	4	1	75	4
33		外国企业			172	318	4385	374	4239	2	1	116	
34		其他外国企业					3		3				
35		小计			1705	1182	27041	7848	27564	164	29	9889	168
36	个体经营	个体工商户			260002	142033	1727542	204936	1845511	9022	1143	269241	3829
37		个人合伙			131	57	1097	259	1171	144	25	237	237
38		个人			17	87	2687	217	2617	5		24	1
39		其中	中国内地居民		12	80	2540	201	2472	1		20	1
40			港澳台人士		4	4	91	14	91	4		3	
41			华侨										
42			外籍人士		1	3	56	1	54			1	
43			其他个人					1					
44		其他个体经营					258	4	258			18	1
45		小计			260150	142177	1731584	205416	1849557	9171	1168	269520	4068
46	其他				7474	1217	63885	18712	70142	2628	8	133	119

2013年广东省地方税务局一般税务登记及扣缴税款登记户数分登记注册类型分国民经济行业统计表(2)

编报机关:广东省地方税务局　　单位:户

序号	登记注册类型 \ 一般税务登记及扣缴税款登记户数 \ 项目			期末数									
				建筑业	交通运输、仓储及邮政业	信息传输、计算机服务和软件业	批发和零售业	住宿和餐饮业	金融业	房产地业	租赁和商务服务业	科学研究、技术服务和地质勘察业	水利、环境和公共设施管理业
	序号			11	12	13	14	15	16	17	18	19	20
1	合计			75542	56575	38833	1612151	157403	20773	67641	164251	72324	5220
2	内资企业	国有企业		2390	1825	304	9412	888	925	1244	1936	914	182
3		集体企业		2773	1138	179	18715	1529	951	2031	3150	543	178
4		股份合作企业		300	231	118	5670	750	1483	180	457	199	6
5		联营企业		69	77	15	544	35	23	70	99	49	5
6		其中	国有联营企业	27	29	5	177	13	7	19	41	17	
7			集体联营企业	13	14	3	111	8	6	17	13	6	3
8			国有与集体联营企业	5	8	2	100	5	4	9	12	4	2
9			其他联营企业	24	26	5	156	9	6	25	33	22	
10		有限责任公司		28597	12615	9480	159910	5415	4163	30427	44403	11009	1797
11		其中	国有独资企业	268	76	42	364	29	47	154	420	31	50
12			其他有限责任公司	28329	12539	9438	159546	5386	4116	30273	43983	10978	1747
13		股份有限公司		381	206	914	3413	67	10551	168	667	226	8
14		私营企业		26884	15714	21075	223698	11227	1661	22468	75172	43294	1066

续表

序号	登记注册类型 \ 一般税务登记及扣缴税款登记户数 \ 项目			期末数 建筑业	交通运输、仓储及邮政业	信息传输、计算机服务和软件业	批发和零售业	住宿和餐饮业	金融业	房产地业	租赁和商务服务业	科学研究、技术服务和地质勘察业	水利、环境和公共设施管理业
	序号			11	12	13	14	15	16	17	18	19	20
15	内资企业	其中	私营独资企业	625	477	371	13144	2926	9	230	1218	327	12
16			私营合伙企业	62	73	196	1459	490	120	63	1690	124	2
17			私营有限责任公司	25431	14642	18241	192748	4524	1484	21858	69985	42363	1021
18			私营股份有限公司	54	21	33	345	11	25	33	101	69	1
19			个人独资及合伙企业	4	7	5	135	31		2	11		
20			其他私营企业	708	494	2229	15867	3245	23	282	2167	411	30
21		其他内资企业		67	27	26	828	46	19	75	269	85	11
22		小计		61461	31833	32111	422190	19957	19776	56663	126153	56319	3253
23	港澳台商投资企业	合资经营企业		170	217	156	1511	160	46	429	354	147	18
24		合作经营企业		98	615	22	263	170	7	876	113	36	20
25		独资经营企业		290	514	909	5011	794	151	1480	2084	745	28
26		投资股份有限公司		7	6	76	93	6	15	8	24	5	1
27		其他港澳台企业		4	34	37	104	7	5	14	2422	11	
28		小计		569	1386	1200	6982	1137	224	2807	4997	944	67

续表

序号	登记注册类型			期末数 建筑业	交通运输、仓储及邮政业	信息传输、计算机服务和软件业	批发和零售业	住宿和餐饮业	金融业	房产地业	租赁和商务服务业	科学研究、技术服务和地质勘察业	水利、环境和公共设施管理业
	序号			11	12	13	14	15	16	17	18	19	20
29	外商投资企业和外国企业	中外合资经营企业		70	217	84	1288	378	250	268	397	192	6
30		中外合作经营企业		22	105	21	176	57	3	156	78	14	18
31		外资企业		92	212	577	3379	1059	144	472	2023	516	14
32		外商投资股份有限公司		2	4	106	51	11	39	9	27	3	
33		外国企业		22	29	12	96	4	15	10	3560	12	2
34		其他外国企业					1			1			
35		小计		208	567	800	4991	1509	451	916	6085	737	40
36	个体经营	个体工商户		13129	22543	4488	1177088	134576	167	5088	23467	11905	582
37		个人合伙		3	8	26	256	53	2	5	53	11	
38		个人		18	10		119	46		1366	725	2	
39		其中	中国内地居民	17	10		84	41		1319	690		
40			港澳台人士				34	4		24	15	2	
41			华侨										
42			外籍人士	1			1	1		23	20		
43			其他个人										
44		其他个体经营		1	2	2	168	21				1	
45		小计		13151	22563	4516	1177631	134696	169	6459	24245	11919	582
46	其他			153	226	206	357	104	153	796	2771	2405	1278

2013 年广东省地方税务局一般税务登记及扣缴税款登记户数分登记注册类型分国民经济行业统计表(3)

编报机关:广东省地方税务局　　　　单位:户

序号	登记注册类型 \ 一般税务登记及扣缴税款登记户数 \ 项目	期末数							其中:共同登记户	增值税纳税人	
		居民服务和其他服务业	教育	卫生、社会保障和社会福利业	文化、体育和娱乐业	公共管理和社会组织	国际组织	其他行业		户数	其中:一般纳税人
	序号	21	22	23	24	25	26	27	28	29	30
1	合计	205194	23821	9692	20526	30033	38	2948	1540868	2279825	2188131
2	内资企业 国有企业	1588	316	128	416	534		105	5704	9922	8019
3	集体企业	3129	275	452	505	647	1	201	12495	23011	18384
4	股份合作企业	1039	34	16	239	17		2	3604	8109	7671
5	联营企业	78	6	6	26	7		1	419	779	701
6	其中 国有联营企业	16	1		5				98	190	157
7	集体联营企业	23	1	1	8	5		1	83	175	160
8	国有与集体联营企业	10			4	1			48	111	97
9	其他联营企业	29	4	5	9	1			190	303	287
10	有限责任公司	19105	770	233	2717	151	10	446	228390	323618	313288
11	其中 国有独资企业	79	5	1	29	12	1	1	385	615	600
12	其他有限责任公司	19026	765	232	2688	139	9	445	228005	323003	312688
13	股份有限公司	199	11	7	90	18		3	2264	3361	3195
14	私营企业	18264	852	504	6356	63		170	350719	480492	473987

续表

序号	项目 一般税务登记及扣缴税款登记户数 登记注册类型			期末数							其中：共同登记户	增值税纳税人	
				居民服务和其他服务业	教育	卫生、社会保障和社会福利业	文化、体育和娱乐业	公共管理和社会组织	国际组织	其他行业		户数	其中：一般纳税人
	序号			21	22	23	24	25	26	27	28	29	30
15	内资企业	其中	私营独资企业	2493	58	155	1071	4		42	31813	36858	36316
16			私营合伙企业	519	18	70	188	8		5	3346	5416	5258
17			私营有限责任公司	11802	670	135	3371	25		106	270150	377714	373366
18			私营股份有限公司	50	2		3				473	678	656
19			个人独资及合伙企业	23			2			3	173	224	171
20			其他私营企业	3377	104	144	1721	26		14	44764	59602	58220
21		其他内资企业		366	392	319	88	273		66	1476	2184	2021
22		小计		43768	2656	1665	10437	1710	11	994	605071	851476	827266
23	港澳台商投资企业	合资经济企业		140	5	7	97	4		16	3080	4830	4683
24		合作经营企业		104	19	2	105	1		5	885	1737	1704
25		独资经营企业		641	15	5	78	5		67	14775	25637	25405
26		投资股份有限公司		10			1				142	219	213
27		其他港澳台企业		159			3	2		6	75	168	160
28		小计		1054	39	14	284	12		94	18957	32591	32165

续表

序号	登记注册类型			期末数：居民服务和其他服务业	期末数：教育	期末数：卫生、社会保障和社会福利业	期末数：文化、体育和娱乐业	期末数：公共管理和社会组织	期末数：国际组织	期末数：其他行业	其中：共同登记户	增值税纳税人：户数	增值税纳税人：其中：一般纳税人
	序号			21	22	23	24	25	26	27	28	29	30
29	外商投资企业和外国企业	中外合资经济企业		97	6	4	26	2		5	1885	2960	2918
30		中外合作经营企业		46	13	1	18			9	271	529	522
31		外资企业		357	11	2	25	4	2	20	6361	11089	10995
32		外商投资股份有限公司		3							64	105	100
33		外国企业		317		2	6	10	13	10	50	117	101
34		其他外国企业								1	1	1	1
35		小计		820	30	9	75	16	15	45	8632	14801	14637
36	个体经营	个体工商户		154155	1775	3810	7470	327	4	1702	904741	1375161	1308569
37		个人合伙		75	12	5	17	1		1	484	757	712
38		个人		252	4	16	4	15		10	43	131	75
39		其中	中国内地居民	247	4	15	4	9		10	18	95	44
40			港澳台人士	5							25	35	30
41			华侨										
42			外籍人士			1		6				1	1
43			其他个人										
44		其他个体经营		38	3	2	1				103	110	15
45		小计		154520	1794	3833	7492	343	4	1713	905371	1376159	1309371
46	其他			5032	19302	4171	2238	27952	8	102	2837	4798	4692

报表说明：

1. 报表目的：从国民经济行业及登记注册类型维度统计在统计期间内税务机关办理一般税务登记及扣缴税款登记的纳税人户数情况。

2. 报表周期：按月汇总。

3. 统计口径。

（1）数据范围：税务登记类别为000（一般税务登记）或100（扣缴税款登记）的纳税人。

（2）报表中指标项说明：

期初数：指至统计起日期为止的税务登记状态为“正常”“停业”“非正常”“失踪户”的纳税人户数。在分析系统生成此份报表时，系统先判别是否存有对应的上期报表，如果有则取上期报表的期末数作为本期报表的期初数。

新开：指发证日期在统计期间内的且税务登记状态为“正常”的纳税户。

注销：指注销日期在统计期间内的且税务登记状态为“注销”的纳税户。

其他增减数：期末数合计 - 期初数 - 新开 + 注销。

其中变更：指在统计期间内办理过变更税务登记文书，且文书已生效的业户数量。如果一户业户办理过多份文书，只算一户。

期末数：统计止日期的税务登记状态为“正常”“停业”“非正常”“失踪户”的纳税人户数。

共同登记户：指按规定需要并且已经在国家税务局和地方税务局办理了一般税务登记的户数。

增值税纳税人户数：通过 ZZSNSR_BZ（增值税纳税人标志：1 - 是　0 - 否）来判断。

2013年广东省地方税务局一般税务登记及扣缴税款登记户数分税务机关分国民经济行业统计表(1)

编报机关:广东省地方税务局　　　　单位:户

序号	一般税务登记及扣缴税款登记户数 \ 国民经济行业 / 项目	合计	农、林、牧、渔业	采矿业	制造业	电力、燃气及生产和供应业	建筑业	交通运输、仓储和邮政业	信息传输、计算机服务和软件业	批发和零售业	住宿和餐饮业	金融业
	序号	1	2	3	4	5	6	7	8	9	10	11
1	合计	3185717	29171	3855	577661	12065	75542	56575	38833	1612151	157403	20773
2	广东省地方税务局大企业税收管理局											
3	广东省地方税务局直属税务分局											
4	广东省地方税务局稽查局											
5	广州市地方税务局	839909	4572	178	92174	595	20916	21175	18670	437432	29253	4760
6	韶关市地方税务局	46323	1473	295	3170	2048	1425	791	466	22181	4450	352
7	深圳市地方税务局											
8	珠海市地方税务局	110902	598	32	7491	91	6124	1579	1383	53635	5477	516
9	汕头市地方税务局	107749	711	47	23935	153	1352	5337	1056	55659	2975	1073
10	佛山市地方税务局	261488	1076	61	58557	221	3805	3239	2594	132929	13512	2040
11	江门市地方税务局	182704	1751	187	40263	400	4571	2068	1242	88420	11540	1346
12	湛江市地方税务局	85649	1463	214	5946	260	1448	2436	921	49296	5187	652
13	茂名市地方税务局	77536	1385	397	7183	641	1091	696	582	46476	4486	504
14	肇庆市地方税务局	86660	1028	339	12169	759	1765	945	684	44253	6965	432
15	惠州市地方税务局	179606	2089	284	33254	608	8575	1723	2055	85173	10081	1114

续表

序号	国民经济行业 / 一般税务登记及扣缴税款登记户数 / 项目	合计	农、林、牧、渔业	采矿业	制造业	电力、燃气及生产和供应业	建筑业	交通运输、仓储和邮政业	信息传输、计算机服务和软件业	批发和零售业	住宿和餐饮业	金融业
	序号	1	2	3	4	5	6	7	8	9	10	11
16	梅州市地方税务局	68365	2928	400	4753	1601	1430	862	758	40200	4079	766
17	汕尾市地方税务局	23699	760	22	2617	198	393	275	172	14251	1253	174
18	河源市地方税务局	43666	2052	306	2573	815	1212	498	539	23577	3627	330
19	阳江市地方税务局	45675	757	153	7465	506	836	505	263	22597	3606	249
20	清远市地方税务局	56628	1445	616	4775	1520	1226	705	603	28626	5052	309
21	东莞市地方税务局	465362	436	34	135497	292	10155	6094	3451	220730	22657	2454
22	中山市地方税务局	237809	1321	36	72061	222	6041	3026	1411	107633	13382	1061
23	潮州市地方税务局	36709	864	100	13791	203	353	555	319	15363	1014	329
24	揭阳市地方税务局	66312	1073	41	12291	367	533	1641	511	39901	1480	820
25	云浮市地方税务局	47111	745	110	7799	493	733	550	203	24975	3200	270
26	顺德区地方税务局	115855	644	3	29897	72	1558	1875	950	58844	4127	1222

2013年广东省地方税务局一般税务登记及扣缴税款登记户数分税务机关分国民经济行业统计表(2)

编报机关:广东省地方税务局

单位:户

序号	国民经济行业 / 一般税务登记及扣缴税款登记户数 / 项目	房地产业	租赁和商务服务业	科学研究、技术服务和地质勘察业	水利、环境和公共设施管理业	居民服务和其他服务业	教育	卫生、社会保障和社会福利	文化、体育和娱乐业	公共管理和社会组织	国际组织	其他
	序号	12	13	14	15	16	17	18	19	20	21	22
1	合计	67641	164251	72324	5220	205194	23821	9692	20526	30033	38	2948
2	广东省地方税务局大企业税收管理局											
3	广东省地方税务局直属税务分局											
4	广东省地方税务局稽查局											
5	广州市地方税务局	20515	77885	47788	1152	36614	5483	2222	6172	12351	1	1
6	韶关市地方税务局	917	1626	584	150	4473	510	287	317	776	4	28
7	深圳市地方税务局											
8	珠海市地方税务局	4627	10874	2000	170	12584	836	455	1337	909	3	181
9	汕头市地方税务局	1613	2253	541	170	7257	1708	456	571	879	2	1
10	佛山市地方税务局	4555	10792	4428	394	17037	1626	535	2054	1957	1	75
11	江门市地方税务局	2983	5383	1381	283	15772	1173	540	1920	1357	6	118
12	湛江市地方税务局	2923	3064	1141	157	7867	585	403	529	894	2	261
13	茂名市地方税务局	1171	1435	575	50	8209	777	192	429	1257		
14	肇庆市地方税务局	1929	2489	879	208	8656	736	343	647	1282	2	150
15	惠州市地方税务局	8430	7006	1333	453	13496	1196	639	803	1108		186

续表

序号	国民经济行业 / 一般税务登记及扣缴税款登记户数 / 项目	房地产业	租赁和商务服务业	科学研究、技术服务和地质勘察业	水利、环境和公共设施管理业	居民服务和其他服务业	教育	卫生、社会保障和社会福利	文化、体育和娱乐业	公共管理和社会组织	国际组织	其他
	序号	12	13	14	15	16	17	18	19	20	21	22
16	梅州市地方税务局	776	1336	541	191	5386	669	466	343	872	2	6
17	汕尾市地方税务局	530	522	261	39	1724	84	103	156	157		8
18	河源市地方税务局	1198	1567	692	144	3225	410	194	270	392		45
19	阳江市地方税务局	1195	1323	682	131	3732	482	223	401	509		60
20	清远市地方税务局	1905	2605	613	176	4930	421	237	471	393		
21	东莞市地方税务局	6089	19579	4253	694	25713	2142	819	1652	814	12	1795
22	中山市地方税务局	3197	7102	1659	221	15103	1574	325	1348	1083	3	
23	潮州市地方税务局	310	717	321	82	1265	237	110	180	596		
24	揭阳市地方税务局	449	1106	512	102	2009	1921	602	192	743		18
25	云浮市地方税务局	605	799	626	121	4226	407	168	301	765		15
26	顺德区地方税务局	1724	4788	1514	132	5916	844	373	433	939		

报表说明：

1. 报表目的：从税务机关及国民经济行业维度统计在统计期间内税务机关办理一般税务登记及扣缴税款登记的纳税人户数情况。
2. 报表周期：按月汇总。
3. 统计口径。

数据范围：1. 税务登记类别代码等于000（一般税务登记）或100（扣缴税款登记）。

2. 纳税人登记状态代码等于10（登记）或20（正常）或30（非正常）或40（注销）或60（失踪户）。

第九篇

税收文选

广东省地方税务局关于开展社会保险费欠费清理专项工作情况的报告

广东省地方税务局

编者按:2013 年 1 月 28 日,广东省地税局在向国家税务总局报送的《广东省地税局关于开展社会保险欠费清理专项工作情况的报告》上,详细汇报了相关工作情况。广东省地税局历时一年半,将地税局自 2000 年征收社保费以来的欠费进行了整体清理,共清缴欠费入库 38 亿元,清欠入库率 71.24%,同时也规范了社保费欠费管理流程。税务总局所得税司认为,广东省地税局在实施社保费征缴改革的基础上,对全省欠费进行梳理,意义十分重大:一是完整掌握了社保费的欠费情况,做到家底清;二是理清了税务机关与社保部门的职责;三是通过欠费清理,将征收机构难以解决的问题梳理出来向政府报告,有利于问题统一解决;四是给其他征收社保费的省份提供了参考和借鉴,并建议将《报告》呈请局领导阅示,对广东地税局此项工作予以肯定和鼓励。2 月 6 日,税务总局副局长王力批示:请肖捷局长并各位局领导阅示。广东省地税局着力清欠,规范管理,社保费征管工作成效明显。建议可发简报,介绍其经验和做法,推动相关省此项工作开展。

国家税务总局:

为切实维护我省参保缴费人合法权益,推进地税系统依法行政,我局着力于强化社保费征管,先后于 2011 年 4 月和 2012 年 1 月在全省范围内开展了社保费欠费清理及后续工作。这是我省地税部门自 2000 年征收社保费以来,组织规模最大、困难和阻力也最大,但成效最显著的欠费清理专项行动。经过一年半的努力,核实了全省欠费户数和金额,清缴欠费入库 38 亿元,同时规范了社保费清欠管理流程。现将主要工作情况汇报如下:

一、社保费欠费清理工作成效

(一)核实全省社保费欠费基本情况

截至 2012 年 9 月,全省社保费欠费户数 26 万户,欠费金额 53.34 亿元(详见附表),其中实欠、呆欠、虚欠、财供单位欠费金额分别为 39.73 亿元、4.6 亿元、6.46 亿元、2.54 亿元,分别占欠费总金额的 74.5%、8.6%、12.1%、4.8%。

(二)清理欠费的基本情况

截至 2012 年 9 月,全省共完成 18.8 万户企业的欠费清理工作,清缴欠费入库金额 38.07 亿元。完成涉及金额 43.1 亿元的地税、社保、企业三方确认归档管理工作;对 13.95 万户(涉费金额 12.06 亿元)采取责令限期缴纳措施;成功对 28 户(涉费金额 172.49 万元)采取银行强制扣款;对 2 户(涉费金额 386.76 万元)实行财产担保抵押;对 859 户(涉费金额 1.05 亿元)移送法院强制执行;对进入清算程序的 47 户(涉费金额 5934 万元)实现社保费优先清偿;对财政供养的 725 户(涉费金额 1867 万元)争得当地政府支持,完成清欠。

二、清欠主要措施

(一)领导重视、组织周密

全省各级地税部门高度重视,按照省局开展清欠工作的指导思想和要求,成立分管领导挂帅,规费、信息、办公室、征管、规划核算等部门联合组成的工作领导小组,结合实际,制订具体工作方案,召开清理欠费动员大会,层层落实任务,确保了全省欠费清理工作的顺利开展。一是省局将欠费清理列为

2012年重点督办工作,要求各地市每月报送清欠工作的进展情况和存在问题;二是拟定《广东省社会保险费银行划扣文书管理通知》《广东省欠费管理暂行办法》等管理办法;三是省局规费管理部门对全省21个地市的清欠工作实行分工负责制,每2个地市安排1人负责联络、指导工作;四是省局领导对未按期完成清欠计划的单位进行约谈督办;五是成立3个工作组,对6个地市进行重点抽查;六是定期召开全省欠费清理情况汇报会。

(二)部门配合、形成合力

各级地税部门主动与当地人力资源社会保障局和社保经办机构沟通协调,分别选派业务骨干,成立联合清欠工作组,互相支持配合,充分发挥各自优势,有计划、有步骤、统筹协调开展清欠工作。如:省地税局直属分局和湛江、清远市地税局成立地税、社保清欠工作联合领导小组,统一协调工作的开展;佛山各区社保局发出《关于协助好地税部门全面开展社保费欠费清理工作的通知》,制定专门方案协助地税部门全面做好欠费清理工作;珠海、汕头、梅州、惠州、云浮等市地税局主动加强与当地政府及社保部门沟通协调,建立欠费清理业务联席会议制度,定期召开协调会,分析解决清欠工作中存在的问题。

(三)明确责任,措施到位

各市地税局按照省局的统一部署,积极行动,迅速开展欠费清理工作。一是落实责任制。采取分户核对方法,通过逐户核对、实地调查、三方确认签字等措施,对每户欠费情况认真核对,对核实后的欠费户,区分不同情况分类处理。二是依法追缴。全省共发出责令限期缴纳通知书139586份。三是依法采取强制措施。部署在2011年8月前,每个地市至少对2户以上欠费钉子户,采取银行划扣强制措施。全省集中对84户欠费企业进行银行查询,涉费金额788.87万元,其中成功实施银行扣划11户,入库27.09万元;有38户欠费企业主动补缴,入库187.52万元;发现银行余额不足的有35户。四是对部分欠费户实施抵押担保、移交法院强制执行。五是对欠费时间长、数额大的企业,通过报纸、网络等媒体以及在办税大厅进行曝光。六是加强对破产清算欠费企业管理。积极主动与国资委、法院、工商、银行等相关部门联系,密切关注破产企业的清算情况,及时将欠费清理入库。

(四)政府支持、效果明显

一是针对清理出的机关、事业单位等财政供养人员的欠费情况,积极向当地政府部门汇报,取得政府对清欠工作的理解和支持,解决了许多长期累积、一直难以解决的欠费问题。二是对地税、社保部门共同确认的死欠户,报请当地政府研究解决,部分地市政府经研究同意予以核销,解决了一些欠费长期挂账的问题。

三、存在问题

(一)代征模式下的欠费,核实难度大

在代征模式下,社保核定的征收数、欠费数与地税部门的实际征收数和欠费额统计口径不一,导致两个部门欠费数有差异。因欠费户多,时间跨度长、企业及人员变动大,造成很多欠费核实困难,甚至无法核实。

(二)死欠户核销困难

对盲目扩面、国有、集体企业历史遗留以及关停并转造成无法追缴的欠费户,虽经核实,相关部门出于多种因素考虑,也未做核销处理。

(三)清欠难度大

一是社保欠费金额大、业户多、时间长。如部分长期停产或关闭的国有、集体企业等欠费户,根本无力缴交。二是地税部门征管力量有限,难以对所有欠费户采取银行强制扣划、抵押担保、移交法院等强制执行措施。

(四)银行扣划等强制措施难以实施

一是部分县区未设置人民银行分支机构,查询欠费户账号困难。二是个别金融机构考虑部门利益,不积极配合划扣。三是欠费单位因银行账户余额不足无法实施划扣。四是对提供担保的欠费户,地税部门在实际操作过程中存在难以储存、处理担保物的问题。五是各地人民法院接收移送强制执行的欠费户的标准不一。

四、下一步工作重点

一是抓紧出台欠费管理办法。加强日常征管,确保每月催报、催缴,控制新欠,对连续3个月不申报缴纳的企业落实下户调查制,将管理情况纳入考核机制。

二是着力研究隐性欠费管理措施,明确对应申报却未申报的业户管理,解决欠费源头问题。

三是尽快制定银行划扣、抵押担保、移交法院强制执行的管理制度,规避执法风险。

四是积极争取政府支持,研究制定欠费核销管理规定。

附件:欠费情况表

附件

欠费情况表

<table>
<tr><th>时间</th><th colspan="2">填报项目</th><th>户数(户)</th><th>金额(元)</th><th>情况说明</th></tr>
<tr><td rowspan="8">截至2012年9月底</td><td colspan="2">虚欠</td><td>21167</td><td>645759502.6</td><td>主要指盲目扩面、系统错误、重复参保等情况下的虚增欠费</td></tr>
<tr><td rowspan="4">实欠</td><td>有缴费能力</td><td>93081</td><td>871364777.7</td><td rowspan="4">有缴费能力的欠费单位是指正常生产经营的单位;有部分缴费能力的欠费单位是指半停产、季节性生产、未完成改制的国有集体企业等</td></tr>
<tr><td>有部分缴费能力</td><td>30529</td><td>762228439.3</td></tr>
<tr><td>无缴费能力</td><td>93991</td><td>2340332884</td></tr>
<tr><td>合计</td><td>217601</td><td>3973926101</td></tr>
<tr><td colspan="2">呆欠</td><td>25155</td><td>459660239.3</td><td>主要指已依法破产关闭并完成清算程序的或已注销工商或者税务登记等无法找到的欠费单位的欠费</td></tr>
<tr><td colspan="2">财政供养单位欠费</td><td>2137</td><td>254360673</td><td>主要指由财政供养拨付社保费的单位发生的欠费</td></tr>
<tr><td colspan="3">总 计</td><td>266060</td><td>5333706516</td><td></td></tr>
</table>

深化分税制改革 完善地方税体系

——基于广东省的实践

广东省地方税收研究会课题组

编者按:2013年4月16日,广东省委常委、常务副省长徐少华在《深化分税制改革 完善地方税体系》上批示:“此份研究报告主题清晰,层次分明,分析细致,设想具体。”

内容提要:本文总结了1994年以来广东省级以下分税制改革的实践,分析广东省实施分税制财政管理体制改革中存在的问题和原因,指出深化分税制改革势在必行,提出深化分税制改革要按照社会主义市场经济的要求处理好中央和地方的财政关系、赋予省一级必要的税收立法权、各级政府的财政收入应以税收收入为主体、省级以下的财政要做到财权与事权相适应等设想。

关键词:财政管理体制 分税制 地方税体系

2012年3月,中国社科院财经战略研究院发布《中国公共财政建设报告2011(地方版)》,披露了中国地方政府的收入结构情况:一般预算收入只占全部地方政府收入的47.37%,其中税收收入占地方政府收入的38%。学者安体富认为,这背后的一个主要原因是地方税体系不完善,缺乏主体税种。中国当务之急是不断深化分税制改革,逐步完善地方税收体系,构建“一级政府、一级事权、一级财权”,各级财权与事权相匹配的财税体制。温家宝总理在2012年《政府工作报告》中提出要“完善分税制,健全转移支付制度,提高一般性转移支付规模和比例。完善县级基本财力保障机制。稳步推进地方财政预算、决算公开。”

一、现状、问题及成因

(一)广东省级以下分税制的发展状况

1994年中国开始实行分税制改革,广东相应制定了省对市县的分税制管理体制,其发展变化大致经过了三个阶段:

1. 1996—2001年。为了实现由分税包干制到完全分税制的平稳过渡，理顺各级政府的事权、财权；规范省与市县财政分配关系，保证市县的既得财力和经济发展的积极性，增强省级宏观调控能力，广东省于1995年开始对省级以下分税制进行重大改革①：根据事权与财权相结合的原则，按照中央分税制财政管理体制规定的预算级次划分，对属于我省地方财政收入部分，按税种和行业划分省与市县的收入。将实施宏观调控所必需的税种和税源较为集中的行业税收划为省级固定收入；将同经济发展直接相关、收入规模较大的主要税种划为省与市县共享收入；将适合基层征管的税种划为市县固定收入。

2. 2002—2010年。为配合国务院2002年实施的所得税收入分享改革方案②，广东省对省级以下分税制进行相应调整③：一是2002年省与市财政体制暂不作调整。省、市固定收入部分，地方分享的50%所得税继续作为各级固定收入；省市共享收入部分，地方分享的50%所得税继续实行"四六"分成，即省分享20%，市分享30%。二是中央下划的所得税暂入省库。2002年，中央下划所得税收入比基期增长或短收影响本省部分，按属地原则，省与市按"四六"比例分享或弥补，各市应分享的收入或弥补的短收，由省财政在2002年决算时，通过专项返还或专项上解办法处理。三是保证地方既得利益，省对市实行基数返还的办法。以2001年为基期，按改革方案确定的分享范围和比例计算，各市分享的所得税收入，如果小于地方实际所得税收入，差额部分由省作为基数返还给各市。

3. 2011年至今。为了增强省级宏观调控能力，实现全省基本公共服务均等化发展，为了集中财力办大事，推进主体功能区建设，广东省于2010年重新调整了省级以下分税制④。各级政府的固定收入分享比例见表1。

表1　各级政府的固定收入分享比例

省级固定收入分享比例		
收入项目	中央分享	省级分享
地方铁路（三茂铁路总公司、广梅汕铁路总公司）和南方航空集团公司运输营业税，金融保险业营业税（不含各银行总行、各保险总公司集中缴纳的营业税）；中央返还总分机构企业所得税；消费税、增值税增量中央1∶0.3系数返还部分	/	100%
电力增值税（维持原体制执行范围不变）	75%	25%
南方电网公司、中国电信广东公司、中国移动通信集团广东有限公司、广东电网公司、广东中烟工业有限责任公司和省粤电集团有限公司企业所得税	60%	40%
市县固定收入分享比例		
收入项目	中央分享	市县分享
增值税（不含属于省级固定收入部分）	75%	25%
房产税，车船税，资源税（不含海洋石油资源税），印花税（不含证券交易印花税），城镇土地使用税，耕地占用税，契税，城市维护建设税，烟叶税	/	100%

① 《广东省分税制财政管理体制实施方案》（粤府〔1995〕105号）。
② 《国务院关于印发所得税收入分享改革方案的通知》（国发〔2001〕37号）。
③ 《转发国务院关于印发所得税收入分享改革方案的通知》（粤府〔2002〕26号）。
④ 《广东省调整完善分税制财政管理体制实施方案》（粤府〔2010〕169号）。

续表

省级与市县共享收入分享比例			
收入项目	中央分享	省级分享	市县分享
企业所得税(不含属于中央固定收入和省级固定收入部分),个人所得税(含利息所得税)	60%	20%	20%
营业税(不含各银行总行、各保险总公司集中缴纳的营业税以及属于省级固定收入部分),土地增值税	/	50%	50%

(二)存在问题

分税制改革的初衷是希望通过划分税种的方式,规范各级政府的财政分配关系,以充分调动中央与地方政府的积极性和能动性,促进社会经济的持续健康发展。但是,经历多次变动后的分税制,已经逐渐偏离原先改革的初衷,名存实亡。就目前来说,名不符实的分税制已显露出种种问题,主要表现在五个方面:

1."土地财政"影响了地方财政的可持续发展。"土地财政"隐藏着巨大隐患:首先,土地属于稀缺资源,不可再生,地方政府这种"以地生财"的行为必然导致"寅吃卯粮"现象的出现,终将难以为继;其次,由于外生因素影响以及自身周期的变动,土地市场行情波动较大,"以地生财"会给地方财政带来极大的不确定性风险。以广东省为例,2007—2011年相关数据见表2。

表2　2007—2011年广东省一般预算收入及土地出让金收入情况　单位:万元

年份	一般预算收入	国有土地使用权出让金收入	国有土地使用权出让金收入占一般预算收入比重(%)
2007年	27853568	8720155	31.3
2008年	33100137	8276276	25.0
2009年	36491878	10263814	28.1
2010年	45157247	17806309	39.4
2011年	55136950	18333166	33.3

2."负债财政"构成巨大的地方财政风险。截至2009年5月末的统计数据显示,全国政府融资平台有3800多家,其中70%以上为县区级政府的平台公司。负债总额由2008年初的1.7万亿元,在不到一年半时间里升至5.26万亿元,其中85%来自银行贷款。广东省地方政府负有偿还责任的债务最早发生在1980年,至1996年底,广东省本级、21个地级以上市和113个县(市、区)全部举借了政府性债务。截至2010年底,广东省三级地方政府性债务余额7502.96亿元,债务率为64.22%。在地方政府性债务中,政府负有偿还责任的债务余额为5891.76亿元,占78.53%;另外对897.76亿元负有担保责任,其他相关债务余额713.44亿元。从偿债期限看,未来五年将进入还债高峰期,2011—2015年到期债务占债务余额的六成。2016年及以后到期应偿还3064.41亿元。地方政府如此大量的"负债财政"行为,已经构成了严重的财政风险。

3. 财权过于集中,侵蚀了地方政府的预算自主权。根据财政部公布的全国财政收入情况,2012年中央财政收入占全国财政收入的47.9%。转移支付虽然有效地平衡了地方财力,但却存在一定的弊端①:在全国的转移支付构成中,有指定用途的专项转移支付数额偏大,用于缩小地区差距的一般性转移支付数额偏小。2010 年,在 2.73 万亿元的中央转移支付中,专项转移支付为 1.41 万亿元,再加上一般性转移支付中有明确用途的 2622.2 亿元,共计有 61.7% 的转移支付是有规定用途②。如此的转移支付结构,一方面,侵占了地方的预算自主权,束缚了地方政府可操作的空间,造成地方财政无法因地制宜,无法合理地安排;另一方面,财政资金分配的主动权过度集中于中央与省级政府,造成了“跑部钱进”“跑厅钱进”等不良现象,容易滋生各类权力寻租与腐败。

4. 非税收入③不合理增长扭曲了地方财政收入结构。如图 1 所示:近 5 年来,广东省非税收入占一般预算收入的比重越来越高,税收收入占一般预算收入的比重逐步下降。2012 年非税收入占一般预算收入 18.53%,比 2007 年高出 5.24 个百分点,也高于全国同期水平(14.17%)。根据《广东省 2012 年上半年预算执行情况报告》,地市一级的非税收入占总收入比例超过 20%,有 3 个市的税收比重低于 60%,6 个县甚至低于 50%,茂名等市非税收入更是超过了 40%。由图 2 可知,非税收入的增长率大大超过一般预算收入的增长率,两者存在明显的背离。自 2009 年以来,非税收入的增长率都保持在 20% 以上,2011 年达到 28% 之多。这反映了广东省财政运行中的不健康因素。因为非税收入不是财政的固定收入,具有不稳定性,不应该成为地方财政可依靠的重要收入来源。同时,过高的非税收入亦表明经济运行中,社会实际承担的隐性负担较大,各种费用通过不规范的方式流入财政,必然影响社会经济长期的健康发展。

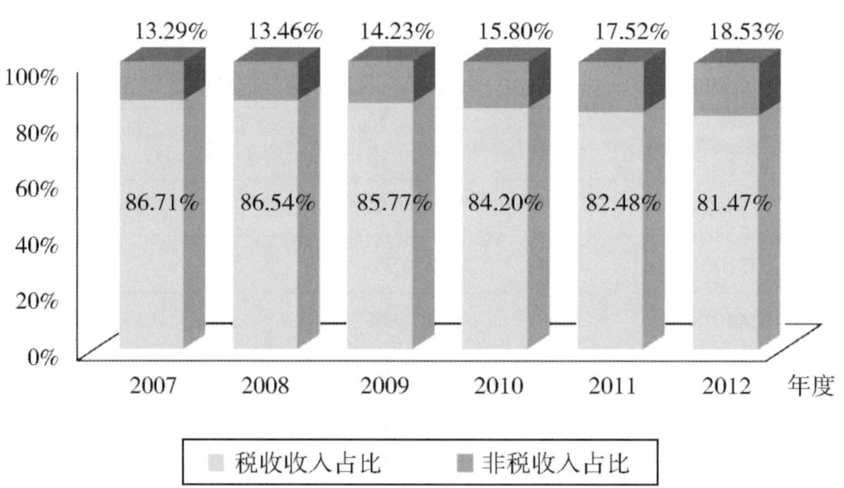

图 1 2007—2012 年广东省税收收入和非税收入占一般预算收入的比重(%)

数据来源:《广东财政年鉴》。

① 以 2010 年为例,全年中央对地方转移支付完成 27347.72 亿元。如果东部地区人均一般预算收入总额为 100,2010 年中、西部地区人均一般预算收入仅为 36 和 41。经中央转移支付后,中、西部地区的人均财政收入达到 67 和 87,差距明显缩小。

② 这一比例虽然低于 2009 年的 62.54%,但比 2008 年多了 8.3 个百分点。

③ 这里的非税收入是指财政预算内的非税收入。包括:国有企业上缴利润、国家能源交通重点建设基金收入、各种专项收入,如教育费附加收入、基本建设贷款归还收入、国家预算调节基金收入、事业收入、公产收入、罚没收入、行政性收费收入,等等。这部分预算内非税收入在项目、数量、管理上都比较规范。

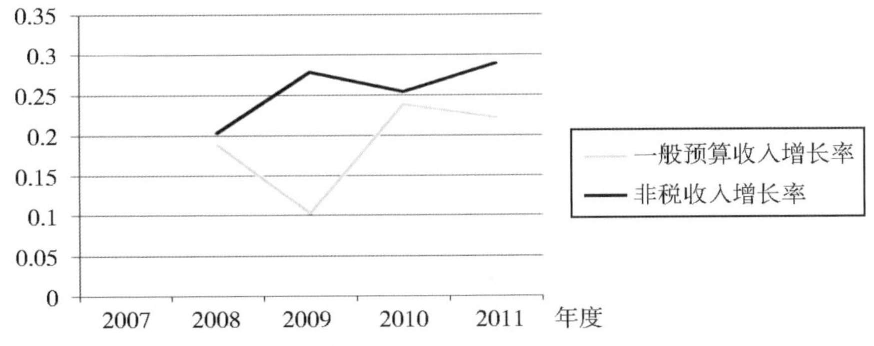

图2 2008—2011年广东省一般预算收入与非税收入的增长率(%)

数据来源:《广东财政年鉴》。

5. 政府间分配关系未理顺,削弱了基层政权的财政自给能力。经过所得税共享改革,2011年广东省4383亿元的税收收入中,属于中央和地方分成共享的增值税、企业所得税、个人所得税达到1802亿元,占全部税收的41%。随着"营改增"改革的推进,原有的营业税税源逐步被纳入增值税征收范围,这意味着广东省大半的税收收入都变成了分成模式。中央与地方的财政分配体制已经偏离了分税制改革的方向,逐步走回分成制。另一方面,不合理的政府收入分配关系,导致地方财政的自给能力缺乏,难以通过税收满足日益增长的财政支出需要,不得不依靠各种非税收入、土地出让金和转移支付。以2009年为例,广东省的财政自给系数(本级财政收入与本级财政支出之比)仅为0.84,地市级的财政自给系数为0.88,县级的财政自给系数仅为0.62。这反映了地方政府的财政预算自主性严重不足,过于依赖上级的各种补助。从税收收入占地方预算支出比例的角度来看,2009年广东省的税收收入加上各种税收返还,仅占实际支出的86%,这显示地方基层政府缺乏必要的税收收入来源,在财政收入的结构上存在着各种不合理的因素。

(三)问题的成因

我国目前的财政体制存在着非税收入占比过高、增长过快、转移支付结构不合理、负债过重、地方财政自给能力不足等问题。其原因主要有:

1. 省级以下的事权财权划分不明晰。1994年的分税制改革,划分了中央与地方、省与市县的事权与财权,但对事权的划定较为模糊,只是一些原则性的规定,没有具体到实际支出项目。2002年和2010年的两次改革只是重新划分了各级政府的财权,事权并未相应调整。这造成了两方面的问题:一是地方政府的职能空间大为拓宽,新增的事权得不到对应的配套财源,造成了"上级开单,下级买单"的怪象,地方财政不堪重负;二是我国在2007年进行了政府收支分类改革,但省以下各级财政并未跟随这一改革而重新明确划分事权,导致地方财政严重于依赖于上级拨款,降低了地方财政的自主性。

2. 对于收入分配的调整缺乏规范性。无论是中央与地方,财政分配关系都应由各级人大立法,任何调整都应根据法律程序规范进行,但在实践中这一原则并没有得到坚持和贯彻。而这一关乎地方重大利益的决策,没有经过充分审慎的论证,也没有必要的法律程序予以规范,就显示出调整的随意性,导致财权并不跟随事权增减而变化,下级政府只能被动地服从上级政府,违背了公共决策的基本原则。

3. 没有建立起完善的地方税收体系。按照分税制的改革要求,必须建立和完善地方税收体系,根据各级政府的事权,明确各级政府的主体税种,而建立和完善地方税收体系,税权划分是一个不可能回避的问题。但是分税制改革实施以来,我国的地方税收体系都没有建立起来,税权划分始终没有得到解决。大量政府性非税收入游离在分税制之外,使分税制改革成了"半场改革"。省以上是分税制的"阳光世界",省级以下却是谁也搞不清的"灰色地带"。

4. 所得税共享改革、"营改增"等措施进一步肢解了地方的税收体系。在原分税制体系下,营业税、所得税是地方收入的主要来源。2011年,广东省营业税收入1377亿元,占税收收入31%;企业所得税与个人所得税收入1087亿元,占税收收入25%。但是,随着所得税共享改革的推行,地方原有的营业税增量50%上缴中央,从而显著地削弱了地方可支配财力。随着"营改增"在广东试点运行,现代服务业等被纳入增值税范围,进一步影响了地方财政收入。在这一趋势下,各类流转税与所得税都将陆续重新回归分成模式,走上了回头路,违背了分税制的初衷。

总之,分税制的改革方向是正确的。目前地方政府存在的"土地财政""隐性债务""跑部钱进"等问题,矛盾的根源是因为没有坚持分税制改革方向。所以,我们当务之急是要继续深化分税制改革,理顺中央与地方的分配关系,进一步完善省级以下的分税制。

二、深化分税制改革势在必行

(一)深化分税制改革,是促进经济发展方式转变的迫切需要

2012 年 12 月,习近平总书记在广州主持召开的经济工作座谈会上强调:"坚定不移推进体制创新、科技创新,落实创新驱动发展战略,推动经济发展方式转变,推进经济结构战略性调整,为推动科学发展增添新动力。"

在我国经济的发展进程中,政府与财政发挥着重要的作用。来自财政资金的各类公共投资,为我国经济提供源源不断的动力。经济增长方式的转变也十分依赖于政府财政支持。优化产业结构,增强产业活力,改善投资环境,发展现代服务业、高新技术产业等新兴产业,等等,都需要财政的大力支持。

在运用财政手段促转型、保增长的同时,必须认识到,广东省内情况复杂,各地差距十分显著。21 个地市,在地理区位、自然环境、资源禀赋、发展水平、技术集聚、人才储备等方面,都有着十分巨大的差异。因此,在财政的投入上,必须发挥地方优势,坚持因地制宜。如:珠三角,经济发展基础厚实,已经建立起比较完整的产业体系,其发展重点应倾向于各种高新技术产业与现代服务业;而粤北、粤西等地则由于历史原因,产业体系尚未完整,应重点发展制造业、资源型产业等。必须给予地方独立自主权,这就要求在财权上,允许地方有较大的操作空间,不搞"一刀切"。

(二)深化分税制改革,是提高地方财政自给能力的需要

目前,均衡地方财力的主要措施依然是转移支付。但转移支付的主动权被收归上级政府,一方面无法为地方提供稳定财源,构建平稳运行的财政体系;另一方面,迫使地方频频向中央、省等上级政府申请拨款,剥夺了地方的主动权,不利于提高地方政府积极性。

从现代的财政联邦主义理论来看,转移支付应该局限在具体的专业领域,是上级政府对地方公共服务的一种调整。转移支付应该集中于均衡地方差异,为相对落后地区在基本公共服务均等化方面提供财力保障,而不是成为地方政府"保运转"的手段。地方财政的运作,应以稳定的税收为其主要来源,构建以税收为主的财政收入格局。

因此,只有通过完善分税制,建立起地方稳定的、充沛的财源,赋予地方必需的预算自主权,才能改善省、市、县三级财政现状,改变地方"等、靠、要"状况,调动各级政府的积极性。

(三)深化分税制改革,是政府转变职能的需要

早在 2002 年,时任福建省省长的习近平就提出:政府职能转变的关键是更多地向社会提供"公共服务"。2008 年 2 月,胡锦涛总书记强调:建设服务型政府,要完善公共财政体系,调整财政收支结构,扩大公共服务覆盖范围,把更多财政资金投向公共服务领域,把更多公共资源投向公共服务薄弱的农村、基层、欠发达地区和困难群众,增强基层政府提供公共服务的能力。

政府职能向管理服务型转变,要求地方政府不能仅关注 GDP 的增长,而要更多地关注民生、市政建设、生态环境等问题。然而,现实中不少地方政府由于可支配财力不足,将精力专注于"吃饭"问题,想方设法组织财政收入,甚至插手企业,干预企业的日常经营和管理,严重超出了政府的职能范围①,而在民生、市政建设、生态环境等方面却无所作为,这是极其不合理的。由此可见,要实现政府职能的转变,首先需要解决地方政府的财政来源。有了固定财源,地方政府才能专注于提供公共服务。所以我们建议深化分税制改革,不仅因为该制度能为地方政府提供充足的财力保障,还因为便于省级以下各级政府因地制宜地提供公共服务,把有限的财力用在"刀刃"上。

(四)深化分税制改革,是推进"营改增"等重大税制改革的需要

2012 年 1 月 1 日,国务院批准,上海市交通运

① 政企关系:政企分开,企业自主运行,是一个自主经营、自负盈亏、自我发展、自我约束的经济实体。政府与企业的关系一般是征税人与纳税人、债权人与债务人、监督人与被监督人、服务人与被服务人的关系。

输业和部分现代服务业开展营业税改征增值税试点。“营改增”正式拉开序幕。2012 年 11 月 1 日，广东省加入试点行列。从税收公平、效率等角度看，实行“营改增”改革是必要的。“营改增”不仅能够消除重复征税，促进税负公平，而且还能减轻企业税负，增强企业自身发展能力。

但是，“营改增”断掉了地方政府的主要财源，进一步打破了中央与地方的财力平衡。社科院财经战略研究院院长高培勇认为：“营改增”使地方财政丧失了主体税种，那么就有必要重新建设地方主体税种，这是一个大事，是财税体制改革的一个重要基础；同时，“营改增”后，地方和中央的财政分成比例就会发生变化，而分成比例一旦发生变化，就意味着整个财税体制需要重构了。

要保证“营改增”的有效落实，需要重新调整中央和地方的分配关系，建立新的地方税体系。而省级以下分税制的构建，恰好可以弥补省级以下地方政府因“营改增”税基合并而丧失的财源。所以，我们认为，“营改增”的实施需要省级以下分税制相配套，否则将产生一系列严重的社会经济问题，如地方财政入不敷出、地税局职能萎缩以及由此产生对“营改增”的抵触情绪，最终会使“营改增”半途而废。总之，离开了分税制的支持，“营改增”是不可能成功的。

三、深化分税制改革的设想

(一)按社会主义市场经济的要求，处理好中央和地方的财政关系

财政分权理论认为，要给予地方政府一定的税收权力和支出责任范围，并允许其自主决定预算支出规模与结构，使处于基层的地方政府能自由选择其所需要的政策类型，并积极参与社会管理，其结果便是使地方政府能够提供更多更好的服务①。

我国在 1994 年就提出要建立和完善地方税收体系，根据各级政府的事权，明确各级政府的主体税种。但是时至今日，分税制已经名存实亡，基本不存在了。中央税和地方税的界限日益模糊，分享税的数量逐渐增多，存有回归“比例分成”的倾向；中央政府不断集中财权，从财权、事权、组织管理等多层面强化对地方政府的管制，导致了“小地方税，大转移支付”“中央‘大马拉小车’”“地方‘小马拉大车’”的失衡格局。这与“一级政府、一级事权、一级财权”的基本原则相去甚远，与旧体制的“统收统支”模式倒是有几分相似。所以，要实现省级以下的分税制，必须合理规范中央和地方的财政关系，改变地方依附于中央的现状，调动中央和地方两个积极性。

具体来说，需要做好两个方面的工作：其一，不管是中央与省的财政关系，还是省与市县的财政关系，都要妥善处理好集权与分权的关系。根据管理学的基本原理，集权和分权是辩证统一的，不可偏颇。过分的集权容易造成决策质量下降、忽视地区特殊性、组织应变能力差、信息交流受阻、下情难以上达等不良后果；过分的分权又容易导致政令不一、难以统筹全局、执行力不足、各自为政、地区间竞争等问题。所以不管是集权还是分权，都要适度而行。其二，无论是中央与省，还是省与市县，分配关系都要规范化，以各级人大立法的形式出现，任何调整都要程序化，必须在通过人大立法程序后方能实行。而且各级人大要加强对各级财政的审查与监督。

(二)赋予省一级必要的税收立法权

我国宪法规定，省、自治区、直辖市人大及其常委会在不同宪法法律和行政法规相抵触的前提下，可以制定地方性税收法规。但是，目前税收立法权高度集中在中央，几乎所有地方税种的税法条例及其实施细则都是由中央制定与颁发的，只是把屠宰税、筵席税的某些税权(如是否征收及征收额度等)由地方决定，地方税的其他税权如税收优惠政策和减免政策也完全集中在中央。

随着社会主义市场经济的不断发展，税收立法权高度集中于中央已经暴露出种种弊端。不同地区间的社会经济发展不同步，地理位置、资源禀赋、地区优势、产业结构也差异巨大，面临着不同的问题。由于缺乏税收立法权，各地方政府不能自主地、因地制宜地做出决策。这样既不利于财政资金的有效利用，也不利于各地区经济增长方式的转变。因此，有必要考虑将部分税收立法权特别是税收优惠权适度下放给省一级人大，同时加强各级人大对预算的审查与监督作用。只有这样，才能进一步完善省级以下的分税制。

关于具体的实施方案，有学者认为，中央税、共享税由全国人大或其常委会立法，国务院制定实施条例，其税收立法权和税收政策制定全都要集中在

① 参考马斯格雷夫(Musgrave)、奥茨(Oates)的分权思想。

中央,不得向地方分散,避免到处出现“税收丛林”,降低税收的透明度;地方税中,除了将那些为保证全国政令畅通、税收政策统一、维护全国统一市场和公平竞争的地方税的税收立法权集中在中央外,其余地方税的税收立法权均可下放:一是地方税中关系国家宏观调控能力和公众切身利益的税种,可考虑中央只负责制定基本税法,同时设置一些弹性规定,允许地方在弹性内确定执行标准,如确定税目税率的可调整范围,税收减免的幅度范围等,但其具体实施办法、税目税率调整、税收减免及其征收管理等权限应赋予地方。二是对现有的影响限于地方的税种,由地方人大及其常委会立法,报全国人大及其常委会备案。三是地方人大及其常委会有权根据本地经济发展情况和资源优势开征某些新的地方税,但是必须经全国人大及其常委会审议批准,以避免地方间出现恶性的税收竞争,重新走入“一放就乱,一收就死”的怪圈。

(三)各级政府的财政收入应以税收收入为主体

财政收入要以税收为主体,这一点早在1994年便被认为是分税制改革的基本原则。随着分税制的逐渐消亡,这一原则也没有得到坚持。如前所述,我国财政体制存在着严重的“土地财政”“负债财政”“跑部钱进”和非税收入占比过高增长过快等问题,地方财政支出过分依赖于土地出让金、借贷、转移支付等,不利于地方政府持续稳定健康发展。要解决以上问题,必须建立并完善地方税收体系,确立各级财政的主体税种,使各级税收收入占财政收入的比重至少达到80%。

一般来说,不同层次政府间的税权划分必须遵循的基本原则是:税基流动性较差的、与局部利益相关的税种,如房产税、财产税等,应当归属下级政府;税基流动性较强的、与局部利益关系不紧密的税种,如增值税、营业税等,应当归属上级政府。有学者提出来,将三大流转税划归中央,并适当下调增值税等的税率,而地方可依据实际情况开征新的税种,如销售税、环保税等,确保地方不会因为流转税的上解而丧失过多财源,维持中央和地方财力的基本平衡。也有学者认为,要提高税收收入占本级财政收入中的比重,最直接有效的途径是加大费改税的力度,把各种费的征收全部纳入税收体系。我们的初步设想是:

1. 中央与地方的分配关系(是完善省级以下分税制的基础)。(1)“营改增”之后,增值税一税独大,继续作为中央与地方共享税比较合理,如果增值税税率不变,分享比例可以调整为:中央60%,地方40%。(2)降低增值税的税率。有利于促进实体经济发展,特别是中小微企业的发展,培育地方税源。当然,在降低增值税税率的情况下,中央与地方的增值税分享比例可以做适当调整。(3)企业所得税按属地管理,实行中央与地方分率征收,即将现行的企业所得税25%的税率划分为:中央所得税15%,地方所得税10%。将地方所得税的减免权下放到省级人大,有利于解决目前地方采用财政返还等变相优惠方式的不规范现象。(4)个人所得税归地方财政。

2. 省级以下的分配关系。(1)地方分享的40%增值税收入属于省级收入。(2)企业所得税地方分率征收部分,属于市县级收入。(3)个人所得税与其他税收均属市县级收入。

这样安排,一方面是考虑到增值税的税基流动性较强;另一方面,也有利于改变基层政府倾向粗放型经营的短视行为,促进经济增长方式的改变。

(四)省级以下的财政要做到财权与事权相适应

1994年分税制改革的初衷只是为了解决中央财政占全部财政收入比重较低的问题,并没有把规范各级政府事权财权作为目标,导致这场改革没有真正进行下去。目前的情况是,各级政府的事权划分,基本上维持着原包干体制下的事权格局,市县财政收入能力越来越弱,但是市县政府的事权并没有减轻。一种现象是,事权在地方但财权不在地方,地方要“过日子”“办事业”就不得不跑部跑厅,立了项目才有钱,不跑就没钱。转移支付的存在,虽然实现了地方政府财力与事权的匹配,但却没有做到财权与事权的匹配①。地方政府大多没有决定转移支付用途的权限,其争取到的资金都已有既定流向,不能挪作他用。所以说,作为有条件转移支付的各类专项补助,实质上是“财权部门化”的体现,即各部门作为“第二财政”在参与国民收入的“二次分配”,过多地体现为部门利益,加之需要地方政府层层“配套”,是中央各部门“条条”干预地方政府“块块”的

① 财权不等同于财力。财权是指在法律允许下,某级政府为满足特定的公共产品和服务需要而向辖区居民征收收入的权力,包括征收和使用两个层面,主要包括税权、收费权及发债权。财力是指包括自有财力和可支配财力在内的可供某级政府支配的财政收入规模。

重要载体，难以有效体现中央政府施政意图。另外一种现象是，下级政府经常要面对来自上级的财政管制。“上出政策，下出资金”，支出政策在上，资金供应在下，上级政府直接影响着下级支出规模和支出方向，影响着下级政府的预算平衡。如2012年中央给地方开单子，要求各地方按照财政性教育经费支出占GDP4%编制预算，但是没有配给相应的财权。财政管制的存在，破坏了各级政府间事权划分的基本格局，直接导致地方政府缺乏必要的财政预算自主权，基层财政陷入财力困境就成为必然①。

胡锦涛总书记在党的十七大报告中提出，健全中央和地方财力与事权相匹配的体制，加快形成统一规范透明的财政转移支付制度，提高一般性转移支付规模和比例，加大公共服务领域投入。完善省级以下财政体制，增强基层政府提供公共服务能力。就目前来说，首先要根据市场经济的要求，根据国内实际情况，厘清各级政府的财权和事权，努力实现“一级政府，一级事权，一级财权”；其次，根据财政分权的要求，在既定的法制化的事权划分格局下，根据所承担的政府事权，各级政府具有决定政府支出规模及支出方向的权力。扭转财力上移、事权下放的趋势，逐步建立财权和事权相匹配的财税体制。在实际操作中，部分公共支出可以由上级政府支出，具体管理由市县政府代为执行。最后，减少上级政府对下级政府的财政管制，做到各级政府间的“相对独立，自求平衡”。事权和财权不得随意调整，必须经过人大立法机关的审议。而且事权和财权须同步调整，做到“财随事转”，避免再度进入“财事”脱节的局面。

（课题组
组　长：鲁兰桂
成　员：沈肇章　陆超云
唐飞鹏　陈壮练）

我国地方税体系构建与完善研究*

广东省地方税务局地方税体系构建与完善课题组

内容提要：随着以“营改增”为核心内容的新一轮财税体制改革的深入推进，确立地方税主体税种成为构建和完善地方税体系的当务之急，目前社会上主要有三种可供选择的方案：方案一是以新开征销售税为主体税种，并适当降低增值税税率、提高增值税地方分成比例；方案二是以所得税为主体税种；方案三是以房产税和资源税为双主体税种。根据税源规模及其成长性、征管能力等情况，本报告倾向方案一；考虑到税收立法时间较长，方案二可为备选方案；因房产税和资源税规模较小，暂不宜做地方税主体税种。

关键词：地方税体系　主体税种　销售税　所得税

地方税体系是分税制的基础之一，是处理中央与地方财力事权关系的重要制度安排。1994年实施的分税制改革，实现了提高“两个比重”的目标，但随着经济体制改革的深入，现行分税制及其相应的地方税制度安排表现出诸多不适应，尤其是在“营改增”等财税体制改革深入推进的背景下，问题更为凸显。中央对地方税体系构建问题高度重视，“十二五”规划以及党的十八大都对构建地方税体系提出明确要求，省委省政府将构建地方税体系列为2013年重点督办工作。在坚持健全完善分税制财政体制框架下，探索构建符合中国国情、财力与事权匹配、满足公共服务需求的地方税体系，具有重要意义。

一、现行地方税制度安排运行特点及其问题

我国1994年分税制改革，将税种划分为中央

* 该调研报告于2013年11月10日得到广东省委常委、常务副省长徐少华批示。

① 王振宇．分税制财政体制“缺陷性”研究[J]．财政研究，2006(8)．

税、地方税和中央地方共享税。本文所指的地方税体系不仅包括营业税、土地增值税、房产税等地方税种，还包括增值税、所得税等税种地方分成部分。

（一）地方级税收收入规模相对较小，地方税体系建而不立

1994年的分税制财政体制改革，中央将部分收入规模较大的税种划为中央税和共享税，之后又陆续作了调整，主要是增加中央和地方共享税种，上调中央税收收入的比重。此后，地方级税收收入规模虽逐年增大，但占全国税收总收入的比重呈下降趋势，除个别年份略高于50%外，其余年份都低于50%，如2012年全国地方级税收收入仅占全国税收总收入47.0%（同期广东地方级税收收入占全省税收总收入38.6%①）。地方财政收入占全国财政收入的比重持续下降。另外，部分地方税税种在征收范围、计税依据、税率等方面已不适应现行经济社会发展的需要。特别是个人所得税改革进展缓慢，1994年就提出开征的遗产税至今尚未开征。

（二）地方税权虚置，更多地表现为征管权和部分收益权

在分税制财政管理体制改革时，为保证中央政令统一，维护全国统一市场和企业平等竞争，中央税、共享税以及地方税的立法权都集中在中央，地方税收法规制定权、解释权、税目税率调整权以及税收减免权等都集中在中央。地方只有部分地方税种的征收管理权以及制定一些地方税种具体征管办法和补充措施的权限，地方税权更多地体现在征管权、收益权，有时甚至只体现在预期不明确的收益权上，且收益权在不断萎缩，不利于地方因地制宜地发挥地方税制调节和配置资源的职能。

（三）"营改增"全面推进，地方税丧失主体税种进入倒计时

在现行分税制体制下，营业税是国家地方税主体税种，2012年占地方税总收入的32.8%，其他地方税种为22.6%，所得税、增值税等共享税种中地方分成收入占比44.6%（同期营业税占广东地方税收收入比重为30.6%，其他地方税种为29.9%，共享税种中地方分成收入占比39.5%）。交通运输业、现代服务业等"1+6"行业"营改增"试点，已明显影响到营业税收入。随着2013年8月"营改增"在全国范围内推行，"十二五"期间的全面完成，按照现行制度安排，现有其他地方税种都难以弥补取消营业税留下的缺口，地方税主体税种缺失问题凸显，地方税及地方税体系将名存实亡。

（四）地方税收自给率偏低，催生严重的土地财政和地方债务依赖风险

税收自给率是指地方税收入占地方一般预算支出的比重。2011年全国地方税收自给率为44.3%，其中最高的北京为87.9%，广东为67.8%，处于中位数的湖北为33.2%，最低的西藏为6.0%，高于50%的仅有9个省市（均为经济发达省市），其余22个省市均低于40%。地方政府为满足支出需要，转而向收费、卖地、借债要收入，催生了畸形的收费财政、土地财政、负债财政。2012年中央与地方预算草案报告显示，全国国有土地使用权出让金收入高达2.7万亿元，相当于全国税收收入的25.5%。广东土地出让金收入为1757.3亿元，相当于全省税收收入的13.4%。据中国社科院专家测算，目前地方债务总规模已突破20万亿元，是2012年地方财政收入（6万亿）的3.3倍。非税收入的不合理增长，扭曲了地方财政收入结构和地方政府行为。

二、构建地方税体系的基本原则与目标

改革和完善地方税体系，应在借鉴发达国家和地区经验基础上，结合中国国情，随我国社会、政治、经济的发展而适时有序推进。

（一）构建的基本原则

一是坚持总体税负水平稳定原则。构建地方税体系应顺应"低税率，宽税基"的世界税制变革趋势，按照结构性减税的总基调，保持宏观税负水平基本稳定或略有下降，进一步提高税制的国际竞争力，促进产业结构转型升级、扩大出口和内需。二是坚持激励相容原则。按照完善社会主义市场经济体制的内在要求，厘定中央与地方事权、财权和财力之间的关系，在维护国家法制统一、政令统一和市场统一的前提下，充分考虑地区间的显著差异以及不同税种的特点，赋予地方适当的税权，发挥中央与地方的积极性。三是坚持征管能力匹配原则。税收收入的实现，一方面取决于经济税源，另一方面还取决于税收征管能力。构建地方税体系应充分考虑到全社会的纳税遵从度、税收信息化程度、社会综合治税水平

① 广东地方级税收收入比重低于全国平均水平，主要是中央与地方分享的税收收入占广东省总税收收入比重较高，说明广东对中央财政贡献较大。

等现实因素。四是坚持法治保障原则。各级政府间的税权分配关系都应规范化、程序化、法治化，以全国人大或省一级人大立法的形式出现，任何调整都必须通过法定程序。

（二）构建的基本目标

按照完善社会主义市场经济体制改革的要求，坚持分税制财政体制改革的既定方向，在合理划分中央与地方政府事权的基础上，建立起中央相对集权、以销售税或所得税为主体税种、地方税收自给率占比达 50% 以上、税种协调运行的地方税体系。考虑到我国区域经济社会发展的显著差异，赋予省一级人大适当的税权。

三、构建与完善地方税体系的主体税种选择

地方税体系的构建与完善，实质是在税制改革基础上重新划分税权，其核心是地方税主体税种选择，当前主要存在三种方案之争。

（一）方案一：以新开征销售税为主体税种，并适当降低增值税税率、提高增值税地方分成比例。该方案税源充沛、增长态势良好，但启动立法程序耗时较长，且在最终消费环节征税，对征管技术和手段要求较高

销售税是对最终消费环节的货物销售和部分劳务提供课征，税基一般与社会消费品零售总额大致相当。可全额作为地方税。开征该税种有利于修正地方政府的执政理念，引导地方政府改善消费环境、提高公共服务水平。

1. 收入规模预测。以 2011 年全国社会消费品零售总额 183918.6 亿元、税率 5% 进行测算，全国可征销售税 9195.9 亿元。比当期地方营业税收入（13504.4 亿元）少 4308.5 亿元，减收 31.9%。与征收营业税相比，销售税对多数经济发达地区的影响较大，尤其北京、上海最为明显，分别减少 67.8%、67.3%；唯广东例外，减少 29.1%，低于全国平均水平（见表 1）。

表 1　　部分省市 2011 年销售税收入规模估计　　单位：亿元

地区	地方营业税收入	社会消费品零售总额	销售税收入估测值	与营业税差额	减少比例（%）
全国	13504.4	183918.5	9195.9	4308.5	31.9
广东	1431.2	20297.5	1014.9	416.3	29.1
北京	1071.5	6900.3	345.0	726.5	67.8
上海	1041.5	6814.8	340.7	700.8	67.3
江苏	1260.6	15988.4	799.4	461.2	36.6
浙江	915.7	12028.0	601.4	314.3	34.3

数据来源：根据 2012 年《中国统计年鉴》整理。此处按社会消费品零售总额的 5% 预测销售税收入。

就销售税未来 10 年的成长性而言，根据 1994—2011 年各省市社会消费品零售总额时间序列增长趋势，通过指数平滑模型测算，公式如下：

$$S_t^{(2)} = \alpha S_t^{(1)} + (1-\alpha) S_{t-1}^{(2)}$$

其中：$S_t^{(1)}$ 指第 t 期的一次指数平滑值，$S_t^{(2)}$ 指第 t 期的二次指数平滑值。

按上述模型预测，2023 年全国销售税规模将达到 25246.2 亿元，年均增长 8.8%，增长态势良好。比较而言，2023 年广东销售税收入居首（2711.7 亿元），山东第二（2348.3 亿元），江苏第三（2205.1 亿元），浙江第四（1680.3 亿元）（见表 2）。

2. 征管要求。新开征销售税，容易导致因纳税人担心税负上升而产生社会抵触情绪；需要纳税人购买相关税控装置，将提高纳税遵从成本；末端消费环节现金交易占比较高，税源监控难度明显提高，税收流失环节增多、流失机率增加。因此，要妥善施措化解矛盾与问题。

表 2　**部分省市 2023 年销售税收入预测情况表**　单位：亿元

地区	2011 年销售税收入估测值	2023 年社会消费品零售总额估测值	2023 销售税收入估测值	增幅(%)	平均增速(%)
全国	9195.9	504924.3	25246.2	174.5	8.8
广东	1014.9	54233.8	2711.7	167.2	8.5
北京	345.0	16096.0	804.8	133.3	7.3
上海	340.7	16510.5	825.5	142.3	7.7
江苏	799.4	44101.4	2205.1	175.8	8.8
浙江	601.4	33606.5	1680.3	179.4	8.9
山东	857.8	46965.5	2348.3	173.8	9.1

数据来源：根据 2012 年《中国统计年鉴》整理。此处按社会消费品零售总额的 5% 预测销售税收入，采用指数平滑法对 2023 年社会消费品零售总额进行估测。

3. 配套改革。在做好收入规模测算的基础上，需适当调低现行增值税税率，减轻增值税税负负担，使"新开征的销售税税负+调低后的增值税税负"相当或略低于"现行的增值税税负+营业税税负"。调整增值税中央与地方分成比例，将目前的"75∶25"分成调整至"55∶45"左右，把车辆购置税和资源税全部划归为地方税种，以地方税收自给率达到 50% 以上为标准。以 2011 年为例，经上述调整后，全国的税收自给率由 44.3% 上升到 53.7%，广东的税收自给率由 67.8% 上升到 83.1%，考虑到增值税税率降低和结构性减税的影响，税收自给率的实际值会有所降低。由全国人大及其常委会立法，稳定地方政府税收收入权的预期，同时赋予省一级人大部分税目税率的调整权。

(二)方案二：以所得税为主体税种。该方案可导致地区间税收竞争，但地方税收收入保障能力强、地方政府涵养税源积极性高、征管基础扎实、社会影响波及面小

所得税的税基具有流动性，其收入分配调节职能突出，从国际税收实践看，一般把所得税作为共享税，但从中国国情考虑，这并不妨碍所得税成为地方税主体税种。

1. 收入规模预测。(1)个人所得税收入规模预测。以地区生产总值收入法构成项目中的劳动者报酬对应作为个人所得税税基进行预测，结合国民生产总值(GDP)增长情况，公式如下：

$$IIT_{ij} = \alpha_{ij} L_{ij}$$

其中：IIT_{ij}指第 i 年，j 省的个人所得税估测值，α_{ij}是第 i 年，j 省的个人所得税有效税率估测值(估计时据 2011 年个人所得税与劳动者报酬，并考虑个人所得税税率累进因素获取)，L_{ij}是第 i 年，j 省的劳动者报酬估测值。

据预测，到 2023 年，全国个人所得税规模大致可以达到 11045.7 亿元，年均增长率大约为 13.5%，增速快于方案一中的销售税增长速度。从经济发达省市个人所得税收入预测情况比较看，江苏、浙江增速分别为 17.3%、15.2%，均高于广东(14.5%)，规模分别为 1619.5 亿元、1018.5 亿元，均低于广东(1737.5 亿元)(见表 3)。

(2)企业所得税收入规模预测。以地区生产总值收入法构成项目中的营业盈余对应作为企业所得税税基，对未来 10 年企业所得税进行预测，公式如下：

$$BIT_{ij} = \beta_{ij} S_{ij}$$

其中：BIT_{ij}指第 i 年，j 省的企业所得税估测值，β_{ij}是第 i 年，j 省的企业所得税有效税率估测值(估计时据 2011 年企业所得税与企业盈余获取)，S_{ij}是第 i 年，j 省的企业盈余估测值。

预测结果表明，到 2023 年，全国企业所得税规模大致可以达到 42896.2 亿元，年均增长率约为 6.8%，增速略低于方案一中的销售税增长速度。从企业所得税收入增长态势看，由于总部经济原因，北京的规模优势明显，位居第二的为广东，再次是上海、江苏、浙江等省市(见表 4)。

表 3　　部分省市 2023 年个人所得税收入预测情况表　　单位:亿元

地区	2011 年个税收入	2023 年个税收入估测值	增幅(%)	平均增速(%)
全国	2421. 1	11045. 7	356. 2	13. 5
广东	341. 4	1737. 5	408. 9	14. 5
北京	272. 9	986. 0	261. 3	11. 3
上海	315. 0	955. 4	203. 4	9. 7
江苏	237. 7	1619. 5	581. 2	17. 3
浙江	185. 6	1018. 5	448. 9	15. 2
山东	96. 6	459. 7	376. 0	13. 9

数据来源:根据 2012 年《中国统计年鉴》整理。此处按劳动者报酬作为个人所得税税基进行预测,采用指数平滑法对 2023 年劳动者报酬进行估测。

表 4　　部分省市 2023 年企业所得税收入预测情况表　　单位:亿元

地区	2011 年企业所得税	2023 年企业所得税收入估测	增幅(%)	平均增速(%)
全国	19424. 1	42896. 2	120. 8	6. 8
广东	2213. 2	4955. 1	123. 9	7. 0
北京	3717. 0	9527. 4	156. 3	8. 2
上海	1964. 6	4154. 1	111. 5	6. 4
江苏	1779. 7	3696. 0	107. 7	6. 3
浙江	1205. 1	2809. 2	133. 1	7. 3
山东	989. 4	2053. 4	107. 5	6. 3

数据来源:根据 2012 年《中国统计年鉴》整理。此处按营业盈余作为企业所得税税基进行预测,采用指数平滑法对 2023 年营业盈余进行估测。

2. 征管要求。经过多年的征管实践,国税、地税都积累了比较丰富的所得税征管经验,征管基础扎实,征管配套完善;税基虽具有一定流动性,但税收立法权统一在全国人大及其常委会,不会导致地区间大规模的税收竞争。个人所得税由分类征收模式向分类与综合征收模式转型,需充分考虑申报纳税地和收入来源地之间的税收利益划分问题,随着个人信息全国联网和社会信用体系的完善,征管要求高的难题也易于解决。

3. 配套改革。2008 年实施的新企业所得税法借鉴了国际通行做法,理念先进,未来几年税制主要框架修改的可能性不大。个人所得税制面临修改可能,调节功能和收入功能都将增强。企业所得税收入规模大于营业税收入规模,可替代营业税成为地方税主体税种。以 2011 年为例,经上述调整后,全国的税收自给率将由 44. 3% 上升到 50. 0%(不含中央固定收入部分),广东的税收自给率将由 67. 8% 上升到 79. 6%。

(三)方案三:以房产税和资源税为双主体税种。该方案长期来看增收空间较大,但 10 年内收入规模过小,资源税地域分布悬殊,且房产税扩围至个人住房的波及面太大,短期内不可行

目前,中国房产税制改革已达成共识,势在必行,可作为地方税体系税种之一。改革后的房产税将居民自有住房纳入征税范围,以房产的市场评估价值作为计税依据,按照公平、效率和量能负担的原则设计税率,循序渐进地把课税对象范围扩大至存量住房;对家庭住房按照限定面积(如人均 60 平方米)免税。资源税主要承担调节级差收益职能,大多数国家把资源税作为中央税。中国资源相对集中

在中西部地区，而这些地区恰是经济欠发达、地方财政紧张的地区，把资源税作为地方税，是符合当前国情的选择。

根据1998—2012年全国商品房销售面积，推算商品房住宅存量的规模，约75.7亿平方米。以该数据为基础，考虑住宅价格上涨因素（根据近年的各省市的住宅价格平均上涨情况，按5%的增长率计算），不考虑减除面积和住宅面积增加因素，选择0.5%作为税率（可以在一定程度上抵销上述面积因素的影响），2023年全国居民居住用房的房产税收入估计为3392.3亿元，仅相当于2012年地方营业税收入（15542.9亿元）的1/5（见表5）。从规模看，房产税在改革初期收入也不会大幅度增加，承担不起地方税体系主体税种的重任。

表5　　部分省市2023年房产税收入预测情况表　　单位：亿元

地区	2012年房产税收入	存量商品房住宅面积（亿平方米）	2023年存量房价值	2023年房产税估测收入	平均增速（%）
全国	1372.5	75.7	678454.9	3392.3	8.6
广东	175.4	5.3	71377.7	356.9	6.7
北京	110.7	0.8	22607.2	113.0	0.2
上海	92.6	1.2	28643.5	143.2	4.1
江苏	160.9	5.3	58538.0	292.7	5.6
浙江	129.9	2.2	38039.3	190.2	3.5

数据来源：根据2012年《中国统计年鉴》整理。此处按存量房价值的0.5%预测房产税收入。

以2011年的产量和价格测算该年资源税收入，把煤炭、石灰石、铁矿石按照5%税率从价计征，加上油气资源的从价计征部分，大致收入为3180亿元，比2012年全国资源税收入（905亿元）多2275亿元，与当期营业税收入相比，规模依然偏小，且地区分布极不均匀，不宜作为地方税体系的主体税种。

四、优化与地方税体系构建相关的若干重大制度安排

（一）理顺中央与地方的事权、财权和财力关系

构建地方税体系应建立在中央与地方事权和支出责任合理清晰界定的基础上。一是进一步明确中央与地方事权边界。按照外部性、信息复杂性和激励相容原则，以优先调整事权、带动财力重新配置为重点，以启动新一轮财税体制改革为契机，理顺中央与地方政府间职能的划分。二是中央政府上收部分事权。中央政府除承担国防、边境安全、界河管理等支出责任外，还应集中部分社会保障责任和公共卫生职能，部分教育职能（高等教育和科研支出），部分跨区域重大项目建设和维护职能，部分关系社会和谐稳定、公平正义又涉及全国市场统一标准的管理职能。三是匹配中央与地方的事权、财权和财力。做到一级事权一级财力保障，提高地方税收自给率，避免"小地方税种，大转移支付""中央大马拉小车，地方小马拉大车"的事权财权财力不相匹配的失衡格局出现。

（二）理顺政府间纵向与横向上的财力分配关系

中国当前政府间事权划分不够清晰，转移支付制度的设立与政府间事权划分相关性较弱，政策目标不够清晰，转移支付体系比较零乱。突出表现为：一般性转移支付的比重偏低，专项转移支付几乎覆盖地方支出的所有范围，部门纵向管理的项目繁杂，资金分散，不利于地方自主理财和提供符合当地实际需要的服务；专款配套政策不够规范，加重了地方财政负担。另外，横向财力均衡机制缺位。一是纵向上处理好一般性财力转移支付和专项转移支付的关系。借鉴发达国家和地区经验，以人均财力转移支付为主线，科学设定纵向转移标准化系数，纵向上大幅提高中央对地方的一般性财力转移支付比重，大幅降低专项转移支付比重。二是横向上建立财力均衡机制。建立由省负责的地市间以及由县负责的乡镇间的财力均衡机制，核心要点为：均衡基金+协商会议+均衡公式。三是减少上级政府对下级政府的财政管制。根据各级政府承担的事权，各级政府

具有决定政府支出规模及支出方向的权力，且事权和财权财力须同步调整，做到“财随事转”，避免再度滑入“财事”脱节的局面。

（三）理顺地方税体系内部诸税种以及地方税与中央税、共享税之间的关系

一是处理好货劳税、所得税和财产行为税的关系。在增值税等货劳税整体税负下调、宏观税负水平不变或略有下降的前提下，可适当提高一些直接税或财产行为税的税负。二是处理好地方性税费关系。改革城市维护建设税，把堤围费并入该税，按照销售额、营业额或收入额单独设置计税依据，改变附加税的依附特征。开征文化教育税，取消教育费附加、地方教育附加和文化事业建设费。取消排污收费制度，开征环保税，提高环保执法刚性。开征遗产税和赠与税，强化税收收入分配调节职能。三是处理好地方税体系内部诸税种的关系。将车辆购置税划归地方税。在优化上述税费关系的同时，在既定的税负水平下，改变房地产税收主要在流转环节征收的方式，改为主要在保有环节征收，建立房地产税收增长的长效机制。

（四）理顺人大与政府间税权配置

合理分配税权是分税制财政体制的根本基础。针对税权分配中的问题，应在三个方面进行理顺。一是税收立法权主要由全国人大行使。按照宪法和立法法的规定，中央税、中央和地方共享税、地方税主要税种由全国人大立法，地方无权调整。为保障全国人大税收立法权的绝对权威，中央对地方的相关税收立法有依法定程序否决的权力。二是适当赋予省级人大地方税种税目税率调整权和开征地方特色税种的权力。在全国范围内统一征收，对宏观经济影响较小或地方特色浓厚的税种，由全国人大制定基本法规，实施细则由地方人大依法定程序制定。在全国范围内征收的部分地方税税种由全国人大立法，同时赋予省级人大税目、税率和减免的调整权。三是强化各级人大的预算监督。改变各级人大在预算监督过程中侧重平衡的做法，强化对预算支出政策和具体项目的审查，使预算约束硬于各级政府的税收任务约束，避免收“过头税”或“藏富于民”的情况出现。

（课题组
组　长：王南健
副组长：杨楚潮　岳树民
成　员：向　景　冯绍伍　宁　波
龙　磊　李殿相　吕冰洋
禹　奎　谢波峰　温丽萍
梁若莲　陈壮练　王　海
蔡　丹　刘中虎　魏升民
李兴蕊）

广东物流业效率优势弱化值得关注*

——税收视角下粤苏物流业发展比较分析

广东省地方税务局、广东省国家税务局联合课题组

内容摘要：广东物流业税收总量居全国第二、江苏居第四。与江苏相比，广东物流业在税收规模、税收贡献率上具有明显优势。受工资、土地和费金等成本制约，广东物流业效率优势正在逐步弱化；加上物流业固定资产投资增速、部分物流装备容量远低于江苏，广东物流业税源增长后劲相对不足。广东可从第四、第五方物流集聚发展，加大财政扶持力度，降低企业税费负担等方面寻求突破，重新确立和扩大优势。

关键词：第四方物流　物流效率　税费负担

广东、江苏既是经济大省，又是物流大省，比较分析粤苏物流业经济税收特征异同，借鉴江苏发展经验，对于加快广东物流业发展、促进产业转型升级

* 该调研报告于2013年9月30日得到广东省委常委、常务副省长徐少华批示。

具有重要意义。为此,广东省地方税务局、广东省国家税务局成立联合专题调研组,于2013年4—7月先后赴清远、阳江和茂名等地市调研,组织召开了省发改委、省经信委、省物流行业协会等多场专题座谈会,向广州、佛山、东莞、中山和清远5市发放124份调查问卷,有效问卷123份,并请江苏省地方税务局对相关数据、政策措施给予协助收集整理和核实。有关调研情况如下:

一、粤苏两省物流业税收特征比较分析

(一)粤苏物流业税收规模均居全国前列;与江苏相比,广东在税收总量和税收贡献率上有明显优势

本文物流业主要指交通运输业、仓储业和邮政业。粤苏物流业税收规模稳居全国前四强。2008—2012年,广东物流业税收规模由165亿元增长到192亿元,总量仅次于北京,位居全国第二;江苏由74亿元增长到101亿元,次于北京、广东和上海。近5年来,广东物流业税收规模年均为江苏的1.9倍以上,年均占全国物流业税收比重为10.2%,比江苏(5.15%)高出5.05个百分点(见表1)。与江苏相比,广东物流业税收总量优势明显。

表1　**2008—2012年粤苏物流业增加值及其税收比较**　单位:亿元

项目		2008年		2009年		2010年		2011年		2012年	
		总量	比重(%)	总量	比重(%)	总量	比重(%)	总量	比重(%)	总量	比重(%)
增加值	广东	2370	11.9	2614	11.3	3056	11.3	3529	11.0	3864	10.7
	江苏	1965	9.8	2222	9.6	2659	9.8	3168	9.9	3596	10.0
	全国	19965	—	23100	—	27000	—	32000	—	36000	—
税收	广东	165	10.5	151	10.5	189	10.7	236	10.9	192	8.5
	江苏	74	4.9	76	5.3	97	5.5	120	5.6	101	4.5
	全国	1514	—	1442	—	1763	—	2161	—	2259	—

注:1. 比重是指某省物流业税收占同期全国物流业税收的百分比。
2. 数据来源于2009—2012年度中国税务年鉴以及税收统计报表。

广东物流业税收贡献率也明显好于江苏(物流业税收贡献率是指某一地区物流业税收与该地区同期税收总额的比值)。2007—2012年,广东物流业税收贡献率最大值为2.14%,最小值为1.46%,分别比江苏高0.7和0.64个百分点。广东物流业税收年均贡献率为1.83%,比江苏的1.26%高0.57个百分点,比全国低0.46个百分点。

(二)受高基数和"营改增"政策减收影响,粤苏两省物流业税收年均增速均低于全国平均水平,但江苏略快于广东

从税收年均增速水平看,2007—2012年,粤苏物流业税收年均增速为11.17%、11.58%,分别比全国平均水平低3.93和3.52个百分点。主要原因有二:一是"营改增"减收影响明显。2012年10月、11月,江苏、广东先后实施营业税改征增值税试点,绝大多数物流企业属于仓储企业和小规模交通运输企业,试点后税负减轻明显,影响了粤苏物流业税收增速。而2012年全国大多数地区没有推行此项改革,拉高了全国物流业税收增速。二是国际金融危机冲击导致税源增速放缓。自2008年爆发国际金融危机以来,外向型经济比重较大的粤苏均出现出口大幅下降、物流需求急剧萎缩、运输仓储价格大幅走低的现象,不少中小物流企业经营困难甚至倒闭。此外,近年来广东物流业固定资产投资增速远低于江苏,机动船、载货汽车的净载重吨位仅为江苏的45%和60%,广东物流业税收增长后劲弱于江苏,应引起高度关注。

从税收年均增速结构看,广东物流业三大主体行业中的两大行业慢于江苏,仓储业尤为明显。2007—2012年,广东仓储业税收年均增速为17.27%,比江苏(22.23%)低4.96个百分点,比全国平均水平低6.33个百分点;广东交通运输业税收年均增速为11.36%,比江苏(12.25%)低0.89个百分点,比全国平均水平低3.57个百分点(见表2)。其

原因是,江苏物流业增加值年均增速为17.22%,快于广东(13.76%)3.44个百分点。另外,这也与广东处于传统物流向现代物流转型阶段有关。目前,广东传统物流仍占据78%的市场份额,第三方物流仅占22%。在工业企业的原材料和产品销售物流中,第三方物流仅占18%和16.1%①。

表2　　近6年粤苏两省物流业子行业税收增长情况　　单位:亿元

项目	广东			江苏			全国		
	2007	2012	年均增速(%)	2007	2012	年均增速(%)	2007	2012	年均增速(%)
交通运输业	100.9	172.8	11.36	49.5	88.1	12.25	1031.4	2068	14.93
仓储业	6.01	13.34	17.27	3.18	8.68	22.23	49.1	141.5	23.6
邮政业	5.44	5.58	0.51	5.61	3.97	-6.7	37.5	49.03	12.22

数据来源:2008—2012年度《中国税务年鉴》以及税收统计快报。

(三)从物流业税收结构来看,江苏现代物流发展势头好于广东,广东区域分布集中度高于江苏

从物流业税收的行业结构看,江苏的分布相对合理,行业比较均衡。2007年,江苏交通运输业、仓储业和邮政业的税收比重为84.9%、5.5%、9.6%,到2012年,这一比重变为88.4%、8.3%、3.3%。与广东相比,江苏不但交通运输业税收比重提高3.5个百分点,还在仓储业发展取得突破,税收比重提高2.8个百分点,比广东(0.5%)高出2.3个百分点,这反映出江苏现代物流的发展势头好于广东。究其原因,这与江苏大力实施重点物流园工程有关。2010年以来,江苏共有2家被评为"中国物流示范基地",广东只有1家;目前江苏有综合保税区5家,占全国的21%,比广东多3家。

从物流业税收的区域分布看,广东的集中度明显高于江苏。2012年,广州、深圳两市物流业税收收入为45.3亿元和88.6亿元,二者合计占全省物流业税收的69.85%;苏南五市(苏州、无锡、常州、南京和镇江)物流业税收合计为53.5亿元,占江苏物流业税收的53.06%(见表3)。这反映出广东已形成了以广州、深圳两个中心城市为核心的物流市场体系,在吸引集聚高端物流资源方面发挥了重要作用;同时也折射出广东物流业的区域发展极不均衡。

表3　　2012年粤苏两省物流业税收行业区域分布情况　　单位:万元

项　目	广深两市		苏南五市				
	广州	深圳	苏州	无锡	常州	南京	镇江
交通运输业	401829	792406	175284	91833	39843	113923	22728
仓储业	32188	81991	35883	6732	1829	10685	4360
邮政业	19395	11326	17368	4120	1936	5905	2378

数据来源:2012年度《中国税务年鉴》以及税收统计报表。

(四)广东物流业行业税负和边际税负偏重,且物流业的经济税收协调性弱于江苏

从行业税负看,广东物流业呈现加速增长态势,并显著高于江苏和全国平均水平。广东物流业税负由2007年的7.96%快速上升至2011年的11.29%,提高3.33个百分点,分别比江苏和全国快3.31和1.98个百分点,广东物流业税负与江苏的差距也由2007年的2.35个百分点扩大到2011年的5.66个百分点(见图1)。据中国物流与采购联合会网站资料显示,广东物流效率好于江苏,广东物流业单位GDP含税率高于江苏,导致物流业行业税负重于江苏。

① 引自广东省财政厅调研报告:《促进广东省现代物流业健康发展的财政政策研究》,2012年8月。

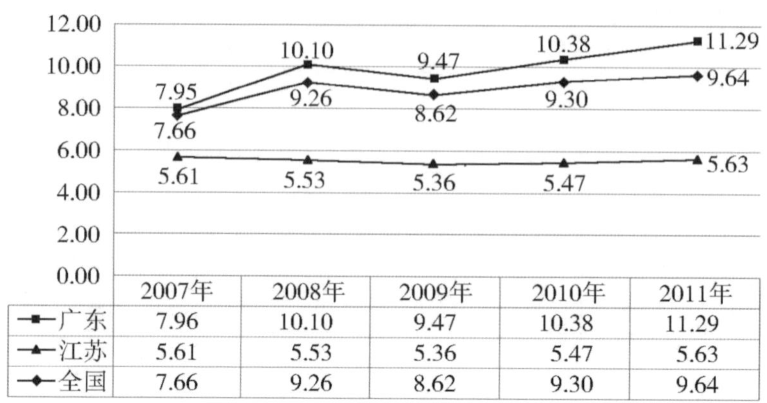

	2007年	2008年	2009年	2010年	2011年
广东	7.96	10.10	9.47	10.38	11.29
江苏	5.61	5.53	5.36	5.47	5.63
全国	7.66	9.26	8.62	9.30	9.64

图1　2007—2011 年粤苏物流业税收负担变化情况

从行业边际税负看(行业边际税负是在一定期间内行业税收增加额与同期实现的 GDP 增加额的比值),广东物流业边际税负大幅波动,边际税负总体水平显著高于江苏。如图 2 所示,除 2009 年、2012 年外,其他年份广东物流业边际税负均在全国的 1.2 倍以上;而江苏物流业边际税负小幅平稳波动,除 2009 年外,其他年份仅相当于全国平均水平的 50% 左右。这反映出江苏物流业规避经济波动等不利因素的能力较强,能够提供持续增长的税源。

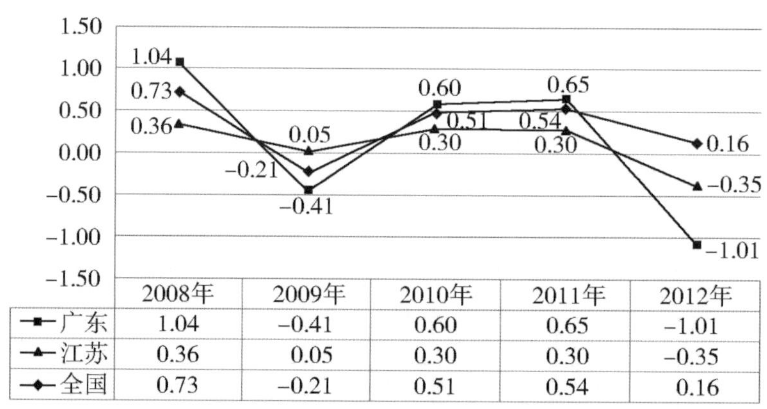

	2008年	2009年	2010年	2011年	2012年
广东	1.04	-0.41	0.60	0.65	-1.01
江苏	0.36	0.05	0.30	0.30	-0.35
全国	0.73	-0.21	0.51	0.54	0.16

图2　2008—2012 年粤苏物流业边际税负变化情况

从税收与经济协调性看,广东物流业税收比重与行业增加值比重的比值显著高于江苏和全国平均水平。2007—2011 年,这一比值广东由 1.72 快速增加到 2.85,而江苏却由 1.38 下降至 1.29。除 2007 年外,广东物流业税收协调系数均超过江苏 1.0 以上,广东物流业总体税负处于较高水平。另外,从政策影响程度看,由于广东交通运输业一般纳税人数量较多,“营改增”后税负上升带来的波及面宽于江苏。

二、粤苏物流业发展环境比较分析

物流业是国民经济发展的动脉和基础产业,尤其是现代物流业已成为衡量一个地区现代化程度和综合实力的重要标志。虽然目前物流业对 GDP 贡献不高(4% 左右),税收贡献率较小(1.8% 左右),但其促进经济增长“加速器”作用愈发重要和明显,增长潜力不容小觑。鉴于此,粤苏都采取各种措施促进物流业特别是现代物流业跨越式发展。

（一）广东实施“专项规划+龙头企业”发展战略，江苏推行“省市规划互动+重点工程”战略

在规划设计上，广东侧重实施专项规划，而江苏注重省市规划间协调运行。广东2009年出台《广东省物流业调整和振兴的通知》后，还不失时机地制定了粮食现代物流、农产品冷链物流、物联网建设等一系列中长期专项规划，但至今仍未出台“十二五”物流业发展规划。而江苏编制了《江苏省“十二五”现代物流业发展规划纲要》，明确提出培育“四核五带”的物流空间布局，重点打造20个省级综合物流园区和40个省级专业物流园区，培育一批重点物流企业和一批有影响力的物流服务品牌；苏州、无锡、南京、扬州等市随后也出台促进物流业跨越发展规划，形成了中长期结合、省市协调互动的物流业发展格局。

在重点培育上，广东以龙头企业和发展重点领域物流为突破口，江苏则依托重点工程做强专业物流。广东以6家5A级物流企业为重点扶持对象，以第三方物流企业为重点发展领域，成功打造了一批全国知名的旗舰型物流企业。截至2013年8月，广东有5A级物流企业12家，比江苏多4家。江苏则依托物流园区、城乡配送、物流金融、物联网物流应用示范和物流公共信息平台等五大重点工程，大力发展一批具有行业特色的专业物流，着力提升专业物流服务水平，形成了重点突出、分工明确、整体实力快速上升的物流业集群。目前，江苏共有A级物流企业310家，占全国的13.2%，比广东多165家。

表4　　粤苏两省A级物流企业数量　　单位：个

项目	5A级	4A级	3A级	2A级	1A级	总数
广东	12	65	56	10	2	145
江苏	8	102	130	68	2	310
全国	148	763	1015	395	24	2348

数据来源：根据中国物流与采购联合会网站资料整理。

（二）广东采取“多项专项资金+配套政策”模式扶持物流业发展，江苏则采取“高额产业专项资金+配套措施”扶持模式

在物流业财政扶持上，广东采取多项资金重点扶持龙头企业、重点工程项目，但存在资金规模较小，扶持门槛偏高等问题。至2012年，广东已设立省级现代流通业、现代服务业、现代信息服务业、农产品物流业等5项发展专项资金扶持物流业发展，其中以现代流通业发展专项资金最高，每年3000万元，申报门槛一般要求项目投资额为1000万元；而江苏同类申报门槛为500万元，且扶持金额逐年增加。此外，江苏还注意调动地市的积极性和参与性，实行省级专项资金额度与各市服务业增加值、固定资产投资等关键指标挂钩，同时要求地市配套扶持资金。

在政策配套上，粤苏都注重完善优化物流业发展的政策举措，但江苏比广东更为细化。从土地、税金、价格、收费、融资到交通管理，广东已经建立比较完善的物流业发展配套政策体系，但存在政策宽泛笼统、操作性不强的问题。本次问卷调查显示，74%的受访企业表示对物流政策环境“不满意”，59.2%的受访企业认为最需要加强“完善政策配套”方面的改革。江苏则注重细化政策指导性：在土地保障上，对省级物流园区和纳入规划的重点物流项目用地给予重点保障，明确将工业企业旧厂房、仓库和存量土地资源用于发展物流业；在交通管理上，张家港保税物流园区等对进入市区的物流配送车辆，优先发放货车通行证；在税费优惠力度上，南京规定，凡到龙潭、禄口、王家湾三大物流园区注册经营的企业，给予南京市政府权力范围内的相关规费一律免除的优惠；张家港保税物流园区规定比照出口加工区的相关政策，即国内货物进入园区视同出口，办理报关手续，给予退税。

（三）广东物流效率略微占优，但成本竞争已处劣势

物流效率等于物流投入与产出之比，比值越大，反映物流效率越低。总体来看，广东物流效率一直好于全国以及江苏。至2012年，广东物流业单位GDP费用率上升到15.12%，比江苏（15.38%）低0.26个百分点，比全国水平低2.98个百分点，但仍明显高于发达国家8%～10%的平均水平。从发展趋势看，广东物流业单位GDP费用率6年增加了0.83个百分点，而江苏、全国却分别下降1.57个和0.15个百分点，表明广东物流效率优势在逐步丧失（见表5）。

表 5　　**2007—2012 年粤苏物流效率变化情况**　　单位:%

项目	2007 年	2008 年	2009 年	2010 年	2011 年	2012 年
广东	14.29	14.49	14.74	14.69	14.76	15.12
江苏	16.95	16.63	15.92	15.49	15.43	15.38
全国	18.25	17.96	18.19	17.84	17.81	18.1

注:根据中国物流与采购联合会网站资料整理。

概括起来,主要原因有:一是工资成本快速上涨,月工资最低标准高于江苏。2013 年,广东上调各地区企业职工最低工资标准,平均增幅 19.1%,比江苏(14.76%)高出 4.34 个百分点。其中广东一类地区月最低工资标准上调至 1550 元,增速 19.2%,分别比江苏(1480 元)高 70 元和 7.08 个百分点(见表 6)。如果把最低月工资标准为 1600 元的深圳加权,广东最低月工资标准将更高。二是土地成本较高。从商服地价水平看,珠江三角洲地区明显高于长江三角洲地区。2013 年二季度,珠三角地区商服用地地价 14854 元,是长三角地区(8271 元)的 1.8 倍,是全国 105 个主要城市平均水平(5728 元)的 2.59 倍;商服地价环比增长率为 2.02%,比长三角地区的 0.08% 高出 1.94 个百分点。从物流企业适用土地使用税单位税额看,广东主要城市普遍高于江苏。基于物流业用地特点和位置,以物流企业多为四级用地为例,深圳为 9 元/平方米,广州为 6 元/平方米,明显高于南京、江苏(见表 7)。三是广东物流企业部分费金负担略高于江苏。以社保费缴费基数下限为例,2012 年深圳为 2757 元、广州为 2258 元,均高于苏州(2100 元)、南京(1973 元)。在残疾人保障金负担上,2012 年广州、深圳城镇非私营单位职工月平均工资为 5217 元和 4963 元,略高于南京(4948 元)、苏州(4586 元)。在缴费比例基本相同的情况下,广东主要城市稍重于江苏。四是广东公路收费水平依然偏高。目前,广东四车道高速公路基本费率为 0.45 元/标准车公里,六车道以上高速公路基本费率为 0.6 元/标准车公里。考虑到多数高速公路为六车道以上,广东总体基本费率在 0.55 元/标准车公里以上,明显高于江苏 0.45 元/公里的高速公路收费标准。在普通公路收费上,广东也较高。2012 年,广东取消普通公路收费站 47 个,而江苏在撤销 12 个公路收费站的同时,还全面取消了政府还贷二级公路收费。

表 6　　**2013 年粤苏两省调整月最低工资标准情况**　　单位:元

项目	一类地区		二类地区		三类地区	
	广东	江苏	广东	江苏	广东	江苏
最低工资标准	1550	1480	1310	1280	1130	1100
同比增长(%)	19.2	12.12	19.1	16.36	19	15.79

数据来源:粤苏两省人力资源与社会保障厅网站,广东数据不含深圳。

表 7　　**主要城市土地使用税单位税额比较**　　单位:元/平方米

城市	一级	二级	三级	四级	五级	六级
广州	27	18	10	6	4	3
深圳	30	21	13	9	5	3
南京	10	7	5	4	3	2
苏州	10	8	6	4	—	—
北京	30	24	18	12	3	1.5
上海	30	20	12	6	3	1.5

注:为便于比较,广州土地使用税单位税额是指非工业用地标准。

三、促进广东物流业持续健康发展的政策建议

（一）强化规划，突出战略引领

一是尽快编制物流业中长期规划。学习借鉴江苏、天津等地的做法，结合发展实际变化，出台《广东省“十二五”现代物流业发展规划纲要》，推动广州、深圳、佛山等发达城市立足本市特色和分工，编制促进物流业跨越发展规划。二是大力实施物流园区聚集战略。借鉴江苏、福建等省经验，突出发挥物流园区的平台支撑作用。科学规划物流园区发展规划，完善物流园区优惠政策，鼓励物流园区拓展物流信息平台、物流信息交易、电子商务、物流金融业务创新等功能，促进物流、信息流、资金流向园区集聚。三是积极推进第四方、第五方物流发展。突出加快全省第四方物流发展的重点，确定信息化、环保、安全等具体标准，倒逼传统物流企业转型升级；实施“物流+商贸”战略，发展一批物流超市，实现物流与商贸批发市场的对接，在此基础上，加快向第五方物流转型，打造一批国际一流的物流企业。

（二）加大财政支持力度，细化政策措施

一是增加财政扶持资金规模。针对专项扶持资金规模小而散的问题，大幅增加省级现代流通业专项引导资金规模，资金分配向物流业倾斜。根据物流业规模和一些省市的经验，年度物流业专项引导资金不宜少于3亿元。二是建立健全财政扶持资金管理机制。借鉴江苏成功经验，适当降低申报门槛，扩大扶持面，加强资金绩效管理，采取省级专项资金额度与各市服务业增加值、各市服务业增加值增速、服务业固定投资总额及增速等指标挂钩的办法，同时要求各地市财政安排配套扶持资金。三是建立健全行业发展动态监测体系。自2011年来，江苏每季度发布省级物流综合指数，对于引导物流业的组织、生产、规划起到了重要作用。可结合地区实际，借鉴国家层面和江苏的经验，构建覆盖面更广、操作性更强、指标设计更细的广东物流业监测体系。

（三）降低企业负担，优化营商环境

一是合理确定社保费缴费基数下限。可推广深圳做法，分类确定社保费缴费基数下限，对户籍人员按上年度城镇单位职工月平均工资一定比例确定，对非户籍人员按月工资最低标准确定，这不但实实在在减轻从业人员多为非户籍人口的物流业负担，还有利于公平诉求实现。二是降低土地成本。一方面适当下调土地使用税单位税额标准，既减轻企业负担，又达到集约用地目的；另一方面，灵活处理物流用地性质。在工业为主地区的物流用地，一些地市可暂按工业用地性质缴纳土地出让金和土地使用税进行试点。三是强力整治公路收费。总结2012年公路收费专项治理经验教训，以更大力度和气魄推行二级以下公路不收费、一级公路少收费、高速公路低收费政策。四是开展特色纳税服务。积极开展“营改增”知识培训，组织物流业试点纳税户参加增值税专用发票开具业务培训班，并实施办税员培训持证上岗制度。强化税收宣传，普及增值税专用发票知识，维护抵扣制度权威。

参考文献：

[1] 王冬梅，鞠颂东．中国物流业税收负担水平分析[J]．中国流通经济，2009(1).

[2] 王乔，席卫群等．中国流通业税收贡献的实证分析[J]．经济评论，2011(1).

[3] 蒋年云，舒扬．广东省流通产业竞争力研究[M]．北京：中央编译出版社，2009.

（课题组
组　长：杨楚潮　潘伟景
副组长：向　景　李　茜　覃成林
成　员：温丽萍　刘中虎　魏升民
王　海　李兴蕊）

科学履行税收职能　服务新型城市化发展*

广州市地方税务局课题调研组

内容概要：本调研报告围绕广州市新型城市化发展战略部署，从地税部门的职能角度出发，通过分析广州地税多年发展所形成的基础条件，以新型城市化发展要求来审视查找存在的问题和差距，从而明确新时期新形势下地税部门服务新型城市化发展的定位，确立了建设有限税收、效能税收、和谐税收、诚信税收、智慧税收的发展目标，提出了服务广州新型城市化发展的总体思路和具体对策，建议着力推动税收增长方式从注重速度规模向注重质量效益转变、税收调控杠杆从被动执行政策向灵活运用政策转变、税收管理模式从全能税收管理向有限税收管理转变、税收服务体系从税务管理本位向税收服务本位转变等七个转变，建立适合新型城市化发展的新型税收发展方式。

关键词：税收　职能　服务　城市化

2012年2月，广州市第十次党代会提出走新型城市化发展道路的总体思路，同年9月广州市委十届三次全会对新型城市化发展作出全面部署。围绕市委、市政府的战略决策，广州市地税局由局长揭晔牵头，就如何科学履行税收职能服务新型城市化发展组织开展了专题调研。通过分析自身的基础条件，查找与新型城市化发展要求的差距，明确了服务新型城市化发展的定位和目标，提出了今后一段时期地税工作的思路和举措。

一、基础与差距

（一）基础分析

自1999年财税机构分设以来，广州市局主动发挥税收职能作用，为促进广州经济社会发展作出了积极的贡献、打下了较好的基础。主要体现在：

1. 财力保障基础。广州市局组织税费收入规模从1999年的156亿元增长到2012年的1948亿元，连续14年居全国省会城市第一、大城市第三，其中税收收入从1999年的145亿元增长到2012年的1150亿元，总量虽小于上海、北京，但大于天津、重庆。税费收入的平稳较快增长，为广州新型城市化发展提供了坚实的财力保障。

2. 服务大局基础。近5年来，广州市局认真落实国家结构性减税政策，共为企业减负近400亿元；扎实做好社保费征收扩面，社保费收入从2000年的67.6亿元增长到2012年的666亿元，全市参保缴费人次达到1892万；认真落实个人所得税新政、就业创业等惠民政策，加强对高收入人群的税收监管，打击涉税违法行为，维护公平税收秩序。服务大局的意识和能力不断增强，为广州新型城市化发展提供了可靠的政策保障。

3. 税收征管基础。广州市局近年来加快推进重点税源集约化、一般税源“管事制”、零散税源社会化、税务稽查专业化等系列改革，推动建立全市综合治税机制。同时，加大税收信息化建设力度，税收执法和征管效能不断提升，为广州新型城市化发展提供了规范的发展保障。

4. 纳税服务基础。广州市局在全国较早建立纳税服务专职机构，全市90%以上纳税人通过电子方式申报纳税；打造了地税网站、12366服务热线、纳税人学校等纳税服务品牌；推进新型办税服务厅和纳税辅导专区建设，开通地税官方微博和全国地税系统首家微博发布厅。在广东省省情调查研究中心的调查中，市局服务满意度2010年、2011年、2012年连续三年在全市被测评的政务服务窗口单位中名

* 该调研报告得到时任广东省委常委、广州市委书记批示：“市地税局按照市委市政府部署，在全面完成税收征管任务的同时，围绕‘目标、问题、对策’，积极谋划服务新型城市化发展的新思路、新举措，工作成绩可喜、调研成果可贺、服务精神可嘉，向市地税局的同志们表示感谢！希望进一步把握机遇，谋定而动，锐意创新，不断提高税收工作科学化水平，为广州推进新型城市化发展作出新的更大贡献。”该调研报告在《中国税务报》、总局科研所《税收研究资料》等刊物全文刊发。

列第一。征纳关系的和谐融洽，为广州新型城市化发展提供了良好的环境保障。

5. 干部队伍基础。市局加强地税领导班子建设，深入推进绩效管理和能级管理；与高校联合成立税务干部进修学院，深入开展岗位练兵，取得全省全员统考第一、能手选拔第一的好成绩；开展学习型组织建设，创办《羊城税萃》，打造地税艺术团等文化品牌；完善内控机制建设，构建廉政惩防体系，努力确保队伍平安稳定。市局初步建立起一支业务熟练、素质较高、清正廉明的税务干部队伍，为广州新型城市化发展提供了有效的人力保障。

（二）差距分析

用新型城市化发展的要求、新型“坐标系”、世界先进税收管理方法来审视当前广州地税工作，仍存在不少制约服务新型城市化发展的因素。主要体现在：

1. 计划任务型的税收增长方式难以持续。由于当前普遍实行“税收基数+计划增幅”的税收任务分配模式，税收基数必然逐年抬高，税收增长压力随之加大，特别是在经济下行期，税收可持续增长难度更大，而且在现行以支定收的财政体制下，组织收入任务分配呈现“基数+增量”“年初计划+年底追加”特点，压缩了未来税收增长空间，部分企业税收负担加重。从长远来看，不利于为广州新型城市化发展提供可持续的财力保障。

2. 企业负担的费金较重。目前市局受政府（部门）委托负责征收（代征）的费金有 7 种，费金收入占税费总量的40%以上。近年来，随着费金征管力度的不断加大、部分费金征收标准的不断提高，广州市企业的费金负担呈现不断加重的趋势。据广东省地税局相关调研显示，目前广州市社保费的费负全省最高，达到43%，远高于佛山（29%）、东莞（30%）等地；广州市企业的堤围防护费负担是深圳的 45 倍、东莞的 18 倍。费金负担的相对过重，容易导致企业外迁，不利于经济总量和财税收入的增长。

3. 现行税收管理服务模式亟须转变。在思想观念上，税务部门多从管理角度出发，导致管理职能过多，服务意识淡化；在制度设计上，税务部门与纳税人之间的责任和权利界定不清晰，导致制度限制从紧、流程设计烦琐、审批环节过多；在执行层面上，税务部门管得过多、统得过细，吸收社会力量参与管理服务力度不大，难以满足纳税人需求。

4. 税收管理专业化、信息化、国际化水平有待提高。主要体现在：一是税收专业化管理模式仍需完善。以大企业管理服务和纳税评估为主导的征管模式尚未形成，稽查专业化改革有待深入推进。二是数据管税机制有待健全，与广州建设“智慧城市”的要求存在差距。三是税收管理的国际化程度有待提高，与国际规则相衔接的涉外税收规程体系尚未建立健全。

5. 法治公平诚信的税收环境仍需进一步优化。主要体现在：一是税收秩序需要进一步规范。二是区域间税收管理服务水平不均衡。三是纳税信用体系建设待健全。目前纳税信用评定结果的共享度、利用率较低，包括纳税信用在内的社会征信体系建设整体推进力度还不够大。

二、定位与目标

地税部门要服务好广州新型城市化发展，就必须围绕广州新型城市化发展要求，确立在新时期新形势下的服务定位和发展目标，充分发挥税收的职能作用。

（一）服务定位

1. 税费收入是推进广州新型城市化发展所需财力的重要保障。财力是改善民生福祉、推进新型城市化发展的物质基础。因此，组织税费收入、提供财力保障既是税务部门的重要职能，也是税收服务新型城市化发展的首要职责。

2. 税收调节是推动转型升级和民生改善的重要手段。广州新型城市化发展明确了发展低碳经济、建设创新型智慧型城市、加快产业转型升级等战略部署，提出了健全社会保障体系、促进社会就业创业等民生工作重点。税收作为调控经济运行的重要杠杆之一，在服务转型升级和民生改善方面的作用重要、大有可为。

3. 税收公平是促进社会公平正义的重要内容。新型城市化发展要求“建立社会公平保障体系，促进人人平等获得发展机会，维护社会公平正义”。税收可以在减轻低收入群体负担、加强高收入群体税收征管、调节过高收入等方面发挥积极作用。

4. 税法遵从是优化市场秩序和营商环境的重要途径。新型城市化发展提出“要营造法治化国际化的市场环境”。地税部门服务新型城市化发展的一个重要着力点就是通过严厉打击涉税违法行为，促使纳税人遵从税法，同时通过遵从税法，依法治税，维护公平公正的税收秩序，促进营商环境更规范、更便利、更开放。

（二）发展目标

1. 有限税收。树立权利义务对等的理念，努力做到从全能型政府向建立政府引导、市场主体、社会参与的善治模式转变，做到征纳权责合理化、审批流程简约化、工作方式社会化。

2. 效能税收。按照发展低碳经济的理念，实现“两降两升”。“两降”就是税收行政成本降低和办税成本降低。“两升”就是税收管理绩效提升和通过税收杠杆助推低碳、节能环保产业发展，促进产业效能提升。

3. 和谐税收。树立民生为重的理念：一是要轻负担。通过落实税费优惠政策减轻纳税人缴费人税费负担。二是要保民生。社保费征收扩面有效推进，民生改善财力保障有力。三是要促公平。调节收入分配职能有效发挥，公平正义不断促进。四是增和谐。纳税服务优质高效，征纳关系和谐融洽，同时内部建设和谐稳定。

4. 诚信税收。树立征纳地位平等理念，优化“三个环境”：一是依法治税水平不断提升，税收法治环境良好。二是税务部门与政府部门、中介组织、行业协会、纳税人之间的关系融洽和谐，税收发展的生态环境良好。三是税收信用体系建设不断加强，税收信用环境良好。

5. 智慧税收。实现“三个智慧”：一是智慧引导，即智慧产业税收政策真正落实。二是智慧办税，即电子税务局建设加快推进。三是智慧管税，即涉税信息有效整合，纳税评估不断增强，数据管税能力大幅提升。

三、思路与对策

围绕服务的定位和目标，广州市局服务广州新型城市化发展的总体思路是：遵循以人为本的工作宗旨，按照“低碳、智慧、幸福”的城市发展理念，以专业化、集约化为发展导向，以转型升级、民生幸福为服务重点，以改革创新、破解难题为工作动力，充分发挥税收职能作用，促进税收工作转型，提升税收质量和效益，建立适合新型城市化发展的新型税收发展方式，实现地税事业发展和经济社会发展的相互协调促进。

（一）从注重速度规模向注重质量效益转变，建立以税收与经济相协调为核心的新型税收增长方式。一是坚持应收尽收、应惠尽惠，推动税收与经济相协调。坚持依法治税，应收尽收，同时坚决落实税收优惠政策，减轻纳税人负担，建立与经济发展相协调的税收增长机制。二是坚持税收改革驱动，推动总量与质量相适应。深化税收征管改革，加强重点税源专业化管理和风险管理，推进一般税源“管事制”改革，完善零散税源社会化管理；设立纳税评估局和大企业税收管理局；推进稽查专业化改革，提升税收管理质效。三是坚持发展有利地方财力增长的产业，推动税收与税源相促进。加快发展地方财力“含金量”高的现代服务业和商贸流通业，加快发展未来成长空间大的生物医药、软件网络、信息动漫、新材料等朝阳产业，加快发展集聚能力强、行业带动多的金融业和汽车制造业，为促进广州地方财力可持续稳定增长奠定经济基础。

（二）从被动执行政策向灵活运用政策转变，建立以转型升级为导向的新型税收调控杠杆。一是争取和落实服务“三个重大突破”发展的税收优惠政策。梳理落实扶持高新技术产业、现代服务业等专项税收优惠政策，向上争取服务战略性主导产业、战略性新兴产业发展壮大的税收优惠政策。二是争取和落实增加地方财力和促进低碳经济税种的先行先试政策。积极配合政府扩大在房产税、环境税等地方税种方面的立法自主空间，率先推动经济转型升级和低碳经济发展。三是争取和落实重点区域建设优惠政策。积极配合争取国家部委出台支持南沙新区发展的税收优惠政策。

（三）从全能税收管理向有限税收管理转变，建立以权责相适为基础的新型税收管理模式。根据“小政府、大社会”的理念和要求，做到“三个合理”：一是合理划分税务部门和纳税人职责。将不该由税务部门负责的涉税责任划归纳税人，税务部门根据法律规定着重加强税法宣传，回应纳税人涉税诉求，惩处恶意逃避缴纳税款行为等职能。二是合理改革涉税行政审批。取消不必要的涉税审批事项，将涉税审批权限尽量下放基层一线，推行“先办后审”“先批后查”，提高办税效率。三是合理向社会组织转移政府职能。加大吸收社会力量参与税收管理服务的力度，支持会计师和税务师行业大力发展涉税鉴证、纳税辅导等服务；适时推动成立全市纳税人协会。

（四）从专项打击管理向规范税收秩序转变，建立以公平正义为取向的新型税收法治格局。一是建立健全税收信用体系。完善纳税信用等级评价机制，完善纳税信用监管制度，加强与银行信用、行业诚信、企业质量信用等体系共享协作，推动社会诚信体系建设。二是提高税收执法水平。建立税收执法标准体系，加大执法过错责任追究力度，实施分行业稽查，建立打击涉税违法行为的长效工作机制。三是有效调节收入分配。加强高收入人群的税收调节力度，推进个人收入明细申报和财产登记、信息沟通等社会征信系统建设，为实施综合和分类相结合的个人所得税制度奠定基础；加强存量房交易税收征管，建立个人所得税完税证明管理的风险防控机制，防止利用虚假证明进行购房交易。

（五）从税务管理本位向税收服务本位转变，建立以幸福和谐为目标的新型税收服务体系。围绕“建设幸福广州”目标，重点服务好“三个幸福”：一是服务民生和谐幸福。做好关系民生的社保费、残疾人就业保障金等费金征收扩面；推动建立市政府统筹的社保费历史欠费清理专职机构，妥善解决历史欠费；落实就业创业税收优惠政策，促进社会充分就业。二是服务城乡和谐幸福。推行涉税事项“同城通办”，建立纳税服务质量综合考核指标体系，形成纳税服务“广州指数”；推广驻园服务站运作模式，对某些特殊区域和重点行业提供驻点或流动服务。三是服务征纳和谐幸福。全面建设新型办税服务厅，提升12366热线接通率和咨询质量，加强微博服务厅的管理维护，加大税收宣传辅导力度，推行安全纳税，帮助纳税人规避纳税风险。

（六）从传统征管建设向现代体系运用转变，建立以智慧税收为特征的新型税收保障机制。一是助力智慧城市产业布局。加强税收政策落实和运用研究，扶持电子商务、高新技术企业等智慧产业发展。二是建设电子地税局。加快建设网上办税服务厅，建立税收公民个人网页，推进网上办税、网上审批、网上公开、网上咨询、网上互动，推动税收管理无纸化。三是完善数据管税格局。拓展与其他政府部门、社会组织协作的广度和深度，强化涉税信息的共享采集、比对分析和评估利用，提高数据管税水平。

（七）从片面强调组织发展向注重组织个人双赢转变，建立以人本管理为主线的新型地税干部队伍。一是完善活力激发机制。深入推进绩效管理改革，加大竞争上岗选拔力度，扩大干部轮岗交流面，调动工作积极性；努力办好地税艺术团、《羊城税萃》等文化品牌，增强队伍凝聚力。二是强化素质提升机制。组织业务骨干赴国（境）外进行专题培训学习，打造一支熟悉国际税收业务的专业团队；开展大规模业务培训，定期开展岗位练兵，加强人才库建设，培养高层次人才和各领域领军人物。三是健全平安保障机制。围绕“廉洁广州”“平安广州”建设，深化内控机制建设，建设清正的地税队伍；严格落实中央关于改进工作作风、密切联系群众的中央八项规定，厉行勤俭节约，改进文风会风，打造清廉的地税机关；加强与纪委、检察、审计、媒体的沟通协作，营造清明的地税环境。

（课题调研组
组　长：揭　晔
副组长：孙　洪
成　员：龙志勇　陈杰辉　杨文涛
陈英聪　邹　敏　张　俊
王晓佳）

关于构建地方税体系提高地方财政自给能力的思考*

广州市地方税务局“构建地方税体系”联合课题组

内容摘要：1994年的分税制改革在规范中央与地方财税分配关系、完善地方财税体系方面取得了积极成效，但近年来也逐渐暴露出地方财政自给能力逐步下降等问题。本文立足广东省财税情况，分析地方财政自给能力不断下降的一个重要原因在于地方税体系的不完善。通过现行税制对地方财政自给能力影响的实证分析，得出应将改革所得税的分配体制作为构建地方税体系突破口的结论，进而提出构建以企业所得税为主体税种的地方税体系的总体设想，在主体架构上做好地方税体系的“加法”，

* 该调研报告分别得到广东省地税局局长王南健和广州市委副书记、市长陈建华批示，并在《中国税务报》《穗府调研》等媒体刊发。

在配套保障上做好地方财政支出的"减法",切实提高地方财政自给能力。

关键词:地方税体系　地方财政自给能力

1994年分税制改革以来,中国逐步建立起中央、省、市、区(县)、乡(镇)五级财政和对应的分税制。但随着经济社会形势的发展,完善分税制、构建地方税体系等一系列的财税改革设想被提上议事日程。党的十八大报告指出要加快改革财税体制,健全中央和地方财力与事权相匹配的体制,构建地方税体系,形成有利于结构优化、社会公平的税收制度。如何通过构建地方税体系,完善各税种在中央与地方之间的分配,改变地方政府财权与事权不够匹配的状况,确保地方财政的可持续增长,成为各级政府、社会和纳税人关注的热点,具有重要的研究意义。

本研究报告立足于广东省和广州市财税情况,通过分析当前地方税体系存在的问题和成因,从税收角度探究分析制约财政自给能力的因素和影响,提出完善地方税体系的相关建议,为推进财税体制改革、提高地方财政自给能力提供决策参考。本报告中的地方税以财权为内涵,以地方自主性税收收入为界定,研究范围包括与地方分成有关的增值税、企业所得税(中央企业①缴纳的企业所得税除外,下同)、个人所得税等共享税种和营业税、城市维护建设税、土地增值税等地方税种,地方税体系的研究范畴包括地方税制、分配体制、税权配置、征管机制等。

一、地方财政自给能力不足亟待构建地方税体系

20年来,分税制改革在规范中央与地方财政分配关系、调动地方政府积极性、完善地方财税体系等方面均取得了良好的成效。广东省地税部门1995—2012年累计组织税费收入40007亿元、年均增长22.1%(其中税收收入28382亿元、年均增长20%),其中2012年提供省公共财政预算收入3962.3亿元,占省公共财政预算收入比重达到63.6%。但近年来地方财政自给能力呈现逐步下降趋势,须引起高度重视。

(一)广东财政自给能力近年呈现逐步下降趋势

财政自给能力是指在不依赖高层级政府财政援助的情况下,各级政府独立地为本级支出筹措收入的能力。各级政府公共财政预算收入与其公共财政预算支出的比例,可以定义为财政自给能力系数,即财政自给能力系数=本级公共财政预算收入/本级公共财政预算支出。

从财政分权的角度看,财政自给能力系数是衡量地方财权与事权匹配程度最直观的指标,如果财政自给能力系数大于1,则表示财政可以自给;如果财政自给能力系数小于1,则表示财政不能完全自给。若地方财政收入增加,而支出规模保持不变,则地方财政自给能力将获得改善;而假如地方财政收入不变,但支出规模增加,则地方财政自给能力将出现下降。

由表1所见,从2007—2012年,广东省的财政自给能力系数从0.8817下降到0.8431。省内大部分市的财政自给能力系数不断递减,其中江门、韶关、佛山等市的财政自给能力系数降幅较大,显示地方财政自给能力逐步下降,地方支出倾向于依赖上级的各种补助。

表1　　2007—2012年广东省及各地市的财政自给能力系数

年份	2007	2008	2009	2010	2011	2012
广东省合计	0.8817	0.8761	0.8421	0.8332	0.8216	0.8431
广州市	0.8398	0.8717	0.8895	0.8929	0.8292	0.8217
深圳市	0.904	0.8994	0.8801	0.8742	0.8422	0.9102
珠海市	0.9156	0.8735	0.836	0.7483	0.7533	0.7663

① 包括铁路运输企业、国家邮政企业、中国工商银行股份有限公司、中国银行股份有限公司、中国建设银行股份有限公司、中国农业银行、国家开发银行、中国农业发展银行、中国进出口银行、中央汇金投资有限责任公司、中国建银投资有限责任公司以及海洋石油天然气企业。

续表

年份	2007	2008	2009	2010	2011	2012
汕头市	0.5829	0.5859	0.5892	0.5969	0.5643	0.5571
佛山市	0.9413	0.9325	0.954	0.8423	0.8792	0.8851
韶关市	0.5125	0.51	0.4595	0.477	0.4193	0.4153
河源市	0.2714	0.2786	0.2547	0.2654	0.285	0.28
梅州市	0.3187	0.3332	0.3164	0.3302	0.3163	0.3206
惠州市	0.7211	0.7344	0.7537	0.7077	0.7167	0.7329
汕尾市	0.3908	0.3926	0.3705	0.4642	0.4399	0.467
东莞市	0.9656	0.9586	0.9937	0.9586	0.8896	0.9241
中山市	0.9813	0.9892	0.9367	0.9556	0.9509	0.9376
江门市	0.8172	0.8065	0.7529	0.7842	0.7209	0.7178
阳江市	0.3635	0.3561	0.3559	0.4124	0.4312	0.419
湛江市	0.4059	0.4118	0.4271	0.4311	0.4284	0.422
茂名市	0.4525	0.4331	0.4244	0.4241	0.4087	0.4063
肇庆市	0.5337	0.5514	0.5229	0.6016	0.5874	0.5882
清远市	0.4502	0.4906	0.5001	0.5481	0.5344	0.505
潮州市	0.4024	0.4279	0.4119	0.4153	0.4295	0.4104
揭阳市	0.3365	0.3589	0.3759	0.4082	0.374	0.3793
云浮市	0.387	0.4023	0.3868	0.3398	0.3861	0.3864

数据来源：据广东省财政厅国库处数据整理。

（二）地方财政自给能力不足引发财政运行的诸多问题

由于地方财政自给能力相对低下，目前地方政府财政普遍存在着“土地财政”“负债财政”等问题。主要表现为：

1.“土地财政”现象比较严重。以广东省为例，1995—2012 年，全省土地出让收入总额从 48.95 亿元攀升到 1757.3 亿元，增长近 36 倍①。2012 年广州市房地产业贡献税收收入占地税收入总量 31.9%，成为仅次于制造业的市区级税收第二大来源行业，其周期性波动也给地方财政带来结构性风险，不利于地方经济和财力的平稳可持续发展。

2. 地方政府债务规模较大。截至 2010 年底，广东省三级地方政府性债务余额 7503 亿元，债务率为 64.2%。从偿债期限看，已进入还债高峰期，其中 2013 年到期应偿还 1467.6 亿元，2016 年及以后到期应偿还 3064.4 亿元；从地区分布看，广东省本级及珠三角地区 9 个城市政府性债务余额达到 6550 亿元，占广东省全部债务余额的 87% 以上。

3. 转移支付结构不合理。在全国的转移支付构成中，有指定用途的专项转移支付数额偏大，用于缩小地区差距的一般性转移支付数额偏小。以 2012 年为例，在 4 万亿元的中央转移支付中，专项转移支付为 1.9 万亿元，再加上一般性转移支付中有明确用途的 1.3 万亿元，近 80% 的转移支付是“定向的”（有规定用途）。如此的转移支付结构，一方面侵占了地方的预算自主权，造成地方财政无法因地制宜安排财政支出；另一方面，财政资金分配权过度集中于中央与省级政府，容易滋生各类权力寻租与腐败，造成“跑部钱进”“跑厅钱进”等不良现象。

① 数据来源：《广东国土资源年鉴》《广东统计年鉴》。

4. 非税收入①在财政收入中的比重较高。近年来,广东省非税收入占公共财政预算收入的比重越来越高。2012 年非税收入占公共财政预算收入 18.5%,比 2007 年高出 5.24 个百分点,也高于全国同期水平(14.2%)。非税收入具有不稳定性,难以成为地方财政收入的可靠来源,同时过高的非税收入会导致社会实际承担的隐性负担较大,影响地方经济的长期健康发展。

(三)当前地方税体系掣肘了地方财政自给能力的提升

地方财政自给能力的不断下降及由此产生的问题,其中一个深层次的原因在于地方税体系仍不完善,主要表现为:

1. 税收收入的地方分成比例偏低。根据 1994 年分税制方案,中央税包括消费税和关税,共享税包括增值税和所得税,地方税主要包括营业税、城镇土地使用税、房产税、土地增值税、车船税、印花税等。在中国税收总量中,共享税占比较大(2012 年占 49%),但共享税的地方分成比重却在逐步缩小。以企业所得税和个人所得税为例,2002 年之前按照企业隶属关系划分,2002 年开始实行中央和地方"五五分享",2003 年又调整为"六四分享",中央占大头。

2. 地方税的主体税种缺乏。据统计,在包括计划单列市在内的全国 37 个地区中,营业税占地方级收入比重高于 30% 的有 33 个地区,占比接近 90%。以广东省为例,2012 年营业税收入在广东省地税总量中占 33.4%,一直以来处于地方税的主体税种地位。随着"营改增"的全面推开,营业税在地方税中的主体税种地位将不复存在,地方税体系缺乏主体税种的问题更为明显,将使得地方政府更多依赖土地财政、负债财政以及非税收入来筹措财政资金,这些短期行为更加导致地方财政自给能力的不稳定性。

3. 地方政府事权与财权不平衡。实行分税制的一个重要目标就是实现中央和地方政府的事权与财权相匹配、相适应,但目前却存在"上级开单、下级买单"状况,事权不断下移,财权逐渐上收。据统计年鉴,地方财政支出占全国财政支出的比例从 1993 年的 71.7% 上升到 2012 年的 85.1%,提高 13.4 个百分点,但地方政府财政收入占全国财政收入的比重却从 1993 年的 78% 下降到 2012 年的 52.1%,下降了 25.9 个百分点,地方政府财权与事权之间的缺口不断扩大(见图 1)。以广东省为例,2012 年税收收入为 11123 亿元,上缴中央的税收达到 8120.4 亿元,占比高达 73%,留存地方的税收只有 27%。广东的经济规模和税收总量虽然多年位居全国第一,人均税收贡献量全国第六,但 2012 年全省人均财政支出只有 6974 元,仅列全国第 20 位。

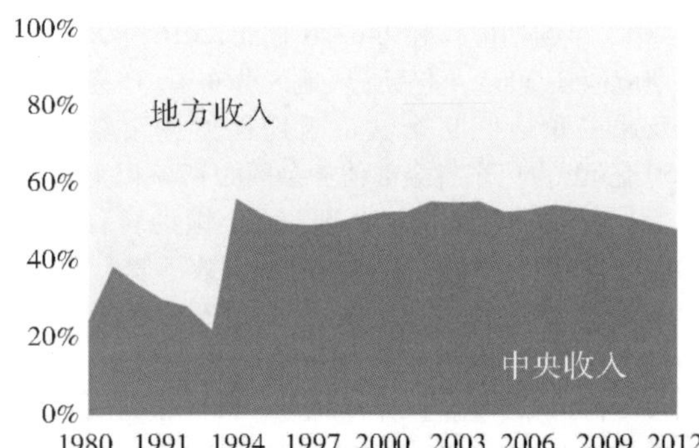

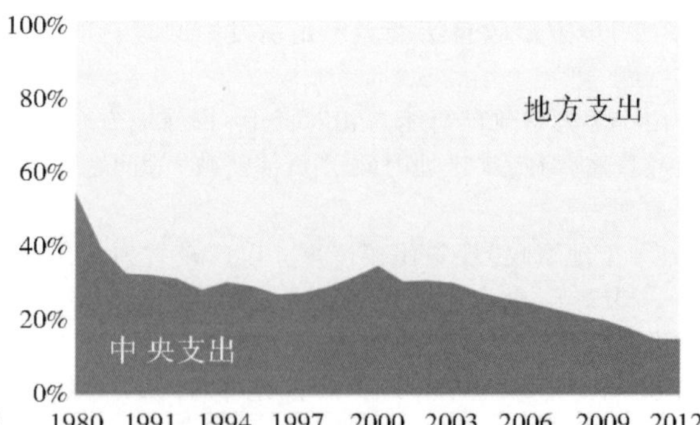

图 1　1993—2012 年中央和地方财政、支出收入对比图

数据来源:《中国统计年鉴》。

① 这里的非税收入是指财政预算内的非税收入,包括行政事业性收费收入、罚没收入、国有资源(资产)有偿使用收入、专项收入、其他收入。

4. 地方税的税权配置不够科学。目前,我国税权未能按照"一级政府、一级事权、一级财权"的要求进行设置,一直保持高度集权的税收立法权。由于全国各地经济社会发展水平不一,地理位置、资源禀赋、区位优势、产业结构、收入水平差异很大,全国税收政策特别是地方税政策"一刀切"的做法,令各地很难因地制宜作出决策,地方政府通过税收杠杆调节地方经济社会发展的可作为空间十分狭窄。

5. 地方税收的征管能力受到削弱。当前,国地税部门征管范围交叉的现象比较严重。以企业所得税为例,2002 年以前,国税部门负责中央企业以及外资企业的企业所得税征管,地税部门负责地方企业的企业所得税征管;从 2002 年开始,新开户企业基本划入国税部门征管;2009 年又重新调整,根据流转税主体税种划分国地税征管范围;2012 年实施"营改增"试点以后,试点企业应纳的营业税改征增值税,划入国税部门管理,"营改增"试点新开企业的企业所得税也被国税部门列入管辖范围,地税征管盘子大大缩小。此外,税务部门对"以票控税"的依赖性较强,"营改增"后纳税人不再使用地税发票,地税部门失去了"以票控税"这一行之有效的控管手段,征收管理的难度进一步加大。

二、影响地方财政自给能力的税制因素实证分析

为深入剖析当前税收体制对地方财政运行的影响,本报告从地方财政自给能力的角度,通过全国各省以及广东省各地市的面板数据分析,考察各税种收入对省以下地方财政自给能力的影响,为进一步的分析与建议提供依据。

(一)计量模型设定

地方财政自给能力衡量的是地方财权与事权的匹配程度,而影响地方财政自给能力的因素有很多,包括地区经济发展水平、税收收入、财政支出水平等。本报告尝试采取面板数据模型(panel data)对地方财政自给能力的影响因素进行深入分析①。本报告将从以下数据开展分析:(1)全国 31 个省 2007—2012 年财税数据,组成 31×6=186 个样本数据的面板数据模型,考察中央与地方税收分配关系对地方税体系的影响;(2)广东省下辖 21 个地市 2007—2012 年财税数据,组成 21×6=126 个样本数据的面板数据模型,考察现行分税制下各税种收入对地方财政自给能力的影响。以上两项均为典型的短面板模型,所有的自变量均取对数。

(二)计量结果分析

1. 从全国 31 个省省级合计数据来看,地方税体系缺乏主体税种,地方财政缺乏稳定的主要收入来源。

表中的 t 值反映各种收入与地方财政自给能力的正向(数值为正)或反向(数值为负)相关性;t 检验 P 值反映了各种收入对地方财政自给能力影响的显著性,数值小于 0.05 表明影响显著,数值大于 0.05 表明影响不显著。在省级合计数据的检验中,各项的 t 检验 P 值均大于 0.05,表明所有回归结果均不显著,即所有税种对地方财政自给能力均未有显著影响,进一步证实在现行中央与地方的分配关系下,特别是"营改增"后,地方税体系缺乏主体税种,地方财政未能获得具有决定性影响且长期稳定的财力支持。

表 2　　省级合计数固定效应回归结果

变量	t 值	t 检验 P 值
流转税收入	-0.53	0.599
所得税收入	-0.98	0.327
其他税收收入	0.93	0.355
非税收入	0.45	0.654

① 设定模型如下:ss=A+B1×ln(saletax)+B2×ln(incometax)+B3×ln(othertax)+B4×ln(GDP)+B5×ln(nontax)+B6×ln(population),其中 ss 为财政自给能力,saletax 为流转税收入,incometax 为所得税收入,othertax 为其他税收收入,GDP 为地区生产总值,nontax 为非税收入,population 为地区人口数。

2. 从广东省21个地市合计数据来看,改革所得税的分配体制是提高地方财政自给能力的重要突破口。

在地市合计数据的检验中,流转税、所得税和非税收入对地方财政自给能力均有显著影响。其中流转税、非税收入与地方财政自给能力呈正相关,而所得税收入与地方财政自给能力呈负相关,说明所得税的增长反而带来地方财政自给能力的降低。

表3　　市合计数据固定效应回归结果

变量	t值	t检验P值
流转税收入	2.7324	0.0078
所得税收入	-0.1467	0.0158
其他税收收入	-0.8145	0.4179
非税收入	1.9835	0.049

为进一步论证所得税与地方财政的关系,本报告将所得税与地方公共财政收入、地方公共财政支出做一个回归分析,相关系数分别为0.8568、0.9458,后者显然大于前者,显示所得税的增加带来地方政府事权(地方公共财政支出)比财权(地方公共财政收入)更快扩张,必然导致地方财政自给能力的下降。

按照当前所得税的中央与地方共享比例(中央60%、地方40%),所得税的增长大部分未进入地方财政,而其引起的事权扩张则基本上由地方支出,进一步加剧了地方政府财权与事权的不匹配性。因此,课题组认为改革所得税的分配体制是推动地方财权事权相匹配、提升地方财政自给能力的重要突破口。

3. 从各税种与GDP的相关性分析来看,选择所得税作为地方税主体税种更符合地方经济发展规律。为找准提高地方财政自给能力的路径,本报告以广州市(市本级收入)为例,对各税种收入与地方经济发展之间的关系作进一步的回归分析,结果如下:

表4　　广州市地方税各税种与广州GDP的相关性分析(1995—2012年)

市GDP		市GDP	
增值税	-0.237	房产税	0.994
营业税	-0.506	契税	0.976
企业所得税	0.973	城镇土地使用税	0.811
个人所得税	0.951	印花税	0.995
土地增值税	0.938	车船税	0.971
城市维护建设税	0.937	其他税收入	-0.573

从表4可见,流转税收入与地方GDP呈显著负相关,所得税、土地增值税、城市维护建设税、房产税等与地方GDP呈显著正相关,说明所得税等税种随着地方GDP增长而增长,与经济发展互为促进,形成良性循环。而目前流转税占市本级税收收入比重偏高(超过50%),所得税占比偏低(不超过15%)的现状则扭曲了地方经济结构,不利于地方经济的良性发展、产业结构的合理配置。

综上所述,随着“营改增”的推广实施,必须打破地方财政过于依赖流转税的局面,降低地方税收入的流转税比重,提高所得税比重,寻求新的主体税种作为财政收入的稳定支撑。结合计量结果,充分考虑各税种对地方GDP和地方财政自给能力的影响,应将流转税作为中央税的主体税种,将所得税作为地方税的主体税种,土地增值税、城市维护建设税、房产税、契税、城镇土地使用税、印花税、车船税等依然纳入地方税体系。

三、构建地方税体系以提升地方财政自给能力的建议

当前国内对构建地方税体系有多种观点,其中的争议集中在主体税种的选择上,主要存在三种观点:一是将房地产税作为地方主体税种,并将征收范围扩大到个人住房。二是将消费税作为地方主体税种,并扩大其征收范围。三是"营改增"后增值税在生产环节征收,在零售环节开征零售税并作为地方主体税种。课题组认为以上三种观点均有一定的局限性:第一种观点是基于国际上普遍征收房地产税。从国际经验来看,征收房地产税是必然趋势,但房地产税并不具备成为地方主体税种的条件。以美国为例,美国是三级政府体制,房地产税由地方政府征收并作为地方政府收入,但其收入占地方政府可支配收入的比例并不高。从国内情况看,房地产税收入规模偏小。以广东为例,2012 年度全省征收房产税 175.42 亿元,即使考虑将土地增值税、房产税和城镇土地使用税合并为房地产税,2012 年收入为 693.5 亿元,仅占全省地方税收收入① 总量的 14.1%,远低于同期的营业税占比(31.6%),而且上海和重庆对个人住房试点征收房产税的实践证明房地产税的开征并不能弥补"营改增"带来的地方收入缺口。十八届三中全会对房地产市场的调控着力点有可能放在建立确保房地产市场稳定发展的调控长效机制上,预计今后房地产税收难以有大幅度的增长,因此房地产税不具备成为地方主体税种的条件。第二种观点提出的扩大消费税征收范围将增加纳税人的税收负担,"营改增"是为了给纳税人减负,如果同时扩大消费税征收范围,在目前结构性减税的大环境下,不具有可行性。第三种观点是借鉴了美国州政府征收销售税的做法。美国销售税在销售环节对货物或劳务征收,但是州政府不得对来自其他州的货物征收销售税,为了解决对跨越州境购物或邮寄销售的交易课税问题,许多州又开征了使用税,目前美国国内对取消使用税的呼声不断。课题组认为目前商品消费(不动产除外)地域性的特征已不明显,从美国的实践可以看出,在流通领域征收的税种不符合地方税主体税种的地域性、受益性和稳定性原则,不适宜作为地方税的主体税种。

基于上述认识,课题组在对地方财政自给能力进行分析论证的基础上,提出构建地方税体系的总体思路及建议。

(一)在主体架构上,做好地方税体系的"加法"

构建地方税体系的总体思路应遵循事权与财力相统一、中央与地方财政利益相兼顾、收入归属与税收管理权相匹配、税负合理与规范征收相结合的原则,重新确立地方税的主体税种,优化调整其他地方税种设计,在条件成熟的情况下,适时开展清费立税,增加新的地方税种,并辅之以相应的税收权限配置。

1. 赋予地方相应的税收权限。首先,属于地方固定收入的税种,通过法律的形式确保其收入的归属。其次,应遵循"税收法定"的基本原则,确保地方税的法律渊源是全国人大或人大常委会制定的法律,并将地方税法律在地方适用的解释权授权给省级立法部门,由地方根据本地情况在法律框架下制定实施细则或进行法律解释。再次,对个别税种如车船税、城市维护建设税可以授权地方立法机关,根据经济发展情况立法开征或停征,还可以对地方特有的产业、行业、资源等开征相关税收,鼓励地方先行先试开设某些新税种等,发挥地方运用税收杠杆调控经济社会的积极性,但地方的税收立法应报全国人大或人大常委会备案后才能生效。

2. 确立企业所得税为地方税的主体税种。成为地方税主体税种一般应满足两个条件:一是税源充足且能够保持稳定;二是税基具有普遍性和地域性。根据现行税制对地方财政自给能力影响的实证分析结果,所得税的分配关系不利于地方财政自给能力的增强,应考虑将所得税划归地方以改善此现状。结合美国著名财政学家马斯格雷夫对中央税与地方税划分所提出的六项标准②,由于个人所得税是累进税率,具有调节社会收入分配的功能,从税制原理及其功能来看不适合作为地方税,课题组认为应该将企业所得税作为地方税主体税种。因中央企业缴纳的企业所得税一直作为中央收入,没有与地方分成,将其纳入地方税体系不具有可操作性,因此地方税体系中的企业所得税不包括中央企业缴纳的

① 地方税收收入包括共享税的地方分成部分和各地方税种收入。

② 马斯格雷夫提出的六项标准为:①用于调节社会收入分配的累进性税收应归中央管理;②作为经济稳定手段的税收归中央,带有周期性的税收归地方;③税源在地区间分布不规则的归中央;④生产要素多变的税源归中央,基本不变的税源归地方;⑤依附居住地的税收适合地方管理;⑥与利益或使用相关的税种,中央、地方均可管理。

企业所得税。选择企业所得税作为地方税主体税种，主要基于以下考虑：一是从税收理论层面来看，企业所得税税源充足且能够保持稳定，同时税基也具有普遍性和地域性，具备作为地方税主体税种的条件。二是从经济发展层面来看，企业所得税与地方 GDP 呈显著的正相关性，企业所得税作为地方税种可以有效解决地方财权与事权不匹配的问题，促进地方经济步入良性发展的轨道。三是从实际操作层面来看，目前三种地方税主体税种的观点都认为应新增税种或扩大征收范围，有可能会增加税负，推行难度较大。而以企业所得税作为地方主体税种则只是税收收入归属的调整，并未增加纳税人的税收负担，容易推行。四是从地税部门企业所得税管理面临的困局层面来看，目前企业所得税作为共享税，容易存在国地税征管职责交叉、多头管理等问题，而且“营改增”后地税部门在企业所得税管理上将没有增量且存量净减，企业所得税税源日益萎缩。如果企业所得税全部归由地税部门征管，可以更好地发挥地方政府调动地方各部门信息资源的优势，加强信息共享，减少征管成本；可以实现国税、地税部门征管力量与收入规模的匹配基本均衡，征管职责和分工明确、互不交叉，减少征纳成本和征纳矛盾。五是从弥补“营改增”收入缺口层面来看，企业所得税税基基本稳定，可为地方带来稳定的收入来源，弥补“营改增”后地方财政收入上的损失。因此，课题组认为，建立地方税体系应以企业所得税作为主体税种。

3. 整合优化其他地方税种设计。主要有：(1)整合房地产相关税种。对房地产市场的税收“重保有轻流转”是目前国际通行的做法，而中国的房地产市场税收则是“重流转轻保有”，这也是导致目前房地产市场需求过旺、房价过高的原因之一。建议将现有的城镇土地使用税、土地增值税与房产税合并为房地产税，在房地产保有环节征收，以房屋的评估价格作为计税依据，并恢复对居民住宅的房产征税。(2)调整其他税种。在总体不增加税负的原则下，应加快改革其他的地方税种。建议考虑：第一，将车辆购置税与车船税合并。车辆购置税是行为税，符合地方税种的特征，应作为地方税种。车船税是财产税，与车辆购置税属性不同。但为了减少税收征管成本，提高征收效率，可考虑将车辆购置税与车船税合并，在保有环节征收。第二，将城市维护建设税改为独立征收的税种，将堤围防护费并入该税，计税依据为销售额或营业额，税率可设为3‰～5‰或更低。第三，扩大资源税征税范围，实行从价计征。第四，将银行总行、保险总公司征收流转税附征的城市维护建设税收入调整为归属地方。第五，将对储蓄利息征收的个人所得税收入调整为地方税收收入。

4. 开展费改税改革。对于征收具有强制性、合理且有稳定收入来源的行政性收费项目，可考虑调整为税收。具体可考虑开征以下税种：第一，将社会保险费改为社会保障税，这不仅有利于征收的普遍性和强制性，而且有利于全国统筹和劳动力自由流动。虽然国际上一般把社会保障税作为中央税，但考虑到中国发达地区、欠发达地区的区域性差异较大的情况，作为中央税实施全国统一征收、统一发放不尽现实，建议先将其作为地方税种，可授权省一级人大根据地方实际情况，立法规定相应的税率。第二，在条件成熟的情况下，将环保费改征环境保护税。第三，征收文化教育税。教育费附加和地方教育附加性质相同，应合并征收。同时，文化事业建设费也具有相近的性质，可考虑与教育费附加和地方教育附加合并为文化教育税，作为地方税种。

5. 地方税体系对地方财政自给能力的影响评估。按照调整后的地方税体系，在不考虑费改税的情况下，地方税包括企业所得税、房地产税、城市维护建设税、车船税、资源税、印花税、契税、耕地占用税共 8 个税种。如果加上费改税的社会保障税、环境保护税、文化教育税，地方税共有 11 个税种(见表5)。课题组以广东省 2012 年的收入数据进行测算，分析调整后 11 个地方税种对地方税收及地方财政自给能力的影响。(1)企业所得税对地方税收的贡献居于首位。调整前企业所得税的地方分成为919.09 亿元，占地方税(费)收入[①]比例为 13.37%；调整后企业所得税收入为 2297.74 亿元，占地方税收入的比重提高到 30.8%。(2)地方税种收入增加。剔除共享税的地方分成部分，地方独享的地方税(费)种调整前取得收入为 5212.53 亿元，调整后取得的收入为 6152.02 亿元，增加了 939.49 亿元。(3)共享税的地方分成减少。调整前地方依靠共享税的地方分成取得的可支配收入为 1837.39 亿元，

① 税(费)收入口径为地税部门组织的地方税收入+有费改税可行性的公共预算规费收入(教育费附加和堤围防护费)+有费改税可行性的政府性基金收入(环保费、社保费、地方教育附加和文化事业建设费)。

调整后地方从共享税的地方分成取得的可支配收入为 1307.5 亿元，地方税收分成减少 529.89 亿元。(4)地方财政自给能力提高。2012 年度广东公共预算收入为 6229.18 亿元，公共预算支出为 7387.86 亿元，调整前地方财政自给能力系数为 0.8431。调整后公共预算收入中增加的增值税分享收入(389.21 亿元)、企业所得税收入(1378.64 亿元)、车辆购置税收入(198.58 亿元)，减去减少的营业税收入(1556.83 亿元)，共净增加收入 409.6 亿元，达到 6638.78 亿元。在公共预算支出不变的前提下，调整后的地方财政自给能力系数为 0.8986(6638.78/7387.86)，提高了 0.0555，即提高 5.55 个百分点。

表 5　**调整前后广东地方税费收入测算(地方分享部分)**　单位：万元

调整前

类别	税(费)种	分成比例(%)	实际收入
共享税	1. 增值税	25	5955827
	2. 企业所得税	40	9190945
	3. 个人所得税	40	3227137
	小计	—	18373909
地方税(费)	1. 营业税	100	15568290
	2. 土地增值税	100	4080077
	3. 房产税	100	1754183
	4. 城镇土地使用税	100	1100688
	5. 城市维护建设税	100	3568285
	6. 资源税	100	313586
	7. 车船税	100	413625
	8. 印花税	100	767863
	9. 契税	100	2715408
	10. 耕地占用税	100	672088
	小计	—	30954093
	1. 环保费	100	104500
	2. 社保费	100	17324166
	3. 教育费附加、地方教育附加和文化事业建设费	100	2746940
	4. 堤围防护费	100	995647
	小计	—	21171253
	合计	—	70499255

调整后

类别	调整后	分成比例(%)	测算收入
共享税	1. 增值税(合并营业税)	25	9847900
	2. 个人所得税	40	3227137
	小计	—	13075037
地方税	1. 企业所得税	100	22977363
	2. 房地产税	100	6934948
	3. 城市维护建设税(合并堤围防护费)	100	4563932
	4. 资源税	100	313586
	5. 车船税(车辆购置税、车船税合并)	100	2399393
	6. 印花税	100	767863
	7. 契税	100	2715408
	8. 耕地占用税	100	672088
	9. 环境保护税(环保费)	100	104500
	10. 社会保障税(社保费)	100	17324166
	11. 文化教育税(教育费附加、地方教育附加和文化事业建设费合并)	100	2746940
	小计	—	61520187
	合计	—	74595223

说明：土地增值税、房产税和城镇土地使用税合并为房地产税后，暂估计其总收入保持不变。

综上分析,调整后的地方税体系使得地方税收入比调整前有了较为明显的增长,能为地方财政提供坚实的保障基础,提升了地方财政自给能力,地方对税收分成的依赖度也逐步降低,而且调整变动的幅度和范围兼顾了中央和地方利益,具有较强的实践意义和可操作性。

(二)在配套改革上,做好地方政府支出的“减法”

提高地方财政自给能力,既要在财政收入这个分子上做加法,还要在财政支出这个分母上做减法。建议如下:

1. 重新划分中央与地方事权分配,减少地方财政支出。许多明显具有中央政府职能特色的支出如失业保险、社会保险和公共安全等都被分配到省以下政府,导致近30年来地方政府财政支出比重一直呈上升态势。依据世界银行提出从财政支出的规模效应、溢出效应、政策一致性、居民选择自主权、经济效率等多方面考虑财政支出的责任划分方法(见表6),建议国防外交、生态环境、食品安全、司法、科教文卫、社会保障等基础性、外溢性较强和跨省界、跨地域的公共服务开支由中央集中开支,地方政府则专注于与本地居民福利息息相关的日常事务,真正做到为地方政府支出“减负”。

表6　财政支出责任分配评价标准及对应结果

项　目	支出责任分配的评价标准					
	规模经济	溢出效应	政策一致性	居民选择自主性	经济效率	综合考量
消防	L	L	L	L	M	L
民警和公共秩序	L	L	L	L	M	L
垃圾回收处理	L	L	L	L	M	L
园林绿化	L	L	L	L	M	L
道路养护	L	L	L	L	M	L
地区交通服务	M	L	L	L	M	L
地区文化服务	L	L	L	L	M	L
教育	L	M	M	L	M	M
公共交通	M	M	L,M	M	M	M
水资源治理	M	M	L,M	M	M	M
资源综合治理	M	M	M	M	M	M
医疗卫生	M	M	M	M	M	M
电力供应	M	M	M	M	M	M
污染治理	M	M	M	M	M	M
国家安全和特警部队	M	M	M	M	M	M
国家级保护公园	M	M	L,M	M	M	M
国家计划	M	M	L,M	M	M	M

说明:L指地方政府,M指中央政府。

2. 精简政府行政机构，减少财政级次。建立与完善地方税体系，必须以建立小政府、大社会为前提。在中国目前的五级财政下，所谓的“一级财权、一级税权”到了区县以下可操作性不强。建议撤销乡镇级财政级次，改为派出机构，压缩行政人员，提高政府的运作效率以及财政执行效率。

3. 清理相关费金，减少预算外收支。当前中国预算内外、各种名目的收费太多，其中不少项目缺乏法律规定，还有相当部分属于预算外的费金（如土地出让金）。广东省级财政 2013 年上半年，仅土地出让金一项收入就相当于公共财政预算收入的 33%（详见图 2）。建议加快清理预算外收支，增强政府财政运行的法制刚性。

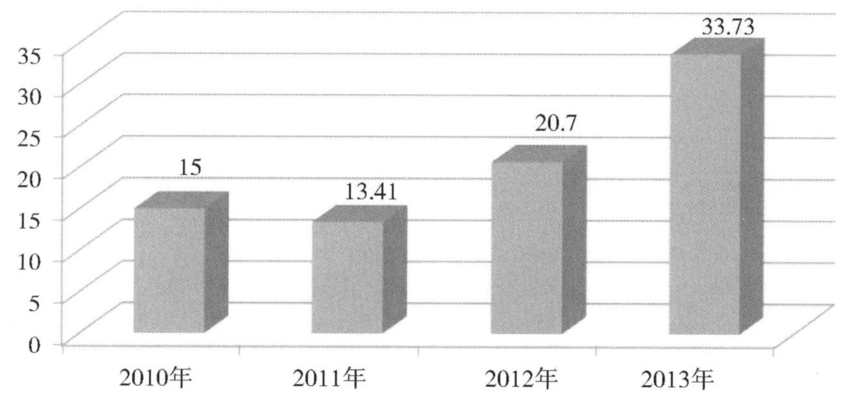

图 2　2010—2013 年上半年广东省土地出让金收入相当于一般预算财政收入的比重（%）

数据来源：《广东省 2010 年预算执行情况和 2011 年预算草案表》《广东省 2011 年预算执行情况和 2012 年预算草案表》《广东省 2012 年预算执行情况和 2013 年预算草案表》、新浪财经。

（课题组
成员单位：中山大学　暨南大学
广东财经大学　广州市社会科学院
广州市地方税务局
成　　员：杨卫华　杨小强　沈肇章　陆超云
于海峰　尹　涛　揭　晔　孙　洪
谢红鹰　唐铁建　陈杰辉　白春娟
张　镭　孙　戈　杨文涛　麦少玲
于笑坤　陈英聪　邹　敏　蔡小佳）

第十篇

附　录

2013年广东省地方税务系统获各荣誉奖项一览表

<table>
<tr><th colspan="2">荣誉称号(名称)</th><th>授奖部门</th><th>获奖单位(个人)</th></tr>
<tr><td rowspan="10">全国</td><td>巾帼文明岗</td><td>全国妇联</td><td>揭阳市空港经济区地税局渔湖税务分局办税服务厅</td></tr>
<tr><td>五一巾帼标兵岗</td><td>中华全国总工会</td><td>肇庆市端州区地税局办税服务厅</td></tr>
<tr><td>模范职工之家</td><td>中华全国总工会</td><td>普宁市地税局</td></tr>
<tr><td>模范职工小家</td><td>中华全国总工会</td><td>阳江市江城区地方税务局工会　德庆县地税局城区分局</td></tr>
<tr><td>职工教育培训示范点</td><td>中华全国总工会</td><td>陆丰市地税局</td></tr>
<tr><td>2009—2012年度全国群众体育先进单位</td><td>国家体育总局</td><td>汕头市地税局</td></tr>
<tr><td>法制动漫大赛动漫作品类优秀奖与优秀组织奖</td><td>司法部
全国普法办公室</td><td>清远市地税局</td></tr>
<tr><td>五一劳动奖章</td><td>中华全国总工会</td><td>罗镜文(清远市局)　赖德中(信宜市局)</td></tr>
<tr><td>优秀工会工作者</td><td>中华全国总工会</td><td>谢荣华(端州区局)</td></tr>
<tr><td>2011—2012年度全国青年文明号</td><td>国家税务总局
共青团中央</td><td>广州开发区地税局西区分局　佛山市禅城区地税局张槎分局　清新县地税局浸潭分局</td></tr>
<tr><td rowspan="4">全国税务系统</td><td>先进集体</td><td>国家税务总局</td><td>广东省地税局直属分局　广州市越秀区地税局
潮州市地税局枫溪分局　佛山市地税局</td></tr>
<tr><td>先进工作者</td><td>国家税务总局</td><td>蔡俊波(乳源县地税局)
张苑芳(女,梅州市梅江区地税局)
易跻丽(女,清新县地税局城区分局)
曾小虎(和平县地税局)
郭泽玲(女,广州市白云区地税局)
秦九凤(女,肇庆市地税局)
胡　玲(女,深圳市罗湖区地税局)</td></tr>
<tr><td>2012年度打击发票违法犯罪活动工作成绩突出</td><td>国家税务总局</td><td>单位:广州市地税局　惠州市地税局稽查局
深圳市地税局稽查局
个人:李建平(湛江市地税局稽查局)
刘华峰(佛山市地税局稽查局)
欧　海(深圳市地税局第一稽查局)</td></tr>
<tr><td>2012年度《中国税务年鉴》发行工作先进</td><td>中国税务出版社</td><td>单位:广东省地税局
个人:詹锦松(省局)</td></tr>
</table>

续表

	荣誉称号(名称)	授奖部门	获奖单位(个人)
广东省	建设节约集约用地试点示范省先进个人	国土资源部 广东省人民政府	蒙全忠(省局)　卢红秋(省局)
	省直单位首届工作技能大赛优秀组织奖	中共广东省直属机关工作委员会、广东省总工会、共青团广东省委员会、广东省妇女联合会	广东省地税局
	省直单位首届服务技能(公文写作、应急管理类)大赛"二等奖"	中共广东省直属机关工作委员会、广东省总工会、共青团广东省委员会、广东省妇女联合会	李　峰(省局)
	五四红旗团支部标兵	共青团广东省委员会	珠海横琴新区地方税务局团支部
	2012—2013 年度广东省百佳团支部书记	共青团广东省委员会	张云霞(茂南区局)　罗琼花(怀集县局)
	2012—2013 年度广东省优秀团干部	共青团广东省委员会	费靖洪(阳江市局)
	省直属机关青年文明号	共青团广东省委员会	省局信息中心安全及设备网络科
	2011—2013 年度广东省直属机关精神文明建设先进	省直属机关工作委员会	单位:省局信息中心 工作者:李新忠(省局直属分局)
	三八红旗手	广东省妇联	梁　娟(怀集县局)
	"规划到户、责任到人"工作优秀	省委办公厅、省人民政府办公厅	单位:汕头市地税局　汕尾市地税局　海丰县地税局　茂名市地税局　揭阳市地税局　普宁市地税局　云浮市地税局 驻村干部:卢丽红(汕尾)　陈相平(揭阳)　张丁盛(惠来)　邓水强(云浮)
	巾帼文明岗	广东省妇联	广州荔湾区地税局计划征收科　广州海珠区地税局　广州南沙开发区地税局第三税务分局计划征收科　增城市荔城分局办税服务厅　惠阳区地税局淡水税务分局办税服务厅　阳江市江城区局岗列税务分局办税服务厅　茂南区地税局驻区行政服务中心窗口　电白县地税局
	工人先锋号	广东省总工会	陆河县地税局办税服务厅　茂名市地税局机关党委办公室　肇庆端州区地税局重点税源股　珠海横琴新区地税局办税服务厅

续表

荣誉称号(名称)		授奖部门	获奖单位(个人)
广东省地税系统	个人三等功	广东省地税局	省局:朱　毅　朱晓菁　周爱民　谢森承　李殿相 陈小东　吴晨曦　赖旭东　李新忠　何　刚 曹梅松　曹令飞　刘通天　倪文俊　陈壮练 周　昊　梁婷婷 市局:赵　平(珠海)　罗增庆(横琴)　王中高(韶关) 莫灿洪(东莞)　林兆华(湛江)　龚学泉(茂名) 梁友平(肇庆)　郑杰鹏(潮州)
	个人嘉奖	广东省地税局	省局:冯绍伍　蔡光华　周　斌　杨　珉　李漫天 李祖光　宁　波　苏动宇　何　凡　黄　荣 朱国强　陈汉钗　茹岱芸　黄桂祥　姚　波 王海仁　李　坚　曾婉华　侯邦安　付海涛 华　关　魏少波　宋相当　胡京红　胡泽民 陈　洋　杨若婷　谢沁华　何　亮　胡东胜 王力元　刘　剑　曾思敏　张世盛　周秋波 林怡姣　周家平　吴　梁　黄永桂　王世荣 王　芳　黄可欢　卓鹏程　朱志标　刘　伟 市局:林如山(广州)　孙　洪(广州)　林达生(汕头) 陈德元(汕头)　陆耀炳(佛山)　林少雄(佛山) 严贵杨(河源)　张世光(梅州)　钟毅民(惠州) 陈少龙(惠州)　姚小健(汕尾)　孙彦浩(汕尾) 吴锡昌(东莞)　区艳钊(中山)　刘　建(中山) 王　毅(江门)　关子超(江门)　林永锋(阳江) 蒋安平(阳江)　陈　伟(云浮)　潘致远(茂名) 罗镜文(清远)　罗木海(揭阳)　张振宇(潮州) 李　铸(云浮)

2013年广东省地方税务系统获省(部)级以上荣誉奖项

获奖单位

巾帼文明岗

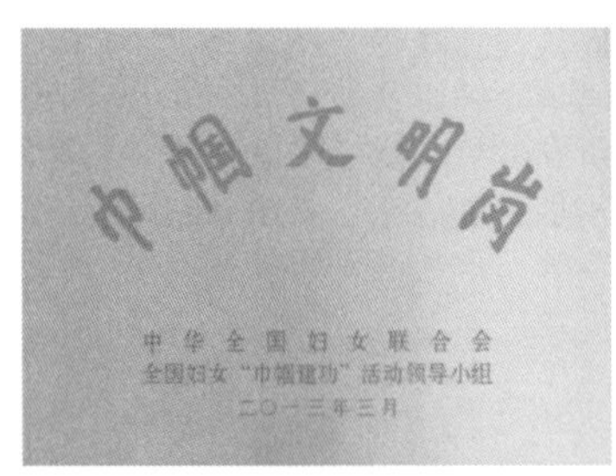

2013年3月,揭阳市空港经济区地税局渔湖税务分局办税服务厅被中华全国妇女联合会评为"巾帼文明岗"。近年来,办税服务厅坚持以纳税人需求为导向,以优化纳税服务、提升工作质效为出发点,不断提升窗口形象,得到各级党政和社会各界的一致好评。突出事迹:一是落实四项制度,提升纳税服务水平。落实首问负责制,对纳税人咨询的内容耐心回答,负责到底;落实一次性告知制,能够一次办完的事,绝不让纳税人二次办事;落实服务承诺制,能办理的事立即办妥,当天能办的事当天办妥,因特殊情况无法当天办妥的向纳税人认真解释,使纳税人满意而归;落实服务预约制,把相关业务人员的姓名、联系电话等资料印制成预约卡,发至每个纳税人手中,方便纳税人提前预约办税时间,急事急办,特事特办,做到办税大厅"绿灯"常开(节假办税不放假,休息时间办税不休息)。二是狠抓规范建设,打造良好办税环境。对办税服务厅进行全面改造,划分申报征收、自助服务和休息3个功能区,并安置叫号机、评价系统、网上自助计算机、饮水机、休息座椅、宣传栏等设备设施,进一步优化办税功能、美化办税环境,受到纳税人的好评与肯定。三是推进服务创新,提高纳税人满意度。推行社保费扣缴短信提醒服务和门前开票"免填单"服务,推进网上申报、自助办税服务,极大地方便了纳税人,为纳税人减负。四是坚持以人为本,提高队伍综合素质。定期组织开展思想作风、党风廉政等专题学习,增强干部职工的执法意识、廉政意识、勤政意识,弘扬爱岗敬业、全心全意为纳税人服务的精神,促使干部职工树立正确的世界观、人生观、价值观。深入开展岗位大练兵活动,实行"每周一课"制度,鼓励干部职工参加学历教育,队伍综合素质得到全面提高。(吴秋鸿)

全国五一巾帼标兵岗

2013年3月,肇庆市端州区地税局办税服务厅被中华全国总工会评为"全国五一巾帼标兵岗"。服务厅现有工作人员74人,其中女税干部60人,占总人数的81.08%,平均年龄不到33岁;是一支素质高且充满朝气、富有干劲的巾帼队伍,担负着肇庆城区17000多户地方税纳税人的税款及60000多户社保户的社保费征收工作。办税服务厅的女税干部以科学发展观为指导,在平凡的工作岗位上,践行"执法为民、聚财为国"宗旨,用优质的服务、过硬的本领、真诚的奉献,赢得广大纳税人的理解、支持和广泛赞誉,获得了国家税务总局授予的"全国税务系统先进集体"等荣誉称号。(何秋兰)

模范职工之家

2013 年 8 月，普宁市地税局工会被中华全国总工会授予“模范职工之家”荣誉称号。工会成立于 2008 年 5 月，现有会员 255 人。近年来，工会紧紧围绕税收中心工作，充分履行工会职能，成为全局干部职工心中的有为之家、温暖之家、民主之家、文明之家，有力地推进了普宁地税工作健康协调发展。一是抓管理重质效，创建“有为之家”。充分发挥工会桥梁纽带作用，团结动员广大干部职工弘扬艰苦奋斗精神，立足本职岗位建功立业，推动全市地税事业科学发展。二是抓干群连心桥，创建“温暖之家”。坚持以人为本，积极搭建干群“连心桥”，认真倾听职工呼声，积极反映职工意愿，提出建议和主张，努力为职工办实事、做好事、解难题；主动关心职工的工作生活，每年定期组织职工进行健康检查，成立救急扶助金，及时向困难职工、退休老职工送上问候和温暖，做职工的贴心人，让职工感受到组织的关切。加强地税文化创建，多方筹集资金，建设职工活动中心、书画室和阅览室，组织举办国画、书法、文学创作、乒乓球比赛、拔河等一系列丰富多彩的文体活动，丰富干部职工文化生活。三是抓法治促发展，创建“民主之家”。扎实推进依法行政，认真落实民主集中制原则，坚持机关内部事务民主管理、财务公开制度，严格执行职工民主权力、职工福利的有关规定，规范工作秩序，创新工作机制，推动整体工作的高效运转。拓宽信息公开渠道，保障全局干部职工知情权、参与权、监督权，调动广大干部职工工作积极性。落实民主评议机制，鼓励干部职工发挥主人翁精神，踊跃建言献策，有效促进队伍勤政廉政和依法行政。四是抓作风优服务，创建“文明之家”。（吴秋鸿）

全国模范职工小家

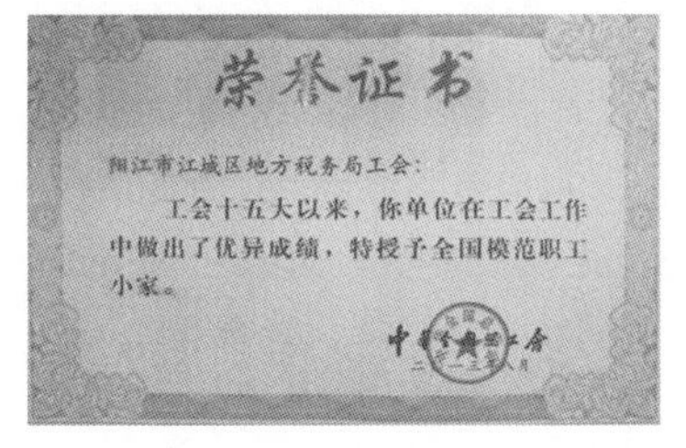
荣誉证书

阳江市江城区地方税务局工会：

工会十五大以来，你单位在工会工作中做出了优异成绩，特授予全国模范职工小家。

中华全国总工会

2013 年 8 月，阳江市江城区地方税务局工会被中华全国总工会授予“全国模范职工小家”称号。工会成立于 1994 年，有会员 130 人，以“讲政治，顾大局，重服务，做贡献”为指导思想，建章立制为干部职工排忧解难，营造氛围服务组织收入中心工作，较好地发挥了工会的组织职能。设立救急济难互助金，给患病困难干职送去温暖，共通过募捐、发放困难补助、发放救急济难互助金等方式，支持受困员工 38 万元。组织开展争创“文明单位”“文明服务标兵”“党员模范岗”“三八红旗手”及“我为地税添光彩”等活动，提高税收服务水平上台阶。搭建干群“连心桥”，组织各种业余兴趣小组，开展喜闻乐见的文化活动。工会已获得全国巾帼文明岗、全国五一巾帼标兵岗、广东省模范职工小家、广东省三八红旗集体、南粤女职工文明岗等荣誉称号。（黄自如）

全国模范职工小家

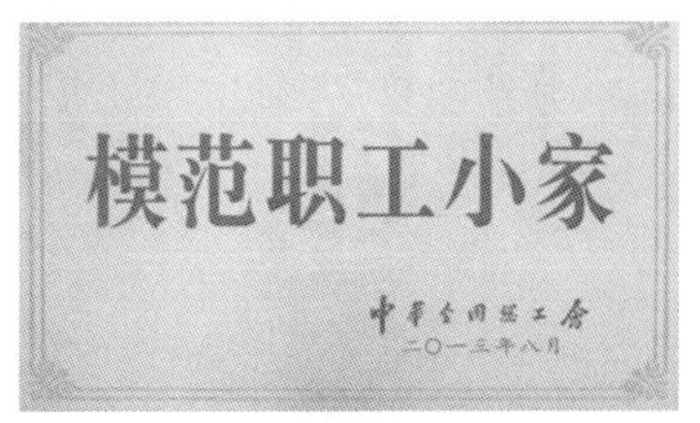

2013 年 8 月，德庆县地税局城区分局工会被中华全国总工会授予“全国模范职工小家”称号。分局负责德庆县德城街道、新圩、回龙镇范围内地方税纳税人税务登记以及应纳地方税、费的征收管理工作，现有干部职工 26 人。工会建立至今，干部职工入会率 100%，拥有一支占会员总数 25% 以上的工会积极分子队伍，在各项活动中发挥着骨干作用。分局办税大厅曾被广东省总工会授予“南粤女职工文明岗”称号、省妇联授予“巾帼文明岗”荣誉称号，城区分局办税服务厅被广东省地税局和肇庆市地税局评为一级办税服务厅，获得德庆县政府授予的“文明窗口”称号、政风行风满意单位等多项殊荣。（吴怡锟）

全国职工教育培训示范点

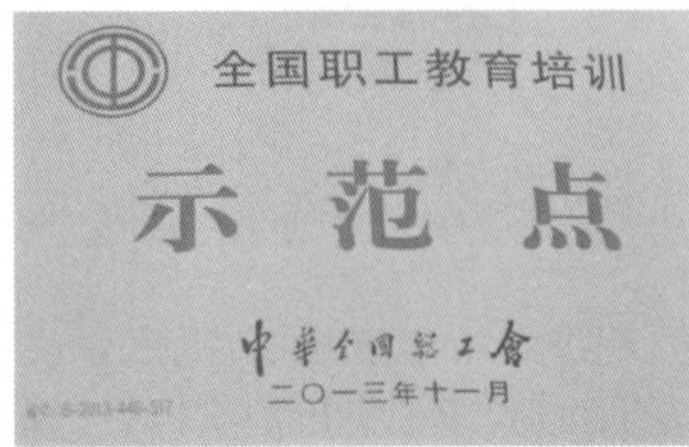

2013 年 12 月，陆丰市地税局被中华全国总工会授予“全国职工教育培训示范点”称号。其读书室于 2011 年获得“全国职工书屋”称号。一是加大培训力度。开展岗位练兵，积极组织各项教育培训活动，多方筹措经费，在全系统建设读书室、阅览室，提供良好学习环境。二是加强文化建设。组织登山、演讲等一系列文体活动，丰富干部职工的文化生活，增强队伍凝聚力、向心力。三是加深人文关怀。坚持以人为本，从了解关心干部职工的学习、思想和家庭情况等方面入手，开展特困户慰问等活动，把组织关怀送到干部职工心里，增强干部职工的归属感。四是加强税法宣传。创办纳税人学校，举办纳税人培训班，把教育培训的触角延伸到纳税人，提高纳税遵从度。（吴维浩）

2009—2012 年度全国群众体育先进单位

2013 年 8 月，汕头市地税局被国家体育总局评为“2009—2012 年度全国群众体育先进单位”。近年来，汕头市地税局文化建设特别是群众体育活动踊跃开展，为增进集体凝聚力，建设和谐地税提供了强大精神动力和文化支撑。一是积极搭建地税群体活动平台。注重对体育健身设施的投入，区县局都设置了文体活动中心，配置了室内及室外器械等全民健身设施，与市体育局合作结成群众体育共建单位，争取体育局下属群体设施向地税干部职工免费开放。二是广泛组建各类体育兴趣小组。在全市地税系统组建包括篮球、乒乓球、羽毛球以及瑜伽、游泳等体育兴趣小组，形成了人人参与群众体育活动的良好氛围。三是利用文体活动增进征纳交流互动。经常举办如“乒乓球友谊赛”“拔河角逐赛”等丰富多彩的税企联谊文体活动，税企之间在赛场上交流互动，从而加深了感情，为地税工作顺利开展营造良好环境。此外，还踊跃参加各级举办的体育运动比赛活动并屡创佳绩，树立了地税良好形象。（杨　坚）

税务系统全国青年文明号

2013 年 3 月，广州开发区地方税务局西区税务分局被国家税务总局、共青团中央授予“税务系统 2011—2012 年度全国青年文明号”荣誉称号。分局主要负责广州开发区西区及广州保税区共 17 平方公里地域超过 5000 户企业的地方税收及社保费的征管工作。现有干部职工 49 人，平均年龄 32 岁，35 岁以下青年 34 人，占总人数的 69%。近年来，先后被授予“广州市青年文明号”“广州市青年文明号标兵”“广东省巾帼文明岗”“广东省青年文明号”等称号；2011 年 6 月荣获 2009—2010 年度税务系统“全国青年文明号”称号。（缪晓苏）

税务系统全国青年文明号

2013 年 3 月，佛山市禅城区地税局张槎分局被国家税务总局、共青团中央授予“税务系统 2011—2012 年度全国青年文明号”荣誉称号。分局主要负责张槎街道范围内地方税收和社保费的日常征管、检查工作，现有工作人员 44 名，其中干部职工 30 名、协税员 14 名，平均年龄 37 岁；管辖企业约 1.5 万户。一直以来，张槎分局紧紧围绕税收中心工作，坚持以佛山地税核心价值观为指导，以“塑地税文化先锋、展文明和谐风采”为目标，深入开展创先争优工作，将“青年文明号”创建工作与征收管理、文化建设、思想建设等有机融合，通过强组织、促学习、优服务、抓绩效，起到内强素质、外树形象的积极作用。（邱撼栋）

税务系统全国青年文明号

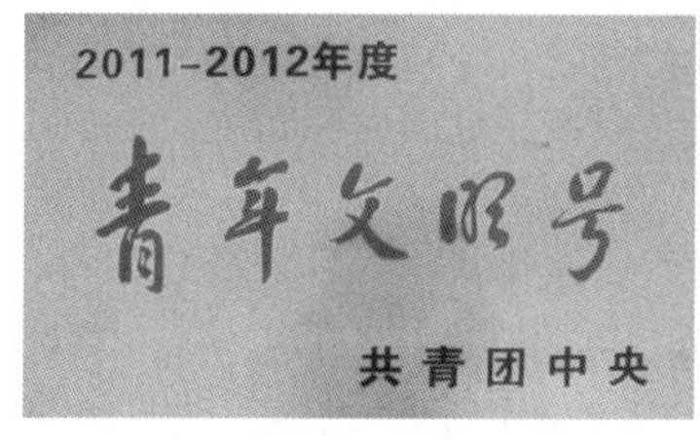

2013 年 3 月，清新县地税局浸潭分局被国家税务总局、共青团中央授予“税务系统 2011—2012 年度全国青年文明号”荣誉称号。浸潭分局于 2003 年 4 月挂牌成立，现有干部职工 7 人，协税员 5 人，是一支朝气蓬勃、团结互助、奋发向上的团队。一直以来，分局坚持以组织收入为中心，大力推动专业化税源管理新模式的落实，提高税收征管质量和效率，优化办税服务，有力地推动税费收入的快速增长，分局税费收入由 2008 年的 2100 万元，增长到 2012 年的 8200 万元。同时，大力推进作风和党廉建设，打造服务型的税收执法队伍；加大基层文化建设力度，提升队伍综合素质；坚持抓好精神文明建设，树立地税部门良好形象。（邓颖瑜）

税务系统先进集体

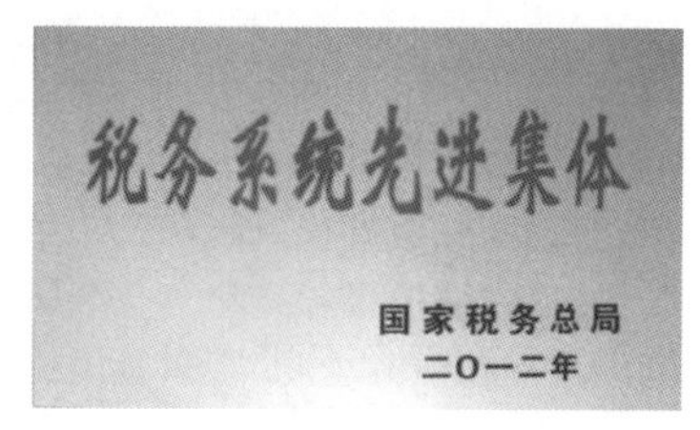

2013 年 2 月，广东省地方税务局直属税务分局被国家税务总局评为“税务系统先进集体”。分局主要负责省级预算收入的各项税收、指定收入项目的管理和部分征收业务工作；督促检查省级税收收入入库工作；承担对大企业提供纳税服务工作，实施税源监控和管理，开展纳税评估，组织实施反避税调查与审计；承担省直社会保险费征收管理工作。现有人员 124 人，其中干部 64 人（93% 以上干部有本科以上学历，研究生 8 人）、借调干部 5 人、协税员 54 人。2012 年，全省省级税收收入累计 992.2 亿元，直属分局直接征收管理省级税收收入 214.4 亿元，其中直接征收省级固定税收收入 190.8 亿元；组织省直社保费 158.3 亿元，其中直接征收 125.65 亿元，直接征收省级价格调节基金 11.85 亿，合计征收管理税费 384.6 亿元，人均直接征收管理税费 3.29 亿元。（李 婷）

税务系统先进集体

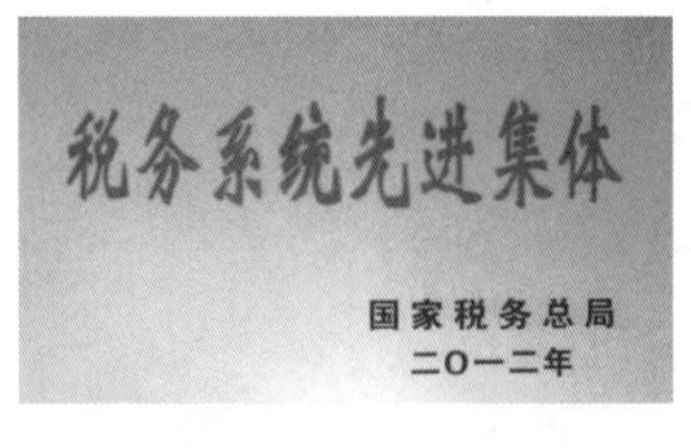

2013年2月,广州市越秀区地方税务局被国家税务总局评为“税务系统先进集体”。主要事迹:一是扎实推进税源精细化管理,组织收入成绩突出。2012—2013年,组织各项税、费、金收入604.49亿元,居全系统首位。二是坚持先行先试,率先推行各项税收征管改革。2012年作为全系统征管改革试点单位,该局对256项涉税事项实施“先办后审”,改革工作成果显著。2013年4月,在全市率先实行同城通办税务(社保)登记业务和逾期税务登记处罚工作。2013年8月,珠江新城契税征收点在全市率先试行房屋交易“先税后证”,采取“一窗式”处理房屋交易涉税事项。三是构建纳税服务新格局,增创税收公共服务新优势。近两年成功打造“纳税辅导专区”“预受理服务区”两个品牌,各窗口实现“座席通办”,平均等待时间4分钟,平均服务时间3分钟。四是加强党风廉政建设,确保队伍平安稳定。2011年全系统局属单位领导班子考评中荣获第一;2013年在越秀区政风行风评比中荣获全区第一。(缪晓苏)

税务系统先进集体

2013年2月,潮州市地方税务局枫溪税务分局被国家税务总局授予“税务系统先进集体”称号。分局成立于1995年12月,现内设综合股、征收股和管理股,正式干部职工51人,负责枫溪辖区内地方税费征管工作。枫溪分局坚持聚财为国、执法为民的税收工作宗旨,提升站位、服务大局,通过扎实深入开展思想教育、开拓创新创建一流业绩、从严人本打造优良作风、多管齐下保障廉洁从政,实现税费收入持续稳定增长、执法规范化程度稳步提高、社会综合治税水平逐步提升、纳税服务水平不断提高、干部队伍作风明显改进的良好局面,税费收入规模从成立之初的962万元增长到2012年的51101万元,年均增长21.18%,为地方的经济社会发展提供了坚实的财力支撑。(张 骋)

税务系统先进集体

2013年2月,佛山市地方税务局被国家税务总局评为“税务系统先进集体”。佛山市地方税务局成立于1994年,市局机关现设11个科室、1个直属行政单位(稽查局)、1个事业单位(机关服务中心)。近年来,佛山地税人坚持“世界眼光、广东特色、佛山品牌”的工作创新要求,砥砺奋进,追求卓越,争创全省地税系统“精细化税源管理标兵区、和谐发展税收强省先锋队、实践科学发展观排头兵”,税费收入稳居全省地级市之首,“带好队、收好税、保好障”三大机制建设稳步推进,专业化税源管理新体系建设成效显著,智慧地税战略成功启动,纳税服务品牌享誉全国税务系统,文化建设硕果累累,队伍综合素质不断提升。佛山地税各项创新成果得到税务总局、广东省局、佛山市委市政府和社会各界的广泛赞誉。(邱撼栋)

税务系统打击发票违法犯罪活动工作成绩突出单位

2013年4月,惠州市地方税务局稽查局被国家税务总局评为“2012年度税务系统打击发票违法犯罪活动工作成绩突出单位”。稽查局2012年查补、促收税收收入1.78亿元。一是有的放矢,做出亮点。组织开展建安房地产业、工业企业及资本交易项目等一系列税收专项检查工作,自查和查补税收收入合计达9283.9万元,占查补税收总收入的52%。二是深入推进,紧扣热点。加大税警联合力度,深入开展打击发票违法犯罪活动,共组织打击行动13次,查办非法用票案件87宗,收缴非法发票1.94万份,涉税总金额5480.23万元,查补税收收入合计145.02万元,捣毁制售假发票窝点2个,抓获犯罪嫌疑人2名,移送司法机关2宗。(黄 广 郑志婷)

全国法制动漫大赛动漫作品类优秀奖与优秀组织奖

2013 年，清远市地方税务局报送的动漫作品《纳税人权利与义务》动漫作品被司法部、全国普法办公室评为“全国法制动漫大赛动画类优秀奖”，同时清远市地方税务局被授予“优秀组织单位奖”。全国法制动漫作品征集活动是司法部、全国普法办公室主办的一项全国性法制类动漫赛事。清远市局创作的《纳税人权利与义务七字歌》以生动流畅的歌谣为主题，配合形象有趣的动画情节，将纳税人权利与义务阐述得清晰明确，朗朗上口，推出以来受到广大纳税人的欢迎与肯定，宣传效果良好。近年来，清远市局打造具有清远特色的税收宣传动漫品牌，通过清远地税动漫卡通系列之“快乐一家”“社保卡通”“税宝”“男女税官”等形象，将税收政策、纳税服务等内容进行广泛细致地宣传，取得良好社会效应。（邓颖瑜）

获奖个人

全国五一劳动奖章

罗镜文，男，1968 年 4 月出生，现任清远市地方税务局党组书记、局长。自 2010 年 9 月担任清远市地方税务局党组书记、局长以来，他坚定不移执行省局和市委、市政府工作部署，带领全系统圆满完成每年的税费收入任务。2011—2013 年，全市地税系统共组织税费收入 353.87 亿元，稳居山区五市首位，为清远市民生改善和保障提供了坚实的财力基础。同时，他狠抓税收征管改革创新，建设“网络税务局”，搭建“税企连心桥”，不折不扣地落实各项减免税和税收优惠政策，服从并服务于地方经济社会发展。在队伍建设中，他坚持以人为本，走群众路线，营造出积极向上、和谐稳定的地税氛围。他先后获得市直优秀共产党员、“五好党员”等荣誉称号。他所在的市局获得“广东省文明单位”，2012—2013 年连续两年在清远市公述民评活动中获得总分第一名。2013 年，罗镜文被中华全国总工会授予“全国五一劳动奖章”。（邓颖瑜）

全国五一劳动奖章
证书
中华全国总工会
决定授予：罗镜文同志
全国五一劳动奖章
编号：20130857

全国五一劳动奖章

赖德中，男，中共党员，本科学历，1986 年从事税收工作，信宜市地方税务局开发区税务分局原局长，现任信宜市地税局城区分局局长。近年来，他团结带领所属分局干部职工，认真贯彻执行党的路线、方针、政策，全面践行科学发展观，坚持“廉洁开拓、团结奋进、服务大局、创先争优”的工作方针，努力“带好队、收好税、服好务”，出色完成各项工作任务。近三年来，他带领的分局税收收入年平均增幅 70% 以上。2013 年，赖德中被全国总工会授予“全国五一劳动奖章”。（潘 强）

全国五一劳动奖章
证书
中华全国总工会
决定授予：赖德中同志
全国五一劳动奖章
编号：20130844

全国优秀工会工作者

2013 年 8 月，肇庆市端州区地税局谢荣华被中华全国总工会授予“全国优秀工会工作者”荣誉。谢荣华是局党组成员、主任科员、工会主席，主要分管党团工青妇和政策法规工作。自任工会主席以来，他始终牢记“聚财为国、执法为民”宗旨，认真履行职责，为全局各项工作的顺利开展作出了积极贡献，受到上级领导的赞扬和肯定。一直以来，谢荣华把职代会作为组织员工参与民主决策的主要途径，坚持将员工切身利益相关的重要事项，提请职代会讨论、审议或决定。他主动组织职工代表加强法律法规学习，提高自身素质，特别是参与民主决策能力，正确行使职工代表的权力，并在工作中带头贯彻职代会的决议、决定。作为工会主席，谢荣华狠抓干部职工的理论素质和政治思想教育提高工作。一是以党的政治理论和国内外重大事件为学习重点，教育职工坚定信心，保持正确的政治观点和立场，强化干部职工的理想信念、宗旨意识。二是通过召开职工代表会议，将工会各项制度进一步完善，从而使单位民主管理和关心职工工作不断加强，维护了职工的民主参与权、民主决策权、知情权、监督权，维护了职工的劳动权利和经济利益。（何秋兰）

税务系统先进工作者

易跻丽，女，1968 年 4 月出生，现任清新县地税局龙颈税务分局局长。她长期担任基层分局副局长、局长，并兼任县局党、工、青、妇负责成员。任职期间，出色地完成了每一项工作任务，尤其是在多项省级试点等大型任务中表现突出，起到领军作用。同时，不断创新分局纳税服务方法，制定高峰期智能绿色通道、开通 QQ 群服务、缺件备忘服务制度等多项服务制度。在廉政方面，多次拒绝企业宴请、贿赂，严格执法，有效防止国家税款流失。她先后被全国妇联评为“全国三八红旗手”“全国妇女争先创优先进个人”；被广东省地方税务局评为“感动广东地税 10 位人物”等。其所在城区分局相继获得全国三八红旗集体、全国“巾帼文明岗”等多项殊荣。2013 年，易跻丽被国家税务总局评为“税务系统先进工作者”。（邓颖瑜）

索 引

使用说明

1. 本索引采用内容分析索引法编制。除按“大事记”形式编排的内容外，年鉴中有实质检索意义的内容均予以标引，以供检索使用。

2. 本索引基本上按汉语拼音音序排列。具体排列规律如下：以数字开头的标目，排在前面；汉字标目按首字的音序、音调依次排列；首字相同时，以第二个字排序，并依此类推。

3. 索引标目后的数字，表示检索内容所在的年鉴正文页码；数字后面的英文字母 a、b，表示正文中的栏别，合在一起即指该页码及左右两个版面区域。年鉴中以表格、图形形式反映的内容，在索引标目后用括号注明（表）（图）字，以区别于文字标目。

4. 为反映索引款目间的逻辑关系，对于二级标目，采取在一级标目下缩两格的形式编排，之下再按数字和字母顺序、汉语拼音音序音调排列。

0 ~ 9

A

B

C

D

F

G

H

J

K

L

M

N

P

Q

R

S

X

Y

（王彦祥　毋　栋　编制）